JINSIMCLASS

머리말

　현대사회가 복잡해짐에 따라 경제현상을 설명하는 회계학의 영역과 그 중요성은 더욱 커져가고 있다. 회계학은 인류의 경제생활과 더불어 꾸준히 발전해 왔으며, 과거의 수작업에 의존하던 회계처리과정이 컴퓨터의 도움으로 처리속도와 정확도면에서 눈부신 발전을 해온 것이 사실이다.

　이에 발맞추어 전산과 회계를 접목시킨 많은 자격증제도가 만들어 졌으며, 이를 취득하려는 수요가 폭발적으로 증가하는 실정이다. 전산회계는 그 특징상 회계이론과 전산실무능력을 동시에 갖추어야 한다. 따라서 수험생들은 이론과 실무를 병행하여 학습하여야 한다. 그러나 기존의 교재는 이론과 실무를 병행하여 학습하는데 충분하지 못하여 수험생들에게 어려운 점이 있었다. 이에 본 저자는 수험생들의 고충을 조금이나마 덜어주기 위하여 본서를 출간하게 되었다.

　본서의 특징은 다음과 같다.

1. 최적화된 이론정리

　현장에서 강의하는 강사로서 가장 크게 느끼는 점은 시험이 갈수록 이론적 체계 없이는 합격할 수 없다는 것이다. 과거의 암기식, 요약식의 시험대비는 시간을 절약할 수 있을지는 몰라도 합격을 보장받을 수 없다. 오히려 시험기간을 오래 걸리게 하는 요인이 된다.

　따라서 시간을 절약하면서 이론을 체계적으로 정립할 수 있는 교재가 필요하게 되었으며 이러한 시대적 부흥에 맞추어 본서는 집필되었다.

2. 출제경향에 맞춘 문제개발

　기존의 교재는 유형별로 기출문제를 배열하고 반복함으로써 시험에 대비하도록 구성되어 있으나, 이러한 방법은 새로운 유형의 문제나 응용된 문제를 푸는데 한계점을 가지고 있다. 이러한 문제점을 해결하기 위해 본서는 수미일관된 문제(빈출유형정복하기)를 개발하여 수험생이 전체적인 흐름을 파악할 수 있게 하였다.

3. 3단계법에 의한 시험완벽대비

● 1단계 : 실무 연습문제

저자가 개발한 문제를 통하여 전체적인 실무시험에 대한 흐름을 파악할 수 있게 하였다. 또한 가장 많이 출제되었던 유형의 문제를 체계화하여 연습하게 함으로서 실무시험에 경향을 파악할 수 있게 하였다.

● 2단계 : 모의고사

실무연습 문제를 학습한 후에는 실전과 동일한 방법으로 구성된 문제를 통하여 연습하게 함으로서 수험생의 실력을 업그레이드 할 수 있게 하였다. 최신기출문제의 난이도가 점점 어려워지는 것을 감안하여 전산세무2급 수준의 문제도 가미하여 문제를 구성하였다.

실전문제는 최종모의고사(이론+실무)형태로 개발하여 전산회계1급 시험을 완벽하게 대비할 수 있도록 하였다.

● 3단계 : 기출문제

직전년도 기출문제를 수록하여 최근경향을 파악할 수 있게 하였다.

4. 국가직무능력표준(NCS) 반영

국가직무능력표준(NCS)의 회계 3, 4수준에 맞는 능력단위와 능력단위요소 및 수행준거에서 제시하는 직무수행을 할 수 있도록 능력단위별 표준평가내용과 학생별 훈련과정 종합평가문제를 부록편에 제공하였다.

본 교재를 통하여 전산회계 자격증을 취득하고자 하는 많은 분들에게 합격의 영광이 있기를 기대하며, 교재의 부족한 부분은 계속 노력하여 채워나갈 것을 독자여러분에게 약속드립니다.

2025년 2월
저자씀

CONTENTS

PART 1 재무회계

CHAPTER 01 | 재무회계의 개념 ········ 5
1. 회계의 의의 ·· 5
2. 회계의 분류 ·· 5
3. 재무제표 ··· 6
4. 재무회계의 개념체계 ···························· 11

CHAPTER 02 | 당좌자산 ························ 19
1. 유동자산의 종류 ···································· 19
2. 당좌자산 ··· 19

CHAPTER 03 | 재고자산 ························ 31
1. 재고자산의 의의와 종류 ······················ 31
2. 재고자산의 취득원가 ··························· 31
3. 재고자산의 기록방법 ··························· 32
4. 재고자산에 포함되는 항목 ·················· 38
5. 재고자산의 시가 ···································· 40
6. 재고자산의 감모손실과 평가손실 ······· 40

CHAPTER 04 | 유형자산 ························ 47
1. 비유동자산의 종류 ······························· 47
2. 유형자산의 의의와 종류 ······················ 47
3. 유형자산의 취득원가결정 ··················· 48
4. 취득이후의 지출 ···································· 57
5. 감가상각 ··· 58
6. 유형자산의 손상 및 인식시점 이후의 측정 ··· 62
7. 유형자산의 처분 ···································· 65

CHAPTER 05 | 투자자산·무형자산·기타비유동자산 ·· 69
1. 투자자산 ··· 69
2. 무형자산 ··· 75
3. 기타비유동자산 ····································· 82

CHAPTER 06 | 부 채 ······························ 87
1. 부채의 의의 ·· 87
2. 유동부채 ··· 87
3. 비유동부채 ··· 90
4. 사 채 ·· 91
5. 충당부채 ··· 102

CHAPTER 07 | 자 본 ······························ 110
1. 자본의 의의 ·· 110
2. 자 본 금 ·· 111
3. 자본잉여금 ··· 113
4. 기타자본잉여금 ····································· 114
5. 자본조정 ··· 114
6. 기타포괄손익누계액 ···························· 115
7. 이익잉여금 ··· 116
8. 배 당 금 ·· 117

CHAPTER 08 | 수익과 비용 ··················· 122
1. 수익의 정의 ·· 122
2. 수익의 인식기준 ···································· 123
3. 수익인식기준의 구체적 적용 ·············· 124
4. 비용의 정의 ·· 126
5. 비용의 측정과 인식 ······························ 127
6. 비용의 인식방법 ···································· 128
7. 손익계산서 ··· 129

CHAPTER 09 | 회계변경과 오류수정 ···· 133
1. 회계변경 ··· 133
2. 오류수정 ··· 136

이론편

PART 2 원가회계

CHAPTER 01 | 원가회계의 개념 ········· 143
  1. 원가와 원가회계 ············· 143
  2. 원가의 분류 ··············· 144

CHAPTER 02 | 제조원가의 흐름 ········· 151
  1. 제조원가의 흐름 ············· 151
  2. 원가계산의 절차 ············· 152
  3. 제조원가명세서의 작성 ········· 153
  4. 제조원가의 회계처리 ·········· 154
  5. 제조간접원가 ·············· 155
  6. 원가계산과 재무제표와 관계 ····· 156

CHAPTER 03 | 원가배분 ·············· 161
  1. 원가배분의 의의 ············· 161
  2. 원가배분기준 ·············· 161
  3. 보조부문의 원가배분 ·········· 162
  4. 제조간접비의 배부 ··········· 166

CHAPTER 04 | 개별원가계산 ··········· 171
  1. 개별원가계산의 의의 ·········· 171
  2. 개별원가계산의 절차 ·········· 171
  3. 제조간접비 배부기준 및 배부방법 ··· 172
  4. 정상(예정)원가계산 ··········· 174
  5. 개별원가계산과 종합원가계산의 비교 ··· 178

CHAPTER 05 | 종합원가계산 ··········· 183
  1. 종합원가계산의 의의와 종류 ····· 183
  2. 종합원가계산방법 ············ 183
  3. 평균법과 선입선출법의 비교 ····· 186

CHAPTER 05 | 결합원가계산 ··········· 193
  1. 결합원가계산의 기초 ·········· 193
  2. 결합원가계산의 배분방법 ······· 194
  3. 부산물 ·················· 198

PART 3 부가가치세

CHAPTER 01 | 총 칙 ················ 205
  1. 부가가치세의 개념 ··········· 205
  2. 부가가치세의 납세의무자 ······· 206
  3. 과세기간 ················· 206
  4. 납 세 지 ················· 207
  5. 사업자등록 ················ 210

CHAPTER 02 | 과 세 거 래 ············ 212
  1. 과세거래의 의의 ············· 212
  2. 재화 또는 용역의 공급시기 ····· 216

CHAPTER 03 | 영세율과 면세 ·········· 218
  1. 영세율 ·················· 218
  2. 면 세 ··················· 220

CHAPTER 04 | 과 세 표 준 ············ 223
  1. 과세표준의 의의 ············· 223
  2. 과세표준의 계산방식 ·········· 223
  3. 일반적인 과세표준 ··········· 224
  4. 수입재화의 과세표준 ·········· 224
  5. 외화의 환산 ··············· 224
  6. 간주공급의 과세표준 ·········· 225
  7. 과세표준계산의 특례 ·········· 227

CHAPTER 05 | 거래징수와 세금계산서 ··· 229
  1. 거래징수 ················· 229
  2. 세금계산서 ················ 229
  3. 세금계산서의 발급 ··········· 231
  4. 세금계산서합계표 등의 제출 ···· 234
  5. 신용카드매출전표 ············ 235

CHAPTER 06 | 납부세액의 계산 ········ 236
  1. 납부세액의 계산구조 ·········· 236
  2. 과세표준과 매출세액의 계산구조 ··· 236
  3. 매입세액의 계산구조 ·········· 238

CONTENTS

CHAPTER 07 | 자진납부세액의 계산 …… 244
   1. 자진납부세액의 계산구조 …… 244
   2. 공제세액 …… 244
   3. 가산세 …… 245

CHAPTER 08 | 납세절차 …… 250
   1. 신고와 납부 …… 250
   2. 결정·경정 및 징수 …… 251
   3. 환급 …… 252

CHAPTER 09 | 간이과세 …… 253
   1. 간이과세자의 범위 …… 253
   2. 과세표준과 세액의 계산 …… 254
   3. 신고와 납부 …… 255

PART 4 소득세

CHAPTER 01 | 총 칙 …… 267
   1. 소득세의 개념 …… 267
   2. 과세단위와 과세기간 …… 268
   3. 납세의무자 …… 269
   4. 납 세 지 …… 270
   5. 소득금액의 계산구조 …… 270

CHAPTER 02 | 금융소득 …… 271
   1. 이자소득 …… 271
   2. 배당소득 …… 273
   3. 금융소득종합과세 …… 274

CHAPTER 03 | 사업소득 …… 275
   1. 사업소득의 개념 …… 275
   2. 사업소득금액의 계산 …… 277
   3. 사업소득의 수입시기 …… 278

CHAPTER 04 | 근로소득 …… 279
   1. 근로소득의 범위 …… 279
   2. 비과세 근로소득 …… 280
   3. 근로소득금액의 계산 …… 281
   4. 근로소득의 과세방법 …… 282
   5. 근로소득의 수입시기 …… 282

CHAPTER 05 | 연금소득 …… 283
   1. 연금소득의 범위 …… 283
   2. 비과세 연금소득 …… 283
   3. 연금소득금액 …… 283
   4. 연금소득의 과세방법 …… 284
   5. 연금소득의 수입시기 …… 284

CHAPTER 06 | 기타소득 …… 285
   1. 기타소득의 범위 …… 285
   2. 비과세 기타소득 …… 286
   3. 기타소득금액의 계산 …… 287
   4. 기타소득금액의 과세방법 …… 287

CHAPTER 07 | 종합소득과세표준의 계산 …… 289
   1. 종합소득과세표준의 계산 …… 289
   2. 인적공제 …… 289
   3. 특별소득공제 …… 292
   4. 종합소득공제의 배제 및 소득공제의 종합한도 …… 294
   5. 결손금과 이월결손금 공제 …… 294

CHAPTER 08 | 종합소득세액의 계산 …… 296
   1. 세액계산의 구조 …… 296
   2. 종합소득산출세액 …… 296
   3. 종합소득결정세액 …… 297

CHAPTER 09 | 소득세의 납세절차 …… 306
   1. 신고와 납부 …… 306
   2. 결정 및 경정 …… 307

실기편

PART 1 전산세무회계프로그램 시작

CHAPTER 01 | 전산세무회계프로그램 시작 ··· 323
1. 프로그램 실행하기 ·················· 324
2. 전체메뉴화면소개 ·················· 327

PART 2 세무정보 시스템운용

CHAPTER 01 | 기초정보등록 ·················· 331
1. 회사등록 ························· 331
2. 거래처등록 ······················· 331
3. 계정과목 및 적요등록 ············· 331
4. 환경등록 ························· 331

CHAPTER 02 | 전기분재무제표등 ············· 332
1. 전기분재무상태표 ················· 332
2. 전기분 손익계산서 ················ 332
3. 전기분원가명세서 ················· 332
4. 전기분 이익잉여금처분계산서 ······ 333
5. 거래처별 초기이월 ················ 333

PART 3 전표관리

CHAPTER 01 | 일반전표입력 ·················· 338
1. 일반전표입력방법 ················· 338
2. 반드시 거래처코드를 입력해야하는 채권·채무 ··· 339
3. 경비계정의 계정코드선택 ·········· 339

CHAPTER 02 | 매입매출전표입력 ·············· 353
1. 상단부입력방법 ··················· 354
2. 하단부입력방법 ··················· 357

PART 4 결산관리

CHAPTER 01 | 고정자산등록 및 감가상각 ··· 373
1. 고정자산의 등록 ·················· 373

CHAPTER 02 | 결산자료입력 ·················· 379
1. 수동결산항목의 입력 ·············· 379
2. 자동결산항목의 입력 ·············· 380

PART 5 부가가치세 신고

CHAPTER 01 | 부가가치세 I ·················· 395
1. 부가가치세신고서 ················· 395
2. 세금계산서합계표와 계산서합계표 ··· 403
3. 신용카드매출전표등수령금액합계표(갑) ··· 405
4. 신용카드매출전표등발행집계표 ···· 408

CHAPTER 02 | 부가가치세 II ················· 412
1. 공제받지못할 매입세액명세서 ······ 412
2. 대손세액공제신고서 ··············· 421
3. 부동산임대공급가액명세서 ········· 427
4. 영세율첨부서류제출명세서 ········· 433
5. 수출실적명세서 ··················· 435
6. 내국신용장·구매확인서전자발급명세서 ··· 437
7. 의제매입세액공제신고서 ··········· 440
8. 재활용폐자원세액공제신고서 ······· 446
9. 건물등감가상각자산취득명세서 ····· 448
10. 가산세 연습 ······················ 450

CONTENTS

PART 6 원천징수

CHAPTER 01 | 근로소득관리 ………… 463
  1. 사원등록 ……………………… 464
  2. 급여자료입력 ………………… 471
  3. 원천징수이행상황신고서 …… 475
  4. 연말정산추가자료입력) …… 478
  5. 소득세 전자신고 …………… 491

PART 7 기출문제

116회~105회 ………………………… 497

해답편

시험안내 및 출제유형

Ⅰ. 목적

전산세무회계의 실무처리능력을 보유한 전문인력을 양성할 수 있도록 조세의 최고전문가인 세무사로 구성된 한국세무사회가 엄격하고 공정하게 자격시험을 실시하여 그 능력을 등급으로 부여함으로써, 학교의 세무회계 교육방향을 제시하여 인재를 양성시키도록 하고, 기업체에는 실무능력을 갖춘 인재를 공급하여 취업의 기회를 부여하며, 평생교육을 통한 우수한 전문인력의 양성으로 국가 발전에 기여하고자 함

Ⅱ. 자격구분

종목 및 등급		시험구성	비고
전산세무회계	전산세무1급	이론시험 30%(4지선다형)와 실무시험 70%(컴퓨터 프로그램이용)	국가공인
	전산세무2급	이론시험 30%(4지선다형)와 실무시험 70%(컴퓨터 프로그램이용)	
	전산회계1급	이론시험 30%(4지선다형)와 실무시험 70%(컴퓨터 프로그램이용)	
	전산회계2급	이론시험 30%(4지선다형)와 실무시험 70%(컴퓨터 프로그램이용)	

Ⅲ. 시행근거

- 법 적 근 거 : 자격기본법 제19조
- 공 인 번 호 : 노동부 제2007-01호
- 종목 및 등급 : 전산세무회계(전산세무1급 · 2급, 전산회계1급 · 2급)
- 자격관리자 : 한국세무사회장

IV. 검정요강

1. 검정기준

종목 및 등급	검정기준
전산세무 1급	대학 상급수준의 재무회계와 원가회계, 세무회계(법인세 및 부가가치세, 소득세)에 관한 지식을 갖추고 기업체 세무회계담당책임자로서 세무회계프로그램을 이용하여 세무회계 전반에 관한 업무를 수행할 수 있는 능력을 평가함
전산세무 2급	대학 중급수준의 재무회계와 원가회계, 세무회계(부가가치세, 소득세)에 관한 지식을 갖추고 기업체 세무회계관리자로서 세무회계프로그램을 이용하여 세무회계에 관한 업무를 수행할 수 있는 능력을 평가함
전산회계 1급	고등학교 상급 또는 대학 초급수준의 회계원리와 원가회계, 세무회계(부가가치세 중 세금계산서 관련 부분에 한함)에 관한 지식을 갖추고 기업체의 초급관리자로서 세무회계프로그램을 이용하여 세무회계에 관한 기본적인 업무를 처리할 수 있는 능력을 평가함
전산회계 2급	고등학교 수준의 회계원리에 관한 지식을 갖추고 기업체의 세무회계 업무보조자로서 회계프로그램을 이용하여 회계업무를 처리할 수 있는 능력을 평가함

2. 검정방법

종목 및 등급	시험방법	시험과목(평가범위 요약)		평가비율	제한시간	출제방법
전산세무 1급	이론시험	재무회계	당좌, 재고, 유·무형자산, 유가증권과 투자유가증권, 외화환산, 부채, 자본금, 잉여금, 자본조정, 수익과 비용, 회계변경	30%	90분	·이론시험 객관식 4지선다형 ·실무시험 전산세무회계 프로그램을 이용한 실기시험
		원가회계	원가의 개념, 요소별·부문별 원가계산, 개별·종합(단일, 공정별, 조별, 등급별)원가계산, 표준 원가계산			
		세무회계	법인세법, 부가가치세법, 소득세법(종합소득세액의 계산 및 원천징수부분에 한함), 조세특례제한법(상기 관련 세법에 한함)			
	실무시험	재무회계 원가회계	거래자료입력, 결산자료입력	70%		
		부가가치세	매입·매출거래자료 입력, 부가가치세 신고서의 작성			
		원천제세	원천제세 전반			
		법인세무조정	법인세무조정 전반			

종목 및 등급	시험 방법	시험과목(평가범위 요약)		평가 비율	제한 시간	출제방법
전산 세무 2급	이론 시험	재무회계	당좌, 재고, 유·무형자산, 유가증권과 투자유가증권 부채, 자본금, 잉여금, 수익과 비용	30%	90분	·이론시험 객관식 4지선다형 ·실무시험 전산세무회계 프로그램을 이용한 실기 시험
		원가회계	원가의 개념, 요소별·부문별 원가계산, 개별·종합(단일, 공정별, 조별, 등급별)원가계산			
		세무회계	부가가치세법, 소득세법(종합소득세액의 계산 및 원천징수부분에 한함)			
	실무 시험	재무회계 원가회계	초기이월, 거래자료 입력, 결산자료 입력	70%		
		부가가치세	매입·매출거래자료 입력, 부가가치세신고서의 작성			
		원천제세	원천징수와 연말정산 기초			
전산 회계 1급	이론 시험	회계원리	회계의 기본원리 당좌·재고자산, 유·무형자산, 유가증권, 부채, 자본금, 잉여금, 수익과 비용	30%	60분	
		원가회계	원가의 개념, 요소별·부문별 원가계산, 개별·종합(단일, 공정별)원가계산			
		세무회계	부가가치세법(과세표준과 세액)			
	실무 시험	기초정보의 등록·수정	초기이월, 거래처 등록, 계정과목의 운용	70%		
		거래자료의 입력	일반전표 입력, 결산자료 입력(제조업포함)			
		부가가치세	매입·매출거래자료 입력, 부가가치세신고서의 조회			
		입력자료 및 제장부 조회				
전산 회계 2급	이론 시험	회계원리	회계의 기본원리, 당좌·재고·유형자산, 부채, 자본금, 수익과 비용	30%	60분	
	실무 시험	기초정보의 등록·수정	회사등록, 거래처 등록, 계정과목 및 적요등록	70%		
		거래자료의 입력	일반전표 입력, 입력 자료의 수정·삭제, 결산자료 입력(상기업에 한함)			
		입력자료 및 제장부 조회				

· 세무 및 회계의 이론과 실무지식을 갖춘 자가 30%의 비중으로 출제되는 이론시험문제(4지선다형, 객관식)와 70%의 비중으로 출제되는 실무시험문제(컴퓨터에 설치된 전산세무회계프로그램을 활용함)를 동시에 푸는 방식
· 답안매체로는 문제USB가 주어지며, 이 USB에는 전산세무회계 실무과정을 폭넓게 평가하기 위하여 회계처리대상회사의 기초등록사항 및 1년간의 거래자료가 전산수록되어 있음
· 답안수록은 문제USB의 기본 DATA를 이용하여 수험프로그램상에서 주어진 문제의 해답을 입력하고 USB에 일괄 수록(저장)하면 됨

V. 합격자 결정기준

종목 및 등급		합격기준	비고
전산세무회계	전산세무 1급	100점 만점에 70점 이상	국가공인
	전산세무 2급	〃	
	전산회계 1급	〃	
	전산회계 2급	〃	

VI. 응시자격기준

응시자격은 제한이 없다. 다만, 부정행위자는 해당 시험을 중지 또는 무효로 하며 이후 2년간 시험에 응시할 수 없다.

VII. 응시원서접수방법

각 회차별 접수기간 중 한국세무사회 홈페이지(http://license.kacpta.or.kr)로 접속하여 단체 및 개인별 접수(회원가입 및 사진등록)

IX. 기타

궁금한 사항은 홈페이지를 참고하거나 아래 전화로 문의바람

문의
· TEL : (02)521-5398~9
· FAX : (02)597-2940

MEMO

CLASS 전산세무2급
이 론 편

이론편

CHAPTER 01 **재무회계**

CHAPTER 02 **원가회계**

CHAPTER 03 **부가가치세**

CHAPTER 04 **소득세**

CLASS 전산세무2급
이 론 편

PART 1

이론편
재무회계

CHAPTER 01 _ 재무회계의 개념
CHAPTER 02 _ 당좌자산
CHAPTER 03 _ 재고자산
CHAPTER 04 _ 유형자산
CHAPTER 05 _ 투자자산·무형자산·기타비유동산
CHAPTER 06 _ 부 채
CHAPTER 07 _ 자 본
CHAPTER 08 _ 수익과 비용
CHAPTER 09 _ 회계변경과 오류수정

CLASS 전산세무2급
이 론 편

01 재무회계의 개념

01. 회계의 의의

회계는 기본적으로 회계정보를 측정하는 측정기능과 측정된 회계정보를 이해관계자에게 전달하는 전달기능을 가지고 있다.

그러나 과거에는 회계를 극히 제한된 범위로 이해하여 회계를 어떠한 거래사실을 단순히 기록·분류·요약하고 해석하는 기술로 보는 경향이 있어왔다. 그러나 오늘날에는 회계를 보다 적극적인 개념으로 해석하여 "회계란 회계정보의 이용자가 합리적인 판단과 경제적인 의사결정을 할 수 있도록 경제실체에 관한 계량적 정보를 측정하여 전달하는 과정"으로 이해하고 있다.

02. 회계의 분류

회계는 정보이용자에 따라 재무회계와 관리회계로 구분한다. 재무회계는 외부보고목적의 회계로서 정보이용자의 투자결정, 신용결정, 기타의 의사결정에 유용한 정보를 제공함을 목적으로 하는 것으로 주로 재무제표 중심의 회계를 말한다. 반면에 관리회계는 내부보고목적의 회계로서 기업내부의 경영자가 관리적 의사결정을 하는데 유용한 정보를 제공함을 목적으로 하는 것으로 특히 경영의 계획과 통제를 위한 정보제공이 중요시 된다.

정보이용자	재무회계	관리회계
목 적	외부보고 목적	내부보고 목적
정 보 이 용 자	투자자 등 외부이용자	경영자 등 내부이용자
보 고 의 형 태	재무보고서(재무제표)	특수목적 재무보고서 (특정양식 없음)
작 성 근 거	일반적으로 인정된 회계원칙	경제적 의사결정이론

03. 재무제표

1. 재무제표의 의의

재무제표란 주주, 채권자, 경영자, 정부 등 다양한 이해관계자들에게 회계정보를 전달하는 핵심적 수단을 말한다.

2. 재무제표정보의 특성과 한계

재무제표를 통해 제공되는 다양한 정보는 다음과 같은 특성과 한계를 가지고 있다.
① 재무제표는 화폐단위로 측정된 정보를 주로 제공한다.
② 재무제표는 대부분 과거에 발생한 거래나 사건에 관한 정보를 제공한다.
③ 재무제표는 추정에 의한 측정치를 포함하고 있다.
④ 재무제표는 특정기업실체에 관한 정보를 제공하며, 산업 또는 경제 전반에 관한 정보를 제공하지 않는다.

> **필수예제**
>
> 다음 중 일반기업회계기준에서 설명하고 있는 재무제표의 특성과 한계가 아닌 것은?
> ① 재무제표는 추정에 의한 측정치를 허용하지 않는다.
> ② 재무제표는 화폐단위로 측정된 정보를 주로 제공한다.
> ③ 재무제표는 대부분 과거에 발생한 거래나 사건에 대한 정보를 나타낸다.
> ④ 재무제표는 특정 기업실체에 관한 정보를 제공하며, 산업 또는 경제 전반에 관한 정보를 제공하지는 않는다
>
> **해 답**
> ① 재무제표는 추정에 의한 측정치를 포함하고 있다.

3. 재무제표작성과 표시의 일반

1) 계속기업

경영진은 재무제표를 작성할 때 계속기업으로서의 존속가능성을 평가해야 한다. 경영진이 기업을 청산하거나 경영활동을 중단할 의도를 가지고 있지 않거나, 청산 또는 경영활동의 중단 외에 다른 현실적 대안이 없는 경우가 아니면 계속기업을 전제로 재무제표를 작성한다.

2) 재무제표의 작성책임과 공정한 표시

재무제표의 작성과 표시에 대한 책임은 경영진에게 있다. 재무제표는 경제적 사실과 거래의 실질을 반영하여 기업의 재무상태, 경영성과, 현금흐름 및 자본변동을 공정하게 표시하여야 하며, 일반기업회계기준에 따라 적정하게 작성된 재무제표는 공정하게 표시된 재무제표로 본다.

3) 재무제표항목의 구분과 통합표시

중요한 항목은 재무제표의 본문이나 주석에 그 내용을 가장 잘 나타낼 수 있도록 구분하여 표시하며, 중요하지 않은 항목은 성격이나 기능이 유사한 항목과 통합하여 표시할 수 있다.

4) 비교재무제표의 작성

재무제표의 기간별 비교가능성을 제고하기 위하여 전기 재무제표의 모든 계량정보를 당기와 비교하는 형식으로 표시한다. 또한 전기 재무제표의 비계량정보가 당기 재무제표를 이해하는 데 필요한 경우에는 이를 당기의 정보와 비교하여 주석에 기재한다.

5) 재무제표 항목의 표시와 분류의 계속성

재무제표의 기간별 비교가능성을 제고하기 위하여 재무제표 항목의 표시와 분류는 특별한 경우를 제외하고는 매기 동일하여야 한다.

6) 재무제표의 보고양식

재무제표는 이해하기 쉽도록 간단하고 명료하게 표시하여야 하며, 일반기업회계기준 제2장 부록 적용사례에 예시된 재무제표의 양식을 참조하여 작성한다. 예시된 명칭보다 내용을 잘 나타내는 계정과목명이 있을 경우에는 그 계정과목명을 사용할 수 있다

4. 재무제표의 종류

재무제표의 종류에는 재무상태표, 손익계산서, 현금흐름표, 자본변동표, 주석이 있다.

구 분	내 용
재무상태표	일정시점에 기업의 재무상태(자산, 부채, 자본)를 나타내는 보고서
손익계산서	일정기간동안에 기업의 경영성과(수익, 비용, 이익)를 나타내는 보고서
현금흐름표	기업의 현금유입과 유출에 대한 현금흐름을 나타내는 보고서
자본변동표	기업의 자본의 크기와 자본의 변동에 관한 정보를 제공하는 보고서
주 석	재무제표를 이해하는데 필요한 추가적인 정보를 제공하는 것

1) 재무상태표

① 재무상태표의 의의

재무상태표란 기업의 재무상태를 나타내는 보고서로서 재무상태표일 현재 기업이 보유하고 있는 자산, 부채, 자본을 보여주는 정태적 보고서를 말한다.

② 재무상태표의 기본구조

재무상태표의 구성요소인 자산, 부채, 자본으로 구분한다. 그리고 자산과 부채는 유동성이 큰 항목부터 배열하는 것을 원칙으로 한다.

③ 자산과 부채의 유동성과 비유동성 구분

자산은 1년을 기준으로 유동자산과 비유동자산으로 분류한다. 다만, 정상적인 영업주기 내에 판매되거나 사용되는 재고자산과 회수되는 매출채권 등은 보고기간종료일로부터 1년 이내에 실현되지 않더라도 유동자산으로 분류한다.

부채는 1년을 기준으로 유동부채와 비유동부채로 분류한다. 다만, 정상적인 영업주기 내에 소멸할 것으로 예상되는 매입채무와 미지급비용 등은 보고기간종료일로부터 1년 이내에 결제되지 않더라도 유동부채로 분류한다. 이 경우 유동부채로 분류한 금액 중 1년 이내에 결제되지 않을 금액을 주석으로 기재한다.

④ 재무상태표 항목의 구분과 통합표시

자산, 부채, 자본 중 중요한 항목은 재무상태표 본문에 별도 항목으로 구분하여 표시한다. 중요하지 않은 항목은 성격 또는 기능이 유사한 항목에 통합하여 표시할 수 있으며, 통합할 적절한 항목이 없는 경우에는 기타항목으로 통합할 수 있다. 이 경우 세부 내용은 주석으로 기재한다.

⑤ 자산과 부채의 총액표시

자산과 부채는 원칙적으로 상계하여 표시하지 않는다. 다만, 기업이 채권과 채무를 상계할 수 있는 법적 구속력 있는 권리를 가지고 있고, 채권과 채무를 순액기준으로 결제하거나 채권과 채무를 동시에 결제할 의도가 있다면 상계하여 표시한다. 매출채권에 대한 대손충당금 등은 해당 자산이나 부채에서 직접 가감하여 표시할 수 있으며, 이는 상계에 해당하지 아니한다.

⑥ 재무상태표의 유용성과 한계

유용성	한 계
㉠ 일정시점의 기업의 재무상태에 관한 정보의 제공	㉠ 역사적 원가에 따른 평가의 한계
㉡ 기업의 장·단기 지급능력에 관한 정보의 제공	㉡ 대체적인 회계처리방법에 따른 한계
㉢ 기업의 재무구조에 관한 정보의 제공	㉢ 회계담당자의 주관적 판단에 따른 평가의 한계
	㉣ 화폐표시정보의 한계

2) 손익계산서

① 손익계산서의 의의 및 작성원칙

손익계산서란 일정기간 동안의 기업에 경영성과를 나타내는 보고서로서 기업의 경영활동을 통한 수익·비용·이익·손실을 보고하는 동태적 보고서를 말한다. 손익계산서는 다음과 같은 원칙에 의하여 작성되어야 한다.

구 분	내 용
발생주의	수익과 비용은 발생한 기간에 정당하게 배분되도록 처리한다.
실현주의	수익은 실현시기를 기준으로 계상한다.
수익·비용대응	수익은 실현시기에 따라 비용은 관련수익이 인식된 기간에 인식한다.
총액주의	수익과 비용은 총액으로 기재한다.
구분표시	손익은 매출총손익, 영업손익, 법인세차감전순손익, 당기순손익, 주당순손익으로 구분하여 표시한다.

② 손익계산서의 유용성과 한계

유용성	한 계
㉠ 일정기간 동안의 경영성과에 관한 정보제공	㉠ 회계이익의 진실성
㉡ 기업의 미래수익성예측에 관한 정보제공	㉡ 이익의 질에 관한 문제
㉢ 경영자의 경영능력 평가에 관한 정보제공	㉢ 동일기간의 수익과 비용의 대응문제
㉣ 이익계획 등 경영정책수립에 관한 정보제공	

3) 자본변동표

자본변동표란 한 회계기간 동안 발생한 소유주지분의 변동을 표시하는 재무보고서를 말한다. 자본변동표는 자본을 구성하고 있는 자본금, 자본잉여금, 자본조정, 기타포괄손익누계액, 이익잉여금을 각 항목별로 기초잔액, 변동사항 및 기말잔액을 표시한다. 자본변동표를 작성하는 목적은 회계기간 동안 발생한 자본금, 자본잉여금, 자본조정, 기타포괄손익누계액 및 이익잉여금의 변동에 관한 정보를 포괄적으로 제공함으로써 재무정보의 유용성을 높이기 위한 것이다.

4) 현금흐름표

현금흐름표란 일정기간 동안 기업의 영업활동 및 투자와 재무활동으로 인한 현금 및 현금성자산 변동내용을 나타내는 동태적 보고서를 말한다. 현금흐름표는 기업실체의 현금지급능력, 수익성 및 위험 등을 평가하는데 유용하며, 여러 기업실체의 미래현금흐름의 현재가치를 비교하여 기업가치를 평가하는데 필요한 기초자료를 제공한다.

5) 주석

주석이란 재무제표의 해당과목 또는 금액에 기호를 붙이고 재무제표의 난외 또는 별지에 동일한 기호를 표시하여 그 과목 또는 금액에 대한 회계내용을 기입하는 것을 말한다.

5. 중간재무제표

중간재무제표는 1회계연도보다 짧은 기간을 대상으로 작성하는 재무제표로 회계정보의 적시성 제고를 위한 수단이다.

1) 중간재무제표의 종류

중간재무제표는 재무상태표, 손익계산서, 자본변동표 그리고 현금흐름표 및 주석으로 구성된다. 손익계산서와 현금흐름표는 각 중간기간별 재무정보와 누적중간기간의 재무정보를 모두 포함한다. 여기서 중간기간이란 1회계연도보다 짧은 회계기간을 말한다. 예를 들어 중간기간은 3개월, 6개월 등이 될 수 있다. 3개월 단위의 중간기간을 "분기", 6개월 단위의 중간기간을 "반기"라 한다. 그리고 누적중간기간이란 회계연도 개시일부터 당해 중간기간의 종료일까지의 기간을 말한다.

2) 인식과 측정

일반기업회계기준에서는 중간재무제표 작성시 중간기간을 연간의 일부가 아닌 별개의 독립된 회계기간으로 파악하도록 규정하고 있다. 중간재무제표는 원칙적으로 연차재무제표에 적용하는 인식과 측정기준을 동일하게 적용한다. 업종의 성격상 특정 중간기간에 계절적, 일시적, 주기적으로 발생하는 수익이라 하더라도 전액 발생한 중간기간의 수익으로 기록한다. 따라서 다른 중간기간으로부터 앞당겨 미리 인식하거나 다음 중간기간으로 이연하여 보고할 수 없다. 여기서 연차재무제표란 1회계연도를 대상으로 작성하는 재무제표를 말한다.

3) 공시

중간재무제표는 연차재무제표와 동일한 양식으로 작성함을 원칙으로 한다. 다만 계정과목 등은 대폭 요약하거나 일괄 표시할 수 있다.

04. 재무회계의 개념체계

　재무회계의 개념체계란 재무회계에 있어서 기본골격이 되는 것으로, 재무제표의 작성과 공시에 기초가 되는 개념을 정하는 것을 말한다. 즉, 회계의 개념체계(회계이론)란 회계에 관한 일련의 현상에 기본이 되고 있거나 그 현상들을 지배하고 있는 규칙 또는 원칙을 체계화한 것을 말한다.

1. 재무제표의 기본가정

　재무제표는 기업실체의 외부정보이용자에게 기업실체에 관한 재무정보를 전달하는 핵심적 재무보고수단이다. 이러한 재무제표는 일정한 가정 하에서 작성되며, 그러한 기본가정(회계공준)으로는 기업실체, 계속기업, 기간별보고가 있다.

1) 기업실체(경제적 실체)의 가정

　기업실체를 그 소유주나 다른 기업실체와는 독립적으로 존재하는 특정 회계단위로 간주하고 그 경제활동에 대한 재무정보를 측정·보고하는 것을 말한다. 즉, 재무제표에 포함시켜야 할 정보의 범위를 결정한다.

2) 계속기업의 가정

　일반적으로 기업실체는 예측가능한 미래기간에 걸쳐 영업활동을 계속하리라는 것을 의미한다. 즉 기업실체는 그 영업활동을 청산하거나 중대하게 축소시킬 의도가 없을 뿐만 아니라 그러한 필요성도 없다고 가정한다

> **파생 개념**
> ① 역사적원가주의 ② 감가상각 회계처리의 근거제공 ③ 자산·부채에 대한 유동성배열

3) 기간별보고의 가정

　기간별보고란 기업실체의 존속기간을 일정기간의 인위적 단위로 분할하여 각 기간에 대해 경제적 의사결정에 유용한 정보(적시성 있는 정보)를 보고하는 것을 말한다.

> **파생 개념**
> ① 발생주의회계의 채택 ② 수익·비용대응의 원칙

2. 회계정보의 질적특성

재무보고의 목적이 달성되기 위해서는 재무제표에 의해 제공되는 정보가 정보이용자들의 의사결정에 유용하여야 한다. 회계정보의 질적특성이란 정보이용자의 의사결정에 유용한 정보를 제공하기 위하여 회계정보가 갖추어야 할 주요 속성을 말한다.

1) 이해가능성(전제조건)

재무제표를 통해 제공되는 정보가 필수적으로 갖춰야 할 특성은 정보이용자가 그 정보를 쉽게 이해하여 의사결정에 유용하게 이용할 수 있어야 한다는 것이다.

2) 주요 질적특성

회계정보의 주요 질적특성은 목적적합성과 신뢰성을 들 수 있다. 일반적으로 이들을 기본적 특성 또는 1차적 특성이라고도 하는데, 이 두 가지 특성을 갖춘 정보는 유용성이 있는 것으로 본다.

① 목적적합성

목적적합성이란 회계정보가 정보이용자의 의사결정목적과 관련이 있어야 하며 당해 회계정보를 이용하여 의사결정을 하였을 경우 회계정보를 이용하지 아니하고 의사결정을 하였을 경우와 차이를 발생시킬 수 있는 속성을 말한다. 목적적합한 정보가 되기 위해서는 예측가치, 피드백가치, 적시성을 갖추어야 한다.

㉠ 예측가치

예측가치란 정보이용자가 미래의 재무상태, 경영성과, 순현금흐름 등을 예측하는 데에 그 정보가 활용될 수 있는 능력을 말한다.

㉡ 피드백가치

피드백가치란 과거의 기대치 또는 예측치를 확인 또는 수정함으로써 정보이용자의 의사결정에 영향을 미칠 수 있는 정보의 능력을 말한다.

㉢ 적시성

적시성이란 회계정보가 정보로서의 가치가 상실되기 전에 정보이용자에게 제공되어야 한다는 정보의 특성을 말한다.

② 신뢰성

신뢰성이란 회계정보에 대한 오류나 미리 의도된 편견 없이, 객관적이고 검증가능하며 나타내고자 하는 바를 충실하게 표현해야 한다는 정보의 특성을 말한다. 회계정보가 신뢰성을 갖기 위해서는 표현의 충실성·중립성·검증가능성을 갖추고 있어야 한다.

㉠ 검증가능성

검증가능성이란 다수의 서로 다른 측정자들이 동일한 경제적 사건이나 거래를 동일한 측정방법으로 측정할 경우 유사한 결론에 도달할 수 있어야 한다는 정보의 특성을 말한다.

㉡ 중립성

중립성이란 미리 의도된 결과나 성과를 유도할 목적으로 재무제표상의 특정정보를 표시함으로써 정보이용자의 의사결정이나 판단에 영향을 미치지 않아야 하는 정보적 특성을 말한다.

㉢ 표현의 충실성

표현의 충실성이란 회계정보의 측정치는 표현하고자 하는 거래와 경제적 사건을 그대로 왜곡됨 없이 충실하게 표현해야 한다는 정보의 특성을 말한다.

③ 질적특성간의 상충관계

회계정보의 질적특성은 서로 상충될 수 있다. 예를 들어, 유형자산을 역사적원가로 평가하면 검증가능성이 높으므로 측정의 신뢰성은 제고되나 목적적합성은 저하된다. 이와 같이 질적특성 간의 상충관계는 목적적합성과 신뢰성 간에 발생할 수 있으며 주요 질적특성의 구성요소 간에도 발생할 수 있다.

상충되는 질적특성 간의 선택은 재무제표의 목적을 최대한 충족시킬 수 있는 방향으로 이루어져야하며 질적특성 간의 상대적 중요성은 획일적으로 결정되는 것이 아니라 각 특정 상황에 따라 판단되어야 한다.

구 분	목적적합성	신 뢰 성
자산의 평가방법	공정가치법	원 가 법
수익의 인식방법	진행기준	완성기준
손익의 인식방법	발생주의	현금주의
재 무 제 표	중간재무제표	결산재무제표

3) 부수적 질적특성으로서의 비교가능성

비교가능성이란 회계정보의 목적적합성과 신뢰성을 동시에 충족시켜주는 질적 특성으로서, 두 개의 서로 다른 경제적 현상에 대해 정보이용자가 유사점과 차이점을 식별할 수 있는 정보의 특성을 말한다. 비교가능성은 기간별 비교가능성과 기업간 비교가능성을 포괄하는 개념이다.

① 기간별 비교가능성

기간별 비교가능성(계속성)이란 동일 기업이 동일 종류의 회계사건에 대하여 계속 같은 회계처리방법을 사용하여야 한다는 질적특성을 말한다.

② 기업간 비교가능성

기업간 비교가능성(통일성)이란 상이한 기업들의 회계처리방법이 유사할 때 회계정보의 비교가능성이 제고된다는 질적특성을 말한다.

필수예제

다음 중 회계정보가 갖추어야 할 질적특성에 대한 설명으로 틀린 것은?

① 예측가치란 정보이용자가 기업실체의 미래 재무상태, 경영성과, 순현금흐름 등을 예측하는 데에 그 정보가 활용될 수 있는 능력을 의미한다.
② 피드백가치란 제공되는 회계정보가 기업실체의 재무상태, 경영성과, 순현금흐름 등에 대한 정보이용자의 당초 기대치를 확인 또는 수정되게 함으로써 의사결정에 영향을 미칠 수 있는 능력을 말한다.
③ 중립성이란 동일한 경제적 사건이나 거래에 대하여 동일한 측정방법을 적용할 경우 다수의 독립적인 측정자가 유사한 결론에 도달할 수 있어야 함을 의미한다.
④ 표현의 충실성은 재무제표상의 회계수치가 회계기간말 현재 기업실체가 보유하는 자산과 부채의 크기를 충실히 나타내야 한다는 것이다.

해답

③은 중립성이 아닌 검증가능성에 대한 설명이다.

4) 제약조건

① 효익과 비용간의 관계

유용한 정보제공에 대한 포괄적 제약으로서 특정 정보로부터 기대되는 효익은 그 정보를 제공하기 위하여 소요되는 비용을 초과해야 한다는 것으로 만약 비용이 효익을 초과한다면 회계정보를 제공하지 않는다.

② 중요성

정보이용자의 판단을 달리하게 하거나 또는 그 판단에 영향을 미치는 정도를 말하는 것으로 중요성은 정보가 제공하는 금액의 상대정 비중(양적기준)이나 정보의 성격(질적기준)에 의해 결정된다.

연습문제

01 다음 중 재무제표의 작성과 표시에 관한 설명으로 가장 옳지 않은 것은?
① 재무제표를 작성할 때 계속기업으로서의 존속가능성을 평가해야 한다.
② 재무제표의 작성과 표시에 대한 책임은 경영진에게 있다.
③ 기업은 현금기준회계를 사용하여 재무제표를 작성한다.
④ 재무제표는 원칙적으로 사실에 근거한 자료만 나타내지만, 추정에 의한 측정치도 포함한다.

02 다음 중 재무회계에 관한 설명으로 적절하지 않은 것은?
① 재무제표에는 재무상태표, 손익계산서, 자본변동표, 현금흐름표, 주석이 있다.
② 자산과 부채는 원칙적으로 상계하여 표시하지 않는다.
③ 기업의 외부이해관계자에게 유용한 정보를 제공하는 것을 주된 목적으로 한다.
④ 특정 기간의 경영성과를 나타내는 보고서는 재무상태표이다.

03 다음 중 재무제표의 기본가정이 아닌 것은?
① 기업실체의 가정 : 기업은 그 자체가 인격을 가진 하나의 실체로서 존재하며 기업실체의 경제적 현상을 재무제표에 보고해야 한다는 가정
② 계속기업의 가정 : 기업이 계속적으로 존재하지 않을 것이라는 반증이 없는 한 실체의 본래 목적을 달성하기 위하여 계속하여 존재한다는 가정
③ 발생주의의 가정 : 기업에 미치는 재무적 효과를 현금이 수취되거나 지급되는 기간에 기록하는 것이 아니라, 그 거래가 발생한 기간에 기록한다는 가정
④ 기간별보고의가정 : 기업의 지속적인 경제적 활동을 인위적으로 일정 기간 단위로 분할하여 각 기간마다 보고해야 한다는 가정

04 일반기업회계기준상 재무제표의 목적에 대한 설명으로 틀린 것은?
① 재무상태표 : 일정기간 동안의 자산, 부채 그리고 자본에 대한 정보를 제공
② 자본변동표 : 일정기간 동안의 자본의 크기와 그 변동에 관한 정보를 제공
③ 현금흐름표 : 일정기간 동안의 현금흐름에 대한 정보를 제공
④ 손익계산서 : 일정기간 동안의 경영성과에 대한 정보를 제공

05 다음 중 재무제표의 작성과 표시에 대한 설명으로 틀린 것은?
① 재무제표는 재무상태표, 손익계산서, 현금흐름표, 자본변동표로 구성되며, 주석을 포함한다.
② 재무제표를 작성할 때 계속기업으로서의 존속가능성을 평가해야 한다.
③ 중요한 항목은 재무제표의 본문이나 주석에 그 내용을 가장 잘 나타낼 수 있도록 통합하여 표시할 수 있다.
④ 재무제표가 일반기업회계기준에 따라 작성된 경우에는 그러한 사실을 주석으로 기재하여야 한다.

06 다음 중 재무제표 작성에 대한 설명으로 틀린 것은?
① 재무제표는 경제적 사실과 거래의 실질을 반영하여 기업의 재무상태, 경영성과, 현금흐름 및 자본변동을 공정하게 표시하여야 한다.
② 중요한 항목은 재무제표의 본문이나 주석에 그 내용을 가장 잘 나타낼 수 있도록 구분하여 표시하며, 중요하지 않은 항목은 성격이나 기능이 유사한 항목과 통합하여 표시할 수 있다.
③ 재무제표는 이해하기 쉽도록 간단하고 명료하게 표시하여야 한다.
④ 사업결합 또는 사업중단 등에 의해 영업의 내용이 유의적으로 변경된 경우라도 재무제표의 기간별 비교가능성을 제고하기 위하여 재무제표 항목의 표시와 분류는 매기 동일하여야 한다.

07 다음 중 재무상태표에 대한 설명으로 옳은 것은?
① 재무상태표는 자산, 부채, 자본으로 구성되어 있다.
② 재무상태표는 일정기간동안의 기업의 경영성과에 대한 정보를 제공해준다.
③ 기타포괄손익누계액은 부채에 해당한다.
④ 자산과 부채는 원칙적으로 상계하여 순액으로 표시하여야 한다.

08 다음 중 재무상태표의 구성요소에 대한 구분과 관련된 설명 중 틀린 것은?
① 유동자산은 당좌자산, 매출채권, 재고자산으로 구분한다.
② 비유동자산은 투자자산, 유형자산, 무형자산, 기타비유동자산으로 구분한다.
③ 부채는 유동부채와 비유동부채로 구분한다.
④ 자본은 자본금, 자본잉여금, 자본조정, 기타포괄손익누계액 및 이익잉여금(또는 결손금)으로 구분한다.

09 다음 중 재무제표의 기본가정에 대한 설명으로 옳지 않은 것은?
① 재무제표의 기본가정으로는 기업실체, 계속기업 및 기간별 보고가 있다.
② 기업실체의 가정이란 기업을 소유주와는 독립적으로 존재하는 회계단위로 간주하고 이 회계단위의 관점에서 그 경제활동에 대한 재무정보를 측정, 보고하는 것을 말한다.
③ 계속기업의 가정이란 기업실체의 중요한 경영활동이 축소되거나 기업실체를 청산시킬 의도나 상황이 존재한다는 가정을 말한다.
④ 기간별 보고의 가정이란 기업실체의 존속기간을 일정한 기간 단위로 분할하여 각 기간별로 재무제표를 작성하는 것을 말한다.

10 다음 중 재무회계 개념체계에 따른 재무보고의 목적에 해당하지 않는 것은?
① 기업 근로자의 근로 성과평가에 유용한 정보의 제공
② 미래 현금흐름 예측에 유용한 정보의 제공
③ 투자 및 신용의사결정에 유용한 정보의 제공
④ 경영자의 수탁책임과 평가에 유용한 정보의 제공

11 재무제표정보의 질적특성인 신뢰성에 대한 내용이 아닌 것은?
① 재무정보가 의사결정에 반영될 수 있도록 적시에 제공되어야 한다.
② 재무정보가 특정이용자에게 치우치거나 편견을 내포해서는 안된다.
③ 거래나 사건을 사실대로 충실하게 표현하여야 한다.
④ 동일사건에 대해 다수의 서로 다른 측정자들이 동일하거나 유사한 측정치에 도달하여야 한다.

12 다음은 회계정보의 질적 특성 중 무엇에 대한 설명인가?

> 회계정보가 정보이용자의 의사결정 목적과 관련 있어야 한다는 것으로서, 회계정보를 이용하지 않고 의사결정하는 경우와 회계정보를 이용하여 의사결정하는 경우를 비교했을 때 의사결정의 내용에 차이가 발생하여야 한다는 특성이다.

① 이해가능성　　② 목적적합성　　③ 신뢰성　　④ 비교가능성

13 다음은 회계정보가 정보이용자의 의사결정에 유용성을 충족하기 위해서 갖추어야할 회계정보의 질적특성 중 목적적합성에 대한 설명이다. 목적적합성의 하부속성에 해당하지 않는 것은?

① 예측가치　　　　　　② 표현의 충실성
③ 피드백가치　　　　　④ 적시성

14 일반기업회계기준에서 계속성원칙을 중요시하는 이유는?

① 중요한 회계정보를 필요한 때에 적시성있게 제공하기 위함이다.
② 기간별로 재무제표의 비교를 가능하도록 하기 위함이다.
③ 수익과 비용을 적절히 대응하기 위함이다.
④ 기업간 회계처리의 비교가능성을 제고하기 위함이다

15 다음 중 보수주의에 대한 설명으로 잘못된 것은?

① 우발손실의 인식은 보수주의에 해당한다.
② 보수주의는 재무적 기초를 견고히 하는 관점에서 이익을 낮게 보고하는 방법을 선택하는 것을 말한다.
③ 재고자산의 평가시 저가법을 적용하는 것은 보수주의에 해당한다.
④ 보수주의는 이익조작의 가능성이 존재하지 않는다.

02 당좌자산

자산은 1년을 기준으로 유동자산과 비유동자산으로 분류한다. 다만, 정상적인 영업주기 내에 판매되거나 사용되는 재고자산과 회수되는 매출채권 등은 보고기간종료일로부터 1년 이내에 실현되지 않더라도 유동자산으로 분류한다. 또한, 장기미수금이나 투자자산에 속하는 매도가능증권 또는 만기보유증권 등의 비유동자산 중 1년 이내에 실현되는 부분은 유동자산으로 분류한다.

01.. 유동자산의 종류

유동자산은 당좌자산과 재고자산으로 구분한다.

구분		내용
당좌자산	의의	판매활동을 거치지 않고 현금화 할 수 있는 자산
	종류	현금및현금성자산, 외상매출금, 받을어음, 단기예금, 단기매매증권, 단기대여금, 미수금, 선급금, 미수수익, 선급비용 등
재고자산	의의	판매활동을 거쳐야만 현금화 할 수 있는 자산
	종류	상품, 제품, 원재료, 재공품, 반제품, 저장품 등

02.. 당좌자산

당좌자산은 유동자산 중 판매를 목적으로 보유하고 있는 재고자산을 제외한 모든 자산을 말한다. 당좌자산에는 현금 및 현금성자산, 매출채권(받을어음, 외상매출금), 단기예금, 단기매매증권 등이 있다.

1. 현금및현금성자산

현금 및 현금성자산이란 회계상의 자산항목 중 사용용도에 제약을 받지 않는 가장 유동성이 큰 자산을 말한다. 현금및현금성자산에는 현금, 요구불예금, 현금성자산이 포함된다.

1) 현금

구 분	종 류
통 화	지폐, 동전
통화대용증권	타인발행수표(당좌수표, 자기앞수표), 공·사채만기이자표, 배당금지급통지서, 우편환증서, 만기도래어음 등
요구불예금	보통예금, 당좌예금

회계상에서 현금이란 통화, 통화대용증권, 요구불예금을 포함한다.

2) 현금성자산

현금성자산이란 큰 거래비용 없이 현금으로 전환이 용이하고 이자율변동에 따른 가치변동의 위험이 중요하지 않은 금융상품으로서 취득당시 만기가 3개월 이내에 도래하는 것을 말한다.

2. 현금과부족

특정시점에서 장부상 현금잔액과 금고에 보관되어 있는 실제 현금잔액은 일치하여야 하지만 계산착오나 거래의 누락 등에 의해서 일치하지 않는 경우가 있는데, 이를 현금과부족이라 한다.

현금과부족계정은 임시계정이기 때문에 재무상태표에 보고하면 안된다. 따라서 현금이 불일치하는 경우에는 현금과부족이라는 임시계정으로 처리하였다가 그 원인을 조사하여 원인이 밝혀진 경우에는 현금과부족계정을 해당계정으로 대체한다. 불일치의 원인을 보고기간말에 가서도 알 수 없을 경우에는 현금부족액은 잡손실계정 차변에, 과다액은 잡이익계정 대변에 대체하고, 현금과부족계정을 마감하여야 한다.

회계기간 중이 아닌 보고기간말에 장부잔액과 실제잔액이 일치하지 않는 경우 현금과부족계정을 사용하지 않고 실제잔액이 부족하면 잡손실로 처리하고 실제잔액이 초과하면 잡이익으로 처리한다.

3. 당좌예금과 당좌차월

당좌예금이란 기업이 은행과 당좌거래약정을 맺고 당좌수표를 발행할 수 있는 은행계좌를 말한다. 당좌예금은 현금관리업무를 은행이 대행해주는 예금제도로서 당좌예금인출 시 수표를 발행한다는 것이 특징이다.

당좌차월이란 은행과 당좌차월계약(차입계약)을 맺고 예금잔액을 초과하여 계약 한도액까지 수표나 어음을 발행할 수 있는 것을 말한다. 당좌예금잔액을 초과하여 수표나 어음을 발행한 금액을 당좌차월이라고 한다. 당좌차월액은 당좌예금계정 대변 잔액이 되며 은행으로부터 차입한 금액을 의미하므로 재무상태표에는 단기차입금으로 하여 유동부채로 분류한다.

4. 단기금융상품(단기예금)

단기금융상품이란 금융기관이 취급하는 정형화된 상품으로 만기가 1년 내에 도래하는 것을 말한다. 단기금융상품에는 양도성예금증서(CD), 어음관리구좌(CMA), 환매체(RP), 기업어음(CP) 등이 있다.

5. 단기매매증권

단기매매증권이란 단기간 내의 매매차익을 얻을 목적으로 취득한 유가증권으로서 매수와 매도가 적극적이고 빈번하게 이루어지는 것을 말한다. 단기매매증권의 회계처리는 취득, 보유, 기말평가, 처분시로 구분되며, 구체적인 회계처리는 다음과 같다.

1) 취득시 회계처리

단기매매증권을 취득한 경우 취득원가는 공정가치로 측정한다. 취득시 발생하는 거래비용은 취득원가에 가산하지 않고 당기의 비용으로 처리한다. 단기매매증권의 원가를 결정하는 때에는 개별법, 이동평균법 또는 다른 합리적인 방법을 사용하되, 동일한 방법을 매기 계속 적용한다.

```
(차) 단 기 매 매 증 권    ×××    (대) 현    금    ×××
    수 수 료 비 용*       ×××
*거래비용 : 증권거래세, 중개수수료 등
```

2) 보유시 회계처리

단기매매증권을 보유하는 경우 배당금이나 이자를 받을 수 있다. 배당금을 받는 경우에는 배당금수익으로 이자를 받는 경우에는 이자수익으로 회계처리 하여야 한다.

```
① 주식보유시 배당금을 받는 경우
(차) 현 금      ×××    (대) 배당금수익    ×××

② 채권보유시 이자를 받는 경우
(차) 현 금      ×××    (대) 이자수익      ×××
```

3) 기말평가시 회계처리

단기매매증권을 결산일 현재 보유하는 경우에는 결산일의 공정가치(시가)와 장부금액을 비교하여 평가손익을 계상하여야 한다.

```
① 공정가치 > 장부금액
(차) 단 기 매 매 증 권      ×××    (대) 단기매매증권평가이익    ×××

② 공정가치 < 장부금액
(차) 단기매매증권평가손실 ×××    (대) 단 기 매 매 증 권      ×××
```

4) 처분시 회계처리

보유 중인 단기매매증권을 처분하는 경우에는 처분가액과 취득가액(또는 장부금액)을 비교하여 처분손익을 계상하여야 한다.

```
① 처분가액 > 장부금액
(차) 현 금           ×××    (대) 단 기 매 매 증 권      ×××
                                단기매매증권처분이익      ×××
② 처분가액 < 장부금액
(차) 현 금           ×××    (대) 단 기 매 매 증 권      ×××
    단기매매증권처분손실  ×××
* 처분시에 발생하는 처분비용은 처분가액에서 차감한다.
```

필수예제

다음은 정호상사의 주식거래내역이다. 일자별로 분개하시오.

[20X1년]
  11월 10일 도림(주)의 주식 100주를 주당 ₩1,000에 취득하고 중개수수료 ₩5,000과 함께 현금으로 지급하였다.
  12월 31일 결산일 현재 도림(주) 주식의 주당 공정가치는 ₩1,200이다.
[20X2년]
  2월 15일 도림(주)로부터 배당금 ₩8,000을 현금으로 받다.
  3월 15일 도림(주)의 주식 100주를 주당 ₩800에 처분하였다.

해답

[20X1년]
11월10일	(차) 단 기 매 매 증 권	100,000	(대) 현 금	105,000
	수 수 료 비 용	5,000		
12월31일	(차) 단 기 매 매 증 권	20,000	(대) 단기매매증권평가이익	20,000

*100주 × (₩1,200 - ₩1,000) = 20,000

[20X2년]
2월15일	(차) 현 금	8,000	(대) 배 당 금 수 익	8,000
3월15일	(차) 현 금	80,000	(대) 단 기 매 매 증 권	120,000
	단기매매증권처분손실	40,000		

6. 매출채권

매출채권은 일반적인 상거래에서 발생한 외상매출금과 받을어음을 말한다. 외상매출금은 상품 등의 매매거래 중 신용에 의한 외상거래에서 발생한 채권을 말하며, 대금 회수가 어음으로 이루어진 경우에는 받을어음이라고 한다. 매출채권과 관련된 회계처리는 매출채권의 발생, 매출채권의 양도와 할인, 매출채권의 회수, 대손회계로 구분된다.

1) 매출채권의 발생

매출채권은 상품, 제품 등을 외상으로 판매한 경우 발생한다. 매출채권은 어음수수여부에 따라 외상매출금과 받을어음으로 구분된다.

구 분	거 래 내 용	분 개
외상매출금	상품을 외상으로 판매한 경우	외상매출금 100 / 매출 100
받을어음	어음을 받고 상품을 판매한 경우	받을어음 100 / 매출 100

2) 매출채권(받을어음)의 양도 및 할인

보유하고 있는 매출채권(받을어음)은 타인에게 양도하거나 금융기관을 통하여 할인할 수 있다.

구 분	거 래 내 용	분 개
어음의 양도	어음소지인이 만기일 전에 어음 뒷면에 기명날인하여 어음상의 채권을 타인에게 양도하는 경우	현 금 100 / 받을어음 100
어음의 할인	어음소지인이 만기일 전에 금융기관을 통하여 어음대금에서 할인료를 차감하고 자금을 융통하는 것	현 금 80 / 받을어음 100 매출채권처분손실 20

3) 매출채권의 회수

매출채권이 만기일에 정상적으로 회수된다면 다음과 같이 회계처리된다.

구 분	거 래 내 용	분 개
외상매출금	외상매출금이 만기일에 정상적으로 회수된 경우	현 금 100 / 외상매출금 100
받을어음	받을어음이 만기일에 정상적으로 회수된 경우	현 금 100 / 받을어음 100

4) 매출채권의 대손회계

① 의의

회사가 경영활동을 하다보면 외상거래를 하거나 금전을 대여하는 등 채권이 발생하게 된다. 이렇게 발생된 채권은 기한이 되면 당연히 회수되어야 한다. 그러나 채권관리를 아무리 철저하게 하더라도 거래처의 부도나 파산 등의 이유로 인하여 채권 중 일부는 회수할 수 없는 경우가 발생하게 되는데 이를 대손이라 한다.

② 대손처리방법

대손회계처리는 결산일에 회수불가능한 금액을 추정하여 대손충당금을 설정하고 대손이 발생하는 경우에 대손충당금을 감액시키고 동시에 채권을 차감하여야 한다.

③ 대손의 추정방법

기업회계기준에서는 회수가 불확실한 채권에 대하여 합리적이고 객관적인 기준에 따라 산출한 대손추산액을 대손충당금으로 설정하도록 규정하고 있다. 대손추산액을 설정하는 방법에는 채권잔액비율법과 연령분석법 등이 있다. 한편 대손충당금계정의 잔액이 있는 경우에는 기말 대손추산액과 대손충당금잔액의 차액을 대손상각비나 대손충당금환입액으로 처리한다. 이때 대손상각비 중 상거래상의 채권인 매출채권 등에서 발생한 것은 판매비와 관리비로 처리하고 상거래상의 채권이 아닌 채권에서 발생한 대손상각비는 기타의 대손상각비의 계정인 영업외비용으로 처리하여야 한다.

④ 대손충당금의 회계처리

㉠ 대손충당금을 설정하는 경우

기업은 회계기말에 채권 잔액에 대손충당금을 설정함으로써 순실현가치를 재무상태표에 보고하여야 한다. 그러므로 회계기말에 채권에 대하여 대손을 추정하고 다음과 같이 회계처리하여야 한다.

- 대손충당금을 추가 설정하는 경우(대손예상액 > 대손충당금잔액)

(차) 대손상각비 ××× (대) 대손충당금 ×××

* 대손충당금설정액 = 채권잔액 × 추정대손율 − 대손충당금잔액
  = 대손예상액 − 대손충당금잔액

- 대손충당금을 환입하는 경우(대손예상액 < 대손충당금잔액)

(차) 대손충당금 ××× (대) 대손충당금환입 ×××

* 대손충당금환입액 = 대손충당금잔액 − 채권잔액 × 추정대손율
  = 대손충당금잔액 − 대손예상액

㉡ 대손이 발생한 경우

결산기 이외에서 실제로 대손이 발생한 경우에는 다음과 같이 기설정된 대손충당금과 매출채권을 상계시켜야 한다.

- 대손충당금 잔액이 없는 경우

(차) 대손상각비 ××× (대) 매출채권 ×××

- 대손충당금 잔액이 대손된 채권액보다 큰 경우

(차) 대손충당금 ××× (대) 매출채권 ×××

- 대손충당금이 대손된 채권액보다 작은 경우

(차) 대손충당금 ××× (대) 매출채권 ×××
대손상각비 ×××	

ⓒ 대손된 채권을 회수한 경우

회사가 거래처의 부도 등으로 인해 그 거래처에 대한 매출채권을 회수 불가능한 것으로 판단하여 이미 대손처리한 이후에 거래처 자금사정의 호전으로 인해 이미 상각한 매출채권을 회수하는 경우도 있다. 이러한 경우 현금계정 등을 차변에 기입하고 대손충당금을 대변에 기입한다.

| (차) 현 금 | ××× | (대) 대손충당금 | ××× |

필수예제

다음은 정호상회의 대손에 관한 거래내역이다. 일자별로 분개하시오.

20X1년	12/31	정호상회는 당해연도에 영업을 개시하였으며 매출채권 잔액에 2%가 대손 될 것으로 추정하고 있다. 회계기말 현재 매출채권 잔액은 2,000,000이다.
20X2년	4/30	외상거래 거래처인 부실상회가 부도로 인하여 채권 20,000이 회수가 불가능한것으로 판명되었다.
	5/6	부도상회의 파산으로 채권 30,000이 회수가 불가능하게 되었다.
	7/30	4월 30일에 대손처리 하였던 채권을 회수하게 되었다.

해답

20X1년	12/31	(차) 대손상각비	40,000	(대) 대손충당금	40,000
		* 2,000,000 × 2% = 40,000			
20X2년	4/30	(차) 대손충당금	20,000	(대) 매출채권	20,000
	5/6	(차) 대손충당금	20,000	(대) 매출채권	30,000
		대손상각비	10,000		
	7/30	(차) 현 금	20,000	(대) 대손충당금	20,000

7. 기타의 당좌자산

구 분	거 래
선급금	상품 등을 인도하기 전에 상품 등의 대금을 지급한 경우 선급금으로 처리한다.
미수금	상품 외의 자산을 외상으로 매각한 경우 미수금으로 처리한다.
단기대여금	만기가 1년 이내로 금전을 대여한 경우 단기대여금으로 처리한다.
가지급금	현금의 지출이 있었으나 금액과 계정과목이 확정되지 않은 경우 가지급금으로 처리한다.
선급비용	당기의 비용을 인식하는 경우 선급비용으로 처리한다.
미수수익	당기의 수익을 인식하는 경우 미수수익으로 처리한다.

연습문제

01 다음 중 현행 일반기업회계기준에 의해 유동자산으로 분류할 수 없는 것은?
① 보고기간종료일로부터 1년 이내에 사용되지 않을 것으로 예상되는 자산
② 기업의 정상적인 영업주기 내에 실현될 것으로 예상되거나 판매목적 또는 소비목적으로 보유하고 있는 자산
③ 단기매매 목적으로 보유하는 자산
④ 사용의 제한이 없는 현금및현금성자산

02 다음 중 유동자산으로 분류되지 않는 것은?
① 제품제조를 위해 구입한 원재료
② 단기시세차익을 목적으로 구입한 시장성이 있는 유가증권
③ 보고기간 종료일로부터 1년 이내에 만기가 도래하여 현금화가 가능한 만기보유증권
④ 기업이 고유의 영업활동과 직접적인 관련 없이 투자 목적으로 보유하고 있는 부동산

03 다음 중 자산에 속하지 않는 계정과목은?
① 개발비   ② 선급비용   ③ 미수수익   ④ 선수수익

04 다음 중 현금및현금성자산으로 분류되는 것은?
① 사용이 제한된 예금
② 요구불 당좌예금
③ 통화대용증권에 해당하지 않는 수입인지
④ 취득당시 만기가 1년 이내에 도래하는 금융상품

05 다음 중 현금및현금성자산에 해당하지 않는 것은?

① 타인발행수표 등 통화대용증권
② 당좌예금
③ 20X4년 11월 1일 취득하였으나 상환일이 20X5년 3월 1일인 상환우선주
④ 취득 당시 만기가 3개월 이내에 도래하는 채권

06 다음 중 재무제표에 보고되는 현금및현금성자산에 해당하지 않는 것은?

① 지폐
② 여행자수표
③ 20X2.8.5 취득한 양도성예금증서(만기:20X2.11.2)
④ 정기예금

07 다음 중 일반기업회계기준상 현금및현금성자산에 포함되지 않는 것은?

① 미국달러화 지폐 $100
② 사용에 제한이 없는 보통예금 5백만원
③ 만기가 도래하여 현금 회수가 가능한 받을어음 1천만원
④ 상환일이 1년 내인 단기대여금 1천만원

08 다음 재무상태표상의 당좌자산에 대한 설명 중 옳지 않은 것은?

① 단기금융상품과 장기금융상품의 분류는 보고기간종료일 현재 만기가 1년 이내에 도래하는지 여부에 따른다.
② 현금성자산이란 큰 거래비용 없이 현금으로 전환이 용이하고 이자율 변동에 따른 가치변동의 위험이 경미한 금융상품으로서 취득 당시 만기일이 3개월 이내인 것을 말한다.
③ 단기매매증권을 공정가치법에 의하여 회계처리하는 경우, 당기의 공정가치 변동에 따른 공정가치와 장부금액의 차액은 단기매매증권평가이익(또는 손실)으로 인식하여 기타포괄손익에 반영한다.
④ 외상매출금의 발생액은 외상매출금계정의 차변에 기입한다.

09 다음 중 일반기업회계기준상 유가증권에 대한 설명으로 틀린 것은?
① 매도가능증권의 취득 시점에 제공한 대가 외의 매입수수료, 이전비용은 수수료로 처리한다.
② 단기매매증권이나 만기보유증권으로 분류되지 않는 유가증권은 매도가능증권으로 분류한다.
③ 매도가능증권을 공정가치로 평가함으로 인해 발생하는 평가손실은 당기손익에 영향을 미치지 않는다.
④ 만기보유증권은 보고기간종료일로부터 1년 내에 만기가 도래하는 경우 유동자산으로 분류할 수 있다.

10 유가증권에 대한 내용으로 틀린 것은?
① 상품권은 회계상 유가증권에 해당된다.
② 단기매매증권의 평가손익은 미실현보유손익이지만 당기손익에 반영한다.
③ 유가증권에는 지분증권과 채무증권이 포함된다.
④ 유가증권의 손상차손 금액은 당기손익에 반영한다

11 유가증권에 대한 설명 중 잘못된 것은?
① 단기매매증권과 매도가능증권은 원칙적으로 공정가치로 평가한다.
② 단기매매증권의 미실현보유손익은 당기손익항목으로 처리한다.
③ 매도가능증권의 미실현보유손익은 당기손익항목으로 처리한다.
④ 단기매매증권이 시장성을 상실한 경우에는 매도가능증권으로 분류변경하여야 한다.

12 다음 중 유가증권에 대한 설명으로 옳지 않은 것은?
① 유가증권은 증권의 종류에 따라 지분증권과 채무증권으로 분류할 수 있다.
② 단기매매증권과 매도가능증권은 지분증권으로 분류할 수 있으나 만기보유증권은 지분증권으로 분류할 수 없다.
③ 보고기간종료일로부터 1년 이내에 만기가 도래하는 만기보유증권의 경우, 유동자산으로 재분류하여야 하므로 단기매매증권으로 변경하여야 한다.
④ 단기매매증권은 주로 단기간 내에 매매차익을 목적으로 취득한 유가증권을 말한다.

13 다음은 유가증권의 재분류에 관한 설명이다. 잘못된 것은?

① 매도가능증권은 만기보유증권으로 재분류할 수 있다.

② 유가증권과목의 분류를 변경할 때에는 재분류일 현재의 공정가치로 평가한 후 변경한다.

③ 단기매매증권이 시장성을 상실한 경우에는 매도가능증권으로 분류하여야 한다.

④ 만기보유증권으로부터 매도가능증권으로 재분류하는 경우에, 유가증권 재분류에 따른 평가에서 발생하는 공정가치와 장부금액의 차이금액은 당기손익으로 처리한다.

14 다음 중 일반기업회계기준상 단기매매증권에 대한 설명으로 맞는 것은?

① 단기매매증권은 시장성이 있으며, 단기간 내 매매차익 목적으로 거래가 소극적이고 드물게 이루어져야 한다.

② 단기매매증권에 대한 통제를 상실한 때에는 단기매매증권을 양도한 대가로 받았거나 받을 금액과 장부금액의 차이금액을 당기손익으로 처리한다.

③ 단기매매증권은 다른 범주로 재분류할 수 있으며, 다른 범주의 유가증권의 경우에도 단기매매증권으로 재분류할 수 있다.

④ 제3자로부터 증여에 의하여 단기매매증권을 취득한 때에는 장부가액을 취득가액으로 한다.

15 ㈜세무는 ㈜회계로부터 제품판매대금으로 수령한 3개월 만기 받을어음 10,000,000원을 하나은행에 할인하고, 할인료 500,000원을 차감한 잔액이 보통예금계좌로 입금되었다. 다음의 설명 중 틀린 것은?

① 해당 거래가 매각거래로 분류될 경우 매출채권처분손실을 인식할 것이다.

② 해당 거래가 차입거래로 분류될 경우 이자비용을 인식할 것이다.

③ 해당 거래가 차입거래로 분류될 경우 차입금 계정은 10,000,000원 증가할 것이다.

④ 해당 거래가 매각거래로 분류될 경우 받을어음 계정은 변동이 없을 것이다.

16 다음은 매출채권에 대한 설명이다. 틀린 것은?

① 매출할인은 제품의 총매출에서 차감한다.

② 매출채권이란 주된 영업활동의 상품이나 제품판매 혹은 서비스를 제공하고 아직 돈을 못 받은 경우 그 금액을 말한다.

③ 매출채권에서 발생한 대손상각비는 영업외비용으로 처리한다.

④ 대손충당금은 매출채권의 평가성 항목으로서 매출채권에서 차감하는 형식으로 표시한다

17 매출채권의 대손충당금을 과다설정한 것이 재무제표에 미치는 영향으로 잘못된 것은?

① 비용의 과대계상
② 자산의 과대계상
③ 당기순이익의 과소계상
④ 이익잉여금의 과소계상

18 대손금 회계처리에 대한 다음의 설명 중 틀린 것은?

① 대손예상액은 기말 매출채권잔액에 대손추정률을 곱하여 산정한다.
② 모든 채권에서 발생된 대손처리 비용은 판매비와관리비로 처리한다.
③ 대손 발생시 대손충당금 잔액이 있으면 먼저 상계한다.
④ 대손의 회계처리는 직접상각법과 충당금설정법이 있다.

19 (주)한국은 12월 1일에 (주)서울에 대한 외상매출금 1,000,000원에 대하여 (주)서울의 파산으로 대손처리하였다. 대손처리 전에 외상매출금 및 대손충당금의 잔액이 다음과 같을 때 다음 설명 중 틀린 것은?

· (주)서울에 대한 외상매출금 : 1,000,000원   · 외상매출금에 설정된 대손충당금 : 1,000,000원

① 대손처리 후의 외상매출금의 총액은 1,000,000원이 감소된다.
② 12월 1일의 회계처리에서는 일정한 비용이 인식된다.
③ 대손처리 후의 대손충당금의 잔액은 1,000,000원이 감소된다.
④ 대손처리 후의 외상매출금의 순액은 변동이 없다.

20 다음 자료을 이용하여 회계연도말 재무상태표에 표시될 매출채권을 계산하면 얼마인가?

· 당기현금매출액	50,000원	· 매출총이익	90,000원
· 기초매출채권	80,000원	· 매출채권회수액	200,000원
· 기초상품재고액	120,000원	· 당기상품매입액	200,000원
· 기말상품재고액	110,000원		

① 100,000원   ② 130,000원   ③ 160,000원   ④ 190,000원

03 재고자산

01. 재고자산의 의의와 종류

재고자산이란 기업의 정상적인 영업활동 과정에서 판매를 위하여 보유하고 있는 자산과 제품을 생산하는데 사용되는 자산을 말한다. 상품매매회사에 있어서 재고자산은 상품을 가리키며 제조회사에 있어서 재고자산은 제품과 이를 생산하는데 사용되는 원재료, 저장품 그리고 생산 중에 있는 재공품 등을 가리킨다.

> **재고자산의 종류**
> - 상   품 : 기업의 정상적인 영업활동과정에서 판매를 목적으로 구입한 상품을 말하며, 부동산 매매업에 있어서 판매를 목적으로 소유하는 토지, 건물, 기타 이와 유사한 부동산도 상품에 포함한다
> - 제   품 : 기업내부에서 판매를 목적으로 제조한 생산품을 말한다.
> - 반 제 품 : 자가제조한 중간제품과 부분품 등을 말한다.
> - 재 공 품 : 제품의 제조를 위하여 제조과정에 있는 물건을 말한다.
> - 원 재 료 : 완제품을 제조·가공할 목적으로 구입한 원료, 재료 등을 말한다.
> - 저 장 품 : 소모품, 수선용 부분품 및 기타 저장품 등을 말한다.

02. 재고자산의 취득원가

재고자산의 취득원가는 재고자산을 판매 가능한 상태로 만들기까지 소요된 모든 현금지출액 등이 포함되어야 한다. 즉, 재고자산의 취득가액은 그 매입대금과 취득과정에서 소요된 매입수수료·수입관세·보관료·운반비·보험료·하역비 등이 포함되고, 매입과 관련된 매입할인, 매입에누리, 매입환출이 있는 경우에는 이를 매입원가에서 차감해야 한다.

> 상품의 취득원가 = 총매입가액 + 매입부대비용 – 매입에누리 – 매입환출 – 매입할인

1. 매입에누리와 환출

매입에누리와 매입환출은 취득가액에서 차감하여야 한다. 매입에누리는 상품구입 후 상품에 하자가 있는 경우 매입대금의 일정액을 할인받는 것을 말하고, 매입환출은 상품의 현격한 하자로 인하여 상품을 반품하는 것을 말한다. 당초 상품에 하자가 있으면 구입하지 않았을 것이기 때문에 당연히 매입에누리와 환출은 취득가액에서 차감되어야 할 것이다.

2. 매입할인

매입할인이란 상품을 외상으로 매입한 후 외상대금을 당초에 약정한 기일 전에 결제하는 경우 외상대금의 일정률을 할인하여 받는 것을 말한다. 매입할인은 외상대금의 조기상환에 대한 이자비용의 혜택을 의미하기 때문에 상품의 취득원가에서 차감되어야 한다.

03..재고자산의 기록방법

재고자산의 경우에는 기중에 매입과 매출이 수시로 일어나기 때문에 기중의 자산관리는 수량을 위주로 관리한다. 그리고 기말에 인위적인 원가흐름의 가정에 의한 단가를 적용하여 기말재고원가와 매출원가를 산정하는 방식을 사용하는 것이다. 즉, 자산기록방법에 따라 산정된 기말재고수량에 원가흐름의 가정에 의한 단가를 곱하여 기말재고원가를 결정짓고 매출원가는 재고등식에 의하여 다음과 같이 계산한다.

> 매출원가 = 기초상품재고원가 + 당기상품매입원가 − 기말상품재고원가

먼저 재고자산의 수량결정방법인 기록방법을 알아보고 단가산정방법인 원가흐름의 가정을 살펴보기로 한다. 재고자산 기록방법에는 크게 계속기록법과 실지재고조사법이 있다.

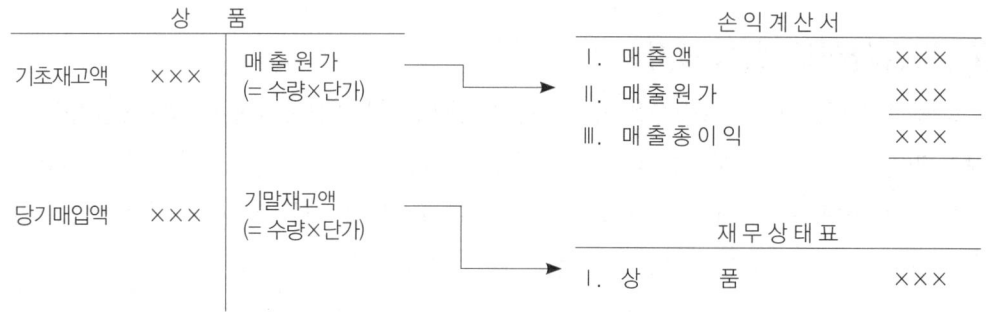

1. 수량결정방법

1) 계속기록법

계속기록법이란 기중 재고를 매입할 경우에는 매입수량, 단가, 금액을 모두 기입하고 매출할 때에도 수량 등을 기록하는 방법이다.

> 기초재고수량 + 당기매입수량 − 당기판매수량 = 기말재고수량

2) 실지재고조사법

실지재고조사법이란 재고자산을 매입할 때에는 매입수량, 단가, 금액을 모두 기입하지만, 매출할 때에는 특별한 기록을 하지 아니하였다가 기말에 실사를 통하여 기말재고의 수량과 금액을 확정짓고 매출수량 및 매출원가를 다음 산식에 따라 사후적으로 계산하는 방법이다.

> 기초재고수량 + 당기매입수량 − 기말재고수량 = 당기판매수량

구 분	장 점	단 점
계속기록법	• 보관재고수량을 즉시 파악할 수 있으므로 자산관리목적에 적합하다. • 기중 재고수량 및 금액을 파악할 수 있으므로 기중결산이 가능하다.	• 기록 · 유지비용이 많이 발생한다. • 재고감모손실을 파악할 수 없다.
실지재고조사법	• 재고자산 기록 · 유지비용이 적게발생한다. • 실무에 적용하기가쉽다.	• 자산관리목적에 부적합하다. • 기중결산이 어렵다. • 재고자산감모손실이 매출원가에 포함된다.

2. 단가를 결정하는 방법

1) 개별법

개별법이란 재고자산에 가격표 등을 붙여 매입상품별로 매입가격을 알 수 있도록 함으로써, 매입가격별로 판매된 것과 재고로 남은 것을 구별하여 매출원가와 기말재고로 구분하는 방법이다. 개별법은 원가흐름과 실제물량흐름이 일치하기 때문에 이론상 가장 이상적인 방법이지만, 재고자산의 종류와 수량이 많고 거래가 빈번한 경우에는 실무에 적용하기가 어려운 방법이다. 따라서 개별법은 귀금속이나 자동차매매업, 특별주문품 등과 같이 상대적으로 고가품목에 대하여 적용되는 방법이다.

2) 선입선출법

선입선출법이란 실제물량흐름과는 관계없이 먼저 입고된 재고자산의 원가가 먼저 매출원가로 대응된다는 가정하에서 기말재고자산의 단가를 결정하는 방법이다.

재고자산은 일반적으로 먼저 구입한 재고부터 출고되므로 실제의 물량흐름과 거의 일치한다는 점에서 그 이론적 근거를 찾을 수 있다. 선입선출법은 장기간 보관하면 품질이 저하되거나 진부화 되는 상품의 경우에 적용될 수 있는 방법이다.

이 방법에 의하면, 재무상태표상 기말재고액은 결산일로부터 가장 가까운 날짜에 구입된 상품의 가격으로 계산되기 때문에 물가가 상승하는 경우에는 매출원가는 과소하게 표시되고 손익계산서상 당기순이익은 과대하게 보고되는 경향이 있다. 즉, 선입선출법에 따라 단가를 적용할 경우 기말재고자산은 가장 최근의 원가로 평가되며 매출원가는 오래된 재고자산의 원가가 대응되는 특징이 있다.

선입선출법은 실지재고조사법에 의하든 계속기록법에 의하든 한 회계기간에 계상되는 매출원가와 기말재고액은 같아진다. 왜냐하면 계속기록법에 의한 선입선출법 하에서 기말재고로 남는 상품과 실지재고조사법에 의한 선입선출법 하에서 기말재고로 남는 상품의 매입시점이 동일하기 때문이다.

장 점	단 점
• 원가흐름의 가정과 실제물량흐름이 대체적으로 일치한다. • 가장 최근에 매입한 단가가 적용되기 때문에 기말재고자산이 시가로표시된다.	• 현행수익에 과거의 원가가 대응되므로 수익 · 비용대응 부적절하다. • 물가상승시 이익이 과대계상되므로 법인세부담과 배당압력이높아진다.

3) 후입선출법

후입선출법이란 실제물량흐름과는 무관하게 가장 최근에 입고된 재고자산이 먼저 판매된다는 가정에 기초하여 기말재고자산의 원가를 결정하는 방법이다. 이 방법은 매입역순으로 원가를 배분하기 때문에 최근에 구입한 원가가 매출원가를 구성하고, 과거에 구입한 원가가 기말재고액을 구성하게 된다. 따라서 현행수익에 현행원가가 대응되기 때문에 수익 · 비용의 대응은 적절하게 이루어지지만 기말재고자산이 오래전에 매입한 원가로 구성되기 때문에 물가상승 시 기말재고액이 과소평가된다.

후입선출법은 선입선출법과 달리 재고수량 결정방법을 계속기록법을 사용하는가 실지재고조사법을 사용하는가에 따라 기말상품재고액이 서로 다르게 계산된다. 왜냐하면 실지재고조사법에서는 당기의 판매량을 기말시점에서부터 시작하여 최근에 매입한 상품 순으로 매출되었다고 가정하지만, 계속기록법의 경우에는 상품이 매출될 때마다 그 시점별 기준으로 기업이 보유하고 있는 상품 중 가장 최근의 매입상품이 판매된 것으로 보기 때문이다.

후입선출법은 물가상승 시 가공이익을 배제하여 절세효과를 얻고 기업의 자본유지를 도모하기 위하여 개발된 방법이다.

장 점	단 점
• 현행수익에 현행원가가 대응되므로 수익·비용 대응에 적절하다. • 물가상승시 이익이 적게 계상되므로 법인세이연효과가 있다.	• 실제물량흐름이 원가흐름의 가정과 일치하지 않는다. • 재무상태표에 보고되는 기말재고자산이 시가로 보고되지 못한다. • 재고청산(LIFO청산)문제가 발생할 수 있다. 재고청산이란 기말재고수량이 기초재고수량보다 작아지는 경우를 말하는데 이 경우 오래된 재고층이 매출원가를 구성하기 때문에 실제보다 이익이 과대계상된다.

4) 평균법

평균법이란 실제물량흐름과는 무관하게 원가흐름을 연중 평균적으로 발생한다고 가정하여 평균단가를 재고자산의 단가로 결정하는 방법이다. 평균법은 재고자산의 기록방식에 따라 그 적용방법이 다르다. 즉, 계속기록법하의 평균법은 매입 시마다 단가를 계산하는 이동평균법을 적용하게 되며, 실지재고조사법하의 평균법은 연말에 한 번만 단가를 계산하는 총평균법을 적용한다. 이동평균법, 총평균법 중 어느 하나를 선택하였다면 매기 계속해서 적용해야 한다.

수량을 결정하는 방법		단가를 결정하는 방법
계 속 기 록 법	⇔	이 동 평 균 법
실 지 재 고 조 사 법	⇔	총 평 균 법

① 이동평균법

이동평균법이란 상품을 새로 구입할 때마다 가중평균단가를 구하고 그 단가를 기준으로 기말상품재고액을 결정하는 방법이다. 이 방법은 구입 시마다 평균단가를 산출하기 때문에 실지재고조사법에서는 적용할 수 없고 계속기록법에서만 적용된다. 이동평균법은 매입 시마다 평균단가를 계산함으로써 물가의 변동을 단가에 신속하게 반영하는 장점이 있으나, 상품구입 횟수가 빈번한 경우에는 계산이 복잡한 단점이 있다.

$$\text{평균단가} = \frac{\text{매입직전의 상품재고액} + \text{당일의 상품매입액}}{\text{매입직전의 상품재고수량} + \text{당일의 상품 매입수량}}$$

② 총평균법

총평균법(weighted average method)은 일정기간 동안의 상품의 매입원가 합계를 매입수량합계로 나눈 단가로서 기말상품재고액을 결정하는 방법으로 기중에는 상품의 단가를 전혀 알 수 없다. 이 방법은 일정기간 매입된 상품이 혼합되어 판매된다는 가정에 기초를 두고 있다. 총평균법은 기말현재의 재고수량을 파악하여 평균단가를 적용하기 때문에 계속기록법에서는 적용할 수 없고 실지재고조사법에서만 적용된다.

$$총평균단가 = \frac{기초재고액 + 당기매입액}{기초재고수량 + 당기매입수량}$$

5) 매출가격환원법(소매재고법)

매출가격환원법(retail inventory method)이란 소매재고법이라고도 하는데 소매가로 파악한 기말재고액을 원가로 역산하여 원가흐름을 추정하는 방법이다. 대부분의 기업은 재고자산을 관리할 경우에는 수량을 위주로 관리하는 것이 일반적이다. 그러나 백화점이나 유통업종 등의 경우에는 재고자산의 수량과 종류가 너무 많아 수량을 기준으로 재고를 관리하지 않고 판매가를 위주로 재고를 관리하는 경우가 있다. 즉, 재고자산에 관한 자료를 소매가격으로 기록·보존하였다가 기말에 원가와 소매가 사이의 일정한 관계를 이용한 수정과정을 통하여 원가로 환산하는 방법이다.

이 방법은 기간 중에 입고된 상품의 매입원가총액과 기초재고액과의 합계액을 동상품의 매가총액으로 나누어 원가율을 구하고 매가로 평가된 기말재고(기초재고와 당기매입량의 매가총액에서 당기매출액을 차감한 금액)에 원가율을 곱하여 기말재고액을 계산하는 방법이다.

이 방법은 기말재고수량에 대한 실사 없이도 신속하게 재고액을 추산할 수 있는 장점이 있다. 일반기업회계기준에서는 원칙적으로 많은 종류의 상품을 취급하여 실제원가에 기초한 원가결정방법의 사용이 곤란한 유통업종에서만 매출가격환원법에 의한 재고자산평가를 허용함으로써 매출가격환원법의 남용을 방지하고 있다. 다만, 유통업 이외의 업종에 속한 기업이 매출가격환원법을 사용하는 예외적인 경우에는 매출가격환원법의 사용이 실제원가에 기초한 다른 원가결정방법을 적용하는 것보다 합리적이라는 정당한 이유와 매출가격환원법의 원가율 추정이 합리적이라는 근거를 주석으로 기재하여야 한다.

6) 매출총이익률법

매출총이익률법이란 과거의 매출총이익률을 이용하여 판매가능상품을 매출원가와 기말재고에 배분하는 방법이며, 화재·도난으로 인하여 정상적인 이용이 불가능할 때 또는 내부통제와 재고자산의 타당성을 검증할 때 사용하는 방법이다. 또한 이 방법은 과거의 매출총이익률을 이용하기 때문에 정확성과 검증가능성이 떨어진다. 이러한 이유에서 일반기업회계기준에서는 인정하지 않는 평가방법이다.

구 분	장 점	단 점
개별법	• 실제물량흐름과 일치한다. • 이론적으로 가장 이상적인 방법이다. • 수익·비용 대응의 원칙에 충실한 방법이다.	• 거래가 빈번한 경우 적용하기 곤란하다. • 이익조작가능성이 있다.
선입선출법	• 실제물량흐름과 일치한다. • 기말재고자산가액이 현행가치로 보고된다. → 재무상태표에 충실한 방법	• 물가상승시 기말재고자산의 과대평가로 이익이 과대계상된다. • 수익·비용 대응의 원칙에 충실하지 못하다.(현행판매가격에 과거원가가 대응된다.)
후입선출법	• 물가상승시에 기말재고자산의 과소평가로 이익이 과소계상됨으로써 법인세 이연효과가 있다. • 수익·비용 대응의 원칙에 충실한 방법이다 (현행판매가격에 현행원가가 대응된다). → 손익계산서에 충실한 방법	• 실제물량흐름과 일치하지 않는다. • 기말재고액이 과거 원가로 보고되기 때문에 과소평가된다. • LIFO 청산문제가 발생할 수 있다.
이동평균법	• 물가변동을 단가에 신속하게 반영한다.	• 거래가 빈번한 경우 계산이 복잡하다. • 계속기록법에서만 사용이 가능하다.
총평균법	• 계산이 간편하다. • 이익조작가능성이 없다.	• 총평균단가계산은 기말에만 가능하다.
매출총이익률법 (기업회계에서 인정하지 않는 방법)	• 내부통제와 재고자산의 타당성을 검증할 때 사용할 수 있다. • 정상적인 정보의 이용이 불가능할 때 이용할 수 있다.	• 과거 자료에 의한 매출총이익률을 사용한다.

각 방법의 비교

물가상승시에 기말재고액, 매출원가, 당기순이익의 크기 비교

① 기말상품재고액의 크기

　　　선입선출법 〉 이동평균법 〉 총평균법 〉 후입선출법

② 매출원가의 크기

　　　선입선출법 〈 이동평균법 〈 총평균법 〈 후입선출법

③ 당기순이익의 크기

　　　선입선출법 〉 이동평균법 〉 총평균법 〉 후입선출법

∴ 기말상품재고액과 당기순이익의 크기는 같은 방향이고 매출원가는 반대방향이다.

04. 재고자산에 포함되는 항목

재고자산의 포함여부를 결정하는 문제는 수익인식기준에 따라서 결정된다. 왜냐하면 수익으로 인식되었다면 재고자산의 실질소유권이 구매자에게 이전되었으므로 포함시켜서는 안 되며, 수익으로 인식되지 아니하였다면 실질소유권이 회사에 있으므로 재고자산에 포함시켜야 하는 것이다. 즉, 재고자산의 포함여부는 재고자산에 대한 법적소유권이 누구에게 있는지에 따라 판단하여야 한다.

(1) 미착상품(운송중인 재고자산)

미착상품(goods in transit)이란 매입거래는 성립하였으나 운송중인 상품을 말한다. 미착상품은 법률적인 소유권의 유무에 따라서 재고자산 포함여부를 결정한다. 법률적인 소유권 유무는 매매계약상의 거래조건에 따라 다르다. 선적지인도조건인 경우에는 상품이 선적된 시점에 소유권이 매입자에게 이전되기 때문에 미착상품은 매입자의 재고자산에 포함된다. 반면에 도착지인도조건인 경우에는 상품이 목적지에 도착하여 매입자가 인수한 시점에 소유권이 매입자에게 이전되기 때문에 매입자의 재고자산에 포함되지 않는다.

선적지인도조건	매입자 재고자산에 포함
도착지인도조건	판매자 재고자산에 포함

(2) 위탁상품(적송품)

위탁상품이란 위탁자가 수탁자에게 판매를 위탁하기 위하여 발송한 상품을 말한다. 위탁상품은 법적 소유권이 위탁자에게 있으므로 수탁자가 제3자에게 판매하기 전까지는 위탁자의 재고자산에 포함시켜야 한다.

(3) 시송품

회사가 개발한 신제품 등은 고객에게 인지도가 없으므로 판매촉진을 위하여 고객에게 제품을 먼저 사용하게 한 후에 고객이 구입의사를 표시하면 매출로 인식하는 판매방식을 시용판매라 하는데, 이때 인도하는 상품을 시송품(sales on approval)이라 한다. 시송품은 고객이 구입의사를 표시하기 전까지는 판매자의 재고자산에 포함시켜야 한다.

(4) 할부판매상품

재고자산을 고객에게 인도하고 대금의 회수는 미래에 분할하여 회수하기로 한 경우 대금이 모두 회수되지 않았다고 하더라도 상품의 판매시점에 판매자의 재고자산에서 제외한다

(5) 반품률이 높은 재고자산

반품률이 높은 상품의 판매에 있어서는 반품률의 합리적 추정가능성 여부에 의하여 재고자산 포함여부를 결정한다. 반품률을 과거의 경험 등에 의하여 합리적으로 추정가능한 경우에는 상품 인도시에 반품률을 적절히 반영하여 판매된 것으로 보아 판매자의 재고자산에서 제외한다. 그러나 반품률을 합리적으로 추정할 수 없을 경우에는 구매자가 상품의 인수를 수락하거나 반품기간이 종료된 시점까지는 판매자의 재고자산에 포함한다.

반품률 추정 가능성	수익인식 및 재고자산포함
합리적으로 추정이 가능한 경우	인도시점에 수익으로 인식하고 판매자 재고에서 제외시킴
합리적으로 추정이 불가능한 경우	구입을 수락하거나 반품기간종료시점에 수익을 인식하고 판매자 재고에 제외시킴

(6) 저당상품

저당상품이란 금융기관 등으로부터 자금을 차입하고 그 담보로 제공된 상품을 말한다. 이러한 저당상품은 저당권이 실행되기 전까지는 단순히 저당만 잡힌 상태이므로 담보제공자가 소유권을 가지고 있다. 따라서 저당권이 실행되어 소유권이 이전되기 전에는 담보제공자의 재고자산에 포함하여야 하며, 담보제공자는 관련내용을 주석으로 공시하여야 한다.

필수예제

다음은 판매자의 재고자산에 포함되는 항목을 열거한 것이다. 올바르지 않은 것은?
① 수탁자가 보관하고 있는 적송품
② 도착지 인도조건으로 판매한 운송중인 자산
③ 금융기관에 담보로 제공한 저당상품
④ 판매대금이 회수되지 않은 장기할부판매상품

해답

할부판매의 경우에는 대금이 모두 회수되지 않았다고 하더라도 상품의 판매시점에 판매자의 재고자산에서 제외하여야 한다.

답: ④

05. 재고자산의 시가

재고자산은 품질저하, 진부화, 유행경과 등으로 인하여 공정가치가 취득원가(또는 장부금액)이하로 하락할 수 있다. 일반기업회계기준에서는 재고자산을 저가법으로 평가하도록 규정하고 있다. 저가법이란 취득원가(또는 장부금액)가 공정가치 이하로 하락한 경우에만 평가손실을 인식하는 방법을 말한다.

재고자산을 저가로 평가하는 경우 제품, 상품, 재공품의 시가는 순실현가능가치를 말하며, 생산과정에 투입될 원재료의 시가는 현행대체원가를 말한다. 다만, 원재료를 투입하여 완성할 제품의 시가가 원가보다 높을 때는 원재료에 대하여 저가법을 적용하지 아니한다.

재고자산을 저가법으로 평가하는 방법에는 ① 종목별기준, ② 조별기준, ③ 총계기준이 있다. 종목별기준은 재고자산의 개별항목에 대해서 저가법을 적용하는 방법이고, 조별기준은 유사한 재고자산의 집단에 대해서, 총계기준은 전체 재고자산에 대해서 저가법을 적용하는 방법이다.

일반기업회계기준에서는 종목별 기준에 의한 평가를 원칙으로 하고 있다. 다만, 재고항목들이 서로 유사하거나 관련되어 있는 경우에는 조별기준도 적용할 수 있다. 그러나 총계기준으로 평가하는 것은 인정하지 않는다.

06. 재고자산의 감모손실과 평가손실

재무상태표에 보고되는 재고자산의 기말재고액은 순실현가능가액(실제수량 × 실제(장부)단가)으로 보고되어야 하므로, 장부상 기말재고액에서 재고자산 감모손실(원가성이 없는 부분)과 재고자산 평가손실액을 차감하여야 한다.

부분재무상태표
재고자산 = 실제수량 × 실제(장부)단가

1. 재고자산 감모손실

재고자산 감모손실은 재고자산의 분실·도난·파손·증발 등에 의하여 장부상 수량보다 실제수량이 부족한 경우 부족수량에 대한 손실액을 말한다.

재고자산 감모손실 = (장부수량 − 실제수량) × 장부단가 × 비원가성비율

재고자산감모손실은 정상적인 원인에 의한 것일 수도 있고 부주의에 의한 파손이나 도난 등의 비정상적인 원인에 의한 것일 수도 있다. 기업회계기준에서는 정상적인 원인에 의한 감모손실액은

원가성을 인정하여 매출원가에 포함시키고 비정상적인 원인에 의하여 발생한 감모손실액은 원가성을 인정하지 않기 때문에 영업외비용으로 처리하도록 규정하고 있다.

```
(차) 매 출 원 가              ×××        (대) 재 고 자 산        ×××
    (정상적인 감모)
    재 고 자 산 감 모 손 실   ×××
    (비정상적인 감모)
```

2. 타계정대체

　기업이 영업활동을 하는 과정에서는 자사의 제품이나 상품을 판매목적 이외에 다른 목적으로 사용하는 경우가 있는데, 이를 타계정대체라고 한다. 예컨대 자산의 제품이나 상품을 광고선전목적으로 사용하거나 연구시험용으로 사용하는 경우, 혹은 화재가 발생하여 제품이나 상품이 소실되는 경우 등을 그 예로 들 수 있다. 이와 같이 제품이나 상품을 판매목적 이외에 다른 목적으로 사용하는 경우에는 사용 또는 소실된 제품이나 상품의 원가를 손익계산서상의 매출원가란에 매출이외의 상품감소액이라는 과목으로 하여 매출원가에서 제외시켜야 한다.

3. 재고자산 평가손실

　기말에 재고자산의 재고수량에는 문제가 없으나 재고자산의 구입원가보다 기말재고자산의 가치가 하락하는 경우 즉, 시가가 취득원가보다 하락한 경우 시가로 평가하게 되는데 이를 저가법이라고 한다. 저가법에 의해 평가하는 경우 취득원가와 시가와의 차액을 재고자산평가손실계정을 사용하여 차변에 기록하고 동일한 금액을 재고자산평가충당금계정으로 하여 대변에 기록한다. 재고자산평가손실액은 매출원가에 가산하고 재고자산평가충당금은 자산의 차감계정으로 표시한다.
　저가로 평가한 이후의 기간에 시가가 회복된 경우에는 최초의 장부금액을 초과하지 않는 범위내에서 평가손실을 환입하여야 한다. 이 경우 재고자산평가손실의 환입액은 매출원가에서 차감한다.

1) 시가가 떨어진 경우

```
(차) 재 고 자 산  평 가 손 실   ×××      (대) 재 고 자 산 평 가 충 당 금   ×××
    (매출원가에 가산)
```

* 재고자산 평가손실 = 실제수량 × (장부단가 − 실제단가)

부분재무상태표
```
재 고 자 산                              ×××
재 고 자 산 평 가 충 당 금              (×××)   ×××
```

2) 시가가 회복된 경우

(차) 재고자산평가충당금 ××× (대) 재고자산평가충당금환입 ×××
(매출원가에서 차감)

구 분		내 용
시가의 정의	상품·제품·재공품	순실현가능가치
	원 재 료	현행대체원가(원재료 등을 투입하여 완성할 제품의 시가가 원가보다 높은 경우 저가법의 적용을 배제)
저가법의 적용방법		종목별기준(유사한 재고항목의 경우 조별기준가능)
시가의 하락		평가손실은 자산의 차감계정으로 표시하고 매출원가에 가산
시가의 회복		최초의 장부금액을 초과하지 않는 범위내에서 평가손실을 환입하고 매출원가에서 차감

연습문제

01 다음 중 재고자산의 종류에 대한 설명이 틀린 것은?
① 기업의 경우 판매를 목적으로 소유하고 있는 상품
② 제조기업의 경우 제품 생산을 위해 소유하고 있는 원료, 재료, 제품, 재공품
③ 부동산매매업의 경우 판매 목적으로 소유하고 있는 토지, 건물 등
④ 부동산임대업의 경우 소유하고 있는 토지, 건물

02 다음 중 재고자산에 대한 설명으로 가장 옳지 않은 것은?
① 계속기록법은 입출고시마다 계속적으로 기록하여 항상 잔액이 산출되도록 하는 방법이다.
② 실지재고조사법은 정기적으로 재고조사를 실시하여 실제 재고수량을 파악하는 방법이다.
③ 계속기록법 하의 평균법을 총평균법이라 한다.
④ 원칙적으로 개별법을 사용하여 취득단가를 결정하고, 개별법으로 원가를 결정할 수 없을 때에 선입선출법, 가중평균법 및 후입선출법에서 선택하여 사용하도록 규정하고 있다.

03 다음 자료를 이용하여 20X1년 ㈜세무의 재고자산감모손실을 구하시오.

- 20X1년 기초 재고자산 : 100,000원
- 20X1년 중 매입 재고자산 : 650,000원
- 20X1년 기말 실지재고액 : 130,000원
- 20X1년 매출액 : 800,000원
- 매출총이익률 : 25%
- 기말재고의 판매가격은 원가 이상이다.

① 17,000원 ② 20,000원 ③ 50,000원 ④ 70,000원

04 다음 중 재고자산에 대한 설명으로 틀린 것은?
① 재고자산이란 정상적인 영업과정에서 판매를 목적으로 하는 자산을 말한다.
② 재고자산의 수량을 결정하는 방법에는 계속기록법, 실지재고조사법, 혼합법이 있다.
③ 재고자산의 단가결정방법에는 개별법, 선입선출법, 후입선출법, 가중평균법이 있다.
④ 가중평균법 적용시 계속기록법을 적용한 평균법을 총평균법이라 하고, 실지재고조사법을 적용한 평균법을 이동평균법이라 한다.

05 재고자산 평가방법 중 후입선출법에 대한 설명으로 올바른 것은?
① 실제물량흐름과 원가흐름이 대체로 일치한다.
② 물가하락시 선입선출법보다 이익이 상대적으로 과대계상 된다.
③ 현행수익에 대하여 오래된 원가가 대응되므로 수익비용 대응이 상대적으로 부적절하다.
④ 기말재고자산이 가장 최근에 매입한 단가가 적용되므로 시가에 가깝게 표시된다.

06 일반기업회계기준상 재고자산에 대한 설명으로 가장 틀린 것은?
① 목적지 인도조건으로 매입하는 미착상품(목적지에 도달되지 않은상품)은 매입자의 재고자산이 아니다.
② 위탁매매계약을 체결하고 수탁자가 위탁자에게서 받은 적송품은 수탁자의 재고자산이다.
③ 매입자가 사용해본 후 구입결정을 하는 조건으로 판매하기 위하여 공급하고 구입의사결정이 안된 시송품은 판매자의 재고자산이다.
④ 장부상 재고보다 실제 조사한 재고의 수량이 적은 경우로서 감모된 원인이 원가성이 없는 경우에는 영업외비용으로 처리한다.

07 다음 중 재고자산의 단가결정방법에 대한 설명으로 틀린 것은?
① 선입선출법은 기말재고자산이 가장 최근 매입분으로 구성되어 기말재고자산가액이 시가에 가깝다.
② 개별법은 실무에 적용하기 쉬우며 가장 정확한 단가산정방법이다.
③ 후입선출법은 매출원가가 가장 최근 매입분으로 구성되므로 수익·비용의 대응이 선입선출법보다 적절히 이루어진다.
④ 평균법에는 총평균법과 이동평균법이 있다.

08 다음 중 재고자산에 대한 설명으로 가장 옳지 않은 것은?
① 선적지인도조건으로 판매한 운송 중인 상품은 판매자의 재고자산이 아니다.
② 선입선출법은 기말재고자산이 가장 최근 매입분으로 구성되어 기말재고자산 가액이 시가에 가깝다.
③ 후입선출법에 의해 원가배분을 할 경우 기말재고는 최근에 구입한 상품의 원가로 구성된다.
④ 위탁매매계약을 체결하고 수탁자가 위탁자에게 받은 적송품은 수탁자가 제3자에게 판매하기 전까지 위탁자의 재고자산이다.

09 재고자산에 대한 평가방법 중 후입선출법에 대한 설명으로서 알맞지 않은 것은? 단, 재고자산의 매입수량이 판매수량보다 크다고 가정한다.

① 물가가 지속적으로 상승시 선입선출법에 비해 매출원가를 크게 계상한다.
② 물가가 지속적으로 상승시 선입선출법에 비해 기말재고자산은 시가를 적정하게 표시하지 못한다.
③ 물가가 지속적으로 하락시 선입선출법보다 이익을 작게 계상한다.
④ 물가가 지속적으로 하락시 기말재고자산은 선입선출법에 비해 크게 계상된다.

10 아래의 자료에서 기말 재고자산에 포함해야 할 금액은 얼마인가?

· 도착지인도조건으로 매입한 미착상품 3,000,000원
· 구매자가 매입의사를 표시한 시송품 5,000,000원
· 제삼자에게 판매하기 전인 적송품 2,000,000원
· 담보로 제공한 저당상품 7,000,000원

① 7,000,000원   ② 8,000,000원   ③ 9,000,000원   ④ 10,000,000원

11 다음 중 판매회사의 재고자산으로 분류되지 않는 항목은?

① 위탁자의 결산일 현재 수탁자가 판매하지 못한 적송품
② 판매회사가 도착지 인도조건으로 매입한 결산일 현재 미착상품
③ 결산일 현재 매입자의 매입의사 표시 없는 시송품
④ 반품률을 추정할 수 없는 경우로 반품기간이 종료되지 않은 상품

12 기말 재고자산을 확인하기 위하여 창고에 있는 재고자산을 실사한 결과 창고에 보관중인 재고자산의 가액은 2,000,000원으로 확인이 되었다. 이외에 재고자산과 관련된 자료는 다음과 같다. 정확한 기말재고액을 계산하시오.

항목	금액	비고
미착상품	150,000원	선적지 인도조건으로 매입하여 운송중인 상품
시송품	500,000원	40%는 소비자가 매입의사를 표시함
장기할부판매	250,000원	할부판매에 따라 고객에 인도하였으나 대금이 모두 회수되지 않음
적송품	400,000원	수탁자로부터 75% 판매되었음을 통지 받음

① 2,350,000원   ② 2,550,000원   ③ 2,700,000원   ④ 2,800,000원

13 다음 중 재고자산에 대한 설명으로 틀린 것은?

① 개별법은 실제원가가 실제수익에 대응되므로 수익비용원칙에 가장 충실하다.

② 가중평균법은 실무적으로 적용하기 편리하나 수익과 비용의 적절한 대응이 어렵다.

③ 선입선출법은 물가가 상승하는 경우 당기순이익이 과소계상되는 단점이 있다.

④ 후입선출법은 기말재고자산이 과거의 취득원가로 기록되어 현행가치를 나타내지 못한다.

14 다음 중 일반기업회계기준의 재고자산감모손실에 대한 설명으로 올바른 것은?

① 정상적으로 발생한 감모손실은 매출원가에 가산한다.

② 재고자산감모손실은 시가가 장부가액보다 하락한 경우에 발생한다.

③ 비정상적으로 발생한 감모손실은 판매비와관리비 항목으로 분류한다.

④ 재고자산감모손실은 전액 제조원가에 반영하여야 한다.

15 다음의 자료는 ㈜아주상사의 20×1년 기말재고자산 내역이다. 재고자산감모손실이 20×3년 매출총이익에 미치는 영향을 바르게 설명한 것은?

- 장부상 기말재고 : 1,000개
- 실사에 의한 기말재고 : 950개
- 단위당 원가 : 1,500원(시가 : 1,700원)
- 재고자산감모손실의 5%는 비정상적으로 발생하였다.

① 매출총이익이 71,250원 감소한다.

② 매출총이익이 75,000원 감소한다.

③ 매출총이익이 76,500원 감소한다.

④ 매출총이익이 85,000원 감소한다.

04 유형자산

01. 비유동자산의 종류

자산은 1년을 기준으로 유동자산과 비유동자산으로 분류한다. 비유동자산은 투자자산, 유형자산, 무형자산, 기타비유동자산으로 구분한다. 비유동자산은 유형자산(chapter 04), 투자자산, 무형자산, 기타비유동자산(chapter 05) 순으로 설명한다.

구분		내용
투자자산	의의	기업이 장기적인 투자수익이나 타기업 지배목적 등의 부수적인 기업활동의 결과로 보유하는자산
	종류	투자부동산, 장기투자증권, 지분법적용투자주식, 장기대여금 등
유형자산	의의	재화의 생산이나 용역의 제공, 타인에 대한 임대, 또는 자체적으로 사용할 목적으로 보유하고 있으며, 물리적 형태가 있는 비화폐성자산
	종류	토지, 건물, 기계장치, 차량운반구, 건설중인자산, 구축물, 미착기계 등
무형자산	의의	물리적 형체는 없지만 식별가능하고 기업이 통제하고 있으며 미래경제적효익이 있는 비 화폐성자산
	종류	영업권, 산업재산권, 개발비, 소프트웨어, 광업권, 어업권 등
기타 비유동자산	의의	투자자산, 유형자산, 무형자산에 속하지 않는 비유동자산으로서 투자수익이 없고 다른 자산으로 분류하기 어려운 자산
	종류	임차보증금, 부도어음과수표, 장기선급비용, 장기선급금, 장기미수금 등

02. 유형자산의 의의와 종류

유형자산이란 물리적 형태가 있는 자산으로서, 재화의 생산, 용역의 제공, 임대 또는 자체적으로 사용할 목적으로 보유하고 1년을 초과하여 사용할 것이 예상되는 자산이다. 유형자산은 기업의 영업활동과정에서 사용을 통하여 매출수익 창출에 기여하게 된다.

> **유형자산의 특징**
> ① 정상영업활동 과정 중에 사용할 목적으로 보유하는 자산이다.
> ② 효익제공기간이 장기이다.
> ③ 물리적 실체가 존재하는 유형의 자산이다.
> ④ 일반적으로 감가상각대상이다.(토지와 건설중인자산은 제외)

> **유형자산의 종류**
>
> ① 토   지 : 대지·임야·전답·잡종지 등을 말하며, 매매목적 보유 토지와 비업무용 토지는 제외한다.
> ② 건   물 : 건물과 냉난방·조명 및 기타의 부속설비를 말한다.
> ③ 구   축   물 : 선거·교량·안벽·부교·갱도 및 기타의 토목설비 또는 공작물 등을 말한다.
> ④ 기 계 장 치 : 기계장치·운송설비와 기타의 부속설비를 말한다.
> ⑤ 선   박 : 선박과 기타의 수상운반구 등을 말한다.
> ⑥ 차 량 운 반 구 : 철도차량·자동차 및 기타의 육상운반구 등을 말한다.
> ⑦ 건 설 중 인 자 산 : 유형자산의 건설을 위한 재료비·노무비·경비를 말하며, 건설을 위하여 지출한 도급금액 또는 취득한 기계 등을 포함한다.

03. 유형자산의 취득원가결정

유형자산은 최초에는 취득원가로 측정하며, 현물출자, 증여, 기타무상으로 취득한 자산은 공정가치를 취득원가로 한다.

1. 외부에서 취득하는 경우

취득원가는 구입원가 또는 제작원가 및 경영진이 의도하는 방식으로 자산을 가동하는 데 필요한 장소와 상태에 이르게 하는 데 직접 관련되는 원가를 가산하고 매입할인 등이 있는 경우에는 이를 차감하여 취득원가를 산출한다.

> 취득원가 = 구입원가(제작원가) + 취득과 관련하여 발생한 부대비용 – 매입할인 등

(1) 취득원가에 가산하여할 항목

> ① 설치장소 준비를 위한 지출
> ② 외부 운송 및 취급비
> ③ 설치비
> ④ 설계와 관련하여 전문가에게 지급하는 수수료
> ⑤ 유형자산의 취득과 관련하여 국·공채 등을 불가피하게 매입하는 경우 당해 채권의 매입금액과 일반기업회계기준에 따라 평가한 현재가치와의 차액
> ⑥ 자본화대상인 차입원가
> ⑦ 취득세, 등록세 등 유형자산의 취득과 직접 관련된 제세공과금
> ⑧ 해당 유형자산의 경제적 사용이 종료된 후에 원상회복을 위하여 그 자산을 제거, 해체하거나 또는 부지를 복원하는 데 소요될 것으로 추정되는 원가가 충당부채의 인식요건을 충족하는경우 그 지출의 현재가치(이하 '복구원가'라 한다)
> ⑨ 유형자산이 정상적으로 작동되는지 여부를 시험하는 과정에서발생하는 원가. 단, 시험과정에서 생산된 재화(예: 장비의 시험과정에서 생산된 시제품)의 순매각금액(매각금액에서 매각부대원가를 뺀 금액)은 당해 원가에서 차감한다.

(2) 취득원가에 가산하지 않아야 할 항목

① 새로운 시설을 개설하는 데 소요되는 원가
② 새로운 상품과 서비스를 소개하는 데 소요되는 원가(예: 광고및 판촉활동과 관련된 원가)
③ 새로운 지역에서 또는 새로운 고객층을 대상으로 영업을 하는데 소요되는 원가(예: 직원 교육훈련비)
④ 관리 및 기타 일반간접원가

필수예제

다음 중 유형자산의 취득원가에 대한 설명으로 틀린 것은?
① 유형자산을 외부구입한 경우 취득시 부대비용은 유형자산의 취득원가에 가산한다.
② 토지 취득과 관련하여 취득세가 발생한 경우 이는 토지의 취득원가가 아닌 세금과공과로 처리한다.
③ 유형자산 취득과 관련하여 국·공채 등을 불가피하게 매입한 경우 당해 채권의 매입금액과 현재가치와의 차액도 유형자산의 취득원가에 포함한다.
④ 유형자산 설계와 관련하여 전문가에게 지급하는 수수료도 유형자산의 취득원가로 처리한다.

해답

② 토지 취득과 관련하여 취득세가 발생하면 이는 토지의 취득원가로 처리한다.

2. 강제로 매입하는 채권

유형자산의 취득과 관련하여 국·공채 등을 불가피하게 매입하는 경우 당해 채권의 매입가액과 공정가치(시가)와의 차액은 유형자산구입과 관련하여 불가피하게 발생한 부대비용으로 보아 취득원가에 가산하여야 한다.

필수예제(1)

신촌(주)은 영업부에서 사용하기 위한 승용차를 5,000,000에 구입하면서 공채(액면가액 200,000)를 액면가액으로 매입하였다. 당해 채권의 공정가치는 150,000이다. 대금은 모두 현금으로 지급하였다.

물음

승용차 취득시 분개를 하시오.

해답

| (차) 차 량 운 반 구 | 5,050,000 | (대) 현   금 | 5,200,000 |
| 단 기 매 매 증 권 | 150,000 | | |

* 취득원가 = 5,000,000(승용차매입액) + 50,000(채권의 시가와 액면가액의 차액)

3. 일괄취득시 취득원가 결정

자산을 일괄하여 취득하는 경우 취득원가는 상대적 시장가치에 따라 안분하여 취득원가를 산정하여야 할 것이다. 예를 들어, 영업활동에 사용할 목적으로 기계장치와 차량운반구를 일괄하여 취득한 경우 일괄취득가액을 기계장치와 차량운반구의 상대적 시장가치에 따라 안분하여야 한다.

4. 토지·건물 및 구축물의 취득원가

건물을 신축할 목적으로 토지를 구입하는 경우 신축활동 개시 이전단계까지 발생한 원가는 토지의 원가를 구성한다. 따라서 측량비, 정지비 등은 토지원가이며 기초공사를 위한 굴착비용은 신축건물의 원가가 된다.

지상 건물이 있는 토지를 구입하여 구건물을 철거할 경우 구건물 구입가액과 순철거비(철거비에서 고철매각대 등을 차감한 비용) 등은 모두 토지의 원가를 구성한다. 그러나 건물을 신축하기 위해 사용 중인 기존건물을 철거하는 경우 그 건물의 장부금액은 제거하여 처분손실로 반영하고 철거비용은 전액 당기비용으로 처리한다. 당기비용 처리하는 이유는 토지의 효용을 증가시키거나 신축건물의 가치를 증대하는 지출이 아니기 때문이다.

지상 건물이 있는 토지를 구입하여 구건물을 계속 사용할 경우에는 일괄구입가격을 토지와 건물에 각각 안분하여야 한다.

구 분		회계처리
건물이 있는 토지를 매입한 경우	기존건물을 사용하는 경우	시장가치로 안분
	기존건물을 철거하는 경우	토지의 취득원가
사용중인 건물을 철거하는 경우		당기 비용 처리

토지를 취득한 이후 이루어지는 진입로 개설, 배수설비, 도로포장, 조경공사 등의 부대시설공사비는 내용연수와 유지·보수비용의 부담에 따라 판단한다. 이 경우 내용연수가 영구적이거나 회사측에 유지·보수책임이 없는 경우에는 감가상각할 필요가 없으므로 토지원가로 계상한다. 그러나 내용연수가 한정되어 있거나 유지·보수책임이 회사측에 있는 경우에는 감가상각대상이므로 구축물계정으로 처리한다.

구 분	회 계 처 리
유지·보수책임이 국가 등에게 있는 경우	토지취득원가에 가산한다.
유지·보수책임이 회사에게 있는 경우	구축물로 계상하고 감가상각 한다.

⚓ 필수예제(2)

(주)한라는 사옥을 신축하기 위하여 (주)백두로부터 건물과 토지를 함께 400,000,000에 매입하였다. 장부금액은 토지와 건물 각각 200,000,000이다. (주)한라는 매입 즉시 6,550,000을 들여 건물을 철거하고 사옥신축공사를 시작하였다. 건물 철거시 나온 골조는 1,000,000에 매각하였다. 토지의 취득원가는?
① 200,000,000 ② 400,000,000 ③ 406,550,000 ④ 405,550,000

⚓ 해 답
토지의 취득원가
= 4억(토지의 가액) + 6,550,000(철거비용) − 1,000,000(잔존폐물매각대)
= 405,550,000
* 토지와 건물을 일괄취득하고 토지만을 사용할 목적으로 구건물을 철거하는 경우에는 구건물 철거비용에서 철거에 따른 잔존폐물 매각대를 차감한 순철거비용도 토지정지비용의 일종으로 토지의 취득원가에 가산하여야 한다.

답: ④

필수예제(3)

고려(주)는 건물과 토지를 일괄하여 20,000,000에 매입하고 취득세 1,600,000과 등록세 1,500,000을 현금으로 지출하였다. 건물의 공정가치는 8,000,000, 토지의 공정가치는 20,000,000이다.

물음

(1) 기존건물을 사용목적으로 취득한 경우 분개를 하시오.
(2) 사옥신축을 위하여 취득한 경우 분개를 하시오.

해답

(1) 기존건물사용목적

(차) 건 물	6,600,000 *	(대) 현 금	23,100,000
토 지	16,500,000 **		

* 건물 = 23,100,000 × 8,000,000/28,000,000 = 6,600,000
** 토지 = 23,100,000 × 20,000,000/28,000,000 = 16,500,000

(2) 사옥신축목적

(차) 토 지	23,100,000	(대) 현 금	23,100,000

* 기존건물을 사용하지 않을 목적으로 취득한 경우 토지의 일괄매입액과 부대비용은 모두 토지의 취득원가에 포함시켜야 한다.

5. 현물출자에 의한 취득원가 결정

현물출자란 자산취득시 대가를 주식으로 발행하여 교부하여 주는 것을 말한다. 기업회계기준에서는 현물출자로 인한 유형자산 취득시 취득원가는 공정가치로 계상하도록 규정하고 있다. 여기서 공정가치는 취득한 자산의 공정가치와 발행된 주식의 공정가치 중에서 보다 명확한 것을 기준으로 결정하여야 한다. 즉, 취득한 자산의 공정가치를 명확하게 결정할 수 있으면 그 자산의 공정가치를 취득원가로 계상하고, 취득한 자산의 공정가치보다 발행한 주식의 공정가치가 명확하다면 주식의 공정가치를 자산의 취득원가로 계상하여야 한다. 만약 두가지 모두가 명확하지 않다면 공인된 감정기관의 감정가액을 공정가치로 하여야 할 것이다.

6. 무상으로 취득하는 경우 취득원가 결정

증여 등 무상으로 취득한 자산은 일방적 이전 거래이므로 공정가치로 평가한다. 기업회계기준에서도 증여 또는 무상으로 취득한 자산은 공정가치를 취득원가로 계상하도로 규정하고 있다. 이때의 공정가치란 시장가치나 전문기관의 감정가액을 의미한다. 이 경우 증여로 인한 순자산 증가액은 증여목적에 관계없이 자산수증이익으로 계상한다.

7. 교환에 의해서 취득하는 경우 취득원가 결정

(1) 다른 종류(이종자산)의 자산과 교환하는 경우

이종자산의 교환으로 유형자산을 취득하는 경우 유형자산의 취득원가는 교환을 위하여 제공한 자산의 공정가치로 측정한다. 다만, 교환을 위하여 제공한 자산의 공정가치가 불확실한 경우에는 교환으로 취득한 자산의 공정가치를 취득원가로 할 수 있다. 자산의 교환에 현금수수액이 있는 경우에는 현금수수액을 반영하여 취득원가를 결정한다.

이종자산의 교환에 대한 회계처리는 제공한 자산을 처분하고 제공받은 자산을 취득한 것으로 보아 회계처리하며, 제공한 자산의 장부금액과 제공한 자산의 공정가치와의 차액을 제공한 자산의 처분손익으로 처리한다.

> 교환취득한 자산의 원가
> = 제공한 자산의 공정가치 + 현금지급액 − 현금수취액
> = 취득한 자산의 공정가치(취득자산의 공정가치가 더 명백한 경우)

(2) 같은 종류(동종자산)의 자산과 교환하는 경우

동종자산의 교환으로 유형자산을 매각하는 경우에는 제공된 유형자산으로부터의 수익창출과정이 아직 완료되지 않았기 때문에 교환에 따른 거래손익을 인식하지 않아야 하며, 교환으로 받은 자산의 취득원가는 교환으로 제공한 자산의 장부금액으로 한다. 다만, 교환되는 동종자산의 공정가치가 유사하지 않은 경우에는 거래조건의 일부로 현금과 같이 다른 종류의 자산이 포함될 수 있다. 이 경우 교환에 포함된 현금 등의 금액이 중요하다면 유형자산처분손익을 계상하여야 한다. 여기서 중요한 경우란 교환되는 자산의 공정가치의 25%초과 여부로 판단한다.

> 교환취득한 자산의 원가 = 제공한 자산의 장부금액 + 현금지급액 − 현금수취액

⚓ 필수예제

마포상회는 신촌상회와 다음과 같은 자산을 교환하였다.

구 분	마포상회	신촌상회
자 산 종 류	A자산	B자산
취 득 원 가	1,000,000	1,000,000
감가상각누계액	670,000	550,000
공 정 가 치	420,000	350,000
현금지급액	–	70,000
현금수취액	70,000	–

⚓ 물음

(1) 상기의 유형자산이 다른 종류일 경우 양사의 회계처리를 하시오.(A자산은 기계장치이고 B자산은 차량운반구인 경우)
(2) 상기의 유형자산이 같은 종류일 경우 양사의 회계처리를 하시오.(A, B자산 모두 기계장치인 경우)

⚓ 해답

(1) 이종자산인 경우

마 포 상 회	신 촌 상 회

(차) 감 가 상 각 누 계 액   670,000
    차 량 운 반 구   350,000
    현   금   70,000
  (대) 기 계 장 치 1,000,000
      유 형 자 산 처 분 이 익   90,000
	(차) 감 가 상 각 누 계 액 550,000
	    기 계 장 치 420,000
	    유 형 자 산 처 분 손 실 100,000
	  (대) 차 량 운 반 구 1,000,000
	      현 금 70,000

* 이종자산의 교환의 경우에는 양사 모두 제공한 자산의 공정가치를 취득원가로 계상하고 처분손익을 인식해야 한다.

(2) 동종자산인 경우

마 포 상 회	신 촌 상 회

(차) 감 가 상 각 누 계 액   670,000
    기 계 장 치   260,000
    현   금   70,000
  (대) 기 계 장 치 1,000,000
	(차) 감 가 상 각 누 계 액 550,000
	    기 계 장 치 520,000
	  (대) 기 계 장 치 1,000,000
	      현 금 70,000

* 동종자산의 교환의 경우에는 수익창출활동이 계속되는 것으로 보아 처분손익을 인식하지 않으며 제공한 자산의 장부금액을 취득원가로 한다.(본 사례의 경우 현금수수액이 제공자산에 대한 공정가치에 25%에 미달하므로 동종자산의 교환에 해당한다.)

8. 정부보조금 등으로 취득한 경우 취득원가 결정

정부보조금이란 국가 또는 지방자치단체가 산업정책적 목적에 따라 시설자금이나 운영자금의 일부를 무상으로 교부하는 것이다. 공사부담금은 전기, 수도 등 공공사업주체가 관련시설비의 일부를 실수요자에게 부담시켜 설비투자원가의 일부를 보조받는 것을 말한다.

정부보조금 등이 교부되는 사업은 대개 시장기능에 맡겨서는 자원배분이 이루어지지 않는 것들이며, 국고지원 등의 유인이 없을 경우에는 관련 제품의 생산중단은 물론 이를 위한 설비자산의 취득동기도 없어지게 된다. 정부보조금의 회계처리를 요약하면 다음과 같다.

구 분		처리방법
상환의무가 없는 경우	자산취득에 사용	자산을 취득하는 시점에서 관련 자산의 차감계정으로 처리(관련 자산을 취득하기 전까지 받은 자산 또는 받은 자산을 일시적으로 운용하기 위하여 취득하는 다른 자산의 차감계정으로 처리)
	기 타	대응되는 비용이 없는 경우에는 영업외수익으로 처리하고 특정비용을 보전할 목적으로 받는 경우에는 특정 비용과 상계처리(조건을 충족해야 하는 경우 그 조건을 충족하기 전에는 선수수익으로 처리)
상환의무가 있는 경우		상환할 금액(확정되지 않은 경우 추정액)을 부채로 계상

(1) 상환의무가 없는 경우

상환의무가 없는 정부보조금은 다시 유형자산 취득목적의 정부보조금과 기타의 정부보조금으로 구분하여 회계처리 하여야 한다.

1) 자산취득목적인 경우

유형자산의 취득을 목적으로 정부보조금을 수령하는 경우에는 정부보조금의 과목으로 하여 당해 수령한 자산 또는 자산을 일시적으로 투자한 경우에는 일시투자한 자산에서 차감하는 형식으로 기재한다. 왜냐하면 정부보조금은 상환의무가 없으므로 부채의 성격은 아니며 또한 동 자금은 회사가 마음대로 사용할 수 없는 금액이므로 자산으로 처리하기에도 문제가 있기 때문이다.

① 정부보조금 수령시

(차) 현금	×××	(대) 정부보조금 (자 산 차 감)	×××

부분재무상태표

현 금	×××		
정 부 보 조 금	(×××)	×××	

② 정부보조금을 일시적으로 투자한 경우

위의 정부보조금을 현금으로 보유하지 않고 일시적으로 투자하였다면 해당자산에서 차감 표시 하여야 한다. 정부보조금으로 채권을 매입한 경우 다음과 같다.

(차) 단기매매증권	×××	(대) 현 금	×××

부분재무상태표

단 기 매 매 증 권	×××		
정 부 보 조 금	(×××)	×××	

③ 유형자산을 취득한 경우

정부보조금으로 유형자산을 취득한 경우에는 당해 유형자산에서 차감하는 형식으로 기재한다. 예를 들어 정부보조금으로 기계장치를 취득한 경우 다음과 같다.

(차) 기 계 장 치	×××	(대) 현 금	×××
정 부 보 조 금 (자 산 차 감)	×××	정 부 보 조 금 (기계장치차감)	×××

부분재무상태표

기 계 장 치	×××		
정 부 보 조 금	(×××)		×××

유형자산취득시 정부보조금을 유형자산에서 차감하는 형식으로 기재하는 이유는 유형자산 취득가액 중에서 정부보조금 만큼은 회사가 부담한 금액이 아니므로 자산으로 계상하여서는 안된다. 따라서 당해 유형자산에서 차감하는 형식으로 기재함으로써 유형자산의 장부가액은 회사가 순수하게 부담한 금액으로 표시된다.

④ 결 산 시

유형자산 취득에 사용된 정부보조금은 유형자산의 내용연수에 걸쳐 환입하여 감가상각비와 상계한다. 정부보조금환입액을 수익으로 계상하지 않고 감가상각비에서 차감하는 이유는 비용이라는 것은 회사가 부담한 금액을 기준으로 하여 당해 자산의 내용연수에 걸쳐 비용으로 처리하여야 하는데 총취득원가를 기준으로 감가상각비를 계상하면 회사가 부담한 금액이 아닌 국가가 부담한 금액도 비용으로 계상되는 결과가 되기 때문에 국가가 부담한 금액만큼은 비용에서 차감하여 줌으로써 감가상각비는 순수하게 회사가 부담한 취득원가를 기준으로 하여 계산된 금액만 비용으로 계상하기 위한 것이다.

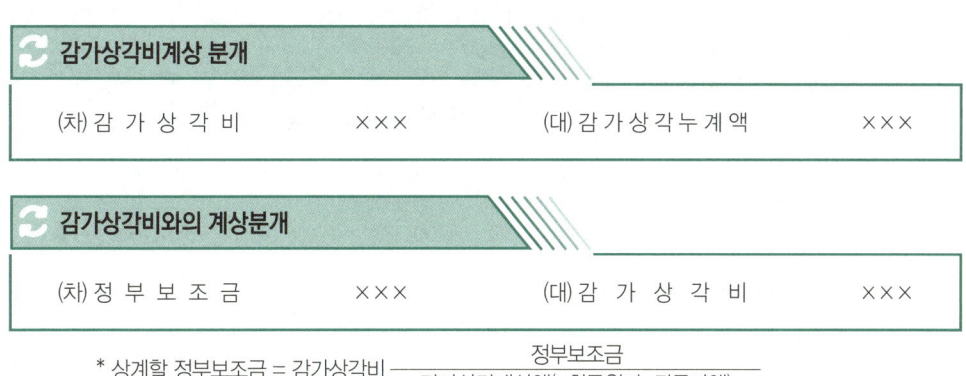

* 상계할 정부보조금 = 감가상각비 × $\dfrac{\text{정부보조금}}{\text{감가상각대상액(=취득원가-잔존가액)}}$

⑤ 처 분 시

유형자산 취득에 사용된 정부보조금은 유형자산 처분하는 경우 미환입된 정부보조금잔액을 유형자산처분손익에 가감하여야 한다.

(차) 감 가 상 각 누 계 액	×××	(대) 유 형 자 산	×××
정 부 보 조 금	×××	유형자산처분이익	×××
현 금	×××		
유 형 자 산 처 분 손 실	×××		

필수예제

주일산업은 20X1년 초에 내용연수 5년, 잔존가액이 200,000인 기계장치를 1,200,000에 취득하였다. 기계장치의 취득과 관련하여 정부로부터 정부보조금 600,000을 수령하였으며, 감가상각방법은 정액법이다.

물음

1. 20X1년의 정부보조금수령시, 유형자산취득시, 기말감가상각시의 분개를 하고 부분재무상태표를 표시하라.
2. 20X4년 초에 상기의 유형자산을 550,000에 처분하였을 경우 필요한 분개를 하시오.

해답

1. (1) 20X1년 분개
   ① 정부보조금 수령시
   (차) 현   금   600,000   (대) 정 부 보 조 금   600,000
                                          (현 금 차 감)

   ② 유형자산 취득시
   (차) 기 계 장 치   1,200,000   (대) 현   금   1,200,000
       정 부 보 조 금   600,000   정 부 보 조 금   600,000
       (현 금 차 감)   (기계장치차감)

   ③ 결산시
   (차) 감 가 상 각 비   200,000 * (대) 감가상각누계액   200,000
       정 부 보 조 금   120,000 **   감 가 상 각 비   120,000
       * (1,200,000 − 200,000) × 1/5 = 200,000
       ** 200,000 × 600,000/1,000,000 = 120,000

   (2) 부분재무상태표

   부분재무상태표

기 계 장 치	1,200,000	
정 부 보 조 금	(480,000)	
감 가 상 각 누 계 액	(200,000)	520,000

2. 20X4년 처분시 분개
   (차) 감 가 상 각 누 계 액   600,000 *   (대) 기 계 장 치   1,200,000
       정 부 보 조 금   240,000 **   유형자산처분이익   190,000
       현   금   550,000
       * (1,200,000 − 200,000) × 1/5 × 3 = 600,000
       ** 600,000 − (200,000 × $\frac{600,000}{1,000,000}$ × 3) = 240,000

2) 기타의 정부보조금

기타의 정부보조금을 받는 경우에는 당기의 손익에 반영한다. 다만, 기타의 정부보조금을 사용하기 위하여 특정의 조건을 충족해야 하는 경우에는 그 조건을 충족하기 전에 받은 기타의 정부보조금은 선수수익으로 회계처리한다. 이 경우 수익으로 처리하는 기타의 정부보조금은 대응되는 비용이 없는 경우에는 영업외수익으로 회계처리하고 특정의 비용을 보전할 목적으로 받는 정부보조금은 특정비용과 상계처리한다. 예를 들어, 판매가격이 제조원가에 미달하는 품목을 국내에서 계속 생산·판매하게 할 목적으로 지급되는 정부보조금은 영업외 수익으로 회계처리하고, 저가로 수입할 수 있는 원재료를 국내에서 구입하도록 강제하는 경우에는 지급되는 기타의 정부보금은 제조원가에서 차감한다.

(2) 상환의무가 있는 경우

상환의무가 있는 정부보조금은 상환을 금액이 확정된 경우에는 상환할 금액을 부채로 계상하고 향후 상환의무가 소멸되면 채무면제이익으로 계상한다.

04. 취득이후의 지출

1. 의 의

유형자산은 장기간에 걸쳐 경제적 효익을 제공하므로 취득일 이후에도 계속 지출이 이루어 진다. 유형자산을 보유하는 기간 중에 이루어지는 추가적 지출은 미래 경제적 효익을 증가 시키는가의 여부에 따라 자본적지출과 수익적지출로 구분한다.

자본적지출이란 유형자산에 대한 특정지출의 효익이 당해 기간에 그치지 않고 미래 일정기간에 걸쳐 지속되는 지출을 말한다. 이러한 지출액은 자산으로 계상한 후 감가상각을 통하여 비용화하여야 한다. 수익적지출이란 특정지출의 효과가 당해 연도에 한정되어 발생연도의 기간비용으로 처리하는 지출을 의미한다.

구 분	자본적지출	수익적지출
1. 의의	유형자산에 대한 특정지출의 효익이 당해 기간에 그치지 않고 미래 일정기간에 걸쳐 지속되는 지출	특정지출의 효과가 당해 연도에 한정되어 발생연도의 기간비용으로 처리하는 지출
2. 분류요건	• 자산가치의 증대를 가져오는 지출 • 자산의 능률향상을 가져오는 지출 • 내용연수를 연장시키는 지출	• 자산의 현상유지를 위한 지출 • 자산의 능률유지를 위한 지출
3. 회계처리	차)~자산 ××× 　　대) 현금 ×××	차)수선비 ××× 　　대) 현금 ×××
4. 사례	• 엘리베이터의 설치 • 냉·난방 장치의 설치 • 피난시설 등의 설치 • 기타 개량·확장·증설 등 위와 유사한 성질의 것	• 건물의 도장 • 파손된 유리의 대체 • 기계부속품의 대체 • 자동차의 타이어 대체 • 기타 조업가능한 상태의 유지 등 위와 유사한 성질의 것

2. 회계처리를 잘못했을 경우의 효과

자본적지출을 수익적지출로 회계처리한 경우 (자산을 비용으로)	자산과소, 비용과대, 이익과소, 자본과소
수익적지출을 자본적지출로 회계처리한 경우 (비용을 자산으로)	자산과대, 비용과소, 이익과대, 자본과대

3. 자본적지출과 수익적지출로 구분하는 이론적근거

수익·비용대응원칙에 근거한다. 수익·비용대응원칙이란 수익이 인식된 회계기간에 관련된 비용을 대응시켜 인식하는 것을 말한다.

05..감가상각

1. 의 의

유형자산은 시간이 경과하거나 사용정도에 따라, 일정기간 경과 후에는 그 가치가 소멸되어 기업에 더 이상 경제적 효익을 제공하지 못하게 된다. 따라서 기업은 유형자산의 취득원가를 수익에 대응시키기 위하여 합리적이고 체계적인 방법에 따라 유형자산의 내용연수에 걸쳐 배분하여야 하는데, 이러한 절차를 감가상각이라 한다.

2. 감가상각대상자산

감가상각대상자산은 영업활동에 사용하는 유형 또는 무형자산을 말한다. 따라서 영업활동에 사용하지 않는 투자자산, 건설중인자산, 재고자산은 감가상각대상자산이 아니다. 또한 영업활동에 사용하는 자산이라도 예외적으로 토지는 감가상각을 하지 않는다.

3. 감가상각 계산의 구성요소

감가상각의 요소란 감가상각비를 계산하기 위하여 필요한 자료들을 말한다. 감가상각의 요소로는 ① 감가상각대상가액, ② 잔존가액, ③ 내용연수, ④ 감가상각방법으로 구분할 수 있다.

(1) 감가상각대상가액

감각상각대상가액은 감가상각시 기준이 되는 금액으로, 취득원가에서 잔존가액을 차감한 금액을 말한다. 여기서 취득원가는 앞에서 설명한 각각의 경우의 취득원가를 의미한다.

(2) 잔존가액

잔존가액은 내용연수 경과 후의 처분가치에서 처분비용을 차감한 금액을 말한다. 따라서 잔존가액은 경제적 내용연수 경과 후의 순실현가능가치를 말하는 것으로써 회사가 당해 자산의 성격이나 업종 등을 고려하여 합리적이고 객관적인 금액을 추정하여 산정하여야 한다.

(3) 내용연수

내용연수는 기업이 자산을 사용할것으로 예상하는 기간이나 자산에서 얻을것으로 예상하는 생산량 또는 비슷한 단위를 말한다. 내용연수는 물리적 감가요인과 경제적 감가요인을 고려하여 객관적이고 합리적으로 추정해야 한다.

① 물리적 원인

자산이 영업활동에서 사용이나 시간의 경과에 의해서 마멸되거나 화재나 홍수, 지진 등으로 인하여 파손되는 것을 말한다. 이러한 물리적 원인들은 자산으로 하여금 더 이상 용역제공의 업무를 수행하지 못하게 함으로써 자산의 수명을 종결시키게 한다.

② 경제적 원인

물리적인 마멸이나 파손과는 관계없이 기업규모가 확대되거나 기술적 진보 등 기업환경의 변화로 인하여 자산이 제공하는 용역이 경제적이지 못한 것을 말한다.

(4) 감가상각방법

감가상각방법이란 유형자산의 감가상각대상금액을 내용연수에 걸쳐 합리적이고 체계적으로 배분하는 방법을 말한다. 기업회계기준서에서는 감가상각방법을 정액법, 체감잔액법(예를 들면, 정률법 등), 연수합계법, 생산량비례법 등 합리적인 방법에 의한다고 규정하고 있다.

4. 감가상각방법

구 분		계산방법
직선법	정액법	(취득원가 − 잔존가액)/내용연수
가속상각법	정률법	(취득원가 − 감가상각누계액) × 정률
	연수합계법	(취득원가 − 잔존가액) × 잔여내용연수/내용연수의 합
비례법	생산량비례법	(취득원가 − 잔존가액) × 당기생산량/총추정생산량
	작업시간비례법	(취득원가 − 잔존가액) × 당기작업시간/총추정작업시간

⚓ 필수예제 (6)

대한산업은 20X1년초에 기계장치를 1,300,000에 취득하였으며 운반비 50,000, 설치비 100,000, 시운전비 50,000이 발생하였다. 기계장치의 내용연수는 5년이며 잔존가치는 150,000으로 추정된다.

🚢 물음

20X1년 및 20X2년의 감가상각비를 정액법에 의하여 계산하시오.

⚓ 해답

$$20X1년 \ 감가상각비 = \frac{1,500,000^* - 150,000}{5년} = 270,000$$

$$20X2년 \ 감가상각비 = \frac{1,500,000 - 150,000}{5년} = 270,000$$

* 취득원가 = 구입가액 + 운반비 + 설치비 + 시운전비
= 1,300,000 + 50,000 + 100,000 + 50,000
= 1,500,000

필수예제 (7)

대한산업은 20X1년초에 기계장치를 1,500,000에 취득하였으며 기계장치의 내용연수는 5년이며 잔존가치는 150,000으로 추정된다.(정률은 36.9%로 가정한다.)

물음

20X1년 및 20X2년의 감가상각비를 정률법에 의하여 계산하시오.

해답

20X1년 감가상각비 = 1,500,000 × 36.9% = 553,500
20X2년 감가상각비 = (1,500,000 − 553,500) × 36.9% = 349,258
* 정률 = $1 - \sqrt[5]{150,000/1,5000,000}$ = 0.369
☞ 별해

> · 1차년도 감가상각비 = 미상각잔액(장부가액) × 정률
> · 2차년도부터의 감가상각비 = 직전년도 감가상각비 × (1 − 정률)

20X1년 감가상각비	= 1,500,000 × 36.9%	= 553,500
20X2년 감가상비	= 553,500 × (1−36.9%)	= 349,258
20X3년 감가상각비	= 349,258 × 63.1%	= 220,381
20X4년 감가상각비	= 220,381 × 63.1%	= 139,060
20X5년 감가상각비	= 139,060 × 63.1%	= 87,801 (단수차이)
		1,350,000

필수예제 (8)

대한산업은 20X1년초에 기계장치를 1,500,000에 취득하였으며 기계장치의 내용연수는 5년이며 잔존가치는 150,000으로 추정된다.

물음

20X1년 및 20X2년의 감가상각비를 연수합계법에 의하여 계산하시오.

해답

20X1년 감가상각비 = (1,500,000 − 150,000) × 5/15 = 450,000
20X2년 감가상각비 = (1,500,000 − 150,000) × 4/15 = 360,000
☞ 별해

> · 연수합계당 상각액 = (취득가액 − 잔존가액) ÷ 내용연수의 합 = (1,500,000 − 150,000) ÷ 15 = 90,000
> · 감가상각비 = 연수합계당 상각액 × 잔여내용연수

20X1년 감가상각비	90,000 × 5	= 450,000
20X2년 감가상각비	90,000 × 4	= 360,000
20X3년 감가상각비	90,000 × 3	= 270,000
20X4년 감가상각비	90,000 × 2	= 180,000
20X5년 감가상각비	90,000 × 1	= 90,000

필수예제

대한산업은 20X1년초에 기계장치를 1,500,000에 취득하였으며 잔존가치는 150,000으로 추정된다. 이 기계장치의 총생산단위는 600,000단위이며 20X1년도와 20X2년의 제품생산량은 각각 150,000단위, 200,000단위이었다.

물음

20X1년 및 20X2년의 감가상각비를 생산량비례법에 의하여 계산하시오.

해답

20X1년 감가상각비 = (1,500,000 − 150,000) × 150,000단위/600,000단위 = 337,500
20X2년 감가상각비 = (1,500,000 − 150,000) × 200,000단위/600,000단위 = 450,000

☞ 별해

- 산출량 단위당 감가상각비 = (취득가액 − 잔존가액) ÷ 총생산가능량
  = (1,500,000 − 150,000) ÷ 600,000
  = @₩2.25
- 감가상각비 = 당기생산량 × 산출량 단위당 감가상각비

20X1년 감가상각비 = 150,000단위 × @₩2.25 = 337,500
20X2년 감가상각비 = 200,000단위 × @₩2.25 = 450,000

5. 감가상각방법별 특징

구 분		특 징
직선법	정액법	유형자산의 가치감소가 시간의 경과에 따라 정비례하여 발생하는 것으로 가정하고, 매기간 동일한 금액을 상각해 나가는 방법으로, 균등액상각법 또는 직선법이라고도 한다. 정액법은 실무에 적용이 간편하고, 감가상각비가 이익에 미치는 영향이 매기 동일하므로 감가상각비를 통한 이익조작을 방지할 수 있는 장점이 있으나 매기 감가상각비를 동일하게 배분하므로 조업도를 무시하는 상각방법이다. 즉, 생산량이 많을 경우에도 동일한 감가상각비를 배분하게 되므로 수익·비용대응이 잘 이루어지지 않는 단점이 있다.
가속상각법	정률법	가속상각법은 초기에 감가상각비를 많이 계상하고 후반기에 상각비를 적게 계상함으로써 법인세이연효과를 누리는 방법이다.
	연수합계법	
	이중체감법	
비례법	생산량비례법	비례법은 수익·비용의 합리적인 대응에 초점을 맞추어 생산량이나 작업시간 등의 일정한 기준에 의하여 감가상각비를 계산하는 방법이다.
	작업시간비례법	

06. 유형자산의 손상 및 인식시점 이후의 측정

1. 유형자산의 손상

유형자산은 시가변동과 관계없이 역사적원가(취득원가)로 평가하는 것이 원칙이다. 그러나 유형자산의 중대한 손상으로 인하여 본질가치가 하락한 경우에는 장부금액을 감액하고 이를 유형자산손상차손으로 즉시 인식해야 한다. 여기서 중대한 손상이란 신기술개발로 기존설비가 급격히 진부

화 되거나 소비자의 기호변화로 특정설비가 장기간 유휴화 되는 것과 같이 회복가능성이 거의 없는 자산가치의 하락을 말한다.

일반기업회계기준에는 유형자산의 진부화 또는 시장가치의 급격한 하락 등으로 인하여 유형자산의 미래경제적 효익이 장부금액에 미달할 가능성이 있는 경우에는 손상차손의 인식여부를 검토하도록 규정하고 있다.

(1) 손상차손을 인식하는 경우

유형자산의 손상을 검사하여 당해 유형자산의 회수가능가치가 장부금액에 미달하는 경우에 회수가능가치로 조정하고 장부금액과 회수가능가액치와 차액을 유형자산손상차손으로 처리한다. 여기서 회수가능가치란 순매각액과 유형자산의 사용가치 중 큰 금액을 말한다. 이 경우 손상차손누계액은 감가상각누계액과 마찬가지로 당해 유형자산에서 차감하는 형식으로 기재한다.

유형자산손상차손 = 유형자산장부금액 − Max[① 순매각액, ② 사용가치]

(차) 유형자산손상차손*	×××	(대) 손상차손누계액	×××

* 장부금액 − 회수가능가액

부분재무상태표

기 계 장 치	×××	
감 가 상 각 누 계 액	(×××)	
손 상 차 손 누 계 액	(×××)	×××

(2) 손상차손을 환입하는 경우

위와 같이 손상차손을 인식한 경우에는 손상차손 인식 후의 장부금액을 기준으로 잔존내용연수에 걸쳐 정상적으로 상각하여야 한다. 또한 차기 이후에 손상된 자산의 회수가능가치가 장부금액을 초과하는 경우에는 그 자산이 손상되기 전 장부금액의 감가상각 후 잔액을 한도로 하여 그 초과액을 유형자산손상차손환입으로 처리 한다. 여기서 손상 전 장부금액의 감가상각 후 잔액이란 손상차손을 인식하지 않았을 경우의 장부금액을 의미하는 것으로 원시취득원가를 기준으로 정상적인 감가상각을 하였을 경우의 장부금액을 말한다.

(차) 손상차손누계액	×××	(대) 유형자산손상차손환입*	×××

*손상차손환입액 = Min[① 손상차손을 인식하지 않았을 경우의 장부금액, ② 회수가능가치] − 장부금액

2. 인식시점이후의 측정

유형자산은 인식시점 이후에 원가모형이나 재평가모형 중 하나를 회계정책으로 선택하여야 하며, 유형자산은 분류별로 동일하게 적용하여야 한다.

(1) 원가모형

원가모형이란 유형자산을 최초로 인식한 후에 유형자산의 장부가액은 원가에서 감가상각누계액과 손상차손누계액을 차감한 금액으로 하는 것을 말한다.

> 장부금액 = 취득원가 − 감가상각누계액 − 손상차손누계액

(2) 재평가모형

1) 의의

재평가모형이란 유형자산을 최초로 인식한 후에 공정가치를 신뢰성 있게 측정할 수 있는 재평가일의 공정가치에서 이후의 감가상각누계액과 손상차손누계액을 차감한 재평가금액을 장부금액으로 하는 것을 말한다.

재평가는 보고기간말에 자산의 장부금액이 공정가치와 중요하게 차이가 나지 않도록 주기적으로 수행하여야 한다.

> 장부금액 = 재평가일의 공정가치 − 감가상각누계액 − 손상차손누계액

2) 회계처리

① 장부금액 〉 공정가치

유형자산의 장부금액이 재평가로 인하여 증가된 경우에 그 증가액은 기타포괄손익 중 재평가이익이영금으로 인식한다. 그러나 동일한 유형자산에 대하여 이전에 당기손익으로 인식한 재평가감소액이 있다면 그 금액을 한도로 재평가증가액만큼 당기손익으로 인식한다.

당기이전에 당기손실액이 없는 경우	당기이전에 당기손실액이 있는 경우
토지 ××× / 재평가잉여금 ×××	토지 ××× / 재평가이익[1] ××× 　　　　　　　 재평가잉여금[2] ×××

[1] 동일한 유형자산에 대하여 이전에 당기손익으로 인식한 재평가감소액이 있다면 그 금액을 한도로 재평가증가액만큼 당기손익으로 인식한다.
[2] 재평가이익(영업외수익)으로 인식한 후 초과되는 금액은 재평가잉여금으로 인식한다.

⚓ 필수예제

(주)정호는 20X2년 2월 5일 토지를 2억에 현금으로 취득하였다. 20X3년말 재평가된 토지의 가액은 230,000,000원이다. 연도별로 회계처리를 하시오.

⚓ 해 답

20X2년 02월05일: 토지 200,000,000 / 현금 　　　　　 200,000,000
20X3년 12월31일: 토지 　30,000,000 / 재평가잉여금 　30,000,000
　　　　　　　　　　　　　　　　　　(기타포괄손익누계액)

② 장부금액 〈 공정가치

 유형자산의 장부금액이 재평가로 인하여 감소된 경우에 그 감소액은 당기손익으로 인식한다. 그러나 그 유형자산의 재평가로 인해 인식한 기타포괄손익의 잔액이 있다면 그 금액을 한도로 재평가감소액을 기타포괄손익에서 차감한다.

당기이전에 재평가잉여금이 없는 경우	당기이전에 재평가잉여금이 있는 경우
재평가손실(영업외비용) ××× / 토지 ×××	재평가잉여금 ××× / 이익잉여금 ×××

필수예제

(주)정호는 20X2년 2월 5일 토지를 2억에 현금으로 취득하였다. 20X3년말 재평가된 토지의 가액은 180,000,000원이다. 연도별로 회계처리를 하시오.

해답

| 20X2년 02월05일: 토지 | 200,000,000 / 현금 | 200,000,000 |
| 20X3년 12월31일: 재평가손실(영업외비용) | 30,000,000 / 토지 | 30,000,000 |

07. 유형자산의 처분

유형자산의 서비스 잠재력이 모두 소멸되기 이전에 일정한 대가를 받고 유형자산을 처분하는 경우가 있다. 유형자산의 처분손익은 처분가액과 처분당시의 유형자산의 장부금액과의 차액을 유형자산처분손익의 과목으로 하여 당기손익에 반영한다.

유형자산처분손익 = 처분가액 − 장부금액
= 처분가액 − (취득가액 − 감가상각누계액 − 손상차손누계액)

구 분	회계처리
처분가액〉장부가액	감가상각누계액[1] ××× / 건물 등 ××× 현금 등 ××× / 유형자산처분이익 ×××
처분가액〈장부가액	감가상각누계액[1] ××× / 건물 등 ××× 현금 등 ××× / 유형자산처분손실 ××× /

[1] 회계기간 중에 처분하는 경우는 처분시점까지 감가상각비를 먼저 계상한 후 처분손익을 인식하여야 한다.

필수예제

영업에 사용하던 차량을 13,000,000원에 매각하였다. 매각대금은 한달 후에 수령하기로 하였다. 해당 차량의 취득가액은 30,000,000원이며, 매각 당시 감가상각누계액은 12,000,000원이다.

해답

미수금	13,000,000	차량운반구	30,000,000
감가상각누계액	12,000,000		
유형자산처분손실	5,000,000		

연습문제

01 다음 중 유동성배열법에 의한 재무상태표 작성 시 가장 나중에 배열되는 항목은?
① 상품　　　② 단기대여금　　　③ 임차보증금　　　④ 선납세금

02 다음 중 유형자산에 대한 설명으로 틀린 것은?
① 유형자산은 재화의 생산, 용역의 제공, 타인에 대한 임대 또는 자체적으로 사용할 목적으로 보유하는 물리적 형체가 있는 자산을 말한다.
② 특정 유형자산을 재평가할 때, 해당 자산이 포함되는 유형자산 분류 전체를 재평가한다.
③ 유형자산은 최초에는 취득원가로 측정한다.
④ 새로운 시설을 개설하는 데 소요되는 원가는 유형자산의 원가이다.

03 다음 중 유형자산의 취득원가에 대한 설명으로 틀린 것은?
① 유형자산을 외부구입한 경우 취득시 부대비용은 유형자산의 취득원가에 가산한다.
② 토지 취득과 관련하여 취득세가 발생한 경우 이는 토지의 취득원가가 아닌 세금과공과로 처리한다.
③ 유형자산 취득과 관련하여 국·공채 등을 불가피하게 매입한 경우 당해 채권의 매입금액과 현재가치와의 차액도 유형자산의 취득원가에 포함한다.
④ 유형자산 설계와 관련하여 전문가에게 지급하는 수수료도 유형자산의 취득원가로 처리한다.

04 (주)새길은 업무용 슈퍼컴퓨터를 구입하고 다음과 같은 금액을 지출하였다. 이때 컴퓨터 취득원가는?

| · 컴퓨터 구입가액 : | 8,000,000원 | · 업무용 소프트웨어 별도구입비 : | 2,000,000원 |
| · 컴퓨터 택배배송료 : | 100,000원 | · 컴퓨터 설치비 : | 200,000원 |

① 10,200,000원　　　　　　② 10,000,000원
③ 8,300,000원　　　　　　　④ 8,000,000원

05 다음은 일반기업회계기준상 유형자산의 교환에 대한 내용이다. 틀린 것은?
① 이종자산간 교환하는 경우에는 교환으로 취득한 유형자산의 취득가액은 취득자산의 공정가치로 측정한다.
② 자산의 교환에 있어 현금수수액이 있는 경우에는 그 현금수수액을 반영하여 취득원가를 결정한다.
③ 동종자산의 교환인 경우에는 제공한 자산의 장부가액을 취득한 자산의 취득가액으로 할 수 있다.
④ 동종자산과의 교환시에 교환에 포함된 현금 등의 금액이 유의적이라면 동종자산의 교환으로 보지 않는다.

06 수익적지출로 처리하여야 할 것을 자본적지출로 잘못 회계처리한 경우 재무제표에 미치는 영향이 아닌 것은?
① 당기순이익이 과대 계상된다.
② 현금 유출액이 과대 계상된다.
③ 자본이 과대 계상된다.
④ 자산이 과대 계상된다.

07 감가상각을 하는 목적으로 가장 적합한 표현은?
① 이익의 과소계상으로 세금을 줄이기 위하여
② 유형자산의 가치감소만큼 비용으로 계상하기 위하여
③ 수익·비용대응의 원칙에 입각한 원가의 배분을 위하여
④ 동일한 유형자산에 대한 미래의 재취득자금을 마련하기 위하여

08 다음 중 일반기업회계기준상 유형자산의 감가상각에 대한 설명으로 틀린 것은?
① 감가상각비는 다른 자산의 제조와 관련된 경우에는 관련 자산의 제조원가로, 그 밖의 경우에는 판매비와 관리비로 계상한다.
② 유형자산의 잔존가액이 중요할 것으로 예상되는 경우에는 자산의 취득시점에서 잔존가액을 추정한 후 물가변동에 따라 이를 수정하여야 한다.
③ 감가상각방법은 매기 계속하여 적용하고, 정당한 사유 없이 변경하지 않아야 한다.
④ 내용연수란 자산의 예상 사용기간 또는 자산으로부터 획득할 수 있는 생산량이나 이와 유사한 단위를 말한다.

09 다음 중 모든 감가상각방법이 선택가능하다면 일반적으로 첫 해에 회사의 이익을 가장 많이 계상할 수 있는 방법은?

① 정률법　　② 이중체감법　　③ 연수합계법　　④ 정액법

10 기계장치의 감가상각관련 자료가 다음과 같을 때 제2기인 20X3년말 결산 시에 계상하여야 할 감가상각비와 감가상각누계액을 바르게 표시한 것은?

- 취득일 : 20X2년 1월 1일　　· 취득원가 : 2,000,000원　　· 내용연수 : 10년
- 정률법 상각율 : 10%　　· 상각방법 : 정률법

	감가상각비	감가상각누계액		감가상각비	감가상각누계액
①	200,000원	300,000원	②	180,000원	380,000원
③	200,000원	400,000원	④	180,000원	180,000원

11 다음 중 일반기업회계기준상 유형자산 교환에 관한 설명으로 옳지 않은 것은?

① 이종자산과의 교환으로 취득한 유형자산의 취득원가는 교환을 위하여 제공한 자산의 공정가치로 측정한다.
② 이종자산의 교환을 위하여 제공한 자산의 공정가치가 불확실한 경우에는 교환으로 취득한 자산의 공정가치를 취득원가로 할 수 있다.
③ 자산의 교환에 현금수수액이 있는 경우에는 현금수수액을 반영하여 취득원가를 결정한다.
④ 유형자산의 공정가치는 감정평가가격으로 한다.

12 다음 중 유형자산의 취득원가에 대한 설명으로 틀린 것은?

① 기존 건물이 있는 토지를 취득한 후 기존 건물의 즉시 철거비용은 토지의 취득원가에 포함한다.
② 기계장치를 구입 목적에 사용할 수 있을 때까지 발생한 설치비 및 시운전비는 취득원가에 가산한다.
③ 유형자산 취득과 관련하여 발생한 제세공과금은 유형자산의 취득원가에 가산한다.
④ 토지 등의 재산세 또는 종합부동산세가 발생한 경우 취득원가에 가산한다.

05 투자자산·무형자산·기타유동자산

01. 투자자산

1. 투자자산의 의의와 종류

투자자산이란 기업의 정상적 영업활동과는 무관하게 타회사를 지배하거나 통제할 목적 또는 장기적인 투자이윤을 얻을 목적으로 장기적으로 투자된 자산을 말한다. 투자자산은 기업의 고유의 사업목적 달성과는 관련이 없다는 점에서 유형자산과 다르며, 장기적으로 보유하고 있다는 점에서 단기매매증권이나 단기금융상품 등과 구별된다.

> **투자자산의 종류**
> ① 투자부동산 : 영업활동과는 무관하게 투자목적으로 보유하는 토지나 건물을 말한다.
> ② 매도가능증권 : 유가증권 중 단기매매증권이나 만기보유증권 및 지분법적용투자주식으로 분류되지 않는 것을 말한다.
> ③ 만기보유증권 : 만기가 확정된 채무증권으로서 상환금액이 확정되었거나 확정이 가능한 채무증권을 만기까지 보유 할 적극적인 의도와 능력이 있는 것을 말한다.
> ④ 지분법적용투자주식 : 피투자회사에 중대한 영향력을 행사할 수 있는 주식으로서 지분법으로 평가하는 것을 말한다.
> ⑤ 장기금융상품 : 금융회사가 취급하는 정형화된 상품이나 신종금융상품에 투자한 경우로 재무상태표일로부터 1년 이후에 만기가 도래하는 것을 말한다.
> ⑥ 장기대여금 : 이자수익을 창출할 목적으로 타인에게 장기의 자금을 대여한 경우를 말한다.
> ⑦ 기타의 투자자산 : 위에 속하지 아니하는 투자자산을 말한다

2. 유가증권

유가증권이란 재산적 가치가 있는 사권(私權)이 표창된 증권으로서, 그 권리의 발생·행사·이전의 전부 또는 일부를 증권에 의해서만 행사할 수 있는 것을 말한다. 유가증권은 증권의 종류에 따라 지분증권과 채무증권으로 분류할 수 있다.

(1) 지분증권

지분증권이란 다른 회사에 대해 소유권과 지분권을 나타내는 소유권주식으로 보통주식, 우선주식이 여기에 속한다. 지분증권 중 시장성지분증권은 지분증권이라고 하더라도 다른 회사에 대해 소유권·지배권을 행사하기보다는 일시적으로 소유하여 주식매매에 의한 주가차익이나 분배금을 얻기 위해 투자되는 것이다.

(2) 채무증권

채무증권이란 발행자에 대하여 금전을 청구할 수 있는 권리를 표시하는 유가증권 및 이와 유사한 유가증권을 말한다. 채무증권에는 국채, 공채, 사채, 전환사채, 신주인수권부사채 등이 있다.

기업회계에서는 유가증권을 유가증권의 실제 보유의도와 보유능력에 따라 단기매매증권, 매도가능증권, 만기보유증권, 지분법적용투자주식으로 분류하고 있다. 단기매매증권에 대해서는 에서 살펴보았기 때문에 여기서는 단기매매증권을 제외한 유가증권(이하에서는 투자유가증권이라 한다.)에 대해서 살펴보고자 한다.

3. 투자유가증권의 종류

투자유가증권이란 당좌자산으로 분류되지 않은 유가증권으로서 만기보유증권, 매도가능증권, 지분법적용투자주식이 있다.

(1) 만기보유증권

만기보유증권이란 만기가 확정된 채무증권으로서 상환금액이 확정되었거나 확정가능하고 만기까지 보유할 적극적인 의도와 능력이 있는 것을 말한다. 주의할 점은 채무증권만이 만기보유증권으로 분류될 수 있다는 것이다. 따라서 지분증권(주식 등)은 만기보유증권이 될 수 없다. 왜냐하면 일반적으로 지분증권은 상환의무가 없기 때문에 채무증권처럼 만기가 존재하지 않는다.

(2) 매도가능증권

매도가능증권이란 중도에 매각을 목적으로 취득하는 유가증권을 말한다. 즉, 단기매매증권이나 만기보유증권으로 분류되지 아니하는 유가증권이면 모두 매도가능증권으로 보는 것이다. 다만, 재무상태표일로부터 1년 내에 매도 등에 의하여 처분할 것이 확실한 매도가능증권은 유동자산으로 분류한다.

(3) 지분법적용투자주식

지분법적용투자주식이란 투자자가 피투자회사에 대하여 일정비율 이상의 지분을 취득하거나 의사결정 과정에 참여하여 중대한 영향력을 행사할 수 있는 경우의 당해 지분증권을 말한다.

기업회계기준에서는 투자회사가 직접·간접적으로 피투자회사의 의결권이 있는 주식의 20% 이상을 보유하고 있는 경우에는 명백한 반증이 있는 경우를 제외하고는 중대한 영향력이 있는 것으로 보고 지분법을 적용하도록 규정하고 있다.

투자주식 취득시에는 취득원가로 평가하여 자산으로 계상하지만 취득 후에는 피투자회사의 순자산 변동에 따라 투자주식가액을 조정하는데, 이때의 평가방법을 지분법이라 한다.

4. 투자유가증권의 회계처리

(1) 만기보유증권(채무증권)

1) 취득시

만기보유증권(공채·사채)을 취득하는 경우에는 매입가액에 매입수수료 등 부대비용을 가산한 금액을 취득원가로 하여 차변에 만기보유증권으로 계상하고, 대변에는 현금 등 그 대가를 계상한다.

(차) 만 기 보 유 증 권　　　×××　　(대) 현　　　　　금　　　×××
*취득원가=유가증권매입가액 + 부대비용(증권거래세, 중개수수료 등)

2) 이자수령시

채무증권을 보유하게 되는 경우에는 이자수익이 발생하므로, 이자 수령시 차변에는 현금 등 그 대가를 계상하고, 대변에는 이자수익(영업외수익)으로 계상한다.

(차) 현　　　　　금　　　×××　　(대) 이 자 수 익　　　×××

3) 기말평가시

만기보유증권은 원가법으로 평가한다. 따라서 기말에 별도의 회계처리가 없다. 여기서의 원가법은 취득원가에서 할인·할증 상각액을 가감한 가액을 의미하는 상각원가법이다

4) 상환시

만기보유증권은 상환시까지 보유하게 되므로 상환일에 액면금액을 상환받게 되는 것이다.

(차) 현　　　　　금　　　×××　　(대) 만 기 보 유 증 권　　　×××

⚓ 필수예제 (1)

하남물산(주)은 20X1년초에 전산(주)가 발행한 사채 100주(액면가액 @₩1,000)를 1주당 @₩900에 수표를 발행하여 취득하였다. 사채의 만기는 2년이며 표시이자율은 10%이다. (취득가액과 액면가액과의 차액을 정액법으로 상각하기로 한다.)

⛵ 물음

다음을 연도별로 분개하시오.

해답

20X1년초	(차) 만기보유증권	90,000	(대) 당좌예금	90,000		
	*100주 × @₩900 = 90,000					
20X1년말	(차) 현금	10,000 *	(대) 이자수익	15,000		
	만기보유증권	5,000 **				
	*100,000 × 10% = 10,000					
	**(100,000 − 90,000) ÷ 2 = 5,000					
20X2년말	(차) 현금	10,000	(대) 이자수익	15,000		
	만기보유증권	5,000				
	(차) 현금	100,000	(대) 만기보유증권	100,000		

(2) 매도가능증권

1) 취득시

매도가능증권을 취득한 경우에는 매입가액에 취득부대비용을 가산한 금액을 취득원가로 한다. 다만, 채무증권을 기중에 취득한 경우에는 양도자의 보유기간의 이자를 고려하여 회계처리하여야 한다.

① 지분증권인 경우

(차) 매도가능증권	×××	(대) 현금	×××
*취득원가=유가증권매입가액 + 부대비용(증권거래세, 중개수수료 등))			

② 채무증권인 경우

(차) 매도가능증권	×××	(대) 현금	×××
미수이자			

2) 기말평가시 평가방법

투자유가증권 종류			평가방법	평가손익 처리방법
매도가능증권	지분증권	시장성 및 공정가액이 없는 경우	원가법	기타 포괄손익 누계액
		시장성 및 공정가액이 있는 경우	시가법	
	채무증권			
지분법 적용 투자주식			지분법	당기손익

* 손상차손이 발생한 객관적인 증거가 있으면 저가법 적용

매도가능증권은 기말(결산일)에 장부가액과 공정가액(시가)을 비교하여 평가손익을 인식하여야 한다. 매도가능증권 평가손익은 "기타포괄손익누계액"항목으로 계상하여야 하며, 차기 이후에 발생하는 평가손익과 상계하여 회계처리하여야 한다.

3) 배당금(이자) 수령시

① 지분증권

| (차) 현 금 | ××× | (대) 배당금수익 | ××× |

② 채무증권

| (차) 현 금 | ××× | (대) 이자수익 | ××× |

4) 처분 시

매도가능증권을 처분하는 경우에는 매도가능증권 평가손익의 잔액을 상계한 후에 처분손익을 계상하여야 한다. 그 결과 처분손익은 매도가능증권의 처분가액에서 당초 취득가액을 차감한 가액이 된다.

매도가능증권처분손익 = 매각액 − 취득가액

① 매도가능증권평가이익이 있는 경우

| (차) 현 금 | ××× | (대) 매도가능증권 | ××× |
| 매도가능증권평가이익 | | 매도가능증권처분이익 | |

② 매도가능증권평가손실이 있는 경우

| (차) 현 금 | ××× | (대) 매도가능증권 | ××× |
| 매도가능증권처분손실 | | 매도가능증권평가손실 | |

필수예제 (2)

숭실(주)은 20X1년초에 서울(주) 주식 100주를 @₩2,000에 수표발행하여 취득하였다. 20X1년말의 주식가격은 @₩1,500이었으며, 20X2년말에는 @₩2,100이었다. 숭실(주)은 20X3. 7. 1.에 주식 100주를 @₩1,800에 처분하였다.

물음

다음을 연도별로 분개하시오.

해답

| 20X1년초 | (차) 매도가능증권 | 200,000 | (대) 당좌예금 | 200,000 |

| 20X1년말 | (차) 매도가능증권평가손실 | 50,000 | (대) 매도가능증권 | 50,000 |

  * 100주 × (@₩1,500 − @₩2,000) = △50,000

| 20X2년말 | (차) 매도가능증권 | 60,000 | (대) 매도가능증권평가손실 | 50,000 |
| | | | 매도가능증권평가이익 | 10,000 |

  * 100주 × (@₩2,100 − @₩1,500) = 60,000

20X3년 7.1	(차) 현 금	180,000	(대) 매도가능증권	210,000
	매도가능증권평가이익	10,000		
	매도가능증권처분손실	20,000		

5. 투자유가증권의 손상차손

투자유가증권으로부터 회수할 수 있을 것으로 추정되는 금액이 보유하고 있는 채무증권 또는 지분증권의 장부금액보다 작은 경우에는 손상차손을 계상하여야 한다.

(1) 손상차손

투자유가증권은 주식(채권)을 발행한 회사의 파산 등에 의하여 주식 등 회수가능가액이 장부금액보다 하락하여 그 회복이 불가능한 경우에는 그 차액을 손상차손으로 인식하여야 한다. 손상차손은 당기손익(영업외비용)에 반영한다.

$$손상차손 = 투자유가증권의\ 회수가능가액 - 투자유가증권의\ 장부금액$$

① 매도가능증권

(차) 장기투자증권손상차손	×××	(대) 매도가능증권평가손실	×××
		매 도 가 능 증 권	×××

② 만기보유증권

(차) 장기투자증권손상차손	×××	(대) 만 기 보 유 증 권	×××

(2) 손상차손의 회복

투자유가증권의 손상차손을 인식한 차기 이후에 회수가능가액이 상승한 경우에는 투자유가증권 장기투자증권손상차손환입(영업외수익)으로 계상하여야 한다.

$$손상차손환입액 = 회수가능가액 - 감액\ 후\ 장부금액$$

① 매도가능증권

(차) 매 도 가 능 증 권	×××	(대) 장기투자증권손상차손환입	×××

② 만기보유증권

(차) 만 기 보 유 증 권	×××	(대) 장기투자증권손상차손환입	×××

6. 투자유가증권의 분류변경

유가증권을 취득한 경우에는 취득시점에 단기매매증권·만기보유증권·매도가능증권·지분법적용투자주식 중의 하나로 분류한 후에 재무상태표일마다 분류의 적정성을 재검토하여야 한다.

만약 재무상태표일에 분류의 적정성을 검토한 결과 유가증권에 대한 보유의도와 보유능력에 변화가 발생한 경우에는 다음과 같이 유가증권의 분류를 변경하여야 한다.

① 단기매매증권은 다른 유가증권 과목으로 분류 변경할 수 없으며, 다른 유가증권과목의 경우에도 단기매매증권으로 분류 변경할 수 없다. 다만, 단기매매증권이 시장성을 상실한 경우에는 매도가능증권으로 분류하여야 한다. 이 경우 분류변경일 현재의 공정가치를 매도가능증권의 새로운 취득원가로 하고 차액은 단기매매증권평가손익으로 처리함
② 매도가능증권은 만기보유증권으로 분류 변경할 수 있으며, 만기보유증권은 매도가능증권으로 분류 변경할 수 있다.
③ 매도가능증권은 피투자회사에 대한 중대한 영향력을 얻은 시점에 지분법적용투자주식으로 분류 변경되며, 중대한 영향력을 상실하는 경우에는 상실한 시점에 매도가능증권으로 분류 변경한다.

~에서	~으로	가능	불가능
단기매매증권	매도가능증권	–	○ (시장성을 상실한 경우에는 가능)
매도가능증권	단기매매증권	–	○[1]
매도가능증권	만기보유증권	○	–
만기보유증권	매도가능증권	○	–

*단기매매증권을 매도가능증권으로 매도가능증권을 단기매매증권으로 분류 변경하는 것을 못하게 하는 이유는 이익조작가능성 때문이다. 단기매매증권 평가손익은 당기손익에 반영되는데 반하여 매도가능증권 평가손익은 기타포괄손익누계액으로 계상되기 때문에, 분류 변경을 허용하는 경우에는 분류 변경을 통하여 이익을 조작할 가능성이 있는 것이다.

02. 무형자산

무형자산이란 재화의 생산·용역의 제공·타인에 대한 임대 또는 관리에 사용할 목적으로 기업이 보유하고 있으며, 물리적 실체는 없지만 식별할 수 있고, 기업이 통제하고 있으며, 미래 경제적 효익이 있는 자산을 말한다. 오늘날 우리의 기업환경이 산업사회에서 지식정보화사회로 전환됨에 따라 무형자산의 중요성은 점차 증대되고 있다. 무형자산은 물리적 실체가 없으며 미래 경제적 효익에 대해 고도의 불확실성이 존재한다는 점을 제외하고는 유형자산과 동일한 기능을 수행한다. 따라서 무형자산의 회계처리도 유형자산과 거의 동일하다.

무형자산의 특징

① 물리적 실체가 존재하지 않는다.
② 영업활동에 사용할 목적으로 보유하는 자산이다.
③ 미래경제적 효익에 고도의 불확실성이 존재한다.
④ 효익제공기간이 장기이다.

---

1) 단기내에 매도할 것이 거의 확실하거나 재무상태표일로부터 1년 이내에 만기가 도래하는 경우에는 유동자산으로 대체보고함

무형자산의 종류

① 산업재산권(특허권, 상표권, 의장권, 실용신안권, 상호권 및 상품명 포함)
② 영업권
③ 개발비(제조비법, 공식, 모델, 디자인 및 시작품 등의 개발)
④ 소프트웨어
⑤ 광업권, 어업권
⑥ 프랜차이즈와 라이센스
⑦ 저작권 등

1. 무형자산의 인식

다음의 조건을 모두 충족하는 경우에만 무형자산을 인식한다.

① 자산에서 발생하는 미래경제적효익이 기업에 유입될 가능성이 매우 높다.
② 자산의 원가를 신뢰성 있게 측정할 수 있다.

미래경제적효익이 기업에 유입될 가능성은 무형자산의 내용연수동안의 경제적 상황에 대한 경영자의 최선의 추정치를 반영하는 합리적이고 객관적인 가정에 근거하여 평가하여야 한다.

2. 무형자산의 취득원가

(1) 외부로부터 취득한 무형자산의 취득원가

무형자산을 최초로 인식할 때에는 원가로 측정한다. 개별 취득하는 무형자산의 원가는 다음 항목으로 구성된다.

① 구입가격(매입할인과 리베이트를 차감하고 수입관세와 환급받을 수 없는 제세금을 포함한다)
② 자산을 의도한 목적에 사용할 수 있도록 준비하는 데 직접 관련되는 원가

(2) 내부적으로 창출된 무형자산의 취득원가

내부적으로 창출한 무형자산의 원가는 그 자산의 창출, 제조, 사용 준비에 직접 관련된 지출과 합리적이고 일관성 있게 배분된 간접 지출을 모두 포함한다.

3. 무형자산의 취득이후의 지출

무형자산의 취득 또는 완성 후의 지출로서 다음의 요건을 모두 충족하는 경우에는 자본적 지출로 처리하고, 그렇지 않은 경우에는 발생한 기간의 비용으로 인식한다.

① 관련 지출이 무형자산의 미래경제적효익을 실질적으로 증가시킬 가능성이 매우 높다.
② 관련된 지출을 신뢰성 있게 측정할 수 있으며, 무형자산과 직접관련 된다.

4. 무형자산의 손상차손

자산의 진부화 및 시장가치의 급격한 하락 등으로 인하여 자산의 회수가능액이 장부금액에 중요하게 미달하게 되는 경우에는 장부금액을 회수가능액으로 조정하고 그 차액을 손상차손으로 처리한다.

자산의 손상차손환입으로 증가된 장부금액은 과거에 손상차손을 인식하기 전 장부금액의 감가상각 또는 상각 후 잔액을 초과할 수 없다.

장부금액 > 회수가능가액	장부금액 < 회수가능가액
무형자산손상차손 ××× / 개발비 등××× (영업외비용)	개발비 등 ××× / 무형자산손상차손환입 ××× (영업외수익)

5. 공시

무형자산의 상각이 다른 자산의 제조와 관련된 경우에는 관련 자산의 제조원가로, 그 밖의 경우에는 판매비와 관리비로 계상한다. 또한 무형자산의 상각시에는 상각액을 무형자산에서 직접 차감하는 직접법과 무형자산상각누계액을 별도로 사용하여 당해 자산에서 차감형식으로 표시하는 간접법을 모두 사용할 수 있다. 다만, 직접상각법을 사용하는 경우에는 취득원가 및 상각누계액에 대한 정보를 주석으로 기재하여야 한다. 산업재산권을 대상으로 회계처리를 예시하면 다음과 같다.

1) 회계처리

- 직접법

| (차) 무 형 자 산 상 각 비 | ××× | (대) 산 업 재 산 권 | ××× |

부분재무상태표

무 형 자 산	
산 업 재 산 권	×××

* 주석공시 : 취득원가와 상각누계액

- 간접법

| (차) 무 형 자 산 상 각 비 | ××× | (대) 산업재산권상각누계액 | ××× |

부분재무상태표

무 형 자 산		
산 업 재 산 권	×××	×××
상 각 누 계 액	(×××)	

[무형자산상각 및 공시]

구 분	내 용
상각기간	관계법령이나 계약에 정해진 경우를 제외하고는 20년을 초과할 수 없다.
상각방법	정액법, 정률법 등 합리적인 방법을 모두 인정(합리적인 방법을 정할 수 없는 경우와 영업권에 경우에는 정액법을 사용한다.)
잔존가액	잔존가액은 없는 것을 원칙으로 한다.
공 시	직접법과 간접법 모두 인정(직접법을 사용할 경우 취득원가와 누계액을 주석으로 기재하여야 한다.)

필수예제 (3)

제일산업은 고려산업으로부터 20X1년초에 상표권을 2억원에 매입하였다. 구입시 등기비 5,000,000과 중개수수료 3,000,000을 현금으로 지급하였다. 상표권은 법령에 의하여 25년 동안 보호 받을 수 있다. 상각방법은 정액법이다.

물음
1. 상표권 취득시 분개를 하시오.
2. 20X1년 결산일에 분개와 부분재무상태표를 공시하시오.
   ① 직접법인 경우
   ② 간접법인 경우

해답

1. 상표권 취득시
   (차) 산업재산권(상표권)   208,000,000   (대) 현   금   208,000,000
   * 취득원가 = 2억(구입액) + 8,000,000(부대비용) = 208,000,000

2. 20X1년 결산시
   ① 직접법
   (차) 무 형 자 산 상 각 비   8,320,000   (대) 산업재산권(상표권)   8,320,000
   * 208,000,000 ÷ 25년 = 8,320,000

부분재무상태표

무 형 자 산
산 업 재 산 권   199,680,000

* 주석공시 : 취득원가와 상각누계액

② 간접법
(차) 무 형 자 산 상 각 비   8,320,000   (대) 산업재산권상각누계액   8,320,000

부분재무상태표

무 형 자 산
산 업 재 산 권   208,000,000
상 각 누 계 액   (8,320,000)   199,680,000

6. 무형자산의 종류

1) 산업재산권

산업재산권이란 법률의 보호하에서 일정기간 독점적·배타적으로 이용할 수 있는 권리를 말하는 것으로 특허권, 상표권, 의장권, 실용신안권, 상호권 등을 말한다.

산업재산권을 외부에서 구입하는 경우에는 매입가액에 의도된 용도에 사용가능할 때까지 소요된 부대비용을 가산하여 취득원가를 결정한다. 산업재산권을 내부적으로 창출하는 경우에는 당해 자산을 창출하기 위하여 투입된 직접재료비, 직접노무비, 제조간접비를 포함한다. 또한 권리를 등록하는데 소요된 수수료나 제세공과금 등은 취득원가에 가산하여야 한다.

2) 영업권

영업권이란 기업의 특별한 기술이나 지식, 고도의 경영능력, 독점적 지위 양질의 고객관계, 유리한 입지조건 등으로 인하여 장차 그 기업에 경제적 이익으로 공헌하리라고 기대되는 초과수익력이 있는 경우 그 미래의 초과수익력을 말한다.

영업권은 기업 내부적으로 창출된 영업권과 외부에서 구입한 영업권으로 구분할 수 있는데 기업회계기준에서는 외부에서 구입한 영업권만 인정하고, 내부적으로 창출된 영업권은 취득원가를 신뢰성있게 측정할 수 없을 뿐만 아니라 기업이 통제하고 식별가능한 자원도 아니기 때문에 인정하지 않고 있다. 여기서 외부에서 구입한 영업권이란 합병, 영업양수, 등의 경우에 유상으로 취득한 것을 말하며 합병 등으로 취득하는 순자산의 공정가치를 초과하는 금액을 말한다.

> 영업권 = 합병 등의 대가로 지급한 금액 - 취득한 순자산공정가치

3) 개발비

개발비란 신제품, 신기술 등의 개발과 관련하여 발생한 비용(소프트웨어 개발과 관련된 비용을 포함)으로서 개별적으로 식별가능하고 미래 경제적 효익을 확실하게 기대할 수 있는 것을 말한다. 개발비는 내부적으로 창출된 무형자산으로써 자산의 인식기준에 부합하는지를 평가하기는 쉽지 않다. 왜냐하면 미래 경제적 효익을 창출할 무형자산의 존재 여부와 인식시점을 식별하기 어렵고, 그러한 자산의 원가를 신뢰성 있게 측정하기 어렵기 때문이다.

내부적으로 창출된 무형자산이 인식기준에 부합하는지를 평가하기 위하여 무형자산의 창출과정을 연구단계와 개발단계로 구분한다. 무형자산을 창출하기 위한 내부 프로젝트를 연구단계와 개발단계로 구분할 수 없는 경우에는 그 프로젝트에서 발생한 지출은 모두 연구단계에서 발생한 것으로 본다.

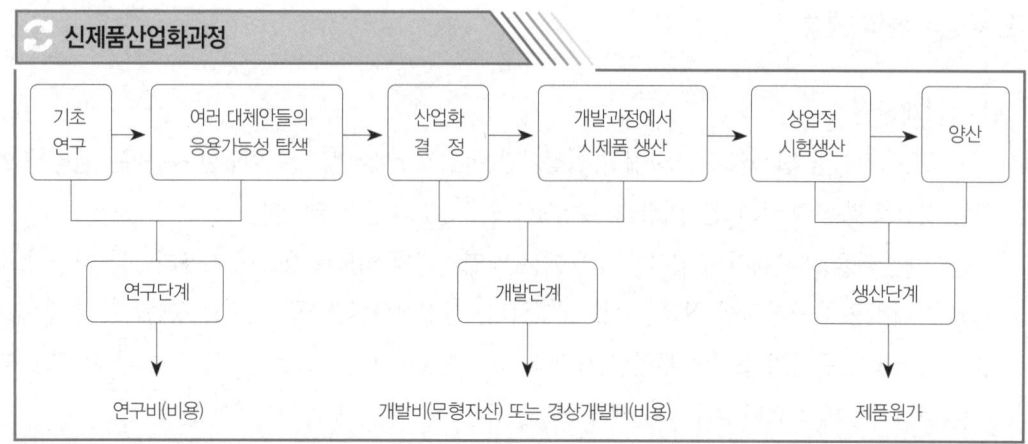

① 연구단계

프로젝트 연구단계에서는 미래 경제적 효익을 창출할 무형자산이 존재한다는 것을 입증할 수 없기 때문에 연구단계에서 발생한 지출은 무형자산으로 인식할 수 없고 발생한 기간비용으로 인식한다.

② 개발단계

개발활동이란 새로운 또는 현저히 개량된 재료, 장치, 제품, 공정, 시스템, 용역을 생산하기 위하여 연구결과나 기타 지식을 계획적으로 적용하는 활동으로서 상업적인 생산을 시작하기 이전의 활동을 의미한다.

개발단계는 연구단계보다 훨씬 더 진전되어 있는 상태이기 때문에 프로젝트의 개발단계에서는 무형자산을 식별할 수 있으며, 그 무형자산이 미래 경제적 효익을 창출할 것임을 입증할 수 있기 때문에 개발단계에서의 지출은 무형자산으로 인식하는 것이다.

개발단계에서 발생한 지출은 무형자산의 요건을 모두 충족하는 경우에만 무형자산으로 인식하고, 그 외의 경우에는 경상개발비의 과목으로 발생한 기간의 제조원가 또는 판매비와 관리비로 비용처리 한다.

[연구 · 개발비에 대한 회계처리]

구 분		내 용
연구단계		연구비의 과목으로 하여 발생한 기간의 비용으로 인식 한다.
개발단계	요건을 충족시키는 경우	개발비의 과목으로 하여 무형자산으로 인식하고 당해 자산이 사용가능한 시점부터 내용연수에 걸쳐 상각한다.
	요건을 충족시키지 못하는 경우	경상개발비의 과목으로 하여 발생한 기간의 비용으로 인식한다.

필수예제 (4)

(주)중앙은 연구 · 개발활동과 관련하여 3개의 프로젝트를 진행하고 있다. 프로젝트의 관련 자료는 다음과 같다.

구 분	프로젝트(A)	프로젝트(B)	프로젝트(C)
진행상황	완 료	완 료	진행중
재 료 비	200,000	350,000	120,000
노 무 비	150,000	70,000	50,000
기타경비	100,000	120,000	30,000
계	450,000	540,000	200,000

[프로젝트 연구사항]

· 프로젝트(A) : 개발단계에서 발생한 지출로 미래의 경제적 효익을 제공할 것이 확실하다.
· 프로젝트(B) : 개발단계에서 발생한 지출로 미래의 경제적 효익의 제공여부가 불확실하다.
· 프로젝트(C) : 연구단계에서 발생한 지출이다.

물음

(주)중앙의 프로젝트별 처리방안과 지출당시의 분개를 하시오.

해답

· 프로젝트(A): 개발단계에서 발생하였고 경제적 효익의 제공이 확실하므로 개발비과목으로 하여 무형자산으로 처리한다.(무형자산요건충족)
 (차) 개   발   비   450,000   (대) 현   금   450,000

· 프로젝트(B): 개발단계에서 발생하였으나 경제적 효익을 기대할 수 없으므로 경상개발비의 과목으로 하여 당기비용 처리한다.
 (차) 경 상 개 발 비   540,000   (대) 현   금   540,000

· 프로젝트(C): 연구단계에서 발생한 지출이므로 연구비의 과목으로 하여 당기비용 처리한다.
 (차) 연   구   비   200,000   (대) 현   금   200,000

4) 소프트웨어

자산인식조건을 충족하는 소프트웨어를 구입하여 사용하는 경우의 동 구입비용은 소프트웨어의 과목으로 하여 무형자산으로 인식하고, 내부에서 개발된 소프트웨어에 소요된 원가가 자산인식조건을 충족하는 경우에는 개발비의 과목으로 하여 무형자산으로 처리한다.

5) 광업권 및 어업권

광업권이란 일정한 광구에서 등록을 한 광물과 동 광상 중에 부존하는 다른 광물을 채굴하여 취득할 수 있는 권리를 말한다.

어업권이란 수산업법에 의하여 등록된 수면에서 독점적·배타적으로 어업을 영위할 수 있는 권리를 말한다.

6) 프랜차이즈와 라이선스

프랜차이즈란 프랜차이저가 자신의 제품이나 서비스의 판매권, 상표나 상호명의 사용권 또는 특정 기능을 수행할 수 있는 독점적인 권리를 프랜차이저에게 부여하는 계약을 말한다. 프랜차이즈의 예로는 햄버거체인, 주유소체인 등이 있다.

라이선스는 특정 권리자가 자신의 권리를 사용하기를 희망하는 자와 계약에 의하여 타인에게 사용을 허가하는 권리의 허락을 말한다. 라이선스는 프랜차이즈의 일종이라 할 수 있다.

7) 저작권

저작권은 문학, 학술, 예술의 범위에 속하는 창작물에 대하여 저작자나 권리승계인이 행사하는 저작물에 대한 배타적·독점적인 권리를 말한다.

03. 기타비유동자산

기타비유동자산이란 투자자산, 유형자산, 무형자산에 속하지 않는 비유동자산으로서 투자수익이 없고 다른 자산으로 분류하기 어려운 자산을 말한다.

1. 이연법인세자산

차감할 일시적차이 등으로 인하여 미래에 경감될 법인세부담액으로서 유동자산으로 분류되는 이연법인세자산을 제외한 부분을 말한다.

2. 보증금

전세권, 회원권, 임차보증금 및 영업보증금을 말한다.

3. 장기매출채권

유동자산에 속하지 아니하는 일반적 상거래에서 발생한 장기의 매출채권을 말한다.

4. 부도어음과수표

어음의 소지인이 만기일에 어음대금 청구 시 어음의 지급인이 어음금액에 대한 지급을 거절한 경우 어음의 부도라 하고 지급이 거절된 어음을 부도어음이라고 한다. 이 경우 어음의 소지인은 자기의 앞선 배서인에게 어음금액, 법정이자, 공증인에 의한 지급거절증서 작성비용 등을 청구할 수 있다. 지급거절 된 수표도 유사하다.

이러한 어음과 수표는 일반어음(수표)과 구분하기 위하여 [부도어음과수표]계정을 사용한다. 부도어음과 수표는 추후 회수가능성을 추정하여 대손여부를 판단한다.

```
부도발생시 : 부도어음과수표   ×××  /  받을어음        ×××
대손확정시 : 대손충당금        ×××  /  부도어음과수표   ×××
```

5. 기 타

장기선급비용, 장기선급금, 장기미수금 등이 있다.

연습문제

01 다음 유가증권의 분류 중에서 만기보유증권으로 분류할 수 있는 판단기준이 되는 것은 무엇인가?

① 만기까지 보유할 적극적인 의도와 능력이 있는 채무증권
② 만기까지 매매차익을 목적으로 취득한 채무증권
③ 만기까지 다른 회사에 중대한 영향력을 행사하기 위한 지분증권
④ 만기까지 배당금이나 이자수익을 얻을 목적으로 투자하는 유가증권

02 일반기업회계기준상 유가증권과 관련한 다음 설명 중 잘못된 것은?

① 예외적인 경우를 제외하고는 원칙적으로 단기매매증권과 매도가능증권은 공정가치로 평가한다.
② 손상차손 발생에 대한 객관적인 증거가 있는지 여부는 매 회계기간마다 평가해야 한다.
③ 매도가능증권은 만기보유증권으로 재분류할 수 있으나, 만기보유증권은 매도가능증권으로 재분류할 수 없다.
④ 단기매매증권이 시장성을 상실한 경우에는 매도가능증권으로 분류하여야 한다.

03 다음 중 일반기업회계기준상 유가증권에 대한 설명으로 틀린 것은?

① 매도가능증권의 취득 시점에 제공한 대가 외의 매입수수료, 이전비용은 수수료로 처리한다.
② 단기매매증권이나 만기보유증권으로 분류되지 않는 유가증권은 매도가능증권으로 분류한다.
③ 매도가능증권을 공정가치로 평가함으로 인해 발생하는 평가손실은 당기손익에 영향을 미치지 않는다.
④ 만기보유증권은 보고기간종료일로부터 1년 내에 만기가 도래하는 경우 유동자산으로 분류 할 수 있다.

04 다음 자료를 통하여 매도가능증권처분손익은 얼마인가?

> · 20X2년 기말 매도가능증권 1,000주, 주당공정가치 7,000원
> · 20X2년 기말 매도가능증권평가이익 2,000,000원
> · 20X3년 7월 1일 500주를 주당 6,000원에 처분하였다.

① 처분이익 1,000,000원 ② 처분이익 500,000원
③ 처분손실 500,000원   ④ 처분손실 1,000,000원

05 아래의 자료를 이용하여 20X1년 매도가능증권처분손익을 구하면 얼마인가?

> · 20X0년 07월 05일 : 매도가능증권 1,000주를 주당 5,000원에 취득하였다.
> · 20X0년 12월 31일 : 매도가능증권을 기말 공정가치로 평가하고, 매도가능증권평가이익 1,000,000원을 인식하였다.
> · 20X1년 02월 01일 : 매도가능증권 100주를 주당 3,000원에 처분하였다.

① 매도가능증권처분이익 100,000원 ② 매도가능증권처분손실 100,000원
③ 매도가능증권처분이익 200,000원 ④ 매도가능증권처분손실 200,000원

06 다음은 무형자산에 대한 설명이다. 잘못된 것은?

① 무형자산이란 물리적 형체는 없지만 식별가능하고 기업이 통제하고 있으며, 미래경제적 효익이 있는 비화폐성자산을 말한다.
② 무형자산은 합리적인 상각방법을 정할 수 없는 경우에는 정률법을 사용한다.
③ 무형자산의 잔존가치는 없는 것을 원칙으로 한다.
④ 자산에서 발생하는 미래경제적효익이 기업에 유입될 가능성이 매우 높으며, 자산의 원가를 신뢰성 있게 측정할 수 있어야 무형자산으로 인식할 수 있다.

07 무형자산에 관한 다음의 내용 중 옳지 않는 것은?

① 외부에서 구입한 무형자산은 자산으로 처리한다.
② 무형자산의 상각방법으로 합리적인 상각방법을 정할 수 없는 경우에는 정액법을 사용한다.
③ 무형자산 내용연수는 법적 요인에 의한 내용연수와 경제적 요인에 의한 내용연수 중 긴 기간으로 한다.
④ 내부적으로 창출한 영업권은 자산으로 인식하지 아니한다.

08 다음 중 무형자산에 대한 설명으로 가장 옳지 않은 것은?
① 일반기업회계기준에서는 사업 결합 등 외부에서 취득한 영업권만 인정하고, 내부에서 창출된 영업권은 인정하지 않는다.
② 무형자산은 인식기준을 충족하지 못하면 그 지출은 발생한 기간의 비용으로 처리한다.
③ 무형자산의 잔존가치는 없는 것을 원칙으로 한다.
④ 무형자산의 공정가치가 증가하면 그 공정가치를 반영하여 감가상각한다.

09 다음은 일반기업회계기준상 무형자산에 대한 설명이다. 옳지 않은 것은?
① 산업재산권, 개발비, 컴퓨터소프트웨어 등이 포함된다.
② 상각대상금액은 그 자산의 추정내용연수 동안 체계적인 방법을 사용하여 비용으로 배분하여야 한다.
③ 무형자산의 감가상각시 잔존가치는 취득가액의 10%로 한다.
④ 상각기간은 관계 법령이나 계약에 정해진 경우를 제외하고는 20년을 초과할 수 없다.

10 다음 중 일반기업회계기준상 무형자산에 관한 설명으로 옳지 않은 것은?
① 무형자산으로 인식하기 위한 요건으로 식별가능성, 기업의 통제, 미래의 경제적 효익의 발생으로 분류한다.
② 무형자산의 내용연수가 독점적·배타적 권리를 부여하고 있는 관계 법령에 따라 20년을 초과하는 경우에도 상각기간은 20년을 초과할 수 없다.
③ 무형자산의 잔존가치는 없는 것을 원칙으로 한다.
④ 내부적으로 창출한 브랜드, 고객목록 및 이와 유사한 항목에 대한 지출은 무형자산으로 인식하지 않는다.

06 부채

01. 부채의 의의

 부채란 특정기업이 과거의 거래나 사건의 결과로 인해, 미래에 다른 기업에게 자산을 이전하거나 용역을 제공하여야 하는 현재의 의무로부터 발생하는 미래의 경제적 효익의 희생을 말한다. 부채는 여러 가지 기준에 따라 분류할 수 있지만, 일반적으로 각 부채가 상환될 때까지 소요되는 기간을 기준으로 유동부채와 비유동부채로 구분한다.

 기업회계기준에서는 매입채무·미지급비용 등 영업활동과 관련된 부채는 1년 기준과 정상영업순환주기기준 중 장기를 기준으로, 기타의 부채는 1년 기준으로 유동부채와 비유동부채로 분류하도록 규정하고 있다.

유동부채	비유동부채
① 매입채무 ② 단기차입금 ③ 미지급금과 미지급비용 ④ 선수금 ⑤ 예수금 ⑥ 미지급법인세 ⑦ 유동성장기차입금 ⑧ 선수수익 등	① 사 채 ② 장기차입금 ③ 퇴직급여충당부채 ④ 장기미지급금 ⑤ 장기미지급비용 ⑥ 장기선수수익 ⑦ 이연법인세부채 등

02. 유동부채

 유동부채란 부채 중 재무상태표일로부터 1년 또는 정상영업순환주기 이내에 만기가 도래하는 부채를 말한다. 유동부채에는 매입채무, 단기차입금, 미지급금, 미지급비용, 선수금, 예수금, 선수수익, 미지급법인세, 유동성장기부채 등이 있다.

1. 매입채무

매입채무란 기업의 일반적인 상거래(주된 영업활동)에서 발생하는 채무를 말하며, 여기에는 외상매입금과 지급어음이 있다. 여기서 일반적 상거래라 함은 당해 회사의 사업목적을 위한 매출, 매입, 제조 등 경상적인 영업활동에서 발생하는 거래를 말한다.

2. 단기차입금

단기차입금이란 기업의 차입금 중 차입일로부터 1년 이내에 지급기일이 도래하는 차입금을 말한다. 단기차입금의 유형에는 금융기관으로부터의 단기차입액과 주주나 특수관계회사로부터의 단기차입액, 당좌차월 등이 있다.

당좌차월의 경우에는 기중에는 당좌예금과 통합하여 사용할 수 있으나 결산기말에는 총액표시원칙에 근거하여 당좌예금은 현금및현금성자산, 당좌차월액은 단기차입금으로 표시하여야 한다.

3. 미지급금과 미지급비용

미지급금이란 일반적 상거래 이외에서 발생한 채무(미지급비용을 제외한다)를 말한다. 즉, 미지급금이란 기업의 일반적인 상거래 이외의 거래나 계약관계 등에 의하여 이미 확정된 채무 중 아직 지급이 완료 되지 아니한 것으로 재무상태표일로 부터 1년 이내에 상환하기로 되어있는 부채를 말한다. 여기서 일상적인 상거래 이외의 거래란, 원재료, 상품매입 등의 본업상의 거래 이외의 거래를 말한다. 일반적 상거래에서의 외상거래는 외상매입금이나 매입채무라고 하며 그 이외의 외상거래에서는 미지급금이라고 하여야 한다. 미지급비용이란 발생된 비용으로서 지급되지 아니한 것을 말한다. 즉, 미지급비용이란 일정기간 계속 발생하는 비용으로서, 이미 당기에 발생하였으나 아직 지급기일이 도래하지 않아 지급되지 않은 비용을 말한다.

구 분	내 용
미지급금	일반적 상거래 이외에서 발생한 채무(확정채무)
미지급비용	일정기간 계속 발생하는 비용으로서, 이미 당기에 발생하였으나 아직 지급기일이 도래하지 않아 지급되지 않은 비용을 말한다.(미확정채무)

4. 선수금

선수금이란 거래처로부터 주문받은 상품 또는 제품을 인도하거나 공사를 완성하기 이전에 그 대가의 일부 또는 전부를 수취한 금액을 말하는데, 수주공사 또는 수주품의 거래 및 기타의 일반적 상거래에서 발생한 판매대금의 선수액을 말한다. 선수금은 현금으로 반제되는 부채가 아니라 물품 또는 용역을 인도함으로써 그 채무가 소멸된다.

일반적 상거래가 아닌 거래에서 발생하는 대금의 선수취액은 선수금계정에 포함시켜서는 안 될 것이나, 고정자산 등의 매각과 관련하여 수취하는 계약금·중도금과 같은 선수취액도 실무적으로는 선수금에 포함시킨다. 선수금의 회계처리는 다음과 같다.

1) 선수금 수령시

(차) 현 금	×××	(대) 선 수 금	×××

2) 상품 인도시

(차) 선 수 금 현 금	××× ×××	(대) 매 출	×××

5. 예수금

예수금이란 일반적 상거래 이외의 일시 예수액을 말한다. 예수금에는 종업원의 급여에 대한 소득세예수금, 의료보험료, 고용보험료, 국민연금예수금 등이 있다. 예수금의 회계처리는 예수금 수령시 예수금계정으로 하여 부채로 계상하였다가 납부하는 시점에 예수금과 상계처리 한다. 여기서 선수금과 예수금은 구별되어야 한다. 선수금은 일반적 상거래에서 발생된 것으로 미래에 재화 또는 용역을 제공한다는 약속하에 미리 받은 금액을 말하며, 예수금은 일반적 상거래 이외에서 발생된 일시적 예수액으로 미래에 이를 반제할 의무가 있는 것을 말한다.

1) 예수금 수령시

(차) 현 금	×××	(대) 예 수 금	×××

2) 예수금 납부시

(차) 예 수 금	×××	(대) 현 금	×××

6. 미지급법인세

미지급법인세는 당기 법인세법 등의 법령에 의하여 당기에 납부하여야 할 법인세 및 법인세에 부가되는 세액(주민세 등)을 부채로 계상한 것이다. 미지급법인세는 당기 세무조정에 의하여 계산된 법인세부담액에서 원천징수나 중간예납 등으로 인하여 이미 납부한 선급법인세를 차감한 나머지 금액을 추가로 계상하는 방식에 의하여 계산된다.

7. 유동성장기부채

비유동부채 중에서 1년 이내에 만기일이 도래하는 부분을 유동부채로 재분류하여야 하며, 이와 같이 비유동부채의 일부분이 유동부채로 재분류된 것을 유동성장기차입금이라고 한다.

8. 선수수익

선수수익이란 대가의 수입은 이루어졌으나 수익의 귀속시기가 차기 이후인 것을 말한다. 선수수익은 일종의 부채이긴 하지만, 원칙적으로는 금전으로 변제되는 부채가 아니라, 일반적으로 계속적인 용역의 제공을 통하여 변제되는 부채이다.

즉, 선수수익이란 일정기간 동안 용역을 제공하기로 약정하고 수취한 수입이자, 임대료, 수수료 등을 기간 손익계산상 차기 이후에 귀속하는 금액을 말한다.

03. 비유동부채

비유동부채란 부채 중 재무상태표일로부터 1년 또는 정상영업순환주기 이후에 만기가 도래하는 부채를 말한다. 비유동부채는 자본금과 함께 장기자본의 주요 조달 원천이다. 비유동부채는 원칙적으로 미래에 제공해야 할 재화와 용역의 현재가치로 평가하여야 하지만 일반적으로 액면금액으로 표시하고 있다. 비유동부채에는 사채, 장기차입금, 퇴직급여충당부채, 장기미지급비용, 장기선수수익, 이연법인세부채 등이 있다.

1. 사 채

사채는 회사가 장기자금을 조달하기 위해서 회사의 확정 채무임을 표시하는 증서인 사채권을 발행하고 자금을 차입함에 따라 부담하는 채무이다.

2. 장기차입금

장기차입금이란 기업의 차입금 중 재무상태표일로부터 1년 이내에 지급시기가 도래하지 아니하는 부채를 말한다. 기업회계기준에서는 장기차입금에 대하여 차입처별로 차입용도, 이자율, 상환방법 등을 주석으로 기재하도록 규정하고 있다.

3. 장기미지급금과 이연법인세부채

장기미지급금이란 미지급금 중 지급시기가 1년 이내에 도래하지 않는 금액을 말한다. 이연법인세부채는 일시적 차이로 인하여 법인세비용이 법인세법 등의 법령에 의하여 납부하여야 할 금액을 초과하는 경우 그 초과하는 금액을 말한다. 이연법인세는 법인세법을 학습하여야만 이해할 수 있는 부분이다.

04. 사채

사채란 사채권이라는 유가증권을 발행하여 직접 금융시장인 증권시장을 통하여 자금을 차입하는 차입금을 말한다.

1. 사채의 발행가격 결정

사채를 발행한 회사는 사채의 만기일에 원금을 상환하고 이자지급기일에 액면이자를 지급하는데, 여기서 만기일에 상환할 원금을 액면가액이라 하고, 사채권에 표시되어 있는 이자율을 액면이자율(표시이자율)이라고 한다. 이자지급일은 보통 3개월, 6개월, 1년 등으로 정해지며, 매 이자지급일에 지급할 이자는 액면가액에 액면이자율을 곱한 금액이 된다.

사채의 발행가액은 액면이자율과 시장이자율과 관계에 의해서 결정된다. 여기서 시장이자율이란 자본시장에서 자금의 수요와 공급이 균형을 이루는 점에서 결정되는 이자율을 말한다. 그리고 유효이자율이란 사채취득가액과 사채의 미래현금흐름의 현재가치를 일치시켜주는 이자율을 의미하는데, 사채발행비용이 존재하지 않는다면 사채발행시점의 시장이자율과 일치할 것이다. 유효이자율은 투자자 입장에서 보면 사채에 투자함으로써 얻으려고 하는 기대수익률을 의미하며, 발행자 입장에서 보면 사채를 발행함으로써 부담하게 되는 실질이자율이다.

사채는 액면이자율과 시장이자율과의 관계에 따라 다음과 같이 발행된다.

시장상황	발행방법
액면이자율 = 시장이자율	액 면 발 행
액면이자율 〈 시장이자율	할 인 발 행
액면이자율 〉 시장이자율	할 증 발 행

액면이자율과 시장이자율이 같다면 사채는 액면가액으로 발행될 것이다. 그리고 액면이자율이 시장이자율보다 더 낮다면 사채는 액면가액 이하로 할인발행될 것이다. 왜냐하면, 투자자 입장에서 보면 기대수익률(시장이자율)보다 액면이자율이 낮기 때문에 투자자의 수요는 자연히 감소하게 되고, 수요가 감소하면 가격이 하락하게 되어 사채는 액면가액 이하로 발행될 것이기 때문이다. 반대로, 액면이자율이 시장이자율보다 더 높다면 사채는 액면가액 이상으로 할증발행될 것이다.

구체적으로 사채발행가격이 어떻게 결정되는지 사례를 통하여 알아보면 다음과 같다.

🔄 사채의 발행조건

· 사 채 발 행 일 : 20X1년 1월 1일	· 사 채 만 기 일 : 20X3년 12월 31일
· 액 면 가 액 : 100,000	· 표 시 이 자 율 : 10%
· 이 자 지 급 조 건 : 매년 말 지급	

위의 조건으로 사채를 발행하는 회사는 3년 동안 다음의 현금을 지급하게 된다.
① 매 년 말 : 10,000(액면이자)
② 만 기 일 : 100,000(원금)

3년 동안 지급할 현금을 사채발행시점으로 앞당겨 시장이자율에 따라 사채의 현재가치를 구하여 보면 다음과 같다.

> 사채의 현재가치(=사채의 발행가격) = 액면이자의 현재가치 + 액면가액의 현재가치
> = 사채가 창출하는 미래현금흐름의 현재가치
> = 사채 발행일의 시장가치

[1의 현가요소 및 연금의 현가요소]

이자율 기간	현가요소			연금의 현가요소		
	8%	10%	12%	8%	10%	12%
3	0.79383	0.75131	0.71178	2.57710	2.48685	2.40183

◎ 시장이자율이 10%인 경우(액면이자율 = 시장이자율)

　① 이자의 현재가치 = 10,000/(1+0.1)+10,000/(1+0.1)2+10,000/1+0.1)3

　　　　　　　　　= 10,000 × PVIFA10%,3

　　　　　　　　　= 10,000 × 2.48685

　　　　　　　　　= 24,869

　② 원금의 현재가치 = 100,000/(1+0.1)3

　　　　　　　　　= 100,000 × PV10%,3

　　　　　　　　　= 100,000 × 0.75131

　　　　　　　　　= 75,131

③ 사채의 현재가치(① + ②) = 100,000
　∴ 액면발행(발행가액 = 액면가액)

◎ 시장이자율이 12%인 경우(액면이자율 〈 시장이자율)
　　① 이자의 현재가치　= 10,000 × 2.40183(연금의 현가요소) =　　24,018
　　② 원금의 현재가치　= 100,000 × 0.71178(현가요소) =　　　　　71,178
　　③ 사채의 현재가치　　　　　　　　　　　　　　　　　　　　　95,196
　∴ 할인발행(발행가액 〈 액면가액)

◎ 시장이자율이 8%인 경우(액면이자율 〉 시장이자율)
　　① 이자의 현재가치 = 10,000 × 2.57710(연금의 현가요소) =　　25,771
　　② 원금의 현재가치 = 100,000 × 0.79383(현가요소) =　　　　　79,383
　　③ 사채의 현재가치　　　　　　　　　　　　　　　　　　　　 105,154
　∴ 할증발행(발행가액 〉 액면가액)

2. 사채발행시 회계처리

(1) 액면발행

　액면발행이란 사채의 발행가액이 사채권의 액면가액과 같은 경우를 말한다. 위에서 살펴보았듯이 사채의 발행가액은 사채권면에 표시되어 있는 액면이자율과 자본시장에서 거래되고 있는 시장이자율에 의해서 결정된다.

　사채권면액에 표시되어 있는 이자율과 시장에서 거래되고 있는 시장이자율이 같은 경우에는 사채의 미래현금흐름의 현재가치가 사채의 액면가액과 일치하기 때문에 액면발행 되는 것이다. 다음과 같은 조건으로 사채를 발행하는 경우의 사채발행시 회계처리는 다음과 같다.

| · 사 채 발 행 일 : 20X1년 1월 1일　· 사 채 만 기 일 : 20X3년 12월 31일 |
| · 액　면　가　액 : 100,000　　　· 이 자 지 급 조 건 : 매년 말 지급 |
| · 표 시 이 자 율 : 10%　　　　　· 시 장 이 자 율 : 10% |
| · 발　행　가　액 : 100,000 |

(차) 현　　　　　　금*　100,000　　(대) 사　　　　채　100,000
　　* 현금실수령액(사채의 발행가액)

사채발행일 현재 부분재무상태표는 다음과 같다.

부분재무상태표

비 유 동 부 채
사　　　　채　　　　　　　　　　　100,000

(2) 할인발행

할인발행이란 사채를 액면가보다 낮은 가액으로 발행하는 것을 말한다. 즉, 사채의 액면이자율이 시장이자율보다 낮은 경우에는 아무도 액면가액 이상으로 사채를 사지 않을 것이다. 따라서 회사는 투자자들을 유인하기 위하여 사채의 발행가액을 액면가액보다 낮게 발행하여 액면이자율이 낮은 것을 만회하려 한다. 이것을 사채의 할인발행이라고 하는 것이다. 다음과 같은 조건으로 사채를 발행하는 경우의 사채발행시 회계처리는 다음과 같다.

사채의 발행조건

· 사 채 발 행 일 : 20X1년 1월 1일	· 표 시 이 자 율 : 10%
· 사 채 만 기 일 : 20X3년 12월 31일	· 시 장 이 자 율 : 12%
· 액 면 가 액 : 100,000	· 발 행 가 액 : ₩95,196
· 이 자 지 급 조 건 : 매년말 지급	

(차) 현　　　　　금　　　95,196　　　(대) 사　　　　채　　　100,000
　　　사 채 할 인 발 행 차 금*　　4,804

* 사채의 액면가액을 현재가치로 만들어주기 위해 설정하는 부채의 차감적인 평가계정이다.

사채발행일 현재 부분재무상태표는 다음과 같다.

부분재무상태표

비 유 동 부 채		
사　　　　　채	100,000	
사 채 할 인 발 행 차 금	(4,804)	95,196

(3) 할증발행

할증발행이란 할인발행과는 반대로 액면가액 이상으로 사채를 발행하는 것을 말한다. 할증발행은 사채의 액면이자율이 시장에서 거래되는 시장이자율보다 높기 때문에 사채모집에 응하고자 하는 사람이 많게 된다. 왜냐하면 투자자의 경우 다른 곳에 투자하는 경우보다 사채를 구입하는 것이 이자가 더 많으므로 너도 나도 사채에 투자하려고 할 것이기 때문에 이 때에는 사채의 가격이 액면가액보다 더 높아지게 되는 것이다.

다음과 같은 조건으로 사채를 발행하는 경우의 사채발행시 회계처리는 다음과 같다.

사채의 발행조건			
· 사 채 발 행 일 :	20X1년 1월 1일	· 표 시 이 자 율 :	10%
· 사 채 만 기 일 :	20X3년 12월 31일	· 시 장 이 자 율 :	8%
· 액 면 가 액 :	100,000	· 발 행 가 액 :	₩105,154
· 이 자 지 급 조 건 :	매년말 지급		

(차) 현 금	105,154	(대) 사 채	100,000
		사채할증발행차금**	5,154

* 사채의 액면가액을 현재가치로 만들어주기 위해 설정하는 부채의 가산적인 평가계정이다.

사채발행일 현재 부분재무상태표는 다음과 같다.

<u>부분재무상태표</u>

비 유 동 부 채		
사 채	100,000	
사 채 할 증 발 행 차 금	5,154	105,154

3. 이자지급시 회계처리

 사채를 발행하면 사채를 발행한 회사는 이를 구입한 투자자에게 일정기간마다 일정액의 이자를 지급해야 한다. 이자지급일은 보통 3개월, 6개월, 1년 등으로 정해지며, 매 이자지급일에 현금으로 지급할 이자는 액면가액에 액면이자율을 곱한 금액이 된다. 위의 사례를 통하여 사채의 발행방법에 따른 이자의 회계처리는 다음과 같다.

(1) 액면발행

 사채가 액면발행된 경우엔 액면이자율과 시장이자율이 일치하므로 액면이자 지급액이 발행회사가 매년 인식할 이자비용이 된다. 이자지급시 회계처리는 다음과 같다.

① 20X1년 12월 31일

(차) 이 자 비 용	10,000	(대) 현 금	10,000

* 액면이자 = 사채의 액면가액 × 표면이자율 = 100,000 × 10% = 10,000

② 20X2년 12월 31일

(차) 이 자 비 용	10,000	(대) 현 금	10,000

③ 20X3년 12월 31일

(차) 이 자 비 용	10,000	(대) 현 금	10,000

(2) 할인발행

 사채를 할인발행한 이유는 시장이자율보다 액면이자율이 낮기 때문이다. 만기에는 사채발행가액이 아닌 사채의 액면가액을 상환하여야 하므로 사채발행가액과 사채액면가액과의 차액인 사채할인발행차금은 사채를 발행한 회사가 추가적으로 부담하는 이자비용으로 보아 사채상환일까지의 기간동안 비용으로 인식하여야 한다. 이러한 사채할인발행차금을 이자로 인식하는 방법에는 정액법과 유효이자율법이 있는데 기업회계기준에서는 사채할인발행차금과 사채할증발행차금은 유효이자율법을 적용하여 상각 또는 환입하고 그 금액을 사채이자에 가감하도록 규정하고 있다.

1) 정액법

 정액법은 사채할인발행차금을 사채보유기간에 걸쳐 매년 균등액을 상각하는 방법으로서 매기 사채할인발행차금상각액과 사채이자비용은 다음과 같이 결정된다.

· 사채할증발행차금상각액 = $\dfrac{\text{총사채할증발행차금}}{\text{이자지급기간 수}}$

· 사채이자비용 = 액면이자액 − 사채할증발행차금상각액

2) 유효이자율법

 유효이자율법이란 유효이자액(장부가액 × 유효이자율)을 당기 이자비용으로 인식하고 유효이자액과 액면이자액의 차액을 사채할인발행차금상각액으로 처리하는 방법이다.

· 사채할증발행차금상각액 = 액면이자액 − 유효이자액
· 사채이자비용 = 사채의 장부가액 × 시장이자율(유효이자율)

위의 사례를 통하여 정액법과 유효이자율법에 의한 이자지급시 회계처리를 알아보면 다음과 같다. 정액법인 경우에는 총사채할인발행차금을 이자지급기간수로 나누어 계산하기 때문에 그 방법이 간단하지만 유효이자율법에 경우에는 사채할인발행차금의 상각액을 알기 위해서는 장부가액의 변동액을 파악해야 하므로 다음과 같은 상각표를 작성하는 것이 편리하다.

[유효이자율법에 의한 상각표]

일 자	장부가액 (액면가액− 할인차금)	유효이자 (장부가액× 유효이자율)	액면이자 (액면가액× 액면이자율)	상 각 액 (유효이자− 액면이자)
20X1년초	95,196			
20X1년말	96,620	11,424	10,000	1,424
20X2년말	98,214	11,594	10,000	1,594
20X3년말	100,000	11,786	10,000	1,786
계		34,804	30,000	4,804

위의 사례에서 보듯이 사채할인발행차금을 정액법으로 상각할 경우에는 계산이 쉽고 간편하기는 하나 사채의 순장부가액에 대한 사채이자의 비율이 매년 감소하게 되므로 합리적인 방법이라고 할 수 없다.

[사채발행시와 이자지급시 회계처리]

일자	정액법	유효이자율법
20X1년초	현 금 95,196 사채할인발행차금 4,804 　사 채 100,000	현 금 95,196 사채할인발행차금 4,804 　사 채 100,000
20X1년말	이 자 비 용 11,601 　현 금 10,000 　사채할인발행차금 1,601 * $\frac{4,804}{3}$ = 1,601	이 자 비 용 11,424 　현 금 10,000 　사채할인발행차금 1,424
20X2년말	이 자 비 용 11,601 　현 1,601	이 자 비 용 11,594 　현 금 10,000 　사채할인발행차금 1,594
20X3년말	이 자 비 용 11,601 　현 금 10,000 　사채할인발행차금* 1,601 * 단수차이	이 자 비 용 11,786 　현 금 10,000 　사채할인발행차금 1,786

3) 정액법에 의한 이자율

① 20X1년말 이자율 = $\frac{11,601}{95,196}$ = 12.19%

② 20X2년말 이자율 = $\frac{11,601}{95,196+1,601}$ = 11.98%

③ 20X3년말 이자율 = $\frac{11,601}{96,797+1,601}$ = 11.79%

그러나 유효이자율법에 의하여 사채할인발행차금을 상각하면 순장부가액에 대한 사채이자의 비율이 매년 일정하므로 합리적인 방법이라고 할 수 있다. 따라서 기업회계기준에서는 사채의 할인·할증액을 상각하는 방법으로 정액법을 인정하지 않고 유효이자율법만을 인정하고 있다.

4) 유효이자율법에 의한 이자율

① 20X1년말 이자율 = $\dfrac{11,424}{95,196}$ = 12%

② 20X2년말 이자율 = $\dfrac{11,594}{95,196+1,42}$ = 12%

③ 20X3년말 이자율 = $\dfrac{11,786}{96,797+1,786}$ = 12%

(3) 할증발행

사채를 할증발행한 이유는 시장이자율보다 액면이자율이 높기 때문이다. 만기에는 사채발행가액이 아닌 사채의 액면가액을 상환하여야 하므로 사채발행가액과 사채액면가액과의 차액인 사채할증발행차금은 이자비용의 차감적 성격으로 보아야 한다. 사채할증발행차금은 매년 상각액만큼 액면이자에서 차감하여 이자비용으로 인식하여야 한다. 사채할증발행차금을 상각하는 방법은 사채할인발행차금상각방법과 마찬가지로 정액법과 유효이자율법이 있으나 기업회계기준에서는 유효이자율법만 인정하고 있다.

1) 정액법

정액법은 사채할증발행차금을 사채보유기간에 걸쳐 매년 균등액을 상각하는 방법으로서 매기 사채할증발행차금상각액과 사채이자비용은 다음과 같이 결정된다.

> · 사채할증발행차금상각액 = $\dfrac{\text{총사채할증발행차금}}{\text{이자지급기간 수}}$
> · 사채이자비용 = 액면이자액 − 사채할증발행차금상각액

2) 유효이자율법

유효이자율법이란 유효이자액(장부가액 × 유효이자율)을 당기 이자비용으로 인식하고 유효이자액과 액면이자액의 차액을 사채할증발행차금상각액으로 처리하는 방법이다.

> · 사채할증발행차금상각액 = 액면이자액 − 유효이자액
> · 사채이자비용 = 사채의 장부가액 × 시장이자율(유효이자율)

위의 사례를 통하여 정액법과 유효이자율법에 의한 이자지급시 회계처리를 알아보면 다음과 같다.

[유효이자율법에 의한 상각표]

일자	장부가액 (액면가액-할인차금)	유효이자 (장부가액×유효이자율)	액면이자 (액면가액×액면이자율)	상각액 (유효이자-액면이자)
20X1년초	105,154			
20X1년말	103,566	8,412	10,000	1,588
20X2년말	101,851	8,285	10,000	1,715
20X3년말	100,000	8,149*	10,000	1,851
계		24,846	30,000	5,154

* 단수차이

[사채발행시와 이자지급시 회계처리]

일자	정액법	유효이자율법
20X1년초	현 금 105,154 사 채 100,000 사채할증발행차금 5,154	현 금 105,154 사 채 100,000 사채할증발행차금 5,154
20X1년말	이 자비용 8,282 사채할증발행차금* 1,718 현 금 10,000 *5,154/3 = 1,718	이 자비용 8,412 사채할증발행차금 1,588 현 금 10,000
20X2년말	이 자비용 8,282 사채할증발행차금 1,718 현 금 10,000	이 자비용 8,285 사채할증발행차금 1,715 현 금 10,000
20X3년말	이 자비용 8,282 사채할증발행차금 1,718 현 금 10,000	이 자비용 8,149 사채할증발행차금 1,851 현 금 10,000

[유효이자율법 요약]

구분	장부가액	유효이자	액면이자	상각액
할인발행	증가	증가	일정	증가
할증발행	감소	감소	일정	증가

4. 사채상환시 회계처리

사채는 만기일에 사채의 액면가액을 상환하여야 한다. 그러나 회사가 자금의 여유가 있거나 시중의 이자율이 하락한 경우 또는 사채의 시가가 하락한 경우에 사채발행회사는 만기일이 도래하기 전에 사채를 상환하거나 소각하려고 할 것이다. 이러한 경우를 조기상환 또는 매입상환이라고 한다. 사채를 만기전에 조기상환하는 방법은 증권시장에서 사채를 시장가격으로 매입하여 소각하는 방법 또는 사채권자에게 적절한 상환가격을 지급하고 상환하는 방법 등이 있다.

사채를 조기상환하는 경우에는 일반적으로 액면가액 이외의 가액으로 상환하게 된다. 그러므로 사채의 상환가액과 상환시점에 있어서 사채의 장부가액과 차이가 생기게 되는데, 상환가액이 장부가액보다 크면 사채상환손실이 발생하고, 상환가액이 장부가액보다 작으면 사채상환이익이 발생한다.

사채의 순장부가액은 사채상환시점에 있어서 상환하는 사채에 대한 사채할인·할증발행차금의 미상각잔액을 조정하여 계산한다. 즉, 상환시점의 사채의 액면가액에서 사채할인발행차금은 차감하고 사채할증발행차금은 가산하여 계산한다.

사채상환손익은 손익계산서상의 영업외손익에 포함시켜야 한다.

[사채상환의 종류]

구 분	상 환 손 익	거 래 상 황
만기상환	발생하지않음	액면가액으로 상환
조기상환	상환이익발생	매입가액 〈 장부가액*
	상환손실발생	매입가액 〉 장부가액*

* 장부가액 = 액면가액 − 사채할인발행차금 + 사채할증발행차금

위의 사례를 통하여 회계처리를 알아보면 다음과 같다.

1) 만기상환

(차) 사　　　　채　　　×××　　(대) 현　　　금　　　×××

2) 조기상환

(차) 사　　　　채　　　×××　　(대) 현　　　금　　　×××
　　　　　　　　　　　　　　　　　　사채상환이익　　×××
　　　　　　　　　　　　　　　　　　(영업외수익)

또는

(차) 사　　　　채　　　×××　　(대) 현　　　금　　　×××
　　사 채 상 환 손 실　　×××
　　(영업외비용)

3) 만기상환

20X3년말 액면가액으로 상환한 경우

(차) 사　　　　채　　　100,000　(대) 현　　　금　　　100,000

4) 조기상환

① 사채상환이익이 발생하는 경우

20X3년초에 12%로 발행된 사채를 96,000에 매입상환 한 경우

(차) 사 채	100,000	(대) 현 금	96,000
		사채할인발행차금	1,786
		사 채 상 환 이 익	2,214

* 사채상환이익 = 사채의 장부가액 − 사채의 매입가액
       = (액면가액 − 사채할인발행차금미상각잔액) − 사채의 매입가액
       = (100,000 − 1,786) − 96,000
       = 2,214

② 사채상환손실이 발생하는 경우

20X2년초에 8%로 발행된 사채를 105,000에 매입상환 한 경우

(차) 사 채	100,000	(대) 현 금	105,000
사채할증발행차금	1,851		
사 채 상 환 손 실	3,149		

* 사채상환손실 = 사채의 장부가액 − 사채의 매입가액
       = (액면가액 + 사채할증발행차금미상각잔액) − 사채의 매입가액
       = (100,000 + 1,851) − 105,000
       = △3,149

5. 사채발행비

사채발행비란 사채를 발행하기 위하여 직접 발생한 사채권인쇄비, 사채발행수수료, 광고비 등의 비용을 말한다. 사채발행비는 사채발행으로 인해 조달된 현금을 감소시키는 효과가 있으므로 사채할인발행차금에 가산하거나 사채할증발행차금에 차감하여야 한다. 이렇게 회계처리하면 사채발행비는 자동적으로 사채발행기간 동안 이자비용으로 비용화된다. 기업회계기준에서는 사채발행을 위하여 직접 발생한 사채발행비용은 사채의 발행가액에서 차감하도록 규정하고 있다. 즉, 사채발행비는 사채할인발행차금에는 가산하고 사채할증발행차금에는 차감하여야 하는 것이다.

> **사채의 요약**
>
> ① 사채발행차금은 유효이자율법으로 상각하여야 한다.(정액법상각은 인정하지 않음)
> ② 사채발행차금상각액은 할인발행이든 할증발행이든 모두 증가한다.
> ③ 사채발행비는 사채발행가액에서 차감하여야 한다.
> ④ 사채발행은 시장이자율과 액면이자율의 차이로 액면발행, 할증발행, 할인발행 된다.

05. 충당부채

충당부채란 과거사건이나 거래의 결과에 의하여 재무상태표일 현재 발생한 의무로써 지출의 시기 또는 금액이 불확실한 현재의무와 우발부채 중 이용가능한 모든 증거를 고려할 때 재무상태표일 현재 존재할 가능성이 높고, 금액을 신뢰성 있게 추정할 수 있는 현재의 의무를 말한다.

1. 인 식

충당부채는 지출의 시기 또는 금액이 불확실한 부채를 말하며 다음의 인식요건을 모두 충족하는 경우에 인식한다. 다음의 요건을 어느 하나라도 충족하지 못한 경우에는 우발부채로 분류한다.

① 과거사건이나 거래의 결과로 현재의무가 존재한다.
② 당해 의무를 이행하기 위하여 자원이 유출될 가능성이 매우 높다.
③ 그 의무의 이행에 소요되는 금액을 신뢰성 있게 추정할 수 있다.

자원유출가능성 \ 금액추정 가능성	신뢰성 있게 추정가능	추정불가능
가능성이 매우 높음	충당부채 인식	우발부채로 주석공시
가능성이 어느 정도 있음	우발부채로 주석공시	우발부채로 주석공시
가능성이 거의 없음	공시하지 않음	공시하지 않음

2. 충당부채의 종류

충당부채의 종류에는 퇴직급여충당부채, 제품보증충당부채, 경품충당부채, 하자보수충당부채 등이 있다.

구 분	내 용
퇴직급여충당부채	장래에 종업원이 퇴직할때 지급하여야할 퇴직금에 대비하여 설정한 부채로써 종업원의 근로제공에 대하여 근로제공기간에 비용으로 계상함으로써 발생한 부채이다.
제품보증충당부채 (하자보증충당부채)	상품 등을 판매할 때, 일정기간 발생하는 하자에 대하여 무상으로 수리조건인 경우 미래에 발생 할 보증수리비용을 충당부채로 인식하는 것을 말한다.
경품충당부채	특정상품의 판매를 촉진하기 위하여 환불정책이나 경품제도를 시행할 경우 경품관련비용에 대한 최선의 추정치를 충당부채로 인식하는 것을 말한다.

3. 퇴직급여

(1) 퇴직금제도

퇴직금제도란 계속근로기간 1년에 대하여 30일분 평균임금을 퇴직하는 근로자에게 지급하는 제도를 말한다.

일반기업회계기준에 따르면 결산일 현재 모든 임직원이 퇴직할 경우 지급하여야 할 퇴직금(퇴직급여추계액)을 전액 부채로 인식하여야 한다. 따라서 다음에 해당하는 금액을 결산일에 퇴직급여로 계상하여야 한다.

> 퇴직급여 = 퇴직급여추계액 − [퇴직급여충당부채 기초잔액 − 당기퇴직급지급액]

2) 퇴직연금제도

퇴직연금이란 퇴직 등을 퇴직급여의 지급사유로 하고 종업원을 수급자로 하는 연금으로서 법인이 퇴직연금사업자(보험회사 등)에게 납부하는 것을 말한다. 퇴직연금에는 확정기여제도와 확정급여제도가 있다.

1) 확정기여제도

확정기여제도를 설정한 경우에는 당해 회계기간에 대하여 기업이 납부하여야 할 부담금(기여금)을 퇴직급여(비용)로 인식하고, 퇴직연금운용자산, 퇴직급여충당부채 및 퇴직연금미지급금은 인식하지 아니한다.

2) 확정급여제도

확정급여제도를 설정한 경우에는 퇴직급여충당부채를 설정하여야 한다. 퇴직급여충당부채는 보고기간말 현재 전종업원이 일시에 퇴직할 경우 지급하여야 할 퇴직금에 상당하는 금액으로 한다.

구 분		확정급여형	확정기여형
운용책임		회 사	종업원
회계처리	납부시	퇴직연금운용자산 ××× / 현 금 ×××	퇴직급여 ×××/ 현 금 ×××
	운용수익 발생시	퇴직연금운용자산 ××× / 이자수익 ×××	분개없음
	결산시	퇴직급여 ××× / 퇴직급여충당부채 ×××	

외화채권·채무의 회계처리

외화채권과 채무는 원화로 환산하여야 한다. 외화의 원화환산이란 외국화폐단위로 측정된 거래 또는 채권·채무를 자국의 화폐로 수정하여 표시하는 절차를 말한다. 우리나라의 기업은 외국기업과의 외화거래내역과 당해 거래에서 발생한 채권·채무를 모두 원화금액으로 보고하여야 하기 때문에 외화의 원화환산의 문제가 발생한다.

외화채권·채무의 재무상태표 금액은 외화금액에 환율을 곱하여 계산한다. 여기서 환율은 외국화폐에 대한 자국화폐의 비율로 매매기준환율, 대고객전신환매입율, 대고객전신환매도율 등 여러 가지가 있으나, 외화거래나 외화채권 등을 합리적으로 결정할 수 있는 환율이면 어떤 환율을 적용하여도 무방하다. 한번 채택된 환율은 계속적으로 적용하여야 한다.

1. 외화채권·채무의 발생

외화거래가 발생하는 경우에는 당해 외화금액에 발생시점의 환율을 적용하여 기록한다. 이때에 적용되는 환율을 역사적환율이라고 한다. 거래가 발생하는 경우의 인식시점은 일반적인 수취채권이나 지급채무의 인식시점과 일치하며, 인식시점이 결정되면 외화금액에 당해 시점의 환율을 적용하여 회계처리하면 된다.

2. 외화채권·채무의 평가

외화채권·채무의 보유기간 중 회계처리는 재무제표상 외화채권·채무를 결산기말 현재의 환율로 환산하는 문제이다. 거래가 발생한 시점의 환율인 역사적환율과 구분하여 측정시마다 변동되는 환율을 현행환율이라고 한다.

결산기말 현재의 현행환율이 변동하면 채권·채무의 외화금액은 변동이 없더라도 원화금액이 변동하게 되는데 이때 발생하는 차액을 외화환산이익 또는 외화환산손실로 표시한다. 외화환산손익은 외화채권·채무의 아직 완결되지 아니한 거래에서 발생한 미실현보유손익이므로 손익계산서상 영업외손익으로 처리한다.

> **필수예제**
>
> **다음의 거래를 일자별로 분개하시오.**
>
> [20X1년 12월 20일]
> 새길무역(주)는 웰스(주)로부터 상품(500개, 개당 $200)을 3개월 외상조건으로 매입하였다. 거래일 현재 적용환율은 미화 1$당 1,200원이다.
>
> > **해답**
> >
> > (차) 상　　　　　품　　　120,000,000　　(대) 외 화 외 상 매 입 금　　120,000,000
> > * 500개×$200×1,200=120,000,000

> **필수예제**
>
> [20X1년 12월 25일]
> 새길무역(주)는 (주)델타에게 상품(300개, 개당 $250)을 2개월 외상조건으로 판매하였다. 거래일 현재 적용환율은 미화 1$당 1,250원이다.
>
> > **해답**
> >
> > (차) 외 화 외 상 매 출 금　　93,750,000　　(대) 매　　　　　출　　93,750,000
> > * 300개×$250×1,250=93,750,000

3. 외화채권 · 채무의 완결거래

완결거래란 외화채권 · 채무가 현금으로 수수되는 거래를 말하며 완결시점의 현행환율에 의하여 수수되는 금액과 외화채권 · 채무의 장부금액의 차액은 외환차익이나 외환차손으로 표시한다. 외환차손익도 외화환산손익과 마찬가지로 포괄손익계산서상 영업외손익으로 분류한다. 외환차손익은 외화채권 · 채무의 완결된 거래에서 발생한 실현된 처분손익 또는 상환손익의 성격이라는 점에서 외화환산손익과 구별된다.

> **필수예제**
>
> 연습문제(1)의 외화채권과 채무를 결산일 현재의 환율로 평가하여 분개하시오. 결산일 현재의 환율은 미화 1$당 1,100원이다.
>
> > **해답**
> >
> > [외화외상매입금]
> > 　(차) 외 화 외 상 매 입 금　　10,000,000　　(대) 외 화 환 산 이 익　　10,000,000
> > * $100,000×(1,100−1,200)= △10,000,000
> >
> > [외화외상매출금]
> > 　(차) 외 화 환 산 손 실　　11,250,000　　(대) 외 화 외 상 매 출 금　　11,250,000
> > * $75,000×(1,100−1,250)= △11,250,000

필수예제

연습문제(1)의 외화외상매출금은 20X2년 2월 25일에 전액 회수하였으며, 외화외상매입금은 동년 3월 20일에 전액 결제하였다. 거래일자별 환율은 다음과 같다. 거래일자별로 분개하시오

일 자	2월 25일	3월 20일
환 율	1,300원/1$	1,400원/1$

해답

[20X2년 2월 25일]

  (차) 현　　　　　　　금　　97,500,000　　(대) 외 화 외 상 매 출 금　　82,500,000
    외　환　차　익　　15,000,000
 * $75,000×1,300=97,500,000
 * $75,000×1,100=82,500,000

[20X2년 3월 20일]

  (차) 외 화 외 상 매 입 금　110,000,000　　(대) 현　　　　　　　금　　140,000,000
    외　환　차　손　　30,000,000
 * $100,000×1,100=110,000,000
 * $100,000×1,400=140,000,000

연습문제

01 다음 중 부채에 관한 설명으로 옳은 것은?

① 부채는 보고기간 종료일로부터 1년 이내에 만기상환(결제)일이 도래하는지에 따라 유동부채와 비유동부채로 분류한다.
② 정상적인 영업주기 내에 소멸할 것으로 예상되는 매입채무와 미지급비용 등이 보고기간 종료일로부터 1년 이내에 결제되지 않으면 비유동부채로 분류한다.
③ 미지급금은 일반적으로 상거래에서 발생한 지급기일이 도래한 확정채무를 말한다.
④ 부채의 채무액이 현재 시점에서 반드시 확정되어 있어야 한다.

02 다음 자료를 이용하여 유동부채에 포함될 금액을 구하시오.

- 단기차입금 100,000,000원
- 미지급비용 5,000,000원
- 퇴직급여충당부채 300,000,000원
- 장기차입금 200,000,000원
- 선급비용 20,000,000원

① 105,000,000원
② 125,000,000원
③ 325,000,000원
④ 625,000,000원

03 다음은 회사채에 대한 설명이다. 가장 잘못된 것은?

① 사채할인발행차금은 액면이자율법을 적용하여 상각한다.
② 액면이자율보다 시장이자율이 클 경우에는 할인발행한다.
③ 액면이자율과 시장이자율이 같은 경우에는 액면발행한다.
④ 사채발행비는 사채의 발행가액에서 차감한다.

04 다음 중 사채에 대한 설명으로 틀린 것은?

① 사채발행비용은 사채의 발행가액에서 차감한다.

② 유효이자율법 적용시 사채할증발행차금 상각액은 매년 증가한다.

③ 유효이자율법 적용시 사채할인발행차금 상각액은 매년 감소한다.

④ 사채할인발행차금은 당해 사채의 액면가액에서 차감하는 형식으로 기재한다.

05 다음 중 사채에 대한 설명으로 옳지 않은 것은?

① 사채발행비용은 사채의 발행가액에서 차감한다.

② 액면이자율보다 시장이자율이 클 경우 할증발행한다.

③ 사채할인발행차금은 해당 사채의 액면가액에서 차감하여 기재한다.

④ 사채할인(할증)발행차금은 유효이자율법에 의하여 상각 또는 환입한다.

06 사채가 할인발행되고 유효이자율법이 적용되는 경우 다음의 설명 중 틀린 것은?

① 사채할인발행차금 상각액은 매기 감소한다.

② 매기간 계상되는 총사채 이자비용은 초기에는 적고 기간이 지날수록 금액이 커진다.

③ 사채의 장부가액은 초기에는 적고 기간이 지날수록 금액이 커진다.

④ 사채발행시점에 발생한 사채발행비는 즉시 비용으로 처리하지 않고, 사채의 만기 동안의 기간에 걸쳐 유효이자율법을 적용하여 비용화한다.

07 사채의 회계처리에 관한 설명으로 옳은 것은?

① 사채계정에는 사채발행 시 기업에 유입된 현금에서 사채발행비용을 차감한 금액이 기록된다.

② 사채발행 시 액면이자율보다 유효이자율이 높으면 할증발행된다.

③ 사채가 할인발행되는 경우 유효이자율법을 적용하면 매기 사채의 이자비용은 증가한다.

④ 사채가 만기상환되는 경우 사채상환손익이 발생될 수 있다.

08 다음 중 충당부채에 대한 내용으로 올바르지 않은 것은?
① 보고기간말 현재 최선의 추정치를 반영하여 증감조정한다.
② 과거사건으로 인해 현재의무가 존재할 가능성이 매우 높고 인식기준을 충족하는 경우에는 충당부채로 인식한다.
③ 명목금액과 현재가치의 차이가 중요한 경우에는 의무를 이행하기 위하여 예상되는 지출액의 현재가치로 평가한다.
④ 최초의 인식시점에서 의도한 목적과 용도 외에도 사용할 수 있다.

09 다음은 충당부채 및 우발부채에 관한 설명이다. 잘못된 것은?
① 충당부채로 인식하기 위해서는 현재의무가 존재하여야 할 뿐만 아니라, 그 의무의 이행을 위한 자원의 유출 가능성이 매우 높아야 한다.
② 충당부채의 명목금액과 현재가치의 차이가 중요한 경우에는 의무를 이행하기 위하여 예상되는 지출액의 현재가치로 평가한다.
③ 우발부채는 부채로 인식하여야 한다.
④ 현재의무를 이행하기 위하여 소요되는 지출 금액에 영향을 미치는 미래사건이 발생할 것이라는 충분하고 객관적인 증거가 있는 경우에는, 그러한 미래사건을 감안하여 충당부채 금액을 추정한다.

10 다음은 (주)한공의 퇴직급여충당부채 계정과 결산 정리 사항이다. 결산 회계처리를 하였을 경우, (가)의 금액과 (나)의 계정과목으로 올바른 것은?

```
                    퇴직급여충당부채
  6/30 현  금    1,000,000 │ 1/ 1 전기이월    (가)

[결산 정리 사항]
12월 31일 결산 시 임직원 전체의 퇴직금 추산액은 6,000,000원이다.
결산 분개: (차)   퇴직급여 2,000,000   (대)  (나)  2,000,000
```

	(가)	(나)
①	1,000,000원	현 금
②	2,000,000원	현 금
③	5,000,000원	퇴직급여충당부채
④	6,000,000원	퇴직급여충당부채

07 자 본

01..자본의 의의

자본이란 기업의 자산에서 부채를 차감한 후에 남는 잔여지분을 말하며, 순자산 또는 소유주지분이라고도 한다. 자본은 기업자신이 조달한 자금이라 하여 자기자본이라 하고 부채는 기업자신 이외에서 조달한 자금이라 하여 타인자본이라 한다. 여기서 기업자신이란 투자자(출자자)를 말한다.

```
              재 무 상 태 표
          ┌─────────┬─────────┐
자         │         │  부 채   │         자
금         │         │ (타인자본)│         금
의   자   │  자  산  ├─────────┤         의
사         │         │  자 본   │         조
용         │         │ (자기자본)│         달
          └─────────┴─────────┘

          ┌─────────────────────┐
          │ 자금의 사용 = 자금의 조달  │
          │ 자     산 = 타인자본 + 자기자본 │
          │ 자     산 = 부 채 + 자 본 │
          │ 자     본*= 자 산 - 부 채 │
          └─────────────────────┘
              * 순자산, 주주지분, 소유지분
```

자본은 크게 불입자본과 이익유보액으로 구분할 수 있다. 불입자본이란 주주로부터 납입받은 주식대금을 말하며, 이익유보액은 당기순이익 중 사내에 유보된 잉여금을 말한다. 일반기업회계기준에서는 다음과 같이 자본을 분류하고 있다.

구 분	내 용
자 본 금	법정자본금으로써 발행주식의 액면가액을 말한다.
자 본 잉 여 금	자본거래에서 발생한 이익을 말한다.
자 본 조 정	자본에 차감하거나 가산하여야 하는 임시적 계정을 말한다.
기타포괄손익누계액	당기손익에 포함되지 않고 자본항목에 포함되는 평가손익을 말한다.
이 익 잉 여 금	손익거래에서 발생한 이익을 말한다.

02. 자본금

1. 자본금의 의의

주식회사의 자본금은 일정시점에 발행한 주식의 액면가액으로서, 상법에서는 '채권자를 보호하기 위하여 주식회사가 보유해야 할 최소한도의 담보재산(법정자본금)'으로 규정하고 있다.

> 자본금 = 발행주식수 × 1주당 액면

2. 주식의 발행

회사는 설립시와 설립 후 필요에 따라 주식을 발행하는데, 이 때 자본금계정은 반드시 액면가액으로 기록해야 한다. 액면가액이란 주권의 액면에 표시되어 있는 금액을 말한다. 주식의 액면가액은 회사의 법정자본금을 의미하는 것이므로 주주가 불입하는 금액과 반드시 일치하는 것은 아니다. 따라서 액면가액을 초과해서 주식을 발행할 수 있고 아주 드물게 액면가액보다 낮은 금액으로 주식을 발행할 수도 있다. 주식을 발행하는 방법에는 액면발행, 할인발행, 할증발행있다.

> 액면발행 : 발행가액 = 액면가액
> 할인발행 : 발행가액 〈 액면가액
> 할증발행 : 발행가액 〉 액면가액

1) 액면발행

액면발행이란 주식의 발행가액과 액면가액이 동일한 경우을 말하며, 주의할 점은 액면발행의 경우에도 신주발행비가 발생하는 경우에는 주식할인발행차금이 발생한다는 것이다.

2) 할인발행

할인발행이란 주식을 액면금액 이하로 발행하는 것을 말하며, 발행가액과 액면가액의 차액을 주식할인발행차금(자본조정)으로 계상한다. 주식할인발행차금은 자본에서 차감하는 형식으로 표시한다.

```
(차) 현           금              ×××      (대) 자 본 금         ×××
    주 식 할 인 발 행 차 금        ×××
    ( 자  본  조  정 )
```

3) 할증발행

할증발행이란 주식을 액면가액 이상으로 발행하는 것을 말하며, 발행가액과 액면가액의 차액을 주식발행초과금으로 계상한다.

(차) 현　　　　　금	×××	(대) 자　본　금	×××
		주식발행초과금 (자 본 잉 여 금)	

4) 신주발행비

신주발행비란 주식발행시에 발생하는 주권인쇄비나 증권회사수수료 등의 제비용을 말한다. 신주발행비는 자기자본을 조달하는 데 투입되는 자본조달비용에 해당한다. 자기자본은 영구적으로 회사의 이익에 기여하게 되므로 비용으로 처리하는 것이 아니라 발행가액에서 직접차감하여야 한다. 기업회계기준에서도 신주발행비가 발생한 경우에는 주식발행가액에서 차감하도록 규정하고 있다. 즉, 신주발행비는 주식발행초과금에서는 차감하고 주식할인발행차금에서는 가산하여야 한다.

필수예제

강서산업(주)는 20X1년 초에 액면가액 @5,000원인 주식 1,000주를 주당 7,000원에 발행하였으며 주식발행시에 증권인쇄비와 증권수수료 등이 300,000원 발생하여 현금으로 지급하였다.

물음

1. 주식발행시와 발행비용 지급시 분개를 하시오.
2. 만약 위의 주식발행이 액면발행의 경우라면 위의 물음에 답하시오.

해답

1. ① 주식발행시

　　(차) 현　　　　　금　　7,000,000*　　(대) 자　본　금　　5,000,000**
　　　　　　　　　　　　　　　　　　　　　　주 식 발 행 초 과 금　　2,000,000

　*　1,000주 × @₩7,000 = 7,000,000
　** 1,000주 × @₩5,000 = 5,000,000

② 발행비용 지급시

　　(차) 주 식 발 행 초 과 금　　300,000　　(대) 현　　　　　금　　300,000

2. ① 주식발행시

　　(차) 현　　　　　금　　5,000,000　　(대) 자　본　금 *　　5,000,000
　*1,000주 × @₩5,000 = 5,000,000

② 발행비용 지급시

　　(차) 주 식 할 인 발 행 차 금　　300,000　　(대) 현　　　　　금　　300,000

03. 자본잉여금

　잉여금이란 회사자산에 대한 주주청구권이 회사의 법정자본금을 초과하는 경우에 그 차액으로 표시되는 부분을 말한다. 이러한 잉여금은 발생원천에 따라 자본잉여금과 이익잉여금으로 구분된다.

　자본잉여금이란 불입자본 중 액면가액을 초과하는 금액 또는 주주와의 거래에서 발생하는 이익을 처리하는 계정이다. 자본잉여금은 납입자본에 해당하는 출자금이므로 주주에게 배당할 수 없으며, 자본금이나 결손보전에만 사용할 수 있다. 또한 자본잉여금은 이익잉여금과는 달리 자본거래에서 발생하므로 손익계산서를 거치지 않고 직접 자본계정에 가감되는 특징을 가지고 있다.

1. 주식발행초과금

　주식발행초과금이란 회사가 액면가를 초과하여 주식을 발행한 경우 액면가액을 초과하는 금액에서 신주발행비를 차감한 금액을 말한다.

(차) 현　　　　　금	×××	(대) 자　　본　　금	×××
		주 식 발 행 초 과 금	×××

2. 감자차익

　주식회사에서 사업의 규모를 축소하기 위하여 발행주식을 매입·소각하거나, 결손금을 보전하기 위하여 자본을 감소시키는 것을 감자라 한다. 감자시에 감소한 자본금이 주금의 환급액 또는 결손금의 보전액을 초과할 때의 초과액을 감자차익이라 한다.

(차) 자　　본　　금	×××	(대) 현　　　　　금	×××
		감　자　차　익	×××

⚓ 필수예제

부실(주)는 결손금 1,000,000을 보전하기 위하여 자본금 500주(액면가액 4,000)를 1,500에 매입하여 소각하였다.

⚓ 해답

(차) 자　　본　　금	2,000,000*	(대) 결　　손　　금	1,000,000
		현　　　　　금	750,000**
		감　자　차　익	250,000

　　* 500주 × @₩4,000 = 2,000,000
　** 500주 × @₩1,500 = 750,000

04. 기타자본잉여금

　기타자본잉여금은 주식발행초과금, 감자차익 이외의 자본잉여금을 말하며 대표적인 예가 자기주식처분이익이다. 자기주식이란 회사가 이미 발행한 주식을 소각하거나 재발행할 목적으로 취득하여 보유하고 있는 주식을 말한다. 자기주식의 취득은 상법상 원칙적으로 금지하고 있으나 특별한 경우에는 예외적으로 인정하고 있다. 기업회계기준에서는 자기주식처분이익을 자본잉여금 중 기타자본잉여금으로 규정하고 있다.

1. 자기주식 취득시

(차) 자 기 주 식　　×××　　(대) 현　　　금　　×× ×

2. 자기주식 매각시

(차) 현　　　금　　×××　　(대) 자 기 주 식　　×××
자기주식처분이익　×× ×

05. 자본조정

　자본조정이란 원칙적으로 자본에 속하는 항목이나 재무상태표 작성일 현재 자본금·자본잉여금·이익잉여금으로 분류하기 곤란한 것들을 임시적으로 기록한 항목을 말한다. 자본조정은 자본에 차감하거나 가산되어야 하는 항목들로서 일정기간이 지남에 따라 소멸되는 특성을 가지고 있다. 자본조정에는 주식할인발행차금, 자기주식, 자기주식처분손실 등이 있다.

1. 주식할인발행차금

　주식할인발행차금은 주식을 액면가액에 미달하여 발행하는 경우에 액면가액과 발행가액의 차액을 말한다. 주식할인발행차금은 자본의 차감항목으로 주식발행연도부터 3년 이내의 기간에 매기 균등액을 상각하고 동 상각액은 이익잉여금 처분대상이다.

2. 자기주식

　자기주식은 회사가 발행한 주식의 소각·회사의 합병·권리의 실행 등 특수한 경우에 주주로부터 유상 또는 무상으로 취득한 주식을 말한다. 자기주식의 취득원가는 주식의 취득가액으로 하며, 자본조정의 차감항목으로 처리한다.

3. 자기주식처분손실

자기주식처분손실이란 자기주식 매각시 처분가액이 취득원가보다 적은 경우 자기주식처분이익과 상계하고 부족한 경우에 그 차액을 말한다. 자기주식처분손실은 자본에서 차감하는 형식으로 기재한다.

4. 미교부주식배당금

미교부주식배당금이란 이익잉여금처분계산서상의 주식배당액을 말하며, 주식교부시에 자본금계정에 대체된다.

5. 감자차손

감자차손이란 기업이 주주에게 감자대가를 지불하고 자본금을 감소시키는 경우 감소된 자본금이 감자대가에 미달하는 경우 그 미달금액을 말한다.

06. 기타포괄손익누계액

기타포괄손익누계액은 당기손익에 포함되지 않지만 자본항목에 포함되는 평가손익의 재무상태표일 현재 잔액을 말한다. 기타포괄손익누계액에는 매도가능증권평가손익, 해외사업환산손익, 지분법자본변동, 파생상품평가손익들이 있으나 지분법자본변동과 파생상품평가손익은 본서의 수준을 넘어서기 때문에 설명을 생략하고자 한다.

1. 매도가능증권평가손익

매도가능증권평가손익은 중대한 영향력이 없는 지분증권과 일반 채무증권을 공정가치법으로 평가하는 경우에 발생하는 평가손익을 말한다.

2. 해외사업환산손익

영업·재무활동이 독립적으로 운영되는 해외지점·해외사업소 등 지분법적용대상 회사의 경우에 당해 자산·부채는 재무상태표일 현재의 환율을 적용하며, 손익계산서 항목은 평균환율을 적용하여 환산하여야 한다.

이러한 환산과정에서 발생하는 환산손익은 이를 상계하여 그 차액이 환산손실인 경우 해외사업환산손실로, 환산이익인 경우에는 해외사업환산이익으로 처리하여야 한다.

07..이익잉여금

이익잉여금은 영업활동에 의하여 획득한 이익 중에서 사외에 유출되지 않고 기업내에 유보된 것을 말한다. 이익잉여금은 미처분이익잉여금과 기처분이익잉여금으로 분류된다.

미처분이익잉여금이란 유보이익 중에서 특정목적에 사용되기 이전의 상태를 말하고 기처분이익잉여금이란 미처분이익잉여금에 대한 처분이 주주총회에서 확정되어 특정의 목적에 따라 적립금 형태로 기업내에 유보되는 이익을 말한다.

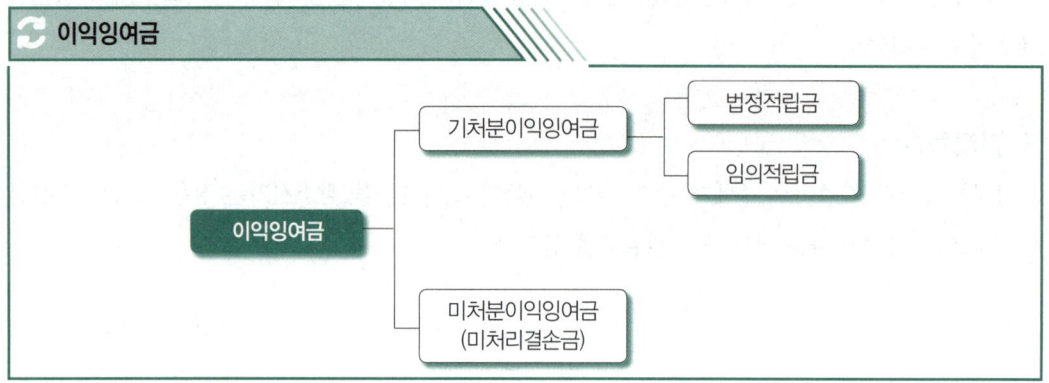

1. 기처분이익잉여금

기처분이익잉여금이란 미처분이익잉여금에 대한 처분이 주주총회에서 확정되어 특정의 목적에 따라 적립금 형태로 기업내에 유보되는 이익을 말한다. 기처분이익잉여금에는 법정적립금(이익준비금)과 임의적립금이 있다.

1) 법정적립금

법정적립금은 상법 또는 기타법률에 의하여 강제적으로 일정금액이 적립되어야하는 것으로 여기에는 이익준비금이 있다. 이익준비금은 법정적립금으로서 상법규정에 의하여 자본금의 1/2에 달할 때까지 매 결산기에 금전배당액의 1/10 이상의 금액을 적립하여야 하는 적립금을 말한다.

2) 임의적립금

임의적립금이란 이익잉여금 중에서 회사가 임의로 적립한 적립금을 말한다. 임의적립금은 법정적립금(이익준비금)을 제외한 모든 적립금을 말한다.

2. 미처분이익잉여금(또는 미처리결손금)

미처분이익잉여금이란 기업의 이익 중 배당금이나 기타의 이익잉여금으로 처분되지 않고 남아 있는 잉여금을 말한다. 그리고 미처리결손금이란 기업이 결손을 보고한 경우에 보고된 결손금 중 다른 잉여금으로 보전되지 않고 이월된 부분으로서 당기 결손금처리계산서상의 미처리결손금을 말한다.

이익처분사항은 주주의 고유권한이기 때문에 이익처분과 재무제표의 승인은 정기주주총회에서 확정된다. 정기주주총회는 한 회계연도의 다음 회계연도초에 개최되고 이익처분에 관한 회계처리는 주주총회 승인을 받은 뒤에 행해지기 때문에 회계연도말 재무상태표에는 미처분이익잉여금(미처리결손금)으로 표시된다.

미처리결손금의 보전은 회사 장부상 이미 계상되어 있는 이익잉여금과 자본잉여금을 이입하여 처분하는 형식으로 하게 되며, 일반적으로 잉여금은 회사가 자본전입 및 결손보전을 위하여 주주총회의 결의로써 자유롭게 처분할 수 있으나 잉여금간의 처분순위에 대하여는 일정한 제약이 있다.

> **결손금처리순서**

① 임의적립금   ② 법정적립금(이익준비금)   ③ 자본잉여금

08. 배당금

배당금이란 주식회사 등이 일정기간의 영업활동 결과에 따라 발생한 이익을 주주총회 또는 이사회의 결의에 따라 주주에게 자본출자에 대한 대가로 배분하는 것을 말한다. 즉, 기업의 영업활동을 통하여 획득한 이익을 주주에게 분배하는 것을 배당금이라 한다.

> **배당에 관한 일정**
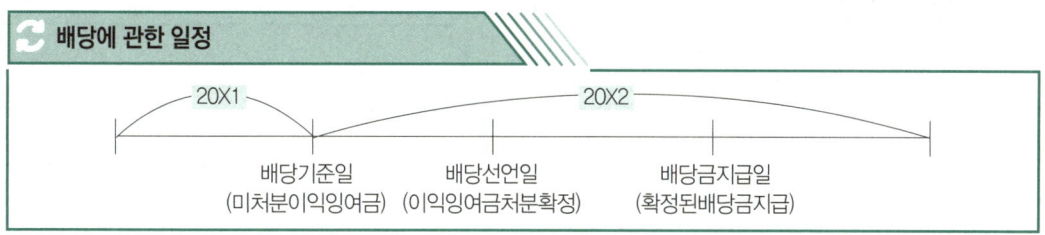

20X1 | 20X2
배당기준일 (미처분이익잉여금) | 배당선언일 (이익잉여금처분확정) | 배당금지급일 (확정된배당금지급)

1. 배당기준일

배당기준일이란 배당을 받을 권리가 있는 주주를 확정하는 시간적 기준으로서, 일반적으로 결산일을 기준으로 한다.

2. 배당선언일

배당선언일이란 배당의무가 발생하는 시간적 기준으로서, 주주총회의 결의일로 주식을 발행한 회사는 배당에 대한 실질적인 채무를 부담하게 되는 날이다.

3. 배당금지급일

배당금지급일이란 배당의무의 이행일로서, 현실적으로 배당금을 지급하거나 주식을 교부하여야 하는 날을 말한다.

[배당회계처리]

구 분	현 금 배 당	주 식 배 당
배당기준일	분개없음	분개없음
배당선언일	(차)미처분이익잉여금 ××× (대)미지급배당금 ×××	(차)미처분이익잉여금 ××× (대)미교부주식배당금 ×××
배당지급일	(차)미지급배당금 ××× (대)현 금 ×××	(차)미교부주식배당금 ××× (대)자본금 ×××

4. 주식배당

주식배당이란 기업의 이익을 현금으로 배당하지 않고 미발행주식을 발행교부하는 것을 말한다. 주식배당으로 주식을 수령할 경우에 회계처리는 하지 않고 주식수와 단가만을 조정해야 한다.

> **주식배당의 특징**
> ① 주식배당은 순자산의 유출 없이 배당효과를 얻을 수 있다.
> ② 자본에 변동을 가져오지 않는다.(이익잉여금이 자본금으로 대체되기 때문에)
> ③ 투자자의 경우에는 자산 및 수익의 증가로 보지 않고 주당 장부금액만 수정한다.
> ④ 주식수의 증가로 미래의 배당압력이 가중될 수 있다.

연습문제

01 재무상태표상의 자본에 대한 설명으로 틀린 것은?
① 자본금은 법정 납입자본금으로서 발행주식수에 발행가액을 곱한 금액을 말한다.
② 자본잉여금은 증자나 감자 등 주주와의 거래에서 발생하여 자본을 증가시키는 잉여금이다.
③ 자본조정은 당해 항목의 성격으로 보아 자본거래에 해당하나 최종 납입된 자본으로 볼 수 없거나 자본의 가감 성격으로 자본금이나 자본잉여금으로 분류할 수 없는 항목이다.
④ 이익잉여금은 손익계산서에 보고된 손익과 다른 자본항목에서 이입된 금액의 합계액에서 배당 등으로 처분된 금액을 차감한 잔액이다.

02 다음 중 자본조정 항목에 해당하지 않는 것은?
① 자기주식 ② 감자차손
③ 주식선택권 ④ 자기주식처분이익

03 다음은 (주)법전의 20X6년도 말 재무상태표에서 추출한 자본과 관련된 자료이다. 이익잉여금의 합계를 계산한 금액으로 옳은 것은?

· 자본금 : 50,000,000원   · 이익준비금 : 400,000원   · 감자차익 2: 50,000원
· 자기주식 : 1,000,000원   · 임의적립금 : 150,000원   · 주식발행초과금: 500,000원

① 400,000원 ② 550,000원
③ 800,000원 ④ 1,050,000원

04 다음 중 재무상태표상 자본과 관련된 설명으로 틀린 것은?

① 자기주식을 취득한 경우 자기주식(자본조정)으로 회계처리하고, 이를 처분할 때 이익이 발생한 경우 이는 자기주식처분이익(자본잉여금)으로 처리한다.
② 감자차손은 감자차익과 우선 상계하고 남은 잔액을 자본잉여금으로 분류한다.
③ 자본잉여금은 무상증자를 위해 자본금으로 전입시키는 경우에 사용되기도 한다.
④ 주식할인발행차금은 주식발행초과금과 우선하여 상계하고, 잔액이 남을 경우 자본조정으로 분류한다.

05 배당에 관한 설명으로 잘못된 것은?

① 주식배당은 순자산의 유출이 없이 배당효과를 얻을 수 있다.
② 주식배당 후에도 자본의 크기는 변동이 없다.
③ 미교부주식배당금이란 이익잉여금처분계산서상의 주식배당액을 말하며 주식교부시에 자본금계정과 대체된다.
④ 주식배당 후에도 발행주식수는 변동이 없다.

06 다음 내용과 관련하여 자본의 실질적인 감소를 초래하는 것으로 적합한 것을 모두 묶은 것은?

> 가. 이사회 결의에 의하여 중간배당으로 현금배당을 실시하다.
> 나. 주주총회 결의에 의하여 이익잉여금의 일정 금액을 사업확장적립금으로 적립하다.
> 다. 결손금 보전을 위해 이익준비금을 자본금에 전입하다.

① 가 ② 가, 나 ③ 가, 다 ④ 가, 나, 다

07 다음 내용 중 자본의 실질적인 감소를 초래하는 것으로 적합한 것을 모두 묶은 것은?

> 가. 주주총회의 결의에 의하여 주식배당을 실시하다.
> 나. 주주총회의 결의에 따라 주당 8,000원으로 50,000주를 유상증자하다.
> 다. 이사회 결의에 의하여 중간배당으로 현금배당을 실시하다.
> 라. 결손금 보전을 위해 이익준비금을 자본금에 전입하다.
> 마. 만기보유증권을 매도가능증권으로 재분류에 따른 평가손실이 발생하다.

① 가, 나 ② 나, 다 ③ 다, 라 ④ 다, 마

08 다음의 거래 중에서 실질적으로 자본이 증가되는 경우가 아닌 것은?

① 액면가액 100만원 주식을 10만원에 유상증자하였다.
② 100만원으로 인식된 자기주식을 30만원에 처분하였다.
③ 감자를 위하여 액면가액 100만원 주식을 10만원에 취득 후에 소각하였다.
④ 10만원 상당한 특허권을 취득하고 그 대가로 액면가액 100만원의 주식을 새로이 발행하여 지급하였다.

09 다음 자료를 이용하여 자본잉여금에 해당하는 금액을 구하면 얼마인가?

· 주식발행초과금	500,000원	· 매도가능증권평가이익	300,000원
· 자기주식처분이익	1,000,000원	· 이익준비금	1,000,000원
· 임의적립금	400,000원	· 감자차익	700,000원

① 2,100,000원 ② 2,200,000원 ③ 2,500,000원 ④ 3,500,000원

10 주식발행회사의 입장에서 주식배당 결의와 동시에 주식배당을 즉시 실시하였다고 가정하였을 경우에 발생되는 효과로서 가장 적절한 것은?

① 미지급배당금만큼 부채가 증가한다.
② 자본총액이 주식배당액만큼 감소한다.
③ 자본금은 증가하지만 이익잉여금은 감소한다.
④ 주식배당은 배당으로 인한 회계처리가 불필요하므로 자본항목 간의 변동도 없다.

08 수익과 비용

01.. 수익의 정의

수익은 통상적인 경영활동에서 발생하는 경제적 효익의 총유입을 말하며, 자산의 증가 또는 부채의 감소로 나타난다. 다만, 주주의 지분참여로 인한 자본증가는 수익에 포함하지 아니한다. 또한 수익은 기업에 귀속되는 경제적 효익의 유입만을 포함하므로 부가가치세와 같이 제3자를 대신하여 받는 금액이나, 대리 관계에서 위임자를 대신하여 받는 금액 등은 수익으로 보지 아니한다.

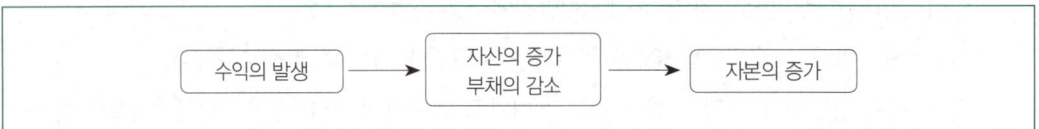

수익의 종류

- 영업수익

영업수익(매출수익)이란 상품·제품의 판매 또는 용역의 제공으로 실현된 금액을 말한다.

- 영업외수익

영업외수익이란 영업활동 이외의 보조적 또는 부수적인 활동에서 발생하는 수익을 말한다.

① 이자수익 : 예금이나 대여금에서 발생하는 수익
② 배당금수익 : 주식이나 출자금 등의 투자에서 분배받은 수익
③ 임대료 : 부동산 또는 동산을 타인에게 임대하고 받는 대가
④ 유가증권처분이익 : 유가증권을 처분함에 따라 발생하는 이익
⑤ 유가증권평가이익 : 유가증권을 공정가치로 평가함에 따라 발생하는 이익
⑥ 외환차익 : 외화자산의 회수나 외화부채의 상환시에 발생하는 이익
⑦ 외화환산이익 : 외환자산·외환부채의 기말 평가시 발생하는 이익
⑧ 투자자산처분이익 : 투자자산을 처분함에 따라 발생하는 이익
⑨ 유형자산처분이익 : 유형자산을 처분함에 따라 발생하는 이익
⑩ 사채상환이익 : 사채를 상환함에 따라 발생하는 이익
⑪ 법인세환급액 : 과거 회계연도에 대한 법인세 등이 경정되어 환급된 금액
⑫ 자산수증이익 : 주주나 제3자 등으로부터 자산을 증여받음으로써 발생하는 이익
⑬ 채무면제이익 : 채권자로부터 회사채무를 면제받아 발생하는 이익
⑭ 보험금수익 : 보험가입자산의 사고시 발생하는 수익

02.. 수익의 인식기준

수익은 경영활동 전 과정을 통하여 서서히 그리고 지속적으로 발생하기 때문에 수익을 어느 시점에서 인식할 것인지를 결정하는 것이 중요한 회계적 문제이다. 이를 결정하기 위한 기준으로 현금주의와 발생주의가 있다.

신용거래가 많은 현대에는 기간손익배분이 부적절한 현금주의는 사용되지 않으며 발생주의에 의하여 수익과 비용을 인식한다.

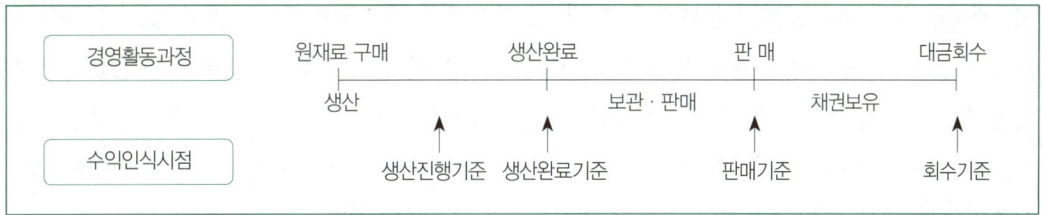

수익은 경영활동 전 과정을 통하여 발생하므로, 발생주의에 따라 수익을 인식하기 위해서는 수익획득과정별로 증가된 가치를 구분하여 그 크기를 측정해야 한다. 그러나 이러한 측정과정은 객관성을 확보하기 어렵고 실무적으로도 매우 복잡하기 때문에 수익의 인식과 측정에 있어서 발생주의를 후퇴시키고 실현주의에 따라 수익을 인식하고 있다. 실현주의란 발생주의를 적용함에 있어 실무상의 어려움 때문에 이를 현실에 맞게 수정시킨 수익인식기준으로서 일정요건(실현요건 · 가득요건)이 충족되었을 때 수익을 인식하는 방법이다.

일반기업회계기준에서는 수익을 재화의 판매와 용역의 제공으로 구분하여 다음의 요건을 모두 충족한 시점에서 인식하도록 규정하고 있다.

(1) 재화의 판매

① 재화의 소유에 따른 유의적인 위험과 보상이 구매자에게 이전된다.
② 판매자는 판매한 재화에 대하여 소유권이 있을 때 통상적으로 행사하는 정도의 관리나 효과적인 통제를 할 수 없다.
③ 수익금액을 신뢰성 있게 측정할 수 있다.
④ 경제적 효익의 유입 가능성이 매우 높다.
⑤ 거래와 관련하여 발생했거나 발생할 원가를 신뢰성 있게 측정할 수 있다.

(2) 용역의 제공

① 거래 전체의 수익금액을 신뢰성 있게 측정할 수 있다.
② 경제적 효익의 유입 가능성이 매우 높다.
③ 진행률을 신뢰성 있게 측정할 수 있다.
④ 이미 발생한 원가 및 거래의 완료를 위하여 투입하여야 할 원가를 신뢰성 있게 측정할 수 있다.

03.. 수익인식기준의 구체적 적용

1. 생산기준

생산기준은 수익을 생산기간 중에 또는 생산완료시점에서 인식하는 것을 말한다. 판매시점에서 수익을 인식하는 것이 일반적이지만 업종에 따라서는 판매시점 이전에 이미 수익인식을 위한 조건이 충족되는 경우가 있다. 즉, 생산과정이 수익창출활동을 위한 결정적인 사건이라고 할 수 있으며, 생산의 진행 혹은 생산의 완료시에 그 생산물의 가치를 합리적으로 측정할 수 있고 경제적 효익의 유입가능성이 매우 높다면 생산기준에 따라 수익을 인식하는 것이 발생주의 회계에 가장 적합한 방법이다. 생산기준에 따라 수익을 인식하는 경우로는 용역의 제공, 건설형 공사계약 등이 있다. 생산기준은 생산완료기준과 생산진행기준으로 구분되며, 기업회계기준에서는 용역매출, 예약매출의 경우 생산진행기준에 따라 수익을 인식하도록 규정하고 있다.

2. 판매기준

판매기준이란 수익을 판매시점에서 인식하는 것을 말한다. 많은 기업들의 수익활동에 있어 판매는 수익이 가득되기 위한 결정적인 사건이며, 제품의 판매시점에서는 교환거래가 발생하므로 측정이 용이하기 때문에 대부분의 수익인식방법으로 판매기준이 적용된다.

일반적으로 상거래의 판매시점은 상품을 구매자에게 인도하는 시점이지만 특수매매에서는 상품의 인도시점이 아닌 다른 시점이 판매시점으로 될 수 있는데, 여기서는 이러한 특수매매에 대하여 알아보고자 한다. 특수매매거래에는 위탁판매, 시용판매, 상품권판매, 설치 및 검사조건부판매, 반품가능판매 등이 있다.

1) 위탁판매

위탁판매는 자기의 상품을 타인에게 위탁하여 수수료를 지급하고 판매하는 형태이다. 위탁판매의 경우에는 상품의 발송이 판매계약 성립 이전에 이루어지기 때문에, 상품을 발송했다는 사실만으로 수익을 인식하는 것은 타당하지 않다.

수익은 수탁자가 그 상품을 판매함으로써 비로소 실현되는 것이다. 따라서 위탁판매에서는 수탁자에 의한 상품의 판매가 수익인식의 기준이 된다. 기업회계기준에서는 수탁자가 해당 재화를 제3자에게 판매한 시점에 수익을 인식하도록 규정하고 있다. 위탁판매의 경우 위탁자는 결산일까지 판매되지 않은 위탁품은 창고에 없을지라도 기말재고자산에 포함시켜야 한다.

2) 시용판매

시용판매란 주문을 받지 않고 상품 등을 고객에게 인도하여 고객이 그 상품을 사용하여 보고 매입하겠다는 의사표시를 함으로써 판매가 성립하는 특수한 형태의 판매이다. 기업회계기준에서는 시용판매의 경우 인도시점에서 수익을 인식하는 것이 아니라 고객이 구입의사를 표명하는 시점에 수익을 인식하도록 규정하고 있다. 따라서 기말 현재 창고에는 없을지라도 고객이 구입의사를 표명하지 아니한 시송품은 법적소유권이 회사에 있으므로 기말재고자산에 포함시켜야 한다.

3) 상품권판매

상품권이란 그 명칭 또는 형태에 관계없이 발행자가 일정한 금액이나 물품 또는 용역의 수량이 기재된 무기명증표를 발행·매출하고 그 소지자가 발행자에게 제시함으로써 그 증표에 기재된 내용에 따라 상품권 발행자로부터 물품 또는 용역을 제공받을 수 있는 유가증권을 말한다. 기업회계기준에서는 상품권의 발행과 관련된 수익은 상품권을 회수한 시점 즉, 재화를 인도하거나 판매한 시점에 인식하고, 상품권을 판매한 때에는 선수금으로 처리하도록 규정하고 있다.

3. 회수기준

회수기준이란 수익을 판매시점이 아닌 대금이 실제로 회수되는 시점에서 인식하는 방법을 말한다. 회수기준이 적용될 수 있는 경우는 대금회수에 고도의 불확실성이 존재하고 그 금액을 합리적으로 추정할 수 없는 경우 또는 판매에 따른 추가비용이 크고 그 금액을 합리적으로 추정하기 어려울 경우에 사용할 수 있다.

[거래형태별 수익인식기준 요약]

구 분	수익인식방법
위탁판매	수탁자가 제3자에게 판매한 시점
상품권	상품 등을 고객에게 제공한 날
할부판매	재화가 인도되는 시점(단, 현재가치와 명목가액이 중요한 차이가 나는 경우에는 현재가치로 평가)
부동산판매	소유권이전일, 잔금청산일, 구매자의 실제사용가능일 중 가장 빠른날
설치및 검사조건부 판매	설치 및 검사가 완료된 때
반품조건부 판매	구매자가 인수를 수락한 시점 또는 반품기간의 종료시점
재구매약정이 있는 경우	판매자가 소유에 따른 위험과 효익을 보유한 경우 금융거래로 봄
정기간행물(잡지 등)	구독기간에 걸쳐 정액법으로 수익인식
임대업, 수출대행업, 인터넷 경매 등	수수료만 수익으로 인식
광고수익	방송사는 대중에게 전달하는 시점, 광고제작사는 진행기준
공연입장료	개최되는 시점
수강료	강의기간동안 발생기준
입회비 및 연회비	회원자격유지를 위한 회비는 회수가 가능하게 되는 시점(다만, 재화 등의 저가구매를 위한 경우 가입기간동안 합리적인 기준에 따라 수익인식)

04.. 비용의 정의

비용이란 제품의 판매나 생산, 용역제공 및 회사의 영업활동을 구성하는 활동으로부터 일정기간 동안 발생한 자산의 유출이나 사용 또는 부채의 발생액이다. 비용은 주된 영업활동에서 발생한 비용과 일시적이거나 우연한 거래로부터 발생한 손실로 분류된다.

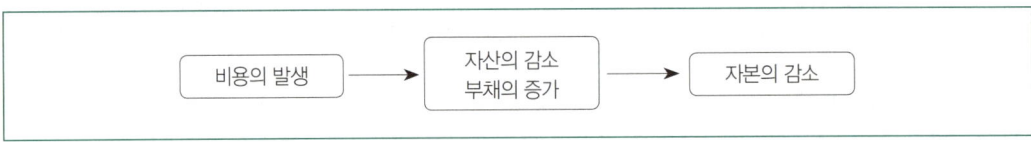

비용의 종류

- 매출원가 : 매출원가란 매출액과 직접대응되는 원가로서, 일정기간 동안 판매된 상품이나 제품에 대하여 배분된 매입원가를 말한다.
- 판매비와 관리비 : 판매비와 관리비는 상품과 용역의 판매활동 또는 회사의 관리와 유지에서 발생하는 비용으로, 매출원가에 속하지 아니하는 모든 영업비용을 말한다.
    ① 급여 : 임원급여·임금·각종 수당 등
    ② 퇴직급여 : 근속기간이 경과함에 따라 증가하는 퇴직금을 비용으로 인식하기 위한 계정
    ③ 복리후생비 : 근로환경개선 및 근로의욕의 향상을 위하여 지출하는 노무비 성격의 금액
    ④ 임차료 : 부동산이나 동산을 임차하고 그 소유자에게 지급하는 금액
    ⑤ 기업업무추진비 : 사업(업무)과 관련하여 지출하는 교제비용 등
    ⑥ 감가상각비 : 유형자산의 가치감소분을 기간손익에 반영하기 위하여 배분된 금액
    ⑦ 무형자산상각비 : 무형자산의 가치감소분을 기간손익에 반영하기 위하여 배분된 금액
    ⑧ 세금과공과 : 국가 또는 지방자치단체가 부과하는 공과금·벌금·과료 등
    ⑨ 광고선전비 : 상품·제품의 판매촉진을 위하여 선전효과를 얻고자 지출하는 비용
    ⑩ 연구비 : 연구활동을 수행하는 과정에서 발생하는 비용
    ⑪ 경상개발비 : 개발활동과 관련하여 경상적으로 발생한 비용
    ⑫ 대손상각비 : 회수가 불가능한 채권과 대손추산액을 처리하는 계정
- 영업외비용 : 영업외비용이란 매출수익을 얻기 위한 주된 영업활동 이외의 보조적 또는 부수적인 활동에서 순환적으로 발생하는 비용을 말한다.
    ① 이자비용 : 타인자본에 대하여 지급하는 이자와 할인료
    ② 기타의대손상각비 : 매출채권 이외의 채권에 대한 대손상각비를 처리하는 계정
    ③ 유가증권처분손실 : 유가증권을 처분함에 따라 발생하는 손실
    ④ 유가증권평가손실 : 유가증권을 공정가치로 평가함에 따라 발생하는 손실
    ⑤ 외환차손 : 외화자산의 회수나 외화부채의 상환시에 발생하는 손실
    ⑥ 외화환산손실 : 외화자산이나 외화부채의 기말 평가시에 발생하는 손실
    ⑦ 기부금 : 무상으로 증여하는 금전 또는 기타 자산의 금액
    ⑧ 투자자산처분손실 : 투자자산을 처분함에 따라 발생하는 손실
    ⑨ 유형자산처분손실 : 유형자산을 처분함에 따라 발생하는 손실
    ⑩ 사채상환손실 : 사채를 상환함에 따라 발생하는 손실
    ⑪ 특별손실 : 비경상적·비반복적으로 발생한 영업외비용과 재해손실.
- 법인세비용 : 법인세비용이란 영업활동의 결과인 일정기간의 소득에 대하여 부과되는 세금으로, 영업활동이 보고되는 기간의 비용으로 인식되어야 한다.

05. 비용의 측정과 인식

1. 비용의 측정

비용의 측정이란 손익계산서에 계상할 비용의 금액을 화폐액으로 측정하는 것을 말한다. 즉 비용의 측정은 당기 손익계산서에 보고될 비용액을 결정하는 과정을 말하며, 주로 역사적 원가에 의하여 측정된다.

2. 비용의 인식시기

비용의 발생시점, 인식시점, 보고시점에 관한 것으로 비용이 귀속되는 회계기간을 결정하는 것을 비용의 인식이라 하며, 비용의 보고 또는 기간귀속이라고도 한다. 그리고 경제적 효익이 수익획득활동에 소비되었을 때, 또는 미래의 경제적 효익이 감소되거나 소멸되었을 때를 비용의 인식시점으로 본다.

06. 비용의 인식방법

비용은 기본적으로 수익·비용의 대응 원칙에 따라 직접대응시켜야 하며, 직접대응이 불가능한 경우에는 간접대응 또는 당기의 비용(손실)으로 즉시 인식하여야 한다.

1. 직접대응

직접대응이란 보고된 수익과의 인과관계를 기초로 비용을 인식하는 방법이다. 따라서 직접대응은 수익과 비용의 인과관계가 명확한 경우에 적용되는 방법이다. 직접대응의 예로는 매출액에 대응되는 매출원가·판매원의 수수료·매출운임 등이 있다.

2. 간접대응

간접대응이란 수익에 대응되는 비용을 직접적인 방법에 의하여 적절히 대응시킬 수 없는 경우에 비용을 체계적이고 합리적인 방법에 의하여 기간배분하는 것을 말한다. 즉 간접대응의 발생원가가 장래의 특정시기 또는 미래의 일정기간과 관련될 수 있는지를 확인하여, 그 원가가 미래수익과 관련이 있다고 인정될 경우에는 해당되는 미래기간에 걸쳐 합리적·체계적으로 배분하는 것이다. 간접대응의 예로는 선급보험료, 감가상각비 등이 있다.

3. 당기비용(손실)

직접대응, 간접대응 방법을 모두 적용할 수 없는 경우에는 발생원가를 당기비용 또는 손실로 인식하여야 한다.

07. 손익계산서

손 익 계 산 서

(주)제이오비　　　20X1년1월1일부터 20X1년12월31일까지　　　단위:원

과 목		계 정			
I	매출액	상품매출 · 제품매출*			
		*총매출액−매출에누리−매출환입−매출할인			
II	매출원가	상품매출원가 · 제품매출원가			
	상 품 매 매 업	기초상품재고액	제 조 업	기초제품재고액	
		(+)당기상품매입액*		(+)당기제품제조원가	
		(−)기말상품재고액		(−)기말제품재고액	
		*총매입액−매입에누리−매입환출−매입할인			
III	매출총이익(매출총손실)	= 매출액 − 매출원가			
IV	판매비와 관리비	급여	수도광열비	세금과공과	수수료비용
		퇴직급여	여비교통비	보험료	보관료
		복리후생비	소모품비	차량유지비	판매수수료
		임차료	교육훈련비	도서인쇄비	연구비
		기업업무추진비	통신비	대손상각비	경상개발비
		감가상각비	광고선전비	운반비	무형자산상각비
V	영업이익(영업손실)	= 매출총이익(손실) −판매비와관리비			
VI	영업외수익	이자수익	외화환산이익	단기투자자산처분이익	
		배당금수익	보험금수익	단기투자자산평가이익	
		임대료	자산수증이익	유형자산처분이익	
		수수료수익	채무면제이익	매도가능증권처분이익	
		외환차익	사채상환이익	만기보유증권처분이익	
VII	영업외비용	이자비용	수수료비용	기타대손상각비	
		외환차손	외화환산손실	매출채권처분손실	
		재해손실	사채상환손실	단기투자자산처분손실	
		기부금		단기투자자산평가손실	
		잡손실		재고자산감모손실	
				유형자산처분손실	
VIII	법인세비용차감전순손익	= 영업이익(손실) + 영업외수익 −영업외비용			
IX	법인세비용				
X	당기순이익(당기순손실)	= 법인세비용차감전순이익(순손실) −법인세비용			

연습문제

01 수익인식에 대한 내용으로 옳지 않은 것은?
① 경제적 효익의 유입 가능성이 매우 높은 경우에만 인식한다.
② 수익금액을 신뢰성 있게 측정할 수 있는 시점에 인식한다.
③ 거래 이후에 판매자가 관련 재화의 소유에 따른 유의적인 위험을 부담하는 경우 수익을 인식하지 않는다.
④ 관련된 비용을 신뢰성 있게 측정할 수 없어도 수익을 인식할 수 있다.

02 당사는 기계설비제조업을 영위하고 있다. 거래처로부터 2월 1일에 설비납품주문을 받았고, 2월 20일에 납품하여 설치하였다. 계약조건대로 5일간의 시험가동 후 2월 25일에 매입의사표시를 받았으며, 2월 28일에 대금을 수취하였다. 이 설비의 수익 인식시기는 언제인가?
① 2월 1일 ② 2월 20일 ③ 2월 25일 ④ 2월 28일

03 다음 중 손익계산서상 당기순이익에 영향을 미치는 항목이 아닌 것은?
① 인건비   ② 건물 감가상각비
③ 기계장치 처분손실   ④ 자기주식 처분손실

04 다음 항목 중에서 손익계산서상의 영업이익 계산과정에 포함되는 것은?
① 외상매출금 관련 대손상각비
② 유형자산 처분으로 발생한 손실
③ 단기투자자산을 보유한 상태에서 기말 결산시기에 발생한 평가이익
④ 업무와 관계없이 공익단체에 무상으로 금품을 기부한 경우

05 다음 중 손익계산서에 반영될 영업이익에 영향을 미치지 않는 경우는?

① 유형자산으로 인식하고 있는 건물의 감가상각비의 인식
② 판매사원 인건비의 지급
③ 매출채권의 대손상각비의 인식
④ 유형자산으로 인식하고 있는 기계장치의 처분으로 발생한 처분손실

06 다음 자료를 이용하여 영업이익을 구하시오.

· 매출액 : 30,000,000원	· 매출원가 : 20,000,000원	· 임원급여 : 2,000,000원
· 직원급여 : 2,000,000원	· 감가상각비 : 800,000원	· 기업업무추진비 : 500,000원
· 세금과공과 : 200,000원	· 이자수익 : 100,000원	· 이자비용 : 300,000원

① 10,000,000원   ② 6,000,000원   ③ 4,500,000원   ④ 4,300,000원

07 다음 자료를 이용하여 영업이익을 구하시오.

· 매출액 : 30,000,000원	· 매출원가 : 25,000,000원	· 임직원급여 : 2,000,000원
· 직원회식비 : 200,000원	· 광고선전비 : 200,000원	· 거래처 기업업무추진비 : 200,000원
· 장기대여금의 대손상각비 : 200,000원	· 기부금 : 200,000원	· 유형자산처분손실 : 200,000원

① 1,800,000원   ② 2,000,000원   ③ 2,200,000원   ④ 2,400,000원

08 기부금을 영업외비용이 아닌 판매비와 관리비로 회계처리 한 경우 나타나는 현상으로 틀린 것은?

① 매출총이익은 불변이다.   ② 영업이익은 불변이다.
③ 법인세차감전순이익은 불변이다.   ④ 매출원가는 불변이다.

09 다음은 누락된 결산정리분개와 관련된 설명이다. 옳지 않은 것은?

① 구입 시 비용처리한 미사용소모품에 대한 분개를 누락하면, 자산이 과대계상된다.
② 기간이 경과한 이자수익을 인식하는 분개를 누락하면, 자산이 과소계상된다.
③ 미지급보험료를 인식하는 분개를 누락하면, 부채가 과소계상된다.
④ 비용으로 계상한 보험료 지급액 중 기간 미경과 보험료를 인식하는 분개를 누락하면 자산이 과소계상된다.

10 손익계산서의 당기순이익이 500,000원이었으나, 결산시 다음 사항이 누락된 것을 발견하였다. 누락사항을 반영할 경우 당기순이익은 얼마인가?

· 당기발생 미지급 자동차 보험료 : 200,000원   · 외상매출금의 보통예금 수령 : 100,000원

① 200,000원   ② 300,000원   ③ 400,000원   ④ 500,000원

09 회계변경과 오류수정

01. 회계변경

1. 회계변경의 의의

회계변경이란 기업이 처한 경제적·사회적 환경의 변화 및 새로운 정보의 입수에 따라 과거에 채택한 회계처리방법을 새로운 회계처리방법으로 변경하는 것을 말한다.

회계정보의 질적 특성 중 비교가능성의 관점에서 보면 이미 채택하여 적용하던 회계처리방법은 매기 계속하여 적용하여야만 회계정보의 유용성이 증대된다. 따라서 재무제표를 작성할 때 일단 채택한 회계정책이나 회계추정은 유사한 종류의 사건이나 거래의 회계처리에 그대로 적용하여야 한다. 다만, 다른 회계정책이나 회계추정의 채택이 더 합리적이라고 기업이 입증할 수 있을 때에 한해서는 회계변경을 정당화할 수 있다.

정당한 회계변경은 회계정책 또는 회계추정의 변경을 통하여 회계정보의 유용성을 높이는 경우, 또는 기업회계기준이 새로 제정되거나 개정됨에 따라 회계정책을 변경하는 경우를 말한다. 정당한 사유에 의한 회계정책 및 회계추정 변경의 예는 다음과 같다. 다만, 이 경우에도 ③를 제외하고는 회계변경의 정당성을 입증하여야 한다.

① 합병, 사업부 신설, 대규모 투자, 사업의 양수도 등 기업환경의 중대한 변화에 의하여 총자산이나 매출액, 제품의 구성 등이 현저히 변동됨으로써 종전의 회계정책을 적용할 경우 재무제표가 왜곡되는 경우
② 동종산업에 속한 대부분의 기업이 채택한 회계정책 또는 추정방법으로 변경함에 있어서 새로운 회계정책 또는 추정방법이 종전보다 더 합리적이라고 판단되는 경우
③ 일반기업회계기준의 제정, 개정 또는 기존의 일반기업회계기준에 대한 새로운 해석에 따라 회계변경을 하는 경우

회계변경의 정당성을 인정받기 위해서는 위에서 열거된 사유로 인하여 변경하여야 한다. **단순히 세법의 규정을 따르기 위한 회계변경은 정당한 회계변경으로 보지 아니한다.** 그 이유는 세무보고의 목적과 재무보고의 목적이 서로 달라 세법에 따른 회계변경이 반드시 재무회계정보의 유용성을 향상시키는 것은 아니기 때문이다. 또한, 이익조정을 주된 목적으로 한 회계변경은 정당한 회계변경으로 보지 아니한다.

2. 회계변경의 유형

회계변경의 유형에는 회계정책의 변경과 회계추정의 변경으로 구분할 수 있다.

(1) 회계정책의 변경

회계정책의 변경이란 재무제표의 작성과 보고에 적용하던 회계정책을 다른 회계정책으로 바꾸는 것을 말한다. 회계정책의 변경은 일반기업회계기준 또는 관련법규의 개정이 있거나, 새로운 회계정책을 적용함으로써 회계정보의 유용성을 향상시킬 수 있는 경우에 한하여 허용한다. 회계정책의 변경은 반드시 일반적으로 인정된 회계원칙에서 일반적으로 인정된 회계원칙으로의 변경이어야 한다. 만약, 일반적으로 인정되지 않은 회계원칙에서 일반적으로 인정된 회계원칙으로 변경하였다면 이는 회계변경이 아니라 후술하는 오류수정에 해당한다. 회계정책의 변경에 예는 다음과 같다.

> **회계정책의 변경**
> ① 재고자산 평가방법(예: 선입선출법에서 후입선출법으로 변경)
> ② 유가증권의 취득단가산정방법(예: 총평균법에서 이동평균법으로 변경) 등

(2) 회계추정의 변경

회계추정의 변경은 기업환경의 변화, 새로운 정보의 획득 또는 경험의 축적에 따라 지금까지 사용해오던 회계적 추정치의 근거와 방법 등을 바꾸는 것을 말한다. 여기서 회계추정이란 기업환경의 불확실성하에서 미래의 재무적 결과를 사전적으로 예측하는 것을 말한다. 회계추정의 변경에 대한 예로는 다음과 같은 것들이 있다.

> **회계추정의 변경**
> ① 수취채권의 대손추정
> ② 재고자산의 진부화 여부에 대한 판단과 평가
> ③ 우발부채의 추정
> ④ 감가상각자산의 내용연수 또는 감가상각자산에 내재된 미래경제적효익의 기대소비 형태의 변경(**감가상각방법의 변경**) 및 잔존가액의 추정 등

회계추정의 변경은 당초 추정을 할 당시에 이용할 수 없었던 새로운 정보를 사후에 얻게 됨으로써 또는 경험이 축적됨에 따라 원래의 추정치를 새로운 추정치로 변경하는 것을 말한다. 당초 추정시에 이용할 수 있었던 정보를 잘못 사용하거나, 경험부족 또는 부주의로 인하여 추정치를 잘못 측정하여 이를 수정하는 것은 오류수정에 해당한다.

구 분	정 의	오류수정과의 차이
회계정책변경	GAAP*에서 또다른 GAAP으로의 변경	변경전의 방법이 GAAP이 아닌 경우에는 회계오류의 수정
회계추정변경	당초에 타당한 추정에서 새로운사실 등의 발견 등으로 인한 새로운 추정으로의 변경	당초의 추정이 타당한 추정이 아닌 경우 회계오류의 수정

* GAAP(generally accepted accounting principles): 일반적으로 인정된 회계원칙

3. 회계변경의 회계처리

회계변경의 회계처리방법에는 소급법, 당기일괄처리법, 전진법 등이 있다. 각 회계처리방법에 대해서 구체적으로 알아보면 다음과 같다.

(1) 소급법

소급법이란 기초시점에서 새로운 회계처리방법의 채택으로 인한 누적적 영향을 계산하여 미처분이익잉여금을 수정하고, 전기의 재무제표를 새로운 원칙을 적용하여 수정하는 방법이다. 여기서 누적적영향이란 변경 후의 방법을 처음부터 적용하였다고 가정한 경우에 계상되었을 금액과 변경전의 방법에 따라 이미 장부상에 계상된 금액과의 차액을 말한다.

소급법에 경우에는 새로운 회계처리방법을 처음부터 적용한 것으로 가정하므로 과거의 재무제표를 수정하여야 한다. 따라서 회계변경으로 인한 영향이 재무제표에 충분히 반영되므로 비교가능성이 유지되지만 과거의 재무제표를 새로운 회계처리방법에 따라 수정하므로 재무제표의 신뢰성이 저하된다.

(2) 당기일괄처리법

당기일괄처리법이란 기초시점에서 새로운 회계방법의 채택으로 인한 누적적 영향을 계산하여 누적효과를 회계변경수정손익으로 당기 손익계산서에 계상하며, 과거의 재무제표는 수정하지 않는 방법이다. 당기일괄처리법은 새로운 회계처리방법을 처음부터 적용한 것으로 가정하긴 하지만, 과거의 재무제표를 수정하지 않는다는 점이 소급법과 다르다.

당기일괄처리법은 과거의 재무제표를 수정하지 않음으로써 재무제표의 신뢰성은 높아지지만 회계변경에 따른 효과를 당기손익에 반영함에 따라 이익조작가능성이 있으며, 재무제표의 비교가능성이 저해된다.

(3) 전진법

전진법이란 과거의 재무제표에 대해서는 수정하지 않고 변경된 새로운 회계처리방법을 당기와 미래기간에 반영시키는 방법이다. 전진법은 새로운 회계처리방법을 회계변경하기로 한 회계연도와 그 이후의 회계연도에 적용하기 때문에 과거의 재무제표를 수정하지 않는다. 따라서 전진법에 경우에는 이익조작가능성이 없으며, 과거의 재무제표를 수정하지 않기 때문에 신뢰성이 높아지지만 재무제표의 비교가능성이 저해되고 회계변경효과를 파악하기 어려운 단점이 있다.

(4) 일반기업회계기준

일반기업회계기준에서는 회계정책의 변경에 대해서는 소급법을 적용하고 회계추정의 변경은 전진법을 적용하도록 규정하고 있다. 회계정책의 변경과 회계추정의 변경이 동시에 이루어지는 경우에는 소급법을 먼저 적용한 후 전진법을 먼저 적용하며, 회계정책의 변경은 소급법을 원칙으로 하되 회계정책의 변경에 따른 누적효과를 합리적으로 결정하기 어려운 경우에는 전진법을 적용할 수 있도록 규정하고 있다.

구분	소급법	당기일괄처리법	전진법
성격	일관성 강조	신뢰성, 포괄주의 강조	신뢰성, 당기업적주의 강조
회계처리	회계변경누적효과를 이 익잉여금에 반영	회계변경효과를 당기손익에 반영	회계변경효과 없음 (당기이후기간으로 이연)
과거재무제표의 수정여부	수정함	수정하지 않음	수정하지 않음
장점	비교가능성유지	신뢰성유지	신뢰성유지
단점	신뢰성저하	비교가능성저하	비교가능성저하 변경효과파악곤란
일반기업회계기준	회계정책의 변경*	–	회계추정의 변경

* 회계정책의 변경에 따른 누적효과를 합리적으로 결정하기 어려운 경우에는 전진법을 적용할 수 있음

02. 오류수정

1. 오류의 의의

오류란 계산상의 실수, 일반기업회계기준의 잘못된 적용, 사실판단의 잘못, 부정, 과실 또는 사실의 누락 등으로 인해 특정의 회계처리가 잘못 처리된 것을 말한다.

2. 오류의 유형

회계상의 오류를 발견하였을 때 적절한 수정분개를 하기 위해서는 오류의 유형을 구분할 필요가 있다. 왜냐하면, 오류는 그 유형에 따라 재무제표에 미치는 영향이나 수정하는 방법이 다르기 때문이다. 오류의 유형을 크게 구분하면 순이익에 영향을 미치지 않는 오류와 순이익에 영향을 미치는 오류로 구분할 수 있다.

(1) 순이익에 영향을 미치지 않는 오류

순이익에 영향을 미치지 않는 오류의 유형은 주로 계정분류오류나 재무제표 공시오류의 유형이 대부분이다. 순이익에 영향을 미치지 않는 오류는 다시 재무상태표오류와 손익계산서오류로 구분할 수 있다. 순이익에 영향을 미치지 않는 오류는 당기 재무제표는 일부 왜곡되지만 차기 이후의 재무제표에 전혀 영향을 미치지 아니하므로 동 오류가 당기 재무제표를 마감하기 전에 발견한 경우에는 적절히 수정하고, 장부를 마감한 후에는 별도의 수정을 할 필요가 없다.

(2) 순이익에 영향을 미치는 오류

순이익에 영향을 미치는 오류는 재무상태표와 손익계산서 모두에 영향을 미치는 오류를 말한다. 예를 들어 매출누락이나 비용의 누락이 대표적 사례이다. 매출(예: 외상매출)을 누락하게 되면 자산과 수익이 과소계상 되어 순이익이 과소계상 된다. 비용(예: 급여의 현금지급)을 누락하게 되면 비용은 과소계상 되고 자산은 과대계상 되므로 순이익이 과대계상 된다.

순이익에 영향을 미치는 오류는 당기 재무제표에 오류가 발생함은 물론 동 오류가 해소되는 차기 이후의 재무제표에도 영향을 미치게 되므로 회계적으로 중요하다. 순이익에 미치는 오류는 다시 자동조정오류와 비자동조정오류로 구분된다.

3. 오류의 회계처리

일반기업회계기준에서는 당기에 발견한 전기 또는 그 이전기간의 오류는 당기 손익계산서에 영업외손익 중 전기오류수정손익으로 보고한다. 다만, 전기 이전기간에 발생한 중대한 오류(재무제표의 신뢰성을 심각하게 손상할 수 있는 매우 중요한 오류)의 수정은 자산, 부채 및 자본의 기초금액에 반영하므로(소급적 재작성), 전기 이전의 손익에 미치는 영향은 이익잉여금에 반영한다.

구 분	중대한 오류	중대하지 않은 오류
회계처리	소급법 (이월이익잉여금조정)	당기일괄처리법 (당기영업외손익에 반영)
비교재무제표	재작성	재작성하지 않음

연습문제

01 다음 중 회계변경에 대한 설명으로 가장 옳지 않은 것은?
① 회계정책의 변경은 회계방법이 변경되는 것이며, 소급법을 적용한다.
② 회계정책의 변경에 따른 누적 효과를 합리적으로 결정하기 어려우면 전진법을 적용한다.
③ 세법개정으로 회계처리를 변경해야 하는 경우 정당한 회계변경의 사유에 해당한다.
④ 회계추정의 변경은 전진적으로 처리하여 그 효과를 당기와 당기 이후의 기간에 반영한다.

02 다음 중 일반기업회계기준의 회계정책 또는 회계추정의 변경과 관련한 설명으로 잘못된 것은?
① 일반 기업회계기준에서 회계정책의 변경을 요구하는 경우 회계정책을 변경할 수 있다.
② 변경된 회계정책은 원칙적으로 소급하여 적용한다.
③ 회계정책의 변경과 회계추정의 변경이 동시에 이루어지는 경우 회계정책의 변경에 의한 누적효과를 먼저 계산한다.
④ 세법과의 차이를 최소화하기 위해 세법의 규정을 따르기 위한 회계변경도 정당한 회계변경이다.

03 회계변경과 관련한 다음 설명 중 잘못된 것은?
① 회계추정은 기업환경의 불확실성하에서의 미래의 재무적 결과를 사전적으로 예측하는 것이다.
② 유가증권 취득단가 산정방법의 변경은 회계추정 변경에 해당한다.
③ 회계정책 변경을 전진적으로 처리하는 경우에는 그 변경의 효과를 당해 회계연도 개시일부터 적용한다.
④ 회계정책의 변경과 회계추정의 변경이 동시에 이루어지는 경우에는 회계정책의 변경에 의한 누적효과를 먼저 계산한다.

04 다음 중에서 회계정책의 변경과 회계추정의 변경에 대한 설명으로 가장 잘못된 것은?
① 회계추정의 변경은 전진적으로 처리하여 그 효과를 당기와 당기이후의 기간에 반영한다.
② 회계정책의 변경과 회계추정의 변경이 동시에 이루어지는 경우에는 회계정책의 변경에 의한 누적효과를 먼저 계산하여 소급적용한 후, 회계추정의 변경효과를 전진적으로 적용한다.
③ 변경된 새로운 회계정책은 소급하여 적용하고 전기 또는 그 이전의 재무제표를 비교목적으로 공시하는 경우 소급적용에 따른 수정사항을 반영하여 재작성 한다.
④ 회계변경의 속성상 그 효과를 회계정책의 변경효과와 회계추정의 변경효과로 구분하기가 불가능한 경우 이를 회계정책의 변경으로 본다.

05 다음 중 회계변경과 오류수정에 대한 설명으로 옳지 않은 것은?
① 재고자산평가방법의 변경은 회계정책의 변경에 해당한다.
② 회계추정의 변경은 전진적으로 처리하여 그 효과를 당기와 당기 이후의 기간에 반영한다.
③ 회계정책의 변경효과와 회계추정의 변경효과로 구분하기가 불가능한 경우에는 이를 회계정책의 변경으로 본다.
④ 감가상각방법의 변경은 회계추정의 변경에 해당한다.

06 다음 회계처리 내용 중 오류수정으로 볼 수 없는 것은?
① 전기 미수수익의 과다계상
② 이동평균법에서 총평균법으로 유가증권 평가방법의 변경
③ 전기 기말재고자산의 과다계상
④ 전기 상품매출의 누락

07 다음 중 오류수정에 대한 설명으로 가장 옳지 않은 것은?
① 당기에 발견한 전기 또는 그 이전 기간의 중대하지 않은 오류는 당기 손익계산서에 영업외손익 중 전기오류수정손익으로 반영한다.
② 전기 또는 그 이전 기간에 발생한 중대한 오류의 수정은 전기이월이익잉여금에 반영하고 관련 계정잔액을 수정한다.
③ 비교재무제표를 작성하는 경우 중대한 오류의 영향을 받는 회계기간의 재무제표 항목은 재작성한다.

④ 충당부채로 인식했던 금액을 새로운 정보에 따라 보다 합리적으로 추정한 금액으로 수정한 것도 오류수정에 해당한다.

08 다음 중 오류수정에 대한 내용으로 옳지 않은 것은?
① 오류수정은 전기 또는 그 이전의 재무제표에 포함된 회계적 오류를 당기에 발견하여 이를 수정하는 것을 말한다.
② 당기에 발견한 중대하지 않은 전기의 오류는 당기 손익계산서에 영업외손익 중 전기오류수정손익으로 보고한다.
③ 전기 이전기간에 발생한 중대한 오류의 수정은 자산, 부채 및 자본의 기초금액에 반영한다.
④ 비교재무제표 작성시 중대한 오류의 영향을 받는 회계기간의 재무제표항목은 재작성하지 않는다.

09 다음의 오류가 당기순이익에 미치는 영향으로 옳은 것은?

> 결산 시 발생이자 미지급분 500,000원을 아래와 같이 잘못 회계처리 하였다.
> (차) 미지급비용 500,000원 (대) 이자수익 500,000원

① 당기순이익 500,000원 과대계상   ② 당기순이익 1,000,000원 과대계상
③ 당기순이익 500,000원 과소계상   ④ 당기순이익 1,000,000원 과소계상

10 기말 수정분개 후 당기순이익은 얼마인가?

> 가. 수정 전 당기순이익 : 500,000원
> 나. 기말 수정사항
> · 미지급이자   30,000원   · 임대료선수분   20,000원
> · 보험료선급분   5,000원   · 미수이자   50,000원

① 455,000원   ② 505,000원   ③ 545,000원   ④ 605,000원

PART 2

이론편
원가회계

CHAPTER 01 _ 원가회계의 개념
CHAPTER 02 _ 제조원가의 흐름
CHAPTER 03 _ 원가배분
CHAPTER 04 _ 개별원가계산
CHAPTER 05 _ 종합원가계산
CHAPTER 06 _ 결합원가계산

CLASS 전산세무2급
이 론 편

01 원가회계의 개념

01..원가와 원가회계

1. 원가의 의의
원가란 재화나 용역을 획득하기 위하여 희생된 경제적 가치를 말한다. 이러한 원가는 소멸되지 않은 경우에는 자산으로 계상되며, 소멸되는 경우에는 비용으로 계상한다.

2. 원가회계의 의의
원가회계란 내부보고용 재무제표를 작성하고 기업내부의 경영계획을 수립·통제하여 특수한 의사결정에 필요한 정보를 제공하기 위하여 제조활동과 영업활동에 관한 원가자료를 집계·배분·분석하는 것을 말한다.

3. 재무회계와 관리회계(원가회계)

구 분	재무회계	관리회계
목적	외부보고목적	경영관리목적
정보이용자	외부이해관계자(투자자, 채권자 등)	내부이용자(주로 경영자)
보고수단	일반목적의 재무제표	특수목적의 보고서
준거기준	일반적으로 인정된 회계원칙	일정한 준거기준이 없다.
정보의 유형 및 속성	과거지향적→객관성 강조	미래지향적→목적적합성 강조
보고주기	정기적 보고	수시보고

4. 원가회계의 목적
① 재무제표작성을 위한 제품의 원가계산 ② 제품원가계산을 통한 재고자산의 평가
③ 통제를 위한 원가자료의 제공 ④ 예산편성을 위한 원가자료의 제공
⑤ 특수의사결정을 위한 원가자료의 제공

02. 원가의 분류

원가는 사용목적에 따라 다음과 같이 다양하게 분류할 수 있다.

1. 추적가능성에 따른 분류

원가는 원가계산의 목적물인 원가대상에 대한 추적가능성에 따라 직접원가와 간접원가로 분류된다.

1) 직접원가(직접비)

직접원가란 특정한 원가대상에 직접 추적할 수 있는 원가로서 특정제품에 투입되는 원재료의 원가나 생산직 근로자의 급여 같은 경우가 여기에 해당한다.

2) 간접원가(간접비)

간접원가란 특정한 원가대상에 직접 추적할 수 없는 원가로서 공장건물의 임차료 같은 경우를 말한다.

2. 기능에 따른 분류

1) 제조원가

제조원가란 제품을 생산하는 과정에서 소요되는 모든 원가로서, 이는 직접재료비, 직접노무비, 제조간접비로 분류된다.

구 분	내 용
직접재료비	제품을 생산하기 위하여 사용되는 원재료의 원가로서 특정 제품에 직접 추적할 수 있는 원가를 말한다.
직접노무비	생산직 근로자에게 노동의 대가로 지급되는 원가로서 특정제품에 직접 추적할 수 있는 원가를 말한다.
제조간접비	직접재료비와 직접노무비 이외의 모든 제조원가를 말한다.

2) 비제조원가

비제조원가는 제조활동과 관계없이 판매 및 관리활동과 관련해서 발생하는 원가로서 대개 판매비와 관리비를 의미하는데 이는 제품원가를 구성하지 않고 발생연도의 기간비용으로 처리된다.

3. 원가행태에 따른 분류

원가행태란 조업도 수준의 변동에 따른 원가의 변동양상을 말하며, 여기서 조업도는 일정기간동안 설비능력을 이용한 정도를 나타내는 지표로서 생산량 · 판매량 · 직접노동시간 · 기계작업시간 등으로 표시된다. 즉, 생산량이나 시간 등 조업도 수준에 따라 변동하는가, 그렇지 않은가에 따라 변동원가와 고정원가로 나눌 수 있다. 원가행태를 파악할 경우 한 가지 주의할 점은 원가행태가 원가총액을 기준으로 하는 것이지 제품 단위당 원가를 기준으로 하지 않는다는 것이다.

1) 변동비

제품을 한 단위 더 생산할 때마다 투입되는 재료원가처럼 조업도의 변동에 따라 총액이 비례적으로 변화하는 원가를 변동비라고 말한다.

2) 고정비

제품의 생산량과는 무관하게 금액이 이미 정해져 있는 공장건물에 대한 감가상각비처럼 조업도의 변동에 관계없이 총원가가 일정하게 발생하는 원가를 고정비라고 한다.

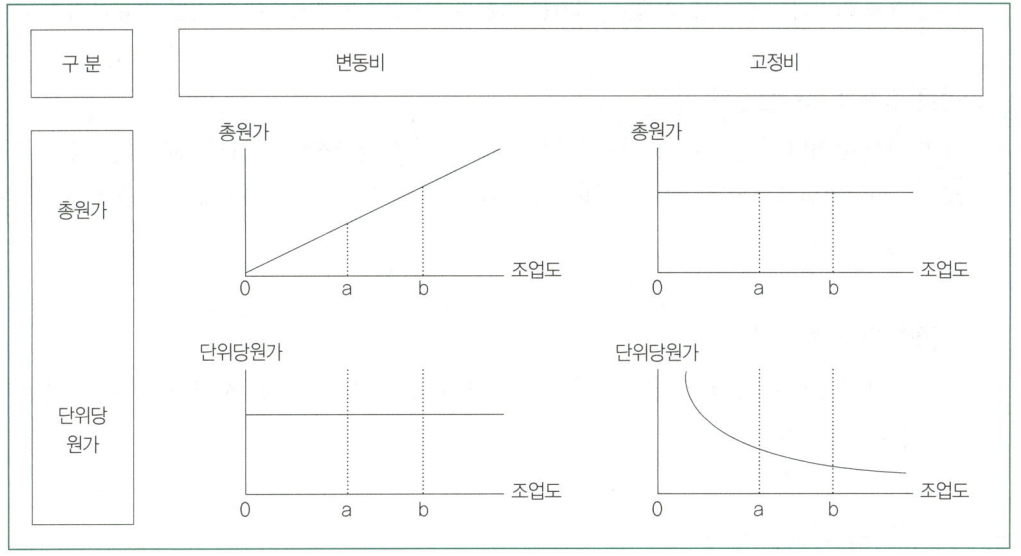

4. 준변동비와 준고정비

준변동비는 조업도의 변화에 관계없이 총원가가 일정한 고정원가와 순수변동원가의 두 요소를 모두 가지고 있는 원가로서 혼합원가라고도 한다. 예를 들면, 전력비의 경우 일부는 기본요금이며 조업도가 증가함에 따라 전력비도 비례적으로 증가하므로 준변동비에 해당된다.

준고정비는 특정범위의 조업도 내에서는 총원가가 일정하지만 조업도가 그 범위를 벗어나면 총액이 달라지는 원가로서 계단원가라고도 한다.

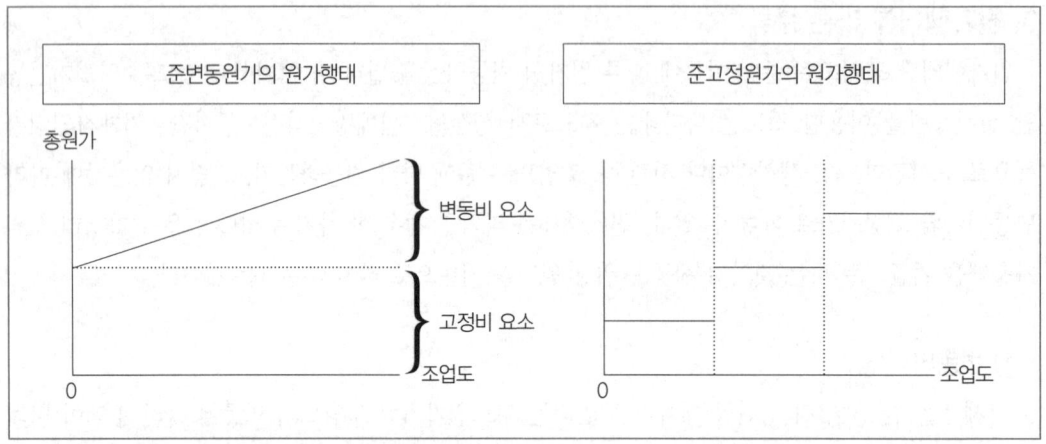

5. 의사결정과의 관련성에 따른 분류

1) 매몰원가

매몰원가란 과거의 의사결정으로 인하여 이미 발생한 역사적 원가로서 현재 또는 미래에 어떤 의사결정을 하더라도 회수할 수 없는 원가를 말한다. 따라서 의사결정에 고려할 필요가 없다.

2) 관련원가와 비관련원가

관련원가란 여러 대안 사이에 차이가 나는 원가로서 의사결정에 직접적으로 관련되는 원가를 말하며, 비관련원가는 여러 대안 사이에 차이가 없는 원가로서 의사결정에 영향을 미치지 않는 원가를 의미한다.

3) 기회원가(기회비용)

기회원가란 선택된 대안 이외의 포기된 다른 대안 중 최선의 대안을 선택했더라면 얻을 수 있었던 최대이익을 말한다.

6. 기본원가와 가공원가

제조원가를 구성하는 원가요소를 다음과 같이 기초원가(기본원가)와 가공원가(전환원가)로 분류하기도 한다.

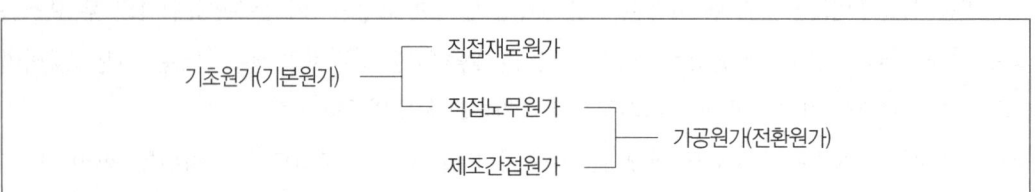

연습문제

01 원가의 개념에 대한 다음 설명 중 틀린 것은?

① 매몰원가는 특정의사결정에 고려할 필요가 없는 원가이다.

② 특정제품에 투입되는 원재료의 원가는 직접원가에 해당한다.

③ 조업도의 변동에 따라 총원가가 비례적으로 변화하는 원가를 변동원가라 한다.

④ 고정원가의 경우 조업도의 변동에 관계없이 단위당 원가가 일정하게 발생한다.

02 다음 중 원가에 대한 설명으로 옳은 것은?

① 기본원가에는 직접재료비와 직접노무비가 있다.

② 직접원가에는 직접노무비와 제조간접비가 있다.

③ 총원가가 조업도의 변동에 비례하여 변하는 원가를 고정원가라 한다.

④ 특정 원가대상에 명확하게 추적이 가능한 원가를 간접원가라 한다.

03 원가에 대한 설명 중 가장 옳지 않은 것은?

① 고정원가는 관련 조업도 내에서 일정하게 발생하는 원가를 말한다.

② 직접재료비와 직접노무비를 기초원가라 한다.

③ 간접원가란 특정한 원가직접대상에 직접 추적할 수 없는 원가를 말한다.

④ 제품생산량이 증가함에 따라 관련 범위 내에서 제품단위당 고정원가는 일정하다.

04 원가와 관련된 다음 설명 중 옳지 않은 것은 어느 것인가?

① 제조원가는 판매과정에서 결국 매출원가로 비용화 된다.

② 직접재료비와 제조간접비는 대표적인 변동비 항목에 해당한다.

③ 제조공정에서 발생하는 직접노무비는 당기총제조비용에 반영된다.

④ 생산량이 증가해도 원가총액에 변동이 없는 부분도 있다.

05 다음 중 원가의 분류에 대한 설명 중 적당하지 않은 것은?
① 여러 종류의 제품제조에 공통적으로 사용되어 특정제품에 직접적으로 추적할 수 없는 원가를 간접원가라고 한다.
② 조업도가 증가하는 경우 단위당 고정비는 감소한다.
③ 모든원가는 직접원가와 간접원가로 구분할 수 있다.
④ 직접재료비와 제조간접비의 합계를 가공비라고 한다.

06 다음 중 원가의 성격이 다른 것은?
① 생산직 직원의 급여
② 공장 기계장치의 수선비
③ 제품의 판매를 위한 광고비
④ 공장건물의 임차료

07 다음 중 특정 원가대상에 대한 원가요소의 추적가능성에 따른 분류는 어느 것인가?
① 통제가능원가와 통제불능원가
② 직접비와 간접비
③ 실제원가와 표준원가
④ 변동비와 고정비

08 다음 중 고정비에 대한 내용이 아닌 것은?
① 조업도가 0이라도 일정한 비용이 발생한다.
② 조업도가 증가하거나 감소하더라도 총비용이 증가하거나 감소하지 않는다.
③ 조업도가 증가하면 조업도 단위당 비용은 감소한다.
④ 조업도가 감소하면 조업도 단위당 비용은 감소한다.

09 제조원가 중 원가행태가 다음과 같이 나타나는 경우로 보기 어려운 것은?

조업도	100시간	500시간	1,000시간
총원가	10,000원	10,000원	10,000원

① 공장재산세
② 전기요금
③ 정액법에 의한 감가상각비
④ 임차료

10 다음 중 기본원가이면서 전환원가에 해당되는 것은?
① 직접노무비
② 제조간접비
③ 간접재료비
④ 직접재료비

11 다음 중 원가 행태에 대한 설명으로 옳지 않은 것은?

① 조업도가 증가하면 변동원가 총액은 증가한다.
② 조업도가 증가하면 단위당 고정원가는 감소한다.
③ 조업도가 감소하면 단위당 변동원가는 증가한다.
④ 조업도와 관계없이 고정비 총액은 항상 일정하다.

12 다음 중 원가의 분류기준에 대한 설명으로 옳지 않은 것은?

① 원가 발생형태에 따른 분류 : 재료원가, 노무원가, 제조간접원가
② 원가행태에 따른 분류 : 변동원가, 고정원가, 준변동원가, 준고정원가
③ 원가의 추적가능성에 따른 분류 : 제조원가, 비제조원가
④ 의사결정과의 관련성에 따른 분류 : 관련원가, 비관련원가, 기회원가, 매몰원가

13 다음 중 원가의 개념에 대한 설명으로 가장 틀린 것은?

① 매몰원가는 과거에 발생한 원가로서 의사결정에 고려되지 않는 원가를 말한다.
② 기회원가는 현재 이 대안을 선택하지 않았을 경우 포기한 대안 중 최대금액 혹은 최대 이익을 말한다.
③ 고정원가의 경우 조업도의 변동에 관계없이 단위당 원가가 일정하게 발생한다.
④ 특정제품에만 투입되는 원재료의 원가는 직접원가에 해당한다.

14 다음 중 원가에 대한 설명으로 가장 옳지 않은 것은?

① 직접재료비는 조업도에 비례하여 총원가가 증가한다.
② 당기총제조원가는 당기에 발생한 기본원가와 제조간접원가의 합이다.
③ 관련 범위 내에서 변동비는 조업도의 증감에 불구하고 단위당 원가가 일정하다.
④ 제품생산량이 증가함에 따라 관련 범위 내에서 제품 단위당 고정원가는 일정하다.

15 다음의 그래프가 나타내는 원가에 대한 설명으로 틀린 것은?

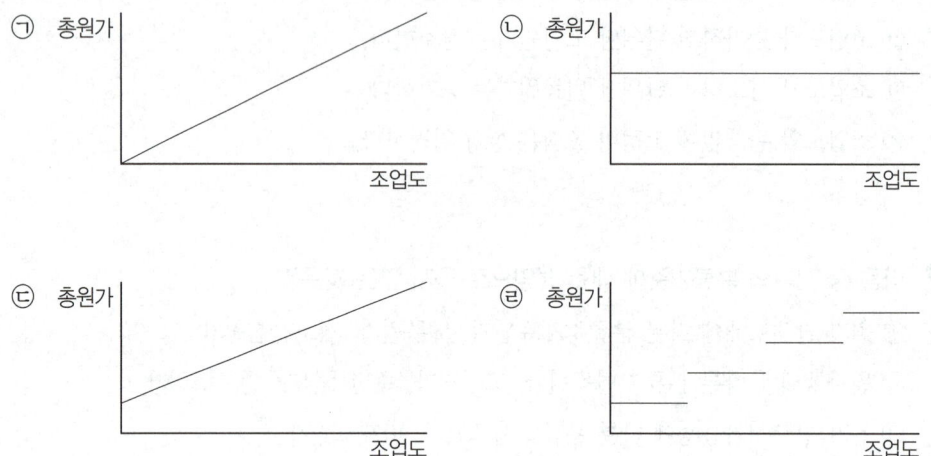

① ㉠은 조업도의 변동에 따라 원가총액이 비례적으로 변화하는 변동비에 대한 그래프이다.
② ㉡은 단위당 원가가 일정한 고정비에 대한 그래프이다.
③ ㉢은 변동원가와 고정원가가 혼합된 준변동원가에 대한 그래프이다.
④ ㉣은 일정한 범위의 조업도 내에서는 일정한 금액이 발생하지만 그 범위를 벗어나면 원가발생액이 달라지는 준고정비를 나타낸다.

02 제조원가의 흐름

01. 제조원가의 흐름

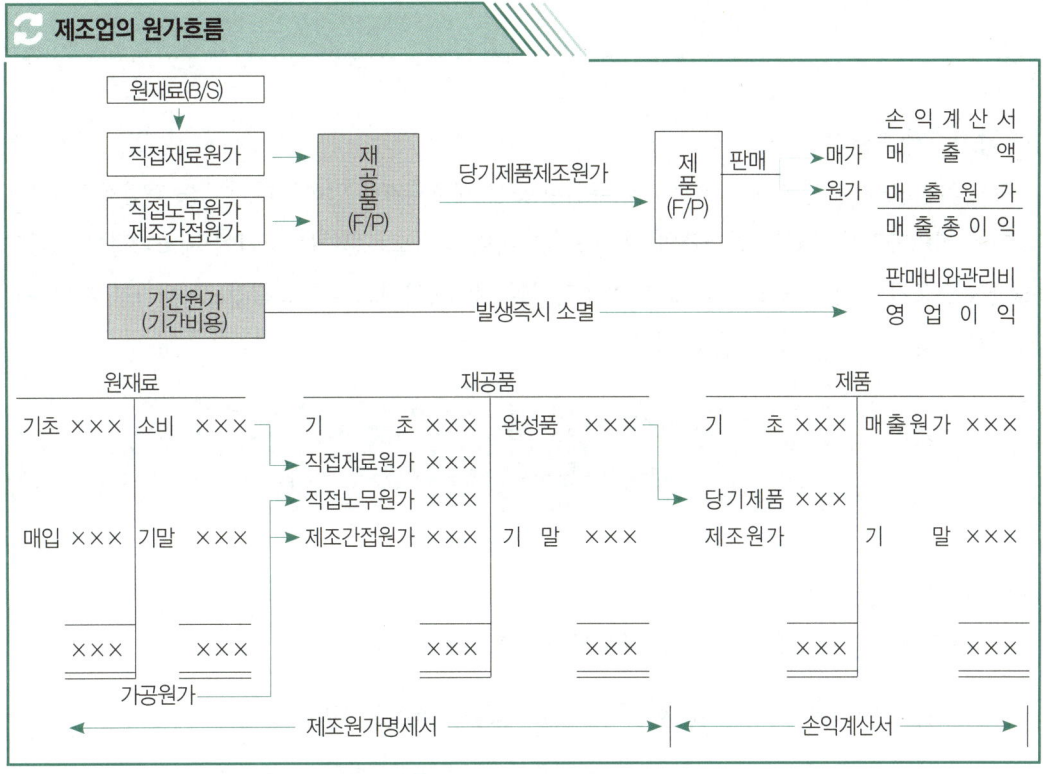

제조업의 원가흐름

02. 원가계산의 절차

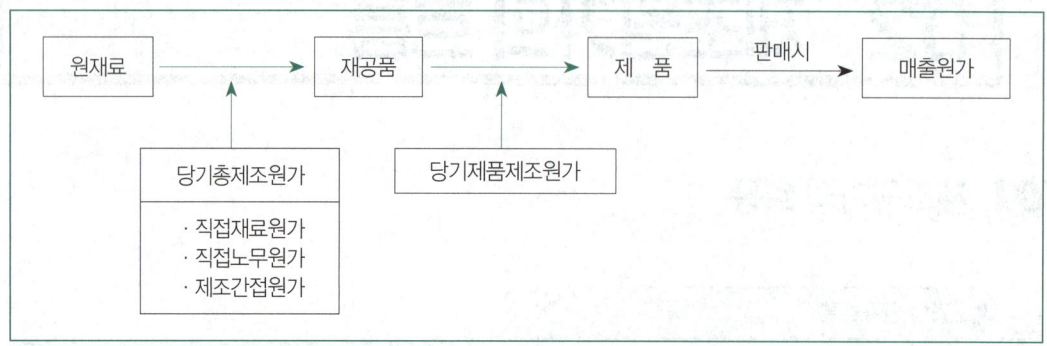

1. 당기총제조원가

당기총제조원가란 당기에 제조과정에 투입된 모든 제조원가를 말하는데, 이 중 직접재료원가는 당기에 제조과정에 투입된 원재료의 원가를 의미하며 직접노무원가는 당기에 제조과정에 투입된 생산직 근로자의 급여를 말한다. 또한 제조간접원가는 직접재료원가와 직접노무원가를 제외하고 당기에 투입된 모든 제조원가를 의미한다.

> 당기총제조원가 = <u>직접재료원가</u>+ 직접노무원가 + 제조간접원가
> ↓
> (기초원재료재고액 + 당기원재료매입액 − 기말원재료재고액)

2. 당기제품제조원가

당기제품제조원가란 당기에 완성된 제품의 제조원가를 말한다.

> 당기제품제조원가 = 기초재공품재고액 + <u>당기총제조원가</u>− 기말재공품재고액
> ↓
> (직접재료원가 + 직접노무원가 + 제조간접원가)

3. 매출원가

매출원가란 당기에 판매된 제품의 원가를 말한다.

> 매출원가 = 기초제품재고액 + <u>당기제품제조원가</u>− 기말제품재고액
> ↓
> (기초재공품재고액 + 당기총제조원가 − 기말재공품재고액)

⚓ 필수예제

(주)새길의 올해 기초 및 기말재고에 관련된 자료는 다음과 같다.

구분	기초재고	기말재고
원 재 료	30,000	60,000
재 공 품	10,000	20,000
제 품	40,000	30,000

올해의 원가자료는 다음과 같다.

원재료매입액	100,000
직접노무원가	70,000
제조간접원가	120,000

⛵ 물음
올해의 당기총제조원가, 당기제품제조원가 및 매출원가를 구하시오.

⚓ 해답

1. 당기총제조원가 = 70,000 + 70,000 + 120,000 = 260,000
                       직접재료원가   직접노무원가   제조간접원가
   ↓
   직접재료원가 = 30,000 + 100,000 − 60,000 = 70,000
                   기초원재료 당기원재료 기말원재료
                     재고액   매입액   재고액

2. 당기제품제조원가 = 10,000 + 260,000 − 20,000 = 250,000
                   기초재공품 당기총제조원가 기말재공품

3. 매출원가 = ₩40,000 + 250,000 − 30,000 = 260,000
              기초제품 당기제품제조원가 기말제품

03. 제조원가명세서의 작성

  손익계산서상에는 당기제품제조원가의 최종결과만 보고된다. 그러나 제조업의 경우 당기제품제조원가는 매우 중요한 정보이기 때문에 정보이용자는 당기제품제조원가에 대한 상세한 정보를 원한다. 따라서 기업은 부속명세서로서 제조원가명세서를 작성하여야 한다.

  제조원가명세서는 당기제품제조원가가 어떻게 산출되었는지를 보여주는 명세서이다. 따라서 제품과 관련된 정보는 제공되지 않는다. 즉, 기초제품, 기말제품, 매출원가 정보는 제공되지 않는다. 또한 제조원가명세서는 부속명세서일 뿐 재무제표가 아님을 유의하여야 한다.

[제조원가명세서]

과 목	금 액	
Ⅰ. 직접재료비		
① 기초재료재고액	×××	
② 당기재료매입액	×××	
③ 기말재료재고액	×××	×××
Ⅱ. 직접노무비		
① 기본급	×××	
② 제수당 등	×××	×××
Ⅲ. 제조간접비		
① 감가상각비	×××	
② 동력비	×××	
③ 보험료 등	×××	×××
Ⅳ. 당기총제조비용		×××
Ⅴ. 기초재공품원가		×××
계		×××
Ⅵ. 기말재공품원가		×××
Ⅶ. 당기제품제조원가		×××

04. 제조원가의 회계처리

1. 직접재료비

직접재료원가를 산정하기 위하여 사용하는 계정은 원재료계정이다.

1) 원재료 구입

원재료를 구입하면 원재료계정의 차변에 기록한다.

(차) 원 재 료	×××	(대) 현 금 등	×××

2) 원재료 사용

원재료를 제조과정에 사용한 경우에는 원재료계정의 대변에 기입한다.

(차) 재 공 품	×××	(대) 원 재 료	×××

2. 직접노무비

당기에 제조과정에 투입된 노무비를 산정하기 위하여 노무비계정을 사용한다.

1) 직접노무비 발생

직접노무비가 발생하면 직접노무비계정 차변에 기입한다.

```
(차) 노    무    비    ×××    (대) 현          금    ×××
                                  미 지 급 비 용    ×××
```

2) 직접노무비 대체

당기의 제조과정에 투입된 직접노무비가 확정되면 이를 재공품계정으로 대체한다.

```
(차) 재    공    품    ×××    (대) 노    무    비    ×××
```

05. 제조간접원가

제조간접비는 직접재료비와 직접노무비 이외의 모든 제조원가를 말하는바 제조간접비계정을 사용하여 관리한다.

1. 제조간접비 발생

제조간접비가 발생하면 각 비용계정과목을 차변에 기록한다.

```
(차) 동      력      비        ×××    (대) 현            금    ×××
     감 가 상 각 비 – 공 장 분    ×××         감 가 상 각 누 계 액    ×××
     전      력      비        ×××         미 지 급 비 용        ×××
```

2. 제조간접비 집계

여러 가지 형태로 발생한 제조간접비를 기말에 제조간접비계정에 집계한다.

```
(차) 제 조 간 접 비    ×××    (대) 동      력      비        ×××
                                  감 가 상 각 비 – 공 장 분    ×××
                                  전      력      비        ×××
```

3. 제조간접비 대체

제조활동에 사용한 제조간접비를 제조간접비계정에 집계한 후에는 재공품계정으로 대체한다.

```
(차) 재    공    품    ×××    (대) 제 조 간 접 비    ×××
```

06. 원가계산과 재무제표와 관계

원가계산과 재무제표

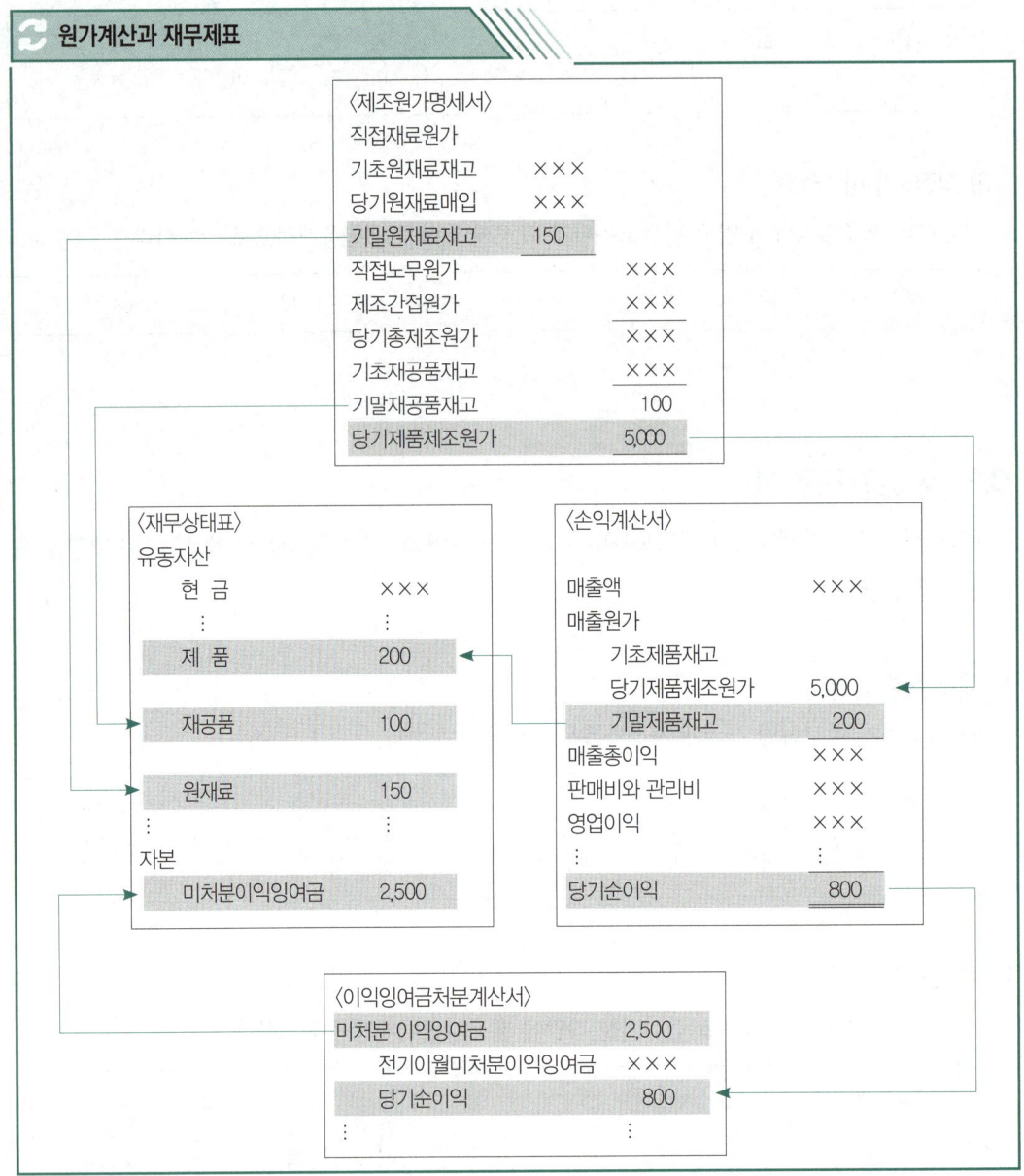

연습문제

01 다음 중 원가에 대한 설명으로 가장 옳지 않은 것은?
① 직접재료비는 조업도에 비례하여 총원가가 증가한다.
② 당기총제조원가는 당기에 발생한 기본원가와 제조간접원가의 합이다.
③ 관련 범위 내에서 변동비는 조업도의 증감에 불구하고 단위당 원가가 일정하다.
④ 제품생산량이 증가함에 따라 관련 범위 내에서 제품 단위당 고정원가는 일정하다.

02 다음 중 당기제품제조원가에 대한 설명으로 옳은 것은?
① 기초제품재고액 + 당기제품제조원가 − 기말제품재고액
② 기초원재료재고액 + 당기총제조원가 − 기말원재료재고액
③ 기초재공품재고액 + 당기총제조원가 − 기말재공품재고액
④ 기초재공품재고액 + 당기총제조원가

03 당기의 기말재공품이 기초재공품보다 더 큰 경우에 대한 상황을 가장 적절하게 설명한 것은?
① 당기총제조비용이 당기제품제조원가보다 클 것이다
② 당기총제조비용이 당기제품제조원가보다 작을 것이다.
③ 당기제품제조원가가 매출원가보다 클 것이다.
④ 당기제품제조원가가 매출원가보다 작을 것이다.

04 다음 중 제조원가명세서상의 당기총제조원가에 영향을 미치지 않는 것은?
① 생산직 사원의 퇴직급여충당부채를 추가로 설정하였다.
② 생산공장의 건물신축을 위하여 토지를 구입하였다.
③ 제품으로 사용될 페인트를 공장내부의 수선(수익적지출)을 위하여 사용하였다.
④ 공장건물에 대한 재산세를 납부하였다.

05 다음 중 재공품계정의 차변에 기입되는 사항은?
① 재공품 차기이월액　　　　② 당기 제품제조원가
③ 당기 제조간접비 배부액　　④ 당기 제품매출원가

06 다음 자료를 이용하여 가공원가를 계산하면 얼마인가?

· 직접재료원가 500,000원　　· 직접노무원가 1,000,000원　　· 고정제조간접원가 700,000원
· 변동제조간접원가는 직접노무원가의 80%이다.

① 1,500,000원　　② 2,200,000원　　③ 2,500,000원　　④ 3,000,000원

07 원가자료가 다음과 같을 때 당기의 직접재료비를 계산하면 얼마인가?

· 당기총제조원가는 2,300,000원이다.
· 제조간접비는 당기총제조원가의 20%이다.
· 제조간접비는 직접노무비의 80%이다.

① 0원　　② 1,035,000원　　③ 1,265,000원　　④ 1,472,000원

08 다음 자료를 보고 당기에 투입된 가공비를 계산하면 얼마인가?

· 직접재료원가 구입액 : 900,000원　　· 직접재료원가 사용액 : 700,000원
· 직접노무원가 발생액 : 400,000원　　· 변동제조간접원가 발생액 : 700,000원
· 변동제조간접원가는 총제조간접원가의 40%이다.

① 2,150,000원　　② 2,350,000원　　③ 2,550,000원　　④ 2,750,000원

09 다음 자료를 이용하여 당기제품제조원가를 구하면 얼마인가?

· 기초원재료재고 :   70,000원　　· 기말원재료재고 :   40,000원　　· 당기원재료매입 : 200,000원
· 직 접 노 무 비 : 150,000원　　· 제 조 간 접 비 : 100,000원　　· 기초재공품재고 :   80,000원
· 기말재공품재고 : 100,000원　　· 기 초 제 품 재 고 :   60,000원　　· 기말제품재고 :   150,000원

① 460,000원　　② 470,000원　　③ 390,000원　　④ 480,000원

10 다음의 자료를 이용하여 당기총제조원가를 구하면 얼마인가?

· 기초재공품재고액 : 30,000원   · 기초제품재고액 : 50,000원   · 매출원가 : 550,000원
· 기말재공품재고액 : 10,000원   · 기말제품재고액 : 40,000원

① 500,000원   ② 520,000원   ③ 540,000원   ④ 560,000원

11 아래의 자료만을 참고하여 기말제품재고액을 구하면 얼마인가?

1. 재무상태표의 자료

구분	기초	기말
재공품	100,000원	150,000원
제품	210,000원	(?)

※ 기초 및 기말원재료재고액은 없음

2. 제조원가명세서와 손익계산서의 자료
· 직접재료비 : 190,000원   · 제조간접비 : 150,000원
· 직접노무비 : 100,000원   · 제품매출원가 : 200,000원

① 400,000원   ② 360,000원   ③ 280,000원   ④ 220,000원

12 다음 중 제조원가명세서에 대한 설명으로 가장 옳지 않은 것은?

① 당기제품제조원가는 손익계산서상 제품 매출원가 계산에 직접적인 영향을 미친다.
② 제조원가명세서상 기말 원재료재고액은 재무상태표에 표시되지 않는다.
③ 당기총제조원가는 직접재료원가, 직접노무원가, 제조간접원가의 총액을 의미한다.
④ 당기제품제조원가는 당기에 완성된 제품의 원가를 의미한다.

13 다음 중 제조원가명세서에 나타나는 사항이 아닌 것은?

① 직접재료비   ② 직접노무
③ 당기제품제조원가   ④ 제품매출원가

14 다음 중 의류제조업체인 (주)강북상사의 제조원가명세서에 영향을 미치지 않는 것은?

① 공장의 기계장치에 대한 수선을 하고 수선비 100,000원을 미지급하였다.
② 공장건물에 대한 1년분(20X1.7.1 – 20X2.6.30) 화재보험료로 1,000,000원을 지급하였다.
③ 공장직원들의 사내체육대회행사에 식사를 제공하였다.
④ 공장에 있는 제품 10,000,000원이 진부화로 인해 폐기처분되었다.

15 다음은 ㈜부경의 제조원가와 관련된 자료이다. 당기제품제조원가는 얼마인가?

· 기초원재료 :	500,000원	· 기말원재료 :	50,000원
· 당기원재료 매입 :	1,200,000원	· 직접노무비 :	1,500,000원
· 제조간접비 :	2,000,000원	· 기초재공품재고 :	400,000원
· 기말재공품재고 :	500,000원	· 기초제품재고 :	150,000원
· 당기매출원가 :	450,000원		

① 5,000,000원 ② 5,050,000원
③ 5,150,000원 ④ 5,500,000원

03 | 원가배분

01. 원가배분의 의의

원가배분이란 개개의 원가를 집합하여 합리적 배분기준에 따라 원가대상에 배분하는 과정을 말한다. 여기서 원가집합이란 원가대상에 배분되어야 할 개별원가들의 집합을 말하는데 그 대표적인 예로 다양한 원가요소들로 구성된 제조간접비가 있다. 원가대상이란 그 원가를 따로 측정하고자하는 어떤 활동 또는 항목을 말하며, 그 대표적인 예로 제품, 부문 등을 들 수 있다.

02. 원가배분기준

정확한 원가계산을 위한 원가배분의 기본원칙은 원가발생이라는 결과를 야기시킨 원인(원가동인)에 따른 원가를 배분하는 인과관계 기준이며 이 방법이 경제적으로 실현가능한 경우에는 반드시 인과관계기준에 의하여 원가배분을 하여야 한다.

인과관계가 분명하지 않거나 인과관계를 사용하는 것이 경제성이 없는 경우에 차선으로 부담능력기준이나 수혜기준을 적용하는 것이고 이마저 배분기준으로 적절하지 않다면 공정성과 공평성기준을 적용하여야 한다.

구 분	내 용
인과관계기준	인과관계기준이란 원가대상과 배분대상이 되는 원가간의 인과관계에 따라 원가를 배분하는 가장 이상적인 원가배분기준을 말한다.
수 혜 기 준	수혜기준이란 원가대상이 배분대상이 되는 공통원가로부터 제공받은 경제적 효익의 크기에 따라 원가를 배분하는 기준을 말한다.
부담능력기준	부담능력기준이란 원가대상이 원가를 부담할수있는능력에따라원가를배분하는기준을말한다.
공정성과 공평성기준	공정성과 공평성기준이란 공정하고 공평하게 원가대상에 원가를 배분해야 한다는 기준을 말한다.

03. 보조부문의 원가배분

1. 의 의

제품은 보조부문을 직접 통과하지 않으므로 보조부문은 제조활동에 직접 기여하지는 않는다. 그러나 보조부문의 모든 활동은 궁극적으로 제조부문의 생산활동을 보조하기 위한 것이므로, 보조부문에서 발생하는 모든 지출은 제품의 제조원가를 구성하는 것으로 보아야 한다. 따라서 보조부문원가의 제조부문배분은 제조부문을 통해 보조부문원가를 제품에 배부하기 위한 즉, 제조원가로 취급하기 위한 사전작업에 해당한다.

구 분	내 용
제조부문	제품 제조활동에 직접 참여하는 부문
보조부문	제품 제조활동에 직접 참여하지 않고 다른 부문에 서비스를 제공하는 부문

2. 보조부문원가의 배분기준

보조부문원가를 제조부문에 배분할 때에는 보조부문이 제공한 용역을 정확하게 반영할 수 있는 배분기준을 선택하여야 하는바 다음 두 가지 요소를 고려하여 선택하여야 한다.

① 배분기준은 보조부문원가의 발생원인과 상당한 인과관계가 존재해야 한다.
② 배분기준은 적용하기 쉬워야 한다.

일반적으로 많이 사용되는 보조부문원가의 배분기준은 다음과 같다.

보조부문의 예	배분기준의 예
건물관리부문	점유면적
공장인사관리부문	종업원수
전력부문	전력사용량
수선부문	작업시간, 수선회수
검사부문	검사수량, 검사시간
식당부문	종업원수

3. 보조부문원가의 배분절차

제조활동과 관련된 모든 제조원가는 최종원가대상(제품)에 배부하여야 한다. 직접비(직접재료비와 직접노무비)의 경우 개별제품에 추적할 수 있으므로 배분절차가 필요 없으나 제조간접비의 경우에는 직접 추적할 수 없으므로 다음과 같은 원가배분절차가 필요하게 된다.

① 보조부문과 제조부문 등 부문별로 제조간접비를 집계한다.

② 보조부문에 집계된 원가를 제조부문에 배분한다.
③ 제조부문 자체의 제조간접비와 보조부문에서 배분된 원가를 합하여 개별제품에 배부한다.

보조부문원가의 배분

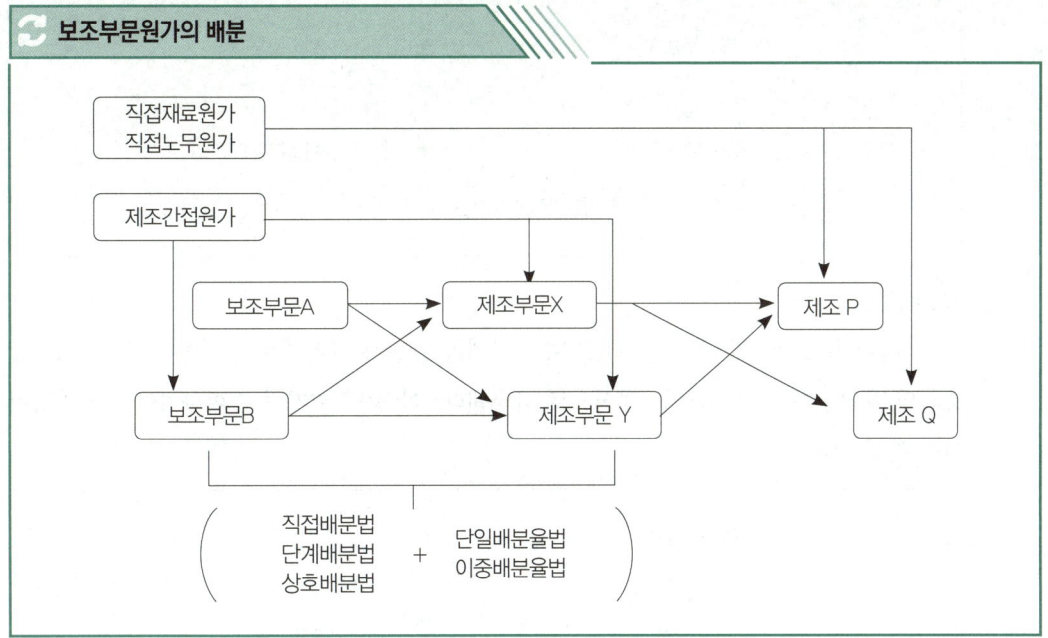

4. 보조부문원가의 제조부문에 배분방법

1) 보조부문 상호간 용역수수관계의 인식정도에 따른 배분방법

① 직접배분법

직접배분법이란 보조부문 상호간의 용역수수관계를 완전히 무시하고 보조부문원가를 제조부문에 직접 배분하는 방법이다. 따라서 보조부문원가는 다른 보조부문에 전혀 배분하지 않는다. 이 방법은 가장 간편하지만 부정확한 결과가 도출된다.

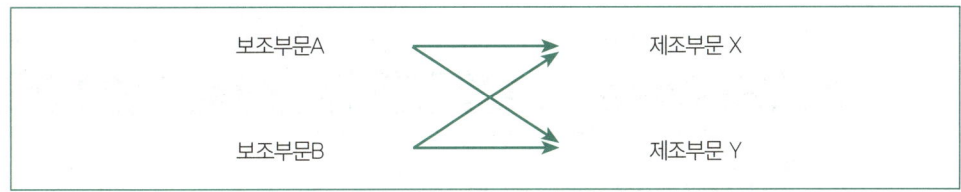

② 단계배분법

단계배분법은 보조부문 상호간의 용역수수관계를 일부만 고려하는 방법으로서 보조부문간에 배분순서를 정하여 그 순서에 따라 원가를 배분하는데 배분이 끝난 보조부분에는 더 이상 원가를 배분하지 않는다.

단계배분법의 특징은 ① 보조부문의 우선순위를 정하여야 하고 ② 직접배분법과 상호배분법의 절충적인 방법이다.

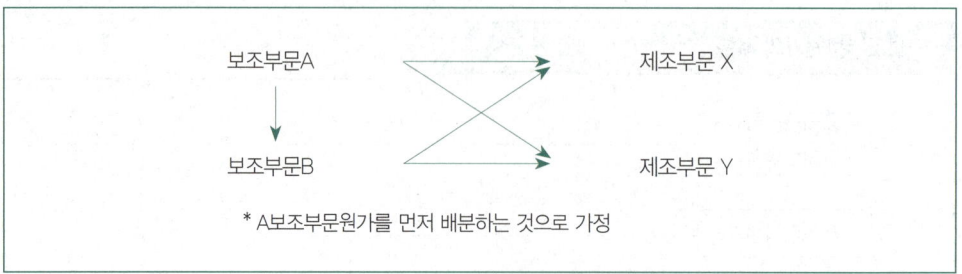

③ 상호배분법

상호배분법은 보조부문 상호간의 용역수수관계를 완전히 고려하는 방법이다. 보조부문 상호간의 용역수수관계는 연립방정식으로 나타낸다. 이 방법은 가장 정확하지만 계산과정이 다소 복잡하다.

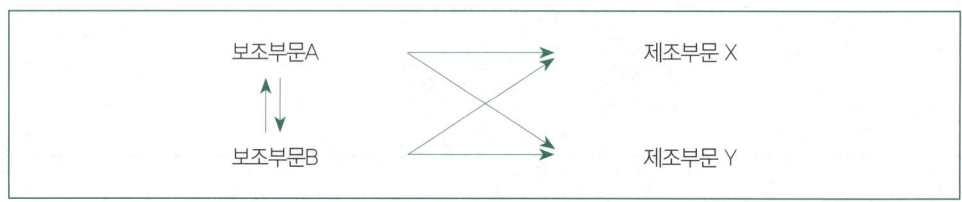

필수예제

(주)사방은 두 개의 제조부문과 두 개의 보조부문으로 구성되어 있다.
각 부문에서 발생한 원가 및 부문간 용역제공관계는 다음과 같다.

사용부문 공급부문	보조부문		제조부문		합계
	동력부	수선부	성형부	완성부	
동력부	–	25%	35%	40%	100%
수선부	20%	–	50%	30%	100%
발생원가	60,000	80,000	160,000	100,000	400,000

물음

다음 각 방법에 따라 보조부문원가를 각 제조부문에 배분하라.
1. 직접배분법
2. 단계배분법(단, 동력부문원가를 먼저 배분한다)
3. 상호배분법

해답

1. 직접배분법
직접배분법은 보조부문 상호간의 용역수수를 완전히 무시하는 방법이다

	보조부문		제조부문		합계
	동력부	수선부	성형부	완성부	
배분전 부문원가	60,000	80,000	160,000	100,000	400,000
보조부문 원가배분:					
동력부	(60,000)	–	28,000 *	32,000	
수선부	–	(80,000)	50,000	30,000 **	
배분후 부문원가	0	0	238,000	162,000	400,000

$$* \ 60,000 \times \frac{0.35}{0.35+0.4} = 28,000$$

$$** \ 80,000 \times \frac{0.3}{0.5+0.3} = 30,000$$

2. 단계배분법
단계배분법은 보조부문간의 배분순서를 결정하고 이 순서에 따라 순차적으로 배분하는 방법이다.

	보조부문		제조부문		합계
	동력부	수선부	성형부	완성부	
배분전 부문원가	60,000	80,000	160,000	100,000	400,000
보조부문 원가배분:					
동력부	(60,000)	15,000	21,000	24,000	
수선부	–	(95,000)	59,375 *	35,625	
배분후 부문원가	0	0	240,375	159,625	400,000

$$* \ (80,000+15,000) \times \frac{0.5}{0.5+0.3} = 59,375$$

3. 상호배분법
상호배분법은 보조부문 상호간의 용역수수관계를 완전히 고려하는 방법으로서 연립방정식으로 나타낸다.

(1) 연립방정식

	보조부문		제조부문		합계
	동력부(A)	수선부(B)	성형부	완성부	
배분전 부문원가	60,000	80,000	160,000	100,000	400,000
보조부문 원가배분:					
동력부	(A)	0.25A	0.35A	0.4A	
수선부	0.2B	(B)	0.5B	0.3B	
	×××	×××	×××	×××	400,000

> 동력부문(A)은 수선부문에서 20%의 용역을 받아 동력용역 A을 수선·성형·완성부문에 25:35:40의 비율로 제공한다.
> 수선부문(B)은 동력부문에서 25%의 용역을 받아 수선용역 B을 동력·성형·완성부문에 20:50:30의 비율로 제공한다.

동력부문과 수선부문의 총원가(=배분전원가+다른 보조부문으로부터 배분받은 원가)를 각각 A, B라고 하면 보조부문 상호간에 다음의 연립방정식이 성립한다.

A=60,000+0.2B ①
B=80,000+0.25A ②
②를 ①에 대입하면
A=60,000+0.2×(80,000+0.25A)
0.95A=76,000
따라서, A=80,000, B=100,000

(2) 보조부문원가의 배분

	보조부문		제조부문		합계
	동력부	수선부	성형부	완성부	
배분전 부문원가	60,000	80,000	160,000	100,000	400,000
보조부문 원가배분:					
동력부	(80,000)	20,000	28,000	32,000	
수선부	20,000	(100,000)	50,000	30,000	
배분후 부문원가	0	0	238,000	162,000	400,000

2) 보조부문원가를 원가행태에 의한 구분여부에 따른 배분방법

① 단일배분율법

단일배분율법은 보조부문원가를 변동비와 고정비로 구분하지 않고 모든 보조부문의 원가를 하나의 배분기준을 사용하여 배분하는 방법을 말한다. 따라서, 이 방법은 이중배분율법에 비해 간편하지만 그만큼 정확한 배분이 곤란하게 된다

② 이중배분율법

이중배분율법은 보조부문원가를 변동비와 고정비로 구분하여 각각 별개의 배분기준을 사용하여 배분하는 방법이다.
- 변동원가 : 실제 용역제공량을 기준으로 배분
- 고정원가 : 최대 용역제공가능량을 기준으로 배분

04..제조간접비의 배부

1. 제조간접비 배부의 의의

원재료가 투입되어 하나의 제품이 되기 위해서는 여러 가지 제조과정을 거치게 되며, 이 때 생산기능별로 구분된 제조단위를 제조부문이라고 한다. 제조부문에서 발생하는 원가 중 생산되는 제품과 직접적인 관련성을 갖는 직접원가인 재료비나 노무비는 원가를 배부하는 문제가 발생하지 않는

다. 그러나 감가상각비, 재산세, 감독자의 급여 등과 같은 제조간접비는 제품과의 직접적인 관련성을 찾기가 어렵기 때문에 제품원가로 부과하기 위한 배부절차가 필요하게 된다.

2. 제조간접비 배부율의 종류

1) 공장전체 제조간접비 배부율

제조간접비를 (제조)부문별로 집계하지 않는 경우를 말하는데 이 경우에는 보조부문에서 발생한 원가를 제조부문에 배분할 필요가 없다. 왜냐하면, 보조부문원가를 제조부문에 어떻게 배분하든지 최종적으로는 제조부문에 집계된 원가를 제조부문별로 구분하지 않고 총액으로 합계하여 하나의 배부율에 의해 개별제품에 배부하기 때문이다.

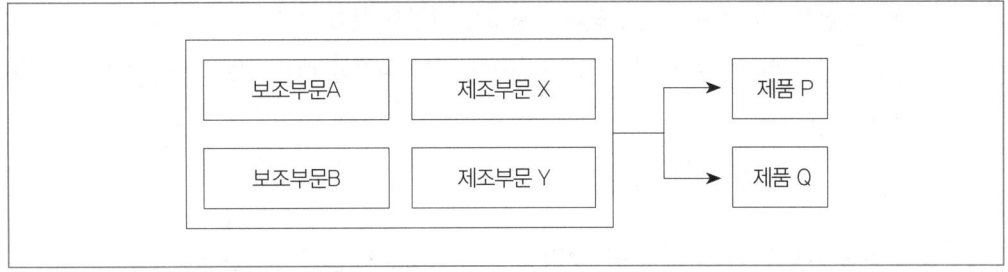

2) 부문별 제조간접비 배부율

부문별 제조간접비배부율을 적용하여 제조간접비를 개별제품에 배부하는 경우에는 먼저 보조부문에서 발생한 원가를 제조부문에 배분하고, 제조부문에 집계된 원가는 부문별배부율에 의해 개별제품에 배부하게 된다. 따라서 이 장에서는 제조간접비를 부문별로 집계하는 경우를 전제로 한다.

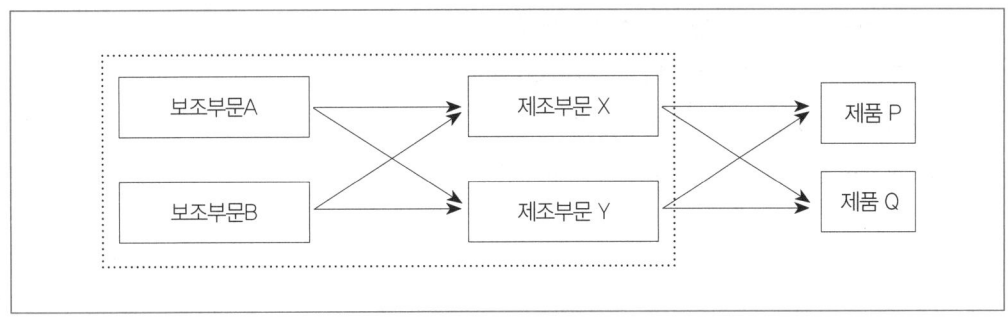

연습문제

01 다음 중 원가배분에 대한 설명으로 올바르지 않은 것은?
① 상대적판매가치법 또는 순실현가치법은 매출액과 원가의 발생간에 밀접한 인과관계가 없는 경우에만 사용할 수 있다.
② 원가대상이 공통원가로부터 제공받은 경제적 효익의 정도에 비례하여 원가를 배분하는 기준을 수혜기준이라고 한다.
③ 원가배분은 기본적으로 공정성과 공평성을 가져야 한다.
④ 원가대상이 원가를 부담할 수 있는 능력에 따라 원가를 배분하는 기준을 부담능력기준이라고 한다.

02 다음 중 부문공통원가를 배부하는 기준과 가장 올바르지 않게 연결한 것은?
① 건물감가상각비 : 건물점유면적   ② 기계감가상각비 : 기계가동시간
③ 전력요금 : 전력사용량   ④ 수선유지비 : 종업원 수

03 합리적인 제품원가계산을 위해 보조부문원가를 제조부문원가에 배부하고자 한다. 다음 중 기계장치의 감가상각비를 배부하는 기준으로 가장 적당한 것은?
① 제조부문과 보조부문간의 전력사용량 비율
② 제조부문과 보조부문간의 종업원수 비율
③ 제조부문과 보조부문간의 건물면적 비율
④ 제조부문과 보조부문간의 기계사용시간 비율

04 다음 제조간접원가의 배부에 관한 설명 중 틀린 것은?
① 고정제조간접원가는 원칙적으로 생산설비의 정상조업도에 기초하여 제품에 배부한다.
② 변동제조간접원가는 생산설비의 실제 사용에 기초하여 각 생산단위에 배부한다.
③ 정상조업도란 정상적인 유지 및 보수 활동에 따른 조업중단을 감안한 상황 하에서 평균적으로 달성할 수 있을 것으로 기대되는 생산 수준을 말한다.

④ 실제조업도가 정상조업도보다 높은 경우에는 정상조업도에 기초하여 고정제조간접원가를 배부한다.

05 다음 중 보조부문 상호간의 용역수수를 고려하여 배분하는 방법만 모두 고른 것은?

> A. 상호배부법   B. 단계배부법   C. 직접배부법

① A, C   ② B, C   ③ A, B   ④ A, B, C

06 다음은 보조부문원가의 배부에 관한 설명이다. 틀린 것은?
① 보조부문원가를 어떻게 배부하더라도 회사의 총이익은 변동이 없다.
② 보조부문원가의 배부시에는 수혜기준을 최우선적으로 고려하여야 한다.
③ 보조부문원가의 제조부문에 대한 배분방법에는 직접배분법, 단계배분법, 상호배분법 등이 있다.
④ 상호배분법은 보조부문의 수가 여러 개일 경우 시간과 비용이 많이 소요되고 계산하기가 어렵다는 단점이 있다.

07 원가배부에 대한 내용으로 옳지 않은 것은?
① 직접배부법은 모든 보조부문비를 제조부문에 제공하는 용역비율에 따라 제조부문에 직접 배부하는 방법이다.
② 단계배부법은 보조부문들 간에 일정한 배부순서에 따라 보조부문비를 단계적으로 다른 보조부문과 제조부문에 배부하는 방법이다.
③ 상호배부법은 보조부문 상호간의 용역 수수 관계를 완전히 고려하는 방법이다.
④ 보조부문비를 가장 정확하게 배부하는 방법은 단계배부법이다.

08 ㈜한라는 직접배부법으로 보조부문의 제조간접비를 제조부문에 배부하고자 한다. 보조부문의 제조간접비를 배분한 후 절단부문의 총원가는 얼마인가?

구분	보조부문		제조부문	
	설비부문	동력부문	조립부문	절단부문
설비부문 공급(시간)	–	500	400	600
동력부문 공급(Kw)	1,100	–	300	200
배 분 전 원 가	300,000원	250,000원	750,000원	900,000원

① 151,250원   ② 280,000원   ③ 1,051,250원   ④ 1,180,000원

09 (주)세무는 직접배부법을 이용하여 보조부문 제조간접비를 제조부문에 배부하고자한다. 보조부문 제조간접비를 배분한 후 조립부문의 총원가는 얼마인가?

구분	보 조 부 문		제 조 부 문	
	전력부문	수선부문	조립부문	절단부문
전력부문 공급(kw)		40kw	80kw	80kw
수선부문 공급(시간)	100시간		300시간	200시간
자기부문원가(원)	100,000원	200,000원	500,000원	420,000원

① 670,000원   ② 644,000원   ③ 692,000원   ④ 700,000원

10 ㈜정원은 각각 두 개의 제조부문 A1, A2와 보조부문 Z1, Z2를 운영하고 있다. 보조부문의 제조부문에 대한 용역제공 비율은 다음과 같다. Z1의 원가는 830,000원, Z2의 원가는 680,000원일 때 단계배부법에 따른 Z2의 배분 대상 원가는 얼마인가? 단, Z1의 원가를 먼저 배부하는 것으로 가정한다.

제공부문 \ 사용부문	제조부문		보조부문	
	A1	A2	Z1	Z2
Z1	50%	40%	0%	10%
Z2	30%	20%	50%	0%

① 228,900원   ② 381,500원   ③ 763,000원   ④ 898,000원

04 개별원가계산

01. 개별원가계산의 의의

　개별원가계산은 제품원가를 개별작업별로 구분하여 집계하는 원가계산제도로서, 주로 조선업·건설업·특수기계공업 등과 같이 고객의 주문에 따라 개별적으로 제품을 생산하는 주문생산형태의 기업에 적용된다.

　따라서 기업이 생산하는 제품은 주문에 따라 각각 수량, 규격, 품목 등이 다르므로 원가를 개별작업별로 구분하여 집계해야지만 정확한 제품원가를 구할 수 있다.

02. 개별원가계산의 절차

구 분	내 용
1단계	원가대상이 되는 개별 작업을 파악한다.
2단계	개별 작업에 대한 직접재료비와 직접노무비를 작업별로 부과한다.
3단계	개별 작업에 직접부과 할 수 없는 제조간접비를 집계한다.
4단계	제조간접비를 배부하기 위한 배부기준을 설정한다.
5단계	설정된 배부기준에 따라 제조간접비를 개별 작업에 배부한다.

03. 제조간접비 배부기준 및 배부방법

1. 배부기준

제조간접비는 특정작업에 사용된 것이 분명하지 않은 공통비용이기 때문에 기말에 제조간접비를 집계하여 합리적인 기준에 따라 배부되어야 한다. 여기서 사용되는 배부기준은 원가법과 시간법이 있다.

구 분		내 용
원가법	직접재료비법	직접재료비 발생액을 기준으로 배부하는 방법
	직접노무비법	직접노무비 발생액을 기준으로 배부하는 방법
	직접원가법	직접재료비와 직접노무비 합계액을 기준으로 배부하는 방법
시간법	직접작업시간법	개별 작업별로 소비된 직접작업시간을 기준으로 배부하는 방법
	기계작업시간법	개별 작업별로 소비된 기계작업시간을 기준으로 배부하는 방법

2. 배부방법

제조간접비를 각 작업별로 배부하기 위해서는 제조간접비 배부율을 계산한 후 계산된 배부율을 사용하여 각 작업별로 제조간접비를 배부하면 된 다.

1) 배부율 계산

제조간접비 배부율은 실제발생한 총제조간접비를 합리적 기준에 의하여 선택된 배부기준으로 나누어 계산한다.

> 제조간접비 배부율 = 제조간접비총액 / 배부기준 합계

2) 각 작업별 제조간접비 배부액 계산

각 작업별 제조간접비 배부액은 실제 발생한 배분기준에 제조간접비 배부율을 곱하여 계산한다.

> 각 작업별 배부액 = 각 작업별 배부기준 × 제조간접비 배부율

필수예제

(주)훈녀의 공장에는 두 개의 제조부문 X와 Y가 있다. 회사는 5월중 작업 #101, #102, #103을 착수하여 완성하였다. 각 작업과 관련하여 5월중에 발생한 제조원가 및 기타자료는 다음과 같다.

구분	#101	#102	#103	합계
직접재료원가	150,000	150,000	200,000	500,000
직접노무원가	250,000	150,000	400,000	800,000

구분	#101	#102	#103	합계
직접노동시간				
X부문	100시간	100시간	300시간	500시간
기계시간				
Y부문	600	300	100	1,000

5월 중에 발생한 제조부문 X와 Y의 원가 및 기타자료는 다음과 같다.

구분	제조부문X	제조부문Y	합계
제조간접원가	300,000	400,000	700,000
직접노동시간	500시간	100시간	600시간
기계시간	600시간	1,000시간	1,600시간

물음

1. 공장전체 제조간접원가 배부율을 사용할 경우 제조간접원가 배부율과 작업별제조원가를 구하라.(단, 직접노무원가를 배부기준으로 한다.)
2. 부문별 제조간접원가 배부율을 사용할 경우 부문별 제조간접원가 배부율과 작업별제조원가를 구하라.(단, X 부문은 직접노동시간을, Y부문은 기계시간을 배부기준으로 한다.)

해답

1. 공장전체 제조간접원가 배부율
 (1) 공장전체 제조간접원가 배부율

$$\frac{\text{공장전체 제조간접원가}}{\text{공장전체 배부기준(직접노무원가)}} = \frac{700,000}{800,000} = 0.875/\text{직접노무원가}$$

 (2) 작업별제조원가

구분	#101	#102	#103	합계
직접재료원가	150,000	150,000	200,000	500,000
직접노무원가	250,000	150,000	400,000	800,000
제조간접원가*	218,750	131,250	350,000	700,000
합계	618,750	431,250	950,000	2,000,000

* 작업별 직접노무원가×0.875

2. 부문별 제조간접원가 배부율
(1) 부문별 제조간접원가 배부율

X부문 : $\dfrac{\text{X부문 제조간접원가}}{\text{X부문 직접노동시간}} = \dfrac{300,000}{500\text{시간}} =$ 600/X부문 직접노동시간

Y부문 : $\dfrac{\text{Y부문 제조간접원가}}{\text{Y부문 기계시간}} = \dfrac{400,000}{1,000\text{시간}} =$ 400/Y부문 기계시간

(2) 작업별제조원가

구 분	#101	#102	#103	합 계
직접재료원가	150,000	150,000	200,000	500,000
직접노무원가	250,000	150,000	400,000	800,000
제조간접원가				
X부문*	60,000	60,000	180,000	300,000
Y부문**	240,000	120,000	40,000	400,000
합 계	700,000	480,000	820,000	2,000,000

* 작업별 X부문 직접노동시간×@₩600
** 작업별 Y부문 기계시간×@₩400

04..정상(예정)원가계산

1. 정상원가계산의 의의 및 계산

　실제원가계산은 원가계산이 지연되고 제품원가가 기간별로 변동되기 때문에 이를 보완하기 위한 원가계산방법이 정상(예정)원가계산방법이다. 정상원가계산은 제조간접비를 예정배부함으로써 적시성 있는 제품원가정보를 제공하고 기간별로 동일한 제품원가를 계산할 수 있는 장점이 있다.

구 분	내 용
의 의	정상개별원가계산은 직접재료원가와 직접노무원가는 실제발생액으로 집계하고, 제조간접원가는 예정배부율을 사용하여 원가를 계산하는 방법이다.
예정배부	제조간접비 예정배부율 = 제조간접비 예산 / 예정배부기준 제조간접비 예정배부액 = 실제배부기준×제조간접비예정배부율
절 차	① 직접재료비와 직접노무비는 실제원가로 집계하여 각 작업별로 부과한다. ② 제조간접비는 실제배부기준에 예정배부율을 곱한 금액을 배부한다. ③ 재무제표에는 실제원가로 보고하여야 하기 때문에 예정배부된 제조간접비와 실제제조간접비와의 차이를 조정한다. ④ 조정방법은 원가법(매출원가조정법, 총원가비례법, 원가요소별비례법)과 영업외손익법이 있다.

> **필수예제**
>
> (주)노가리는 정상원가계산제도를 채택하고 있으며, 제조간접원가는 직접노동시간을 기준으로 배부한다. 20×7년말에 추정한 20×8년의 제조간접원가 예산은 720,000이며, 예상직접노동시간은 600,000시간이다.
>
> **물음**
>
> 1. 20×8년의 제조간접원가 예정배부율은 얼마인가?
> 2. 20×8년 7월중 생산된 제품#101이 소비한 실제직접노동시간이 500시간이라면 이 제품에 배부될 제조간접원가는 얼마인가?
> 3. 20×8년 한해 동안의 실제직접노동시간이 550,000시간이라면 연간 제조간접원가 예정배부액은 얼마인가
>
> **해답**
>
> 1. 제조간접원가 예정배부율
>
> $$\text{제조간접원가 예정배부율} = \frac{\text{제조간접원가 예산}}{\text{예정배부기준}} = \frac{720{,}000}{600{,}000\text{시간}}$$
>
> = 1.2/직접노동시간
>
> 2. #101 배부액
> 제조간접원가 배부액 = 실제직접노동시간 × 예정배부율 = 500시간 × 1.2 = 600
>
> 3. 예정배부액
> 제조간접원가 배부액 = 실제배부기준(실제직접노동시간) × 예정배부율 = 550,000시간 × 1.2 = 660,000

2. 제조간접원가 배부차이의 조정

제조간접원가 예정배부율을 사용하면 제품원가계산이 신속해지고 제품단위원가가 평준화되는 장점이 있다. 그러나 기업회계기준에서는 예정배부에 의한 재고자산평가를 인정하지 않고 있으므로 외부공표용 재무제표를 작성하기 위해서는 제조간접원가 예정배부율에 의해 기록된 재고자산과 매출원가를 실제원가로 전환해야 한다.

실제원가로 전환하기 위해서는 결국 제조간접원가 예정배부액과 실제발생액의 차이를 조정해야 하는바 이 차이를 제조간접원가 예정배부차이 또는 배부차이라고 한다.

(1) 배부차이의 유형

제조간접원가 예정배부차이는 다음 두가지 상황으로 구분된다.

① 부족배부(과소배부)

실제제조간접원가 발생액이 제조간접원가 예정배부액을 초과하는 경우로서 불리한 차이라고도 한다.

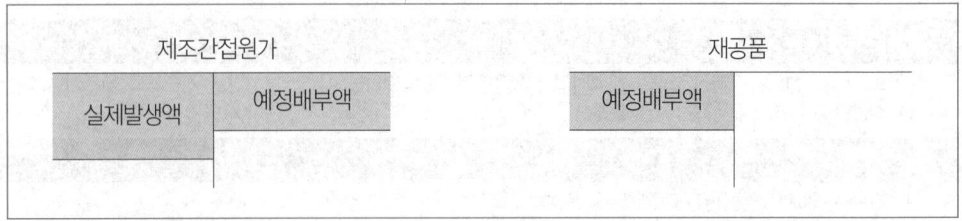

② 초과배부(과대배부)

실제제조간접원가 발생액이 제조간접원가 예정배부액에 미달하는 경우로서 유리한 차이라고도 한다.

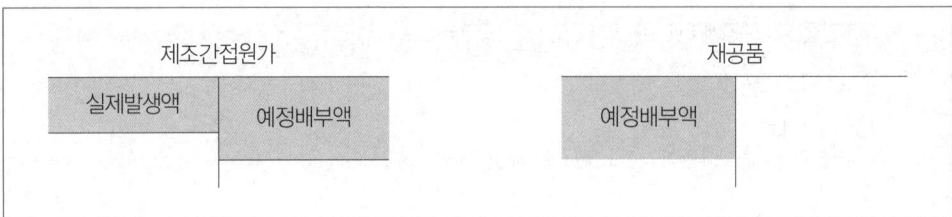

③ 차이의 방향과 효과

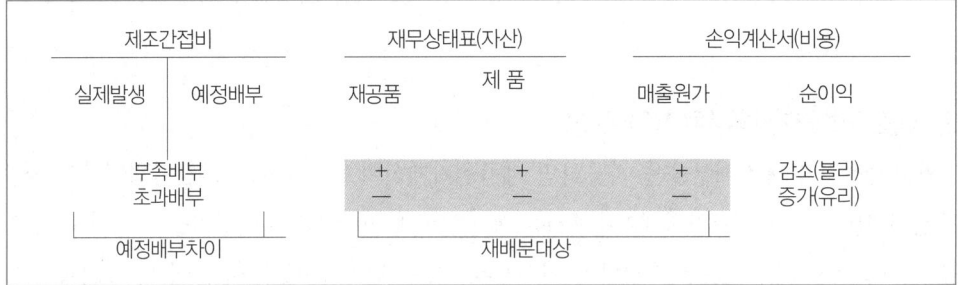

부족배부는 각 계정에 가산하고, 초과배부는 각 계정에서 차감한다.

(2) 배부차이의 조정방법

① 무배분법

배부차이 전액을 매출원가 또는 영업외손익 등에서 한번에 조정하는 방법이다.

- 매출원가조정법

  제조간접원가 배부차이를 매출원가에서 가감하는 방법으로서, 주로 배부차이가 중요하지 않을 정도로 작거나 기말재고자산이 매출원가에 비하여 매우 작을 경우 비례배분법보다 간편하게 사용할 수 있기 때문에 많이 사용된다.

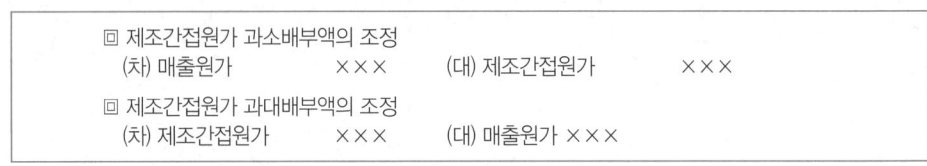

- 영업외손익법

    제조간접원가 배부차이를 영업외손익으로 처리하는 방법으로서 배부차이가 일상적인 영업활동과 관계없이 비정상적인 사건에 의하여 발생한 경우에 사용된다.

    ```
    ▣ 제조간접원가 과소배부액의 조정
       (차) 영업외비용        ×××    (대) 제조간접원가    ×××
    ▣ 제조간접원가 과대배부액의 조정
       (차) 제조간접원가      ×××    (대) 영업외수익      ×××
    ```

② **비례배분법**

제조간접원가 배부차이를 제조간접원가가 포함되는 재고자산(재공품과 제품)과 매출원가에 안분하여 배분하는 방법으로써 예정배부율로 반영되어 있는 재고자산과 매출원가계정 잔액을 실제배부율에 의한 잔액으로 환원시키는 것이다.

```
▣ 제조간접원가 과소배부액의 조정
   (차) 재 공 품          ×××    (대) 제조간접원가    ×××
        제   품          ×××         매출원가        ×××
▣ 제조간접원가 과대배부액의 조정
   (차) 제조간접원가      ×××    (대) 재 공 품        ×××
                                     제   품        ×××
                                     매출원가        ×××
```

여기에는 다음의 두 가지 방법이 있다.

- 총원가비례배분법

    제조간접원가 배부차이를 재공품·제품의 기말잔액과 매출원가 계정의 총원가를 기준으로 배분하는 방법이다. 즉, 각 계정에 포함되어 있는 직접재료원가·직접노무원가·제조간접원가를 구분하지 않고 총원가금액을 배분기준으로 사용하는 것이다.

    총원가비례배분법은 배분비율 산정이 간편하지만 각 계정에 포함되어 있는 원가요소의 비율이 상이할 경우 원가요소별비례배분법보다 부정확한 결과가 나올 수 있다.

- 원가요소별 비례배분법

    제조간접원가 배부차이를 재공품·제품의 기말잔액과 매출원가 계정에 포함되어 있는 제조간접원가의 상대적인 비율에 따라 배분하는 방법이다.

05. 개별원가계산과 종합원가계산의 비교

구 분	개별원가계산	종합원가계산
생 산 형 태	다품종 소량생산하는 주문생산형태 (조선, 건설, 특수기계 등)	동종제품을 대량생산하는 연속생산형태 (제지, 철강, 정유, 자동차 등)
원 가 계 산 방 법	• 주문을 받은 개별제품별로 작성된 작업원가표에 집계 • 제품단위당 원가는 작업원가표에 집계된 제조원가를 작업한 수량으로 나누어계산 • 작업이 완성된 것은 제품계정으로 대체되고, 미완성된 작업은 재공품이됨	• 발생한 원가는 공정별·부문별 재공품 계정에 집계됨 • 일정기간에 발생한 총원가를 총생산량으로 나누어 단위당 평균제조원가를계산 • 제품은 완성수량에, 재공품은 기말재공품의 완성품환산량에 단위당 평균제조원가를 곱하여계산
핵 심 과 제	제조간접원가의 배부	완성품환산량의 계산
기말재공품의 평가	미완성작업지시서에 집계된 모든 원가	기말재공품환산량 × 환산량단위당원가
장 점	정확한 제품원가계산이 가능	• 원가계산이 간편하고 경제적(제조간접원가의 배분문제가없음) • 원가관리 및 통제가 제품별이 아닌 공정이나 부문별로 수행되므로 원가에 대한 책임중심점이명확해짐
원 가 보 고 서 의 작 성	각 작업지시서별로 작성	각 공정별로 작성

연습문제

01 다음 중 개별원가계산을 적용하기에 가장 적절하지 않는 것은?
① 전투식량의 제조원가
② 탱크의 제조원가
③ 전투기의 제조원가
④ 항공모함의 제조원가

02 개별원가계산은 개별제품 또는 작업별로 원가를 집계하여 제품원가를 계산하는 방법을 말한다. 다음 중 개별원가계산과 관련된 설명으로 가장 틀린 것은?
① 일반적으로 제품 생산 단위당 원가가 낮다.
② 다품종 소량생산방식이나 주문제작하는 경우에 적합하다.
③ 개별제품별로 원가를 계산하기 때문에 개별제품별 원가계산과 손익분석이 용이하다.
④ 다른 원가계산에 비해 상대적으로 정확한 원가계산이 가능하다.

03 다음은 개별원가계산에 관한 설명이다. 가장 옳지 않은 것은?
① 작업원가표를 근거로 하여 원가계산을 한다.
② 주문생산형태에 가장 적합한 원가계산방법이다.
③ 직접비와 제조간접비의 구분이 중요하다.
④ 공정별로 제품원가를 집계한 다음, 당 공정의 생산량으로 나누어 단위당 원가를 계산한다.

04 다음 중 개별원가계산의 장점이 아닌 것은?
① 종합원가계산에 비해 상대적으로 정확한 원가계산이 가능하다.
② 원가집계에 따른 비용과 시간이 적게 소요된다.
③ 개별제품별 원가계산과 손익분석이 용이하다.
④ 작업원가표를 원가통제 및 성과평가, 의사결정 등에 유용하게 사용할 수 있다.

05 다음 중 개별원가계산에 대한 설명으로 틀린 것은?

① 제품을 비반복적으로 생산하는 업종에 적합한 원가계산제도이다.

② 조선업, 건설업 등 주문생산에 유리하다.

③ 공장전체 제조간접비 배분율을 적용하는 것이 제조부문별 제조간접비 배분율을 적용하는 것보다 더 정확한 원가배분방법이다.

④ 제조간접비는 일정한 배분기준에 따라 배부하게 된다.

06 다음 중 개별원가계산과 종합원가계산에 대한 설명으로 틀린 것은?

① 개별원가계산은 제품을 비반복적으로 생산하는 업종에 적합하다.

② 종합원가계산은 직접비와 간접비의 구분이 중요하다.

③ 개별원가계산은 조선업, 건설업 등의 업종에 적합하다.

④ 종합원가계산이란 단일 종류의 제품을 연속적으로 대량 생산하는 경우 적합하다.

07 다음의 자료는 ㈜하나의 제품인 비행기 제조와 관련하여 발생한 원가 자료이다. ㈜하나의 실제 당기 제조간접비는 1,200,000원이며, 회사는 직접재료비를 기준으로 제조간접비를 배부하고 있다. 비행기A의 당기총제조원가는 얼마인가?

구분	비행기A	비행기B	합계
직접재료비	600,000원	900,000원	1,500,000원
직접노무비	400,000원	600,000원	1,000,000원

① 1,480,000원　② 1,500,000원　③ 2,500,000원　④ 2,220,000원

08 ㈜한국은 제조간접비를 직접노무시간을 기준으로 배부하고 있으며, 제조간접비 배부차이는 400,000원(과대)이다. 당기의 실제 직접노무시간은 35,000시간이고, 당기 말 현재 실제 제조간접비 발생액은 1,000,000원이다. 직접노무시간당 제조간접비 예정배부율은 얼마인가?

① 30원　② 35원　③ 40원　④ 60원

09 다음 중 제조간접비에 대한 설명으로 옳지 않은 것은?

① 두 종류 이상의 제품을 제조하기 위하여 공통적으로 발생하는 원가이다.

② 일정한 배부기준에 따라 배부한다.

③ 배부방법에는 실제배부법과 예정배부법이 있다.

④ 예정배부법은 실제배부법에 비해 원가계산 시점이 지연된다.

10 제조간접비가 과소배부 되었다면, 다음 설명 중 옳은 것은?

① 실제제조간접비는 예정제조간접비보다 적다.

② 재공품에 배부된 제조간접비는 실제제조간접비 발생액보다 적다.

③ 예정배부율이 너무 높게 설정되었기 때문이다.

④ 제조간접비 통제계정이 기말에 대변잔액이 발생하였다.

11 제조간접비 배부시 실제배부와 달리 배부기준을 사전에 예측하여 예산자료에 근거한 예정배부율을 이용하여 제조간접비를 배부하기도 하는데 이런 예정배부의 장점으로 올바르지 않은 것은?

① 제조과정이 완료됨과 동시에 생산에 사용된 배부기준을 파악하여 제품원가계산이 가능하기 때문에 신속한 원가계산이 가능하다.

② 제품에 배부되는 제조간접비가 기간별로 동일하여 계절적 차이등으로 인한 제품원가의 변동성을 제거할 수 있다.

③ 배부차이에 관한 원인분석을 통하여 의사결정 및 통제활동에 활용할 수 있다.

④ 예산자료에 의해 예정배부하기 때문에 예정조업도에 의하여 예정배부액을 계산한다.

12 (주)청윤의 실제 제조간접비 발생액은 1,000,000원이고 실제 직접노무시간은 200시간이다. 제조간접비 예정배부율이 직접노무시간당 5,500원(추정 직접노무시간은 210시간)인 경우 제조간접비 배부차이는 얼마인가?

① 100,000원(과대배부)   ② 100,000원(과소배부)

③ 155,000원(과대배부)   ④ 155,000원(과소배부)

13 (주)태양은 정상개별원가계산제도를 적용하고 있다. 직접노동시간을 기준으로 제조간접비를 예정배부한다. 제조간접비의 배부차이가 30,000원 과소배부인 경우 실제발생제조간접원가는 얼마인가?

	실 제	예 정
총직접노동시간	20,000시간	30,000시간
총제조간접원가	( )	600,000원

① 370,000원　　② 430,000원　　③ 440,000원　　④ 450,000원

14 (주)청윤은 제조간접비를 기계사용시간으로 배부하고 있다. 당해 연도초의 제조간접비 예상액은 1,500,000원이고 예상 기계사용시간은 30,000시간이다. 당기말 현재 실제 제조간접비 발생액이 1,650,000원이다. 실제 기계사용시간이 36,900시간일 경우 당기의 제조간접비 과소(과대)배부액은 얼마인가?

① 345,000원(과소배부)　　② 345,000원(과대배부)
③ 195,000원(과소배부)　　④ 195,000원(과대배부)

15 (주)한국은 제조간접비를 직접노무시간을 기준으로 배부하고 있다. 당해 제조간접비 배부차이는 200,000원이 과소배부 되었다. 당기말 현재 실제 제조간접비 발생액은 700,000원이고, 실제 직접노무시간이 20,000시간일 경우 예정배부율은 얼마인가?

① 45원/시간당　　② 25원/시간당　　③ 35원/시간당　　④ 30원/시간당

05 종합원가계산

01. 종합원가계산의 의의와 종류

1. 종합원가계산의 의의

종합원가계산은 제품원가를 제조공정별로 구분하여 집계하는 원가계산제도로서 연속공정을 통하여 규격화된 제품을 대량생산하는 형태에 적합한 방법이다.

2. 종합원가계산의 종류

구 분	내 용
단일종합원가계산	단일공정에서 제품을 생산하는데 적합한 원가계산방법
조별종합원가계산	이종제품을 연속적으로 대량생산하는데 적합한 원가계산방법
공정별종합원가계산	두 개 이상의 공정을 통하여 제품을 생산하는데 적합한 원가계산방법
등급별종합원가계산	동일원재료와 동일공정을 통하여 규격, 모양, 무게 등이 다른 동일제품을 생산하는데 적합한 원가계산방법
연산품종합원가계산	동일원재료를 사용하여 유사한 제품을 생산하는데 적합한 원가계산방법

02. 종합원가계산방법

종합원가계산방법에는 평균법과 선입선출법이 있다. 평균법은 기초재공품원가와 당기발생원가를 구분하지 않고 이를 가중평균하여 완성품과 기말재공품에 원가를 배분하는 방법이다. 선입선출법은 기초재공품이 먼저 완성된 것으로 가정하여 기초재공품원가는 모두 완성품에 포함 시키고 당기발생원가를 완성품과 기말재공품에 배분하는 방법이다.

1. 평균법에 의한 종합원가계산방법

구 분		내 용
1단계	물 량 파 악	① 기초재공품 ② 당기에 착수하여 당기에 완성된 제품 ③ 기말재공품의 물량을 파악한다.
2단계	완성품환산량	위의 ①, ②의 환산량은 파악된 물량과 동일하며, ③의 환산량은 파악된 물량에 완성도(공정진행률)를 곱하여 계산한다.
3단계	원가의 요약	원가요소별로 당기에 발생한 원가와 기초재공품의 원가를 합한 총원가를 계산한다.
4단계	환 산 량 단 위 당 원 가	환산량 단위당원가는 다음과 같이 계산한다. (기초재공품원가 + 당기투입원가) ÷ (완성품수량 + 기말재공품환산량)
5단계	원 가 배 분	① 완 성 품 원 가 = 완성품수량 × 환산량단위당원가 ② 기말재공품원가 = 기말재공품환산량 × 환산량단위당원가

⚓ 필수예제 (1)

A회사는 단일제품을 대량생산하고 있다. 원재료는 공정 초기에 모두 투입되며, 가공원가는 전공정에 걸쳐 균등하게 발생한다.
3월의 원가자료는 다음과 같다.

구분	수량	완성도	원 가	
			직접재료원가	가공원가
기초재공품	10,000개	60%	20,000	16,600
당기착수	40,000		120,000	133,000
기말재공품	12,000	50%		

⚓ 물음

평균법에 의해 완성품원가와 기말재공품의 원가를 계산하라.

⚓ 해답

〈3단계〉배분대상원가			합 계
기초재공품	20,000	16,600	36,600
당기투입원가	120,000	133,000	253,000
합 계	140,000	149,600	289,600
〈4단계〉환산량 단위당원가			
완성품환산량	÷ 50,000	÷ 44,000	
환산량 단위당원가	@₩2.8	@₩3.4	
〈5단계〉원가배분			
당기완성품	38,000×@₩2.8 +	38,000×@₩3.4 =	235,600
기말재공품	12,000×@₩2.8 +	6,000×@₩3.4 =	54,000
			289,600

위 결과를 재공품계정에 표시하면 다음과 같다.

재공품

기초재공품	36,600	완성품원가	235,600
직접재료원가	120,000		
가공원가	133,000	기말재공품	54,000
	289,600		289,600

2. 선입선출법에 의한 종합원가계산방법

구 분		내 용
1단계	물 량 파 악	① 기초재공품 ② 당기에 착수하여 당기에 완성된 제품 ③ 기말재공품의 물량을 파악한다.
2단계	완 성 품 환 산 량	위의 ①의 환산량은 기초물량에 (1-완성도)를 곱하여 계산하고 ②의 환산량은 파악된 물량과 동일하며, ③의 환산량은 파악된 물량에 완성도를 곱하여 계산한다.
3단계	원 가 의 요 약	당기에 발생한 원가요소별 총원가를 계산한다.
4단계	환 산 량 단 위 당 원 가	환산량 단위당원가는 다음과 같이 계산한다. 당기투입원가 ÷ (완성품수량 - 기초재공품환산량 + 기말재공품환산량)
5단계	원 가 배 분	① 완성품원가 = 기초재공품원가 + 완성품수량 × 환산량단위당원가 ② 기말재공품원가 = 기말재공품환산량 × 환산량단위당원가

필수예제 (2)

A회사는 단일제품을 대량생산하고 있다. 원재료는 공정 초기에 모두 투입되며, 가공원가는 전공정에 걸쳐 균등하게 발생한다.
3월의 원가자료는 다음과 같다.

구분	수량	완성도	원 가	
			직접재료원가	가공원가
기초재공품	10,000개	25%	50,000	10,000
당기착수	40,000		160,000	300,000
기말재공품	20,000	50%		

물음
선입선출법에 의해 완성품원가와 기말재공품의 원가를 계산하라.

해답

```
                                              〈2단계〉완성품환산량
                                           직접
            〈1단계〉물량흐름              재료원가        가공원가
  기초재공품   10,000  당기 완성   30,000        0          7,500  (1-25%)
              (25%)                         20,000 (100%)  20,000 (100%)
  당기착수    40,000  기말재공품  20,000 (50%) 20,000 (100%) 10,000 (50%)
              50,000              50,000     40,000        37,500

  〈3단계〉배분대상원가                                                    합 계
    기초재공품                                   —          —         60,000
    당기투입원가                              160,000     300,000     460,000
    합 계                                    160,000     300,000     520,000
  〈4단계〉환산량 단위당원가
    완성품환산량                            ÷ 40,000    ÷ 37,500
    환산량 단위당원가                         @₩4         @₩8
  〈5단계〉원가배분
    당기완성품             60,000 + 20,000×@₩4 + 27,500×@₩8 = 360,000
    기말재공품                      20,000×@₩4 + 10,000×@₩8 = 160,000
                                                              520,000
```

03. 평균법과 선입선출법의 비교

평균법과 선입선출법의 차이는 결국 기초재공품원가를 어떻게 처리하느냐에 달려 있다. 이런 차이로 인해 완성품환산량, 완성품환산량 단위당원가, 완성품과 기말재공품의 원가배분액이 달라지게 된다.

1. 완성품환산량의 차이

평균법에서는 기초재공품도 당기에 투입된 것으로 강조하기 때문에 기초재공품의 완성도를 고려하지 않는다. 반면, 선입선출법의 경우 기초재공품의 완성도를 고려한다. 따라서, 선입선출법에 의한 완성품환산량은 평균법에 의한 완성품환산량보다 항상 적거나 같게 된다.

2. 완성품환산량 단위당원가의 차이

평균법에서는 총원가를 총완성품환산량으로 나누어 완성품환산량 단위당원가를 구하지만, 선입선출법의 경우 기초재공품원가와 당기투입원가로 구분하여 당기발생원가를 당기완성품환산량으로 나누어 완성품환산량 단위당원가를 계산한다.

3. 원가배분과정의 차이

평균법은 전기에 투입한 기초재공품원가와 당기투입원가의 합계액을 완성품원가와 기말재공품원가에 배분한다. 그러나 선입선출법하에서는 당기투입원가의 경우 완성품원가와 기말재공품원가에 배분하지만 기초재공품원가는 배분절차없이 완성품원가를 구성하게 된다.

평균법은 기초재공품원가와 당기발생원가를 구별하지 않으므로 원가계산이 비교적 간편하지만 이들 원가가 가중평균되므로 전기와 당기의 성과가 혼합되어 원가통제나 성과측정면에서 유용한 정보를 제공하지 못한다. 이러한 관점에서 평균법보다 선입선출법이 더 우수한 방법이라 할 수 있겠다.

4. 공손품회계

공손품은 생산과정에서 일부가 파손되거나, 표준규격·품질에 미달되는 불합격품으로서, 원재료의 불량·작업자의 부주의·기계장치의 정비불량 등의 원인에 의하여 발생한다. 공손품은 가치가 없어 폐기처분되거나, 혹은 가치가 있어도 극히 작으므로 매우 낮은 가격으로 판매되거나 재작업을 하여 판매되기도 한다.

구분	내용
정상공손	제품을 생산하는데 불가피하게 발생하는 공손품을 말하며, 정상공손의 원가는 제품제조원가에 포함시켜야 한다.
비정상공손	비효율적인 생산관리로 인하여 발생하는 공손품을 말하며, 비정상공손원가는 발생기간의 비용(영업외비용)으로 처리하여야 한다.

연습문제

01 다음 중 종합원가계산에 가장 적합한 업종은 어느 것인가?
① 전투기 제조업　② 대형선박 제조업　③ 전화기 제조업　④ 상가 신축업

02 다음 중 종합원가계산이 가장 적합하지 않은 업종은?
① 건축용 자재인 시멘트를 대량생산하는 시멘트업
② 고객의 주문에 의하여 건물을 신축하는 건설업
③ 사무용품인 A4종이를 생산하는 제지업
④ 인스턴트 라면을 생산하는 식품업

03 다음은 종합원가계산에 대한 설명이다. 옳지 않은 것은?
① 원가계산을 하기 위해 완성품환산량의 개념이 필요하다.
② 공정별로 집계된 원가를 인위적인 기준으로 완성품과 기말재공품에 배분한다.
③ 제조직접비와 제조간접비로 구분하여 제조간접비의 배분을 핵심과제로 한다.
④ 종합원가계산이 적합한 업종의 예로 시멘트공업을 들 수 있다.

04 종합원가계산방법 중 원가흐름에 대한 내용이 다른 것은 무엇인가?
① 기초재공품 완성분과 당기착수 완성분을 구분하지 않는다.
② 환산량 단위당 원가의 배부대상이 되는 원가에서 기초재공품원가가 포함되지 않는다.
③ 완성품 원가의 계산시 기초재공품 원가가 별도로 가산된다.
④ 당기발생원가는 당기에 수행된 작업량의 완성품환산량에만 배분한다.

05 다음 중 종합원가계산에서 재료비와 가공비를 구분할 필요가 없는 경우는?

① 재료비와 가공비의 제조과정에 투입시점이 같다.
② 제조과정에 투입되는 재료비와 가공비의 물량이 같다.
③ 제조과정에 투입되는 재료비와 가공비의 금액이 같다.
④ 재료비와 가공비의 기말잔액이 같다.

06 다음 중 개별원가계산과 종합원가계산에 대한 설명으로 틀린 것은?

① 개별원가계산은 직접재료비, 직접노무비, 제조간접비로 구분하여 작업원가표에 집계한다.
② 개별원가계산 중 실제배부율과 예정배부율의 구분은 제조간접비와 관련된 문제이다.
③ 종합원가계산은 당기총제조원가를 당기 중에 생산된 완성품환산량으로 나누어 완성품환산량 단위당원가를 계산한다.
④ 종합원가계산은 소량으로 주문생산하는 기업의 원가계산에 적합하고, 개별원가계산에 비해서 제품별 원가계산이 보다 정확하다.

07 종합원가계산에서 선입선출법과 (가중)평균법에 대한 설명 중 가장 잘못된 것은?

① (가중)평균법은 선입선출법보다 간편한 방법이지만 원가계산의 정확성이 떨어진다.
② 선입선출법에서 완성품환산량은 순수하게 당기발생원가로 이루어진 작업량만으로 계산한다.
③ 기초재공품이 없다면 선입선출법과 (가중)평균법의 결과는 차이를 보이지 않는다.
④ 선입선출법은 기초재공품원가와 당기발생원가를 구분하지 않고 모두 당기발생원가로 가정하여 완성품과 기말재공품에 배분한다.

08 완성품은 1,000개이고, 기말재공품은 500개(완성도 40%)인 경우 평균법에 의한 종합원가계산에서 재료비 및 가공비 완성품 환산량은 몇 개인가? (재료는 공정 50%시점에 전량 투입되며, 가공비는 전공정에 균일하게 투입된다.)

	재료비 완성품 환산량	가공비 완성품 환산량
①	1,000개	1,500개
②	1,000개	1,200개
③	1,500개	1,200개
④	1,500개	1,500개

09 ㈜수정은 종합원가계산제도를 채택하고 있다. 다음 자료에 의한 당기 기말재공품의 원가는 얼마인가?

> · 원가흐름의 가정은 선입선출법을 선택하고 있으며, 모든 원가는 전 공정에서 균등하게 발생한다.
> · 기초재공품은 7,800단위이며 완성도는 50%이다.
> · 당기 중 45,000단위를 추가로 투입하였다.
> · 기말재공품은 5,500단위이며 완성도는 50%이다.
> · 당기 총발생원가는 1,615,250원이다.

① 82,500원　　② 96,250원　　③ 165,000원　　④ 192,500원

10 ㈜은아의 기초재공품은 150개(완성도 40%), 당기완성품은 400개이며, 기말재공품은 100개(완성도 20%)이다. 선입선출법에 따른 가공비의 완성품환산량은 얼마인가? 다만, 가공비는 공정 전반에 걸쳐 균등하게 투입된다.

① 360단위　　② 480단위　　③ 510단위　　④ 570단위

11 다음 자료에 따른 선입선출법에 의한 가공원가의 완성품환산량은 얼마인가? 원재료는 공정의 초기에 일시에 모두 투입되고, 가공원가는 공정전반에 걸쳐 균등하게 발생된다고 가정한다.

> · 기초재공품 : 1,000단위(완성도 60%)　　· 기말재공품 : 2,000단위(완성도 50%)
> · 착수량 : 3,000단위　　　　　　　　　　· 완성품 : 2,000단위

① 2,000단위　　② 2,400단위　　③ 3,000단위　　④ 3,400단위

12 ㈜부산상사는 종합원가계산시스템을 사용하여 제품원가계산을 하고 있다. 당기에 36,000단위를 생산에 착수하였으며, 35,000단위를 완성하였다. 원재료와 가공비는 공정 전반에 걸쳐 균등하게 발생할 경우 선입선출법을 사용하여 완성품 환산량을 계산하면 각각 몇 단위인가?

구 분	물 량	재료비 완성도	가공비 완성도
기초재공품	5,000단위	100%	40%
기말재공품	6,000단위	90%	50%

　　　재료비　　　가공비　　　　　　　재료비　　　가공비
① 　35,400개　36,000단위　　② 40,400개　35,000단위
③ 　36,000개　35,000단위　　④ 36,500개　35,000단위

13 다음 자료를 통해 종합원가계산을 이용하는 기업의 가공비 완성품환산량을 계산하면 얼마인가?

> · 기초재공품 : 2,000개(완성도 40%) 　　· 당기착수량 : 8,000개
> · 당기완성품 : 7,000개 　　　　　　　　· 기말재공품 : 3,000개(완성도 30%)
> · 모든 제조원가는 공정 전반에 걸쳐 균등하게 투입된다.
> · 원가흐름에 대한 가정으로 선입선출법을 사용하고 있다.

① 7,100개　　　② 7,200개　　　③ 7,400개　　　④ 7,500개

14 기초재공품은 10,000개(완성도 20%), 당기완성품수량은 190,000개, 기말재공품은 8,000개(완성도 40%)이다. 평균법과 선입선출법의 가공비에 대한 완성품 환산량의 차이는 얼마인가?(단, 재료는 공정 초에 전량 투입되고, 가공비는 공정 전반에 걸쳐 균등하게 투입됨)

① 2,000개　　　② 5,000개　　　③ 6,000개　　　④ 7,000개

15 다음은 공손에 대한 설명이다. 옳지 않은 것은?

① 공손품이란 품질이나 규격이 일정수준에 미달하는 불합격품으로 작업폐물과는 다른 개념이다.
② 비정상공손품 수량은 전체 공손품 수량에서 정상공손품 수량을 제외한 나머지이다.
③ 공손품의 검사시점이 기말재공품의 완성도 이후인 경우에는 기말재공품에는 정상공손원가를 배분하지 않는다.
④ 비정상공손은 제조원가에 포함시키지 않고 매출원가에 가산한다.

16 다음은 공손원가에 대한 설명이다. 틀린 것은?

① 공손품이란 품질검사시 표준 규격이나 품질에 미달하는 불합격품을 말한다.
② 공손품원가는 정상공손원가와 비정상공손원가로 구분되는데, 정상공손원가는 제조비용에 가산하고, 비정상공손원가는 영업외비용으로 처리한다.
③ 공손품의 발생시점(불량품 검사시점)이 기말재공품의 완성도 이후인 경우에는 정상공손품의 원가를 완성품과 기말재공품에 산입한다.
④ 작업폐물이란 원재료를 가공하는 과정에서 발생하는 매각 또는 이용가치가 있는 폐물로써 공손품과는 별개의 개념이다.

17 다음 자료에서 종합원가계산시 비정상공손수량을 계산하면 얼마인가? 단, 정상공손은 완성품 수량의 5%로 가정한다.

· 기초재공품 : 100개 · 당기착수량 : 900개 · 기말재공품 : 100개 · 공손수량 : 60개

① 10개   ② 15개   ③ 18개   ④ 42개

18 무한상사의 제조활동과 관련된 물량흐름이 다음과 같을 때 비정상공손수량은 얼마인가? (단, 정상공손은 완성품 수량의 10%로 가정한다.)

· 기초재공품 : 300개 · 당기착수량 : 1,000개 · 기말재공품 : 200개 · 완성수량 : 900개

① 90개   ② 100개   ③ 110개   ④ 120개

19 다음은 ㈜옥타곤의 제조활동과 관련하여 발생한 자료이다. 당기 중에 발생한 정상공손 수량은 얼마인가? (단, 공손품을 제외한 파손품이나 작업폐물은 없는 것으로 한다)

· 기초재공품 : 500개 · 기말재공품 : 200개 · 당기착수량 : 4,000개 · 당기완성수량 : 3,500개 · 비정상공손수량 : 300개

① 200개   ② 300개   ③ 400개   ④ 500개

20 ㈜에코의 제조활동과 관련된 물량흐름(평균법을 가정함)은 다음과 같다. 아래의 자료에 대한 설명으로 틀린 것은?

· 기초재공품 2,000개 · 당기완성수량 9,000개 · 기말재공품 500개 · 당기착수량 8,000개

① 공손품이란 폐기처분 또는 매각처분 이외에는 용도가 없는 불합격품을 말한다.
② 정상공손품의 기준을 완성품의 3%로 가정할 경우 정상공손수량은 200개이다.
③ 정상공손품의 기준을 완성품의 5%로 가정할 경우 비정상공손수량은 50개이다.
④ 선입선출법과 평균법의 공손수량은 동일하다.

CHAPTER 06 결합원가계산

01. 결합원가계산의 기초

1. 결합원가계산의 의의

결합제품(연산품, joint products)이란 동일한 종류의 원재료를 투입하여 생산되는 두 종류 이상의 서로 다른 제품을 말한다. 예를 들면 정유업의 경우 원유라는 동일한 종류의 원재료를 공정을 거쳐 경유·등유·휘발유 등으로 분리되는바, 이같은 과정을 통해서 생산되는 경유·등유·휘발유 등의 제품을 결합제품(연산품)이라고 한다.

2. 결합원가계산의 기본개념

(1) 결합원가

결합원가(joint costs)란 분리점에 도달하기 전까지 제품제조과정에서 발생한 제조원가로서, 이는 개별제품에 정확하게 배분하기 어려우므로 일정한 배분기준에 따라 개별결합제품으로 배분하여야 할 공통제조원가이다.

(2) 분리점

분리점(split-off point)이란 결합공정을 거쳐 산출된 각 제품을 개별적으로 식별할 수 있는 제조과정 중의 특정시점을 말한다 예를 들면 원유가 정제과정을 거쳐 경유·등유·휘발유 등으로 분리되는 시점이라고 할 수 있다. 따라서 결합제품은 분리점에 도달하기 전까지는 발생한 원가를 개별적으로 집계할 수 없으며, 분리점에 도달한 이후부터 결합원가와 분리원가의 구분이 가능하다.

(3) 분리원가

분리원가(separable costs)란 분리점 이후에 발생하는 추가가공원가로서 특정제품에 개별적으로 추적가능한 원가이다.

그러나 최종제품을 생산함에 있어서 두 개 이상의 분리점이 있는 경우에는 첫 번째 분리점에서는 분리원가로 간주되는 원가도 그 다음 분리점에서는 결합원가가 되어 배분대상이 된다.

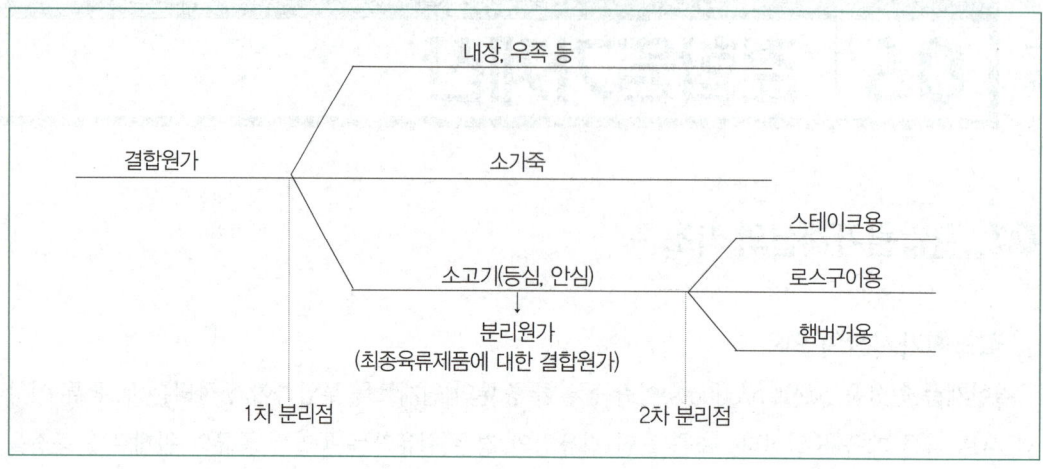

02. 결합원가계산의 배분방법

결합원가는 결합제품의 생산과정에서 발생하는 원가이므로 결합제품의 원가에 포함되어야 한다. 그런데 분리점 이전에 발생한 결합원가는 각각의 결합제품에 대응시키거나 추적할 수 없다. 따라서 결합원가를 일정한 기준에 의하여 개별제품에 배분해야 하는바 결합원가의 배분방법으로는 순실현가치법, 상대적 판매가치법, 균등이익률법, 물량기준법 등이 많이 사용된다.

1. 물량기준법

물량기준법(physical quantities method)이란 결합제품의 생산수량이나 무게, 부피, 면적 등 물량을 기준으로 결합원가를 배분하는 방법이다. 이 방법의 경우 개별제품의 판매가격과 물량 사이에 밀접한 관계가 있는 경우 적용하여야 하는데, 만약 그렇지 않은 경우에 물량기준법을 적용하면 결합원가를 잘못 배분하여 판매가격보다 제조원가가 더 크게 되는 경우도 발생할 수 있을 것이다.

필수예제 (1)

(주)부일은 원재료를 투입하여 제품A를 3,000개, 제품B를 2,000개 생산하여 전량 판매하였다. 결합원가는 600,000이며 제품A의 단위당 판매가격은 300, 제품B는 200이다. 물량기준법에 의해 결합원가를 배부하라.

해답

제품	물량				결합원가
A	3,000개	600,000 ×	3,000개 / 5,000개	=	₩360,000
B	2,000개	600,000 ×	2,000개 / 5,000개	=	240,000
	5,000개				₩600,000

참고로 제품별 손익계산서를 작성하면 다음과 같다.

구 분	제품A	제품B	합 계
매 출 액	900,000	400,000	1,300,000
매 출 원 가	360,000	240,000	600,000
매 출 총 이 익	540,000	160,000	700,000

2. 상대적 판매가치법

상대적 판매가치법(relative sales value method)이란 분리점에서 개별제품의 상대적인 판매가치를 기준으로 결합원가를 배분하는 방법이다.

한편, 상대적 판매가치법은 분리점 이후에 추가가공이 이루어지지 않는 경우에 사용될 수 있다. 따라서 각 결합제품의 원가는 결합원가의 배부액만으로 구성된다. 만약 분리점 이후에 추가가공이 이루어진다면 뒤에서 설명하는 순실현가치법을 사용해야 한다.

필수예제 (2)

(주)피박은 제품A를 100개, 제품B를 150개 생산하였다. 결합원가는 195,000이며, 분리점에서 제품A의 단위당 판매가치는 2,000이며, 제품B의 단위당 판매가치는 3,000이다. 상대적 판매가치법에 의해 결합원가를 배부하라.

해답

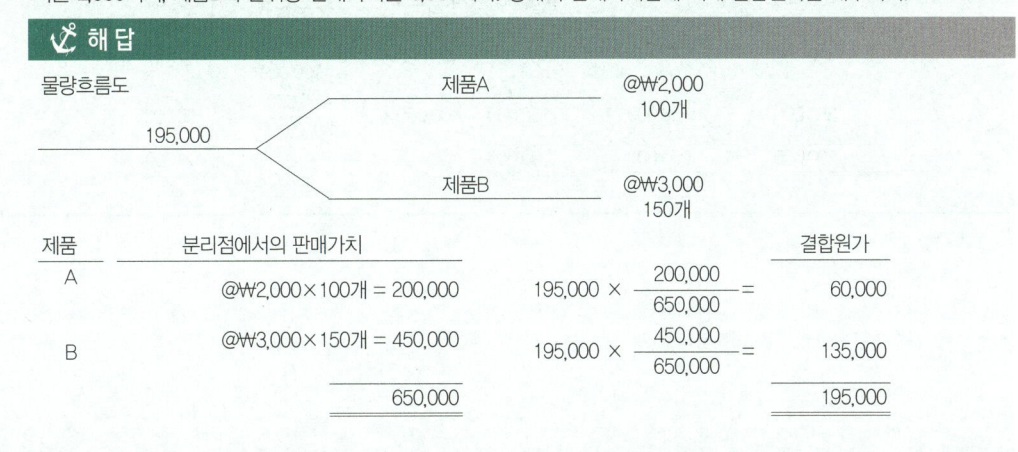

3. 순실현가치법

순실현가치법(net realizable value method)이란 개별제품의 순실현가치(최종판매가격에서 분리원가와 판매비를 차감한 가액)를 기준으로 결합원가를 배분하는 방법이다.

> 순실현가치(NRV)=최종판매가격−분리원가(분리점 이후의 개별원가)−판매비

순실현가치법에서는 결합원가만이 이익창출에 기여하며, 분리점 이후에 발생하는 분리원가는 이익창출에 전혀 기여하지 못하여 추가가공의 필요성이 부인되는 모순이 있다.

필수예제 (3)

(주)삼정은 하나의 결합공정에서 X, Y, Z 3가지 제품을 생산한다. X, Y는 분리 즉시 판매하고 Z는 추가가공하여 판매된다. 20×8년 각 제품의 판매가격과 생산량은 다음과 같다.

구 분	X	Y	Z
생 산 량	300 톤	400 톤	500 톤
판 매 가 격	1,500/톤	1,000/톤	700/톤

결합원가는 400,000이고 Z의 추가가공원가는 200,000이었다.

물음

순실현가치법에 의해 결합원가를 배분하라.

해 답

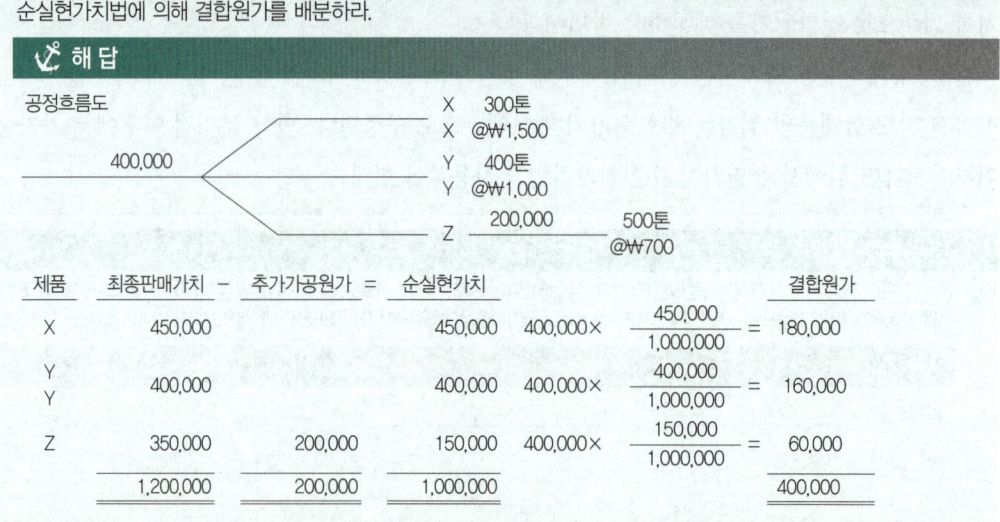

제품	최종판매가치	−	추가가공원가	=	순실현가치				결합원가
X	450,000				450,000	400,000×	$\dfrac{450,000}{1,000,000}$	=	180,000
Y	400,000				400,000	400,000×	$\dfrac{400,000}{1,000,000}$	=	160,000
Z	350,000		200,000		150,000	400,000×	$\dfrac{150,000}{1,000,000}$	=	60,000
	1,200,000		200,000		1,000,000				400,000

4. 균등이익률법

균등이익률법(uniform percentage contribution method)이란 모든 결합제품이 각각의 최종판매가격에 대해 동일한 매출총이익률을 가지도록 하는 방법이다. 분리점 이후에 추가가공을 하는 경우 순실현가치법에 의해 결합원가를 배분하면 결합원가만이 이익을 창출하는 데에 공헌하고 분리점 이후의 추가가공원가는 이익창출에 아무런 공헌을 하지 못하는 결과를 초래하므로 각 제품의 매출총이익률이 서로 다르게 되지만, 균등이익률법에 의하면 모든 제품의 매출총이익률이 동일하게 된다.

균등이익률법에 의하여 결합원가를 배분하는 절차는 다음과 같다.

① 각 결합제품들의 전체매출총이익률을 계산한다.

$$\text{전체매출총이익률} = \frac{\text{매출총이익 합계}}{\text{각 개별제품의 최종판매가치 합계}} = \frac{\text{최종판매가치}-(\text{결합원가}+\text{분리원가총액})}{\text{각 개별제품의 최종판매가치 합계}}$$

② 각 결합제품의 최종매출액에 매출총이익률을 곱하여 개별제품의 매출총이익을 계산한다.

③ 각 결합제품의 최종판매가치에서 개별제품의 매출총이익과 분리원가를 차감하여 결합원가 배분액을 구한다.

필수예제 (4)

(주)대박은 원재료 1,000개를 투입하여 제품A를 6,000개, 제품B를 4,000개 생산하였는바 여기에 300,000의 결합원가가 발생하였다. 제품A는 분리점에서 개당 60에 판매할 수 있지만 제품B는 판매할 시장이 없어서 50,000의 추가가공원가를 투입하여 개당 35에 판매하려고 한다. 균등이익률법에 의해 결합원가를 배분하라.

해 답

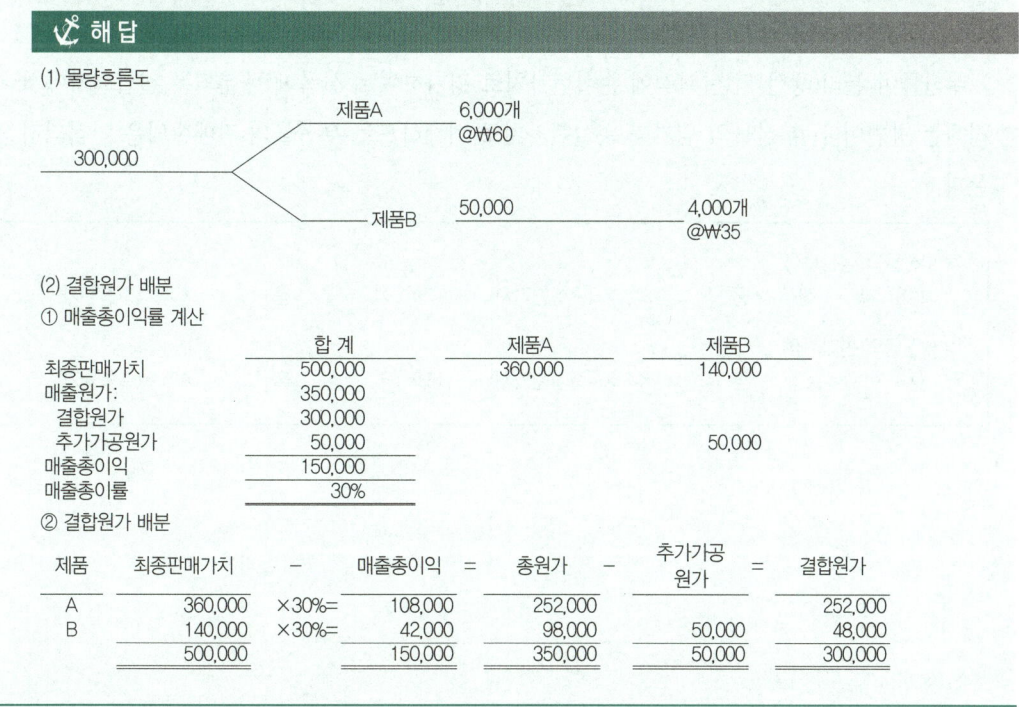

03. 부산물

1. 부산물의 의의

결합제품은 상대적 판매가치의 중요성에 따라 주산품(major products)과 부산물(by-products)은 분류할 수 있다. 즉, 주산품(major products)은 결합제품 중에서 상대적으로 판매가치가 큰 제품을 말하며, 부산물(by-products)은 주산품의 제조과정에서 부수적으로 생산되는 제품으로서 상대적 판매가치가 작은 제품을 의미한다. 예를 들면, 아스팔트는 정유업의 석유생산에 있어서 부산물이 된다.

2. 회계처리방법

부산물의 회계처리는 다음의 4가지 방법이 있다.

분류	생산시점	판매시점
원가차감법	(1)	(2)
잡수익법	(3)	(4)

위 네가지 방법 중에서 (1) 생산시점에 부산물의 순실현가치를 결합원가에서 차감하는 방법과 (4) 판매시점에 부산물의 순수익을 잡이익으로 처리하는 방법이 많이 이용된다.

(1) 생산시점에서의 원가차감법

부산물이 분리(생산)되는 시점에 순실현가치로 평가하여 주산품에 배분되는 결합원가에서 차감하는 방법이다. 부산물의 원가를 순실현가치로 기재하므로 부산물의 판매손익은 인식되지 않는다.

```
▣ 부산물의 생산시점
   (차) 부   산   물    ×××(순실현가치)   (대) 재  공  품    ×××(결합원가)
▣ 부산물의 판매시점
   (차) 현       금    ×××(순실현가치)   (대) 부  산  물    ×××(결합원가)
```

(2) 판매시점의 잡이익법

부산물에 결합원가를 배분하지 않고 부산물이 판매될 경우 그 순수익을 잡이익으로 처리하는 방법이다.

▣ 부산물의 생산시점
    부산물의 생산시점(분리시점)에서는 결합원가를 부산물에 배분하지 않고 주산품에만 배분한다.

▣ 부산물의 판매시점
    (차) 현　　　　금　　×××　　　　　(대) 잡　이　익　　×××(순수익)

연습문제

01 다음은 결합원가에 대한 설명이다. 가장 옳게 설명한 것은?

① 매출가액에서 제품분리점 이후의 가공비를 차감한 가액을 말한다.
② 직접재료비와 직접노무비를 합한 제품과 관련성이 있는 원가를 말한다.
③ 연산품에 있어서 제품별로 구분이 되는 분리점 이전까지의 총제조원가를 말한다.
④ 매출가액에서 정상이윤을 차감한 가액을 말한다.

02 세무(주)는 동일한 원재료를 투입하여 동일한 공정에서 A, B, C 세 가지의 등급품을 생산하고 있다. 세 가지 제품에 공통적으로 투입된 결합원가 8,000,000원을 물량기준법에 의하여 각 제품에 배부하고자 한다. 다음 자료에 의하여 결합원가 중 B등급품에 배부될 결합원가를 계산한 것으로 맞는 것은 얼마인가?

구분	생산량(개)	단위당무게(g)	단위당판매가격(원)	총무게(g)	총판매가격(원)
A	150	300	30,000	45,000	4,500,000
B	450	400	25,000	180,000	11,250,000
C	300	250	22,500	75,000	6,750,000

① 4,800,000원   ② 3,000,000원   ③ 2,700,000원   ④ 4,200,000원

03 다음은 원가계산 자료이다. 판매가치법에 의하여 결합원가를 배부하는 경우 연산품 A·B의 단위당 원가는 얼마인가? 단, 결합원가는 30,000원이다.

구 분	생산량	판매단가
제품A	100개	150원
제품B	50개	300원

	제품 A	제품 B		제품 A	제품 B
①	100원	400원	②	150원	300원
③	400원	100원	④	300원	150원

04 (주)세무는 X제품과 Y제품으로 구성된 두 개의 연산품을 생산하고 있다. 5월의 결합원가는 500,000원이다. 분리점 이후 제품을 판매가능한 형태로 전환하는데 필요한 가공비는 X제품이 월생산량 200개에 대하여 200,000원이고, Y제품은 240개에 대하여 360,000원이다. X제품과 Y제품의 단위당 판매가격은 각각 3,000원과 4,000원이다. 순실현가능가치를 기준으로 결합원가를 배분할 경우 Y제품에 배분될 금액은 얼마인가?

① 200,000원 ② 300,000원 ③ 400,000원 ④ 500,000원

05 연산품원가계산시 재고자산의 평가와 매출원가의 산정을 위하여 결합원가를 개별제품에 배분하여야 하며 일반적으로 다음의 방법을 적용한다. 기초 및 기말재고자산이 없다고 가정할 경우 각 방법 적용시 회사의 당기순이익이 가장 큰 순서대로 나열한 것은?

| 1. 물량기준법 | 2. 분리점에서의 판매가치기준법 |
| 3. 순실현가치기준법 | 4. 균등이익율법 |

① 1 = 2 = 3 = 4   ② 1 > 2 > 3 > 4
③ 1 < 2 < 3 < 4   ④ 1 < 2 = 3 > 4

06 부산물에 대한 설명으로 틀린 것은?

① 부산물을 그대로 자가소비하는 경우에 그 가액은 추정매입가격으로 한다.
② 부산물의 가액은 그 발생부문의 주산물 총원가에서 안분하여 차감한다.
③ 부산물은 연산품에 비해 판매가치가 상대적으로 적은 비정상적인 제품이다.
④ 부산물을 그대로 외부에 매각하는 경우에는 추정매각가격에서 판매비와관리비 및 정상이윤을 공제한 가액으로 한다.

CLASS 전산세무2급
이 론 편

이론편
부가가치세

CHAPTER 01 _ 총 칙
CHAPTER 02 _ 과세거래
CHAPTER 03 _ 영세율과 면세
CHAPTER 04 _ 과세표준
CHAPTER 05 _ 거래징수와 세금계산서
CHAPTER 06 _ 납부세액의 계산
CHAPTER 07 _ 자진납부세액의 계산
CHAPTER 08 _ 납세절차
CHAPTER 09 _ 간이과세

CLASS전산세무2급
이 론 편

01 총 칙

01..부가가치세의 개념

1. 부가가치세의 의의

부가가치세는 재화나 용역이 생산되어 유통되는 모든 거래단계에서 창출되는 부가가치를 과세대상으로 하는 간접세를 말한다. 부가가치란 생산 및 유통되는 각 단계에서 발생하는 매출액에서 기업이 부담한 외부구입가액을 차감한 금액을 말한다.

2. 부가가치세의 계산

부가가치세는 매출세액에서 이전단계에서 부담했던 매입세액을 공제하는 방법으로 납부세액을 계산한다.

> 납부세액 = 과세표준(공급가액) × 세율 − 세금계산서 등에 의해 확인되는 매입세액

3. 부가가치세의 특징

구 분	내 용
① 국세	부가가치세는 중앙정부가 징수
② 간접세	담세자는 최종소비자, 납세의무자는 사업자
③ 소비세	일반소비세 · 다단계소비세
④ 물세	담세자의 개인적 사정을 고려하지 않음
⑤ 단일세율	단일세율로 인하여 역진성발생
⑥ 사업장별 과세	사업장별로 납세의무를 이행하여야 함
⑦ 전단계세액공제법	납부(환급)세액계산시 매출세액에서 이전단계에서 부담한 매입세액을 차감하여 계산
⑧ 소비형부가가치세	부가가치를 총매출액에서 중간재, 자본재구입액을 차감하여 계산
⑨ 소비지국과세	국제적 이중과세 방지를 위하여 소비되는 나라에서 과세

02..부가가치세의 납세의무자

(1) 사업자의 개념

부가가치세법상 납세의무자는 사업자이다. 사업자란 영리목적에 불구하고 사업상 독립적으로 재화 또는 용역을 공급하는 자를 말한다. 이 내용을 구체적으로 살펴보면 다음과 같다.

구 분	내 용
① 영리성	부가가치세법상 사업자는 영리목적 유무와는 무관하다. 이것은 부가가치세가 간접세로서 사업자가 아닌 최종소비자가 실질적인 세부담을 지기 때문에 사업자의 영리성 여부와는 무관하며, 사업자간의 경쟁관계에서 중립성을 유지하기 위해서이다.
② 사업성	사업성이 있어야 한다. 이는 적어도 부가가치를 창출할 수 있을 정도의 사업형태를 갖추고 사회통념상 인정될 수 있는 정도의 계속적 또는 반복적으로 재화 또는 용역을 공급하게 되면 사업성이 있다고 할 수 있다.
③ 독립성	독립성을 갖추어야 한다. 이는 인적기준과 물적기준으로 구분할 수 있는데, 인적기준이란 타인에게 고용 또는 종속되지 않아야 한다는 것이고, 물적기준이란 주된 사업에 부수되는 등 다른 사업의 연장이 아닌 별개의 것이어야 함을 의미한다.

(2) 사업자의 분류

유 형			구분기준	계산구조
부가가치세법	과세사업자	일 반 과세자	법인사업자	매출세액 – 매입세액
			개인사업자	
		간 이 과세자	개인사업자로서 직전 1역년 동안의 공급대가가 1억 400만원에 미달하는 자	공급대가×부가가치율×세율
소득세법 또는 법인세법	면세사업자		부가가치세법상 사업자가 아니고 소득세법 또는 법인세법상 사업자	부가가치세법상 납세의무 없음

03..과세기간

1. 과세기간

과세기간이란 과세표준과 세액계산의 기초가 되는 기간을 말한다. 부가가치세법상 과세기간은 다음과 같다.

구 분		과 세 기 간
일반과세자	계속사업자	제1기 : 1월 1일 ~ 6월 30일
		제2기 : 7월 1일 ~ 12월 31일

일반과세자	신규사업자	신규사업자 : 사업개시일 ~ 당해과세기간의 종료일
		사업개시 전 등록 : 등록일(등록신청일) ~ 당해과세기간의 종료일
간이과세자		1월 1일 ~ 12월 31일
폐업자		폐업의 경우 : 당해 과세기간의 개시일 ~ 폐업일
		사업개시 전 등록 후 사업을 미개시한 경우 : 등록일(등록신청일) ~ 사실상 그 사업을 개시하지 아니하게 되는 날

사업자는 위의 각 과세기간의 과세표준과 세액을 과세기간 종료일부터 25일 이내에 신고 납부하여야 하는데, 이것을 "확정신고납부"라고 한다.

2. 예정신고기간

부가가치세법은 각 과세기간마다 예정신고기간을 설정하여 사업자에게 그 예정신고기간에 대한 과세표준과 세액을 그 예정신고기간 종료일부터 25일 이내에 신고·납부하도록 하고 있는데 이것을 "예정신고납부"라고 한다. 이러한 예정신고기간은 다음과 같다.

구 분	예 정 신 고 기 간
계속사업자	제1기 : 1월1일~3월31일 제2기 : 7월1일~9월30일
신규사업자	신규사업자의 경우 : 사업개시일~그 예정신고기간의 종료일
	사업개시전 등록의 경우 : 등록일(등록신청일) ~ 해당 예정신고기간의 종료일

04. 납 세 지

납세지란 납세의무자가 납세의무 및 협력의무를 이행하고 과세권자가 부과·징수권을 행사하는 기준이 되는 장소를 말한다. 부가가치세법은 사업장을 납세지로 정하고 있다.

1. 원칙: 사업장별 과세

사업자는 사업장마다 사업자등록을 하여야 하며, 사업장별로 구분하여 세금계산서를 발행·수취하고, 사업장별로 각각 납부(환급)세액을 계산하여 신고·납부하여야 하는데 이것을 사업장별 과세원칙이라고 한다.

(1) 사업장의 개념

사업장이란 사업자 또는 그 사용인이 상시 주재하여 거래의 전부 또는 일부를 행하는 장소를 말하는데 그 구체적인 내용은 다음과 같다.

구 분	사업장
광 업	광업사무소의 소재지
제 조 업	최종제품을 완성하는 장소
건설업·운수업·부동산매매업	법인: 법인의 등기부상 소재지 개인: 업무를 총괄하는 장소
부 동 산 임 대 업	부동산의 등기부상 소재지
수 자 원 개 발 사 업	그 사업에 관한 업무를 총괄하는 장소
무 인 자 동 판 매 기 사 업	업무를 총괄하는 장소
비거주자 또는 외국법인	국내사업장 소재지

(2) 구체적 사업장

구 분	내 용	사업장 여부
직 매 장	사업자가 재화의 직접 판매를 위하여 판매시설을 갖춘 장소	사업장으로 본다.
하 치 장	재화의 보관·관리시설을 갖춘 장소	사업장으로 보지 않는다.
임 시 사 업 장	박람회·경기대회 등에서 임시로 사업장을 개설한 장소	기존사업장에 포함

2. 예외: 주사업장총괄납부·사업자단위과세

(1) 주사업장총괄납부

주사업장총괄납부란 2개 이상의 사업장이 있는 경우 사업자는 각 사업장의 납부세액 또는 환급세액을 통산하여 주된 사업장에 납부하거나 환급받을 수 있는 제도를 말한다.

1) 주된 사업장의 범위

구 분	주된사업장
법 인	본점(주사무소 포함) 또는 지점(분사무소 포함)
개 인	주사무소

2) 신 청

주된 사업장에서 총괄납부(환급)하고자 하는 경우에는 그 납부하려는 **과세기간 개시 20일 전**에 주된 사업장의 관할세무서장에게 신청하여야 한다. 다만, 신규사업자의 경우에는 주된 사업장의 사업자등록증을 받은 날부터 20일 이내에 신청하여야 한다. 사업장이 하나이나 추가로 사업장을 개설하는 자는 추가 사업장의 사업개시일부터 20일 이내에 신청하여야 한다.

3) 효력

주사업장 총괄납부의 경우에도 납부나 환급을 제외한 부가가치세의 신고, 세금계산서의 발행 및 수취, 과세표준과 세액의 계산 등 납세의무자의 제반의무는 사업장별로 이행하여야 한다. 본래 직매장반출은 재화의 간주공급에 해당되나, 주사업장 총괄납부제도를 적용받는 사업자가 총괄납부를 하는 과세기간에 반출하는 것은 재화의 공급으로 보지 아니한다.

4) 총괄납부의 포기

총괄납부자가 각 사업장에서 납부하고자 할 때에는 과세기간 개시 20일 전까지 주된 사업장 관할세무서장에게 주사업장총괄납부포기신고서를 제출하여야 한다.

(2) 사업자단위과세

사업자단위과세란 2개 이상의 사업장이 있는 경우 사업자가 사업자단위로 사업자등록을 한 경우 그 사업자의 본점 또는 주사무소에서 총괄하여 신고 · 납부할 수 있는 제도를 말한다.

사업자단위과세를 총괄하는 사업장은 법인의 본점 또는 개인의 주사무소로 한다.

1) 사업자단위과세 적용사업장(총괄사업장)

법 인	개 인
본점(주사무소)	주사무소

2) 사업자단위과세 등록의 효력

사업자단위 과세 적용을 받는 사업자는 사업자단위로 통산한 과세표준 및 납부세액을 총괄사업장 관할세무서장에게 총괄하여 신고 · 납부하거나 환급을 받게 된다. 이처럼 신고 · 납부를 받는 총괄사업장 관할세무서장이 전 사업장의 과세표준과 납부세액을 조사하여 결정 · 경정하여 징수한다. 본래 직매장반출은 재화의 간주공급에 해당되나, 사업자단위 과세제도의 적용을 받는 사업자가 사업자단위 과세제도를 적용받는 과세기간에 반출하는 것은 재화의 공급으로 보지 아니한다.

3) 사업자단위과세의 포기와 통지 및 변경 등록

① 포 기

사업자단위 과세사업자가 각 사업장별로 적용하거나 주사업장 총괄납부를 하고자 하는 경우에는 그 납부하고자 하는 과세기간 개시 20일 전에 사업자단위 과세포기신고서를 총괄사업장 관할세무서장에게 제출하여야 한다.

② 통 지

사업자단위 과세를 포기한 경우에 총괄사업장 관할세무서장은 지체없이 그 내용을 당해 사업자와 총괄사업장 외의 사업장 관할세무서장에게 통지하여야 한다.

③ 변경등록 내용

사업장이 하나인 사업자가 추가로 사업장을 개설하면서 추가 사업장의 사업 개시일이 속하는 과세기간부터 사업자 단위 과세 사업자로 적용받으려는 경우에는 추가 사업장의 사업 개시일부터 20일 이내(추가 사업장의 사업 개시일이 속하는 과세기간 이내로 한정한다)에 사업자의 본점 또는 주사무소 관할 세무서장에게 변경등록을 신청하여야 한다.

05. 사업자등록

1. 사업자등록의 의의

사업자등록이란 부가가치세 납세의무자에 해당하는 사업자 및 그에 관계된 사업내용을 관할세무서의 대장에 등록하는 것을 말한다.

부가가치세법상 납세지는 사업장 소재지로 하고 있으므로 사업자는 각 사업장마다, 사업자단위과세사업자는 본점 또는 주사무소에 대하여 사업자등록을 이행하여야 한다.

한편, 부가가치세법상 사업자등록은 과세사업자에게만 적용되는 규정이다. 부가가치세법상 사업자가 아닌 면세사업자는 부가가치세법이 아닌 법인세법 또는 소득세법상 사업자등록의무를 진다.

2. 사업자등록의 절차

(1) 절차규정

사업자는 사업장마다 사업개시일로부터 20일 이내에 사업장 관할 세무서장에게 등록하여야 한다. 다만, 신규로 사업을 시작하려는 자는 사업개시일 전이라도 등록할 수 있다.

한편, 위의 규정에 불구하고 둘 이상의 사업장이 있는 사업자는 사업자단위로 해당 사업자의 본점 또는 주사무소 관할세무서장에게 등록할 수 있으며, 위의 사업장별 사업자등록을 한 사업자가 사업자단위로 등록하려면 사업자단위과세사업자로 적용받으려는 과세기간 개시 20일 전까지 등록하여야 한다.

3. 사업자등록증의 교부

사업자등록의 신청을 받은 사업장 관할세무서장은 **신청일부터 2일 이내**에 등록번호가 부여된 사업자등록증을 신청자에게 교부하여야 한다. 다만, 사업장시설이나 사업현황을 확인하기 위하여 국세청장이 필요하다고 인정하는 경우에는 교부기한을 **5일 이내**에 **연장**할 수 있다.

4. 사업자등록의 정정신고 및 재발급

사업자가 다음에 해당하는 경우에는 지체 없이 사업자등록정정신고서를 관할세무서장에게 제출하여야 하며, 사업자등록의 정정신고를 받은 세무서장은 해당 정정내용을 확인한 후 사업자등록증의 기재사항을 정정하여 등록증을 재발급하여야 한다.

등록정정사유	재교부기한
① 상호를 변경하는 때 ② 통신판매업자 사이버몰의 명칭 또는 인터넷 도메인 이름을 변경하는 때	신고일 당일
③ 법인의 대표자를 변경하는 때 ④ 사업의 종류에 변동이 있는 때 ⑤ 상속으로 인한 사업자의 명의 변경 ⑥ 사업장을 이전하는 때 ⑦ 공동사업자의 구성원 또는 출자지분의 변경이 있는 때 ⑧ 사업자단위과세사업자가 총괄사업장을 이전 또는 변경하는 때 ⑨ 사업자단위과세사업자가 종된 사업장을 신설·이전하는 때 ⑩ 사업자단위과세사업자가 종된 사업장의 사업을 휴업·폐업하는 때	2일내 이내

* 다음의 경우에는 사업자등록의 정정이 불필요하다.
　① 개인사업자의 대표자를 변경하는 때(폐업사유)
　② 대표자 또는 사업자의 주소 또는 거소를 이전하는 때
　③ 증여로 인하여 사업자의 명의가 변경되는 때(폐업사유)
　④ 휴업 또는 폐업하는 때
　⑤ 법인이 합병으로 소멸하는 때

5. 휴업·폐업신고

사업자가 휴업 또는 폐업하거나 사업개시 전에 등록한 자가 사실상 사업을 개시하지 아니하게 되는 때에는 지체 없이 휴업(폐업)신고서에 사업자등록증과 주무관청에 폐업신고를 한 사실을 확인할 수 있는 서류의 사본을 첨부하여 관할세무서장에게 제출하여야 한다.

02 과세거래

01. 과세거래의 의의

과세거래란 부가가치세의 과세대상이 되는 거래를 말한다. 부가가치세법상 과세거래는 재화의 공급, 용역의 공급, 재화의 수입이다. 용역의 수입도 이론상 가능 하지만 실무적으로 과세하기가 곤란하기 때문에 과세거래에서 제외하고 있다.

1. 재화의 공급

재화의 공급이란 계약상 또는 법률상의 모든 원인에 의하여 재화를 인도 또는 양도하는 것을 말한다.

1) 재 화

재화란 재산 가치가 있는 물건 및 권리를 말한다. 예컨대, 상품, 제품, 원료, 기계, 건물 등 모든 유체물(有體物)과 전기, 가스, 열 등 관리할 수 있는 자연력을 말한다. 그리고 권리에는 광업권, 특허권, 저작권 등 위에서 열거한 물건 외에 재산가치가 있는 모든 것으로 한다.

구 분	구체적 범위
유 체 물	상품, 제품, 원재료, 기계, 건물과 기타 모든 유형적 물건
무 체 물	동력, 열과 권리 등으로서 재산적가치가 있는 유체물 외의 모든 것

2) 재화의 공급 범위

재화의 공급은 실질적 공급과 간주공급으로 구분된다.

① 실질적 공급

실질적 공급은 매매계약, 가공계약, 교환계약, 현물출자, 대물변제 등과 같은 원인에 의하여 재화를 인도 또는 양도하는 것을 말한다.

② 간주공급

간주공급은 본래의 재화의 공급에 해당하지 않지만 과세의 형평성을 위하여 재화의 공급으로 보아 과세하는 것을 말한다. 간주공급에는 자가공급, 개인적공급, 사업상증여, 폐업시 잔존재화가 있다.

㉠ **자가공급**

자가공급은 사업자가 자기의 사업과 관련하여 생산하거나 취득한 재화를 자기의 사업을 위하여 직접 사용하거나 소비하는 것을 말한다. 자가공급은 다음과 같다.

구 분	내 용
면세사업에 전용	매입세액을 공제 받은 재화를 면세사업에 사용하는 경우
개별소비세법에 따른 자동차	개별소비세법에 따른 자동차의 구입과 그 유지를 위한 재화
타사업장반출	판매목적으로 자기의 다른 사업장에 반출하는 재화

> **세부사항**
>
> [재화의 자가공급에 해당되지 아니하는 경우]
>
> 사업자가 자기의 사업과 관련하여 생산하거나 취득한 재화를 자기의 과세사업을 위하여 다음과 같이 사용하거나 소비하는 경우에는 재화의 공급으로 보지 아니한다.
> ① 자기의 다른 사업장에서 원료·자재 등으로 사용하거나 소비하기 위하여 반출하는 경우
> ② 자기사업상의 기술개발을 위하여 시험용으로 사용하거나 소비하는 경우
> ③ 수선비 등에 대체하여 사용하거나 소비하는 경우
> ④ 사후무료 서비스제공을 위하여 사용하거나 소비하는 경우
> ⑤ 불량품 교환 또는 광고선전을 위한 상품진열 등의 목적으로 자기의 다른 사업장으로 반출하는 경우

㉡ **개인적공급**

개인적공급이란 사업자가 자기의 사업과 관련하여 생산하거나 취득한 재화를 사업과 직접관계없이 사용하거나 소비하는 것을 말한다. 단, 매입세액이 불공제된 재화나 작업복, 작업모, 작업화 등으로 사용되는 경우에는 개인적공급으로 보지 않는다.

> **세부사항**
>
> [재화의 개인적 공급에 해당되지 아니하는 경우]
>
> 사업자가 자기의 사업과 관련하여 실비변상적이거나 복지후생적인 목적으로 자기의 사용인에게 재화를 무상으로 공급하는 것으로서 다음에 예시하는 것에 대하여는 재화의 공급으로 보지 아니한다.
> ① 작업복·작업모·작업화
> ② 직장체육비·직장연예비와 관련된 재화
> ③ 다음의 어느 하나에 해당하는 재화를 제공하는 경우 ㉠,㉡,㉢별로 각각 사용인 1명당 연간 10만원을 한도로 하며, 10만원을 초과하는 경우 해당 초과액에 대해서는 재화의 공급으로 본다
> ㉠ 경조사와 관련된 재화
> ㉡ 설날.추석과 관련된 재화
> ㉢ 창립기념일 및 생일등과 관련된 재화

㉢ **사업상증여**

사업상증여란 사업자가 자기의 사업과 관련하여 생산하거나 취득한 재화를 자기의 고객이나 불특정 다수인에게 증여하는 것을 말한다. 단, 매입세액이 불공제된 재화, 견본품의 제공,

광고선전물, 특별재난지역에 무상공급하는 물품으로 사용되는 것은 사업상증여로 보지 않는다.

> **세부사항**
>
> [재화의 사업상증여에 해당되지 아니하는 경우]
> ① 불특정다수인에게 광고선전물을 배포하는 것
> ② 사업을 위하여 대가를 받지 아니하고 다른 사업자에 인도 또는 양도하는 견본품

ㄹ) 폐업시 잔존재화

폐업시 잔존재화란 사업자가 사업을 폐지하는 때에 잔존하는 재화는 자기에게 공급하는 것으로 보는 것을 말한다.

3) 재화의 공급으로 보지 않는 거래

다음에 해당하는 경우에는 재화의 공급으로 보지 않기 때문에 과세되지 않는다.
① 조세의 물납
② 담보의 제공
③ 포괄적인 사업의 양도
④ 법률(국세징수법·민사집행법)에 따른 공매·경매
⑤ 법률(도시 및 주거환경정비법 등)에 따른 수용
⑥ 위탁자의 채무이행을 담보할 목적으로 신탁계약을 체결한 경우로서 수탁자가 그 채무이행을 위해 신탁재산을 처분하는 경우 수탁자를 공급한 자로 봄

[재화의 간주공급 요약]

구 분		공급시기	세금계산서 발급의무
자기생산·취득재화의 공급의제	면세사업에 전용	재화를 사용·소비하는 때	없음
	비영업용소형승용차		
	개인적 공급		
	사업상증여	재화를 증여하는 때	
	폐업시 잔존재화	폐업일	
판매목적 타사업장 반출의 공급의제		재화를 반출하는 때	있음

2. 용역의 공급

용역의 공급이란 계약상 또는 법률상의 모든 원인에 의하여 역무를 제공하거나 재화·시설물 또는 권리를 사용하게 하는 것을 말한다.

1) 용역

용역이란 재화 외의 재산적 가치가 있는 모든 역무 및 기타 행위를 말한다. 용역은 다음의 사업에 해당하는 모든 역무 및 그 밖의 행위로 한다.

① 건설업

② 숙박 및 음식점업

③ 운수업·통신업

④ 금융 및 보험업

⑤ 부동산업 및 임대업. 다만, 다음의 사업은 제외한다.

　㉠ 전·답·과수원·목장용지·임야 또는 염전 임대업

　㉡ 「공익사업을 위한 토지 등의 취득 및 보상에 관한 법률」 제4조에 따른 공익사업과 관련해 지역권·지상권(지하 또는 공중에 설정된 권리를 포함한다)을 설정하거나 대여하는 사업

⑥ 사업서비스업

⑦ 공공행정, 국방 및 사회보장행정

⑧ 교육서비스업

⑨ 보건 및 사회복지사업

⑩ 가사서비스업

⑪ 국제 및 외국기관의 사업 등

2) 용역의 공급 범위

용역의 공급은 실질적 공급과 간주공급을 구분된다. 용역의 실질적 공급은 과세대상이 되나 간주공급(자가공급, 무상공급)은 과세 되지 않는다.

구분	내용
① 자가공급	사업자가 자신의 용역을 자기의 사업을 위하여 대가를 받지 아니하고 공급함으로써 다른 사업자와 의과세형평이 침해되는 경우에는 자기에게 용역을 공급하는 것으로 본다. 그러나 현재 대통령령으로 별도로 규정한 사항은 없으므로 용역의 자가공급은 현실적으로 과세되지 아니한다.
② 무상공급	사업자가 대가를 받지 아니하고 타인에게 용역을 공급하는 것은 용역의 공급으로 보지 아니한다. 다만, 사업자가 특수관계인에게 사업용 부동산의 일정한 임대용역은 용역의 공급으로 본다.
③ 근로제공	고용관계에 따라 근로를 제공하는 것은 용역의 공급으로 보지 아니한다.

3. 재화의 수입

재화의 수입이란 다음 중 어느 하나에 해당하는 물품을 우리나라에 인취하는 것을 말한다.

① 외국으로부터 우리나라에 들어온 물품(외국선박에 의하여 공해에서 채집되거나 잡힌 수산물 포함)으로서 수입신고가 수리되기 전의 것

② 수출신고가 수리된 물품(수출신고가 수리된 물품으로서 선적되지 아니한 물품을 보세구역에서 반입하는 경우는 제외한다)

02. 재화 또는 용역의 공급시기

재화 또는 용역의 공급시기는 재화 또는 용역의 공급이 어느 과세기간에 귀속되는가를 결정하는 기준이 된다. 또한 공급시기가 도래하면 공급자는 거래상대방에게 세금계산서를 교부하여야 하므로, 세금계산서 교부시기를 정하는 기준이 된다.

1. 재화의 공급시기

1) 원 칙

구 분	공급시기
재화의 이동이 필요한 경우	재화가 인도되는 때
재화의 이동이 필요하지 않은 경우	재화가 이용가능하게 되는 때
위의 기준을 적용할 수 없는 경우	재화의 공급이 확정되는 때

2) 구체적인 기준

구 분	공급시기
현금판매, 외상판매, 할부판매	재화가 인도되거나 이용가능하게 되는 때
반환조건부·동의조건부·기타조건부	그 조건이 성취되어 판매가 확정되는 때
기한부 판매	기한이 경과되어 판매가 확정되는 때
재화의 공급으로 보는 가공	가공된 재화를 인도하는 때
재화의 간주공급	재화가 사용 또는 소비되는 때 (폐업하는 경우는 폐업하는 때)
무인판매기를 이용한 재화의 판매	무인판매기에서 현금을 인취하는 때
수 입	수입신고수리일
수 출	수출재화의 선적일

3) 기 타

구 분	요 건	공급시기
장기할부판매	• 2회 이상 분할하여 대가를 받을것 • 당해 재화의 인도일의 다음날부터 최종 부불금 지급기일까지의 기간이 1년 이상일 것	대가의 각 부분을 받기로 한 때
완성도기준지급	재화의 제작기간이 장기간을 요하는 경우에 그 진행정도 또는 완성정도를 확인하여 그 비율만큼 대가를 지급할 것	
중간지급조건부	재화가 인도되기 전 또는 이용가능하게 되기 전에 계약금이외의 대가를 분할하여 지급하고 계약금 지급일로부터 잔금지급일까지의 기간이 6월 이상일것	
계속적공급	전력 기타 공급단위의 구획할 수 없는 재화의 계속적 공급할 것	

2. 용역의 공급시기

1) 원 칙

용역이 공급되는 시기는 역무가 제공되거나 재화·시설물 또는 권리가 사용되는 때로 한다.

2) 구체적인 기준

구 분	용역의 공급시기
통상적인 공급의 경우	역무의 제공이 완료되는 때
완성도기준지급·중간지급·장기할부 또는 기타 조건부로 용역을 공급하는 경우	대가의 각 부분을 받기로 한 때
위의 기준을 적용할 수 없는 경우	역무의 제공이 완료되고 공급가액이 확정되는 때
임대보증금에 대한 간주임대료	예정신고기간 또는 과세기간의 종료일

3. 공급시기의 특례

구 분	공급시기
① 폐업 전에 공급한 재화 또는 용역의 공급시기가 폐업일 이후에 도래하는 경우	폐 업 일
② 사업자가 공급시기가 되기전에 재화 또는 용역에 대한 대가의 전부 또는 일부를 받고 세금계산서 또는 영수증을 발급하는 경우	발급하는 때
③ 대가수령여부와 관계없이 다음에 해당하는 경우 · 장기할부판매와 전력 기타 공급단위를 구획할 수 없는 재화의 계속적 공급 · 용역의 장기할부 또는 통신 등 그 공급단위를 구획할 수 없는 용역의 계속적 공급	발급하는 때

03 영세율과 면세

01..영세율

1. 영세율제도
영세율제도란 재화 또는 용역의 공급에 대하여 영의 세율을 적용하는 제도를 말한다. 영세율제도는 국제적인 이중과세방지와 소비지국 과세를 실현하기 위하여 도입한 제도이다.

2. 영세율의 취지
① 국제적 이중과세 방지(소비지국 과세원칙)과 수출산업의 지원·육성을 위해 영세율을 적용한다.
② 국내거래라 해도 외화획득사업을 지원하기 위하여 일정한 재화·용역의 공급에 대하여 영세율을 적용한다.

3. 영세율 적용대상자

(1) 귀속대상별 적용대상
① 거주자 또는 내국법인
  영세율이 적용되는 사업자는 원칙적으로 거주자와 내국법인에 한한다.
② 비거주자 또는 외국법인 : 상호주의
  사업자가 비거주자 또는 외국법인인 경우에는 그 외국에서 대한민국의 거주자 또는 내국법인에게 동일한 면세를 하는 경우에 한해 영세율을 적용한다.

(2) 과세유형별 적용대상
① 적용대상자 : 과세사업자 (일반과세자 + 간이과세자)
② 적용제외 : 비사업자와 면세사업자
  면세사업자가 영세율을 적용받으려면 면세포기를 해야 영세율 적용이 가능하다.

4. 영세율 적용대상거래

(1) 수출하는 재화

1) 본래 수출

① 직수출, 대행수출

② 수출을 대행하는 수출업자가 받는 수출대행수수료는 국내에서 제공한 용역으로 보아 부가가치세를 10% 과세하며 세금계산서 교부대상에 해당한다.

③ 국내의 사업장에서 계약과 대가수령 등 거래가 이루어지는 것으로서 중계무역방식수출, 위탁판매수출, 외국인도수출, 위탁가공무역방식수출

2) 수출재화에 포함되는 것 : 내국신용장 또는 구매승인서에 의한 공급 등

① 내국신용장:외국의 수입업체로부터 수출신용장을 받은 국내의 수출업체가 원자재 등을 국내에서 조달할 경우, 동 원자재의 공급자에 대한 대금지급을 보증하기 위해 수출신용장에 의한 청구권을 담보로 해서 제2의 신용장을 개설하는데 이를 내국신용장이라고 한다.

② 구매확인서:내국신용장에 의하지 않고 국내에서 생산된 외화획득용 원료 또는 물품을 공급하는 경우에 외국환은행의 장이 내국신용장에 준하여 발급하는 증서

③ 당해 사업자가 재화를 공급한 과세기간 경과 후 20일 이내에 개설된 내국신용장(20일 이내에 발급하는 구매확인서)에 한하여 영세율을 적용한다.

④ 사업자가 한국국제협력단, 한국국제보건의료재단에 공급하는 재화(무상반출에 한함)

⑤ 수입신고 수리전의 물품으로서 보세구역에 보관하는 물품의 외국으로의 반품

(2) 국외에서 제공하는 용역

국외에서 제공하는 용역이란 용역의 제공장소가 국외인 용역을 말한다. 이러한 국외제공용역에 대해서는 영세율이 적용되는 바, 이 경우 영세율 적용과 관련하여 대금결제방법에 대해서는 전혀 고려대상이 되지 않는다. 국외제공 용역의 경우에 공급받는 자가 국내사업장이 없는 비거주자 또는 외국법인인 경우에 한하여 세금계산서 교부의무가 면제된다.

(3) 선박 또는 항공기의 외국항행용역

1) 대 상

선박 또는 항공기의 외국항행용역이란 선박 또는 항공기에 의하여 여객이나 화물을 국내에서 국외, 국외에서 국내, 국외에서 국외로 수송하는 것을 말하며, 자기의 사업에 부수하여 행하는 경우에도 영세율 대상에 포함한다.

2) 세금계산서 교부

선박의 외국항행용역의 경우에는 공급받는 자가 국내사업장이 없는 비거주자 또는 외국법인인 경우에 한해 세금계산서 교부의무가 면제되며, 항공기의 외국항행용역의 경우에는 공급받는 자가 누구인가에 관계없이 세금계산서의 교부의무가 면제된다.

(4) 기타 외화획득 재화 또는 용역
① 국내에서 비거주자 또는 외국법인에게 공급하는 특정 재화 또는 사업에 해당하는 용역
② 수출업자와 직접도급계약에 의해 수출재화를 임가공하는 수출재화임가공용역

5. 영세율 첨부서류

구 분		첨 부 서 류
수출하는 재화	직수출	• 수출실적명세서(디스켓포함) • 소포수출 : 소포수령증
	대행수출	수출대행계약서사본과 수출신고필증사본 또는 수출신고서 사본
	내국 L/C수출	내국신용장이나 구매확인서 사본 또는 수출대금입금증명서
국외제공용역		• 외화입금증명서.용역공급계약서
선박 · 항공기 외국항행 용역		• 선박 : 외화입금증명서 • 항공기 : 공급가액확정명세서
수출재화임가공용역		임가공계약서 사본 및 납품사실증명서 또는 수출대금입금증명서

02..면 세

1. 면세제도

면세제도란 일정한 재화 또는 용역의 공급에 대한 부가가치세의 납세의무를 면제하는 제도를 말한다. 면세제도는 저소득층의 부가가치세 부담을 경감시키기 위하여 도입한 제도이다.

2. 면세대상 거래

구 분	면 세 대 상
(1) 기초생활 필수품	① 미가공식료품(식용에공하는농산물 · 축산물 · 수산물 · 임산물포함) 및 우리나라에서 생산된 식용에 공하지 않는 미가공 농산물 · 축산물 · 수산물과 임산물
	② 수돗물(생수는 과세)
	③ 연탄과 무연탄(유연탄 · 갈탄 · 착화탄(연탄용 불쏘시개)은 과세)
	④ 여성용 생리처리 위생용품 · 영유아용 기저귀와 분유
	⑤ 여객운송용역(항공기 · 우등고속버스 · 전세버스 · 택시 · 고속철도는 과세)
	⑥ 주택과 이에 부수되는 토지의 임대용역
(2) 국민후생 및 문화관련 재화 · 용역	① 의료보건용역과 혈액(질병치료 목적의 동물 혈액 포함) • 약사가 판매하는 일반의약품은 과세, 미용목적 성형수술과 수의사의 애완동물 진료용역은 과세
	② 교육용역(무허가 교육용역 · 운전면허학원 및 무도학원의 교육용역은 과세)
	③ 도서(도서대여 및 실내 도서 열람 용역 포함) · 신문(인터넷신문 포함) · 잡지 · 관보 및 뉴스통신(광고는 과세)
	④ 예술창작품(미술, 음악, 사진, 연극 또는 무용, 골동품 제외) · 예술행사 · 문화행사 · 아마추어 운동경기
	⑤ 도서관 · 과학관 · 박물관 · 미술관 · 동물원 · 식물원에의 입장
(3) 생산요소	① 토지공급(토지의 임대는 과세)
	② 금융 · 보험용역
	③ 저술가 · 작곡가 · 기타 일정한 자가 직업상제공하는 인적용역
(4) 기 타	① 우표(수집용우표는 과세) · 인지 · 증지 · 복권과 공중전화
	② 종교 · 자선 · 학술 · 구호 기타 공익을 목적으로 하는 단체가 공급하는 일정한 재화 또는 용역
	③ 국가 · 지방자치단체 · 지방자치단체조합이 공급하는 일정한 재화 또는 용역
	④ 국가 · 지방자치단체 · 지방자치단체조합 · 공익단체에게 무상으로 공급하는 재화 또는 용역

다음에 해당하는 여객운송용역은 과세한다.
① 항공기, 우등고속버스, 전세버스, 택시, 특수자동차, 특종선박(特種船舶) 또는 고속철도에 의한 여객운송 용역
② 삭도, 유람선 등 관광 또는 유흥 목적의 운송수단에 의한 여객운송 용역의 경우에는 다음 어느 하나에 해당하는 것
  ㉠ 「궤도운송법」에 따른 삭도에 의한 여객운송 용역
  ㉡ 「관광진흥법 시행령」 제2조에 따른 관광유람선업, 관광순환버스업 또는 관광궤도업에 제공되는 운송수단에 의 한 여객운송 용역
  ㉢ 관광 사업을 목적으로 운영하는 「철도건설법」에 따른 일반철도에 의한 여객운송 용역(「철도사업법」 제9조에 따라 철도사업자가 국토교통부장관에게 신고한 여객 운임 · 요금을 초과해 용역의 대가를 받는 경우로 한정한다)

[부동산의 공급과 부동산의 임대]

부동산의 공급			부동산의 임대	
토지의 공급	면세		원칙	과세
건물의 공급	상가	과세	예외	주택 및 주택부수토지의 임대
	주택	면세		

3. 면세포기

일정한 면세대상 재화 또는 용역에 대하여는 사업자의 자유의사에 따라 면세를 포기할 수 있다.

1) 면세포기대상
① 영세율 적용대상이 되는 재화 또는 용역
② 학술연구단체 또는 기술연구단체가 공급하는 재화 또는 용역

2) 면세포기 절차
면세를 포기하고자 하는 사업자는 관할세무서장에게 포기신고를 하고 지체없이 사업자등록을 하여야 한다. 면세포기에는 시기에 제한이 없으며, 사업자의 포기신고로 족하고, 과세관청의 승인을 필요로 하지 않는다.

3) 면세포기의 효력
면세를 포기하게 되면 과세사업자로 전환된다. 따라서 과세사업자로서의 제반의무를 모두 이행하여야 한다. 면세포기신고를 한 사업자는 신고한 날로부터 3년간은 면세를 적용받지 못한다

4) 영세율과 면세의 비교

구 분	영 세 율	면 세
목 적	① 국제적 이중과세방지 ② 소비지국 과세실현 ③ 수출산업의 지원과 육성	저소득층의 세부담의 역진성 완화
대 상	수출 등 외화획득 재화 또는 용역	기초생활필수품 등
면 세 정 도	완전면세(매입세액이 전액 환급 됨)	불완전면세(매입세액이 환급되지 않음)
사 업 자 여 부	부가가치세법상 사업자	부가가치세법상 사업자가 아님
부 가 가 치 세 법 상 의 무	영세율 사업자는 부가가치세법상 사업자이므로 부가가치세법상 제반 의무를 이행하여야 한다.	부가가치세법상 각종 의무를 이행할 필요가 없으나 다음의 협력의무는 있다. · 매입처별세금계산서합계표 제출의무 · 대리납부의무

04 과세표준

01. 과세표준의 의의

과세표준이란 납세의무자가 납부하여야할 세액산출의 기초가 되는 과세대상의 수량과 가액을 말한다. 부가가치세는 전단계세액공제방식에 의하여 매출세액에서 매입세액을 공제한 잔액을 납부세액으로 한다. 따라서 부가가치세의 과세표준이란 매출세액계산시 세율이 적용되는 가액(공급가액)을 의미한다. 여기서 공급가액이란 다음의 것을 말한다.

구 분	과 세 표 준
① 금전으로 대가를 받는 경우	그 대가
② 금전 외의 대가를 받는 경우	자기가 공급한 재화 또는 용역의 시가
③ 재화의 공급에 대하여 부당하게 낮은 대가를 받거나 대가를 받지 아니하는 경우	자기가 공급한 재화의 시가
④ 용역의 공급에 대하여 부당하게 낮은 대가를 받는 경우	자기가 공급한 용역의 시가

* 시가란 사업자가 특수관계에 있는 자 외의 자와 당해 거래와 유사한 상황에서 계속적으로 거래한 가격 또는 제3자간에 일반적으로 거래된 가격을 말한다

02. 과세표준의 계산방식

과세표준에는 거래상대자로부터 받은 대금·요금·수수료 기타 명목 여하에 불구하고 대가관계에 있는 모든 금전적 가치가 있는 것을 포함한다. 여기에 포함되는 것과 포함되지 않는 것은 다음과 같다.

> 공급가액(=과세표준) + 과세표준에 포함하는 것 − 과세표준에 포함하지 않는 것

구 분	내 용
과세표준에 포함되는 것	① 할부판매의 이자상당액 ② 대가의 일부로 받는 운송비·포장비·하역비·운송보험료·산재보험료 등 ③ 개별소비세·주세·교통·에너지·환경세·교육세 및 농어촌특별세 상당액

구 분	내 용
과세표준에 포함되지 않는 것	① 부가가치세 ② 매출에누리 · 매출환입 · 매출할인 ③ 공급받는 자에게 도달하기 전에 파손 · 훼손 또는 멸실된 재화의 가액 ④ 재화 또는 용역의 공급과 직접 관련되지 않는 국고보조금과 공공보조금 ⑤ 계약 등에 의하여 확정된 대가의 지급 지연으로 인하여 지급받는 연체이자 ⑥ 반환조건부 용기대금 및 포장비용 ⑦ 대가와 구분하여 기재한 경우로서 당해 종업원에게 지급한 사실이 확인되는 봉사료
과세표준에서 공제하지 않는 것	① 대손금 ② 판매장려금(현물지급시 간주공급에 해당함) ③ 하자보증금

03..일반적인 과세표준

구 분	과 세 표 준
• 외상판매 및 할부판매의 경우	공급한 재화의 총가액
• 장기할부판매 • 완성도기준지급조건부 또는 중간지급조건부로 재화나 용역을 공급하는경우 • 계속적으로 재화나 용역을 공급하는 경우	계약에 따라 받기로 한 대가의 각 부분

04..수입재화의 과세표준

재화의 수입에 대한 부가가치세의 과세표준은 관세의 과세가격과 관세 · 개별소비세 · 주세 · 교육세 · 농어촌특별세 및 교통에너지환경세의 합계액으로 한다.

> 과세표준 = 관세의 과세가격+관세+개별소비세 · 주세+교육세 · 농특세+교통 · 에너지 · 환경세

05..외화의 환산

대가를 외국통화 · 기타 외국환으로 받은 때에는 다음과 같은 금액을 그 대가로 한다.

구 분	외환의 환산액
① 공급시기 도래 전에 원화로 환가한 경우	그 환가한 금액
② 공급시기 이후에 외국통화, 기타 외국환 상태로 보유하거나 지급받는 경우	공급시기의 기준환율 또는 재정환율에 따라 계산한 금액

필수예제

다음 자료를 통하여 계약금을 환가한 경우와 환가하지 않은 경우를 구분하여 부가가치세법상 과세표준을 계산하고 일반기업회계기준에 의한 회계처리를 하시오.
11월 10일 New York사와 $20,000의 수출계약을 체결하고 계약금 $2,000을 보통예금으로 송금 받았다.
11월 25일 제품을 선적하고 수출대금 중 잔액은 10일 이내에 받기로 하였다.

일 자	11월 10일	11월 25일
환 율	₩1,000/1$	₩1,200/1$

해답

1. 과세표준
   ① 선수금을 원화로 환가한 경우
      = $2,000 × @₩1,000 + $18,000 × @₩1,200 = 23,600,000
   ② 선수금을 원화로 환가하지 않은 경우
      = $20,000 × @₩1,200 = 24,000,000

2. 회계처리
   11월 10일   (차) 보통예금   2,000,000   (대) 선수금   2,000,000
                *$2,000 × @₩1,000 = 2,000,000
   11월 25일   (차) 선수금   2,000,000   (대) 제품매출   24,000,000*
               외상매출금   21,600,000**
               외환차손   400,000***
               *$20,000 × @₩1,200 = 24,000,000
               **$18,000 × @₩1,200 = 21,600,000
               ***$2,000 × (@₩1,200 − @₩1,000) = 400,000

06. 간주공급의 과세표준

1. 일반적인 경우

구 분	과 세 표 준
① 원 칙	재화의 시가
② 감가상각자산	간주시가 = 취득가액 × (1 − 체감률* × 경과된 과세기간의 수) * 건물 또는 구축물 : 5%, 기타자산 : 25%

2. 판매목적 타사업장의 반출의 경우

구 분	과세표준
① 원 칙	해당 재화의 취득가액
② 취득가액에 일정액을 가산하여 공급하는 경우	그 공급가액

⚓ 필수예제

부가가치세 과세사업을 영위하고 있는 (주)영등포의 다음 자료에 따라 제1기 예정신고기간(1.1~3.31)의 부가가치세 과세표준을 계산하시오. 당해 법인은 총괄납부 또는 사업자단위과세제도를 적용받지 않는 사업자이다.

1. 손익계산서상 매출액은 50,000,000원(매출에누리 2,000,000원 포함)이다.
2. 장려목적으로 거래처에 증정한 상품의 시가는 1,500,000원(원가 1,000,000원)이다.
3. 거래처에 장려금조로 지급한 판매장려금 1,000,000원이다.
4. 외상매출금 중 대손 된 금액 500,000원이다.
5. 사장 개인의 주택수리 목적으로 사용된 상품은 2,500,000원(원가 1,800,000원)이다.
6. 영업용이 아닌 승용차 매각대금은 6,000,000원(취득가액 20,000,000원)이다.
7. 직매장에 반출한 금액은 20,000,000원이다.
8. 대가를 받지 않고 거래처에 증정한 견본품은 600,000원(시가 800,000원)이다.
9. 당해 법인은 시가 1,000,000원의 상품을 서울시청에 무상으로 기증하였다.
10. 특수관계자인 계열회사에 판매한 상품매출액은 4,000,000원(시가 6,500,000원)이다

⚓ 해답

내 용	과세표준
① 매출액은 매출에누리, 매출환입, 매출할인을 차감한 금액이다.	48,000,000
② 거래처에 증정한 장려물품은 사업상증여에 해당한다.	1,500,000
③ 현금으로 지급한 판매장려금은 과세표준에서 공제(차감)하지 않는다.	–
④ 외상매출액 중 대손된 금액은 과세표준에서 공제(차감)하지 않는다.	–
⑤ 사장 개인의 주택수리 목적으로 사용된 상품은 개인적 공급에 해당하며 시가를 과세표준으로 한다.	2,500,000
⑥ 승용차를 매각한 것은 재화의 공급에 해당한다.	6,000,000
⑦ 직매장반출은 재화의 공급에 해당한다.	20,000,000
⑧ 대가를 받지 않은 견본품은 과세되지 않는다.	–
⑨ 국가 또는 지방자치단체 등에게 무상으로 공급한 것은 면세이다.	–
⑩ 특수관계자와의 매출은 시가를 과세표준으로 한다.	6,500,000
합 계	84,500,000

07. 과세표준계산의 특례

1. 공통사용재화를 공급하는 경우

(1) 과세표준의 안분계산

과세사업과 면세사업에 공통으로 사용되는 재화를 공급하는 경우의 과세표준은 다음의 산식에 따라 계산한다. 다만, 휴업 등으로 인하여 직전 과세기간의 공급가액이 없는 경우에는 그 재화를 공급한 날에 가장 가까운 과세기간의 공급가액에 의해 계산한다.

$$과세표준 = 해당\ 재화의\ 공급가액 \times 직전\ 과세기간의\ \frac{과세공급가액}{총공급가액}$$

(2) 안분계산의 배제

다음 중 어느 하나에 해당하는 경우에는 안분계산을 배제하고 해당 재화의 공급가액을 과세표준으로 한다.

① 재화의 공급가액이 50만원 미만인 경우
② 재화를 공급하는 날이 속하는 과세기간에 신규로 사업을 개시한 경우
③ 재화를 공급하는 날이 속하는 과세기간의 직전 과세기간의 총공급가액 중 면세공급가액이 5%미만인 경우. 다만, 해당 재화의 공급가액이 5천만원 이상인 경우는 제외한다

2. 토지와 건물 등을 일괄 공급하는 경우

사업자가 토지와 그 토지에 정착된 건물 또는 구축물 등을 함께 공급하는 경우에는 건물 또는 구축물 등의 실지거래가액을 공급가액으로 한다. 다만, 다음 어느 하나에 해당하는 경우에는 아래의 안분계산방법에 따라 안분계산한 금액을 공급가액으로 한다.

① 실지거래가액 중 토지의 가액과 건물 또는 구축물 등의 가액의 구분이 불분명한 경우
② 사업자가 실지거래가액으로 구분한 토지와 건물 또는 구축물 등의 가액이 다음의 안분방법에 따라 안분계산한 금액과 100분의 30 이상 차이가 있는 경우

안분계산방법		
구 분		과세표준
⊙ 감정평가액이 있는 경우		감정평가액에 비례하여 안분계산
ⓒ 감정평가액이 없는 경우	기준시가가 모두 있는 경우	기준시가에 따라 계산된 가액에 비례하여 안분계산
	기준시가가 일부만 있는 경우	ⓐ 1차안분: 장부금액에 비례하여 안분계산 ⓑ 2차안분: 기준시가가 있는 자산은 1차안분 후 계산한 합계액을 다시 기준시가로 안분계산

3. 부동산임대용역을 공급하는 경우

사업자가 부동산임대용역을 공급하는 경우 임대료, 간주임대료 및 관리비를 과세표준으로 한다.

(1) 일반적인 부동산임대

구 분	과 세 표 준
① 임대료	–
② 선불·후불 임대료	과세표준 = 선불또는후불로받는임대료 × $\dfrac{\text{각 과세대상기간의 월수}}{\text{계약기간의 월수}}$
③ 간주임대료	과세표준 = 전세금·보증금 × 정기예금이자율 × $\dfrac{\text{과세대상기간의 일수}}{365(\text{윤년}: 366)}$
④ 관리비	별도로 구분징수하는 공공요금(전기료, 가스료 등)은 제외

* 선불·후불 임대료의 월수계산시 개시일이 속하는 달이 1월 미만이면 1월로 하고 종료일이 속하는 달이 1월 미만이면 이를 산입하지 않는다.(초월산입 말월불산입)

(2) 겸용주택의 임대

과세되는 상가의 임대용역과 면세되는 주택의 임대용역을 함께 공급하여 임대료 등의 구분이 불분명한 경우 다음의 순서대로 과세표준을 안분하여 계산한다.

구 분	과 세 표 준	
1차 안분	① 건물·토지 분 임대료상당액 = 총임대료 ×	$\dfrac{\text{토지·건물의 기준시가}}{\text{토지·건물의 기준시가 합계액}}$
2차 안분	② 건물의 과세표준 = 건물분 임대료 상당액 ×	$\dfrac{\text{과세되는 건물의 임대면적}}{\text{총건물의 임대면적}}$
	③ 토지의 과세표준 = 토지분 임대료 상당액 ×	$\dfrac{\text{과세되는 토지의 임대면적}}{\text{총토지의 임대면적}}$

05 | 거래징수와 세금계산서

01..거래징수

사업자가 재화 또는 용역을 공급하는 때에는 과세표준에 세율을 적용하여 계산한 부가가치세를 그 재화 또는 용역을 공급받는 자로부터 징수하여야 하는데 이를 거래징수라 한다. 이것은 사업자에게 부과되는 부가가치세를 거래상대방에게 전가하는 과정이다.

02..세금계산서

세금계산서란 사업자가 재화 또는 용역을 공급할 때 부가가치세를 거래징수하고 이를 증명하기 위하여 공급받는 자에게 교부하는 세금영수증을 말한다.

1. 세금계산서의 종류

구 분		내 용
정규 세금계산서	세금계산서	사업자가 공급받는 자에게 발급
	수입세금계산서	세관장이 수입자에게 발급
	전자세금계산서	법인사업자 및 일정규모 이상의 개인사업자가 발급
	매입자발행세금계산서	매입자가 발급
영 수 증	신용카드매출전표	주로 소비자를 대상으로 영위하는 사업자가 발급
	현금영수증	
	일반적인 영수증	영세사업자 등이 발급

(1) 세금계산서

세금계산서는 공급하는 사업자가 공급자 보관용과 공급받는자 보관용으로 각 2매를 작성하여 1매를 발급한다. 공급자는 발급한 세금계산서를 집계한 매출처별 세금계산서합계표를 정부에 제출하며, 공급받는 자는 발급받은 세금계산서를 집계한 매입처별 세금계산서합계표를 정부에 제출하여 매입세액공제를 받는다.

사업자가 세금계산서를 발급한 후 그 기재사항에 관하여 착오나 정정 등 사유가 발생한 경우에는 세금계산서를 수정하여 발급할 수 있는데 이때에 발행된 세금계산서를 수정세금계산서라고 한다.

(2) 수입세금계산서

수입세금계산서란 재화의 수입에 대하여 세관장이 수입자에게 발급하는 세금계산서를 말한다.

(3) 전자세금계산서

① 의의

전자세금계산서란 사업자가 공인인증시스템을 거쳐 정보통신망으로 발급하는 것을 말한다. 법인사업자와 직전연도의 사업장별 재화 및 용역의 공급가액(과세+면세) 합계액이 8천만원 이상인 개인사업자는 전자세금계산서를 발급하여야 한다. 사업자가 전자세금계산서를 발급하였을 때에는 해당 전자세금계산서 **발급일의 다음날까지** 세금계산서 발급명세를 국세청장에게 전송하여야 한다.

② 전자세금계산서발급명세를 전송한 경우 혜택

㉠ 매출매입처별세금계산서합계표를 제출하지 않아도 된다.

㉡ 5년간 세금계산서보존의무가 면제된다.

㉢ 직전연도 사업장별 공급가액 3억원 미만인 개인사업자에 대하여 전자세금계산서발급 전송에 대한 세액공제(건당200원)가 적용된다.
(해당연도에 신규로 사업을 시작한 개인사업자 포함)

(4) 매입자발행세금계산서

매입자발행세금계산서란 사업자가 재화 또는 용역을 공급하고 세금계산서를 발급하지 않은 경우(사업자의 부도·폐업등으로 사업자가 수정세금계산서 또는 수정전자세금계산서를 발급하지 아니한 경우 포함) 공급받는 자가 관할세무서장의 확인을 받아 발급하는 세금계산서를 말한다.

매입자발행세금계산서를 발행하기 위해서는 **세금계산서 공급시기가 속하는 과세기간 종료일부터 1년 이내**에 거래사실의 확인(거래건당 공급대가가 5만원 이상)을 관할세무서장에게 확인 신청을 하여야 한다.

(5) 영수증

영수증이란 공급받는 자의 등록번호와 부가가치세액을 구분해서 기재하지 않은 증명서류를 말한다. 영수증은 공급대가로 기재한다. 다만, 영수증 발급대상 사업자가 신용카드기 또는 직불카드기 등 기계적 장치에 의하여 영수증을 발급하는 때에는 영수증에 공급가액과 세액을 구분하여 기재하여야 한다.

2. 세금계산서 기재사항

세금계산서의 기재사항은 다음과 같다.

구 분	내 용	비 고
필요적 기재사항	① 공급하는 사업자의 등록번호와 성명 또는 명칭 ② 공급받는 자의 등록번호 ③ 공급가액과 부가가치세액 ④ 작성연월일	그 전부 또는 일부가 기재되지 않았거나 그 내용이 사실과 다른 경우에는 세금계산서로서의 효력이 인정되지 않는다.
임의적 기재사항	① 공급하는 자의 주소 ② 공급받는 자의 상호·성명·주소 ③ 단가와 수량 ④ 공급연월일 등	세금계산서의 효력에 아무런 영향을 미치지 않는 사항 들이다.

03..세금계산서의 발급

1. 세금계산서의 발급의무자

세금계산서의 발급의무자는 납세의무자로 등록한 사업자이다. 따라서 면세사업자는 부가가치세 납세의무가 없으므로 세금계산서를 발급할 수 없다.

2. 세금계산서의 발급대상거래

재화 또는 용역의 공급에 대해서는 원칙적으로 모두 세금계산서를 발급하여야 한다. 따라서 영세율이 적용되는 거래도 세금계산서를 발급하는 것이 원칙이다. 그러나 면세되는 재화 또는 용역의 공급에 대해서는 세금계산서를 발급하지 않는다. 다음은 세금계산서 등의 발급대상거래를 요약한 것이다.

구 분	내 용
세금계산서 발급대상거래	원칙: 모든 재화 또는 용역의 공급 예외: 면세되는 재화 또는 용역의 공급(계산서발급)
영 수 증 발급대상거래*	① 소매업 ② 음식점업(다과점업 포함), 숙박업 ③ 목욕·이발·미용업·여객운송업·입장권을 발행하여 영위하는 사업 ④ 변호사·공인회계사·세무사 등 전문적 인적용역을 공급하는 사업 ⑤ 주로 사업자가 아닌 소비자에게 재화·용역을 공급하는 사업으로서 세금계산서 발급이 불가능하거나 현저히 곤란한 사업 ⑥ 임시사업장 개설 사업자가 그 임시사업장에서 사업자가 아닌 소비자에게 재화·용역을 공급하는 경우 ⑦ 방송사업자가 사업자가 아닌 자에게 방송용역을 제공하는 경우 등
세금계산서·영수증 발급의무면제	① 택시운송·노점·행상 등의 사업을 하는 자가 공급하는 재화 또는 용역 ② 소매업 또는 목욕·이발·미용업을 영위하는 자가 공급하는 재화(소매업의 경우에는 공급받는 자가 세금계산서의 교부를 요구하지 않는 경우에 한한다.) ③ 자가공급(판매목적 타사업장 반출의 경우는 제외)·개인적 공급·사업상증여·폐업시의 잔존재화로서 공급의제되는 재화 ④ 영세율 적용대상이 되는 일정한 재화·용역 ⑤ 부동산임대용역 중 간주임대료에 해당하는 부분 ⑥ 기타 국내사업장이 없는 비거주자 또는 외국법인에게 공급하는 재화·용역
	영수증 발급대상자로서 공급받는 자가 요구시 발급의무가 있는 일반과세자가 부가가치세가 과세되는 재화 또는 용역을 공급하고 신용카드매출전표, 기명식선불카드영수증, 직불카드영수증, 현금영수증 등을 발급한 경우에는 세금계산서를 발급할 수 없다.(매입세액 이중 공제 방지 목적)

* 공급받는 사업자가 사업자등록증을 제시하고 세금계산서의 발급을 요구하는 때에는 세금계산서를 발급하여야 한다.

3. 세금계산서의 발급시기

(1) 원 칙

세금계산서는 원칙적으로 재화 또는 용역의 공급시기에 발급하여야 한다. 다만, 공급시기가 도래하기 전에 대가의 전부 또는 일부를 받고서 세금계산서를 발급한 경우에는 발급하는 때를 공급시기로 한다.

(2) 발급시기의 특례

구 분	내 용
공급시기 전 발급특례	① 사업자가 재화 또는 용역의 공급시기가 되기 전에 세금계산서를 발급하고 그 세금계산서 발급일로부터 7일 이내에 대가를 지급받는 경우에는 정당한 세금계산서를 발급 한 것으로 한다.
	② 위 ①의 규정에 불구하고 대가를 지급하는 사업자가 다음 어느 하나에 해당하는 경우 에는 공급하는 사업자가 재화 또는 용역의 공급시기가 되기전에 세금계산서를 발급 하고 그 세금계산서 발급일로부터 7일 경과 후 대가를 지급받는 경우에는 그 교부한 때를 교부시기로 한다. ㉠ 거래 당사자 간의 계약서·약정서 등에 대금 청구시기(세금계산서 발급일을 말한다)와 지급시기를 따로 적고, 대금 청구시기와 지급시기 사이의 기간이 30일 이내 인경우 ㉡ 세금계산서발급일이속하는과세기간(공급받는자가제59조제2항에따라조기환 급을 받은 경우에는 세금계산서발급일부터 30일 이내)에 재화 또는 용역의 공급 시기 가 도래하고 세금계산서에 적힌 대금을 지급받는 것이 확인되는경우
공급시기 후 발급특례	사업자가 다음 중 어느 하나에 해당하는 경우에는 재화 또는 용역의 공급일이 속하는 달 의 다음달 10일까지 세금계산서를 발급할 수 있다. ① 거래처별로 1역월의 공급가액을 합산하여 당해 월의 말일자를 발행일자로 하여 세금 계산서를 교부하는 경우 ② 거래처별로 1역월 이내에서 거래관행상 정하여진 기간의 공급가액을 합계하여 그 기 간의 종료일자를 발행일자로 하는 경우 ③ 관계증빙서류 등에 의하여 실제 거래사실이 확인되는 경우로서 당해 거래일자를 발 행 일자로 하여 세금계산서를 교부하는 경우

4. 세금계산서의 수정

구 분	내 용
처음 공급한 재화가 **환입**된 경우	재화가 **환입된 날**을 작성일로하여 음(-)의 표시를 하여 발급
착오로 전자세금계산서를 **이중**으로 발급한 경우	처음에 발급한 세금계산서의 내용대로 음(-)의 표시를 하여 발급
필요적 기재사항 등이 **착오**로 잘못 적힌 경우	처음에 발급한 세금계산서의 내용대로 세금계산서를 음(-)의 표시를 하여 발급하고, 수정하여 발급하는 세금계산서는 검은색 글씨로 작성하여 발급
세율을 잘못 적용하여 발급한 경우	처음에 발급한 세금계산서의 내용대로 음(-)의 표시를 하여 발급
계약의 해지 등에 따라 **공급가액에 추가되거나 차감**되는 금액이 발생한 경우	**증감 사유가 발생한 날**을 작성일로 하여 증가액 또는 감액을 표시를 하여 발급
면세 등 **발급대상이 아닌 거래** 등에 대하여 발급한 경우	처음에 발급한 세금계산서의 내용대로 붉은색 글씨로 쓰거나 음(-)의 표시를 하여 발급

04. 세금계산서합계표 등의 제출

1. 세금계산서합계표의 제출

구 분	내 용
사 업 자	사업자가 세금계산서를 발급하였거나 발급받은 때에는 매출·매입처별세금계산서합계표를 예정신고 또는 확정신고와 함께 제출하여야 한다. 다만, 전자세금계산서를 발급한 사업자가 국세청장에게 세금계산서 발급명세를 전송한 경우에는 제출의무가 면제된다.
세 관 장	세금계산서를 발급한 세관장은 사업자의 경우를 준용하여 매출처별세금계산서합계표를 사업장 관할 세무서장에게 제출하여야 한다.
면세사업자 등	세금계산서를 발급받은 국가, 지방자치단체, 지방자치단체조합, 면세사업자 등은 부가가치세의 납세의무가 없는 경우에도 매입처별세금계산서합계표를 해당과세기간이 끝난 후 25일 이내에 사업장 관할세무서장에게 제출하여야 한다.

2. 현금매출명세서의 제출

사업서비스업 중 예식장업, 부동산중개업, 보건업(병원과 의원으로 한정함), 변호사, 공인회계사, 세무사, 건축사, 변리사, 관세사, 감정평가사, 법무사 등의 사업을 영위하는 사업자는 현금매출명세서를 예정신고 또는 확정신고와 함께 제출하여야 한다.

3. 부동산임대공급가액명세서의 제출

부동산임대업자는 부동산임대공급가액명세서를 예정신고 또는 확정신고와 함께 제출하여야 한다.

05. 신용카드매출전표(직불카드, 기명식 선불카드, 현금영수증 포함)

1. 공급자 세액공제

일반과세자 중 영수증 발급의무자(법인사업자와 직전 연도의 재화 또는 용역의 공급가액의 합계액이 10억을 초과하는 개인사업자는 제외한다)가 재화 또는 용역을 공급하고 신용카드매출전표 등을 발행하거나 전자화폐로 결제를 받는 경우에는 신용카드매출전표 등 발행세액공제를 적용받을 수 있다.

> 공제액 = min [① 신용카드매출전표 등 발행금액 × 1.3%, ② 연간 1,000만원]

2. 매입세액의 공제허용

신용카드매출전표 등은 영수증에 해당하므로 원칙적으로 매입세액공제를 받을 수 없다. 그러나 사업자가 일반과세자로부터 재화 또는 용역을 공급받고 부가가치세액이 별도로 기재된 신용카드매출전표를 발급받은 경우로서 다음의 요건을 모두 충족하는 경우에는 매입세액공제를 적용받을 수 있다.

> ① 신용카드매출전표 등을 수령명세서를 제출할 것
> ② 신용카드매출전표 등을 해당 거래사실이 속하는 과세기간에 대한 확정신고를 한 날로부터 5년간 보관할 것

06 납부세액의 계산

01..납부세액의 계산구조

일반과세자가 각 과세기간별로 신고 납부하는 부가가치세의 계산구조는 다음과 같다.

과 세 표 준	재화·용역의 공급가액(VAT제외금액)
(×) 세 율	10%(영세율: 0%)
매 출 세 액	대손세액 가감
(−) 매 입 세 액	세금계산서상의 매입세액, 의제매입세액 등
납 부 세 액	
(−) 공 제 세 액	신용카드매출전표등발행세액공제, 예정신고미환급세액, 예정고지세액, 조세특례제한법상 공제·경감세액
(+) 가 산 세	
차 감 납 부 세 액	(△)환급세액

02..과세표준과 매출세액의 계산구조

1. 매출세액의 계산구조

부가가치세 과세표준은 일정 과세기간에 공급한 재화·용역의 공급가액을 합산한 금액으로 하며, 부가가치세 매출세액은 과세표준에 세율을 곱하여 계산한 금액으로 한다.

대손세액이 발생한 경우에는 매출세액에서 공제하며, 대손세액을 회수한 경우에는 매출세액에 가산한다. 이러한 과세표준과 매출세액의 계산구조는 다음과 같다.

구 분			과세표준	세율	세액
과세표준및매출세액	① 과세	세금계산서발급분	×××	10/100	×××
		매입자발행세금계산서	×××	10/100	×××
		신용카드·현금영수증	×××	10/100	×××
		기 타	×××	10/100	×××
과세표준및매출세액	② 영세	세금계산서발급분	×××	0/100	
		기 타	×××	0/100	
	③ 예정신고누락분*		×××		×××
	④ 대손세액가감				×××
	합계		①~④의 합	㉮	① + ③ ± ④

* 예정신고시 누락한 매출세액이 있는 경우에는 확정신고시 해당 금액을 본란에 기재하여 납부하여야 한다.

2. 대손세액공제

사업자가 과세재화 또는 용역을 공급한 후 공급받는 자의 파산 등의 사유로 부가가치세를 거래징수하지 못하는 경우에는 그 대손세액을 매출세액에서 차감할 수 있으며, 공급받는 자는 그 세액을 매입세액에서 차감하여야 한다.

(1) 대손사유

① 상법, 어음법, 수표법, 민법에 따른 소멸시효가 완성된 채권
② 회생계획인가의 결정 또는 법원의 면책결정에 따라 회수불능으로 확정된 채권
③ 신용회복지원협약에 따라 면책으로 확정된 채권
④ 채무자의 파산, 강제집행, 형의 집행, 사업의 폐지, 사망, 실종 또는 행방불명으로 회수할 수 없는 채권
⑤ 부도발생일부터 6개월 이상 지난 수표 또는 어음상의 채권 및 외상매출금(중소기업의 외상매출금으로서 부도발생일 이전의 것에 한정한다). 다만, 해당 법인이 채무자의 재산에 대하여 저당권을 설정하고 있는 경우는 제외한다.
⑥ 중소기업의 외상매출금 및 미수금으로서 회수기일이 2년 이상 지난 외상매출금등. 다만, 특수관계인과의 거래로 인하여 발생한 외상매출금등은 제외한다.
⑦ 회수기일이 6개월 이상 지난 채권 중 채권가액이 30만원 이하(채무자별 채권가액의 합계액을 기준으로 한다)인 채권

(2) 시기의 제한

대손세액공제는 사업자가 과세 재화 또는 용역을 공급한 후 그 **공급일로부터 10년이 지난 날**이 속하는 과세기간에 대한 확정신고기한까지 위의 사유로 확정되는 대손세액에 한정하여 공제받을 수 있다.

(3) 증명서제출

대손세액공제를 받고자 하는 사업자는 부가가치세 확정신고서에 대손세액공제신고서와 대손사실을 증명하는 서류를 첨부하여 관할세무서장에게 제출하여야 한다.

(4) 대손세액의 처리방법

구 분	대손이 확정된 경우	대손금을 회수·변제한 경우
공급자	대손이 확정된 날이 속하는 과세기간의 매출세액에서 대손세액을 차감한다.	회수한 날이 속하는 과세기간의 매출세액에 회수한 대손세액을 가산한다.
공급받는자	매입세액공제를 받고 동 대손이 폐업 전에 확정되는 경우에는 그 확정된 날이 속하는 과세기간의 매입세액에서 대손세액을 차감한다(대손처분 받은 세액).	대손세액을 매입세액에서 차감(관할세무서장이 결정 또는 경정한 경우 포함) 후 대손금을 변제한 경우에는 변제일이 속하는 과세기간의 매입세액에 변제한 대손세액을 더한다(변제대손세액).

03. 매입세액의 계산구조

1. 매입세액의 계산구조

		구 분		금액	세율	세액
매입세액	①	세금계산서 수취분	일반매입	×××		×××
			고정자산매입	×××		×××
	②	예정신고누락분		×××		×××
	③	매입자발행세금계산서		×××		×××
	④	그 밖의 공제매입세액		×××		×××
	⑤	합 계		①~④합		①~④합
	⑥	공제받지못할매입세액		×××		×××
	⑦	차 감 계		⑤-⑥	㉯	⑤-⑥

2. 세금계산서 수취분 매입세액

(1) 공제되는 매입세액

공제대상 매입세액은 자기의 사업을 위하여 사용되었거나 사용될 재화·용역의 공급 또는 재화의 수입에 대한 세액을 말한다.

(2) 매입자발행세금계산서에 의한 매입세액공제 특례

세금계산서 발급의무가 있는 사업자가 재화 또는 용역을 공급하고 세금계산서를 발급하지 않는 경우 재화 또는 용역을 공급받은 자가 거래확인신청(개별건당 5만원 이상인 경우에 한함)을 통하여 발급된 매입자발행세금계산서는 매입세액을 공제한다.

(3) 매입세액 불공제

일정한 매입세액은 실제로 거래징수당한 경우에도 매출세액에서 공제될 수 없는데 그 내용은 다음과 같다.

> ① 매입처별세금계산서합계표의 미제출·부실기재·허위기재한 경우의 매입세액
> ② 세금계산서의 미수취·부실기재·허위기재한 경우의 매입세액
> ③ 사업과 직접 관련이 없는 지출에 대한 매입세액
> ④ 개별소비세법에 따른 자동차(정원 8인 이하 승용자동차에 한정하되 배기량 1,000cc 이하인 것은 제외)와 이륜자동차(배기량 125cc 초과) 및 캠핑용자동차의 구입과 임차 및 유지에 관한 매입세액
> ⑤ 기업업무추진비 및 이와 유사한 비용의 지출에 관련된 매입세액
> ⑥ 면세사업에 관련된 매입세액
> ⑦ 토지관련 매입세액
> ⑧ 사업자등록을 하기 전의 매입세액

3. 예정신고 누락분

공제받을 수 있는 매입세액을 부가가치세 예정신고시 누락하여 공제를 받지 못한 경우에는 부가가치세 확정신고시 공제를 받을 수 있다.

4. 신용카드매출전표등수령금액합계표 제출분 매입세액

본래 신용카드매출전표 등은 영수증에 해당한다. 그러나 신용카드매출전표 등을 발행하고 수령하면 세금계산서와 동일한 과세포착효과를 가져오므로 부가가치세법에서는 예외적으로 법정요건을 갖춘 분에 대해서는 매입세액공제를 받을 수 있도록 규정하고 있다.

다만, 다음에 해당하는 경우에는 신용카드매출전표 등을 수취하였더라도 매입세액을 공제받을 수 없다.

> ① 세금계산서를 수취한 경우
> ② 면세사업자 또는 영수증 발급 대상 간이과세자에게 매입한 경우
> ③ 공제받지 못할 매입세액인 경우(기업업무추진비, 사업무관, 개별소비세법에 따른 자동차 구입 등)
> ④ 다음에 해당하는 사업을 영위하는 사업자에게 용역을 공급받은 경우
>   ㉠ 미용, 욕탕 및 유사서비스업
>   ㉡ 여객운송업(전세버스운송사업자 제외)
>   ㉢ 입장권을 발행하여 영위하는 사업

5. 의제매입세액공제

사업자가 면세농산물 등을 원재료로 하여 제조·가공한 재화 또는 창출한 용역의 공급에 대하여 과세되는 경우에는 그 농산물 등의 가액에 일정률을 곱한 금액을 매입세액에서 공제할 수 있다.

(1) 의제매입세액공제요건

공제요건	내 용
① 적용대상자	사업자등록을 한 사업자
② 과세사업에 사용	사업자가 공급받은 면세농산물 등을 원재료로 하여 제조·가공한 재화 또는 용역의 공급이 과세되어야 한다. 여기서 면세되는 농산물 등이란 본래성질이 변하지 않는 1차 가공물과 그에 따른 부산물, 단순가공 및 미가공 식료품 등을 포함한다.
③ 증명서류제출	의제매입세액을 공제받으려는 사업자는 면세농산물 등을 공급받은 사실을 증명하는 의제매입세액공제신고서와 매입처별계산서합계표·신용카드매출전표등수령명세서를 관할세무서장에게 제출하여야 한다.

(2) 의제매입세액의 계산

의제매입세액공제요건을 충족한 경우 다음과 같이 계산된 금액을 매출세액에서 공제한다.

> 의제매입세액 = 면세농산물 등의 가액 × 공제율

1) 면세농산물 등의 가액

면세농산물 등의 가액은 운임 등의 부대비용을 제외한 매입원가로 계산하며, 수입되는 농산물 등의 경우에는 관세의 과세가격으로 한다.

2) 공제율

구 분			공제율
음식점업	법인사업자		6/106
	개인사업자	과세표준 2억원 초과	8/108
		과세표준 2억원 이하	9/109
	개별소비세 과세유흥장소의 경영자		2/102
제조업	① 과자점업, 도정업, 제분업 및 떡류 제도업 중 떡방앗간		6/106
	② ①이외의 제조업자로 일정한 중소기업 및 개인사업자		4/104
기타업	-		2/102

(3) 의제매입세액공제한도

구 분	한도비율				
법인사업자	해당과세기간의 과세표준 ×50%				
개인사업자	해당 과세기간의 과세표준	2억원 초과	55%	음식점업	60%
		2억원 이하	65%		70%
		1억원 이하			75%

(4) 의제매입세액의 공제시기

의제매입세액은 면세농산물 등을 공급받거나 수입한 날이 속하는 과세기간의 매출세액에서 공제한다.

(5) 의제매입세액의 추징

의제매입세액의 공제를 받은 면세농산물 등에 대하여 다음에 해당하는 경우에는 그 공제한 금액을 납부세액에 가산하거나 환급세액에서 공제하여야 한다.

① 면세농산물 등을 그대로 양도 또는 인도하는 경우
② 면세농산물 등을 면세사업 기타의 목적을 위하여 사용하거나 소비하는 경우

6. 겸영사업자의 공통매입세액 안분계산

과세사업과 면세사업에 공통으로 사용할 재화 또는 용역은 그 실지귀속에 따라 매입세액공제 여부를 판단하여야 한다. 그러나 실지귀속을 구분할 수 없는 경우에는 공통매입세액을 획일적인 방법으로 안분할 수 밖에 없는데, 이것을 공통매입세액의 안분계산이라고 한다.

(1) 안분계산

구 분	불공제액
① 원칙적인 안분계산	공통매입세액 × $\dfrac{\text{해당과세기간의 면세공급가액}}{\text{해당과세기간의 총공급가액}}$
② 동일과세기간 중 공급받은 재화를 공급하는 경우	공통매입세액 × $\dfrac{\text{직전과세기간의 면세공급가액}}{\text{직전과세기간의 총공급가액}}$
③ 공급가액이 없는 경우	해당 과세기간 중 과세사업과 면세사업의 공급가액이 없거나 그 어느 한 사업의 공급 가액이 없는 경우에 해당과세기간의 안분계산은 다음의 순서에 따른다.
	㉠ 총매입가액에 대한 면세사업에 관련된 매입가액의 비율
	㉡ 총예정공급가액에 대한 면세사업에 관련된 예정공급가액의 비율
	㉢ 총예정사용면적에 대한 면세사업에 관련된 예정사용면적의 비율

(2) 안분계산의 배제

다음의 경우에는 안분계산 없이 해당 재화 또는 용역의 매입세액을 전액 공제한다.
① 해당 과세기간의 총공급가액 중 면세공급가액이 5% 미만인 경우의 공통매입세액 다만, 공통매입세액이 5백만원 이상인 경우는 제외한다.
② 해당 과세기간 중의 공통매입세액이 5만원 미만인 경우의 매입세액
③ 재화를 공급하는 날이 속하는 과세기간에 신규로 사업을 개시하여 직전 과세기간이 없는 경우 해당 공통사용재화에 대한 매입세액

(3) 공통매입세액의 정산

공통매입세액을 매입가액비율 예정공급가액비율 예정사용면적비율로 안분계산한 경우에는 공급가액 또는 사용면적이 확정되는 과세기간에 다음 산식에 의하여 공통매입세액을 정산한다.

구 분	불공제액
가액비율로 안분계산시	공통매입세액 × (확정되는 과세기간의 면세공급가액 / 확정되는 과세기간의 총공급가액) − 기불공제매입세액
면적비율로 안분계산시	공통매입세액 × (확정되는 과세기간의 면세사용면적 / 확정되는 과세기간의 총사용면적) − 기불공제매입세액

7. 납부세액 또는 환급세액의 재계산

공통매입세액을 안분계산하여 매입세액을 공제한 후에 면세비율이 증가 또는 감소하는 경우에는 당초의 공제한 매입세액이 과대 또는 과소한 결과를 가져오게 된다.

따라서 이에 대한 조정을 필요로 하게 되는데, 이를 납부·환급세액의 재계산이라 한다. 즉 납부·환급세액의 재계산이란 공통매입세액을 안분계산하여 매입세액을 공제한 감가상각자산에 대하여 그 후 과세기간별로 면세비율 간에 차이가 발생한 경우 매입세액 불공제액을 다시 계산하는 제도이다.

(1) 재계산 요건

구 분	납부 또는 공제세액
공통사용재화일 것	과세사업과 면세사업을 겸영하는 사업자가 공급받은 공통사용재화로서 공통매입세액을 안분계산하여 매입세액을 공제받은 경우이어야 한다.
감가상각자산일 것	재계산의 대상이 되는 자산은 감가상각자산이어야 한다.
면세비율의 증감	총공급가액에 대한 면세공급가액의 비율 또는 총사용면적에 대한 면세사용면적의 비율과 해당 취득일이 속하는 과세기간의 면세비율간의 차이가 5% 이상인 경우이어야 한다.

(2) 재계산 방법

구 분	납부 또는 공제세액
① 건물 또는 구축물	공통매입세액 × (1 − 5% × 경과된 과세기간의 수) × 증감된 면세비율
② 위① 이외의 상각자산	공통매입세액 × (1 − 25% × 경과된 과세기간의 수) × 증감된 면세비율

(3) 재계산 시점

납부·환급세액의 재계산은 **확정신고시**에만 적용한다.

(4) 적용배제

① 감가상각자산이 간주공급(자가공급 개인적 공급 사업상 증여 폐업시 잔존재화)에 해당되어 과세표준을 계산한 경우에는 납부 환급세액의 재계산을 배제한다.
② 공통사용재화의 공급에 해당하여 부가가치세가 과세된 경우에는 납부 환급세액의 재계산을 배제한다.

07 자진납부세액의 계산

01. 자진납부세액의 계산구조

구 분		금액	세율	세액
납부(환급)세액(매출세액㉮−매입세액㉯)		×××	㉰	×××
경감 공제 세액	기타·경감공제세액			×××
	신용카드매출전표등발행공제등	×××		×××
	합 계		㉱	×××
예정신고미환급세액			㉲	×××
예정고지세액			㉳	×××
가산세액계			㉴	×××
차가감하여 납부할세액(환급받을세액)(㉰−㉱−㉲−㉳+㉴)				×××

02. 공제세액

1. 경감공제세액

(1) 기타경감·공제세액

납세자가 직접 전자신고방법에 의하여 부가가치세 **확정신고**를 하는 경우에는 해당 납부세액에서 1만원을 공제하거나 환급세액에 가산한다.

(2) 신용카드매출전표 발행세액공제

일반과세자 중 영수증 발급의무자(법인사업자와 직전 연도의 재화 또는 용역의 공급가액의 합계액이 10억을 초과하는 개인사업자는 제외한다)가 신용카드매출전표(직불카드영수증 기명식 선불카드영수증 현금영수증 포함)를 발행하거나 전자화폐로 대금결제를 받는 경우에는 신용카드매출전표발행세액공제를 적용받을 수 있다.

세액공제액 = Min[① 발행금액 또는 결제금액 × 1.3%, ② 연간 1,000만원]

(3) 전자세금계산서발급 전송에 대한 세액공제

직전 연도의 사업장별 재화 및 용역의 공급가액(면세공급가액을 포함한다)의 합계액이 3억원 미만인 개인사업자가 전자세금계산서를 발급하는 경우에는 다음의 금액을 공제할 수 있다.

$$세액공제액 = 발급건수 \times 200원(한도\ 100만원)$$

2. 예정신고미환급세액

부가가치세법에서는 각 과세기간의 환급세액을 확정신고기한 경과후 30일내에 환급하도록 규정하고 있다. 따라서 예정신고기간의 환급세액은 예정신고기간 경과후 환급하지 아니하고 **확정신고**시 공제세액의 "예정신고 미환급세액"으로 하여 납부할 세액에서 공제한다.

3. 예정고지세액

부가가치세법상 개인사업자에 대하여는 각 예정신고기간마다 직전과세기간에 대한 납부세액의 50퍼센트(1천원 미만인 단수가 있을 때에는 그 단수금액은 버린다)에 상당하는 금액을 해당 예정신고기간이 끝난 후 25일까지 징수하도록 규정하고 있다. 다만, 다음 어느 하나에 해당하는 경우에는 징수하지 않는다.① 징수하여야 할 금액이 50만원 미만인 경우② 간이과세자에서 해당 과세기간 개시일 현재 일반과세자로 변경된 경우③ 국세징수법이 정하는 사유로 관할 세무서장이 징수하여야 할 금액을 사업자가 납부할 수 없다고 인정되는 경우

03. 가산세

1. 미등록 · 허위등록가산세

구분		내용
적용대상		① 사업자가 사업개시일로부터 20일 이내에 사업자등록을 신청하지 않은 경우
		② 사업자가 타인명의로 사업자등록을 하고 사업을 영위하는 경우
가산세	일반과세자	공급가액 ×1%
	간이과세자	공급대가 ×0.5%

2. 세금계산서불성실가산세

(1) 부실기재

구 분	내 용
적용대상	발급한 세금계산서의 필요적 기재사항의 전부 또는 일부가 기재되지 않았거나 사실과 다르게 기재된 경우
가산세	부실기재한 공급가액 ×1%

(2) 전자세금계산서 미전송(지연전송)

구 분		내 용
적용대상 및 가산세	지연전송	전자세금계산서 발급명세 전송기한이 경과한 후 재화 또는 용역의 공급시기가 속하는 과세기간에 대한 확정신고기한까지 국세청장에게 전자세금계산서 발급명세를 전송하는 경우
	가 산 세	공급가액 ×0.3%
	미전송	재화 또는 용역의 공급시기가 속하는 과세기간말에 대한 확정신고기한까지 국세청장에게 발급명세를 전송하지 않은 경우
	가산세	공급가액 ×0.5%

(3) 세금계산서의 미발급 · 세금계산서의 가공, 위장발급 및 수령

구 분	내 용
적용대상	사업자가 다음에 해당하는 경우에는 납부세액에 더하거나 환급세액에서 뺀다.
가산세	① 세금계산서를 확정신고기한까지 발급하지 않은 경우(미발급): 공급가액 × 2%
	② 전자세금계산서 발급대상자가 종이세금계산서 발급 시: 공급가액 × 1%
	③ 재화 또는 용역을 공급하지 아니하고 세금계산서 또는 신용카드매출전표등을 발급한 경우(가공발급): 공급가액 × 3%
	④ 재화 또는 용역을 공급받지 아니하고 세금계산서등을 발급받은 경우(가공수취): 공급가액 × 3%
	⑤ 재화 또는 용역을 공급하고 실제로 재화 또는 용역을 공급하는 자가 아닌 자 또는 실제로 재화 또는 용역을 공급받는 자가 아닌 자의 명의로 세금계산서등을 발급한 경우(위장발급): 공급가액 × 2%
	⑥ 재화 또는 용역을 공급하고 세금계산서 등의 공급가액을 과다하게 기재한 경우(과다기재):실제보다 과다하게 기재한 부분의 공급가액 × 2%
	⑦ 둘 이상의 사업장을 가진 사업자가 재화 또는 용역을 공급한 사업장 명의로 세금계산서를 발급하지 아니하고 자신의 다른 사업장명의로 세금계산서를 발급한 경우: 공급가액 ×1%

(4) 지연발급

구 분	내 용
적용대상 및 가산세	세금계산서의 발급시기가 지난 후 해당 재화 또는 용역의 공급시기가 속하는 과세기간에 대한 확정신고 기한까지 세금계산서를 발급하는 경우(매입세액공제를 허용한 재화 또는 용역의 공급시기 전에 세금계산서를 발급받은 경우 포함): 공급가액 × 1%

3. 매출처별세금계산서합계표불성실가산세

(1) 미제출·부실기재

구분	내용
적용대상	예정신고 또는 확정신고시 매출처별세금계산서합계표를 제출하지 않았거나 부실기재한 경우
가산세	미제출·부실기재한 공급가액 ×0.5%

* 매출처별세금계산서합계표의 기재사항이 착오로 기재된 경우로서 발급한 세금계산서에따라 거래사실이 확인되는 부분의 공급가액은 부실기재로 보지 않는다.

(2) 지연제출

구분	내용
적용대상	예정신고시 제출하여야 할 매출처별세금계산서합계표를 확정신고와 함께 제출한 경우
가산세	지연제출한 공급가액 ×0.3%

4. 매입처별세금계산서합계표불성실가산세

(1) 재화 또는 용역의 공급시기 이후에 발급받은 경우

구분	내용
적용대상	① 재화 또는 용역의 공급시기 이후에 발급받은 세금계산서로서 해당 공급시기가 속하는 과세기간의 확정신고기한내에 발급받은 경우 ② 공급시기 이후 세금계산서를 발급받았으나, 실제 공급시기가 속하는 과세기간의 확정신고기한 다음날부터 1년이내에 발급받은 것으로서 수정신고·경정청구하거나, 거래사실을 확인하여 결정·경정한 경우
가산세	공급가액 ×0.5%

(2) 미제출

구분	내용
적용대상	매입처별세금계산서합계표를 제출하지 않고 경정시 세금계산서를 경정기관의 확인을 거쳐 매입세액을 공제받는 경우
가산세	공급가액 ×0.5%

(3) 공급가액의 과다기재

구분	내용
적용대상	제출한 매입처별세금계산서합계표의 기재사항 중 공급가액을 사실과 다르게 과다하게 기재하여 신고한 경우

구 분	내 용
가 산 세	과다기재한 공급가액 × 0.5%

5. 영세율과세표준신고불성실가산세

구 분	내 용
적용대상	영세율이 적용되는 과세표준을 신고하지 않거나 신고하여야할 금액에 미달하게 신고한 경우 또는 영세율 첨부서류를 제출하지 않은 경우
가 산 세	무신고 또는 미달신고한 과세표준 × 0.5%

6. 현금매출명세서 등 제출불성실가산세

구 분	내 용	
적용대상	사업자가 예정신고 또는 확정신고를 할 때 현금매출명세서 또는 부동산임대공급가액명세서를 제출하지 않거나 제출한 수입금액이 사실과 다르게 기재되어있는 경우	
가 산 세	제출하지 않은 경우	미제출분 수입금액 × 1%
	사실과 다르게 기재 된 경우	(실제수입금액 − 제출한 수입금액) × 1%

7. 신고불성실가산세

구 분		내 용	
무 신 고	적용대상	사업자가 법정신고기한까지 예정신고 또는 확정신고를 하지 않은 경우	
	가산세	일반무신고	산출세액 ×20%
		부당무신고	산출세액 × 40% (국제거래의 경우 60%)
과 소 신 고	적용대상	사업자가 법정신고기한까지 예정신고 또는 확정신고를 한 경우로서 납부세액을 신고하여야할 금액보다 적게 신고한 경우	
	가산세	일반과소신고	산출세액 ×10%*
		부당과소신고	산출세액 × 40% (국제거래의 경우 60%)
초과환급신고	적용대상	사업자가 법정신고기한까지 예정신고 또는 확정신고를 한 경우로서 환급세액을 신고하여야 할 금액보다 많이 신고 한 경우	
	가산세	일반초과환급신고	산출세액 ×10%*
		부당초과환급신고	산출세액 × 40% (국제거래의 경우 60%)

* 일정기간내 신고시 감면적용(영세율과세표준신고불성실가산세도 동일하게 적용)

구 분	감면율
법정신고기한이 지난 후 1개월 이내 수정신고 한 경우	90%
법정신고기한이 지난 후 1개월 초과 3개월 이내 수정신고 한 경우	75%
법정신고기한이 지난 후 3개월 초과 6개월 이내 수정신고 한 경우	50%
법정신고기한이 지난 후 6개월 초과 1년 이내 수정신고 한 경우	30%
법정신고기한이 지난 후 1년 초과 1년6개월 이내 수정신고 한 경우	20%
법정신고기한이 지난 후 1년6개월 초과 2년 이내 수정신고 한 경우	10%

8. 납부지연가산세

구분	내 용
적용대상	사업자가 납부기한까지 부가가치세의 납부를 하지 않거나 납부하여 할 세액보다 적게 납부한 경우
가 산 세	미납세액 또는 미달납부세액(초과환급세액) × 기간* × 2.2/10,000

* 납부기한의 다음날부터 자진납부일 또는 납세고지일까지

9. 가산세 중복적용 배제

구분	내 용
미등록·허위등록	미등록·허위등록가산세가 적용되는 부분은 세금계산서불성실가산세(부실기재)와 매출처별세금계산서합계표불성실가산세가 적용되지 않는다.
세 금 계 산 서	매출처별세금계산서합계표불성실가산세가 적용되는 부분은 세금계산서불성실가산세가 적용되지 않는다.
매출·매입처별세금계산서합계표	세금계산서불성실가산세(미발급·가공·타인명의 등 2% 적용분)가 적용되는 부분에 대해서는 미등록가산세, 매출·매입처별세금계산서합계표불성실가산세가 적용되지 않는다.
세 금 계 산 서 지 연 발 급 등	전자세금계산서 지연발급(1%)과 발급명세 전송의무 위반이 중복된 경우 지연발급가산세만 적용한다.
영세율과세표준신고	영세율과세표준신고불성실가산세 적용시 예정신고납부와 관련하여 부과되는 부분에 대해서는 확정신고납부와 관련하여 가산를 적용하지 않는다.

* 전자세금계산서 지연전송/미전송 가산세와 매출처별세금계산서합계표불성실가산세가 동시에 적용되는 경우 전자세금계산서 지연전송/미전송 가산세만 적용한다.

08 납세절차

01. 신고와 납부

1. 예정신고와 납부

(1) 일반적인 경우

사업자는 각 예정신고기간에 대한 과세표준과 납부세액 또는 환급세액을 그 예정신고기간이 끝난 후 25일 이내에 각 사업장 관할세무서장에게 신고하고 해당 예정신고기간의 납부세액을 납부하여야 한다. 이 경우 예정신고납부세액은 신용카드매출전표 등에 대한 세액공제액은 차감하고 가산세는 가산하지 않는다.

> ① 예정신고시 신용카드매출전표 발급 등에 대한 세액공제와 전자세금계산서 발급·전송에 대한 세액공제는 적용받는다.
> ② 예정신고시 가산세는 적용하지 않는다.
> ③ 조기환급신고를 할 때 이미 신고한 내용은 예정신고 대상에서 제외한다

(2) 개인사업자의 경우

개인사업자와 영세법인사업자(직전과세기간의 공급가액의 합계액이 1억 5천만원 미만)의 경우에는 관할세무서장이 각 예정신고기간마다 직전 과세기간에 대한 납부세액에 50%를 곱한 금액을 결정하여 해당 예정신고기간이 끝난 후 25일까지 징수한다. 다만, 예정고지에 의하여 징수하여 할 금액이 50만원 미만인 경우에는 이를 징수하지 않는다.

위와 같이 개인사업자의 경우에는 예정고지에 의한 징수가 원칙이지만 다음에 경우에는 예정신고납부를 할 수 있다.

> ① 휴업 또는 사업부진으로 인하여 각 예정신고기간의 공급가액 또는 납부세액이 직전 과세기간의 공급가액 또는 납부세액의 1/3에 미달하는 자
> ② 각 예정신고기간분에 대해 조기환급을 받고자 하는 자

2. 확정신고와 납부

사업자는 각 과세기간에 대한 과세표준과 납부세액 또는 환급세액을 그 과세기간이 끝난 후 25일 이내에 각 사업장 관할세무서장에게 신고하고, 해당 과세기간에 대한 납부세액을 납부하여야 한다. 다만, 예정신고 및 조기환급신고를 할 때 이미 신고한 내용은 확정신고의 대상에서 제외한다. 그리고 예정신고한 환급세액은 확정신고시의 납부세액에서 공제한다.

납세의무자가 재화의 수입에 대하여 「관세법」에 따라 관세를 세관장에게 신고하고 납부하는 경우에는 재화의 수입에 대한 부가가치세를 함께 신고하고 납부하여야 한다.

세관장은 매출액에서 수출액이 차지하는 비율 등 법요건을 충족하는 중소사업자가 물품을 제조·가공하기 위한 원재료 등 소정의 재화의 수입에 대하여 부가가치세의 납부유예를 미리 신청하는 경우에는 재화를 수입할 때 부가가치세의 납부를 유예할 수 있다.

02. 결정·경정 및 징수

1. 결정 및 경정

각 사업장 관할세무서장은 사업자가 다음에 해당하는 경우에만 그 과세기간에 대한 부가가치세의 과세표준과 납부세액 또는 환급세액을 조사하여 결정 또는 경정한다.

① 예정신고 또는 확정신고를 하지 아니한 경우
② 예정신고 또는 확정신고를 한 내용에 오류가 있거나 내용이 누락된 경우
③ 확정신고를 할 때 매출처별 세금계산서합계표 또는 매입처별 세금계산서합계표를 제출하지 아니하거나 제출한 매출처별 세금계산서합계표 또는 매입처별 세금계산서합계표에 기재사항의 전부 또는 일부가 적혀 있지 아니하거나 사실과 다르게 적혀 있는 경우
④ 그 밖에 사업장의 이동이 빈번한 경우 등으로 부가가치세를 포탈할 우려가 있는 경우

2. 결정·경정의 방법

각 사업장 관할세무서장 등이 각 과세기간에 대한 과세표준과 납부세액 또는 환급세액을 결정 또는 경정하는 경우에는 세금계산서, 장부 또는 그 밖의 증명자료를 근거로 하여야 한다. 다만, 다음 중 어느 하나에 해당하는 경우에는 추계(추정하여 계산)할 수 있다.

① 과세표준을 계산할 때 필요한 세금계산서, 장부, 그 밖의 증명자료가 없거나 그 중요한 부분이 갖추어지지 않은 경우
② 세금계산서, 장부 또는 그 밖의 증명자료의 내용이 시설규모·종업원수와 원자재·상품·제품 또는 각종 요금의 시가에 비추어 거짓임이 명백한 경우

3. 징수

징수란 납세자가 납세의무를 이행하지 않은 경우에 과세권자가 미달납부세액 및 추가납부세액 등의 조세채권을 실현하는 절차를 말한다.

03..환급

1. 일반환급

부가가치세 납부세액을 계산할 때 매입세액이 매출세액을 초과하는 경우에는 환급세액이 발생하게 되는데, 이 경우 사업장 관할 세무서장은 각 과세기간별로 해당 과세기간에 대한 환급세액을 그 **확정신고기한 경과 후 30일 이내**에 사업자에게 환급하여야 한다. 따라서 예정신고기간의 환급세액은 예정 때 환급하지 않고 확정신고시 납부할 세액에서 정산하는 것이다

2. 조기환급

사업장 관할세무서장은 사업자가 다음 중 어느 하나에 해당하는 경우에는 위의 일반환급절차에 불구하고 환급세액을 사업자에게 조기환급할 수 있다.

> ① 영세율을 적용받는 경우
> ② 사업설비를 신설 · 취득 · 확장 · 증축하는 경우(감가상각자산)
> ③ 재무구조개선계획을 이행 중인 경우

예정신고기간 또는 과세기간 최종 3월 중 매월 또는 매 2월을 조기환급기간이라 하며, 조기환급기간 종료일로부터 25일 이내에 조기환급기간에 대한 과세표준과 환급세액을 정부에 신고하면 정부는 각 조기환급기간별로 해당 **조기환급신고기한 경과 후 15일 이내**에 사업자에게 환급하여야 한다.

09 간이과세

01..간이과세자의 범위

간이과세제도란 주로 최종소비자를 대상으로 거래하는 영세 개인사업자에 대하여 신고와 납부절차를 간소화함으로써 사업자의 납세편의를 도모하기 위한 제도를 말한다.

간이과세제도는 사업자에게 실제의 매입세액을 공제하는 대신 업종별 부가가치율을 적용하는 보다 간편한 과세방식을 적용하고 있다.

1. 일반적인 기준

간이과세자는 직전연도의 공급대가의 합계액이 1억 400만원에 미달하는 개인사업자로 한다. 여기서 공급대가란 부가가치세가 포함된 대가를 말하며, 법인에 경우에는 간이과세자를 적용받을 수 없다.

2. 간이과세 배제대상 사업자

다음에 해당하는 개인사업자의 경우 공급대가의 수준과 관계없이 간이과세를 적용받을 수 없다.

구 분	비 고
① 간이과세가 적용되지 않는 다른 사업장을 보유하고 있는 사업자	
② 다음에 해당하는 사업을 영위하는 사업자	
㉠ 광업	
㉡ 제조업	과자점 · 양복점 · 양화점 등 제외
㉢ 도매업	
㉣ 부동산매매업	
㉤ 부동산임대업	직전연도의 공급대가의 합계액이 4,800만원 이상인 사업자
㉥ 개별소비세 과세유흥장소를 영위하는 사업	
㉦ 변호사업, 변리사업 등 전문직 사업서비스업	
㉧ 소득세법에 따라 복식부기의무자가 영위하는 사업	
㉨ 둘 이상의 사업장이 있는 사업자가 영위하는 사업으로서 그 둘 이상의 사업장의 직전연도 공급대가의 합계액이 1억 400만원 이상인 경우	
③ 재화의 공급으로 보지 않는 사업의 양도에 따라 일반과세자로부터 양수한 사업	

3. 신규사업개시자의 간이과세 적용여부

신규로 사업을 시작하는 개인사업자는 사업을 시작한 날이 속하는 연도의 공급대가의 합계액이 1억400만원 미달 될 것으로 예상되면 사업자등록시 간이과세의 적용여부를 함께 신고하여야 하며, 이때 신고한 사업자는 최초의 과세기간에는 간이과세로 한다.

4. 세금계산서발급의무

간이과세자는 원칙적으로 세금계산서를 발급하여야 한다. 다만, 일정요건을 충족하는 경우에는 영수증을 발급하여야 한다.

(1) 원칙: 세금계산서 발급
(2) 예외: 다음에 해당하는 경우에는 영수증발급
  1) 간이과세자 중 신규사업자 및 직전연도 공급대가 합계액이 4,800만 원 미만인 사업자
  2) 주로 사업자가 아닌 자(소매업, 음식점업, 숙박업, 미용, 욕탕 및 유사서비스업, 여객운송업 등)에게 재화·용역을 공급하는 사업자. 다만, 소매업, 음식점업, 숙박업 등은 공급받는자가 요구하는 경우 세금계산서를 발급하여야 한다.

5. 과세기간

간이과세자의 과세기간은 1월1일부터 12월31일까지로 한다.

02. 과세표준과 세액의 계산

1. 계산구조

	계 산 구 조							내 용
	공	급	대				가	부가가치세가 포함된 금액
×	업	종 별 부 가 가 치					율	
×	세						율	10% 또는 0%
=	납	부		세			액	
+	재	고	납	부		세	액	
−	세		액		공		제	세금계산서 등에 대한 세액공제, 신용카드매출전표 등에 대한 세액공제, 전자신고세액공제
+	가		산				세	
=	차	가	감	납	부	세	액	

2. 세액공제

구 분	내 용	공제액
① 세금계산서 등 세액공제	간이과세자가 세금계산서·신용카드매출전표 등을 발급받아 매입처별세금계산서 또는 신용카드매출전표수취명세서를 제출하는 경우	세금계산서 등을 발급받은 매입세액(공급대가)×0.5%
② 신용카드매출전표 등에 대한 세액공제	간이과세자가 부가가치세가 과세되는 재화 또는 용역을 공급하고 신용카드매출전표 등을 발급하거나 전자화폐로 대금을 결제 받는 경우	발급금액·결제금액×1.3% (연 1,000만원 한도)
③ 전자세금계산서 발급세액공제	재화 및 용역의 공급가액 등을 고려하여 개인사업자가 전자세금계산서를 발급하는 경우	발급건수 × 200만원 (연100만원한도)

04. 신고와 납부

1. 신고와 납부

구 분	내 용
예 정 신 고	① 예정부과기간 : 1월1일부터 6월30일까지의 납부세액으로 결정하여 예정부과기간이 끝난 후 25일 이내까지 징수한다. ② 원칙 : 고지징수, 다만 징수할 금액이 50만원 미만인 경우에는 징수하지 않는다. ③ 예정신고.납부 : 예정부과기간에 세금계산서를 발급한 간이과세자는 예정부과기한까지 신고, 납부 하여야 함.
확 정 신 고	간이과세자는 과세기간의 과세표준과 세액을 그 과세기간이 끝난 후 25일 이내(폐업하는 경우에는 폐업일이 속하는 달의 다음달 25일 이내)에 사업장 관할세무서장에게 신고·납부하여야 한다.

2. 결정·경정 및 징수

간이과세자는 결정·경정 및 징수는 일반과세자의 경우를 준용한다.

3. 납부의무의 면제

간이과세자의 해당 과세기간에 대한 **공급대가가 4,800만원 미만**인 경우에는 그 과세기간에 대한 납부세액의 납부의무를 면제한다. 이 경우 일반적인 가산세는 부과하지 않지만, 법정기한내에 사업자등록을 하지 않은 경우에는 미등록가산세(공급대가×0.5%와 5만원 중 큰 금액)는 부과한다.

4. 간이과세의 포기

간이과세를 포기하고자 하는 경우에는 그 포기하고자 하는 달의 전달 마지막 날까지 사업장 관할세무서장에게 간이과세 포기신고를 하여야 한다.

연습문제

01 다음 중 부가가치세법상 업종별 사업장에 대한 설명으로 옳지 않은 것은?
① 부동산임대업을 영위하는 개인은 그 부동산의 등기부상의 소재지를 사업장으로 한다.
② 제조업을 영위하는 개인은 최종 제품을 완성하는 장소를 사업장으로 한다(다만, 따로 제품의 포장만을 하는 장소는 제외).
③ 건설업을 영위하는 법인은 각 건설 현장 사무소를 사업장으로 한다.
④ 부동산매매업을 영위하는 법인은 법인의 등기부상 소재지를 사업장으로 한다.

02 부가가치세법상 사업자등록과 관련된 설명 중 틀린 것은?
① 신규로 사업을 시작하려는 자는 사업 개시일 이전이라도 사업자등록을 신청할 수 있다.
② 사업자등록의 신청을 받은 관할세무서장은 신청일부터 3일 이내에 사업자등록증을 신청자에게 발급하는 것이 원칙이다.
③ 휴업 또는 폐업을 하는 경우 지체 없이 사업장 관할 세무서장에게 신고하여야 한다.
④ 과세사업을 경영하는 자가 면세사업을 추가할 경우에는 면세사업자등록 신청을 별도로 할 필요가 없다.

03 다음 중 재화의 간주공급(재화 공급의 특례)으로서 세금계산서 발급대상인 것은?(단, 과세거래에 해당한다고 가정하며, 해당 사업장은 주사업장 총괄납부 또는 사업자단위과세 제도의 적용을 받지 않는다.)
① 면세사업전용
② 직매장 반출(판매목적 타사업장 반출)
③ 개인적공급
④ 사업상증여

04 다음 중 부가가치세법상 과세거래인 것은?

① 질권, 저당권 또는 양도담보 목적으로 동산, 부동산 및 부동산상의 권리를 제공하는 경우
② 사업자가 사업을 폐업하는 때 사업장에 잔존하는 재화
③ 상속세및증여세법, 지방세법 또는 종합부동산세법에 따라 조세를 물납하는 경우
④ 임치물을 수반하지 않는 창고증권의 양도

05 다음 중 부가가치세법상 용역의 공급에 해당하지 않는 것은?

① 상표권의 양도
② 부동산임대업의 임대
③ 특허권의 대여
④ 건설업의 건설용역

06 다음 중 부가가치세법상 재화 또는 용역의 공급으로 보지 않는 것은?

① 법률에 따라 조세를 물납하는 경우
② 사업자가 폐업할 때 당초매입세액이 공제된 자기생산·취득재화 중 남아있는 재화
③ 사업자가 당초 매입세액이 공제된 자기생산·취득재화를 사업과 직접적인 관계없이 자기의 개인적인 목적으로 사용하는 경우
④ 특수관계인에게 사업용 부동산 임대용역을 무상으로 제공하는 경우

07 다음 중 부가가치세법상 재화 및 용역의 공급시기에 대한 설명으로 옳지 않은 것은?

① 장기할부판매 : 대가의 각 부분을 받기로 한 때
② 내국물품 외국반출(직수출) : 수출재화의 선(기)적일
③ 무인판매기를 이용하여 재화를 공급하는 경우 : 재화가 인도되는 때
④ 완성도기준지급조건부 : 대가의 각 부분을 받기로 한 때

08 다음 중 부가가치세법상 재화 및 용역의 공급시기에 대한 내용으로 옳지 않은 것은?

① 장기할부판매 : 대가의 각 부분을 받기로 한 때
② 현금판매, 외상판매, 할부판매 : 재화가 인도되거나 이용가능하게 되는 때
③ 완성도기준지급조건부 판매 : 완성되어 사용 또는 소비되는 때
④ 임대보증금 등에 대한 간주임대료 : 예정신고기간 종료일 또는 과세기간 종료일

09 다음 중 부가가치세법상 재화 또는 용역의 공급시기에 대한 설명으로 가장 옳지 않은 것은?

① 재화의 이동이 필요하지 아니한 경우에는 재화가 이용가능하게 되는 때가 재화의 공급시기이다.
② 상품권을 현금으로 판매하고 그 후 그 상품권 등이 현물과 교환되는 경우에는 재화가 실제로 인도되는 때가 재화의 공급시기이다.
③ 사업자가 보세구역 안에서 보세구역 밖의 국내에 재화를 공급하는 경우로서 재화의 수입에 해당할 때에는 재화가 실제로 반출된 날을 재화의 공급시기로 본다.
④ 중간지급조건부로 용역을 공급하는 경우에는 대가의 각 부분을 받기로 한 때를 용역의 공급시기로 본다.

10 다음은 영세율에 대한 설명이다. 가장 틀린 것은?

① 영세율제도는 소비지국에서 과세하도록 함으로써 국제적인 이중과세를 방지하고자 하기 위한 제도이다.
② 국외에서 공급하는 용역에 대해서는 영세율을 적용하지 아니한다.
③ 비거주자나 외국법인의 국내 거래에 대해서는 영세율을 적용하지 아니함을 원칙으로 하되, 상호주의에 따라 영세율을 적용한다.
④ 국내 거래도 영세율 적용대상이 될 수 있다.

11 다음 중 부가가치세법상 영세율 적용을 받을 수 없는 사업자는?

① 중계무역방식의 수출업자
② 위탁판매수출의 수출업자
③ 수출품 생산 후 외국으로 반출하는 사업자
④ 수출을 대행하는 수출업자

12 다음 중 부가가치세법상 면세 대상 재화 또는 용역에 해당하지 않는 것은?

① 주택과 그 부수토지(범위 내)의 임대용역
② 고속철도에 의한 여객운송용역
③ 연탄과 무연탄
④ 금융·보험용역

13 다음 중 부가가치세법상 영세율과 면세에 대한 설명으로 가장 옳지 않은 것은?

① 국내 거래에는 영세율이 적용되지 않는다.
② 면세의 취지는 부가가치세의 역진성을 완화하기 위함이다.
③ 국외에서 공급하는 용역에 대해서는 영세율을 적용한다.
④ 상가 부수 토지를 매각하는 경우에도 부가가치세가 면제된다.

14 다음 중 부가가치세법상 면세포기에 관한 설명으로 잘못된 것은?

① 영세율 적용대상인 재화 또는 용역을 공급하는 면세사업자도 면세포기를 함으로써 매입세액을 공제받을 수 있다.
② 면세의 포기를 신고한 사업자는 신고한 날로부터 3년간 면세 재적용을 받지 못한다.
③ 면세포기는 과세기간 종료일 20일 전에 면세포기신고서를 관할세무서장에게 제출하여야 한다.
④ 면세사업관련 매입세액은 공제받지 못할 매입세액으로 매입원가에 해당한다.

15 다음 중 부가가치세 공급가액에 포함되는 것은 무엇인가?

① 매출할인
② 반환조건부 용기대금
③ 대가와 구분기재된 종업원의 봉사료
④ 할부판매 이자상당액

16 다음은 부가가치세법상 과세표준에 대한 설명이다. 틀린 것은?

① 부가가치세 포함여부가 불분명한 대가의 경우 110분의 100을 곱한 금액을 공급가액(과세표준)으로 한다.
② 상가를 임대하고 받은 보증금에 대하여도 간주임대료를 계산하여 과세표준에 포함하여야 한다.
③ 대가의 지급지연으로 받는 연체이자도 과세표준에 포함한다.
④ 대가를 외국환으로 받고 받은 외국환을 공급시기 이전에 환가한 경우 환가한 금액을 과세표준으로 한다.

17 부가가치세법상 재화 또는 용역의 공급이 다음과 같을 경우 세금계산서 발급 대상에 해당하는 공급가액의 합계액은 얼마인가? 단, 아래의 금액에 부가가치세는 포함되어있지 않다.

· 내국신용장에 의한 수출액 : 25,000,000원
· 외국으로 직수출액 : 15,000,000원
· 일반과세자의 부동산 임대용역 : 12,000,000원
· 일반과세자의 부동산임대보증금에 대한 간주임대료 : 350,000원
· 견본품 무상제공(장부가액 : 4,000,000원, 시가 : 5,000,000원)

① 37,000,000원　② 37,350,000원　③ 42,000,000원　④ 42,320,000원

18 다음은 부가가치세법상 전자세금계산서에 대한 설명이다. 틀린 것은?
① 전자세금계산서는 원칙적으로 발급일의 다음날까지 국세청에 전송해야 한다.
② 후발급특례가 적용되는 경우 재화나 용역의 공급일이 속하는 달의 다음달 10일까지 세금계산서를 발급할 수 있다.
③ 전자세금계산서 발급대상 사업자가 적법한 발급기한 내에 전자세금계산서 대신에 종이세금계산서를 발급한 경우 공급가액의 1%의 가산세가 적용된다.
④ 당해 연도의 사업장별 재화와 용역의 공급가액의 합계액이 8천만원 이상인 개인사업자는 반드시 전자로 세금계산서를 발행하여야 한다.

19 다음 중 부가가치세법상 세금계산서에 관한 설명으로 옳지 않은 것은?
① 세금계산서 발급 후 계약의 해제로 재화가 공급되지 않아 수정세금계산서를 작성하고자 하는 경우 그 작성일은 처음에 발급한 세금계산서의 작성일을 기입한다.
② 세금계산서의 발급의무자는 부가가치세가 과세 대상 재화 또는 용역을 공급하는 사업자이다.
③ 세금계산서는 공급하는 사업자가 공급자 보관용과 공급받는 자 보관용 2매를 작성하여 공급받는 자 보관용을 거래상대방에게 교부한다.
④ 세금계산서란 과세사업자가 재화 또는 용역을 공급할 때 부가가치세를 거래징수하고 그 거래 사실을 증명하기 위하여 공급받은자에게 발급하는 것이다.

20 다음 중 부가가치세법상 수정(전자)세금계산서 발급사유와 발급절차에 관한 설명으로 잘못된 것은?

① 상대방에게 공급한 재화가 환입된 경우 수정(전자)세금계산서의 작성일은 재화가 환입된 날을 적는다.
② 계약의 해제로 재화·용역이 공급되지 않은 경우 수정(전자)세금계산서의 작성일은 계약 해제일을 적는다.
③ 계약의 해지등에 따라 공급가액에 추가 또는 차감되는 금액이 발생한 경우 수정(전자)세금계산서의 작성일은 증감사유가 발생한 날을 적는다.
④ 재화·용역을 공급한 후 공급시기가 속하는 과세기간 종료 후 25일 이내에 내국신용장이 개설된 경우 수정(전자)세금계산서의 작성일은 내국신용장이 개설된 날을 적는다.

21 다음 중 부가가치세법상 수정세금계산서 작성일자로 옳지 않은 것은?

① 당초 공급한 재화가 환입된 경우 재화가 환입된 날
② 재화를 공급한 후에 공급시기가 속하는 과세기간 종료 후 25일 이내에 내국신용장이 개설된 경우 당초 세금계산서 작성일
③ 계약의 해지 등에 따라 공급가액에 증감액이 발생한 경우 증감사유가 발생한 날
④ 계약의 해지로 재화가 공급되지 않은 경우 당초 세금계산서 작성일

22 다음 중 세금계산서를 발급해야하는 거래인 것은?

① 소매업자가 공급하는 재화로서 상대방이 세금계산서 발급을 요구하지 않는 경우
② 판매목적 타사업장 반출을 제외한 재화의 간주공급
③ 국내사업장이 있는 비거주자 또는 외국법인에게 공급하는 외화획득용역
④ 부동산 임대에서 발생한 간주임대료에 대한 부가가치세를 임대인이 부담 하는 경우

23 다음 중 부가가치세법상 세금계산서 발급의무 면제에 해당하지 않는 것은?

① 영세율 적용분 중 내국신용장·구매확인서에 의한 재화의 공급
② 공급받는 자가 세금계산서 발급을 요구하지 않는 경우의 소매업
③ 폐업시 잔존재화
④ 택시운전사, 노점상

24 다음 중 부가가치세 매입세액공제가 가능한 경우는?
① 토지의 취득에 관련된 매입세액
② 관광사업자의 비영업용 소형승용자동차(5인승 2,000cc) 취득에 따른 매입세액
③ 음식업자가 계산서를 받고 면세로 구입한 축산물의 의제매입세액
④ 소매업자가 사업과 관련하여 받은 영수증에 의한 매입세액

25 다음 중 부가가치세 납부세액 계산시 공제대상 매입세액에 해당되는 것은?
① 사업과 무관한 부가가치세 매입세액
② 공장부지 및 택지의 조성 등에 관련된 부가가치세 매입세액
③ 자동차판매업의 영업에 직접 사용되는 8인승 승용자동차 부가가치세 매입세액
④ 거래처 체육대회 증정용 과세물품 부가가치세 매입세액

26 다음은 부가가치세법상 의제매입세액공제에 관한 내용이다. 올바른 것은?
① 의제매입세액공제는 구입한 원재료에 대한 한도없이 전액에 대하여 의제매입세액 공제율을 적용하여 공제받을 수 있다.
② 의제매입세액공제는 부가가치세 확정신고 뿐만 아니라, 부가가치세 예정신고할 때에도 공제 받을 수 있다.
③ 간이과세자는 의제매입세액공제를 받을 수 있다.
④ 개인사업자(일반과세자임)인 음식점은 농어민으로부터 정규증빙 없이, 농어민으로부터 구입시 의제매입세액공제를 받을 수 있다.

27 다음 중 부가가치세법상 신용카드 매출전표 발행에 따른 세액공제에 대한 설명으로 잘못된 것은?
① 음식점업 또는 숙박업을 하는 간이과세자의 경우 발급금액 또는 결제금액에 1.3퍼센트를 곱한 금액을 납부세액에서 공제한다.
② 신용카드매출전표 등 발행세액공제의 각 과세기간별 한도는 1,000만원이다.
③ 직전연도의 재화 또는 용역의 공급가액의 합계액이 사업장을 기준으로 10억원을 초과하는 개인사업자는 신용카드매출전표 등 발행세액공제를 적용할 수 없다.
④ 법인사업자는 신용카드매출전표 등 발행세액공제를 적용받을 수 없다.

28 다음 중 부가가치세법상 환급과 관련된 설명으로 가장 틀린 것은?
① 납세지 관할세무서장은 환급세액을 원칙적으로 확정신고기한이 지난 후 30일 이내에 환급하여야 한다.
② 납세지 관할세무서장은 조기환급세액이 발생하는 경우 조기환급신고기한이 지난 후 20일 이내에 환급하여야 한다.
③ 조기환급신고는 개인사업자와 법인사업자 구분 없이 가능하다.
④ 법인사업자의 예정신고기간의 환급세액은 조기환급 대상에 해당하지 않는 경우 확정신고 시 납부할 세액에서 차감된다.

29 다음 중 부가가치세법상 간이과세자에 대한 설명으로 틀린 것은?
① 법인은 간이과세자가 될 수 없다.
② 간이과세자는 의제매입세액 공제를 받을 수 있다.
③ 간이과세자는 공급대가를 과세표준으로 한다.
④ 간이과세자도 영세율을 적용받을 수 있으나 공제세액이 납부세액을 초과하더라도 환급되지 않는다.

30 부가가치세법상 일반과세자와 간이과세자에 대한 설명으로 옳지 않은 것은?
① 간이과세자도 예정부과기간에 예정신고를 하여야 하는 경우가 있다.
② 일반과세자는 세금계산서 관련 가산세를 부담하지만, 간이과세자는 세금계산서 관련 가산세가 적용되는 경우가 없다.
③ 일반과세자는 법정요건이 충족되는 경우 면세 농산물 등에 대한 의제매입세액공제특례가 적용될 수 있으나, 간이과세자는 의제매입세액공제특례를 받을 수가 없다.
④ 일반과세자는 매입세액이 매출세액을 초과하면 환급세액이 발생하지만, 간이과세자는 매출세액이 공제세액보다 작아도 환급세액이 없다.

PART 4

이론편
소득세

CHAPTER 01 _ 총 칙
CHAPTER 02 _ 금융소득
CHAPTER 03 _ 사업소득
CHAPTER 04 _ 근로소득
CHAPTER 05 _ 연금소득
CHAPTER 06 _ 기타소득
CHAPTER 07 _ 종합소득과세표준의 계산
CHAPTER 08 _ 종합소득세액의 계산
CHAPTER 09 _ 소득세의 납부절차

CLASS 전산세무2급
이 론 편

01 총칙

01. 소득세의 개념

1. 소득세의 의의
소득세란 자연인이 얻은 소득에 대하여 그 자연인에게 부과되는 조세를 말한다.

2. 소득세의 특징

구 분	내 용
① 국 세	국가가 부과하는 조세
② 직접세	납세자와 담세자가 일치하도록 예정하고 있는 조세
③ 보통세	조세수입의 사용목적이 특정되지 않아 일반경비에 충당되는 조세
④ 인 세	납세의무자의 담세능력을 고려한 조세(예: 인적공제제도)
⑤ 소득원천설	계속적, 반복적으로 발생하는 소득만 과세대상에 포함
⑥ 열거주의	법령에 구체적으로 열거되어 있는 것에 한해서 과세 (이자소득과 배당소득은 유형별 포괄주의 도입)
⑦ 응능(應能)과세	개인의 부담능력에 따라 과세되는 조세(↔응익(應益)과세)
⑧ 누진과세	8단계초과누진세율을 적용하여 능력에 따라 차등과세

3. 과세방법

(1) 원칙: 종합과세

종합과세란 소득을 그 종류에 관계없이 일정한 기간을 단위로 합산하여 과세하는 방식을 말한다. 현행 소득세법은 종합과세를 원칙으로 하고 있다.

(2) 예 외: 분류과세와 분리과세

1) 분류과세

퇴직소득·양도소득은 다른 소득과 합산하지 않고 별도로 과세한다. 이처럼 소득을 그 종류별로 구분하여 각각 별도로 과세하는 방식을 분류과세라고 한다.

2) 분리과세

일정한 소득은 기간별로 합산하지 않고 그 소득이 지급될 때 소득세를 원천징수함으로써 과세를 종결하는데 이것을 분리과세라고 한다.

구 분	내 용
종합과세	이자소득·배당소득·사업소득·근로소득·연금소득·기타소득의 6가지 소득을 모두 합산하여 종합소득으로 합산하여 과세
분류과세	퇴직소득·양도소득과 같이 장기간에 걸쳐 발생하고 일시에 실현되는 소득은 종합소득과 별도로 분류하여 과세
분리과세	종합소득으로 합산과세 되는 소득 중 2천만원 이하의 금융소득, 일용근로자의 근로소득, 복권당첨소득 등 일부소득은 그 소득이 지급될 때 원천징수함으로써 과세가 종결

02. 과세단위와 과세기간

(1) 과세단위

과세단위란 소득세의 기준이 되는 과세표준을 산정하는 인적단위를 말한다. 현행 소득세법은 개인단위과세를 원칙으로 하며, 부부 또는 가족의 소득을 합산하여 과세하지 않는다. 다만, 가족구성원이 공동사업자에 포함되어 있고 손익분배비율을 거짓인 경우에는 합산하여 과세함으로써 가족단위과세를 부분적으로 가미하고 있다.

구 분	내 용
원 칙	개인단위과세
예 외	공동사업에 경우 법소정요건을 충족시 가족단위 과세

(2) 과세기간

소득세의 과세기간은 1월 1일부터 12월 31일까지로 한다. 다만, 거주자가 사망한 경우와 출국하여 비거주자가 되는 경우에는 1월 1일부터 사망일 또는 출국일까지로 한다.

구 분		과 세 기 간
(1) 원 칙		1월 1일~12월 31일
(2) 예 외	거주자가 사망한 경우	1월 1일~사망한 날
	거주자가 출국하는 경우	1월 1일~출국한 날

이처럼 소득세의 과세기간은 사업개시나 폐업에 의해 영향을 받지 않으며, 또한 과세기간을 임의로 설정하는 것은 허용되지 않는다.

03..납세의무자

(1) 납세의무자

소득세의 납세의무자는 과세소득을 얻은 개인인데, 이는 다음과 같이 거주자와 비거주자로 구분된다.

구분	개 념	납세의무의 범위
거주자	국내에 주소를 두거나 1과세기간중 183일 이상 거소를 둔 개인	국내원천소득과 국외원천소득 모두에 대하여 소득세 납세의무를 진다
비거주자	거주자가 아닌 개인	국내원천소득에 한하여 소득세의 납세의 무를 진다

(2) 주소의 판정기준

주소는 국내에서 생계를 같이 하는 가족 및 국내에 소재하는 자산의 유무 등 생활관계의 객관적 사실에 따라 판정한다. 거소는 주소지 외의 장소 중 상당기간에 걸쳐 거주하는 장소로서 주소와 같이 밀접한 일반적 생활관계가 형성되지 아니한 장소로 한다. 다음에 해당하는 경우에는 국내에 주소를 가진 것으로 본다.

① 계속하여 183일 이상 국내에 거주할 것을 통상 필요로 하는 직업을 가진 때
② 국내에 생계를 같이 하는 가족이 있고, 그 직업 및 자산상태에 비추어 계속하여 183일 이상 국내에 거주할 것으로 인정되는 때

04. 납세지

소득세의 따른 납세지란 소득세의 관할세무서를 정하는 기준이 되는 장소를 말하며, 그 구체적인 내용은 다음과 같다.

구 분	납 세 지	
	원칙	예외
거주자	주소지	거소지
비거주자	주된 국내사업장 소재지	국내원천소득이 발생하는 장소

05. 소득금액의 계산구조

비과세소득과 분리과세소득을 제외한 총수입금액에서 필요경비, 결손금, 이월결손금을 공제하면 각 소득별 소득금액이 산출된다.

이자소득	배당소득	사업소득	근로소득	연금소득	기타소득
-비과세소득 -분리과세소득	-비과세소득 -분리과세소득	-비과세소득	-비과세소득 -분리과세소득	-비과세소득 -분리과세소득	-비과세소득 -분리과세소득
총수입금액 -	총수입금액 +배당가산액	총수입금액 -필요경비	총수입금액 -근로소득공제	총수입금액 -연금소득공제	총수입금액 -필요경비
이자소득금액	배당소득금액	사업소득금액	근로소득금액	연금소득금액	기타소득금액

→ 종합소득금액

* 필요경비가 인정되지 않는 소득: 이자소득·배당소득

02 금융소득

01. 이자소득

(1) 이자소득의 범위

이자소득이란 해당 과세기간에 발생한 다음의 소득을 말한다.

구 분	비 고
(1) 채권 또는 증권의 이자와 할인액	채권 등의 보유기간 이자상당액 포함
(2) 예금의 이자	국내 국외이자 불문, 상호신용계 또는 신용부금으로 인한 이익 포함
(3) 채권 또는 증권의 환매조건부매매차익	파생결합사채로 부터 이익 포함
(4) 저축성 보험의 보험차익	다음의 금액은 비과세한다. ① 보험기간 10년이상이고 납입보험료의 합계액이 1억원 이하인 저축성보험 ② 보험기간 5년이상이고 매월 납입보험료의 합계액이 150만 원 이하인 월적립식 저축성보험이 아닐 것 ③ 종신형 연금보험
(5) 직장공제회 초과반환금	1999년 1월 1일 이후 가입자에 한함
(6) 비영업대금의 이익	사업성이 있는 경우에는 사업소득임
(7) 위 (1)부터 (6)까지의 소득과 유사한 소득으로서 금전의 사용에 따른 대가로서의 성격이 있는 것	

(2) 이자소득에서 제외되는 경우

구 분		소득구분
외상매출금의 지급기일을 연장하고 추가로 받는 금액	소비대차로 전환한 경우	이자소득
	소비대차로 전환하지 않은 경우	사업소득
사업활동과 관련하여 발생하는 이자성격의 소득		사업소득
손해배상금에 대한 법정이자	계약의 위약 또는 해약이 원인	기타소득
	기타의 원인	과세제외

(3) 비과세 이자소득

다음의 이자소득에 대해서는 소득세를 과세하지 않는다.

① 공익신탁의 이익
② 노인·장애인 등의 생계형저축에서 발생하는 이자소득
③ 재형저축에서 발생하는 이자소득 등

(4) 이자소득금액의 계산

이자소득금액은 해당 과세기간의 총수입금액으로 하며, 필요경비는 인정되지 않는다.

> 이자소득금액 = 이자소득 총수입금액(비과세소득과 분리과세소득은 제외)

(5) 이자소득의 수입시기

구 분	수 입 시 기
① 채권의 이자와 할인액	• 무기명의 경우 : 실제지급받은날 • 기명의 경우 : 약정에 의한 이자지급일
② 보통예금·정기예금·적금 또는 부금의 이자	• 원칙 : 실제로 이자를 지급받는 날 원본전입 특약이 있는 이자 : 원본전입일
③ 통지예금의 이자	• 인출일
④ 환매조건부 채권·증권의 매매차익	• 약정에 따른 해당 채권·증권의환매수일·환매도일 • 기일전에환매수·환매도 : 그환매수일·환매도일
⑤ 저축성보험의 보험차익	• 보험금·환급금의지급일 • 기일 전에해지시 : 해지일
⑥ 직장공제회 초과반환금	• 약정에 의한 공제회 반환금의지급일
⑦ 비영업대금이익	• 약정에 의한지급일 • 약정이 없거나 약정일 전에 지급받는 경우 또는 회수불능채권으로서 총수입 금액 계산에서 제외하였던 이자를 지급받는 경우 : 그 이자지급일
⑧ 기타 유사소득	• 약정에 의한 상환일. 다만, 기일전에 상환하는 때는 상환일

02. 배당소득

(1) 배당소득의 범위

배당소득이란 해당 과세기간에 발생한 다음의 소득을 말한다.

구 분	비 고
(1) 이익배당	실지배당을 의미함
(2) 국내 또는 국외에서 받은 집합투자기구로부터의 이익	–
(3) 의제배당	–
(4) 인정배당	법인세법상 배당으로 소득처분된 금액
(5) 간주배당	조세피난처에 본점을 둔 외국법인의 배당가능한 법인유보 소득에 대한 과세조정액
(6) 공동사업에서 발생한 소득금액 중 출자공동사업자의 손익분배비율에 해당하는 금액	–
(7) 위 (1)부터 (6)까지의 소득과 유사한 소득으로서 수익분배의 성격이 있는 것	문화펀드 등 신종펀드의 배당, 증권시장 또는 이와 유사한 시장에서 매매되는 증권 또는 증서로부터 발생한 수익의 분배금, 거주자가 일정기간 후에 같은 종류로서 같은 양의 주식을 반환받는 조건으로 주식을 대여하고 해당 주식의 차입자로부터 지급받는 해당 주식에서 발생하는 배당에 상당하는 금액등이 이에 해당함
(8) 파생결합증권으로부터 받은 이익	–

(2) 비과세 배당소득

다음의 배당소득에 대해서는 소득세를 과세하지 않는다.

① 노인·장애인 등의 생계형저축에서 발생하는 배당소득

② 재형저축에서 발생하는 배당소득 등

(3) 배당소득금액의 계산

배당소득금액은 해당 과세기간의 총수입금액으로 하며, 필요경비는 인정되지 않는다. 다만, 이중과세 조정대상이 되는 배당소득의 경우에는 해당 과세기간의 총수입금액에 귀속법인세를 더한 금액을 배당소득금액으로 한다.

> 배당소득금액 = 배당소득 총수입금액(비과세소득·분리과세소득 제외) + 귀속법인세

(4) 배당소득의 수입시기

구 분		배당소득의 수입시기
(1) 일반배당	① 무기명주식의 이익·배당	·그 지급을 받은 날
	② 잉여금처분에 의한 배당	·해당 법인의 잉여금처분 결의일
	③ 건설이자의 배당	·해당 법인의 건설이자배당 결의일
(2) 의제배당	① 감자 등의 경우	·감자결의일, 퇴사·탈퇴일
	② 해산의 경우	·잔여재산가액확정일
	③ 합병·분할의 경우	·합병등기일 또는 분할등기일(또는 분할합병등기일)
	④ 잉여금 자본전입의 경우	·자본전입 결의일
(3) 법인세법에 따라 처분된 배당		·해당 법인의 해당 사업연도의 결산확정일
(4) 집합투자기구로부터의 이익		·집합투자기구로부터의 이익을 지급받는 날
(5) 출자공동사업자의 배당소득		·과세기간 종료일
(6) 그 밖에 수익분배의 성격이 있는 배당		·그 지급을 받은 날

03. 금융소득종합과세

(1) 과세소득의 구분

금융소득종합과세를 판정하기 전에 무조건 분리과세대상, 무조건 종합과세대상, 조건부 종합과세대상을 구분하여야 한다.

과세방법	내 용	원천징수세율
① 무조건 분리과세	㉠ 비실명 이자와 배당소득	45%
	㉡ 법원보증금에 대한 이자	14%
	㉢ 직장공제회 초과반환금	기본세율
② 무조건 종합과세	㉠ 국외에서 받은 이자소득과 배당소득	-
	㉡ 출자공동사업자의 배당소득	25%
③ 조건부 종합과세	① 이외의 이자소득과 배당소득의 합계액이 다음의 경우	14% (비영업대금이익: 25%)
	㉠ 2천만원을 초과하는 경우 – 종합과세	
	㉡ 2천만원 이하인 경우 – 분리과세	

03 사업소득

01. 사업소득의 개념

(1) 사업소득의 범위

사업소득이란 일정한 사업에서 발생하는 소득을 말한다. 여기서 사업은 영리를 목적으로 자기의 계산과 책임 하에 계속적·반복적으로 행하는 사회적 활동을 말한다. 현행 소득세법은 사업소득이 발생하는 사업의 범위를 다음과 같이 규정하고 있다.

① 농업(작물재배업 중 곡물 및 기타 식량작물 재배업은 제외)·임업 및 어업
② 광업
③ 제조업
④ 전기·가스, 증기 및 공기조절 공급업
⑤ 수도·하수·폐기물처리, 원료재생업
⑥ 건설업
⑦ 도매 및 소매업
⑧ 운수 및 창고업
⑨ 숙박 및 음식점업
⑩ 정보통신산업
⑪ 금융 및 보험업
⑫ 부동산업 및 임대업. 다만, 공익사업관련 이외 지역권·지상권을 대여함에 따른 소득을 포함한다.
⑬ 전문, 과학 및 기술서비스업
⑭ 교육서비스업
⑮ 보건업 및 사회복지서비스업
⑯ 가구내 고용활동 및 위와 유사한 활동

(2) 비과세 사업소득

사업소득 중 다음의 소득은 소득세를 과세하지 않는다.

구 분	내 용
① 논·밭 임대소득	논·밭을 작물생산에 이용하게 함으로서 발생하는 소득
② 작물재배업소득	작물재배업에서 발생하는 소득으로서 해당 과세기간의 수입금액의 합계액이 10억원 이하인 소득
③ 주택임대소득	1주택을 소유하는 자의 주택임대소득(주택부수토지 포함) 다만, 고가주택(기준시가 12억원 초과) 및 국외소재 주택의 임대소득은 과세
④ 농어가부업소득	· 농가부업규모의 축산: 전액비과세 · 고공품제조, 민박, 음식물판매, 특산물제조, 전통차제조 등: 농가부업규모를 초과하는 축산소득과 합산한 합계액 3,000만원을 한도
⑤ 전통주 제조소득	수도권지역 밖의 읍·면지역에서 제조: 1,200만원 한도
⑥ 산림소득	조림기간이 5년 이상인 임목의 벌채 또는 양도: 600만원 한도
⑦ 어로어업소득 또는 양식어업	5,000만원 이하의 연근해어업과 내수면어업에서 발생한 소득

(3) 사업소득의 과세방법

사업소득금액은 모두 종합소득과세표준에 합산하여 기본세율로 과세하며(종합과세), 예외적으로 총수입금액의 합계액이 2천만원 이하인자의 주택임대소득은 분리과세된다. 그리고 대부분의 사업소득에 대하여는 원천징수도 하지 않는다. 다만, 원천징수대상이 되는 경우가 있는데 그 내용은 다음과 같다.

1) 원천징수 대상 사업소득

① 의료보건용역 및 인적용역에 대한 원천징수
   다음 소득을 수입금액의 3%를 원천징수하여 징수한 달의 다음달 10일까지 납부하여야 한다.
   ㉠ 의료보건용역(수의사의 용역 포함)
   ㉡ 저술가·작곡가 등 일정한 자가 직업상 제공하는 인적용역(접대부·댄서와 기타 이와 유사한 용역은 제외)

② 봉사료에 대한 원천징수
   부가가치세가 면제되는 접대부·댄서와 이와 유사한 용역을 제공하는 자에게 지급하는 일정한 봉사료수입금액에 5%를 원천징수하여 납부하여야 한다.

2) 사업소득세액의 연말정산

보험모집인, 방문판매원 및 음료품배달원에 해당하는 사업자(간편장부대상자에 한함)에게 모집수당 또는 판매수당 등의 사업소득을 지급하는 원천징수의무자는 해당 사업소득에 대한 소득세의 연말정산을 하여야 한다.

02. 사업소득금액의 계산

(1) 사업소득금액의 계산

사업소득금액은 해당 과세기간의 총수입금액에서 이에 사용된 필요경비를 공제한 금액으로 하며, 필요경비가 총수입금액을 초과하는 경우 그 초과하는 금액을 결손금이라고 한다.

> 사업소득금액 = 총수입금액(비과세소득 제외) − 필요경비

(2) 총수입금액

총수입금액은 사업활동으로 인하여 벌어들인 소득으로서 일반사업에서 발생한 소득과 부동산임대업에서 발생한 소득으로 구분된다.

1) 일반 사업소득의 총수입금액

총수입금액 산입	총수입금액 불산입
① 매출액(매출환입 · 에누리 · 할인은 제외)	① 부가가치세 매출세액, 소득세 또는 주민세 개별소비세, 주세, 교통 · 에너지 · 환경세
② 거래상대방으로부터 받는 장려금	② 자산수증이익 · 채무면제이익 중 이월결손 금에 충당된 금액
③ 사업과 관련된 자산수증이익 · 채무면제이익	③ 자가생산한 제품 등을 다른 제품의 원재료 등으로 사용한 금액
④ 사업관련 사업용 자산의 손실로 취득한 보험차익	④ 전년도부터 이월된 소득금액
⑤ 재고자산 또는 임목을 가사용소비 또는 타인지급	⑤ 국세환급가산금, 환부이자, 과오납환급이자
⑥ 퇴직일시금 신탁의 이익 등 보험차익	
⑦ 관세환급금 등 필요경비로 지출된 세액의 환입액	
⑧ 복식부기의무자가 사업용 유형고정자산(감가상각자산)을 양도함으로써 발생하는 소득	

2) 부동산임대업의 총수입금액

구 분	내 용
① 임대료	부동산을 임대하고 받는 대가
② 선세금	부동산을 임대하고 미리 받은 임대료
	선세금의 총수입금액 = 선세금×각 과세기간의 해당 월수/ 계약기간의 월수*
③ 간주임대료	부동산(주택제외) 또는 그 부동산상의 권리를 대여하고 받는 보증금 · 전세금을 받은 경우 다음의 금액을 총수입금액에 산입한다.
	[(임대보증금등의적수 − 건설비상당액적수) × 정기예금이자율 × 1/365(366)] − (수입이자 · 할인료 · 배당금)
④ 관리비	청소비 · 난방비 등(전기료 · 수도료 등 공공요금은 제외)
⑤ 보험차익	임대용 자산의 손실로 인하여 취득하는 보험차익

(3) 사업소득의 필요경비

필요경비 산입	필요경비 불산입
① 원료의 매입가격과 그 부대비용(매입에누리·환출·할인은제외)	① 부가가치세 매입세액, 소득세 또는 주민세 개별소비세, 주세, 교통·에너지·환경세 미납액
② 거래수량 또는 거래금액에 따라 상대에게지급하는 장려금 기타 이와 유사한 성질의 금액	② 대표자급여
③ 종업원의 급여	③ 벌금, 과료, 과태료, 가산금, 체납처분비, 가산세
④ 사업관련 제세공과금	④ 법령불이행 또는 위반에 대한 재재성격의 공과금
⑤ 근로자퇴직급여보장법에 따라 사용자가 부담하는 부담금	⑤ 건설자금이자와 채권자불분명 사채이자
⑥ 국민건강보험법·고용보험법 및 노인장기요양법에 의하여 사용자로서 부담하는 보험료·신탁부금 또는 공제부금	⑥ 가사관련 경비와 업무무관 경비
⑦ 단체순수보장성보험 및 단체환급부보장성 보험의 보험료	⑦ 선급비용
⑧ 자산의 평가차손	⑧ 기업업무추진비, 감가상각비, 기부금 한도초과액
⑨ 사업용 자산에 대한 비용(수선비, 관리비, 임차료 등)	

03. 사업소득의 수입시기

거주자의 각 과세기간 총수입금액과 필요경비의 귀속연도는 그 총수입금액과 필요경비가 확정된 날이 속하는 과세기간으로 한다. 그 구체적인 사업소득의 수입시기는 다음과 같다.

구 분	총수입금액의 수입시기
① 상품·제품 또는 그 밖의 생산품의 판매	그 상품 등을 인도한 날
② 위에 해당하지 않는 자산의 매매	대금을 청산한 날 * 대금청산 전에 소유권 등 이전등기·등록을 하거나 당해 자산을 사용수익하는 경우 : 그 등기·등록일 또는 사용 수익일
③ 상품 등의 시용판매	상대방이 구입의 의사를 표시한 날
④ 상품 등의 위탁판매	수탁자가 그 위탁품을 판매하는 날
⑤ 장기할부조건에 의한 상품 등의 판매	원 칙 : 그 상품 등을 인도한 날 특 례 · 회수기일도래기준에 의한 회계처리도 수용 · 현재가치평가액에 의한 회계처리도 수용
⑥ 건설·제조 기타 용역의 제공	· 장기건설 등(계약기간 1년 이상) : 진행기준 · 단기건설 등(계약기간 1년 미만) : 용역제공을 완료한 날 (또는 목적물을 인도한 날)
⑦ 인적용역의 제공	용역제공을 완료한 날. 단, 연예인, 운동선수 등이 전속계약 대가를 일시에 수령하는 경우에는 계약기간에 따라 해당 대가를 균등하게 안분한 금액을 과세 기간 종료일에 수입한 것으로 간주
⑧ 금융·보험업에서 발생하는 이자	실제로 수입된 날
⑨ 무인판매기에 의한 판매	사업자가 무인판매기에서 현금을 인출한 때
⑩ 어음의 할인	그 어음의 만기일 (만기 전에 어음을 양도하는 때 : 양도일)

04 근로소득

01. 근로소득의 범위

근로소득이란 근로계약(또는 고용계약이나 위임계약)에 따라 비독립적 지위에서 근로를 제공하고 받는 대가이다. 여기서 비독립적 지위에서 받는 모든 근로의 대가는 봉급·급료·보수·임금·상여·수당 등 명칭이나 형식 여하에 불구하고 근로소득으로 구성된다. 구체적으로 근로소득은 해당 과세기간에 발생한 다음의 소득으로 한다.

① 근로를 제공함으로써 받는 봉급·급료·보수·세비·임금·상여·수당과 이와 유사한 성질의 급여
② 법인의 주주총회·사원총회 등 의결기관의 결의에 의하여 상여로 받는 소득(잉여금 처분에 의한 상여)
③ 법인세법에 따라 상여로 처분된 금액(인정상여)
④ 퇴직함으로써 받는 소득으로서 퇴직소득에 속하지 않는 소득
⑤ 종업원등 또는 대학의 교직원이 지급받는 직무발명보상금(특수관계자가 받는 보상금과 기타소득에 따른 직무발명보상금은 제외) 소득의 분류와 한도는 다음과 같다.
  ㉠ 재직기간 중 수령하는 경우 : 근로소득의 범위에 포함된다.
  ㉡ 퇴직 후에 수령하는 경우 : 기타소득의 범위에 포함된다.

※ 근로소득에 포함되는 것

① 업무와 관련 없이 사용된 기밀비·교제비
② 종업원이 받는 공로금·위로금·학자금·장학금(종업원의 자녀가 사용자로부터 받는 학자금·장학금 포함) 등 기타 이와 유사한 성질의 급여
③ 여비의 명목으로 받는 연액 또는 월액의 급여
④ 주택을 제공받음으로써 얻는 이익. 다만, 종업원, 비출자임원, 상장법인, 소액주주임원, 비상장법인 소액주주임원은 제외
⑤ 종업원이 주택(주택부수토지 포함)의 구입·임차에 소요되는 자금을 저리 또는 무상으로 대여 받음으로써 얻는 이익. 다만, 중소기업 종업원이 얻는 법소정의 이익은 제외한다.
⑥ 종업원이 보험계약자이거나 종업원 또는 그 배우자·가족을 보험수익자로 하는 보험과 관련하여 사용자가 부담하는 보험료
⑦ 근무기간 중 주식매수선택권을 행사함으로써 얻은 이익
⑧ 근로수당·가족수당·전시수당·물가수당·출납수당·직무수당 기타 이와 유사한 성질의 급여

02. 비과세 근로소득

1. 비과세 되는 근로소득

구 분	한 도
① 종업원의 소유차량을 종업원이 직접 운전하여 사용자의 업무수행에 이용하고 시내출장 등에 소요된 실제여비를 받는 대신에 그 소요경비를 당해 사업체의 규칙 등에 의하여 정하여진 지급기준에 따라 받는 금액	월20만원
② 방송·통신·신문사 등의 기자가 받는 취재수당·근로자가 벽지에 근무함으로 인하여 받는 벽지수당	
③ 유아교육법, 초·중·고등교육법, 특별법에 의한 교육기관의 교원이 받는 연구보조비 등	
④ 근로자 또는 그 배우자의 6세 이하(해당 과세기간 개시일을 기준으로 판단) 자녀의 보육과 관련하여 지급받는 급여(보육수당)	
⑤ 식사 기타 음식물을 제공받지 않는 근로자가 받는 식사대	
⑥ 근로자가 사내급식 또는 이와 유사한 방법으로 제공 받는 식사	한도없음
⑦ 근로자 또는 그 배우자의 출산과 관련하여 출생일 이후 2년 이내에 공통 지급규정에 따라 사용자로부터 지급(2회 이내)받는 급여(출산수당)	
⑧ 근로자가 천재·지변 기타 재해로 인하여 받는 급여	
⑨ 국민건강보험법, 고용보험법, 국민연금법 등에 따라 국가·지방자치단체 또는 사용자가 부담하는 부담금	
⑩ 실업급여, 육아휴직급여, 육아기 근로시간 단축 급여, 산전후휴가급여, 육아휴직수당 등	
⑪ 학교와 직업훈련시설의 입학금·수업료·수강료·일정요건을 갖춘 학자금	
⑫ 일직료·숙직료 또는 여비로서 실비변상정도의 금액	실비변상금액
⑬ 국외에서근로를제공하고받는보수(국외건설현장등에근로를제공하고받는보수는월500만원 비과세)	월100만원
⑭ 공장 또는 광산 근로자, 어업종사 근로자, 돌봄서비스 종사자, 미용관련 서비스 종사자 등이 받는 초과 근로수당(월정액급여가 210만원 이하로서 직전과세기간의 총급여액이 3,000만원 이하인 근로자)	연 240만원
⑮ 종업원등이 자사·계열사의 재화 또는 용역을 시가보다 할인하여 공급받은 경우 할인 받은 금액	할인금액 중 비과세금액 Max(시가의20%, 연 240만원)

03. 근로소득금액의 계산

근로소득금액은 총급여액에서 근로소득공제를 적용한 금액으로 한다.

> 근로소득금액 = 총급여액 − 근로소득공제(한도 2,000만원)

(1) 총급여액

총급여액은 해당과세기간에 발생한 근로소득의 합계액(비과세소득제외)을 말한다.

(2) 근로소득공제

근로소득의 경우에는 실제로 지출된 필요경비를 확인하기 어렵기 때문에 획일적으로 일정한 금액을 필요경비로 공제한다. 이것을 근로소득공제라 하며 그 구체적인 내용은 다음과 같다.

1) 일반근로자

일반근로자의 경우 해당 과세기간에 받는 총급여액에서 다음의 금액을 공제하되, 총급액이 공제액에 미달하는 경우에는 그 총급여액을 근로소득공제액으로 한다. 다만, 공제액이 2천만원을 초과하는 경우에는 2천만원을 공제한다.

총급여액	공제액
500만원 이하	총급여액 × 70%
500만원 초과 1,500만원 이하	350만원 + (총급여액 − 500만원) × 40%
1,500만원 초과 4,500만원 이하	750만원 + (총급여액 − 1,500만원) × 15%
4,500만원 초과 1억원 이하	1,200만원 + (총급여액 − 4,500만원) × 5%
1억원 초과	1,475만원 + (총급여액 − 1억원) × 2%

2) 일용근로자

일용근로자의 경우 총급여액에서 1일 15만원을 공제한다. 다만, 해당과세기간의 총급여액이 공제액에 미달하는 경우에는 그 총급여액을 근로소득공제액으로 한다.

04. 근로소득의 과세방법

구 분		내 용
일반 근로 소득자	1월~12월의 매월근로소득	매월분의 근로소득을 지급할 때 당해 소득의 지급자가 근로소득 간이세액표에 의하여 계산된 소득세를 원천징수하여 징수일이 속하는 달의 다음달 10일까지 납부하여야 한다.
	연말정산	다음에 해당하는 때에는 원천징수의무자가 연말정산에 의하여 소득세를 원천징수한다. ① 당해 연도에 다음 연도 2월분 근로소득을 지급하는 때 ② 퇴직자의 퇴직하는 달의 근로소득을 지급하는 때
일용 근로자		일용근로자의 근로소득은 종합소득과세표준에 합산하지 않고 다음 산식에 의하여 계산한 세액을 원천징수함으로써 납세의무가 종결된다. · 원천징수세액=[일급여액－150,000원]×6%－근로소득세액공제(산출세액×55%)

05. 근로소득의 수입시기

구 분	수입시기
① 급 여	근로를 제공한 날
② 잉여금 처분에 의한 상여	해당 법인의 잉여금 처분결의일
③ 인정상여	해당 사업연도 중의 근로를 제공한 날
④ 주식매수선택권	주식매수선택권을 행사한날
⑤ 임원퇴직소득 한도초과액	지급받거나 지급받기로 한 날

05 연금소득

01. 연금소득의 범위

연금소득은 해당 과세기간에 발생한 다음의 소득으로 한다.

① 공적연금관련법에 따라 받는 각종연금
② 소득세과세가 이연된 과세대상금액을 그 소득의 성격에도 불구하고 연금계좌에서 연금수령하는 경우의 그 연금
③ 위 ②에 따른 소득과 유사하고 연금형태로 받는 것

02. 비과세 연금소득

연금소득 중 다음 중 어느 하나에 해당하는 소득에 대해서는 소득세를 과세하지 않는다.

① 공적연금관련법에 따라 받는 유족연금, 장애연금, 상이연금, 연계노령유족연금 또는 연계퇴직유족연금
② 산업재해보상보험법에 따라 받는 각종연금
③ 국군포로의 송환 및 대우 등에 관한 법률에 따른 국군포로가 받는 연금

03. 연금소득금액

연금소득금액은 총연금액에서 연금소득공제액을 적용한 금액으로 한다.

연금소득금액 = 총연금액 − 연금소득공제

(1) 총연금액

총연금액이란 연금소득의 합계액을 말한다. 다만, 연금소득에서 제외되는 소득과 비과세연금소득은 포함하지 않는다.

(2) 연금소득공제

연금소득이 있는 거주자에 대해서는 당해 과세기간에 받은 총연금액에서 다음의 금액을 공제한다. 다만, 공제액이 900만원을 초과하는 경우에는 900만원을 공제한다.

총 연 금 액	공 제 액
350만원 이하	총연금액
350만원초과 700만원이하	350만원 + (총연금액 − 350만원) × 40%
700만원 초과 1,400만원 이하	490만원 + (총연금액 − 700만원) × 20%
1,400만원 초과	630만원 + (총연금액 − 1,400만원) × 10%

04..연금소득의 과세방법

연금소득은 원칙적으로 종합소득과세표준에 합산하여 과세한다. 따라서 연금소득이 있는 자는 과세표준확정신고를 하여야 한다. 다만, 공적연금소득만이 있는 자가 다른 소득이 없는 경우에는 과세표준확정신고를 하지 않아도 된다. 예외적으로 총연금액이 연 1,500만원 이하인 경우에는 납세의무자의 선택에 따라 그 연금소득을 종합소득과세표준에 합산하지 않고 분리과세를 적용받을 수 있다.

05..연금소득의 수입시기

연금소득의 수입시기는 연금을 지급받거나 받기로 한 날 로 한다.

구 분	연금소득의 수입시기
공적연금소득	연금을 지급받기로 한 날
사적연금소득	연금을 수령한 날
그 밖의 연금소득	해당 연금을 지급받은 날

06 기타소득

01. 기타소득의 범위

기타소득이란 이자소득·배당소득·사업소득·근로소득·연금소득·퇴직소득·금융투자소득 및 양도소득 외의 소득으로서 다음에 해당하는 것을 말한다.

① 상금·현상금·포상금·보로금 또는 이에 준하는 금품
② 복권·경품권 기타 추첨권에 의하여 받는 당첨금품
③ 사행행위등 규제 및 처벌특례법에 규정하는 행위에 참가하여 얻는 재산상의 이익
④ 한국마사회법에 의한 승마투표권 및 경륜·경정법에 의한 승자투표권의 구매자가 받는 환급금
⑤ 저작자 또는 실연자·음반제작자 방송사업자 외의 자가 저작권 또는 저작인접권의 양도 또는 사용의 대가로 받는 금품
⑥ 영화필름·라디오·텔레비전방송용 테이프·필름 기타 이와 유사한 자산 또는 권리의 양도·대여 또는 사용의 대가로 받는 금품
⑦ 광업권·어업권·산업재산권·산업정보·산업상 비밀, 영업권(점포임차권 포함), 토사석의 채취허가에 따른 권리, 지하수의 개발·이용권 기타 이와 유사한 자산이나 권리를 대여하고 그 대가로 받는 금품
⑧ 물품 또는 장소를 일시적으로 대여하고 사용료로서 받는 금품, 통신판매중개를 하는 자를 통하여 물품 또는 장소를 대여하고 대통령령으로 정하는 규모 이하의 사용료로서 받는 금품
⑨ 계약의 위약 또는 해약으로 인하여 받는 위약금, 배상금, 부당이득 반환 시 지급받는 이자
⑩ 공익사업과 관련된 지역권과 지상권을 설정 또는 대여하고 받는 금품
⑪ 유실물의 습득 또는 매장물의 발견으로 인하여 보상금을 받거나 새로 소유권을 취득하는 경우 그 보상금 또는 자산
⑫ 무주물(無主物)의 점유로 소유권을 취득하는 자산
⑬ 거주자·비거주자 또는 법인과 특수관계에 있는 자가 그 특수관계로 인하여 당해 거주자·비거주자 또는 법인으로부터 받는 경제적 이익으로서 급여·배당 또는 증여로 보지 않는 금품
⑭ 슬러트머신(비디오게임 포함) 및 투전기 기타 이와 유사한 기구를 이용하는 행위에 참가하여 받는 당첨금품·배당금품 또는 이에 준하는 금품
⑮ 문예창작소득. 이는 문예·학술·미술·음악 또는 사진에 속하는 창작품에 대한 원작자로서 받는 원고료, 저작권사용료인 인세, 미술·음악 또는 사진에 속하는 창작품에 대하여 받는 대가를 말한다.
⑯ 재산권에 관한 알선수수료
⑰ 사례금
⑱ 다음 중 어느 하나에 해당하는 인적용역(⑮~⑰에 해당하는 용역은 제외)을 일시적으로 제공하고 지급 받는 대가

  ㉠ 고용관계 없이 다수인에게 강연을 하고 강연료 등의 대가를 받는 용역
  ㉡ 라디오·텔레비전방송 등을 통하여 해설·계몽 또는 연기의 심사 등을 하고 보수 또는 이와 유사한 성질의 대가를 받는 용역
  ㉢ 변호사·공인회계사·세무사·건축사·측량사·변리사 기타 전문적 지식 또는 특별한 기능을 가진 자가 당해 지식 또는 기능을 활용하여 보수 또는 기타 대가를 받고 제공하는 용역
  ㉣ 위의 ㉠~㉢외의 용역으로서 고용관계 없이 수당 또는 이와 유사한 성질의 대가를 받고 제공하는 용역

⑲ 법인세법에 의하여 처분된 기타소득
⑳ 연금저축의 해지일시금
㉑ 퇴직전에 부여받은 주식매수선택권을 퇴직후에 행사하거나 고용관계 없이 주식매수선택권을 부여받아 이를 행사함으로써 얻은 이익
㉒ 뇌물·알선수재 및 배임수재에 의하여 받은 금품

㉓ 서화·골동품 양도차익 : 점당 양도가액 6,000만원 이상인 회화데생 등 미술품, 제작 후 100년이 초과된 골동품 다음의 경우에는 사업소득으로 과세한다.
  ㉠ 사업장: 서화·골동품 거래를 위해 사업장 등 물적시설을 갖춘 경우
  ㉡ 사업자등록: 서화·골동품을 거래하기 위한 목적으로 사업자등록을 한 경우
㉔ 종교관련종사자가 종교의식을 집행하는 등 종교관련종사자로서의 활동과 관련하여 대통령령으로 정하는 종교단체로부터 받은 소득(이하 "종교인소득"이라 한다)
  ㉠ 기타소득금액은 해당 과세기간의 총수입금액에서 이에 사용된 필요경비를 공제한 금액으로 한다.
  ㉡ 제1항제26호에 따른 종교인소득에 대하여 근로소득으로 원천징수하거나 과세표준확정 신고를 한 경우에는 해당 소득을 근로소득으로 본다.
  ㉢ 기타소득의 구체적 범위 및 계산방법과 그 밖에 필요한 사항은 대통령령으로 정한다.
㉕ 가상자산을 양도하거나 대여함으로써 발생하는 소득

02. 비과세 기타소득

기타소득 중 다음의 소득에 대해서는 소득세를 과세하지 않는다.

① 국가유공자예우 등에 관한 법률에 의하여 받는 보상금·학자금 및 귀순북한동포보호법에 의하여 받는 정착금·보로금 및 기타 금품
② 국가보안법에 의하여 받는 상금과 보로금
③ 상훈법에 의한 훈장과 관련하여 받는 부상 기타 일정한 상금과 부상
④ 종업원의 직무와 관련된 우수발명으로서 발명진흥법에 의한 직무발명에 대하여 사용자로부터 받는 보상금(700만원 이하의 금액), 특수관계자가 받는 보상금은 제외한다.
⑤ 국군포로대우등에관한법률에 따라 국군포로가 지급받는 정착금·금품 등
⑥ 국가지정문화재로 지정된 서화·골동품의 양도시 발생하는 소득과 박물관·미술관에 양도시 발생하는 소득
⑦ 종교관련 종사자 또는 그 배우자의 6세 이하(해당 과세기간 개시일을 기준으로 판단) 자녀의 보육과 관련하여 지급받는 급여(월20만원)
⑧ 종교관련 종사자 또는 그 배우자의 출산과 관련하여 출생일 이후 2년 이내에 공통 지급규정에 따라 사용자로부터 지급(2회 이내)받는 급여(한도없음)
⑨ 종교관련 종사자가 받는 대통령령으로 정하는 식사 또는 식사대
⑩ 종교관련 종사자가 받는 대통령령으로 정하는 실비변상적 성질의 급여

03. 기타소득금액의 계산

기타소득금액은 해당 과세기간의 총수입금액에서 이에 사용된 필요경비를 공제한 금액으로 한다.

> 기타소득금액 = 총수입금액 − 필요경비

여기서 필요경비에 산입할 금액은 실제로 지출된 비용으로 하는 것이 원칙이지만, 다음에 경우는 예외로 한다.

구 분	필요경비산입액
① 승마(승자)투표권의 구매자에게 지급하는 환급금	구매자가 구입한 적중된 투표권의 단위투표금액을 필요경비로 한다.
② 슬롯머신 등을 이용하는 행위에 참여하여 받는 당첨금품 등	당첨금품 등의 당첨 당시에 슬롯머신 등에 투입한 금액을 필요경비로 한다.
③ 공익법인이 주무관청의 승인을 받거나 순위경쟁대회에서 시상하는 상금과 부상	필요경비가 확인되지 않는 경우에는 받을 금액의 80%(보유기간이 10년 이상이거나 1억원 이하인 서화·골동품은 90%)와 실제증빙으로 입증된 경비중 큰 금액을 필요경비로 의제한다.
④ 위약금과 배상금 중 주택입주지체상금	
⑤ 6천만원 이상인 서화·골동품	
⑥ 공익사업과 관련된 지상권·지역권의 설정대여소득	필요경비가 확인되지 않는 경우에는 받을 금액의 60%와 실제증빙으로 입증된 경비 중 큰 금액을 필요경비로 의제한다.
⑦ 광업권, 어업권, 상표권, 영업권 등의 양도대여소득	
⑧ 원고료, 인세 등	
⑨ 일시적인 강연료, 자문료 등	
⑩ 통신판매중개를 하는 자를 통하여 물품 또는 장소를 대여하고 사용료로서 받는 일정한 금품	

04. 기타소득금액의 과세방법

(1) 종합과세와 분리과세

기타소득은 원칙적으로 종합소득과세표준에 합산하여 과세한다. 다만, 예외적으로 분리과세 되는 기타소득도 있는데, 그 내용은 다음과 같다.

구 분	해당 기타소득	원천징수세율
무조건 분리과세	① 연금계좌에서 연금수령외수령한 기타소득 중 사망 등 부득이한 사유로 받는 소득	12%
	② 복권당첨금 등	20%(30%)
	③ 서화골동품의 양도로 발생하는 소득	20%

구 분	해당 기타소득	원천징수세율
무조건 종합과세	① 뇌물 알선수재 및 배임수재에 의하여 받은 금품 ② 위약금 · 배상금 (계약금이 위약금 · 배상금으로 대체되는 경우에 한 한다.)	-
선택적 분리과세	기타소득금액의 연간 합계액이 300만원 이하인 경우에는 당해 소득은 납세의무자의 선택에 따라 종합소득과세표준에 합산하지 않을 수 있다.	20%

(2) 과세최저한

기타소득이 다음 중 어느 하나에 해당하면 소득세를 과세하지 않는다.

구 분	과세최저한
① 승마투표권 · 승자투표권의 구매자가 받는 환급금	건별로 승마투표권 또는 승자투표권의 권면에 표시된 금액의 합계액이 10만원 이하이고 단위투표금액당 환급금이 단위투표 금액이 100배 이하이면서 적중한 개별투표당 환급금이 200만원 이하인 경우
② 슬롯머신등을 이용하는 행위에 참가하여 받는 당첨금품등	건별로 200만원 미만인 경우
③ 가상자산소득금액	해당 과세기간의 가상자산소득금액 250만원 이하
④ 위 ①, ②, ③ 외의 기타소득금액	건별로 5만원 이하인 경우(복권당첨금등 당첨금품등은 건별로 200만원 이하)

(3) 기타소득의 수입시기

구 분	수입시기
① 일반적인 기타소득	그 지급을 받은 날
② 법인세법에 따라 처분된 기타소득	해당 법인의 해당 사업연도 결산 확정일
③ 산업재산권 등을 양도하고 그 대가로 받은 금품	대금청산일, 자산인도일 또는 사용 · 수익일 중 빠른 날

07 종합소득과세표준의 계산

01. 종합소득과세표준의 계산

이자소득금액·배당소득금액·사업소득금액·근로소득금액·연금소득금액 및 기타소득금액을 합산하여 종합소득금액을 계산한 후 종합소득공제액을 차감하여 종합소득과세표준을 계산한다.

> 종합소득과세표준 = 종합소득금액 − 종합소득공제

여기서 종합소득공제는 인적공제와 물적공제로 구성되며, 물적공제에는 특별소득공제·연금보험료공제·주택담보노후연금 이자비용공제·조세특례제한법상 소득공제가 있다.

02. 인적공제

1. 인적공제 및 연금보험료공제

인적공제는 납세의무자의 최저생계비에 해당하는 소득을 계산할 때 공제하는 제도이다. 인적공제는 기본공제와 추가공제가 있다. 인적공제(기본공제와 추가공제)의 합계액이 종합소득금액을 초과하는 경우 그 초과하는 공제액은 없는 것으로 한다.

(1) 기본공제

기본공제는 종합소득이 있는 거주자(자연인에 한함)에 대하여는 다음 중 어느 하나에 해당하는 가족수에 150만원을 곱하여 계산한 금액을 거주자의 당해 연도의 종합소득에서 공제한다.

(2) 추가공제

추가공제는 기본공제대상자가 요건에 충족하는 경우에 거주자의 해당 과세기간 종합소득금액에서 공제대상별로 정하여진 금액을 추가로 공제한다.

구 분			공제요건				공제금액
인적공제	기본공제	본인	요건없음			연간소득금액 100만원 이하	1인당 연150만원
		배우자	생계불문	연령요건 없음			
		직계존속		60세 이상	장애인은 연령불문		
		직계비속·입양자		20세 이하			
		형제자매	생계요건	60세이상 20세이하			
		수급권자		연령요건없음			
		위탁아동		18세미만			
	추가공제	경로자우대자	기본공제대상 중 70세 이상인자				1인당 연100만원
		장애인	기본공제대상 중 장애인(중증환자포함)				1인당 연200만원
		부녀자	종합소득금액이 3,000만원 이하인 거주자로서 ① 배우자가 있는 여성근로자이거나 ② 배우자가 없는 여성으로서 부양가족이 있는 세대주				연50만원
		한부모	해당 거주자가 배우자가 없는 사람으로서 기본공제대상자인 직계비속 또는 입양자가 있는 경우				연100만원
연금보험료		국민연금	국민연금보험료 중 근로자부담분				전액
		공무원연금 등	공무연금·군인연금 등 중 근로자부담분				전액

* 소득금액은 종합소득금액·퇴직소득금액·양도소득금액의 합계액이며, 비과세소득과 분리과세소득은 제외된다.
* 위탁아동(아동복지법에 따라 보호기간이 연장된 20세 이하인 위탁아동 포함)이란 아동복지법에 따라 해당과세기간에 6개월 이상 직접 양육한 아동을 말한다.
* 해당거주자가 한부모공제와 부녀자공제 모두에 해당하는 경우에는 중복적용을 배제하고 한부모공제를 한다.

2. 인적공제 세부사항

(1) 공제대상자 판정시기

인적공제를 할 때 공제대상자(배우자 · 부양가족 · 장애인 및 경로우대자)에 해당하는지 여부의 판정은 해당 과세기간 종료일 현재의 상황에 따른다. 다만, 여기에는 다음과 같은 예외가 있다.

① 과세기간 종료일 전에 사망한 사람 또는 장애가 치유된 사람에 대해서는 사망일 전날 또는 치유일 전날의 상황에 따른다.

② 공제대상 부양가족을 판정할 때 적용대상 나이가 정해진 경우에는 해당 과세기간의 과세기간 중에 해당 나이에 해당되는 날이 있는 경우에 공제대상자로 한다.

(2) 공제대상자여부

구분	공제대상인 경우	공제대상이 아닌 경우
배우자	· 연말 현재 법률혼 관계인 경우 · 연 중 사별한 경우	· 연말 현재 사실혼관계인 경우 · 연 중 이혼한 경우
직계존속	· 부모, 조부모, 외조부모, 증조부모, 증외조부모, 장인, 장모, 시부모,시조부모 · 직계존속이 재혼하여 법률혼 중인 자 · 연 중 사망한직계존속	· 숙부, 고모, 외삼촌, 이모 · 직계존속이 재혼하여 사실혼 중인 자 · 직계존속이 재혼한 경우 그 배우자의 직계존속
직계비속 입양자	· 자녀 · 손자녀 · 외손자녀 · 재혼한 경우에 있어서 전배우자의 혼인 중에 출생한자	· 조카 · 며느리 · 사위
형제자매	· 배우자의 형제자매 (처남 · 처제 · 시동생 · 시누이)	· 형제자매의 배우자

(3) 소득금액이 100만원이하에 해당하는 경우

구 분	내 용
금융소득	· 비과세 · 분리과세대상 소득만 있는 경우(예: 비실명이자와 배당소득, 생계형저축 등) · 금융소득의 합계가 2천만원 이하인 경우
사업소득	· 과세제외 또는 비과세소득만 있는 경우(예: 작물생산, 1주택 소유자의 주택임대소득 등)
근로소득	· 비과세소득만 있는 경우(예 월 100만원 이하 국외근로소득 등) · 분리과세소득만 있는 경우(예: 일용근로소득) · 퇴직소득 없이 연간 총급여가 500만원 이하인 경우
연금소득	· 해당연도의 총연금액이 1,500만원 이하인 경우로서 분리과세를 선택한 경우 · 비과세연금소득만 있는 경우(예: 장애연금, 유족연금 등)
기타소득	· 비과세 기타소득만 있는 경우 · 무조건분리과세 되는 기타소득만 있는 경우(예: 복권당첨소득 등) · 기타소득금액의 합계가 300만원 이하인 경우로서 분리과세를 선택한 경우

03. 특별소득공제

특별소득공제는 근로소득이 있는 거주자가 해당 과세기간에 건강보험료 등이나 주택자금을 지급하고 연말정산 또는 종합소득세 확정신고시에 공제신청을 한 경우에 적용한다. 공제액이 그 거주자의 해당 과세기간의 합산과세 되는 종합소득금액을 초과하는 경우 그 초과금액은 없는 것으로 한다.

구 분			공제요건	공제금액
사회보험료			근로소득이 있는 거주자가(일용근로자제외)가 해당 과세기간에 법에 따라 부담하는 건강보험료·고용보험료·노인장기요양보험료	전액
주택자금	주택청약저축	종류	청약저축, 주택청약종합저축, 근로자주택마련저축	불입액의 40%
		요건	무주택세대주 및 배우자로서 청약저축 등을 납입한 금액	
	공통요건		무주택세대주(요건충족세대원가능)로서 근로소득이 있는 거주자가 국민주택(주거용 오피스텔 포함)규모이하의 주택을 임차하거나 저당한 경우	
	주택임차차입금 원리금상환액		주택을 임차하기 위하여 차입한 차입금의 원금과 이자를 상환하는 경우	원리금상환액의 40%
	장기주택 저당차입금 이자상환액		기준시가가 6억원 이하인 주택을 취득하기 위하여 차입한 장기주택 저당 차입금의 이자를 지급하는 경우	이자상환액

4. 신용카드 등 사용금액(그 밖의 소득공제:조세특례제한법상 소득공제)

(1) 개 요

근로소득이 있는 거주자(일용근로자 제외)가 법인 또는 개인사업자로부터 2025년 12월 31일까지 재화나 용역을 제공받고 **신용카드 등 사용금액의 연간합계액**(국외에서 사용한 금액은 제외)이 **해당 과세연도의 총급여액의 25%를 초과하는 경우** 그 초과금액에 대하여 일정금액을 근로소득금액에서 공제한다.

(2) 공제대상 카드사용자의 범위

다음 중 어느 하나에 해당하는 자의 신용카드 등 사용금액은 해당 거주자의 신용카드 등 사용금액에 포함시킬 수 있다.
① 거주자의 배우자로서 연간 소득금액의 합계액이 100만원 이하인 자
②거주자와 생계를 같이 하는 직계존비속(배우자의 직계존속과 동거입양자는 포함하되(**형제자매는 제외**)으로서 **연간 소득금액의 합계액이 100만원 이하인 자**(연령제한 없음)

(3) 신용카드 등 사용금액에 포함하지 않는 것

다음 중 어느 하나에 해당하는 경우에는 신용카드 등 사용금액에 포함하지 않는다.

① 사업소득과 관련된 비용 또는 법인의 비용
② 비정상적인 카드·현금영수증사용액
③ 보험료와 교육비
④ 국세, 지방세, 전기료, 수도료, 가스료, 전화료, 아파트관리비, 시청료, 고속도로통행료
⑤ 신규로 출고되는 자동차구입비용
⑥ 상품권 등 유가증권 구입비와 리스료
⑦ 지방세에 의하여 취득세와 등록세가 부과되는 재산의 구입비용(중고자동차 구입금액 중 10%는 공제됨)
⑧ 정치자금법에 따라 정당에 기부하는 정치자금
⑨ 차입금 이자상환액, 증권거래수수료 등
⑩ 국외에서 사용한 신용카드사용액
⑪ 주택자금공제를 적용받은 월세액

(4) 공제한도

① 기본한도: 해당 과세연도의 총급여액에 따른 한도액

해당 과세연도의 총급여액	한도액
7,000만원 이하	Min(총급여액×20%, 연 300만원)
7,000만원 초과 1억 2천만원 이하	연 250만원
1억 2천만원 초과	연 200만원

② 추가한도: Min(㉠, ㉡)

㉠ 기본한도초과액: 공제대상금액−기본한도(①)

㉡ Min(전통시장 사용분×40%, 연 100만원)
   +Min(대중교통 이용분×40%, 연 100만원)
   +Min(도서·신문·공연·박물관·미술관 사용분×30%, 연 100만원)*

* 총급여 7천만원 이하의 자

04. 종합소득공제의 배제 및 소득공제의 종합한도

1. 종합소득공제 등의 배제

(1) 분리과세소득만 있는 경우

분리과세이자소득, 분리과세배당소득, 분리과세연금소득, 분리과세기타소득만이 있는 자는 종합소득공제를 적용하지 아니한다.

(2) 증명서류를 제출하지 않은 경우

과세표준확정신고를 하여야 할 자가 소득공제를 증명하는 서류를 제출하지 아니한 경우에는 기본공제와 표준세액공제만을 적용한다. 다만, 그 서류를 나중에 제출한 경우에는 그러하지 아니하다.

(3) 수시부과결정의 경우

수시부과결정의 경우에는 거주자 본인에 대한 기본공제(150만원)만을 적용한다.

2. 소득공제의 종합한도

거주자의 종합소득에 대한 소득세를 계산할 때 종합한도 적용대상 소득공제(주택자금 소득공제 등)에 해당하는 공제금액의 합계액이 2,500만원을 초과하는 경우에는 없는 것으로 한다.

05. 결손금과 이월 결손금 공제

1. 결손금의 공제

결손금이란 당해 연도에 속하는 필요경비가 당해 연도에 속하는 총수입금액을 초과하는 경우에 그 초과하는 금액을 말한다. 사업소득의 결손금 처리방법은 다음과 같다.

구 분	내 용
(1) 일반사업소득의 결손금	당해 연도의 종합소득금액계산 시 다음 순서에 의하여 다른 종합소득금액에서 공제하고 남은 결손금은 다음연도로 이월시킨다.
	① 근로소득금액 ② 연금소득금액 ③ 기타소득금액 ④ 이자소득금액 ⑤ 배당소득금액
(2) 부동산임대소득의 결손금	일반부동산임대소득에서 발생한 결손금은 당해 연도의 다른 소득금액에서 공제할 수 없으며 10년간 이월하여 부동산임대소득에서만 공제한다.
	주거용 건물임대업결손금은 일반사업소득의 결손금과 동일하게 처리한다.

2. 이월결손금의 공제

이월결손금이란 결손금 공제규정에 의하여 당해 연도의 종합소득과세표준의 계산에 있어서 공제하고 남은 결손금을 말한다. 이러한 이월결손금은 15년간(2009년~2019년 발생분은 10년간) 이월하여 공제한다. 먼저 발생한 이월결손금부터 순차적으로 당해 소득별로 이를 공제한다. 다만, 당해 연도의 소득금액에 대하여 추계신고를 하는 경우에는 이월결손금공제를 배제한다. 이월결손금의 처리방법은 다음과 같다.

구 분	내 용
(1) 일반사업소득의 결손금	해당 과세기간의 사업소득금액을 계산할 때 먼저 공제하고 남은 금액은 다음의 순서대로 공제한다.
	① 근로소득금액 ② 연금소득금액 ③ 기타소득금액 ④ 이자소득금액 ⑤ 배당소득금액
(2) 부동산임대소득의 결손금	일반부동산임대소득에서 발생한 결손금은 당해 연도의 다른 소득금액에서 공제할 수 없으며 10년간 이월하여 부동산임대소득에서만 공제한다.
	주거용 건물임대업결손금은 일반사업소득의 결손금과 동일하게 처리한다.

3. 결손금소급공제

다음의 요건을 충족한 경우에는 직전 과세기간에 해당 중소기업의 사업소득에 대한 종합소득세액을 환급받을 수 있다.

① 중소기업의 사업소득에서 발생한 결손금(부동산임대업의 결손금은 제외)
② 결손금 발생연도와 그 직전연도의 소득세를 신고기한 내에 신고한 경우
③ 과세표준확정신고기한내에 소급공제환급을 신청한 경우

08 종합소득세액의 계산

01. 세액계산의 구조

	종합소득금액	
(−)	소득공제	소득세법상 소득공제 + 조세특례제한법상 소득공제
(=)	종합소득과세표준	
(×)	기본세율	6%~45%
(=)	산출세액	
(−)	세액감면	
(−)	세액공제	소득세법상 세액공제 및 조세특례제한법상 세액공제
(=)	결정세액	
(+)	가산세	
(=)	총결정세액	
(−)	기납부세액	중간예납세액 · 원천징수세액 · 예정신고납부세액 · 수시부과세액
(=)	차가감자진납부세액	

02. 종합소득산출세액

종합소득과세표준에 기본세율을 적용하여 종합소득산출세액을 산출한다.

> 종합소득산출세액 = 종합소득과세표준 × 기본세율

(1) 종합소득과세표준

종합과세 대상인 6개의 소득금액을 합산한 종합소득금액에서 종합소득공제를 차감하여 종합소득과세표준을 산출한다.

> 종합소득과세표준 = 종합소득금액 − 종합소득공제

(2) 기본세율

과세표준	기본세율
1,400만원 이하	과세표준의 6%
1,400만원 초과 5,000만원 이하	84만원 + 1,400만원을 초과하는 과세표준의 15%
5,000만원 초과 8,800만원 이하	624만원 + 5,000만원을 초과하는 과세표준의 24%
8,800만원 초과 1억5천만원이하	1,536만원 + 8,800만원을 초과하는 과세표준의 35%
1억5천만원 초과 3억원 이하	3,706만원 + 1억5천만원을 초과하는 과세표준의 38%
3억원초과 5억원이하	9,406만원 + 3억원을 초과하는 과세표준의 40%
5억원초과 10억원이하	1억 7,406만원 + 5억원을 초과하는 과세표준의 42%
10억원 초과	3억 8,406만원 + 10억원을 초과하는 과세표준의 45%

03. 종합소득결정세액

종합소득결정세액은 종합소득 산출세액에서 세액공제와 세액감면을 차감하여 산출한다.

> 종합소득결정세액 = 종합소득산출세액 − 세액감면 − 세액공제

(1) 소득세법상 세액감면

구 분	내 용
사업소득에 대한 세액감면	거주자 중 대한민국의 국적을 갖지 않은 자와 비거주자가 선박·항공기의 외국항행사업으로부터 얻는 소득(상호면세주의에 의함)
근로소득에 대한 세액감면	정부 간의 협약에 의하여 우리나라에 파견된 외국인이 그 쌍방 또는 일방 당사국의 정부로부터 받는 급여

(2) 세액공제

1) 소득세법상 세액공제

구분	대 상	공제액
① 배당세액공제	배당소득금액 중 Gross-up금액	배당세액공제액= Min (①, ②) ① 귀속법인세 ② 한도액=일반산출세액−비교산출세액
② 기장세액공제	간편장부대상자가 기장한 소득금액	기장세액공제액=Min (①, ②) ① 종합소득산출세액× $\dfrac{\text{사업소득금액}}{\text{종합소득금액}}$ ×20% ② 한도 : 연 100만원

구분	대상	공제액
③ 외국납부세액공제	거주자의 국외원천소득	외국납부세액 공제액 = Min (①, ②) ① 외국납부세액 ② 한도: 종합소득 산출세액 × $\dfrac{\text{국외원천소득금액}}{\text{종합소득금액}}$
④ 재해손실세액공제	재해상실비율이 20%이상	재해손실세액 공제액 = Min (①, ②) ① 공제대상소득세액 × 재해상실비율 ② 한도: 상실된 자산의 가액
⑤ 근로소득세액공제	근로소득금액	다음 절에서 상세 설명
⑥ 전자계산서 발급 전송에 대한세액공제	발급건수 ×200(연 100만원 한도)	
⑦ 자녀세액공제		종전 소득공제에서 세액공제로 전환 (다음절에서 상세 설명)
⑧ 연금계좌세액공제		
⑨ 특별세액공제	· 보장성보험료세액공제 · 의료비세액공제 · 교육비세액공제 · 기부금 세액공제	

2) 조세특례제한법상 세액공제

구 분	공 제 액
① 전자신고세액공제	납부세액에서 2만원 공제
② 성실 사업자의 세액공제	해당액의 15%, 20%
③ 정치자금기부금에 대한 세액공제	10만원을 한도로 100/110을 곱한 금액
④ 월세세액공제	해당 과세기간 총급여액이 8천만원 이하인(종합소득금액이 7천만원 이하)인 근로자와 기본공제대상자

3) 근로소득세액공제

① 일반근로자(일반근로자 이외의 근로소득이 있는 거주자)

근로소득이 있는 거주자에 대해서는 그 근로소득에 대한 종합소득산출세액에서 다음의 금액을 공제한다.

㉠ 세액공제액

근로소득산출세액	세액공제액
1,300,000원 이하	근로소득산출세액 × 55%
1,300,000원 초과	715,000 + (근로소득산출세액 − 1,300,000원) × 30%

ⓒ 한도액

총급여액	근로소득세액공제 한도
3,300만원 이하	74만원
3,300만원 초과 7,000만원 이하	Max[74만원 − (총급여액 − 3,300만원)×8/1000, 66만원]
7,000만원 초과	Max[66만원 − (총급여액 − 7,000만원) × 1/2, 50만원]

② 일용근로자의 경우

일용근로자의 근로소득에 대해서 원천징수를 하는 경우에는 해당 근로소득에 대한 산출세액의 55%에 해당하는 금액을 그 산출세액에서 공제한다.

4) 자녀세액공제

종합소득이 있는 거주자의 기본공제대상자에 해당하는 자녀(입양자 및 위탁아동 포함)에 대해서는 자녀세액공제, 출산입양세액공제는 모두 중복적용이 가능하다.

① 자녀세액공제

종합소득이 있는 거주자의 기본공제대상자에 해당하는 만8세 이상의 자녀(입양자 및 위탁아동 포함)·손자녀에 대해서는 다음 금액을 종합소득산출세액에서 공제한다.

기본공제대상 자녀, 입양자 및 위탁아동수	1명	2명	3명 이상
자녀세액공제	연25만원	55만원	연55만원+2명초과 1명당 40만원

② 출생입양세액공제

출생입양자	첫째	둘째	셋째 이상
출생입양세액공제	30만원	50만원	70만원

5) 결혼세액공제

혼인신고를 한 거주자가 혼인신고를 한 해 1인당 50만원 세액공제한다.

(2024년~2026년 혼인신고 분)

6) 연금계좌세액공제

종합소득이 있는 거주자가 연금계좌에 납입한 금액이 있는 경우 다음의 금액을 공제한다.

구 분	내 용
세액공제액	Min[①, ②] × 12% (총급여 5,500만원 이하인 자 또는 종합소득금액이 4,500만원 이하인 자는 15%) ① [연금저축납입액, 600만원] + 퇴직연금계좌납입액 ② 한도: 연900만원

3. 특별세액공제

(1) 기본구조

구 분	특별세액공제 등의 적용	
근로소득이 있는 자	특별세액공제 · 특별소득공제와 표준세액공제(연12만원) 중 선택	
	특별세액공제	특별소득공제
	① 보장성보험료 세액공제	① 건강보험료 등 소득공제
	② 의료비 세액공제	② 주택자금 소득공제
	③ 교육비 세액공제	
	④ 기부금 세액공제	
	⑤ 월세세액공제	
근로소득이 없는 자로서 종합소득이 있는 자	기부금 세액공제 + 표준세액공제(연7만원, 성실사업자는 연12만원)	

(2) 보장성보험료 세액공제

근로소득이 있는 거주자(일용근로자는 제외한다. 이하 이 조에서 같다)가 해당 과세기간에 기에 환급되는 금액이 납입보험료를 초과하지 아니하는 보험의 보험계약에 따라 지급하는 다음의 보험료를 지급한 경우 그 금액의 100분의 12(장애인전용보장성보험료는 100분의 15)에 해당하는 금액을 해당 과세기간의 종합소득산출세액에서 공제한다. 다만, 다음의 보험료별로 그 합계액이 각각 연 100만원을 초과하는 경우 그 초과하는 금액은 각각 없는 것으로 한다.

① 기본공제대상자 중 장애인을 피보험자 또는 수익자로 하는 장애인전용보험으로서 대통령령으로 정하는 장애인전용보장성보험료
② 기본공제대상자를 피보험자로 하는 대통령령으로 정하는 보험료(①따른 장애인전용보장성 보험료는 제외한다)
③ 주택 임차보증금(보증대상 임차보증금 3억 이하) 반환 보증보험료

(3) 의료비 세액공제

1) 개 요

근로소득이 있는 거주자가 기본공제대상자(나이 및 소득의 제한을 받지 아니한다)를 위하여 해당 과세기간에 대통령령으로 정하는 의료비를 지급한 경우 다음의 금액의 100분의 15(100분의 30)에 해당하는 금액을 해당 과세기간의 종합소득산출세액에서 공제한다.

의료비 구분	공제액
① 일반의료비: ②, ③ 이외의 기본공제대상자를 위하여 지급한 의료비	의료비 – 총급여액의 3%(연 700만원 한도)
② 특정의료비: 본인, 65세 이상인 자, 장애인, 6세 이하 자, 중증질환자, 희귀난치성질환자 또는 결핵환자를 위하여 지급한 의료비	
③ 난임시술비	[난임시술비–(총급여액×3%–일반/특정 의료비)]×30%

* 일반의료비가 총급여액의 3%에 미달하는 경우에는 특정의료비에서 차감한다.

2) 공제대상의료비의 범위

공제대상의료비	공제대상이 아닌 의료비
① 진찰·진료·질병예방을 위하여 의료기관에 지급하는 비용, 예방접종비, 건강진단비, 의료기관에 지출한 식대	① 외국의 병원에서 지출한 의료비
② 치료·요양을 위하여 의약품(한약포함)을 구입하고 지급하는 비용	② 건강기능식품을 구입하고 지급한 비용
③ 장애인 보장구 및 의사·치과의사·한의사 등의 처방에 따라 의료기기를 직접구입 또는 임차하기 위하여 지출한 비용	③ 미용·성형수술비 및 건강증진을 위한 의약품구입비
④ 보청기 구입을 위하여 지출한 비용	④ 간병인에 대한 간병비
⑤ 시력보정용 안경과 안경테 및 콘택트렌즈 구입비용으로 기본공제 대상자(나이 및 소득금액의 제한 없음)1명당 연 50만원 이내의 금액	⑤ 보험회사로부터 수령한 보험금으로 지급한 의료비
⑥ 노인장기요양보험법에 따라 실제 지출한 본인일부 부담금	
⑦ 보철·틀니·질병예방차원의 스케일링·임플란트·치열교정비	
⑧ 시력교정의료비·질병예방을 위한 근시교정시술비	
⑨ 임신 중 초음파와 양수검사비·출산관련분만비용	
⑩ 불임으로 인한 인공수정을 위한 검사·시술비	
⑪ 레이저각막절삭(LASIK)수술비	
⑫ 근로자가 산후조리원에 산후조리 및 요양 의 대가로 지급하는 비용으로서 출산 1회당 200만원 이내의 금액	

(4) 교육비 세액공제

1) 개 요

근로소득이 있는 거주자가 그 거주자와 기본공제대상자(나이의 제한을 받지 않는다)를 위하여 해당 과세기간에 교육비를 지급한 경우 다음 표에 따른 금액의 100분의 15에 해당하는 금액을 해당 과세기간의 종합소득 산출세액에서 공제한다. 다만, 소득세 또는 증여세가 비과세되는 교육비는 공제하지 아니한다.

지급대상자	교육기관	공제한도
① 거주자 본인	㉠ 학교·대학·대학원 등	전액공제
	㉡ 직업능력개발훈련시설	지급한 수강료 - 수강지원금
② 기본공제대상자(직계존속 제외)	㉠ 대학교	1인당 연 900만원
	㉡ 유아, 초·중·고등학교	1인당 연 300만원
③ 장애인(소득제한을 받지 않음)	사회복지시설 등	전액공제

2) 공제대상 교육비

공제대상교육비	공제대상이 아닌 교육비
① 학교 또는 보육시설 등에 지급한 수업료·입학금·보육비용, 그 밖의 공납금 및 시험응시료	① 기숙사비·학교버스이용료
② 학교급식을 실시하는 학교·유치원·어린이집·학원 및 체육시설에 지급한 급식비(초등학교 취학전 아동만 해당)	② 학자금융자금 상환액
③ 학교에서 구입한 교과서대(초·중·고등학생만 해당)	
④ 교복구입비용(중·고등학생만 해당하며, 학생 1명당 연 50만원 한도)	③ 사내근로복지기금으로부터 지급받는 자녀학자금
⑤ 방과후학교나방과후과정등의수업료및특별활동비(학교등에서구입한도서의구입비와학교외에서구입한 초·중·고등학교의 방과후학교 수업용 도서의 구입비를포함)	④ 소득세 또는 증여세가 비과세되는 장학금
⑥ 초등학교 취학전아동이 학원 또는 체육시설에서 월단위로 실시하는 교습과정(1주 1회 이상 실시)의 교습을 받고 지출한 수강료	⑤ 학위취득과정이 아닌 대학교 부설 사회교육원의 교육비
⑦ 대학의 계절학기 수업료	⑥ 학교로 인가받지 않은 국내 외국인학교의 교육비
⑧ 근로소득자가 자신을 위한 학자금 대출의 원리금상환에 지출한 교육비	⑦ 국외소재 외국대학의 정규교과과정이 아닌 예비교육과정
⑨ 초·중·고교생의 수련활동, 수학여행 등 현장체험학습비(학생1인당 연30만원 한도)	
⑩ 일반 상환 학자금대출의 원리금 상환에 지출한 교육비	

3) 공제대상 교육기관의 범위

교육기관	본인	배우자	부양가족 직계존속	부양가족 직계비속 입양자	부양가족 형제자매 위탁아동	비 고
유치원·초중고·대학교	○	○	×	○	○	–
국외교육기관	○	○	×	○	○	국외소재교육기관으로 정규교육기관
어린이집	×	×	×	○	○	영유아보육법에 따른 어린이집
학원·체육시설	×	×	×	○	○	월단위로 실시하는 교습과정(1주1회 이상 실시) – 취학 전 아동만 해당
대학원·시간제과정	○	×	×	×	×	대학원의 1학기 이상에 해당하는 과정(최고경영자과정 등 포함)
근로자능력개발 훈련시설	○	×	×	×	×	–
장애인특수교육기관	○	○	○	○	○	기본공제대상자인 장애인을 위한 특수교육비(연령·소득요건 불문)

(5) 기부금 세액공제

1) 공제대상 기부금

공제대상 기부금은 거주자 자신이 지급한 기부금뿐만 아니라 기본공제대상자인 배우자 및 부양가족에 해당하는 사람(나이에 제한을 받지 아니한 다른 거주자의 기본공제를 적용받은 사람은 제외 한다)이 지급한 기부금을 포함한다.

구 분	공제대상 기부금의 범위		
특례기부금	· 국가나 지방자치단체에 무상으로 기증하는 금품의 가액 · 국방헌금과 국군장병 위문금품의 가액 · 천재지변으로 생기는 이재민을 위한 구호금품의 가액 · 사립학교 등에 지출한 기부금 · 사회복지공동모금회에 지출한 기부금 · 독립기념관, 대한적십자사에 지출한 기부금 · 특별재난지역을 복구하기 위하여 자원봉사한 경우 그 용역의 가액 · 한국장학재단 기부금 · 본인의 정치자금기부금(10만원까지는 정치자금세액공제를 적용받고, 10만원을 초과하는 금액은 법정기부금으로본다)		
우리사주조합 기부금	우리사주조합에 지출하는 기부금(우리사주조합원이 지출하는 기부금은 제외)		
일반기부금	종교단체기부금		
일반기부금	종교단체외의 기부금	① 노동조합에 납부한 회비	
일반기부금	종교단체외의 기부금	② 사내근로복지기금에 지출한 기부금	
일반기부금	종교단체외의 기부금	③ 무료 또는 실비 사회복지시설, 불우이웃돕기 결연기관에 지출한 기부금	
일반기부금	종교단체외의 기부금	④ 사회복지 등 공익목적의 기부금	

2) 기부금 세액공제의 계산

세액공제 대상 기부금	기부금 세액공제액
1,000만원 이하	세액공제 대상 기부금 ×15%
1,000만원 초과	450만원 + (세액공제 대상 기부금 − 3,000만원) × 30%

3) 기부금이월공제

기부금이 한도액을 초과하는 경우와 기부금세액공제를 받지 못하는 경우에 10년간 이월하여 기부금 세액공제를 받을 수 있다.

(6) 월세 세액공제

과세기간 종료일 현재 주택을 소유하지 아니한 일정한 세대의 세대주로서 해당 과세기간의 총급여액이 8천만원 이하인 근로소득이 있는 근로자(해당 과세기간에 종합소득과세표준을 계산할 때 합산하는 종합소득금액이 7천만원을 초과하는 사람은 제외한다)가 대통령령으로 정하는 월세액을 지급하는 경우 그 금액의 100분의 15 또는 100분의 17에 해당하는 금액을 해당 과세기간의 종합소득산출세액에서 공제한다.(연 1천만원 한도)

여기서 대통령령으로 정하는 월세액"이란 국민주택규모의 주택이거나 기준시가 4억원이하인 주택(오피스텔 및 고시원업의 시설을 포함)을 임차하기 위하여 지급하는 월세액을 말한다.

(7) 기타사항

1) 신용카드 등 소득공제와 다른 소득공제의 중복적용여부

구 분				신용카드등공제 이외의 소득공제	신용카드등 공제
국민연금보험료				O	X
보험료	건강·고용보험			O	X
	보장성보험	공제한도 이내 금액		O	X
		공제한도 초과액		X	X
의료비	의료비공제를 받은 부분			O	O
	의료비공제를 받지 못한 부분			X	O
교육비	유치원·초중고·대학교(원)·보육시설의 수업료·입학금·보육비용·기타공납금			O	X
	위 이외의 교육비	학원·체육비	취학전 아동	O	O
			기타의 자	X	O
		기타의 공제대상교육비(교복구입비 등)		O	O
주택자금	월세액공제를 받은 부분			O	X
	월세액공제를 받지 못한 부분			X	O
정치자금	세액공제 및 소득공제를 받은 부분			O	X
	세액공제 및 소득공제를 받지 못한 부분			X	O

2) 소득공제대상자의 공제요건

구 분	소득공제대상자의 공제요건					본인명의만 소득공제 되는 항목
	보험료	의료비	교육비	기부금	신용카드	
생계요건	O	O	O	O	O	연금보험료·(개인)연금저축·정치자금기부금
연령요건	O	X	X	X	X	
소득요건	O	X	O	O	O	

09 소득세의 납세절차

01..신고와 납부

1. 중간예납

(1) 중간예납의무자

사업소득이 있는 거주자는 중간예납의무를 진다. 다만, 다음에 해당하는 경우에는 중간예납의무가 없다.

① 신규사업개시자
② 사업소득 중 수시부과 하는 소득이 있는 자
③ 연말정산대상 사업소득으로서 원천징수의무자가 직전연도에 사업소득세의 연말정산을 한 보험모집인, 방문판매원 등

(2) 중간예납의 고지와 징수

중간예납은 과세당국의 고지에 의해 징수하는 것이 원칙이다. 즉, 사업소득이 있는 거주자에 대하여 납세지 관할세무서장은 다음의 산식에 의하여 계산된 중간예납세액을 결정하여 11월 30일까지 징수하여야 한다. 소득세 중간예납세액이 50만원 미만인 경우에는 징수하지 않는다.

중간예납세액 = (중간예납기준액 × 1/2) − 예정신고납부세액

(3) 중간예납의 신고와 납부

다음의 해당하는 경우에는 11월 1일부터 11월 30일까지의 기간에 중간예납추계액을 중간예납세액으로 하여 납세지 관할세무서장에게 신고하고 그 중간예납세액을 11월 30일까지 납부하여야 한다.

① 전년도에 납부하였거나 납부할 세액(중간예납기준액)이 없는 경우(단, 복식부기 의무자가 아닌 사업자는 제외)
② 당해 연도의 중간예납세액(중간예납추계액)이 중간예납기준액의 30%에 미달되는 경우(임의규정)

2. 확정신고

(1) 확정신고와 자진납부

당해연도의 소득(종합, 퇴직, 양도소득)이 있는 거주자는 각 소득의 과세표준을 다음 연도의 5월 1일부터 5월 31일까지 납세지 관할세무서장에게 신고하고 자진납부세액을 납부하여야 한다.

(2) 확정신고의 예외

다음에 해당하는 경우에는 확정신고를 하지 아니할 수 있다.

① 근로소득만이 있는 자
② 공적연금소득만 있는자
③ 연말정산되는 사업소득(보험모집인 및 방문판매업자의 사업소득)만 있는 자
④ 퇴직소득만이 있는 자
⑤ 근로소득 및 퇴직소득만 있는 자
⑥ 공적연금소득 및 퇴직소득만 있는 자
⑦ 연말정산되는 사업소득 및 퇴직소득만 있는 자
⑧ 분리과세소득(이자소득, 배당소득, 연금소득, 기타소득)만이 있는 자

(3) 자진납부 및 분납

거주자는 해당 과세기간의 종합소득세액 또는 퇴직소득세액을 과세표준확정신고기한까지 납세지 관할세무서·한국은행 또는 체신관서에 납부하여야 한다.

납부할 세액이 1천만원을 초과하는 경우에는 다음의 금액을 납부기한이 지난 후 2개월 이내에 분할납부할 수 있다.

구 분	분할납부세액
① 납부할 세액이 1천만원 초과 2천만 이하인 경우	1천만원을 초과하는 금액
② 납부할 세액이 2천만원을 초과하는 경우	해당 세액의 50% 이하의 금액

02. 결정 및 경정

1. 결정

종합소득·퇴직소득·양도소득 과세표준 확정신고를 하여야 할 자가 그 신고를 하지 않은 때에는 정부가 당해 거주자의 과세표준과 세액을 결정한다.

2. 경 정

종합소득·퇴직소득·양도소득 과세표준 확정신고를 한 자가 다음 중 어느 하나에 해당하는 경우에는 당해 연도의 과세표준과 세액을 경정한다.

① 신고내용에 탈루 또는 오류가 있는 때
② 매출·매입처별계산서합계표 또는 지급명세서의 전부 또는 일부를 제출하지 않은 때
③ 신용카드가맹점 가입대상자로 지정받은 사업자가 정당한 사유 없이 가맹점으로 가입하지 않은 경우로서 업황으로 보아 신고내용이 불성실하다고 판단되는 때 등

연습문제

01 다음 중 소득세의 특징으로 옳지 않은 것은?
① 소득세는 납세자와 담세자가 동일한 직접세에 해당한다.
② 소득세는 개인별 소득을 기준으로 과세하는 개인단위과세제도를 원칙으로 한다.
③ 소득세의 과세방법에는 종합과세, 분리과세, 분류과세가 있다.
④ 소득세는 소득금액과 관계없이 단일세율을 적용한다.

02 다음 중 소득세법상 종합소득금액에 대한 설명으로 옳은 것은?
① 종합소득금액은 이자소득, 배당소득, 사업소득, 근로소득, 퇴직소득, 기타소득, 연금소득을 모두 합산한 것을 말한다.
② 원천징수된 소득은 종합소득금액에 포함될 수 없다.
③ 부가가치세법상 영세율 적용대상에서 발생하는 매출은 소득세법상 소득금액에서 제외한다.
④ 해당 연도 사업소득에서 발생한 결손금은 해당 연도 다른 종합소득금액에서 공제한다. 단, 부동산임대업을 영위하지 않았다.

03 다음 중 소득세법상 총수입금액과 소득금액이 동일한 것은?
① 사업소득   ② 기타소득   ③ 이자소득   ④ 근로소득

04 다음 중 소득세법상 각종의 소득금액을 계산하는 경우에 필요경비로 인정받을 수 있는 경우는?
① 이자소득금액을 계산하는 경우에 발생한 차입금에 대한 지급이자
② 연금소득금액을 계산하는 경우에 발생한 은행에 지급한 수수료
③ 근로소득금액을 계산하는 경우에 발생한 업무상 출장비용
④ 사업소득금액을 계산하는 경우에 발생한 사업자 본인의 건강보험료

05 다음은 소득세법에 대한 설명이다. 틀린 것은?
① 거주자란 국내에 주소를 두거나 183일 이상 거소를 둔 개인을 말한다.
② 외국을 항행하는 선박 또는 항공기 승무원의 경우 생계를 같이하는 가족이 거주하는 장소 또는 승무원이 근무기간 외의 기간 중 통상 체재하는 장소가 국내에 있는 때에는 당해 승무원의 주소는 국내에 있는 것으로 본다.
③ 국내에 거소를 둔 기간은 입국하는 날의 다음날부터 출국하는 날까지로 한다.
④ 미국시민권자나 영주권자의 경우 비거주자로 본다.

06 다음 중 소득세법상 납세의무자에 대한 설명으로 가장 옳지 않은 것은?
① 비거주자는 국내원천소득에 대해서만 과세한다.
② 거주자는 국내·외 모든 원천소득에 대하여 소득세 납세의무를 진다.
③ 거주자는 국내에 주소를 두거나 150일 이상 거소를 둔 개인을 말한다.
④ 거주자의 소득세 납세지는 주소지로 한다.

07 다음 중 소득세법상 과세기간에 대한 설명으로 옳지 않은 것은?
① 거주자가 사망 또는 국외 이주한 경우를 제외한 소득세의 과세기간은 1월 1일부터 12월 31일까지 1년으로 한다.
② 거주자가 사망한 경우의 과세기간은 1월 1일부터 사망한 날이 속하는 달의 말일까지로 한다.
③ 소득세법은 과세기간을 임의로 설정하는 것을 허용하지 않는다.
④ 거주자가 국외로 이주하여 비거주자가 되는 경우의 과세기간은 1월 1일부터 출국한 날까지로 한다.

08 다음 중 소득세법상 이자소득이 아닌 것은?
① 직장공제회 초과반환금
② 비영업대금이익
③ 연금저축의 연금계좌에서 연금외 수령하는 일시금
④ 저축성보험의 보험차익(10년 미만)

09 다음 중 사업소득의 총수입금액에 대한 설명으로 옳지 않은 것은?

① 소득세 또는 개인 지방소득세를 환급받았거나 환급받을 금액 중 다른 세액에 충당한 금액은 총수입금액에 산입하지 아니한다.
② 관세환급금 등 필요경비로 지출된 세액이 환입되었거나 환입될 경우 그 금액은 총수입금액에 산입한다.
③ 거래상대방으로부터 받는 장려금 및 기타 이와 유사한 성질의 금액은 총수입금액에 산입한다.
④ 사업과 관련하여 해당 사업용 자산의 손실로 취득하는 보험차익은 총수입금액에 산입하지 아니한다.

10 다음 중 소득세법상 부동산임대업에 대한 설명 중 틀린 것은?

① 주거용 건물 임대업에서 발생한 수입금액 합계액이 2천만원을 초과하는 경우에도 분리과세가 가능하다.
② 1주택 소유자가 1개의 주택을 임대하고 있는 경우 주택의 임대보증금에 대한 간주임대료 계산을 하지 않는다.
③ 주거용 건물 임대업에서 발생한 수입금액 합계액이 2천만원 이하인 경우 분리과세를 선택 할 수 있다.
④ 부동산을 임대하고 받은 선세금에 대한 총수입금액은 그 선세금을 계약기간의 월수로 나눈 금액의 각 과세기간의 합계액으로 한다.(월수계산은 초월산입 · 말월불산입)

11 다음 중 근로소득에 포함되지 않는 것은?

① 근로를 제공하고 받은 보수
② 주주총회 등 의결기관의 결의에 따라 받은 상여
③ 퇴직함으로써 받은 소득으로 퇴직소득에 속하지 않은 소득
④ 사업주가 종업원을 위하여 직장회식비로 지출한 금액

12 다음 중 비과세 근로소득의 설명이다. 가장 틀린 것은?

① 자가운전보조금 – 월 20만원 이하의 금액

② 근로자가 제공받는 식대 – 식사를 제공받지 않으며 월 20만원 이하의 금액

③ 보육수당 – 월 10만원 이하의 금액

④ 직무발명보상금 – 연 700만원 이하의 금액

13 다음 중 소득세법에 따른 근로소득의 수입시기에 대한 설명으로 틀린 것은?

	구분	수입시기
①	급여	근로를 제공한 날
②	주식매수선택권	해당 법인에서 퇴사하는 날
③	잉여금 처분에 의한 상여	해당 법인의 잉여금 처분결의일
④	인정상여	해당 사업연도 중의 근로를 제공한 날

14 다음의 일시적·우발적 소득 중 소득세법상 기타소득이 아닌 것은?

① 복권당첨금   ② 계약의 위약금

③ 상표권의 양도소득   ④ 비영업대금의 이익

15 다음 중 소득세법상 기타소득이 아닌 것은?

① 종교 관련 종사자가 해당 과세기간에 받은 금액(원천징수하거나 과세표준을 확정신고한 경우는 제외)

② 연금계좌의 운용실적에 따라 증가된 금액(연금 형태로 지급 받는 경우)

③ 계약의 위반, 해약으로 인하여 받는 손해배상금과 법정이자

④ 공익사업 관련하여 지역권, 지상권의 설정, 대여로 인한 소득

16 소득세법상 원천징수대상 기타소득에 해당하는 것은?

① 알선수재 및 배임수재에 의하여 받는 금품

② 뇌물

③ 법인세법에 따라 기타소득으로 처분된 소득

④ 계약의 위약으로 인하여 받는 위약금으로서 계약금이 위약금으로 대체된 경우

17 다음 중 소득세법상 원천징수대상소득과 원천징수세율이 잘못 짝지어진 것은?

① 비영업대금의 이익 : 14%   ② 일용근로자 : 6%

③ 복권당첨소득 중 3억 초과분 : 30%   ④ 퇴직소득 : 기본세율(6%~45%)

18 다음 소득 중 원천징수 세액(지방소득세액을 제외함)이 가장 낮은 것부터 순서대로 나열한 것은?

> 가. 비영업대금의 이익 : 1,000,000원
> 나. 상장법인의 대주주로서 받은 배당 : 2,500,000원
> 다. 원천징수대상 사업소득에 해당하는 봉사료 수입금액 : 6,000,000원
> 라. 복권 당첨소득 : 1,000,000원

① 가-라-나-다   ② 나-가-라-다   ③ 다-라-가-나   ④ 라-가-다-나

19 다음 중 소득세법상 원천징수대상 소득이 아닌 것은?

① 프리랜서 저술가 등이 제공하는 500,000원의 인적용역소득

② 일용근로자가 지급받은 200,000원의 일급여

③ 은행으로부터 지급받은 1,000,000원의 보통예금 이자소득

④ 공무원이 사업자로부터 받은 10,000,000원의 뇌물로서 국세청에 적발된 경우의 기타소득

20 다음 중 소득세법상 종합과세대상이 아닌 소득은?

① 국외에서 받은 이자소득(원천징수대상이 아님)이 1,200만원 있는 경우

② 로또에 당첨되어 받은 3억원의 복권당첨금

③ 소득세법상 성실신고대상사업자가 업무용 차량을 매각하고 200만원의 매각차익이 발생한 경우

④ 회사에 근로를 제공한 대가로 받은 급여 2,000만원

21 다음 중 소득세법상의 소득구분으로 틀린 것은?

① 공익사업관련 지역권 이외의 지역권을 설정하고 받는 금품 또는 소득 – 사업소득

② 일용근로자가 근로를 제공하고 받는 대가 – 근로소득

③ 주식출자임원(소액주주인 임원제외)이 사택을 제공받음으로써 얻는 이익 – 배당소득

④ 계약위반·해약등으로 인한 손해배상금 – 기타소득

22 다음의 비과세 근로소득에 대한 설명 중 옳은 것은 모두 몇 개인가?

> (가) 국외근로소득의 비과세 최대한도는 월 100만원이다.
> (나) 생산직근로자의 초과근로수당의 비과세 요건은 월정액급여 190만원 이하이고 직전 과세기간의 총급여액이 2천 5백만원 이하이다.
> (다) 국민건강보험법에 따라 사용자가 부담하는 국민건강보험은 전액 비과세이다.
> (라) 생산직근로자의 초과근로수당 비과세는 월 20만원 이내의 금액이다.
> (마) 식사와 식사대를 동시에 제공받는 경우는 둘 중에서 비과세를 선택할 수 있다.

① 1개   ② 2개   ③ 3개   ④ 4

23 다음 중 소득세법상 결손금과 이월결손금에 관한 내용으로 틀린 것은?

① 이월결손금은 해당 결손금이 발생한 과세기간으로부터 10년간 이월 공제한다.

② 해당 과세기간의 소득금액에 대하여 추계신고를 할 때에는 이월결손금 공제가 원칙적으로 불가능하다.

③ 부동산임대업(주거용 건물 임대업 제외)에서 발생한 이월결손금은 부동산임대업 외의 일반적인 사업소득에서 공제할 수 없다.

④ 해당 과세기간에 결손금이 발생하고 이월결손금이 있는 경우에는 그 과세기간의 결손금을 우선 공제하고 이월결손금을 공제한다.

24 다음 중 소득세법상 결손금과 이월결손금에 관한 내용으로 옳은 것은?

① 사업소득의 이월결손금은 해당 이월결손금이 발생한 과세기간의 종료일부터 10년 이내에 끝나는 과세기간의 소득금액을 계산할 때 최근에 발생한 과세기간의 이월결손금부터 순서대로 공제한다.

② 사업소득의 이월결손금은 사업소득 → 근로소득 → 기타소득 → 연금소득 → 이자소득 → 배당소득의 순서로 공제한다.

③ 주거용 건물 임대 외의 부동산임대업에서 발생한 이월결손금은 타소득에서는 공제할 수 없다.
④ 결손금 및 이월결손금을 공제할 때 해당 과세기간에 결손금이 발생하고 이월결손금이 있는 경우에는 이월결손금을 먼저 소득금액에서 공제한다.

25 다음 중 소득세법상 소득공제 및 세액공제 판단 시점에 관한 내용으로 틀린 것은?
① 인적공제 나이 판정 시 과세기간 종료일인 12월 31일의 상황으로 보는 것이 원칙이다.
② 과세기간 중 장애가 치유된 자에 대해서는 치유일 전날의 상황에 따른다.
③ 과세기간 중 사망한 자에 대해서는 사망일의 상황에 따른다.
④ 나이 판정 시 해당 과세기간 중에 요건을 충족하는 날이 하루라도 있으면 공제대상자로 한다.

26 다음 중 소득세법상 과세표준 확정신고 의무가 있는 자는 누구인가?
① 분리과세이자소득과 근로소득이 있는 자
② 근로소득과 연말정산 대상 사업소득이 있는 자
③ 공적연금소득과 퇴직소득이 있는 자
④ 근로소득과 일용근로소득이 있는 자

27 다음 중 소득세법상 인적공제에 대한 설명으로 가장 옳은 것은?
① 기본공제 대상 판정에 있어 소득금액 합계액은 종합소득금액, 퇴직소득금액, 양도소득금액을 합하여 판단한다.
② 배우자가 없는 거주자로서 기본공제대상자인 자녀가 있는 경우에도 종합소득금액이 3천만원을 초과하는 경우에는 한부모추가공제를 적용받을 수 없다.
③ 형제자매의 배우자는 공제대상 부양가족에 포함한다.
④ 부양기간이 1년 미만인 부양가족에 대한 인적공제는 월할 계산한다.

28 다음 중 소득세법상 중간예납에 대한 설명으로 옳지 않은 것은?

① 과세기간 중 신규로 사업을 시작한 자는 중간예납 대상자가 아니다.
② 중간예납에 대한 고지를 받은 자는 11월 30일까지 고지된 세액을 납부하여야 한다.
③ 중간예납은 관할 세무서장의 고지에 따라 납부하는 것이 원칙이다.
④ 중간예납추계액이 중간예납기준액의 50%에 미달하는 경우 중간예납추계액을 중간예납 세액으로 한다.

29 다음 중 소득세법상 일반적인 지급명세서 제출시기가 다른 소득은?

① 근로소득(일용근로소득 제외)　② 이자소득
③ 원천징수 대상 사업소득　　　　④ 퇴직소득

30 다음 중 소득세법상 신고 및 납부에 대한 설명으로 가장 옳지 않은 것은?

① 소득세법상 중간예납은 원칙적으로 직전 과세기간의 실적을 기준으로 관할 세무서장이 납세고지서를 발급하여 징수한다.
② 소득세법상 분할납부는 납부할 세액이 1천만원을 초과하는 경우 중간예납과 확정신고시 모두 적용된다.
③ 모든 사업자는 과세표준확정신고시 재무상태표, 손익계산서와 그 부속서류, 합계잔액시산표 및 조정계산서를 첨부하지 아니하면 무신고로 본다.
④ 원천징수세액(이자소득 제외)이 1천원 미만인 경우와 중간예납시 중간예납세액이 50만원 미만인 경우에는 해당 소득세를 징수하지 아니한다.

MEMO

CLASS 전산세무2급
실 기 편

실기편

PART01 _ 전산회계프로그램의 시작
PART02 _ 세무정보시스템운용
PART03 _ 전표관리
PART04 _ 결산관리
PART05 _ 부가가치세 신고
PART06 _ 원천징수
PART07 _ 기출문제

www.nanumclass.com

CLASS 전산세무2급

CLASS 전산세무2급
실 기 편

PART 1

실기편
전산세무회계 프로그램 시작

CHAPTER 01 _ 전산세무회계프로그램 시작

CLASS 전산세무2급
실 기 편

01 전산세무회계프로그램 시작

◆ **사용프로그램 : 한국세무사회 KcLep(케이 렙) 프로그램**

KcLep(케이 렙) 프로그램 설치하기

KcLep(케이 렙) 프로그램은 한국세무사회 자격시험 홈페이지(http://license.kacpta.or.kr)에서 다운로드하여 설치한다.

01. 프로그램 실행하기

전산세무회계 교육용 프로그램 (KcLep)를 설치하면 바탕화면에 다음과 같은 아이콘이 나타난다. 이를 더블클릭하면 아래와 같이 시작화면이 나타난다.

1. 사용급수

전산세무회계 프로그램은 사용급수에 따라 실행메뉴의 내용과 기능의 차이가 있기 때문에 수험목적에 따라 사용급수를 선택하여야 한다. 따라서 사용급수 중 "전산세무 2급"을 선택하여야 한다.

2. 회사등록

우측의 [회사등록] 메뉴를 클릭하면 회사등록을 할 수 있는 화면이 실행되는데 본 화면에 입력하고자 하는 회사의 내용을 등록한다. Part 1에서는 메인화면에 들어가기 위한 목적이므로 임의의 회사를 간단하게 입력하는 방법만 제시하고자 한다.

[입력사항]

① 코드 : "0101~9999"번호 중 사용자가 원하는 숫자 4자리를 입력한다.

② 회사명: 한글 10자, 영문 20자 이내로 입력한다.

③ 구분: 법인인 경우 "1"(자동으로 선택 됨), 개인인 경우 "2"을 선택한다.

④ 회계연도: 사업자 신고가 된 당해 연도부터 계산하여 입력한다. 사업자 신고가 된 해에 프로그램을 설치하였다면 1기가 될 것이고, 중간에 설치를 한 경우에는 기수를 계산하여 입력한다.

실습예제

① 코드: "0101"을 입력한다.
② 회사명: "(주)대한"을 입력한다.
③ 구분: 법인을 선택한다.
④ 회계연도: 기수: 5기, 회계연도: 2025. 01. 01~2025. 12. 31(자동입력 됨)을 입력한다.

위의 내용을 회사등록화면에 입력하고 좌측상단에 Esc 종료버튼을 눌러서 초기화면으로 돌아온다. 초기화면에서 회사코드의 [풍선]을 클릭하고 작업할 회사를 선택한 후 [확인]을 클릭하면 해당프로그램이 실행된다.

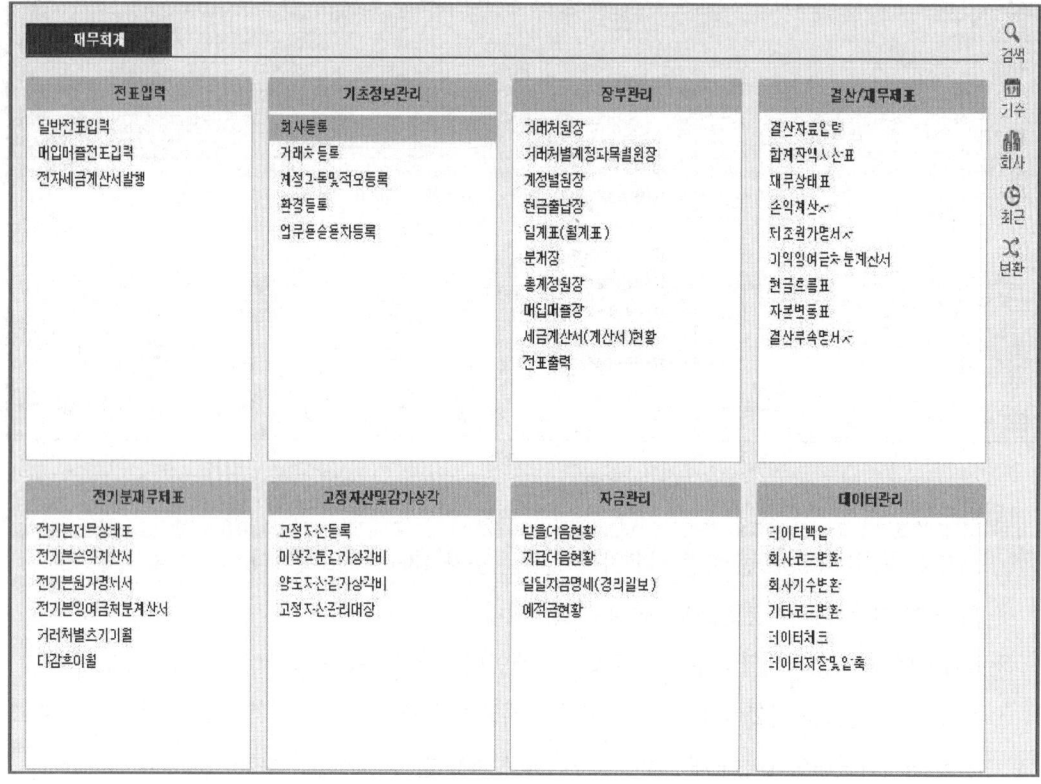

02. 전체메뉴화면 소개

전산세무2급 수험용 KcLep 프로그램은 [회계관리], [부가가치] 및 [원천징수] 메뉴로 구성되어 있으며, 메뉴별로 구체적으로 살펴보면 다음과 같다.

1. 회계관리메뉴

회계관리메뉴는 [전표입력], [기초정보등록], [장부관리], [결산및재무제표], [전기분재무제표 등], [고정자산및감가상각], [데이타관리]로 구성되어있다.

[회계관리 전체메뉴화면]

전표입력	기초정보관리	장부관리	결산/재무제표
일반전표입력	회사등록	거래처원장	결산자료입력
매입매출전표입력	거래처등록	거래처별계정과목별원장	합계잔액시산표
전자세금계산서발행	계정과목및적요등록	계정별원장	재무상태표
	환경등록	현금출납장	손익계산서
	업무용승용차등록	일계표(월계표)	제조원가명세서
		분개장	이익잉여금처분계산서
		총계정원장	현금흐름표
		매입매출장	자본변동표
		세금계산서(계산서)현황	결산부속명세서
		전표출력	

전기분재무제표	고정자산및감가상각	자금관리	데이터관리
전기분재무상태표	고정자산등록	받을어음현황	데이터백업
전기분손익계산서	미상각분감가상각비	지급어음현황	회사코드변환
전기분원가명세서	양도자산감가상각비	일일자금명세(경리일보)	회사기수변환
전기분잉여금처분계산서	고정자산관리대장	예적금현황	기타코드변환
거래처별초기이월			데이터체크
마감후이월			데이터저장및압축

2. 부가가치

[부가가치]화면은 메인화면에서 좌측상단의 부가가치 버튼을 누르면 다음과 같은 전체메뉴화면이 나타난다. 부가가치 프로그램은 [부가가치Ⅰ], [부가가치Ⅱ], [부가가치Ⅲ]로 구성되어있다.

[부가가치 전체메뉴화면]

신고서/부속명세				
부가가치서	**부속명세서 Ⅰ**	**부속명세서 Ⅱ**	**부속명세서 Ⅲ**	검색
부가가치세신고서	공제받지못할매입세액명세서	과세유흥장소과세표준신고서	과세표준및세액결정(경정)청구서	기수
부가가치세신고서(간이과세자)	대손세액공제신고서	월별판매액합계표	과세표준수정신고서및추가자진납부	회사
세금계산서합계표	부동산임대공급가액명세서	면세유류공급명세서		최근
계산서합계표	건물관리명세서	사업장별부가세납부(환급)신고서		변환
신용카드매출전표등수령명세서(갑)(을)	영세율첨부서류제출명세서	부동산임대등록		
신용카드매출전표등발행금액집계표	수출실적명세서	납부서		
대입자발행세금계산서합계표	내국신용장·구매확인서전자발급명세서			
	영세율매출명세서			
	의제매입세액공제신고서			
	재활용폐자원세액공제신고서			
	건물등감가상각자산취득명세서			
	현금매출명세서			
	스크랩등매입세액공제신고서			
전자신고				
전자신고				
국세청 홈택스 전자신고변환(교육용)				

3. 원천징수

[원천징수]화면은 메인화면에서 좌측상단의 원천징수 버튼을 누르면 다음과 같은 전체메뉴화면이 나타난다. 원천징수 프로그램은 [근로소득관리], [기초코드등록], [데이터관리]로 구성되어있다.

[원천징수 전체메뉴화면]

근로/퇴직/사업			
근로소득관리	**기초코드등록**	**데이터관리**	**전자신고**
사원등록	환경등록	데이터백업	전자신고
급여자료입력	회사등록	사원코드변환	국세청 홈택스 전자신고변환(교육용)
원천징수이행상황신고서	부서등록	마감후이월	
소득자별근로소득원천징수부			
연말정산추가자료입력			
근로소득·세액공제신고서			
신용카드등소득공제신청서			
의료비지급명세서			
기부금명세서			
근로소득원천징수영수증			
근로소득자료제출집계표			

실기편
세무정보 시스템운용

CHAPTER 01 _ 기초정보등록

CHAPTER 02 _ 전기분재무제표등

CLASS 전산세무2급
실 기 편

01 | 기초정보등록

01.. 회사등록

　회사등록은 회계처리를 하고자하는 회사를 등록하는 메뉴로서 회사와 관련된 기본적인 내용 등을 입력하는 곳이다. 회사등록은 등록하여야 할 회사의 사업자등록증을 기초로 작성하여야 하며 회사등록 메뉴에 입력한대로 각종 신고서에 기본내용이 반영되기 때문에 정확하게 입력하여야 한다.

02.. 거래처 등록

　[거래처등록]은 회사의 주요거래처의 기본정보를 등록하는 메뉴이다. 외상채권·채무나 기타채권·채무에 관한 거래가 발생했을 때 외상매출금계정이나 외상매입금계정 등의 보조장부로서 거래처별 장부를 만들게 되는데, 이렇게 각 거래처별 장부를 만들기 위해서는 장부를 만들고자 하는 거래처를 등록하여야 한다.

03.. 계정과목 및 적요등록

　[계정과목 및 적요등록]은 전표를 입력하기 위한 계정과목을 101부터 999번까지 코드를 이용하여 등록시켜놓은 메뉴이다. 따라서 본 메뉴는 회사에서 사용할 계정과목을 설정하고 거래자료 입력 시 빈번히 사용되는 적요를 미리 등록하여 입력의 편의와 능률향상을 도모하기 위함이다. 일반적으로 사용되는 계정과목과 적요가 이미 등록되어 있는 상태이므로 기업이 수행하는 경영활동의 성격, 기업의 규모에 따라 필요한 계정과목과 적요를 추가로 등록하거나 수정하면 된다.

04.. 환경등록

　환경등록은 시스템환경을 설정하기 위해 설정하는 메뉴이다. 시스템환경설정은 시스템전반에 걸쳐 영향을 미치기 때문에 초기 설정 값을 신중하게 고려하여 결정하고 입력하여야 한다.

02 | 전기분재무제표등

01..전기분재무상태표

　전기분재무상태표에서의 초기이월 작업은 본 메뉴에서 전년도의 재무상태표 자료를 입력하면 된다. 본 작업을 통해 각 계정별로 전기 잔액이 이월되고, 비교식 재무상태표의 전기분 자료가 제공되며, 전기분손익계산서와 전기분제조원가명세서의 기말재고액은 전기분재무상태표에서 재고자산을 입력하여야 자동으로 표시되며, 채권·채무 등 거래처관리가 필요한 과목의 금액은 [거래처별초기이월]메뉴에 입력할 수 있는 기초금액을 제공한다.

02..전기분 손익계산서

　전기분손익계산서 작업은 재무회계 메인화면에서 "전기분재무제표등"의 "전기분손익계산서" 메뉴를 클릭하여 실행된 화면에서 전년도의 손익계산서 자료를 입력하여 수행한다. 입력방식은 전기분재무상태표와 거의 유사하다.

03..전기분원가명세서

　전기분원가명세서 작업은 재무회계 메인화면에서 "전기분재무제표등"의 "전기분원가명세서" 메뉴를 클릭하여 실행된 화면에서 전년도의 전기분원가명세서 자료를 입력하여 수행한다. 제조원가명세서는 제조업을 영위하는 기업이 작성하는 명세서이다.
　제조업에서 작성하는 제조원가명세서에 재료비, 노무비, 제조경비 등을 집계하여 당기제품제조원가를 산출하는 것을 입력하는 것으로서 비교식 원가명세서를 작성하여야 하는 경우에 필요하다.

04..전기분 이익잉여금처분계산서

　전기분잉여금처분계산서 작업은 재무회계 메인화면에서 "[전기분재무제표등]"의 "[전기분잉여금처분계산서]" 메뉴를 클릭하여 실행된 화면에서 전년도의 전기분잉여금처분계산서 자료를 입력하여 수행한다. 이익잉여금처분계산서는 법인이 벌어들인 당기순이익과 전년도 결산시 처분하였던 잉여금에 대한 내역들을 보고하기 위해 작성한다.

05..거래처별 초기이월

　[거래처별 초기이월]메뉴는 기업의 채권·채무 등 거래처별 관리가 필요한 재무상태표항목에 대하여 거래처별 인명장부 즉, [거래처원장]에 "전기이월"로 표기하면서 거래처별 전년도 데이터를 이월받기 위한 메뉴이다. 거래처별 초기이월 작업은 회계관리 메인화면에서 전기분재무제표등의 "거래처별 초기이월" 메뉴를 클릭하여 실행된 화면에서 채권, 채무 등과 관련된 계정과목을 거래처별로 관리하는 작업을 한다.

CLASS 전산세무2급
실 기 편

PART 3

실기편

전표관리

CHAPTER 01 _ 일반전표입력
CHAPTER 02 _ 매입매출전표입력

CLASS 전산세무2급
실 기 편

01 일반전표입력

　기업에서 발생하는 거래는 부가가치세신고와 관련된 거래와 부가가치세신고와 관련이 없는 거래로 구분된다. 부가가치세신고와 관련 있는 거래는 [매입매출전표입력]메뉴에 입력하여야 하고 부가가치세신고와 관련이 없는 거래는 [일반전표입력]메뉴에 입력하여야 한다.

구 분		입력장소
부가가치세신고와 관련이 있는 거래	세금계산서 등이 수수된 거래	매입매출전표입력
부가가치세신고와 관련이 없는 거래	세금계산서 등이 수수되지 않은 거래	일반전표입력

　부가가치세신고와 관련이 없는 거래는 입금거래, 출금거래, 대체거래로 구분된다. 입금거래란 현금이 수취되는 거래를 말하고 출금거래란 현금이 지출되는 거래를 말한다. 대체거래는 현금의 수입과 지출이 없는 거래 또는 현금이 일부 수반되는 거래를 말한다.

구분	내용	사례			
입금거래	현금이 수입된 거래	차) 현 금	100	대) 매 출	100
출금거래	현금이 지출된 거래	차) 이자비용	100	대) 현 금	00
대체거래	현금의 수입과 지출이 없는 거래	차) 받을어음	100	대) 외상매출금	100
	현금이 일부 수반되는 거래	차) 현 금 받을어음	40 60	대) 외상매출금	100

[일반전표입력화면]

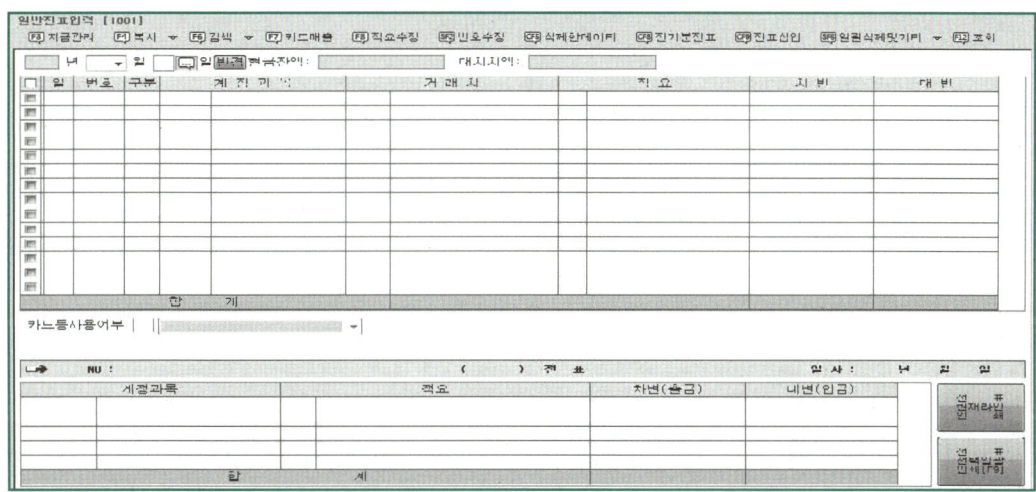

01. 일반전표입력방법

구분	내용
월	입력하고자 하는 전표의 해당 월 2자리 숫자를 직접입력하거나 열람키를 클릭하여 1월~12월중 해당 월을 선택한다.
일	거래(전표)일자 2자리를 입력한다.
번호	전표번호는 각 일자별로 00001부터 자동부여 되며, 한 번 부여 후 삭제된 번호는 다시 부여되지 않는다.
구분	거래(전표)의 유형을 입력하는 란이다. | 전표유형	코드번호	화면표시
---	---	---
출 금 전 표	1	출
입 금 전 표	2	입
대 체 전 표 차 변	3	차
대 체 전 표 대 변	4	대
결 산 차 변	5	결차
결 산 대 변	6	결대	
코드/계정과목	계정과목코드 3자리를 입력하면 계정과목명은 자동입력 된다.
코드/거래처명	거래처별채권·채무를 관리하기 위하여 코드를 입력하는 란으로 거래처코드란에 "+" 또는 "00000"을 입력한 후 상호명을 입력하고 Enter키를 치면 이미 등록된 거래처는 코드번호를 표시해 주고, 등록 되지 않은 거래처는 거래처 등록의 메시지를 표시해준다. [Tab(수정)]키를 이용하여 직접 등록 할 수 있다.
금액	거래금액을 입력한다. (금액란에서 "+" 키를 칠 경우 "000"이 입력되어 입력시간을 단축할 수 있다.)
적요	하단 등록된 적요번호 2자리를 입력한다. 적요등록은 적요코드도움(F2)에서 적요편집(F8)기능을 이용하여 등록한다.

02.. 반드시 거래처코드를 입력해야하는 채권·채무

특정거래처의 채권과 채무에 대한 거래는 반드시 거래처코드를 입력하여야 한다. 반드시 거래처코드를 입력해야하는 채권·채무는 다음과 같다. 기타계정은 문제 상에서 요구하는 경우 거래처코드를 입력한다.

채권계정	채무계정	기타계정
외 상 매 출 금	외 상 매 입 금	보 통 예 금
받 을 어 음	지 급 어 음	당 좌 예 금
미 수 금	미 지 급 금	
선 급 금	선 수 금	
단 기 대 여 금	단 기 차 입 금	
장 기 대 여 금	장 기 차 입 금	
임 원 등 단 기 채 권	유 동 성 장 기 부 채	
임 차 보 증 금	임 대 보 증 금	
선 급 비 용 / 미 수 수 익	선 수 수 익 / 미 지 급 비 용	
부 도 어 음 과 수 표		
가 지 급 금		

03.. 경비계정의 계정코드선택

경비계정은 본사경비와 공장경비를 구분하여 입력하여야 한다. 본사에서 사용한 판매관리비는 800번대 코드를 선택하고, 공장에서 사용한 제조경비는 500번대 코드를 선택하여야 한다.

경비구분	계정코드	내 용
판 매 비 와 관 리 비	800번대 선택	본사에서 발생하는 경비 → 판매비와 관리비를 구성
제 조 경 비	500번대 선택	공장에서 발생하는 경비 → 제조원가를 구성

> (주)한국전자(코드: 8000)의 [기초정보등록] 및 [전기분재무제표등] 데이터자료는 LG유플러스 웹하드(ID: Class1234, PW: 1234)에서 다운받아 사용하시기 바랍니다.

실습예제

출금거래

다음은 (주)한국전자의 기중 거래내역이다. 일반전표 입력메뉴에 입력하시오.

1월 5일 : (주)대림정밀에 계약금 1,000,000원을 현금으로 지급하였다.

1월 10일 : 본사에서 사용하기 위하여 소모품 ₩35,000을 현금으로 지급하였다.(비용처리)

따라하기

1. 출금전표 입력방법

① 전표유형선택

"구분"에 커서가 있을 때 하단에서 어떤 유형의 전표를 입력 할 것인지를 선택해야 한다. 출금전표를 입력 하려면 [1.출금]을 선택하면 된다.

출금전표를 선택하면 하단 분개에서 대변에 현금계정과목이 자동생성 되므로 상대계정과목 선급금만 입력하면 된다.(계정과목 "코드"에서 선급 두 글자를 입력하면 "계정코드도움" 상자가 나타나고 "계정코드도움"상자에서 입력하고자 하는 계정과목을 선택하면 된다.)

② 거래처관리를 요하는 채권, 채무 등록

거래처관리를 요하는 채권, 채무는 계정과목을 입력한 다음 커서가 거래처코드란에 있을때 F2 키를 이용하여 원하는 거래처를 "거래처코드도움" 상자에 이미 등록된 고려섬유(주)를 선택하여 등록한다. 또는 거래처코드란에 "+" 또는 "00000"을 입력한 후 고려섬유(주)을 입력하고 Enter↲ 키를 치면 거래처가 등록된다.

2. 일자별 거래입력

① [답] 1월 5일 일반전표입력

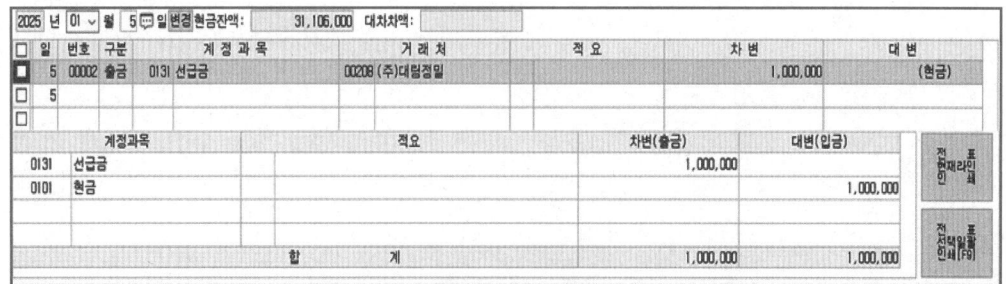

② [답] 1월 10일 일반전표입력

일	번호	구분	계정과목	거래처	적요	차변	대변
10	00001	출금	0830 소모품비			35,000	(현금)
10							
			합 계			35,000	35,000

카드등사용여부

(출금) 전 표   일자 : 년 1월 10일

계정과목	적요	차변(출금)	대변(입금)
0830 소모품비(판)		35,000	
0101 현금			35,000
합 계		35,000	35,000

🔍 실습예제

입금거래

다음은 (주)한국전자의 기중 거래내역이다. 일반전표 입력메뉴에 입력하시오.

2월 12일 : 1월분 임대료 ₩3,000,000을 현금으로 받았다.

2월 13일 : 국민은행에서 현금 ₩2,000,000을 차입하였다.(차입기간은 6개월이다.)

🔍 따라하기

1. 입금전표 입력방법

① 전표유형선택

"구분"에 커서가 있을 때 하단에서 어떤 유형의 전표를 입력 할 것인지를 선택해야 한다. 입금전표를 입력 하려면 [2.입금]을 선택하면 된다. 입금전표를 선택하면 하단분개에서 차변에 현금계정과목이 자동생성 되므로 상대계정과목 임대료만 입력하면 된다.(계정과목 "코드"에서 임대 두 글자를 입력하면 "계정코드도움" 상자에서 입력하고자 하는 [임대료] 계정과목을 조회할 수 있다.)

② 거래처명등록

실무에서는 거래처명을 입력하여야 하나 시험목적으로는 반드시 거래처 관리를 요하는 채권, 채무가 아니면 관리를 하지 않아도 되므로 앞으로는 생략하도록 한다.

③ 적요등록

적요 또한 실무에서는 적요를 입력 하여야 하지만 시험목적으로는 문제에서 적요등록 사항을 원할 때만 하면 되기 때문에 이하 생략 하도록 한다

2. 일자별 거래입력

① [답] 2월 12일 일반전표입력

② [답] 2월 13일 일반전표입력

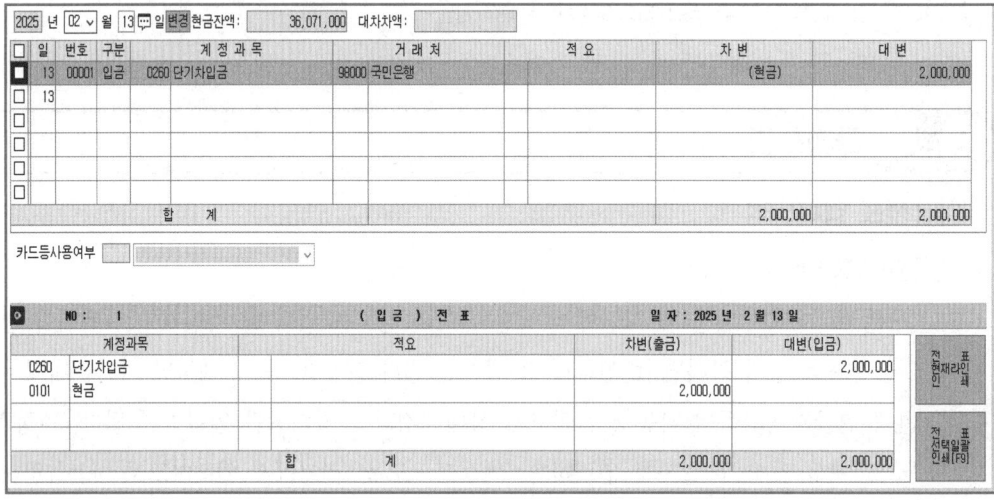

실습예제

대체거래

다음은 (주)한국전자의 기중 거래내역이다. 일반전표 입력메뉴에 입력하시오.

3월 15일 : 거래처 직원에게 미리내식당에서 식사를 제공하고 식대 ₩50,000을 외상으로 하였다.
　　　　　(사업자번호 : 123-08-14986, 대표자 : 김종표, 거래처코드 115번 등록하시오.)

3월 17일 : (주)한국리스의 미지급금 ₩2,000,000을 보통예금에서 이체하였다.

따라하기

1. 대체전표 입력방법

① 전표유형선택

　"구분"에 커서가 있을 때 하단에서 어떤 유형의 전표를 입력 할 것인지를 선택해야 한다. 대체전표는 차변과 대변을 각각 입력 하여야 한다. 예를 들어 차변계정과목을 입력 하려면 3을 선택하고 3을 선택했을 때 "구분"에 "차변"이라고 표시된다. 그리고 대변계정과목을 입력 하려면 4를 선택한다. 4를 선택하게 되면 "구분"에 "대변"이라고 표시된다.(계정과목 "코드"에서 접대 두 글자를 입력하면 "계정코드 도움"상자에서 입력하고자 하는 계정과목을 선택할 수 있다.)

2. 일자별 거래입력

① [답] 3월 15일 일반전표입력

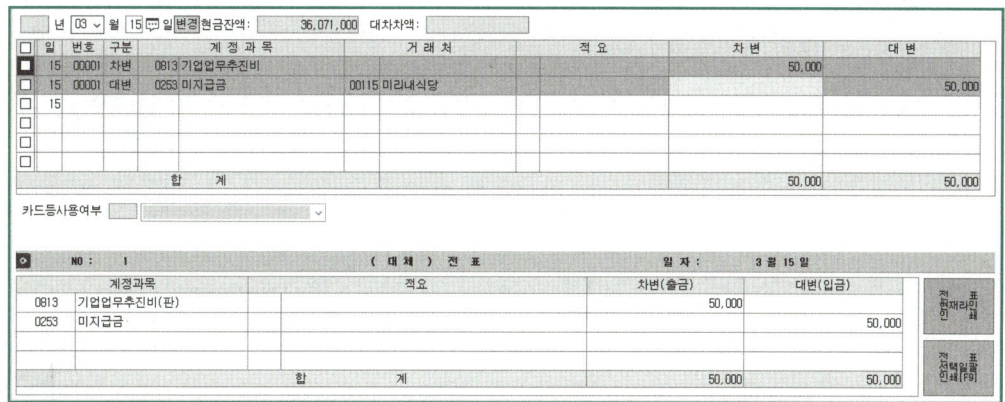

3. 신규거래처 입력방법

① 신규거래처를 등록하는 방법에는 두 가지가 있다. 첫 번째는 [기초정보등록] → [거래처등록]에서 입력하는 방법, 두 번째는 일반전표에서 바로 등록하는 방법인데 일반전표에서 바로 등록하고자 할 때는 거래처코드란에서 "+" 또는 "00000"을 입력한 후 상호명을 입력하고 Enter키를 치면 거래처등록의 메시지를 표시해준다. [수정(tab)] 키를 이용하여 직접 등록 할 수 있다.

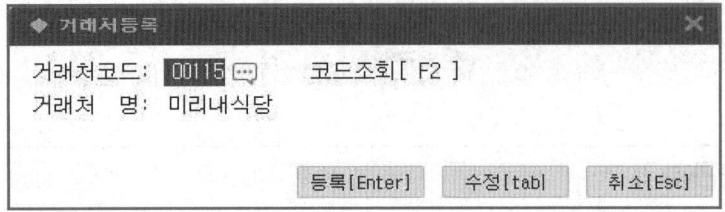

거래처코드란에 "+" 또는 "00000"을 입력하고 거래처명란에 상호명을 입력한다. 신규거래처인 경우 위쪽의 보조화면이 표시된다. 보조화면에서 [수정(tab)]키를 클릭한다.

② [수정(tab)]키를 클릭한 후 하단에 거래처의 추가내용을 등록한다.

③ [답] 3월 17일 일반전표입력

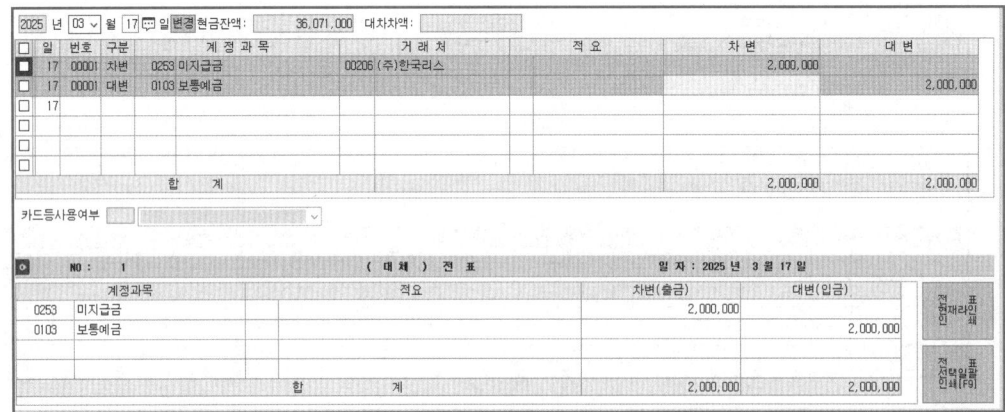

실습예제

종합문제

다음은 (주)한국전자의 기중 거래내역이다. 일반전표 메뉴에 입력하시오.
(일반전표입력의 모든 거래는 부가가치세를 고려하지 말 것)

1월 중 거래

1월 2일   (주)상일전자의 외상매출금 중 일부를 회수하였다. 회수금액은 2,000,000원이다. 회수금액 중 1,000,000원은 현금으로 받고 나머지는 보통예금 통장으로 입금 되었다.

1월 6일   (주)한국리스로부터 운용리스계약에 의해 본사 사무용 컴퓨터(50,000,000원)를 도입하고 리스료 2,000,000원을 보통예금계좌에서 자동이체 하였다.

1월 11일   전기에 대손처리한 태양물산에 대한 외상매출금 550,000원이 보통예금계좌로 입금 되었다. 부가가치세법상 전기에 대손세액공제를 정상적으로 신고 공제 받았다.

1월 18일   하이마트에서 사무실용 에어콘 1대를 3,450,000원에 구입하고 대금 중 450,000원은 현금으로 지급하고 잔액은 6개월 할부로 하였다.(거래처코드 560번, 사업자등록번호 101-81-00452으로 등록)

1월 25일   전기에 수출한 미국 MAYCY.CO.LTD사의 외상매출금(USD $15,000)이 전액 회수되어 보통예금에 입금하였다. 관련 환율정보는 다음과 같다

구 분	1달러당 환율정보
발 생 시	1,100원
2024.12.31	1,200원
회수 입금시	1,300원

2월 중 거래

2월 1일 공장에서 사용하던 기계장치(취득원가 : 20,000,000원, 감가상각누계액 : 4,000,000원)가 화재로 인해 소실되었다. 보험에 가입되어있다.

2월 5일 새로운 공장을 짓기 위하여 건물이 있는 부지를 구입하고 동시에 건물을 철거하였다. 건물이 있는 부지의 구입비로 120,000,000원을 보통예금계좌에서 이체하고 철거비용 3,000,000원은 당사발행의 당좌수표로 지불하였다.

2월 14일 당사의 최대주주인 김동원씨로부터 공장창고로 사용할 건물을 기증 받았다. 본 건물에 대한 취득세와 등록세 3,500,000원을 현금으로 은행에 납부하였다. 김동원씨가 실제 취득한 건물의 가액은 150,000,000원이었으며, 수증일 현재의 공정가치는 180,000,000원이다.

2월 16일 신규사업을 확장할 목적으로 임시주주총회의 승인을 얻어 신주 2,000주(액면가액 @₩6,000, 발행가액 @₩8,000)를 발행하고, 신주발행비용 500,000원을 차감한 금액을 보통예금에 예입하였다.

2월 22일 거래처인 (주)동국전자로부터 받은 받을어음 2,000,000원(만기일: 5월 22일)을 거래은행인 국민은행에 할인하고 할인료를 제외한 금액은 보통예금에 입금 하였다.(매각거래로 회계처리, 연이자율 10%, 월 할계산 하시오)

3월 중 거래

3월 6일 진형전자(주)로부터 차입한 단기차입금의 이자비용 1,500,000원을 지급하면서 원천징수상당액 300,000원을 차감한 금액을 현금으로 지급하였다.

3월 11일 (주)한국전자는 확정기여형퇴직연금제도를 설정하고자 한다. 퇴직연금의 부담금(기여금)2,500,000원 (제조 :1,500,000원, 관리 : 1,000,000원)을 은행에 현금으로 납부하였다.

3월 13일 사채(액면가액 : 50,000,000원, 만기 : 3년)를 현재가치로 발행하였다. 사채의 현재가치는 47,100,000원이며, 사채발행 대금 중 사채발행비 300,000원을 차감한 실수금은 보통예금 계좌로 입금 받았다.

3월 16일　보유중인 사업용 토지 일부분을 (주)동이상사에 30,000,000원(장부가액 25,000,000원)에 매각하고 대금은 (주)동이상사의 외상매입금 15,000,000원과 상계처리하고 잔액은 보통예금에 입금하였다.

3월 24일　공정가액이 350,000원인 공채를 400,000원에 현금으로 매입하다. 이 공채는 유형자산인 건물의 취득시 법령에 따라 매입한 것으로서 기업회계기준상 단기매매증권으로 분류한다.

4월 중 거래

4월 5일　사용중인 공장건물을 새로 신축하기 위하여 기존건물을 철거하였다. 철거 당시의 기존건물의 취득가액 및 감가상각누계액의 자료는 다음과 같다.

> 1. 건물의 취득가액 : 30,000,000원
> 2. 철거당시 감가상각누계액 : 28,000,000원(철거시점까지 상각완료 가정)
> 3. 건물철거비용 : 1,500,000원(간이과세자로부터 영수증 수취)을 현금지급함.

4월 7일　화재로 소실된 기계장치(취득가액 20,000,000원, 감가상각누계액 4,000,000원)에 대하여 동아화재(주)에 보험금을 2월 1일에 청구하였는 바 금일 보험회사로부터 보험금액 18,000,000원을 지급하겠다는 통보를 받았다.(거래처 : 동아화재(주), 600번 등록)

4월 10일　전기에 (주)새길전자로부터 대손처분을 받고 부가가치세신고시 대손처분 세액 500,000원을 불공제 처리하였던 외상매입금 5,500,000원(부가가치세 포함) 에 대하여 금일 현금으로 지급하였다.

4월 30일　2024년 1월 1일에 취득하여 사용 중인 공장용 기계장치를 10,000,000원에 매각하고 대금은 전액 현금으로 회수하였다. 처분일까지의 감가상각에 대한 회계처리(월할계산)와 매각에 대한 회계처리까지 하시오.

> 취득원가 : 12,000,000원
> 감가상각누계액: 2,400,000원 (전기말 감가상각누계액)
> 감가상각방법 : 정액법, 내용연수 : 5년, 잔존가액 : 없음

4월 30일   종업원 4월분 급여를 당사 보통예금계좌에서 이체하였다.

구분	급여	건강보험	국민연금	소득세	지방소득세	차감지급액
생산직	5,000,000	25,000	26,000	34,000	3,400	4,911,600
사무직	2,500,000	16,000	19,000	22,000	2,200	2,440,800
계	7,500,000	41,000	45,000	56,000	5,600	7,352,400

5월 중 거래

5월 10일   4월분 급여지급시 원천징수한 소득세등, 본인부담분 건강보험료, 국민연금과 회사부담금 건강보험료, 국민연금을 현금으로 납부하였다. 국민연금 회사부담금은 세금과공과계정으로 처리할 것.

5월 13일   거래처인 진형전자(주)에 대한 단기차입금을 상환하기 위하여 10,000,000원 중 8,000,000원은 보통예금에서 이체하였으며 나머지는 면제 받았다.

5월 20일   본사 건물의 임차보증금에 대한 간주임대료를 계상하고 부가가치세 1,300,000원을 건물 소유주인 김대웅에게 당사발행의 당좌수표를 발행하여 결제 하였다.

5월 25일   단기보유목적으로 구입한 (주)정인의 주식(시장성 있음) 200주를 1주당 22,000원에 처분하고 대금은 주식처분에 따른 거래수수료 32,700원을 제외한 잔액이 보통예금에 입금되었다. (주)정인주식의 취득 및 변동내역은 다음과 같다.

· 2024년 10월 20일 500주 획득 : 1주당 20,000원
· 2024년 12월 31일   공정가치 : 1주당 21,000원

5월 27일   회사는 장기투자목적으로 (주)산성의 주식 1,000주(액면가액, 12,000원)를 13,000원에 현금으로 구입하였다.

해답

1월 중 거래

[답] 1월 2일 일반전표입력

□	일	번호	구분	계정과목	거래처	적요	차변	대변
■	2	00001	차변	0101 현금			1,000,000	
■	2	00001	차변	0103 보통예금			1,000,000	
■	2	00001	대변	0108 외상매출금	00201 (주)상일전자			2,000,000

[답] 1월 6일 일반전표입력

□	일	번호	구분	계정과목	거래처	적요	차변	대변
■	6	00001	차변	0819 임차료			2,000,000	
■	6	00001	대변	0103 보통예금				2,000,000

[답] 1월 11일 일반전표입력

□	일	번호	구분	계정과목	거래처	적요	차변	대변
■	11	00001	차변	0103 보통예금			550,000	
■	11	00001	대변	0109 대손충당금				500,000
■	11	00001	대변	0255 부가세예수금				50,000

[답] 1월 18일 일반전표입력

□	일	번호	구분	계정과목	거래처	적요	차변	대변
■	18	00001	차변	0212 비품			3,450,000	
■	18	00001	대변	0101 현금				450,000
■	18	00001	대변	0253 미지급금	00560 하이마트			3,000,000

[답] 1월 25일 일반전표입력

□	일	번호	구분	계정과목	거래처	적요	차변	대변
■	25	00001	차변	0103 보통예금			19,500,000	
■	25	00001	대변	0108 외상매출금	00217 MAYCY.CO.LTD			18,000,000
■	25	00001	대변	0907 외환차익				1,500,000

2월 중 거래

[답] 2월 1일 일반전표입력

□	일	번호	구분	계정과목	거래처	적요	차변	대변
■	1	00001	대변	0206 기계장치				20,000,000
■	1	00001	차변	0207 감가상각누계액			4,000,000	
■	1	00001	차변	0961 재해손실			16,000,000	

[답] 2월 5일 일반전표입력

□	일	번호	구분	계정과목	거래처	적요	차변	대변
■	5	00001	차변	0201 토지			123,000,000	
■	5	00001	대변	0103 보통예금				120,000,000
■	5	00001	대변	0102 당좌예금				3,000,000

[답] 2월 14일 일반전표입력

□	일	번호	구분	계정과목	거래처	적요	차변	대변
■	14	00001	차변	0202 건물			183,500,000	
■	14	00001	대변	0917 자산수증이익				180,000,000
■	14	00001	대변	0101 현금				3,500,000

[답] 2월 16일 일반전표입력

□	일	번호	구분	계정과목		거래처	적요	차변	대변
▣	16	00001	차변	0103	보통예금			15,500,000	
▣	16	00001	대변	0331	자본금				12,000,000
▣	16	00001	대변	0341	주식발행초과금				3,500,000

[답] 2월 22일 일반전표입력

□	일	번호	구분	계정과목		거래처	적요	차변	대변
▣	22	00001	차변	0103	보통예금			1,950,000	
▣	22	00001	차변	0956	매출채권처분손실			50,000	
▣	22	00001	대변	0110	받을어음	00210 (주)동국전자			2,000,000

* 2,000,000 × 10% × 3/12 = 50,000

3월 중 거래

[답] 3월 6일 일반전표입력

□	일	번호	구분	계정과목		거래처	적요	차변	대변
▣	6	00001	차변	0951	이자비용			1,500,000	
▣	6	00001	대변	0254	예수금				300,000
▣	6	00001	대변	0101	현금				1,200,000

[답] 3월 11일 일반전표입력

□	일	번호	구분	계정과목		거래처	적요	차변	대변
▣	11	00001	차변	0508	퇴직급여			1,500,000	
▣	11	00001	차변	0806	퇴직급여			1,000,000	
▣	11	00001	대변	0101	현금				2,500,000

[답] 3월 13일 일반전표입력

□	일	번호	구분	계정과목		거래처	적요	차변	대변
▣	13	00001	차변	0103	보통예금			46,800,000	
▣	13	00001	차변	0292	사채할인발행차금			3,200,000	
▣	13	00001	대변	0291	사채				50,000,000

[답] 3월 16일 일반전표입력

□	일	번호	구분	계정과목		거래처	적요	차변	대변
▣	16	00001	차변	0251	외상매입금	00204 (주)동이상사		15,000,000	
▣	16	00001	차변	0103	보통예금			15,000,000	
▣	16	00001	대변	0201	토지				25,000,000
▣	16	00001	대변	0914	유형자산처분이익				5,000,000

[답] 3월 24일 일반전표입력

□	일	번호	구분	계정과목		거래처	적요	차변	대변
▣	24	00001	차변	0202	건물			50,000	
▣	24	00001	차변	0107	단기매매증권			350,000	
▣	24	00001	대변	0101	현금				400,000

4월 중 거래

[답] 4월 5일 일반전표입력

□	일	번호	구분	계정과목	거래처	적요	차변	대변
□	5	00001	차변	0203 감가상각누계액			28,000,000	
□	5	00001	차변	0970 유형자산처분손실			3,500,000	
□	5	00001	대변	0202 건물				30,000,000
□	5	00001	대변	0101 현금				1,500,000

[답] 4월 7일 일반전표입력

□	일	번호	구분	계정과목	거래처	적요	차변	대변
□	7	00001	차변	0120 미수금	00600 동아화재(주)		18,000,000	
□	7	00001	대변	0919 보험금수익				18,000,000

[답] 4월 10일 일반전표입력

□	일	번호	구분	계정과목	거래처	적요	차변	대변
□	10	00001	차변	0251 외상매입금	00209 (주)새길전자		5,000,000	
□	10	00001	차변	0135 부가세대급금			500,000	
□	10	00001	대변	0101 현금				5,500,000

[답] 4월 30일 일반전표입력

① 처분 시까지의 감가상각비분개

□	일	번호	구분	계정과목	거래처	적요	차변	대변
□	30	00001	차변	0518 감가상각비			800,000	
□	30	00001	대변	0207 감가상각누계액				800,000

* [(12,000,000 − 0) ÷ 5] × 4/12 = 800,000

② 기계장치매각분개

□	일	번호	구분	계정과목	거래처	적요	차변	대변
□	30	00002	차변	0207 감가상각누계액			3,200,000	
□	30	00002	차변	0101 현금			10,000,000	
□	30	00002	대변	0206 기계장치				12,000,000
□	30	00002	대변	0914 유형자산처분이익				1,200,000

[별해] 하나의 전표로 입력하는 방법

□	일	번호	구분	계정과목	거래처	적요	차변	대변
□	30	00002	차변	0207 감가상각누계액			2,400,000	
□	30	00002	차변	0518 감가상각비			800,000	
□	30	00002	차변	0101 현금			10,000,000	
□	30	00002	대변	0206 기계장치				12,000,000
□	30	00002	대변	0914 유형자산처분이익				1,200,000

[답] 4월 30일 일반전표입력

□	일	번호	구분	계정과목	거래처	적요	차변	대변
□	30	00003	차변	0504 임금			5,000,000	
□	30	00003	차변	0801 급여			2,500,000	
□	30	00003	대변	0254 예수금				147,600
□	30	00003	대변	0103 보통예금				7,352,400

5월 중 거래

[답] 5월 10일 일반전표입력

□	일	번호	구분	계정과목	거래처	적요	차변	대변
□	10	00001	차변	0254 예수금			147,600	
□	10	00001	차변	0511 복리후생비			25,000	
□	10	00001	차변	0811 복리후생비			16,000	
□	10	00001	차변	0517 세금과공과			26,000	
□	10	00001	차변	0817 세금과공과			19,000	
□	10	00001	대변	0101 현금				233,600

[답] 5월 13일 일반전표입력

□	일	번호	구분	계정과목	거래처	적요	차변	대변
□	13	00001	차변	0260 단기차입금	00202 진형전지(주)		10,000,000	
□	13	00001	대변	0103 보통예금				8,000,000
□	13	00001	대변	0918 채무면제이익				2,000,000

[답] 5월 20일 일반전표입력

□	일	번호	구분	계정과목	거래처	적요	차변	대변
□	20	00001	차변	0817 세금과공과			1,300,000	
□	20	00001	대변	0102 당좌예금				1,300,000

[답] 5월 25일 일반전표입력

□	일	번호	구분	계정과목	거래처	적요	차변	대변
□	25	00001	차변	0103 보통예금			4,367,300	
□	25	00001	대변	0107 단기매매증권				4,200,000
□	25	00001	대변	0906 단기매매증권처분이익				167,300

[답] 5월 27일 일반전표입력

□	일	번호	구분	계정과목	거래처	적요	차변	대변
□	27	00001	출금	0178 매도가능증권			13,000,000	(현금)

02 매입매출전표입력

매입매출전표입력은 기업에서 발생하는 거래 중 부가가치세신고와 관련된 거래를 입력하는 것을 말한다. 입력방법은 회계관리 전체메뉴에서 [전표입력]의 서브메뉴 중 [매입매출전표입력]을 클릭하면 매입매출전표입력화면으로 들어간다.

[매입매출전표입력화면]

매입매출전표 메뉴는 매입매출 거래내용을 입력하는 상단부와 분개를 입력하는 하단부로 나눌 수 있다. 상단부에 입력된 거래내용은 부가가치세신고서와 세금계산서합계표 등 부가가치세 관련 신고자료 등을 작성하는 데 활용되며, 하단부에 입력된 분개 내용은 재무제표, 계정별원장, 거래처원장 등 기타 회계장부를 작성하는데 반영된다.

01. 상단부입력방법

1. 월, 일
일반전표 입력 방법과 같다. 작업하고자 하는 월과 일을 입력한다.

2. 유형의 선택
매입매출전표 유형은 매출과 매입 유형으로 구분되며 2자리 코드로 되어 있다. 유형코드를 잘못 입력하게 되면 부가가치세신고서식에 잘못된 자료가 반영되기 때문에 정확한 유형선택과 자료를 정확하게 입력하여야 한다.

[매출유형]

코드	유 형	내 용
11	과세매출	매출공급가액에 세율을 10% 적용하는 일반적인 매출세금계산서를 교부한 경우 선택한다.
12	영세매출	부가가치세가 "0"인 영세율세금계산서를 교부한 경우 선택한다. (예 : 내국신용장(LocalL/C)이나 구매확인서 등에 의한 국내사업자간에 수출할 물품을 공급하는 경우 영세율세금계산서가 발행된다.)
13	면세매출	면세사업자가 면세재화를 공급하고 계산서를 교부한 경우 선택한다.
14	건별매출	과세되는 재화 등을 공급하고 영수증을 발행한 경우 선택한다.
15	간이과세	간이과세자가 재화 등을 공급하고 영수증을 발행한 경우 선택한다.
16	수출매출	직수출이나 대행수출의 국외거래로 영세율이 적용되는 경우 선택한다.
17	카드매출	과세되는 재화 등을 공급하고 신용카드매출전표를 발행한 경우 선택한다.
18	카드면세	면세사업자가 면세재화를 공급하고 신용카드로 매출한 경우 선택한다.
19	카드영세	영세율 적용대상의 신용카드 매출 시 선택한다.
20	면세건별	증빙이 발행되지 않은 면세매출 시 선택한다.
21	전자화폐	전자적 결제수단에 의한 매출 시 선택한다.
22	현금과세	현금영수증에 의한 과세 매출 시 선택한다.
23	현금면세	현금영수증에 의한 면세 매출 시 선택한다.
24	현금영세	현금영수증에 의한 영세율 매출 시 선택한다.

[매입유형]

코드	유형	내 용
51	과세매입	매입공급가액에 세율을 10% 적용하는 일반적인 매입세금계산서를 교부받은 경우 선택한다.
52	영세매입	영세율세금계산서를 교부받은 경우 선택한다. (예 : 내국신용장(LocalL/C)이나 구매확인서 등에 의한 국내사업자간에 수출할 물품을 공급받는 경우 영세율세금계산서가 발행된다.)
53	면세매입	면세사업자로부터 면세재화를 공급받고 계산서를 교부받은 경우 선택한다.
54	불공매입	매입세액이 공제되지 않는 세금계산서를 교부받았을 때 선택한다. ① 필요적 기재사항 누락 등 ② 사업과 직접관련 없는 지출 ③ 개별소비세법에 따른 자동차 구입·유지 및 임차 ④ 기업업무추진비 및 이와 유사한 비용관련 ⑤ 면세사업 관련 ⑥ 토지의 자본적지출관련 ⑦ 사업자등록 전매입세액
55	수입매입	재화를 수입하고 세관장으로부터 수입세금계산서를 교부받은 경우 선택한다.
57	카드매입	매입세액이 공제가능한 재화 등을 매입하고 신용카드로 결제한 경우 선택한다.
58	카드면세	면세사업자에게 면세재화를 공급받고 신용카드로 결제한 경우 선택한다.
59	카드영세	영세율이 적용되는 재화 등을 매입하고 신용카드로 결제한 경우 선택한다.
60	면세건별	면세재화 등을 매입하고 영수증을 교부받은 경우에 선택한다.
61	현금과세	현금영수증에 의한 과세 매입 시 선택한다.
62	현금면세	현금영수증에 의한 면세 매입 시 선택한다.

* 공제받지 못하는 매입세액(불공)

① 매입처별세금계산서합계표의 미제출·부실기재·허위기재한 경우의 매입세액

② 세금계산서의 미수취·부실기재·허위기재한 경우의 매입세액

③ 사업과 직접 관련이 없는 지출에 대한 매입세액

④ 개별소비세법에 따른 자동차의 구입과 임차 및 유지에 관한 매입세액

⑤ 기업업무추진비 및 이와 유사한 비용의 지출에 관련된 매입세액

⑥ 면세사업에 관련된 매입세액

⑦ 토지관련 매입세액

⑧ 사업자등록을 하기 전의 매입세액

3. 품명 · 수량 · 단가

매입 · 매출에 따른 물품명 · 거래수량 · 단가를 입력한다. 수량과 단가를 입력하면 공급가액과 부가가치세는 자동으로 반영된다. 거래품목이 2개 이상인 경우에는 "복수거래" 버튼을 클릭 하거나 기능키 F7를 누르면 화면하단에 보조화면이 표시되고 보조화면에 품명 · 수량 · 단가를 입력하면 된다.

[복수거래입력방법]

	품목	규격	수량	단가	공급가액	부가세	합계	비고
1	원단1		100	500	50,000	5,000	55,000	
2	원단2		200	600	120,000	12,000	132,000	
3								
			합계		170,000	17,000	187,000	

4. 공급가액과 부가가치세

공급가액과 부가가치세는 수량과 단가를 입력하면 자동으로 표시된다. 그리고 수량과 단가를 입력하지 않고 공급가액을 직접입력하면 부가가치세가 자동으로 표시된다.

5. 거래처와 거래처코드

① 부가가치세대상거래는 반드시 거래처코드를 입력하여야 한다. 거래처코드를 입력하여야만 거래처코드별 집계를 하여 세금계산서합계표를 작성할 수 있다. 또한 거래처코드는 하단부에 분개내용을 입력할 때 거래처코드를 입력하면 자동으로 거래처가 관리된다.

② 거래처코드입력은 코드란에 거래처를 입력하거나 "+"키 또는 "00000"을 입력한 후 상호명을 입력하고 Enter↵를 치면 이미 등록된 거래처는 코드번호를 표시해주고, 신규거래처인 경우에는 거래처코드 등록여부를 묻는 화면이 나타난다. 이 화면에 신규거래처내용을 직접 입력한다. 코드번호는 자동부여 되며, 코드번호를 수정하여 사용할 수도 있다.

화면하단에 있는 [공급처등록정보]에 거래처내용을 입력한 후 [등록(Enter)]키를 누르면 신규거래처등록이 완료된다.

6. 전자

전국세청 e세로 등과 같이 전자세금계산서 발급시스템에 의하여 전자세금계산서를 발급하거나 발급받은 경우에는 [1.여]를 선택한다.

02. 하단부입력방법

1. 분개

분개란은 분개유형을 선택하는 곳이다. 분개유형을 선택하게 되면 커서는 [매입매출전표]메뉴의 하단부로 이동한다. 하단부는 매입매출거래의 회계처리를 위한 입력란이다. 분개유형은 0 : 분개없음, 1 : 현금, 2 : 외상, 3 : 혼합 4 : 카드, 5 : 추가로 구분된다.

[분개유형]

코드		내 용
0	분개없음	부가가치세신고만을 위해서 상단부만 입력하고 하단부에 분개를 생략하는 경우에 선택한다.
1	현금	전액 현금거래(입금거래, 출금거래)인 경우 선택한다.
2	외상	전액 외상거래인 경우 선택한다. 외상은 매출채권, 매입채무인 경우만 사용한다. 미수금이나 미지급금계정은 혼합을 선택하여야 한다.
3	혼합	전액현금과 전액외상 이외의 거래 경우 선택한다.
4	카드	카드 결제인 매출, 매입을 입력 시 선택한다.
5	추가	추가는 환경설정에서 추가적으로 매출액과 매출채권, 매입액과 매입채무를 설정하고 이를 자동분개 시 사용하는 기능이다.

2. 거래처변경

매입매출전표에서는 화면 중간에 거래처코드를 입력하면 하단부 분개란에 있는 거래처와 동일한 거래처가 등록되도록 프로그램화 되어있다. 하지만 분개에서 나타나는 채권·채무의 거래처가 중간에 입력한 거래처와 다른 경우가 발생할 수가 있는데, 이 경우 커서를 코드에 둔 상태에서 F2 기능키를 이용하거나 거래처명 두자이상을 입력하고 Enter↵를 치면 거래처를 변경할 수 있다. 이렇게 등록된 거래처는 코드번호가 적색으로 표시된다.

🔍 실습예제

다음은 (주)한국전자 거래 자료를 매입매출전표입력 메뉴에 입력하시오.

1월 중 거래

1월 2일   비사업자인 이명현에게 제품(공급대가 550,000원)을 현금으로 매출하고 전자세금계산서를 교부 하였다.

1월 7일   (주)상일전자에 원재료의 가공을 의뢰하고, 대금 5,000,000원(부가가치세별도)을 현금으로 지급하고 전자세금계산서를 수취 하였다.

1월 15일 (주)대림정밀에서 원재료를 구입하면서 다음과 같이 구입하고 전자세금계산서를 발급받았다. 적절한 회계처리를 하시오.

품목	수량	단가	공급가액	부가가치세	결제방법
원재료A	3,000	20,000	60,000,000	6,000,000	외상
원재료B	2,000	25,000	50,000,000	5,000,000	
합 계			110,000,000	11,000,000	

1월 18일 비사업자인 이수림에게 제품을 4,400,000원(부가가치세포함)에 판매하고 전자세금계산서를 발행하였으며, 대금은 전액 외상으로 하였다.

1월 25일 수출대행업체인 세계무역에 내국신용장에 의하여 제품(공급가액 9,000,000원)을 판매하고 전자세금계산서를 발행 하였으며 대금 중 4,000,000원은 현금으로 수령하고 나머지는 외상으로 하였다.

2월 중 거래

2월 6일 진형전자(주)로부터 공급가액 900,000원 부가가치세 90,000원의 전자세금계산서 1매를 수취하였다. 이는 본사임차료 600,000원(부가세별도)과 건물관리비 300,000원(부가세별도)에 대해 발행된 것이다. 적절한 계정과목을 사용하여 입력하시오.(단, 대금은 다음달10일이 지급하기로 약정한 날이다)

2월 11일 매입처인 (주)동국전자으로부터 원재료 30,000,000원(부가가치세별도)을 매입하고 전자세금계산서를 수취하였다. 대금 중 3,000,000원은 세계무역에서 받은 어음을 배서양도 하고 나머지는 외상으로 하였다.

2월 14일 공장에 있는 휴게실에 온풍기(내용연수 5년)를 설치하였다. (주)동국전자에서 설치한 온풍기와 설치비용은 총 4,000,000원(부가세별도)이며, 전자세금계산서를 수취 하였다. 대금은 신용카드(하나카드)로 결제 하였다.

2월 16일 미국의 MAYCY.CO.LTD에 총 $25,000에 제품을 수출하고 수출대금은 전액을 이달 말일에 미국달러화로 받기로 하였다. 수출과 관련된 내용은 다음과 같다수

· 2월 13일(수출신고일) 기준환율 1$ = 1,100원
· 2월 16일(선 적 일)기준환율 1$ = 1,300원
· 2월 28일(대금회수일) 기준환율 1$ = 1,200원

2월 26일 우리정보기술로부터 소프트웨어(내용연수 10년)를 취득하고 전자세금계산서(부가가치세 별도, 공급가액 30,000,000원,)를 수취하였다. 회사는 주식(액면금액 20,000,000원, 공정가치 30,000,000원)을 발행하여 제공하고, 부가가치세는 현금으로 지급하였다.

3월 중 거래

3월 13일 생활백화점에서 한우갈비세트 1,100,000원을 법인명의 신용카드(국민카드)로 구입하고, 신용카드 매출전표를 수취하였다. 대표이사가 개인적인 용도로 사용하다.(대표이사 거래처 생략)

3월 15일   원재료를 수입하면서 김포세관으로부터 수입전자세금계산서를 받고, 부가가치세 600,000원과 통관시부대비용 500,000원을 현금으로 납부하였다. (미착품에 대한 회계처리 생략)

3월 17일   당사는 화성에 반도체공장을 신축할 계획으로 건축물이 있는 토지를 취득하고 즉시 그 건축물은 철거를 하였다. 동 건축물 철거작업과 관련하여 (주)만복건설로부터 8,000,000원(부가가치세 별도)의 전자세금계산서를 교부받았으며, 대금의 30%는 현금으로 나머지는 한달 후에 지급하기로 하였다.(거래처코드:450번, 대표자:이만복, 사업자등록번호: 312-81-23453)

3월 26일   매출거래처의 신규지점개설을 축하하기 위하여 생활백화점에서 선물세트를 매입하고(공급가액: 2,000,000원, 부가가치세별도) 전자세금계산서를 수취한 후 750,000원은 당좌수표를 발행하여 지급하였고 나머지는 외상으로 하였다.

3월 28일   감가상각이 종료된 건설용 기계장치를 500,000원(부가가치세별도)에 처분하고 전자세금계산서를 교부하였다. 매각대금은 1개월 이내에 지급받기로 하였다.

- 기계장치 취득가액   :42,000,000원
- 감가상각누계액   :41,999,000원
- 공급받는 자   :(주)금영정공(거래처코드 : 911)
- 사업자등록번호   :121-85-00245
- 대 표 자   :한 금 영

4월 중 거래

4월 9일   회사는 국민은행으로부터 은행업무용으로 사용하던 중고 포터트럭(내용연수 5년)을 5,500,000원에 현금으로 구입하고 전자계산서를 수취하였다.

4월 18일   공장용 화물자동차의 유류대 60,500원(부가가치세 포함)을 서울주유소에서 법인명의의 직불카드(국민카드)로 결제하다. 단, 당해 직불카드 매출전표 상에는 부가가치세와 공급받는 자의 사업자등록번호가 구분 기재되어 있으며, 직불카드는 결제즉시 당해 법인 국민은행 보통예금 계좌에서 인출된다.

4월 20일   비사업자인 류호임에게 전자제품(공급대가 1,100,000원)을 소매로 매출하고 대금은 전액 현금으로 수령하였다.

4월 22일 (주)현대자동차에 영업용으로 사용하던 승용차를 10,000,000원(부가가치세별도)에 처분하고 전자세금계산서를 발행하였다. 매각대금은 보통예금 통장에 입금 되었다.(매각시 감가상각비는 무시한다. 거래처코드: 452번, 대표자: 손현대, 사업자등록번호: 111-82-49065)

> · 취득가액 : 20,000,000원, · 감가상각누계액 : 15,000,000원

4월 24일 (주)상일전자에서 다음과 같이 원재료를 매입하고 전자세금계산서(1매)를 교부받았다. 대금은 전액 당사 보통예금계좌에서 인터넷뱅킹으로 송금하였고, 당사 부담의 운반비 30,000원을 현금으로 지급하였다.

> * 원재료#1 : 공급가액 900,000원, 부가가치세 90,000원
> * 원재료#2 : 공급가액 700,000원, 부가가치세 70,000원

5월 중 거래

5월 2일 진형전자(주)에 제품을 30,000,000원(부가가치세별도)에 판매하고 전자세금계산서를 교부하였다. 대금은 (만기일 9. 30) 어음으로 결제 받았다.

5월 8일 영업부업무용 무역관련 서적을 구입하고 대금 250,000원을 현금지급하고 전자계산서를 교부받았다.(전액 비용으로 회계처리하며 1200번으로 거래처를 추가등록)

> 사업자등록번호 : 105-82-51019
> 상   호 : 미 화 문 고
> 성   명 : 이 미 화
> 사 업 장 주 소 : 서울시 종로구 삼일대로 401-16
> 업   태 : 도 매
> 종   목 : 서 적

5월 10일 오스트리아 소재 Tope.Corp에 제품 500box(box당 $250)를 수출하기 위해 선적하고 결제는 도착지에서 검수완료 후에 하기로 하였다.

> * 5월 10일의 기준환율 : 1$당 1,200원
> * 5월 10일의 대고객외국환매입율 : 1$당 1,320원
> * 5월 10일의 대고객외국환매도율 : 1$당 1,210원

5월 12일   당사는 매출처인 (주)진형전자에 제품을 무상으로 제공하였는데 당해 제품의 원가 500,000원이고 시가는 900,000원이며 부가가치세 과세대상이다.

5월 16일   당사 공장건물(내용연수 20년)을 수리한 (주)한강건설(거래처코드:3000번, 대표자:김한강 사업자등록번호:220-81-17609)에 수리비용(공급가액 30,000,000원, 부가세별도)을 약속어음(만기일 6. 30)으로 지급하고 전자세금계산서를 수취하였다. 거래처등록하고 수리비용은 자본적지출로 처리한다.

해답

[답] 1월 2일 유형 : 11(과세) 거래처 : 이명현 전자 : 여 분개 : 현금

일	번호	유형	품목	수량	단가	공급가액	부가세	코드	공급처명	사업자주민번호	전자	분개
2	50001	과세	제품			500,000	50,000	00213	이명현	680623-1659321	여	현금

구분	계정과목		적요	거래처		차변(출금)	대변(입금)
입금	0255	부가세예수금	제품	00213	이명현	(현금)	50,000
입금	0404	제품매출	제품	00213	이명현	(현금)	500,000

① 분개유형 선택 후 입력 방법

분개유형 1.현금을 선택하면 구분에 입금이라고 생성이 되는데 이는 차변에 현금계정과목이 있는 것과 동일한 의미이므로 상대계정과목만을 입력하면 된다. 이것은 일반전표에서 입금전표를 선택했을 때 차변에 현금계정과목을 입력하지 않는 것처럼 매입매출전표도 분개유형 1.(현금)를 선택하게 되면 현금이란 계정과목은 입력하지 않는다.

② 계정과목 자동생성

과세유형을 매출(10, 20번대)로 선택하게 되면 제품매출 계정과목과 부가세예수금 계정과목이 자동으로 생성이 되는데 이는 환경등록에서 기본계정(매출)을 제품매출로 등록하였기 때문에 자동연결 된 것이다. 이처럼 회사 업종에 맞추어 기본계정(매출)을 설정해 놓으면 입력을 편리하게 할 수 있다.

[답] 1월 7일 유형 : 51(과세) 거래처 : (주)상일전자 전자 : 여 분개 : 현금

□	일	번호	유형	품목	수량	단가	공급가액	부가세	코드	공급처명	사업자주민번호	전자	분개
□	7	50001	과세	외주가공비			5,000,000	500,000	00201	(주)상일전자	128-81-42248	여	현금

구분	계정과목		적요	거래처		차변(출금)	대변(입금)
출금	0135	부가세대급금	외주가공비	00201	(주)상일전.	500,000	(현금)
출금	0533	외주가공비	외주가공비	00201	(주)상일전.	5,000,000	(현금)

① 분개유형 선택 후 입력 방법

분개유형 1.현금을 선택하면 구분에 출금이라고 생성이 되는데 이는 대변에 현금계정과목이 있는 것과 동일한 의미 이므로 상대계정과목만을 입력하면 된다.

일반전표에서 출금전표를 선택하면 대변에 현금계정과목을 입력되지 않는 것처럼 매입매출전표도 분개유형을 1. 현금을 선택 하면 현금이란 계정과목은 입력이 되지 않으므로 이 점 유의하여 입력하여야 한다.

② 계정과목 자동생성

과세유형을 매입(50번·60번대)으로 선택하면 원재료 계정과목과 부가세대급금 계정과목이 자동생성 되는데 이는 환경등록에서 기본계정(매입)을 원재료로 등록하였기 때문에 자동으로 연결 되는 것이다. 자동생성 된 원재료 계정과목을 외주가공비로 수정하여 입력하면 된다. (계정과목에서 입력하고자 하는 계정과목 두 글자만 입력한 다음 "계정코드도움" 상자 에서 계정과목을 선택할 수 있다.)

[답] 1월 15일 유형 : 51(과세) 복수거래 거래처 : (주)대림정밀 전자 : 여 분개 : 외상

① 복수거래 등록방법

거래품목이 2개 이상 인 경우에는 복수거래를 해주어야 하는데 화면상단에서 "**복수거래**" 버튼을 클릭하거나 또는 기능키 F7를 누르면 화면하단에 2개 이상 입력 할 수 있는 보조화면이 표시되고 보조화면에 품명·수량·단가를 입력 하면 된다.

□	일	번호	유형	품목	수량	단가	공급가액	부가세	코드	공급처명	사업자주민번호
□	15	50001	과세	원재료A외			110,000,000	11,000,000			
□	15										

유형별-공급처별	0	0

신용카드사:		봉사료:	

복 수 거 래 내 용 (F 7) (입력가능갯수 : 100개)

	품목	규격	수량	단가	공급가액	부가세	합계	비고
1	원재료A		3,000	20,000	60,000,000	6,000,000	66,000,000	
2	원재료B		2,000	25,000	50,000,000	5,000,000	55,000,000	
3								
				합 계	110,000,000	11,000,000	121,000,000	

② 분개유형 선택 후 입력 방법

분개유형 2.외상을 선택하면 자동으로 분개가 완성이 된다. 이는 과세유형 입력시 매입으로(51번) 과세유형을 선택하면 매입이 이루어지는 걸로 보고 자동으로 외상매입금이란 계정과목이 생성된다. 그러므로 외상매입금이 아닌 미지급금인 경우 2.외상을 선택하면 미지급금이 외상매입금 계정과목으로 자동생성되므로 2.외상을 선택하면 안 되고 반드시 3.혼합계정을 선택하여야 한다.

□	일	번호	유형	품목	수량	단가	공급가액	부가세	코드	공급처명	사업자주민번호	전자	분개
☑	15	50001	과세	원재료A외			110,000,000	11,000,000	00208	(주)대림정밀	112-81-25128	여	외상
구분		계정과목			적요			거래처			차변(출금)		대변(입금)	
대변		0251	외상매입금		원재료A외				00208	(주)대림정			121,000,000
차변		0135	부가세대급금		원재료A외				00208	(주)대림정		11,000,000	
차변		0153	원재료		원재료A외				00208	(주)대림정		110,000,000	

[답] 1월 18일 유형 : 11(과세) 거래처 : 이수림 전자 : 여 분개 : 외상

□	일	번호	유형	품목	수량	단가	공급가액	부가세	코드	공급처명	사업자주민번호	전자	분개
☑	18	50001	과세	제품			4,000,000	400,000	00215	이수림	691021-2152130	여	외상
구분		계정과목			적요			거래처			차변(출금)		대변(입금)	
차변		0108	외상매출금		제품				00215	이수림		4,400,000	
대변		0255	부가세예수금		제품				00215	이수림			400,000
대변		0404	제품매출		제품				00215	이수림			4,000,000

① 분개유형 선택 후 입력 방법

분개유형 2. 외상을 선택하면 자동으로 분개가 완성이 된다. 이것은 과세유형을 매출(11번)로 하고 분개유형을 외상으로 하게 되면 차변은 외상매출금계정뿐이기 때문에 분개를 자동으로 완성시키도록 프로그램화 되어있다. 따라서 외상매출금계정이 아니고 미수금계정인 경우 2.외상을 선택하면 미수금이 외상매출금계정과목으로 자동생성이 되므로 2.외상을 선택하면 안 되고 반드시 3. 혼합을 선택하여야 한다.

[답] 1월 25일 유형 : 12(영세) 거래처 : 세계무역 전자 : 여 분개 : 혼합

□	일	번호	유형	품목	수량	단가	공급가액	부가세	코드	공급처명	사업자주민번호	전자	분개
☑	25	50001	영세	제품			9,000,000		00203	세계무역	120-81-35097	여	혼합
영세율구분		3		내국신용장 · 구매확인서에 의하여 공급하는 재화									
구분		계정과목			적요			거래처			차변(출금)		대변(입금)	
대변		0404	제품매출		제품				00203	세계무역			9,000,000
차변		0101	현금		제품				00203	세계무역		4,000,000	
차변		0108	외상매출금		제품				00203	세계무역		5,000,000	

과세유형이 영세율인 경우는 부가가치세법상 수출하는 재화는 영세율(0%)이 적용되기 때문에 하단에 분개를 입력 할 때 부가가치세(VAT)계정과목이 생성되지 않는다.

2월 중 거래

[답] 2월 6일 유형 : 51(과세) 복수거래 거래처 : 진형전자(주) 전자 : 여 분개 : 혼합

□	일	번호	유형	품목	수량	단가	공급가액	부가세	코드	공급처명	사업자주민번호	전자	분개
□	6	50001	과세	본사임차료외			900,000	90,000	00202	진형전자(주)	104-81-24017	여	혼합

구분	계정과목		적요		거래처		차변(출금)	대변(입금)
차변	0135	부가세대급금	본사임차료외		00202	진형전자(주	90,000	
차변	0819	임차료	본사임차료외		00202	진형전자(주	600,000	
차변	0837	건물관리비	본사임차료외		00202	진형전자(주	300,000	
대변	0253	미지급금	본사임차료외		00202	진형전자(주		990,000

 분개유형 3.혼합을 선택하면 과세유형에 따라 대변계정과목이 생성되기도 하고 차변계정과목이 생성되기도 한다. 예를 들어 과세유형 50, 60번대를 선택하면 매입이 이루어지는 걸로 보고 차변계정과목이 자동생성 되므로 차변에 계정과목의 수정사항이 있으면 계정과목을 수정 해주고 수정사항이 없다면 하단 구분에서 4.대변을 선택하여 대변계정과목을 입력하여 분개를 완성시킨다.(계정과목에서 입력하고자 하는 계정과목 두 글자만 입력한 다음 "계정코드도움" 상자에서 입력하고자 하는 계정과목을 선택할 수 있다.)

[답] 2월 11일 유형 : 51(과세) 거래처 : (주)동국전자 전자 : 여 분개 : 혼합

□	일	번호	유형	품목	수량	단가	공급가액	부가세	코드	공급처명	사업자주민번호	전자	분개
□	11	50001	과세	원재료			30,000,000	3,000,000	00210	(주)동국전자	109-81-33452	여	혼합

구분	계정과목		적요	거래처		차변(출금)	대변(입금)
차변	0135	부가세대급금	원재료	00210	(주)동국전	3,000,000	
차변	0153	원재료	원재료	00210	(주)동국전	30,000,000	
대변	0110	받을어음	원재료	00203	세계무역		3,000,000
대변	0251	외상매입금	원재료	00210	(주)동국전		30,000,000

 (주)한국전자가 원재료를 매입하고 거래처인 세계무역이 발행한 약속어음으로 지급하였기 때문에지급어음이 아니라 받을어음을 감소시켜야 한다. 이 경우 받을어음에 대한 거래처를 (주)동국전자에서 세계무역으로 변경하여야 한다. 거래처를 변경하는 방법은 코드란에 커서를 위치시키고 F2 기능키를 이용하여 거래처를 입력하거나 코드란에서 거래처명을 두자이상입력하고 Enter↵를 친다.

[답] 2월 14일 유형 : 51(과세) 거래처 : (주)동국전자 전자 : 여 분개 : 혼합

□	일	번호	유형	품목	수량	단가	공급가액	부가세	코드	공급처명	사업자주민번호	전자	분개
□	14	50001	과세	온풍기			4,000,000	400,000	00210	(주)동국전자	109-81-33452	여	혼합

구분	계정과목		적요	거래처		차변(출금)	대변(입금)
차변	0135	부가세대급금	온풍기	00210	(주)동국전	400,000	
차변	0212	비품	온풍기	00210	(주)동국전	4,000,000	
대변	0253	미지급금	온풍기	99601	하나카드		4,400,000

[답] 2월 16일 유형 : 16(수출) 거래처 : MAYCY.CO.LTD 분개 : 혼합

□	일	번호	유형	품목	수량	단가	공급가액	부가세	코드	공급처명	사업자주민번호	전자	분개
□	16	50001	수출	제품			32,500,000		00217	MAYCY.CO.LTD			외상

영세율구분   1   직접수출(대행수출 포함)

구분	계정과목		적요	거래처		차변(출금)	대변(입금)
차변	0108	외상매출금	제품	00217	MAYCY.CO.L	32,500,000	
대변	0404	제품매출	제품	00217	MAYCY.CO.L		32,500,000

[답] 2월 26일 유형 : 51(과세) 거래처 : 우리정보기술 전자 : 여 분개 : 혼합

□	일	번호	유형	품목	수량	단가	공급가액	부가세	코드	공급처명	사업자주민번호	전자	분개
□	26	50001	과세	소프트웨어			30,000,000	3,000,000	00207	우리정보기술	121-96-74516	여	혼합

구분	계정과목		적요	거래처		차변(출금)	대변(입금)
차변	0135	부가세대급금	소프트웨어	00207	우리정보기	3,000,000	
차변	0227	소프트웨어	소프트웨어	00207	우리정보기	30,000,000	
대변	0331	자본금	소프트웨어	00207	우리정보기		20,000,000
대변	0341	주식발행초과	소프트웨어	00207	우리정보기		10,000,000
대변	0101	현금	소프트웨어	00207	우리정보기		3,000,000

3월 중 거래

[답] 3월 13일 유형 : 58(카드면세) 거래처 : 생활백화점 분개 : 혼합

□	일	번호	유형	품목	수량	단가	공급가액	부가세	코드	공급처명	사업자주민번호	전자	분개
□	13	50002	카면	한우갈비세트			1,100,000		00211	생활백화점	111-11-11119		카드

구분	계정과목		적요	거래처		차변(출금)	대변(입금)
차변	0134	가지급금	한우갈비세트		생활백화점	1,100,000	
대변	0253	미지급금	한우갈비세트	99600	국민카드		1,100,000

신용카드로 결제한 경우(57.카과, 58.카면, 59.카영)를 선택하면 아래와 같은 매입카드회사를 입력하는 보조화면이 나타난다. 여기서 키를 ▭ 누르면 [매입카드사 코드도움]상자가 나타나는데 해당 카드사를 선택한 후 확인키를 누르면 본래의 화면으로 돌아오고 여기서 확인키를 눌러 카드사를 입력한다.

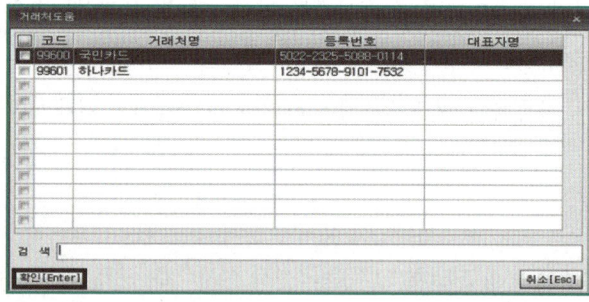

[답] 3월 15일 유형 : 55(수입) 거래처 : 김포세관 전자 : 여 분개 : 혼합

□	일	번호	유형	품목	수량	단가	공급가액	부가세	코드	공급처명	사업자주민번호	전자	분개
□	15	50001	수입	원재료			6,000,000	600,000	00212	김포세관	132-16-28422	여	혼합

구분	계정과목		적요	거래처		차변(출금)	대변(입금)
차변	0135	부가세대급금	원재료	00212	김포세관	600,000	
차변	0153	원재료	원재료	00212	김포세관	500,000	
대변	0101	현금	원재료	00212	김포세관		1,100,000

[답] 3월 17일 유형 : 54(불공) 거래처 : (주)만복건설 전자 : 여 분개 : 혼합

□	일	번호	유형	품목	수량	단가	공급가액	부가세	코드	공급처명	사업자주민번호	전자	분개
□	17	50001	불공	철거비용			8,000,000	800,000	00450	(주)만복건설	312-81-23453	여	혼합

구분	계정과목		적요	거래처		차변(출금)	대변(입금)
차변	0201	토지	철거비용	00450	(주)만복건	8,800,000	
대변	0101	현금	철거비용	00450	(주)만복건		2,640,000
대변	0253	미지급금	철거비용	00450	(주)만복건		6,160,000

54(불공)을 선택하면 아래와 같은 보조화면이 나타나는데 여기에서 불공제사유를 선택하고 [확인(Enter)]키를 누른다. (주)만복건설는 새로운 거래처이므로 주어진 조건대로 거래처등록을 하여야 한다.

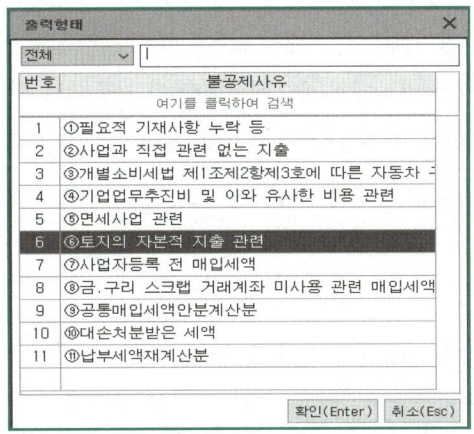

[과세유형 불공 입력방법]

과세유형이 불공인 경우는 매입 시 세금계산서를 수취하였어도 부가가치세법상 매입세액공제를 받지 못하는 경우에 해당하므로 매입세금계산서는 불공으로 처리한다.

이처럼 불공에 해당하는 경우 매입매출전표입력 시 주의하여야 한다. 상단은 부가가치세신고서에 반영하기 위해서 입력하는 란이기 때문에 무조건 불공일지라도 세금계산서에 기재된 공급가액을 그대로 입력하고 부가가치세란에 세액을 입력하여야 한다. 그리고 하단에 경우 과세유형을 매입세액이 공제되지 않는 불공을 선택하게 되면 자동으로 부가세대급금이 생성되지 않는다. 따라서 위의 사례의 경우 토지는 부가가치세가 포함된 금액으로 처리하는 것이 맞는 것이다. 다시 강조하지만 공급가액란에는 부가가치세가 포함된 금액을 입력하면 안 된다는 점에 유의한다.

[답] 3월 26일 유형 : 54(불공) 거래처 : 생활백화점 전자 : 여 분개 : 혼합

□	일	번호	유형	품목	수량	단가	공급가액	부가세	코드	공급처명	사업/주민번호	전자	분개
□	26	50001	불공	선물세트			2,000,000	200,000	00211	생활백화점	111-11-11119	여	혼합
□	26												

공급처별 매출(입)전체 [1]건   2,000,000   200,000

불공제사유 4 ④기업업무추진비 및 이와 유사한 비용 관련

NO : 50001   (대 체) 전 표   일 자 : 2024 년 3월 26일

구분	계정과목		적요	거래처		차변(출금)	대변(입금)
차변	0813	기업업무추진비	선물세트	00211	생활백화점	2,200,000	
대변	0102	당좌예금	선물세트	00211	생활백화점		750,000
대변	0253	미지급금	선물세트	00211	생활백화점		1,450,000
					합 계	2,200,000	2,200,000

[답] 3월 28일 유형 : 11(과세) 거래처 : (주)금영정공 전자 : 여 분개 : 혼합

일	번호	유형	품목	수량	단가	공급가액	부가세	코드	공급처명	사업자주민번호	전자	분개
28	50001	과세	기계장치매각			500,000	50,000	00911	(주)금영정공	121-85-00245	여	혼합

구분	계정과목		적요			거래처		차변(출금)	대변(입금)
대변	0255	부가세예수금	기계장치매각			00911	(주)금영정		50,000
대변	0206	기계장치	기계장치매각			00911	(주)금영정		42,000,000
대변	0914	유형자산처분	기계장치매각			00911	(주)금영정		499,000
차변	0207	감가상각누계	기계장치매각			00911	(주)금영정	41,999,000	
차변	0120	미수금	기계장치매각			00911	(주)금영정	550,000	

*(주)금영정공은 새로운 거래처이므로 주어진 조건대로 거래처등록을 하여야 한다.

　유형자산을 매각하는 경우 입력시 주의하여야 한다. 유형자산매각시 세금계산서에 기재되는 금액은 취득가액이 아니라 처분가액이다. 따라서 매입매출전표입력시 상단에 경우 공급가액란에는 매각한 금액을, 부가가치세란에는 매각대금의 10% 세액을 입력한다. 하단에 경우 분개입력시 매각대금인 공급가액과 기본계정(예: 제품매출)이 자동으로 생성된다. 그러나 유형자산은 취득가액과 감가상각누계액을 감소 시켜야 하므로 계정과목을 유형자산 계정과목으로 바꾼 다음 공급가액을 취득가액 금액으로 수정하여야 한다.

4월 중 거래

[답] 4월 9일 유형 : 53(면세) 거래처 : 국민은행 분개 : 현금

일	번호	유형	품목	수량	단가	공급가액	부가세	코드	공급처명	사업자주민번호	전자	분개
9	50001	면세	트럭매입			5,500,000		98000	국민은행		여	현금

구분	계정과목		적요			거래처		차변(출금)	대변(입금)
출금	0208	차량운반구	트럭매입			98000	국민은행	5,500,000	(현금)

[답] 4월 18일 유형 : 57(카과) 거래처 : 서울주유소 분개 : 혼합

일	번호	유형	품목	수량	단가	공급가액	부가세	코드	공급처명	사업자주민번호	전자	분개
18	50001	카과	유류대			55,000	5,500	00205	서울주유소	220-36-54128		혼합

구분	계정과목		적요			거래처		차변(출금)	대변(입금)
차변	0135	부가세대급금	유류대			00205	서울주유소	5,500	
차변	0522	차량유지비	유류대			00205	서울주유소	55,000	
대변	0103	보통예금	유류대			98000	국민은행		60,500

[답] 4월 20일 유형 : 14(건별) 거래처 : 류호임 분개 : 현금

일	번호	유형	품목	수량	단가	공급가액	부가세	코드	공급처명	사업자주민번호	전자	분개
20	50002	건별	제품			1,000,000	100,000	00214	류호임	760317-1285625		현금

구분	계정과목		적요			거래처		차변(출금)	대변(입금)
입금	0255	부가세예수금	제품			00214	류호임	(현금)	100,000
입금	0404	제품매출	제품			00214	류호임	(현금)	1,000,000

[답] 4월 22일 유형 : 11(과세) 거래처 : (주)현대자동차 전자 : 여 분개 : 혼합

일	번호	유형	품목	수량	단가	공급가액	부가세	코드	공급처명	사업자주민번호	전자	분개
22	50001	과세	승용차매각			10,000,000	1,000,000	00452	(주)현대자동차	111-82-49065	여	혼합

구분	계정과목		적요			거래처		차변(출금)	대변(입금)
대변	0255	부가세예수금	승용차매각			00452	(주)현대자		1,000,000
대변	0208	차량운반구	승용차매각			00452	(주)현대자		20,000,000
대변	0914	유형자산처분	승용차매각			00452	(주)현대자		5,000,000
차변	0209	감가상각누계	승용차매각			00452	(주)현대자	15,000,000	
차변	0103	보통예금	승용차매각			00452	(주)현대자	11,000,000	

[답] 4월 24일 유형 : 51(과세) 복수거래 거래처 : (주)상일전자 전자 : 여 분개 : 혼합

□	일	번호	유형	품목	수량	단가	공급가액	부가세	코드	공급처명	사업자주민번호	전자	분개
□	24	50001	과세	원재료#1외			1,600,000	160,000	00201	(주)상일전자	128-81-42248	여	혼합

구분	계정과목		적요		거래처		차변(출금)	대변(입금)
차변	0135	부가세대급금	원재료#1외		00201	(주)상일전	160,000	
차변	0153	원재료	원재료#1외		00201	(주)상일전	1,630,000	
대변	0103	보통예금	원재료#1외		00201	(주)상일전		1,760,000
대변	0101	현금	원재료#1외		00201	(주)상일전		30,000

5월 중 거래

[답] 5월 2일 유형 : 11(과세) 거래처 : 진형전자(주) 전자 : 여 분개 : 혼합

□	일	번호	유형	품목	수량	단가	공급가액	부가세	코드	공급처명	사업자주민번호	전자	분개
□	2	50001	과세	제품			30,000,000	3,000,000	00202	진형전자(주)	104-81-24017	여	혼합

구분	계정과목		적요	거래처		차변(출금)	대변(입금)
대변	0255	부가세예수금	제품	00202	진형전자(주)		3,000,000
대변	0404	제품매출	제품	00202	진형전자(주)		30,000,000
차변	0110	받을어음	제품	00202	진형전자(주)	33,000,000	

[답] 5월 8일 유형 : 53(면세) 거래처 : 미화문고 분개 : 현금

□	일	번호	유형	품목	수량	단가	공급가액	부가세	코드	공급처명	사업자주민번호	전자	분개
□	8	50001	면세	서적			250,000		01200	미화문고	105-82-51019	여	현금

구분	계정과목		적요	거래처		차변(출금)	대변(입금)
출금	0826	도서인쇄비	서적	01200	미화문고	250,000	(현금)

[답] 5월 10일 유형 : 16(수출) 거래처 : Tope.Corp 분개 : 외상

□	일	번호	유형	품목	수량	단가	공급가액	부가세	코드	공급처명	사업자주민번호	전자	분개
□	10	50001	수출	제품			150,000,000		00216	Tope.Corp			외상

영세율구분 1 직접수출(대행수출 포함)

구분	계정과목		적요	거래처		차변(출금)	대변(입금)
차변	0108	외상매출금	제품	00216	Tope.Corp	150,000,000	
대변	0404	제품매출	제품	00216	Tope.Corp		150,000,000

[답] 5월 12일 유형 : 14(건별) 거래처 : (주)진형전자 분개 : 혼합

□	일	번호	유형	품목	수량	단가	공급가액	부가세	코드	공급처명	사업/주민번호	전자	분개
□	12	50001	건별	제품			900,000	90,000	00202	진형전자(주)	104-81-24017		혼합

구분	계정과목		적요	거래처		차변(출금)	대변(입금)
대변	0255	부가세예수금	제품	00202	진형전자(주)		90,000
대변	0150	제품	08 타계정으로 대체액 손익계산서 반영분	00202	진형전자(주)		500,000
차변	0813	기업업무추진비	제품	00202	진형전자(주)	590,000	

* 간주공급에 해당하는 경우 타계정대체에 해당하므로 하단부 분개입력 시 적요란에 반드시 타계정대체액(08)을 입력하여야 한다.

[답] 5월 16일 유형 : 51(과세) 거래처 : (주)한강건설 전자 : 여 분개 : 혼합

□	일	번호	유형	품목	수량	단가	공급가액	부가세	코드	공급처명	사업/주민번호	전자	분개
□	16	50001	과세	건물수리			30,000,000	3,000,000	03000	(주)한강건설	220-81-17609	여	혼합

구분	계정과목		적요	거래처		차변(출금)	대변(입금)
차변	0135	부가세대급금	건물수리	03000	(주)한강건	3,000,000	
차변	0202	건물	건물수리	03000	(주)한강건	30,000,000	
대변	0253	미지급금	건물수리	03000	(주)한강건		33,000,000

CLASS 전산세무2급
실 기 편

PART 4

실기편
결산관리

CHAPTER 01 _ 고정자산등록 및 감가상각
CHAPTER 02 _ 결산자료입력

CLASS 전산세무2급
실 기 편

01 고정자산등록 및 감가상각

기업의 영업활동이나 제조활동을 위하여 보유하는 대부분의 고정자산은 사용 및 시간의 경과 등 여러 가지 원인에 의해 자산의 사용가치가 감소 하므로 회계기간말에는 자산의 가치 감소분을 비용으로 처리하여야 하는데 이것을 감가상각이라고 한다.

본 프로그램에서는 [고정자산/감가상각]메뉴에서 감가상각비에 필요한 요소들을 입력하거나 선택하면 감가상각비계산이 자동으로 이루어진다. 또한 본 데이터에 대한 차기이월이 가능하며, 당기 취득분 등에 대한 추가 입력만으로 감가상각계산이 완료된다.

01..고정자산의 등록

고정자산에 대한 감가상각비를 계산하려면 [고정자산및감가상각]의 고정자산등록메뉴에서 해당 자산을 등록해야 하다. 본 메뉴는 기본등록사항과 추가등록사항으로 구성 되어있다.

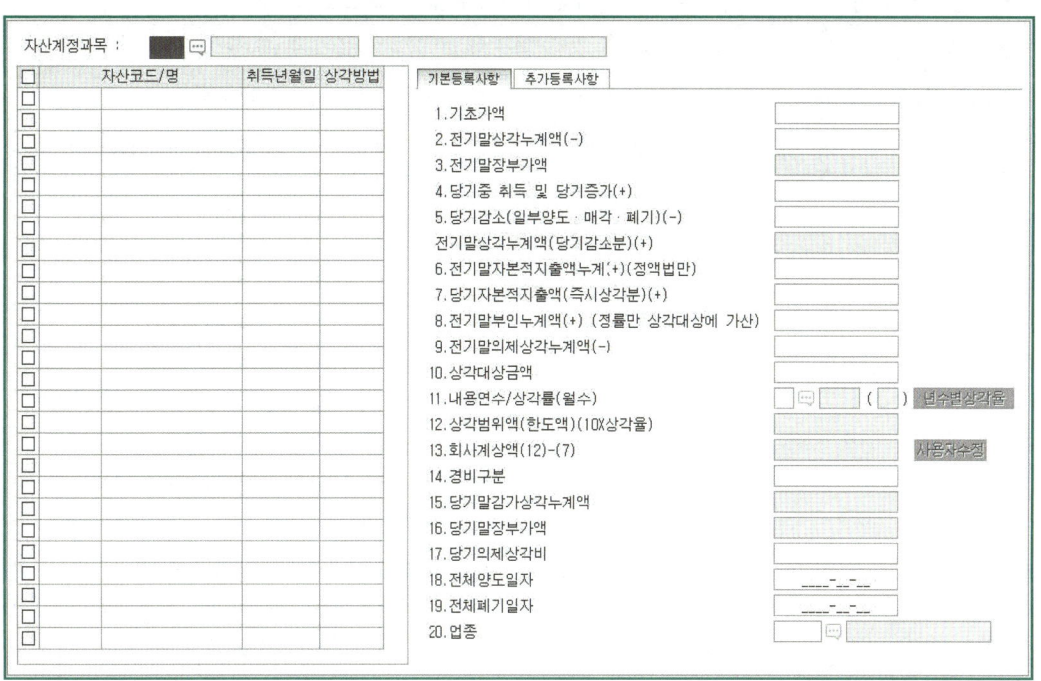

◎ 고정자산등록시 좌측 등록사항

구 분	내 용
고정자산계정과목	계정코드 세자리를 입력하거나 도움단추 [...]를 클릭하여 해당코드를 선택한다.
자산코드 / 명	코드 6자리, 한글 10자, 영문은 20자 이내로 구체적인 품목명을 입력한다.
취득년월일	해당자산을 취득한 년, 월, 일 또는 사용 년 월 일 을 입력한다.
상각방법	자산을 선택하면 상각방법은 자동으로 선택된다.

◎ 기본등록사항

구 분	내 용
기 초 가 액	전기말 현재의 취득가액 또는 당기에 취득한 고정자산의 취득원가를 입력한다.
전기말상각누계액	전기말까지 상각한 감가상각누계액을 입력한다.
전기말장부가액	기초가액에서 전기말상각누계액을 차감한 금액이 자동반영 된다.
당기중취득및당기증가	당기증가는 신규자산의 취득원가 또는 고정자산의 자본적 지출액을 입력한다.
당 기 감 소	당기감소는 고정자산의 일부를 매각하거나 기타 이유로 고정자산의 자본적 지출액을 입력한다.
내용연수(상각률)	해당자산의 내용연수를 입력한다. (상각률은 자동계산 된다.)
경 비 구 분	자산의 사용용도에 따라 판매비와 관리비는 800대, 제조경비는 500번대를 선택한다.
회 사 계 상 액	기초가액, 상각방법, 내용연수 등 입력된 사항에 의해서 자동계산 된다.
당기말상각누계액	전기말상각누계액과 당기상각비의 합계액이 자동으로 표시된다.
당기말장부가액	기초가액에서 당기말 상각누계액을 차감한 금액이 자동으로 표시된다.
양도일자/폐기일자	고정자산을 폐기처분하거나 양도한 경우 폐기일자 및 양도일자를 입력한다.
업 종	업종입력이 필요한 경우에는 도움단추 [...]를 클릭하여 업종코드도움을 이용하여 입력한다.

실습예제

다음은 (주)한국전자의 고정자산내역이다. 고정자산등록메뉴에 입력하시오. 매입매출입력시 간편등록한 자산은 입력된 내용을 사용할 것

계정 과목	자산명	취득일자	취득가액	감가상각누계액	상각방법	내용연수	사용처
건 물	공　장　*	2022.04.10	100,000,000	13,750,000	정액법	20년	공장
	사　　옥	2021.10.01	50,000,000	8,125,000	정액법	20년	본사
기계장치	절　단　기	2023.09.05	27,000,000	4,752,279	정률법	8년	공장
	조　립　기	2025.03.10	2,000,000	0	정률법	8년	공장
차량운반구	트　　럭	2025.04.09	5,500,000	0	정률법	5년	공장
	승　용　차	2024.11.12	12,000,000	902,000	정률법	5년	본사
비 품	온　풍　기	2025.02.14	4,000,000	0	정률법	5년	공장

* 5월 16일(매입매출전표) 자본적 지출(30,000,000원)을 포함하여 입력할 것

해답

고정자산의 입력방법은 메인화면에서 [고정자산 및 감가상각] → [고정자산등록]을 클릭 한 다음 [고정자산계정과목]에서 F2 또는 ⊡ 선택하면 "계정코드 도움" 상자가 표시되는데 등록하고자 하는 계정과목을 두 글자만 입력 한 다음 원하는 계정과목을 선택하여 입력한다.

① 공장건물의 감가상각비 : 6,500,000원

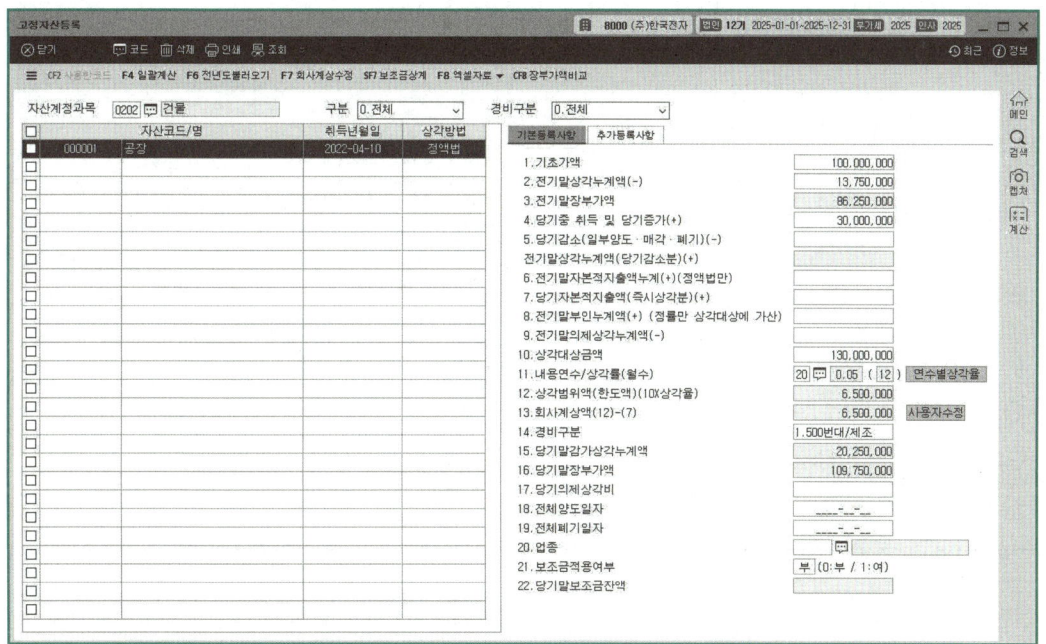

② 건물의 당기감가상각비 : 2,500,000원

③ 기계장치(절단기)의 감가상각비 : 6,963,536원

④ 기계장치(조립기)의 감가상각비 : 521,666원

⑤ 차량운반구(트럭)의 감가상각비 : 1,860,375원

⑥ 차량운반구(승용차)의 감가상각비 : 5,005,198원

⑦ 비품(온풍기)의 감가상각비 : 1,653,666원

02 결산자료입력

우리는 앞에서 한 회계기간 동안에 발생한 거래를 [일반전표입력] 및 [매입매출전표]메뉴에 입력하였다. 이 자료를 통하여 기업의 경영성과와 재무상태를 알기 위해서는 결산이라는 작업이 필요하다. 따라서 지금부터는 결산방법에 대하여 알아보고자 한다. 본 프로그램의 결산방법은 수동결산방법과 자동결산방법이 있다.

구 분	내 용
수동결산방법	[일반전표입력]메뉴에서 12월31일자로 결산대체분개를 직접 입력하는 방법
자동결산방법	[결산자료입력]메뉴에 해당금액을 입력한 후 [추가]키를 이용하여 결산을 완료하는 방법

01. 수동결산항목의 입력

수동결산항목들은 [결산자료입력]메뉴에서 작업할 수 없는 항목들이다. 따라서 수동결산항목은 [일반전표입력]메뉴에서 결산대체분개를 직접 입력해야 한다. 또한 수동결산은 자동결산이 행해지기 전에 먼저 작업이 이루어져야 한다. 수동결산항목은 다음과 같다.

구 분	내 용
선급비용의 계상	비용의 이연 → 선 급 비 용 100 / 보 험 료 100
미지급비용 계상	비용의 인식 → 이 자 비 용 100 / 미지급비용 100
선수수익의 계상	수익의 이연 → 임대료 100 / 선 수 수 익 100
미수수익의 계상	수익의 인식 → 미 수 수 익 100 / 이 자 수 익 100
소모품의 정리	구입시 비용처리한 경우 → 소 모 품 100 / 소모품비 100
	구입시 자산처리한 경우 → 소모품비 100 / 소 모 품 100
현금과부족계정의 정리	현금이 부족한 경우 → 잡 손 실 100 / 현금과부족 100
	현금이 남는 경우 → 현금과부족 100 / 잡 이 익 100
가지급금·가수금의 정리	그 성질에 맞는 과목으로 적절하게 정리
유가증권의 평가	공정가치상승시 → 단기매매증권 100 / 단기매매증권평가이익 100
	공정가치하락시 → 단기매매증권평가손실 100 / 단기매매증권 100
외화자산·부채의 환산	환율상승시 → 외화외상매출금 100 / 외화환산이익 100
	환율하락시 → 외화환산손실 100 / 외화외상매출금 100

02. 자동결산항목의 입력

1. 자동결산항목
다음에 해당하는 항목들은 [결산자료입력]메뉴의 해당 과목란에서 금액을 입력하는 것으로 결산을 끝낼 수 있다.

> ① 재고자산의 기말재고액　　　　　　② 유형자산의 감가상각비
> ③ 퇴직급여충당부채 및 퇴직보험충당부채의 설정액　④ 무형자산의 상각액
> ⑤ 매출채권에 대한 대손상각비(대손충당금환입포함)　⑥ 법인세비용(선납세금포함)

2. 자동결산항목입력방법
[결산자료입력]메뉴를 클릭하고 기간을 입력하면 다음과 같은 화면이 나타난다.

[결산자료입력화면]

코드	과 목	결산분개금액	결산전금액	결산반영금액	결산후금액
	1 매출액		227,000,000		227,000,000
0404	제품매출		227,000,000		227,000,000
	2 매출원가		182,036,000		182,036,000
0455	제품매출원가				182,036,000
	1)원재료비		162,130,000		162,130,000
0501	원재료비		162,130,000		162,130,000
0153	① 기초 원재료 재고액		20,000,000		20,000,000
0153	② 당기 원재료 매입액		142,130,000		142,130,000
0153	⑩ 기말 원재료 재고액				
	3)노 무 비		6,500,000		6,500,000
	1). 임금 외		5,000,000		5,000,000
0504	임금		5,000,000		5,000,000
0508	2). 퇴직급여(전입액)		1,500,000		1,500,000
0550	3). 퇴직연금충당금전입액				
	7)경 비		5,906,000		5,906,000
	1). 복리후생비 외		5,106,000		5,106,000
0511	복리후생비		25,000		25,000
0517	세금과공과		26,000		26,000
0522	차량유지비		55,000		55,000
0533	외주가공비		5,000,000		5,000,000
0518	2). 일반감가상각비		800,000		800,000
0202	건물				
0206	기계장치				
0208	차량운반구				
0212	비품				
0455	8)당기 총제조비용		174,536,000		174,536,000

(1) 기간 입력
결산하고자 하는 대상 기간을 입력한다. 월 결산 하는 경우에는 결산 대상 월을 입력한다. 회계기간에 1회 결산 하는 경우 회계기간의 시작월과 종료월을 직접 입력(ENTER를 치면 시작월과 종료월이 자동으로 채워진다.)한다.

(2) 원가 설정
[결산자료입력]메뉴 (8.매출원가와 원가경비 선택) 에서 1.사용하는 매출원가 및 원가경비로 자동화면을 구성한다. 직접 원가설정을 변경할 수도 있다.
매출원가 성격이 3.매입판매인 경우 해당 매출원가는 입력하지 않는다. (무조건 반영)

(3) 화면구성
① 결산전 금액 : 전표에서 각 항목별로 입금·출금 및 차변·대변 금액을 반영한다.
② 결산반영금액 : 결산자료입력에서 직접 입력하는 항목으로서 결산전표 추가 시 영향을 준다.
③ 결산 후 금액 : 결산 전금액과 결산반영금액을 가감하여 산출 된다. 매출원가 및 당기순이익 금액을 확인할 수 있다.
④ 결산분개 금액: 전표에 추가된 결산 분개 (결차 또는 결대) 금액을 반영한다.

(4) 매출원가 확정
① 재고자산의 기말재고액 (평가 전 금액)을 직접 입력한다.
② 재고자산의 평가금액이 있을 경우 평가손실 또는 평가 환입 금액을 직접 입력한다.
③ 제품매출원가를 산정하기 위해서 500번대 계정코드가 집계가 된다. 원재료비 를 산정하기 위해서는 기말 원재료 재고액을 직접 입력해야 하며, 노무비에 퇴직급여 충당부채 산정을 위한 퇴직급여 전입액이 있을 경우 결산반영금액란에 직접입력 가능하다.

(5) 감가상각비 입력 (판매비와 일반관리비)
① 직접입력 : 각 경비(제조, 도급, 분양, 보관, 운송)별로 유형자산의 결산반영금액에 입력한다.
② 자동반영 : 툴바의 감가상각의 결산반영 금액을 본 메뉴에 자동 반영한다. 툴바의 감가상각의 고정자산 등록의 금액을 결산월수 만큼 안분해서 가져 온다.

(6) 대손상각입력 (판매비와 일반관리비)
① 직접입력 : 영업 관련 매출채권에 대한 회수 불가능성을 추산하여 직접 입력한다.
② 자동반영: 툴바의 대손상각에 의해서 반영한다. 툴바의 대손상각은 보충법에 의해 계산한 추가 설정액을 자동 반영한다.

(7) 퇴직급여 입력

① 직접입력: 퇴직급여 충당부채의 추가 설정액을 직접 입력한다.

② 자동반영: 툴바의 퇴직충당에서 추가 설정액을 자동 계산하여 결산 반영 한다.

(8) 전표추가

원가 및 매출원가 등 대체 분개를 통해 손익 항목을 확정 한다.

종료월의 말일자로 결산대체분개를 일반전표에 추가 한다.

추가된 전표는 별도 관리를 위해 일반전표에 결산이라고 표기된다. 결산 분개한 기간은 본 메뉴에서 "자동결산분개 완료"라고 표기하여 확인 가능하다.

3. 자동결산작업의 완료 및 재결산

1) 결산완료(결산대체분개)

[결산자료입력]메뉴에 자동결산항목의 금액들을 모두 입력했다고 해서 결산이 끝난 것은 아니다. 결산작업은 자동결산항목들의 결산대체분개를 일반전표에 추가해야 완료된다.

자동결산항목을 모두 입력한 후 화면 상단의 F3 전표추가 또는 F3키를 누르면 아래와 같은 화면이 나타나며 여기에서 예(Y)를 선택하면 결산분개가 일반전표에 추가되면서 결산이 완료된다.

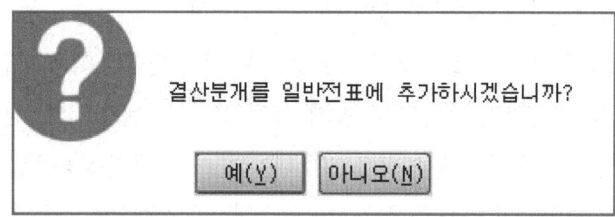

2) 재결산 및 수정작업(결산대체분개의 일괄삭제)

재결산이나 수정 등의 이유로 결산대체분개를 삭제하고자 할 경우는 [일반전표입력]메뉴의 결산월로 들어가서 이미 추가된 결산자료를 삭제할 수 있다. [일반전표입력]화면에서 "Shift+F5"를 누르면 다음과 같은 [일반전표-자동분개 일괄삭제]화면이 나타난다.

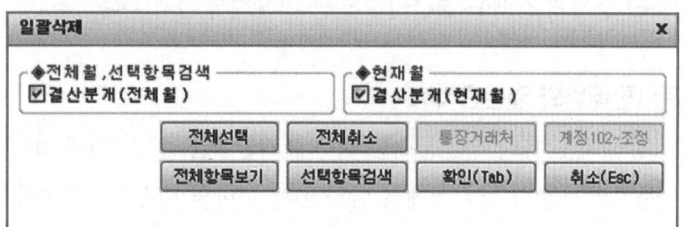

여기서 하단에 있는 확인(Tab) 키를 누르면 [삭제할 데이터를 조회하시겠습니까]라는 메시지가 나타나고 여기에서 하단에 있는 예(Y)를 누르면 삭제할 데이터가 선택된다. 좌측상단에 있는 [X]를 누르면 자동분개가 모두 삭제된다.

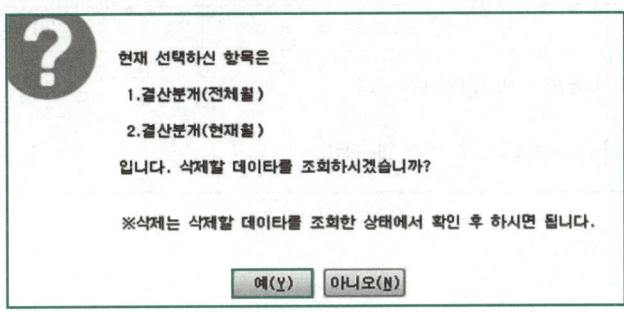

이처럼 자동으로 반영된 결산자료를 모두 삭제한 후 다시 결산자료입력 메뉴를 열어서 수정사항을 반영한 후에는 반드시 "전표추가" 키를 눌러서 결산을 완료하여야한다.

실습예제

다음은 (주)한국전자의 결산정리 사항이다. 일반전표입력 및 결산자료입력메뉴에 입력하여 결산을 완료하시오.

(1) 결산일 현재 영업부 직원에 대한 12월분 귀속 급여는 1,500,000원인데 급여지급일은 내 년 1월 5일이다.

(2) 장기차입금 중에는 외화차입금 $20,000(차입시 환율 1$당 ₩1,150)이 있다. 전기말 1 $당 ₩1,250원이였으며, 기말 현재의 환율은 1$당 ₩1,300원이다.

(3) 재고자산의 기말재고액은 아래와 같다.

구 분	금 액
원 재 료	4,000,000원
재 공 품	1,000,000원
제 품	2,000,000원

※기말현재 도착지인도조건으로 운반중인 원재료 1,000,000원이 기말원재료에 포함되어 있다.

(4) 당사는 기말에 매출채권 잔액의 3%를 대손추산액으로 산정하고 있다. 당사는 보충법에 의하여 대손충당금을 설정한다.

(5) 유형자산에 대한 감가상각비는 [고정자산등록]메뉴에 입력된 자료를 조회하여 계상하시오.

(6) 퇴직급여추계액은 다음과 같다. 퇴직급여충당부채는 퇴직급여추계액의 100%를 설정한다.

구 분	퇴직급여추계액	기설정된 퇴직급여충당부채
생산직	55,000,000원	30,000,000원
사무직	120,000,000원	20,000,000원

(7) 당기 법인세 추산액은 3,200,000원이다.

(8) 당기분 이익잉여금 처분내역은 다음과 같다.

- 처 분 일 자 : 당기 2026년 2월 28일 (전기 2025년 2월 25일)
- 현 금 배 당 : 20,000,000원
- 주 식 배 당 : 10,000,000원
- 이익준비금 : 금전배당액의 10%

결산순서

일반전표 12월 31일자 수동분개 입력 → 데이터관리(오류검증) → 결산자료입력(1월~12월) [F3 전표추가] 자동분개 입력 → 제조원가명세서(12월) → 손익계산서(12월) → 이익잉여금처분계산서 [F3 전표추가] → 재무상태표 순으로 결산을 완료하여야 한다.

해답

 (1)~(2)번은 수동결산항목이므로 [일반전표입력]메뉴에 입력한다.

(1) 12월 31일 일반전표 분개

□	일	번호	구분	계 정 과 목	거 래 처	적 요	차 변	대 변
☐	31	00011	차변	0801 급여			1,500,000	
☐	31	00011	대변	0262 미지급비용				1,500,000

(2) 12월 31일 일반전표 분개

□	일	번호	구분	계 정 과 목	거 래 처	적 요	차 변	대 변
☐	31	00012	차변	0955 외화환산손실			1,000,000	
☐	31	00012	대변	0293 장기차입금				1,000,000

② (3)~(7)번은 자동결산항목이므로 [결산자료입력]메뉴에 입력한 후 [추가]키를 눌러서 결산을 완료한다.

(1) 기말재고액의 입력

기말재고액 해당란에 금액을 입력한다.

① "기말원재료재고액"란에 3,000,000원

② "기말재공품재고액"란에 1,000,000원

③ "기말제품재고액"란에 2,000,000원을 각각 입력한다.

☞ 기말원재료재고액 중 도착지인조건 원재료 1,000,000원은 기말 재고액에 포함하지 않는다.

[기말 재고액 입력화면]

코드	과 목	결산분개금액	결산전금액	결산반영금액	결산후금액
0153	⑩ 기말 원재료 재고액			3,000,000	3,000,000
	3)노 무 비		6,500,000		6,500,000
	1). 임금 외		5,000,000		5,000,000
0504	임금		5,000,000		5,000,000
0508	2). 퇴직급여(전입액)		1,500,000		1,500,000
0550	3). 퇴직연금충당금전입액				
	7)경 비		5,906,000		5,906,000
	1). 복리후생비 외		5,106,000		5,106,000
0511	복리후생비		25,000		25,000
0517	세금과공과		26,000		26,000
0522	차량유지비		55,000		55,000
0533	외주가공비		5,000,000		5,000,000
0518	2). 일반감가상각비		300,000		800,000
0202	건물				
0206	기계장치				
0208	차량운반구				
0212	비품				
0455	3)당기 총제조비용		174,536,000		171,536,000
0169	① 기초 재공품 재고액		3,000,000		3,000,000
0169	⑩ 기말 재공품 재고액			1,000,000	1,000,000
0150	3)당기완성품제조원가		177,536,000		173,536,000
0150	① 기초 제품 재고액		5,000,000		5,000,000
0150	⑧ 타계정으로 대체 액		500,000		500,000
0150	⑩ 기말 제품 재고액			2,000,000	2,000,000

(2) 대손충당금의 설정

대손충당금설정액은 대손상각 란에 직접입력하거나 F8 대손상각 메뉴를 클릭하여 입력할 수 있다. 입력방법은 [결산자료입력]화면 상단에 있는 F8 대손상각 메뉴를 클릭하여 대손설정액을 입력할 수 있는 보조화면을 불러낸 다음 프로그램에서 자동계산 된 대손설정액을 결산반영 키를 눌러 결산자료에 반영한다.

① 대손충당금설정액의 입력

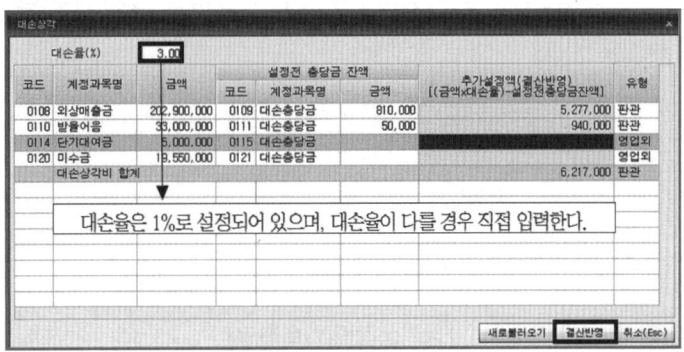

- 외상매출금의 대손충당금 설정액

  = (202,900,000원 × 3%) − 810,000원 = 5,277,000원

- 받을어음의 대손충당금 설정액

  = (33,000,000원 × 3%) − 50,000원 = 940,000원

② 대손충당금설정액의 입력된 화면

0212		비품				
0835		5). 대손상각				6,217,000	6,217,000
0108		외상매출금				5,277,000	5,277,000
0110		받을어음				940,000	940,000
0840		6). 무형자산상각비					

3) 감가상각비의 입력

감가상각비는 제조경비와 판매비와 일반관리비에 있는 감가상각비란에 각각 구분하여 직접입력하는 방법과 F7 감가상각 키를 이용하여 결산자료에 자동반영시키는 방법이 있다. 자동으로 반영시키는 방법은 상단에 있는 F7 감가상각 키를 클릭하여 감가상각비를 입력할 수 있는 보조화면을 불러낸 다음 프로그램에서 자동계산 된 감가상각비를 결산반영 키를 눌러 결산자료에 반영한다.

코드	계정과목명	경비구분	고정자산등록 감가상각비	감가상각비 X (조회기간월수/내용월수)	고정자산등록 보조금상계액	보조금상계액 X (조회기간월수/내용월수)	결산반영금액	결산반영금액 보조금상계액
0202	건물	제조	6,500,000	6,500,000			6,500,000	
0202	건물	판관	2,500,000	2,500,000			2,500,000	
0206	기계장치	제조	7,485,202	7,485,202			7,485,202	
0208	차량운반구	제조	1,860,375	1,860,375			1,860,375	
0208	차량운반구	판관	5,005,198	5,005,198			5,005,198	
0212	비품	제조	1,653,666	1,653,666			1,653,666	
	감가상각비(제조)합계		17,499,243	17,499,243			17,499,243	
	감가상각비(판관)합계		7,505,198	7,505,198			7,505,198	

[감가상각비 입력화면]

0518	2). 일반감가상각비			800,000	17,499,243	18,299,243
0202	건물				6,500,000	6,500,000
0206	기계장치				7,485,202	7,485,202
0208	차량운반구				1,860,375	1,860,375
0212	비품				1,653,666	1,653,666
0818	4). 감가상각비				7,505,198	7,505,198
0202	건물				2,500,000	2,500,000
0206	기계장치					
0208	차량운반구				5,005,198	5,005,198
0212	비품					

*기계장치의 감가상각비는 7,485,202원(절단기 : 6,963,536원 + 조립기 : 521,666원)이다.

4) 퇴직급여충당부채의 입력

퇴직급여충당부채의 설정액은 [결산자료입력]화면 해당란에 직접입력하거나 `Ctrl+F8 퇴직충당` 키를 클릭하여 나타난 보조화면에 퇴직급여추계액을 입력한 후 자동계산 된 퇴직급여 추가설정액을 `결산반영` 키를 눌러 결산자료에 자동반영 시키는 방법이 있다. 다음의 화면은 `Ctrl+F8 퇴직충당` 키를 클릭하여 나타난 보조화면에 퇴직급여추가설정액을 자동반영 시키는 방법이다.

[퇴직충당부채]

코드	계정과목명	퇴직급여추계액	기초금액	당기증가	당기감소	잔액	추가설정액(결산반영) (퇴직급여추계액-설정전잔액)	유형
0508	퇴직급여	55,000,000	30,000,000			30,000,000	25,000,000	제조
0806	퇴직급여	120,000,000	20,000,000			20,000,000	100,000,000	판관

※ 기말현재 퇴직급여추계액을 직접입력하면 퇴직급여추가설정액이 자동계산 된다.

[퇴직급여충당부채가 입력된 화면]

		3) 노 무 비		6,500,000	25,000,000	31,500,000
		1). 임금 외		5,000,000		5,000,000
0504		임금	5,000,000			5,000,000
0508		2). 퇴직급여(전입액)		1,500,000	25,000,000	26,500,000
0550		3). 퇴직연금충당금전입액				
	4. 판매비와 일반관리비			11,460,000	113,722,198	125,182,198
		1). 급여 외		4,000,000		4,000,000
080		급여	4,000,000			4,000,000
0806		2). 퇴직급여(전입액)		1,000,000	100,000,000	101,000,000
0850		3). 퇴직연금충당금입금액				

5) 법인세등 추산액의 입력

[결산자료입력]메뉴에서 화면 맨 하단에 있는 "법인세등 계상"란에 법인세 추산액 3,200,000 원을 입력한다. 만일 회계기간 중에 기 납부한 법인세비용이 있을 때는 추산한 법인세액에서 기 납부세액을 차감한 금액을 입력한다.

[법인세등이 입력된화면]

		8. 법인세차감전이익		226,920,300	-150,221,441	76,698,859
0998		9. 법인세등			3,200,000	3,200,000
0998		2). 추가계상액			3,200,000	3,200,000
		10. 당기순이익		226,920,300	-153,421,441	73,498,859

자동결산항목을 모두 입력한 후 화면상단의 [F3]전표추가 또는 F3키를 누르면 아래와 같은 화면이 나타나며, 여기에서 예(Y) 를 선택하면 결산분개가 일반전표에 추가되면서 결산이 완료된다.

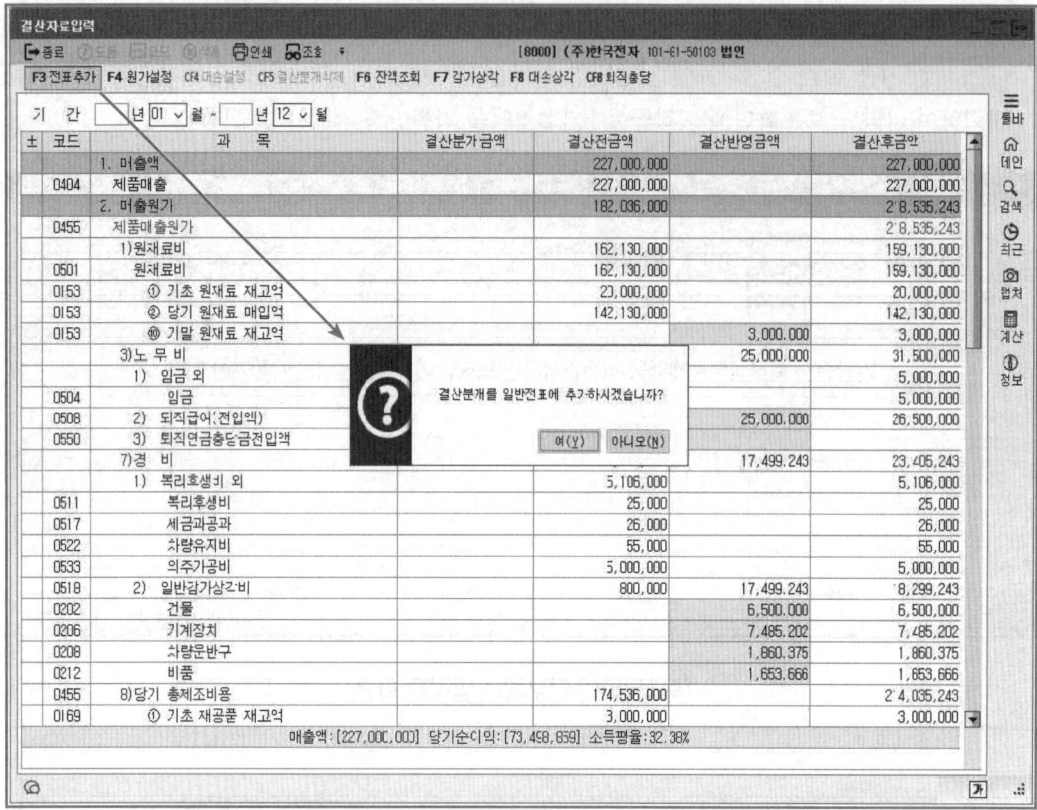

4. 제조원가명세서

제조원가명세서는 당기에 발생한 원가를 재료비, 노무비, 경비 등 원가요소별로 그 명세를 나타내므로써 당해 원가계산 기간 동안에 완성된 제품의 전체적인 원가 금액의 내역을 나타내주기 위해 작성되는 필수적인 부속명세서이다. 본 프로그램에서는 제조원가명세서 메뉴에서 확정된 당기 제품제조원가를 손익계산서의 제품매출원가를 산정하는데 자동 반영되도록 하고 있다.

[제조원가명세서가 입력된 화면]

과 목	제12(당)기 [2025년01월01일~2025년12월31일] 금액		제11(전)기 [2024년01월01일~2024년12월31일] 금액	
당기원재료매입액	142,130,000		30,000,000	
기말원재료재고액	3,000,000		20,000,000	
2.노무비		31,500,000		13,000,000
임금	5,000,000		10,000,000	
퇴직급여	26,500,000			
3.경비		23,405,243		27,000,000
복리후생비	25,000		2,000,000	
여비교통비			5,000,000	
기업업무추진비			4,000,000	
세금과공과	26,000		1,000,000	
감가상각비	18,239,243		3,000,000	
임차료			6,000,000	
수선비			4,000,000	
보험료			1,000,000	
차량유지비	35,000			
보관료			1,000,000	
외주가공비	5,000,000			
4.당기 총 제조비용		214,035,243		57,000,000
5.기초재공품 재고액		3,000,000		5,000,000
6.합계		217,035,243		63,000,000
7.기말재공품 재고액		1,000,000		3,000,000
8.타계정으로 대체액				
9.당기제품제조원가		216,035,243		60,000,000

5. 손익계산서

손익계산서는 일정기간의 기업의 경영성과를 나타내 주는 재무제표이다. 손익계산서의 제품매출원가에는 제조원가명세서에서 산출된 당기제품제조원가가 반영된다. 본 프로그램에서는 제조원가명세서의 당기제품제조원가를 제품매출원가를 산정하는데 자동반영하여 당기순손익을 산출한다. [손익계산서]메뉴의 조회만으로 당기순손익 금액은 이익잉여금처분계산서에 자동반영된다.

[손익계산서가 입력된 화면]

과 목	금액		금액	
I. 매출액		227,000,000		125,520,000
제품매출	227,000,000		125,520,000	
II. 매출원가		218,535,243		85,000,000
제품매출원가		218,535,243		85,000,000
기초제품재고액	5,000,000		30,000,000	
당기제품제조원가	216,035,243		60,000,000	
타계정으로 대체액	500,000			
기말제품재고액	2,000,000		5,000,000	
III. 매출총이익		8,464,757		40,520,000
IV. 판매비와관리비		126,082,198		13,870,000
급여	4,000,000		8,000,000	
퇴직급여	101,000,000			
복리후생비	16,000		1,320,000	
여비교통비			2,180,000	
기업업무추진비	2,840,000		800,000	
통신비			300,000	
수도광열비			350,000	
세금과공과	1,310,000			
감가상각비	7,505,198			
임차료	2,600,000		700,000	
도서인쇄비	250,000			
소모품비	35,000			
대손상각비	6,217,000		220,000	
건물관리비	300,000			

6. 이익잉여금처분계산서

이익잉여금처분계산서는 이익잉여금의 처분내역을 명확히 보고하기 위해 이월이익잉여금의 총 변동내역을 표시한 재무제표이다. 본 프로그램은 손익계산서에 들어간 다음 이익잉여금처분계산서에 들어가면 손익계산서의 당기순손익이 자동반영된다.

1) 이익잉여금처분계산서 들어가는 방법

[결산/재무제표Ⅰ]메뉴에서 [이익잉여금처분계산서]를 클릭하면 이익잉여금처분계산서 화면이 나타나는데 본 화면에서 자동결산 항목자료를 해당란에 입력한다.

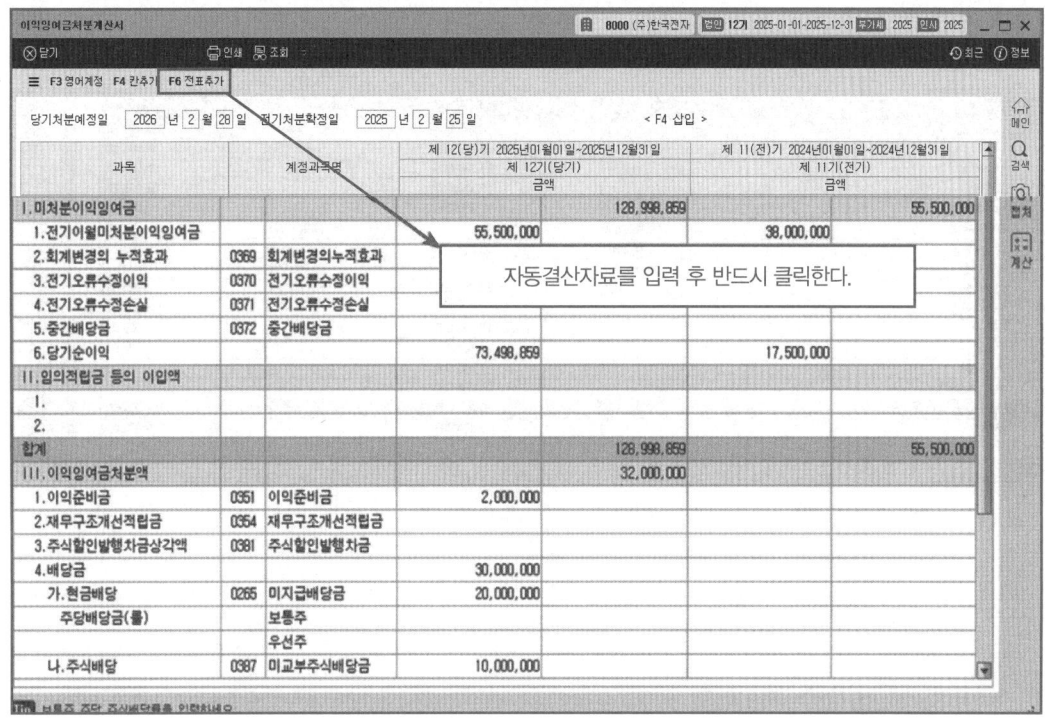

2) 손익대체분개 입력방법

자동결산항목이 주어지면 입력한 후 또는 자동결산항목이 주어지지 않으면 상단의 전표추가 또는 F6키를 누르면 아래와 같은 화면이 나타나며 여기에서 확인 를 선택하면 손익대체분개가 일반전표에 추가되면서 결산이 완료된다.

7. 재무상태표

재무상태표는 일정시점의 기업의 재무상태를 나타내 주는 기본재무제표로, 자산,부채자본의 기말잔액과 증감사항 등을 확인할 수 있다.

[재무상태표가 입력된 화면]

과 목	제 12(당)기 2025년1월1일 ~ 2025년12월31일 금액		제 11(전)기 2024년1월1일 ~ 2024년12월31일 금액	
자산				
Ⅰ.유동자산		420,674,500		266,660,200
① 당좌자산		414,674,500		238,660,200
현금		6,417,400		32,106,000
당좌예금		66,768,000		71,818,000
보통예금		61,110,600		85,616,200
단기매매증권		150,000		4,000,000
외상매출금	202,900,000		31,000,000	
대손충당금	6,087,000	196,813,000	310,000	30,690,000
받을어음	33,000,000		5,000,000	
대손충당금	990,000	32,010,000	50,000	4,950,000
단기대여금		5,000,000		5,000,000
미수금		19,950,000		1,000,000
선급금		3,500,000		2,500,000
가지급금		1,100,000		
부가세대급금		22,255,500		
② 재고자산		6,000,000		28,000,000
제품		2,000,000		5,000,000

PART 5

실기편

부가가치세신고

CHAPTER 01 _ 부가가치세 I
CHAPTER 02 _ 부가가치세 II

CLASS전산세무2급
실 기 편

01 부가가치세 I

부가가치세 프로그램은 [부가가치세Ⅰ], [부가가치세Ⅱ], [부가가치세Ⅲ]로 구성되어있으며 그 내용은 부가가치세신고서와 제출되어야할 첨부서류이다. 부가가치세 신고 대상자는 일반과세자와 간이과세자로 구분된다. 전산세무시험은 법인(법인은 간이과세자가 될 수 없음)을 대상으로 하므로 본서는 일반과세자를 대상으로 설명하고자 한다.

01. 부가가치세신고서

부가가치세 신고 시 반드시 작성해야 하는 서식으로 [매입매출전표입력]메뉴에 입력된 자료와 조회하고자 하는 기간의 입력에 의하여 작성한다.

부가가치세신고서는 [부가가치] → [부가가치세Ⅰ] → [부가가치세신고서]를 선택하면 다음과 같은 화면이 실행된다.

[부가가치세신고서화면]

1. 과세표준 및 매출세액

과세표준및매출세액	과세	세금계산서발급분	1		10/100	
		매입자발행세금계산서	2		10/100	
		신용카드 현금영수증발행분	3			
		기타(정규영수증외매출분)	4		10/100	
	영세	세금계산서발급분	5		0/100	
		기타	6		0/100	
	예정신고누락분		7			
	대손세액가감		8			
	합계		9		㉮	

(1) 과세: 세금계산서 발급분
신고대상기간에 부가가치세가 과세되는 매출 중 세금계산서를 교부한 분을 입력한다. [매입매출전표입력]메뉴에서 [11.과세]로 입력한 금액과 세액이 자동반영된다.

(2) 과세: 매입자발행세금계산서
신고대상기간에 부가가치세가 과세되는 매출 중 매입자로부터 교부받은 매입자발행세금계산서상 금액과 세액을 입력한다.

(3) 과세: 신용카드 · 현금영수증
신고대상기간에 부가가치세가 과세되는 매출 중 신용카드매출전표발급분과 현금영수증발급분을 입력한다. [매입매출전표입력]메뉴에서 [17.카과]와 [22.현과]로 입력한 금액과 세액이 자동으로 반영된다.

(4) 과세: 기타(정규영수증외 매출분)
신고대상기간에 부가가치세가 과세되는 매출 중 전자화폐수취분과 영수증발급분 및 세금계산서발급의무가 없는 분을 입력한다. [매입매출전표입력]메뉴에서 [14.건별]등으로 입력한 금액과 세액이 자동으로 반영된다.

(5) 영세율: 세금계산서 발급분
신고대상기간 중의 영세율이 적용되는 매출거래 중 세금계산서를 교부한 분을 입력한다. [매입매출전표입력]메뉴에서 [12.영세]로 입력한 금액과 세액이 자동으로 반영된다.

(6) 영세율: 기타
신고대상기간 중의 영세율이 적용되는 매출거래 중 세금계산서발급의무가 없는 분을 입력한다. [매입매출전표입력]메뉴에서 [16.수출]로 입력한 금액과 세액이 자동으로 반영된다.

(7) 예정신고누락분

예정신고 시 누락한 매출자료를 확정신고와 함께 신고하고자 할 경우 입력한다. 입력방법은 우측 화면 [7.매출(예정신고누락분)]에 예정신고 시 누락한 매출액을 [과세 및 영세율]그리고 [세금계산서 교부분 및 기타분]으로 나누어서 입력한다.

7.매출(예정신고누락분)					
예정누락분	과세	세금계산서	33		10/100
		기타	34		10/100
	영세	세금계산서	35		0/100
		기타	36		0/100
	합계		37		

(8) 대손세액가감

부가가치세가 과세되는 재화 또는 용역의 공급에 대한 외상매출금 등이 대손되어 대손세액을 공제받은 경우 입력하며 대손세액을 공제받은 경우에는 대손세액을 차감표시(−)하여 입력하고 대손금액의 전부 또는 일부를 회수하여 회수금액에 관련된 대손세액을 납부하는 경우에는 당해 납부하는 세액을 가산표시(+)하여 입력한다.

2. 매입세액

매입세액	세금계산서 수취분	일반매입	10			
		수출기업수입분납부유예	10-1			
		고정자산매입	11			
	예정신고누락분		12			
	매입자발행세금계산서		13			
	그 밖의 공제매입세액		14			
	합계(10)-(10-1)+(11)+(12)+(13)+(14)		15			
	공제받지못할매입세액		16			
	차감계 (15-16)		17		ⓓ	

(1) 세금계산서수취분: 일반매입

세금계산서를 수취한 매입거래 중 고정자산매입분을 제외한 금액과 세액을 입력한다. [매입매출전표입력]메뉴에서 [51.과세], [52.영세], [54.불공], [55.수입]으로 입력한 금액이 자동으로 반영된다.

(2) 세금계산서수취분: 고정자산매입

세금계산서를 수취한 매입거래 중 고정자산매입분에 대한 금액과 세액을 입력한다. [매입매출전표입력]메뉴에서 [51.과세], [52.영세], [54.불공], [55.수입]으로 입력한 금액 중 하단부 분개란에서 유형자산과 무형자산으로 입력한 금액이 자동으로 반영된다.

(3) 예정신고누락분

예정신고 시 누락한 매입자료를 확정신고와 함께 신고하고자 할 경우 입력한다. 예정신고누락분은 우측화면에 있는 [12.매입(예정신고누락분)]에 예정신고 시에 누락한 매입액을 입력한다.

1) 세금계산서

예정신고누락분 중 세금계산서를 수취한 금액과 세액을 입력한다.

2) 그 밖의 공제매입세액

매입세액공제는 원칙적으로 세금계산서를 발급 받아야 가능하지만 일정한 매입세액에 대하여는 세금계산서를 발급받지 않은 경우에도 매입세액공제를 허용하고 있다. 기타공제매입세액은 세금계산서에 의한 매입세액이 아님에도 공제 가능한 매입세액을 말한다. 기타공제매입세액란에 예정신고 시 누락한 [기타공제매입세액]을 입력한다.

12.매입(예정신고누락분)					
예 정 누 락 분	세금계산서		38		
	그 밖의 공제매입세액		39		
	합계		40		
	신용카드매출 수령금액합계	일반매입			
		고정매입			
	의제매입세액				
	재활용폐자원등매입세액				
	과세사업전환매입세액				
	재고매입세액				
	변제대손세액				
	외국인관광객에대한환급/				
	합계				

(4) 매입자발행세금계산서

매출자가 세금계산서를 발급하지 않아 세무서장에게 신고하고 승인을 얻은 매입자발행세금계산서 금액을 입력한다.

(5) 그 밖의 공제매입세액

매입세액공제는 원칙적으로 세금계산서를 발급 받아야 가능하지만 일정한 매입세액에 대하여는 세금계산서를 발급받지 않은 경우에도 매입세액공제를 허용하고 있다. 그 밖의 공제매입세액은 세금계산서에 의한 매입세액이 아님에도 공제 가능한 매입세액을 말한다. 그 밖의 공제매입세액은 [14.그 밖의 공제매입세액]란에 입력한다.

14.그 밖의 공제매입세액				
신용카드매출 수령금액합계표	일반매입	41		
	고정매입	42		
의제매입세액		43	뒤쪽	
재활용폐자원등매입세액		44	뒤쪽	
과세사업전환매입세액		45		
재고매입세액		46		
변제대손세액		47		
외국인관광객에대한환급세액		48		
합계		49		

① 신용카드매출전표수령(일반/고정)

일반과세자가 발행한 부가가치세액이 별도로 기재된 신용카드매출전표 등을 발급받고 [신용카드매출전표 등 수령금액합계표]를 작성하여 제출한 부가가치세액을 매입세액으로 공제받는 경우에 입력한다. [매입매출전표입력]메뉴에서 [57.카과], [61.현과]로 입력한 금액이 자동으로 반영된다.

② 의제매입세액

면세되는 농산물, 축산물, 수산물, 임산물(이하 면세농산물 등이라 한다)을 구입하여 국내에서 부가가치세가 과세되는 재화를 제조, 가공하거나 용역을 창출하는 사업자가 일정금액을 매입세액으로 공제 받는 경우 입력한다.

③ 변제대손세액

공급받은 재화나 용역에 대한 외상매입금, 기타매입채무가 대손확정되어 매입세액을 불공제받은 후 대손금액의 전부 또는 일부를 변제한 경우 변제한 대손금액에 관련된 대손세액을 입력한다. [대손세액공제(변제)신고서]메뉴를 작성하면 동 신고서의 금액과 세액이 자동으로 반영된다.

(6) 공제받지 못할 매입세액

발급받은 세금계산서 중 매입세액이 공제되지 않는 항목들을 입력한다. [공제받지못할매입세액]란에 커서를 두고 클릭한 후 우측 [16.공제받지못할매입세액]란에 공제받지 못할 매입세액을 입력한다.

16.공제받지못할매입세액				
공제받지못할 매입세액	50			
공통매입세액면세등사업분	51			
대손처분받은세액	52			
합계	53			

1) 공제받지 못할 매입세액

[매입매출전표입력]메뉴에서 [54.불공]으로 입력한 금액이 자동으로 반영된다.

2) 공통매입세액 면세사업분

[매입세액불공제내역]메뉴에서 [공통매입세액안분]을 작성하면 자동으로 반영된다.

3) 대손처분받은 세액

부가가치세가 과세되는 재화 또는 용역을 공급받고 매입세액을 공제받은 외상매입금 등에 대한 대손이 확정되어 거래상대방이 대손세액공제를 받은 경우에는 관련 대손처분받은 세액은 매입세액에서 차감한다. 이와같이 대손처분받은 세액은 받은 금액과 세액을 직접 입력한다.

3. 경감 · 공제세액 및 기타 입력사항

경감 공제 세액	그 밖의 경감 · 공제세액	18			
	신용카드매출전표등 발행공제등	19			
	합계	20		㉮	
소규모 개인사업자 부가가치세 감면세액		20		㉯	
예정신고미환급세액		21		㉰	
예정고지세액		22		㉱	
사업양수자의 대리납부 기납부세액		23		㉲	
매입자 납부특례 기납부세액		24		㉳	
신용카드업자의 대리납부 기납부세액		25		㉴	

(1) 그 밖의 경감 · 공제세액

그 밖의 경감 · 공제세액란은 전자신고세액공제(53), 전자세금계산서발급세액공제(54), 택시운전사업자경감세액(55), 현금영수증사업자세액공제(56), 기타(57)가 있다. 입력방법은 우측에 있는 [18.그 밖의 경감공제세액]란에 기타경감 · 공제세액을 입력한다.

18.그 밖의 경감·공제세액				
전자신고세액공제	54			
전자세금계산서발급세액공제	55			
택시운송사업자경감세액	56			
대리납부세액공제	57			
현금영수증사업자세액공제	58			
기타	59			

(2) 신용카드매출전표 등 발행공제 등

개인사업자로서 소매업자, 음식점업자, 숙박업자 등 영수증을 발급하는 사업자가 신용카드 등에 의한 매출이 있는 경우에 입력하며 금액란에는 신용카드매출전표발행 등을 세액란에는 동 금액의 1.3%(음식점업과 숙박업을 영위하는 간이과세자는 2.6%)에 해당하는 금액(연간 1,000

만원을 한도로 함)을 입력한다. [매입매출전표입력]메뉴에서 [17.카과], [22.현과]로 입력한 금액이 자동으로 반영된다.

(3) 예정신고미환급세액

수출·시설투자 등에 의한 조기환급대상자 외의 일반환급대상자는 예정신고 시에 환급하지 않으며 확정신고 시 납부 또는 환급할 세액에서 공제 또는 가산한다. 이와 같이 예정신고를 할 때 일반환급세액이 있는 것으로 신고한 경우 그 환급세액을 입력한다.

(4) 예정고지세액

원칙적으로 개인사업자(법인 제외)에 대하여는 각 예정신고기간마다 직적 과세기간에 대한 납부세액의 2분의 1에 상당하는 금액을 예정고지 한다. 이와 같이 과세기간 중에 예정고지 된 세액이 있는 경우 그 예정고지세액을 입력한다.

(5) 가산세액

신고한 내용에 가산세가 적용되는 경우가 있는 사업자만 입력한다. 우측에 있는 [25.가산세명세]란에 가산세액을 입력한다.

25.가산세명세					
사업자미등록등			61		1/100
세 금 계산서	지연발급 등		62		1/100
	지연수취		63		5/1,000
	미발급 등		64		뒤쪽참조
전자세금 발급명세	지연전송		65		3/1,000
	미전송		66		5/1,000
세금계산서 합계표	제출불성실		67		5/1,000
	지연제출		68		3/1,000
신고 불성실	무신고(일반)		69		뒤쪽
	무신고(부당)		70		뒤쪽
	과소·초과환급(일반)		71		뒤쪽
	과소·초과환급(부당)		72		뒤쪽
납부지연			73		뒤쪽
영세율과세표준신고불성실			74		5/1,000
현금매출명세서불성실			75		1/100
부동산임대공급가액명세서			76		1/100
매입자 납부특례	거래계좌 미사용		77		뒤쪽
	거래계좌 지연입금		78		뒤쪽
신용카드매출전표등수령명세서미제출·과다기재			79		5/1,000
합계			80		

4. 과세표준명세

부가가치세신고서에서 상단에 위치한 [F4 과표명세]를 클릭하면 다음과 같은 화면이 나타난다.

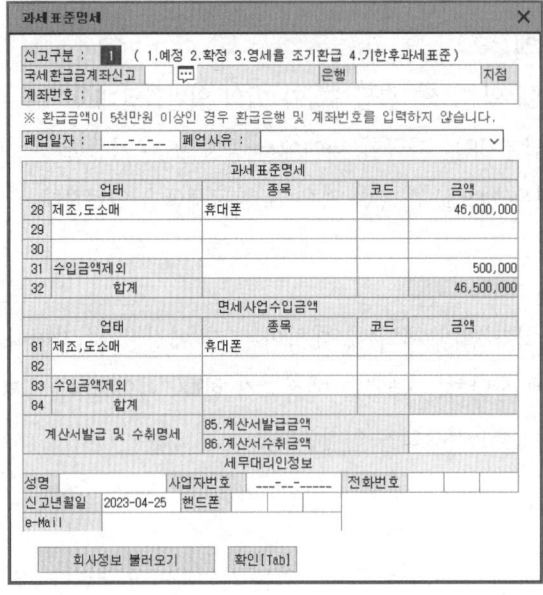

(1) 국세환급금계좌신고

국세환급금계좌신고란 환급받을 세액이 발생한 경우 환급받을 계좌를 입력하는 란을 말한다.

(2) 과세표준명세

과세표준 및 매출세액의 합계란의 금액을 업태와 종목별로 기재하되 법인세법상 수입금액으로 보지 않고 고정자산매각, 사업상증여, 개인적공급 등의 금액을 수입금액 제외란에 입력한다. [매입매출전표입력]메뉴 하단부 분개란에 입력된 금액이 다음과 같이 자동으로 집계된다.

구 분	내 용
상품매출(401)	업태란에 도소매로 표시되어 자동집계 된다.
제품매출(404)	업태란에 제조로 표시되어 자동집계 된다.
기타매출(401, 404이외)	업태란에 수입금액 제외로 표시되어 자동집계 된다.

(3) 면세수입금액

[매입매출전표입력]메뉴에서 [13.면세], [18.카면]으로 입력된 금액이 자동으로 반영된다.

(4) 계산서발급 및 수취내역

구 분	내 용
계산서 발급금액	[매입매출전표입력]메뉴에서 [13.면세]로 입력된 금액이 자동반영된다.
계산서 수취금액	[매입매출전표입력]메뉴에서 [53.면세]로 입력된 금액이 자동반영된다.

02. 세금계산서합계표와 계산서합계표

1. 세금계산서합계표

사업자가 세금계산서를 발급하였거나 발급받은 때에는 매출처별 세금계산서합계표와 매입처별 세금계산서합계표를 당해 예정신고 또는 확정신고와 함께 제출하여야 한다. 다만 예정신고를 하는 사업자가 각 예정신고와 함께 매출·매입처별 세금계산서합계표를 제출하지 못한 경우에는 당해 예정신고기간이 속하는 과세기간의 확정신고와 함께 제출할 수 있다.

본 프로그램에서는 [매입매출전표]입력메뉴에서 화면 상단부와 거래처 코드를 정확히 입력했으면 거래처별로 세금계산서합계표를 자동으로 작성해준다. 세금계산서합계표를 작성하려면 [부가가치세Ⅰ]의 [세금계산서합계표]메뉴를 클릭한다.

[세금계산서합계표화면]

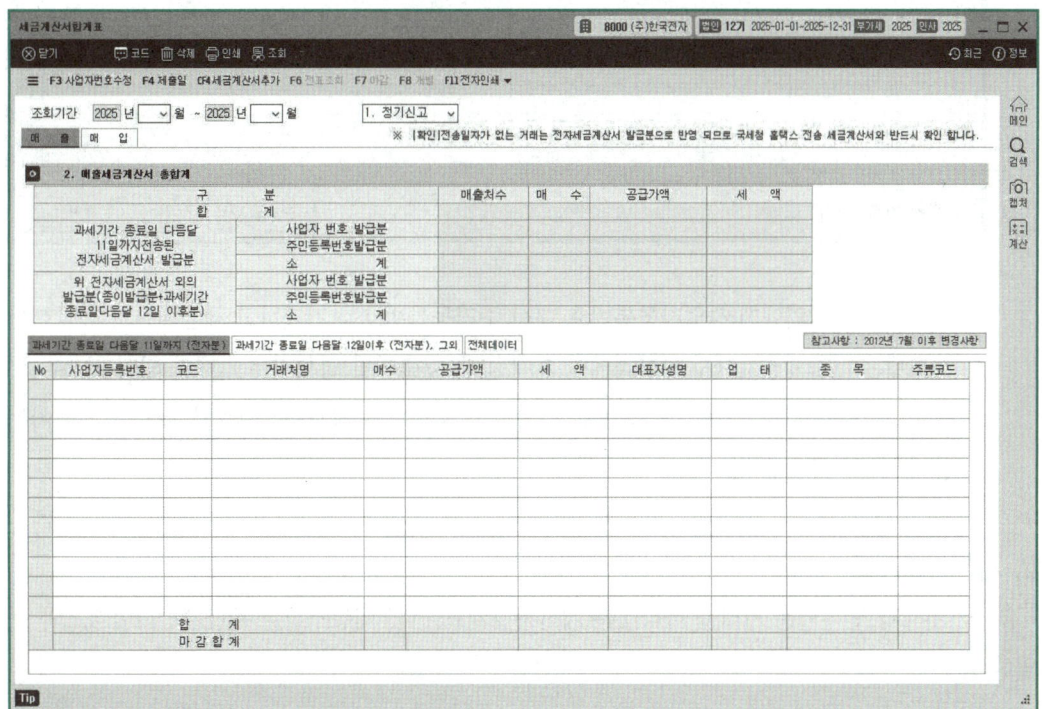

(1) 매출 · 매입

좌측 상단의 [매출]을 선택하면 매출처별 세금계산서합계표가 [매입]을 선택하면 매입처별 세금계산서합계표가 실행된다.

(2) 기간

신고한 과세기간의 월을 직접 입력한다.

(3) 거래처 · 등록번호 · 매수 · 공급가액 · 부가세

① [매입매출전표입력]메뉴에서 입력된 자료가 자동반영 된다. 본 화면에서 세금계산서추가 버튼을 누르면 직접 추가 입력도 가능하다.

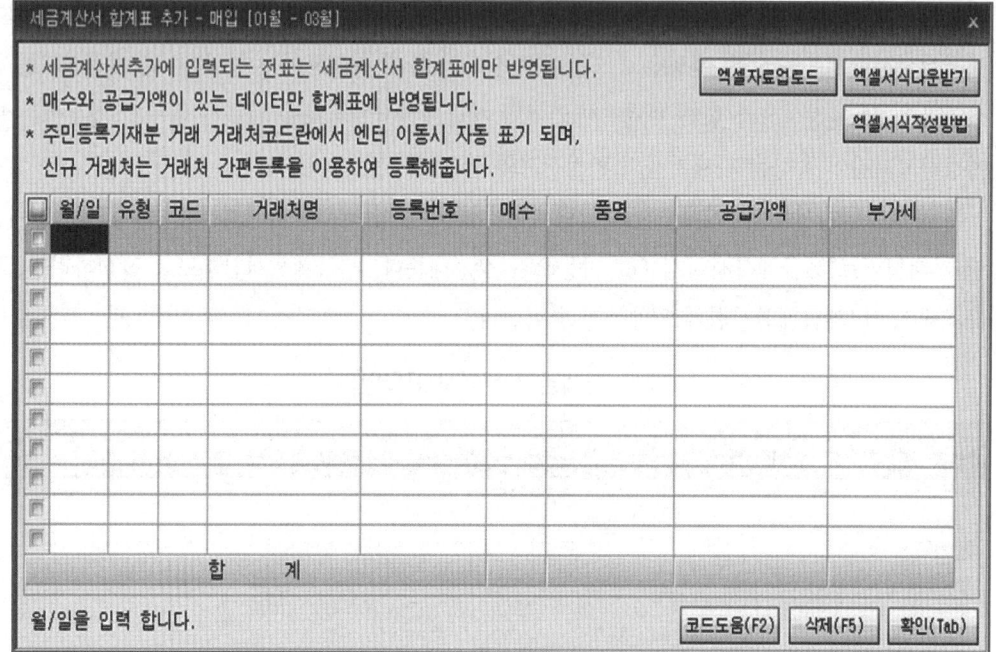

② 비사업자인 개인에게 사업자등록번호 대신 주민등록번호를 기재하고 세금계산서를 발행한 경우에는 매출세금계산서 총합계에만 기재될 뿐 매출처별 명세에는 기재가 되지 않는다.
③ 세금계산서합계표는 사업자등록번호 순서로 작성되며 사업자등록번호가 동일한 거래처는 합계액으로 표시된다.

2. 계산서합계표

부가가치세가 면제되는 거래를 나타내는 계산서합계표이다. 메뉴구성은 세금계산서합계표와 동일하다.

03. 신용카드매출전표등수령명세서(갑)

[신용카드매출전표등수령명세서(갑)]이란 사업자가 일반과세자로부터 재화 또는 용역을 공급받고 부가가치세액이 별도로 구분 가능한 신용카드매출전표 등을 발급 받고 본 서류를 제출하는 경우 부가가치세를 공제받을 수 있는데 이때 작성하는 서식을 말한다.

[신용카드매출전표등수령금액합계표(갑)]은 수동으로 편집이 가능하며, 다음에 해당하는 경우에는 신용카드매출전표 등을 수취하였더라도 매입세액을 공제받을 수 없다.

① **세금계산서**를 수취한 경우
② 면세사업자 또는 **간이과세자**에게 매입한 경우(직전년도 공급대가 합계액이 4,800만원 미만)
③ **공제받지 못할 매입세액**인 경우(기업업무추진비, 사업무관, 개별소비세법에 따른 자동차 구입 등)
④ 다음에 해당하는 사업을 영위하는 사업자에게 용역을 공급받은 경우
　㉠ 미용, 욕탕 및 유사서비스업
　㉡ 여객운송업(전세버스운송사업자 제외)
　㉢ 입장권을 발행하여 영위하는 사업

[신용카드매출전표등수령명세서(갑)]를 작성하려면 [부가가치세Ⅰ]의 [신용카드매출전표등수령명세서(갑)]메뉴를 클릭한다.

[신용카드매출전표등수령명세서(갑)화면]

1. 조회기간

월(▼)을 선택하면 해당 과세 월이 자동으로 입력된다. 해당 월의 버튼을 이용하여 선택할 수도 있다.

2. 기 타

구 분	내 용
월 / 일	매입세액이 공제되는 신용카드 사용에 대한 거래일자를 입력한다.
구 분	[1.현금], [2.복지], [3.사업], [4.신용] 중 선택한다.
공 급 자	공급자의 상호명을 입력한다.
공 급 자 (가 맹 점) 사 업 자 등 록 번 호	공급자의 사업자등록번호를 입력한다.
카 드 회 원 번 호	공급받는자의 카드회원를 입력한다.
기 타	공급가액과 세액을 입력한다.

3. 새로불러오기

상단의 툴바에서 [새로불러오기]버튼을 클릭하면 [매입매출전표입력]에서 [57.카드], [61.현과]로 입력된 모든 거래내용이 불러와진다.

실습예제

다음은 (주)한국전자 1월부터 3월까지 공급가액과 부가가치세를 구분 기재한 신용카드매출전표를 교부받은 내용이다. [신용카드매출전표등수령명세서(갑)]를 작성하시오. (법인카드: 국민카드, 카드회원번호 임의 번호 사용: 5022-2325-5088-0114)

거래처명 (사업자등록번호)	거래일자	발행금액 (부가세포함)	공급자업종 (과세유형)	거래내용
미니스톱 (132-81-25554)	1.15	110,000원	소매업 (일반과세)	거래처 선물구입대
한우숯불갈비 (123-02-12439)	2.22	550,000원	음식점업 (일반과세)	직원회식대 (복리후생)
학생문구 (105-21-12543)	2.27	330,000원	소매업 (간이과세)	사무비품 구입(직전년도 공급대가 합계액이 4,800만원 미만)
한국호텔 (105-31-21115)	3.05	220,000원	숙박업 (일반과세)	지방출장 숙박비
한국철도공사 (314-36-56585)	3.20	440,000원	서비스업 (일반과세)	지방출장 승차권대
우일상사 (132-36-56585)	3.23	660,000원	도매업 (일반과세)	업무용 소모품구입 (세금계산서 수취분)
뚜레쥬르 (105-91-52209)	3.28	770,000원	소매업 (일반과세)	생산직 야식대 (사업자 지출 증빙용) 현금영수증 (302489745)수취

해답

[답] 신용카드매출전표등 수령명세서(갑) 입력화면

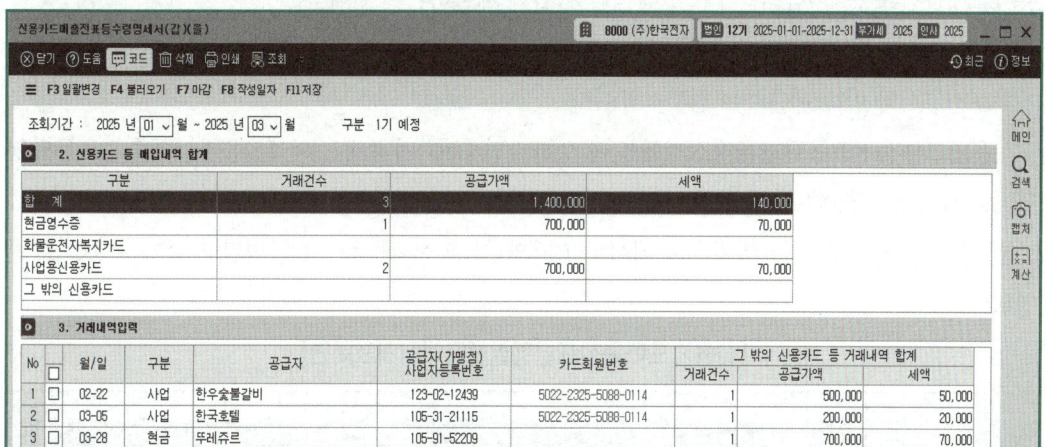

* 기업업무추진비(1월 15일), 간이과세자(2월 27일), 여객운송업(3월 20일)과 관련된 신용카드 매입세액은 공제 대상이 아니다.
* 세금계산서수취분(3월 23일)은 세금계산서에 의해 매입세액공제를 받으므로 신용카드 매입세액은 공제 대상이 아니다.

04. 신용카드매출전표등발행금액집계표

　신용카드매출전표 등을 발급한 사업자(법인포함)는 부가가치세 예정신고 또는 확정신고 시에 신용카드매출전표등발행금액집계표를 작성하여 함께 제출하여야 한다.

　신용카드매출전표등발행금액집계표는 신용카드 및 현금영수증 등의 매출이 있는 사업자가 부가가치세신고서와 함께 제출하는 첨부서류이다.

　신용카드매출전표등발행금액집계표를 작성하려면 [부가가치세Ⅰ]의 [신용카드매출전표등발행집계표]메뉴를 클릭한다.

　본 메뉴는 [매입매출전표입력]메뉴에서 [17.카과], [22.현과] 등으로 입력된 자료가 자동으로 반영된다.

[신용카드매출전표발행발행금액집계표화면]

1. 기 간

신용카드매출전표 발행금액집계표를 제출하고자 하는 과세기간을 선택한

2. 불러오기

화면상단에서 F4 새로불러오기 버튼을 누르면 다음과 같은 창이 나타나는데 여기서 [예]를 선택하면 입력된 데이터가 자동으로 반영된다.

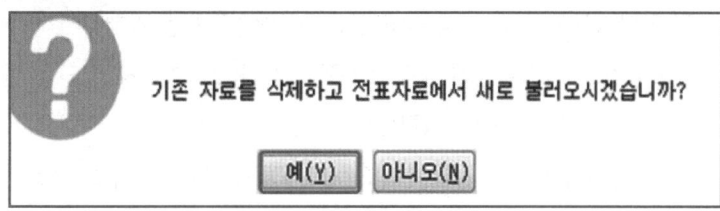

3. 신용카드매출전표 등 발행금액 현황

구 분		내 용
과세매출	신용 · 직불 · 기명식선불카드	[매입매출전표입력]메뉴에서 [17.카과]로 입력된 금액이 자동으로 반영된다.
	현금영수증	[매입매출전표입력]메뉴에서 [22.현과]로 입력된 금액이 자동으로 반영된다.
면세매출	신용 · 직불 · 기명식선불카드	[매입매출전표입력]메뉴에서 [18.카면]으로 입력된 금액이 자동으로 반영된다.
	현금영수증	[매입매출전표입력]메뉴에서 [23.현면]으로 입력된 금액이 자동으로 반영된다.

4. 신용카드매출전표 등 발행금액 중 세금계산서(계산서) 발급내역

(1) 세금계산서 발급금액

위 과세매출분 중에서 세금계산서를 발급한 금액을 입력한다

(2) 계산서 발급금액

위 면세매출 중 계산서를 발급한 금액을 입력한다.

실습예제

(주)한국전자의 다음 자료를 제 2기 예정 부가가치세신고서의 추가 반영하고 [신용카드매출전표등발행금액집계표]를 작성하시오. 신용카드매출전표는 제시된 자료 외에는 없는 것으로 가정하며, 회계처리는 생략한다.

(1) 9월 15일   (주)새한전자에게 제품 2,200,000원(부가가치세 포함)을 판매하고 당사가 가맹된 하나카드에 의해 결제 받고 신용카드매출전표를 발행하였다.

(2) 9월 20일   비사업자인 김소현에게 제품 4,000,000원(부가가치세별도)을 판매하고 당사가 가맹된 현금영수증을 발행하였다.

(3) 9월 30일   (주)상일전자에 제품 공급가액 5,000,000원(부가가치세별도)을 판매하고 전자세금계산서를 발행하였다. 대금 전액을 하나카드에 의해 결제하고 (주)상일전자에 신용카드매출전표를 발행하였다.

해답

☞ ① 신용카드매출전표발행금액집계표 → ② 부가가치세신고서 순으로 작성한다.

[답] 신용카드매출전표발행금액집계표가 입력된 화면

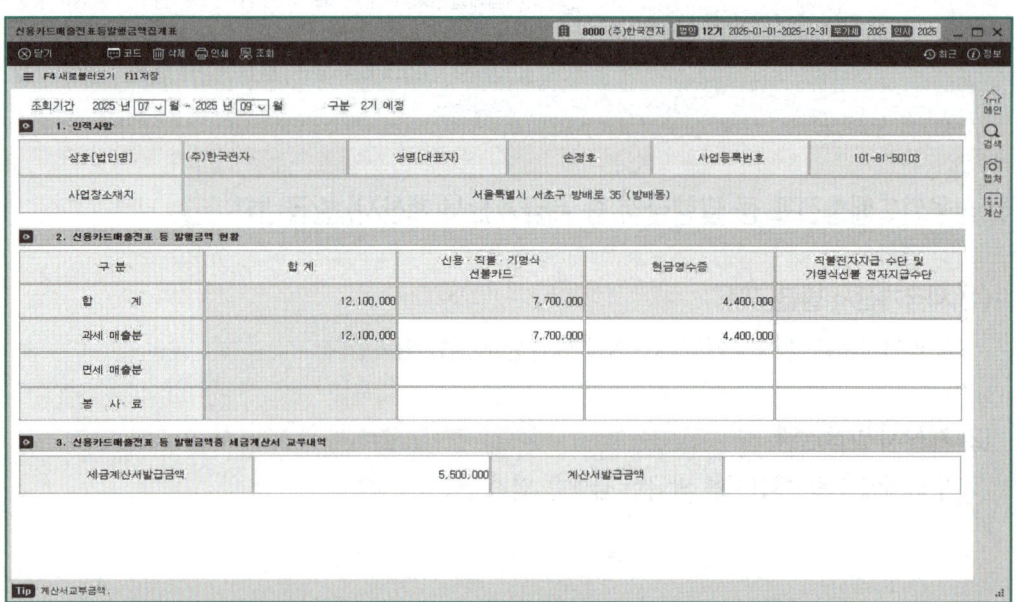

① 문제에서 회계처리 생략이라 했으므로 매입매출전표에 입력하지 않고 신용카드매출전표 발행집계표에 직접 입력하여 작성하여야 한다. 반드시 공급대가로 입력한다.

② 세금계산서 발급분은 과세매출분에 입력 후 세금계산서 발급금액 란(공급대가)에 한번 더 입력해 주어야 하며, 매입매출전표에 입력하지 않았으므로 부가가치세 신고서에는 직접 입력하여야 한다.

[답] 신용카드매출전표발행금액집계표가 반영된 부가가치세신고서화면

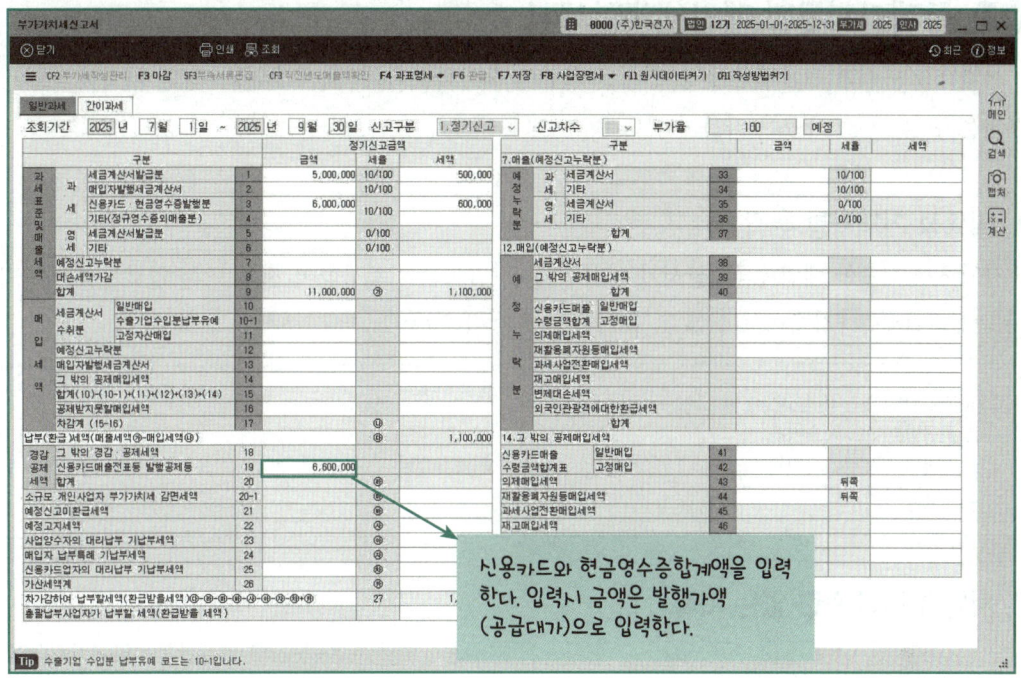

02 | 부가가치세 II

01. 공제받지못할 매입세액명세서

사업자가 수취한 세금계산서 중 일정한 사유에 해당하는 경우에는 거래징수당한 매입세액을 공제받을 수 없다. 그 내용은 다음과 같다.

1. 필요적 기재사항 누락

사업자가 제출한 매입세금계산서가 다음과 같은 필요적 기재사항이 전부 또는 일부가 기재되지 아니한 매입세금계산서의 매수와 공급가액, 세액을 입력한다.

> ① 공급자의 등록번호와 상호 또는 성명
> ② 공급받는자의 등록번호
> ③ 공급가액과 부가가치세액
> ④ 작성연월일

2. 사업과 직접 관련 없는 지출

> ① 업무와 관련 없는 자산 취득 및 관리비용
> ② 동산(골프/콘도회원권) 구입
> ③ 비업무용 부동산 및 서화, 골동품 취득과 관련된 매입세액

3. 개별소비세법에 따른 자동차 구입과 유지 및 임차비용

> ① 소형승용자동차(8인승 이하): 배기량이 1,000cc를 초과하는 승용자동차
> ② 지프형 승용차
> ③ 캠핑용 자동차
> ④ 소형승용차의 구입과 유지 및 임차비용
> ※ 경차, 9인승 이상의 대형승용차, 승합차, 화물차 등은 공제가능하다.

4. 기타

① 기업업무추진비 및 이와 유사한 비용의 지출과 관련된 매입세액
② 면세사업과 관련된 매입세액
③ 토지취득 및 자본적 지출과 관련된 매입세액
④ 사업자등록전 매입세액
⑤ 공통매입세액 중 면세사업과 관련된 매입세액
⑥ 납부·환급세액의 재계산

5. 회계처리

공제받지못할매입세액은 다음과 같이 회계처리 한다.

(차) 원재료 ×××　　　　(대) 부가세대급금 ×××

6. 입력방법

[매입세액불공제내역]을 작성하려면 [부가가치세Ⅱ]의 [공제받지못할매입세액명세서]메뉴를 클릭한다. [공제받지못할매입세액명세서]을 작성하고 저장하면 부가가치세신고서에 자동으로 반영된다.

(1) 조회기간

월(▼)을 선택하면 해당 과세 월이 자동으로 입력된다. 해당 월의 버튼을 이용하여 선택할 수도 있다.

(2) 불공제사유

[F4불러오기]버튼을 클릭하여 예를 선택하면 [매입매출전표]에 입력된 불공제 내역이 있으면 해당 데이터를 불러온다.

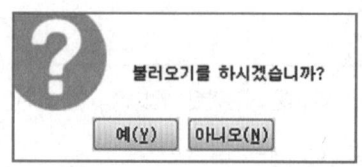

[F4불러오기]로 자동 반영되지 않은 매입세액불공제 사유에 대해서는 매입세금계산서의 매수, 공급가액, 매입세액은 직접 입력하여야 한다.

실습예제

다음 자료는 과세사업과 면세사업을 겸영하는 (주)한국전자의 제 2기 예정 신고기간의 거래내용이다. 아래의 거래내용을 보고 제 2기 예정 신고기간의 [공제받지못할매입세액명세서]를 작성 하시오. 단, 모든 거래는 부가가치세법상 정당한 전자세금계산서를 수취하였다.

거래내역

① (주)동국전자에 프린터기를 2,500,000원(VAT별도)에 구입하여 거래처에 무상으로 제공하였다.
② (주)현대자동차에서 회사업무용으로 사용하기 위하여 10,000,000원(VAT별도)에 승용차(배기량1,000cc)를 구입하고 전자세금계산서를 수취하였다.
③ 면세사업에만 사용할 목적으로 에어콘을 생활백화점에서 900,000원(VAT별도)에 구입하고 전자세금 계산서를 수취하였다.
④ (주)대림정밀로부터 원재료를 2,000,000원(VAT별도)에 구입하고 전자세금계산서를 수취하였으나, 세금계산서에 공급받는자의 대표자 성명 및 주소가 누락되어 있었다.

해답

[답] 공제받지못할매입세액명세서 입력화면

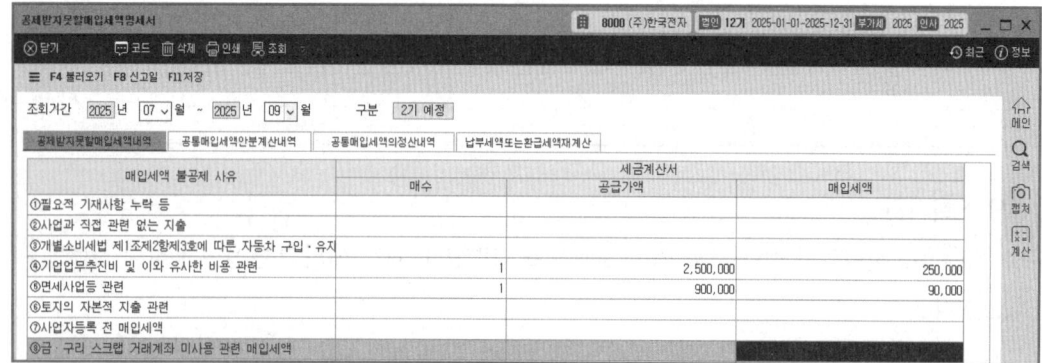

* 기업업무추진비와 관련된 매입세액은 공제 대상이 아니다.
* 경차는 매입세액공제 대상이다.
* 면세사업과 관련된 매입세액은 공제 대상이 아니다.
* 공급받는자의 성명 및 주소는 필요적 기재사항이 아니므로 매입세액공제가 가능하다

(3) 공통매입세액의 안분

사업자가 과세사업과 면세사업을 겸영하는 경우 과세사업과 관련된 매입세액은 공제되지만 면세사업과 관련된 매입세액은 공제되지 않는다.

겸영사업자의 매입세액 중 어느 사업에 대한 매입세액인지의 구분이 불분명한 경우 이를 공통매입세액이라 하며, 공통매입새액은 안분계산을 통해 면세사업 분을 계산하고 동 금액은 매입세액으로 공제받지 못한다. 공통매입세액의 안분계산방법은 다음과 같다.

---
① 일반적인 경우
　공통매입세액의 안분계산은 원칙적으로 해당 과세기간의 공급가액을 기준으로 안분한다.

$$공통매입세액 \times \frac{해당예정신고기간의\ 면세공급가액}{해당예정신고기간의\ 총공급가액}$$

② 예외적인 안분계산
　해당과세기간 중 과세사업과 면세사업의 공급가액이 확정되지 않았거나 없는 경우에는 총 매입가액비율, 예정공급가액비율, 사용면적비율 순으로 적용하여 안분계산을 할 수 있다.

공통매입세액안분은 [공통매입세액안분계산내역]을 클릭하면 아래와 같은 화면이 나타나는데 여기에 공통매입세액의 안분내역을 입력한다.

[공통매입세액안분계산내역화면]

실습예제

다음은 (주)한국전자 과세사업과 면세사업에의 사용여부가 불분명한 원재료매입분에 대한 공통매입세액이다. 공통매입세액 안분계산 자료를 통하여 공제받지못할매입세액을 계산하고 제 2기 예정 부가가치세신고서에 반영하시오.(회계처리관련 전표입력은 생략하며, 본 문제에 한하여, 전산데이타와 상관없이 아래의 자료를 적용하기로 한다)

매출구분	공급가액	비고
과 세	45,000,000원	
면 세	55,000,000원	공통매입액: 65,000,000원
합 계	100,000,000원	공통매액세액: 6,500,000원

해답

① 공통매입세액계산내역 입력화면

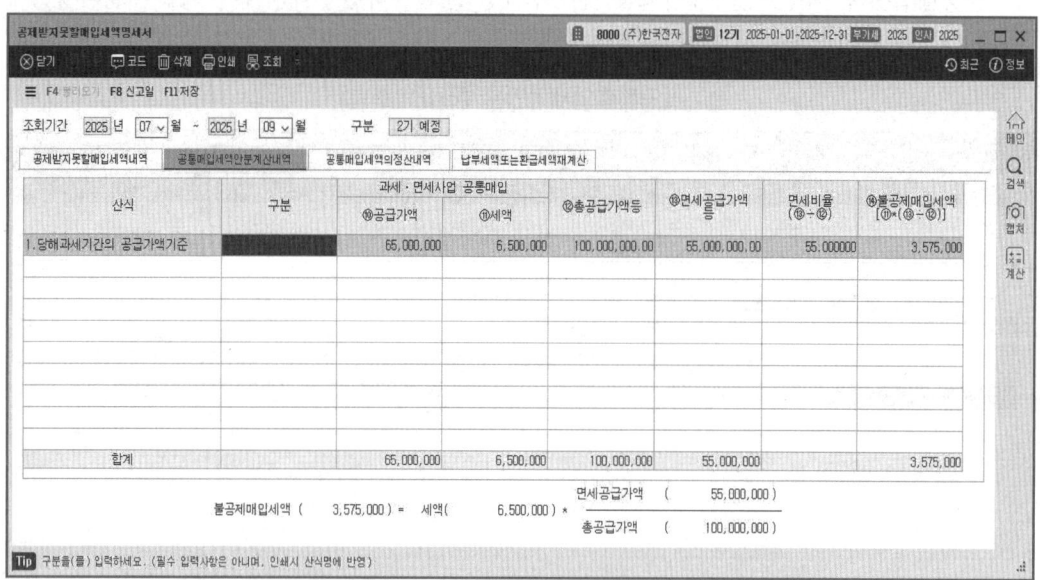

② 부가가치세신고서에 입력된 화면

	세금계산서	일반매입	10			
매	수취분	고정자산매입	11			
입	예정신고누락분		12			
세	매입자발행세금계산서		13			
액	기타공제매입세액		14			
	합계(10+11+12+13+14)		15			
	공제받지못할매입세액		16	39,150,000		3,915,000
	차감계		17	-39,150,000	⑭	-3,915,000

구분		금액	세율	세액
16.공제받지못할매입세액				
공제받지못할 매입세액	50	3,400,000		340,000
공통매입세액면세등 사업분	51	35,750,000		3,575,000
대손처분받을세액	52			
합계	53	39,150,000		3,915,000

(4) 공통매입세액의 정산

예정신고기간에 공급가액비율 등으로 안분계산한 경우 확정신고기간에 안분비율이 변동될 수 있기 때문에 해당과세기간 전체의 공급가액 등의 비율로 공제받지못할매입세액을 다시 계산하여야 하는데 이를 공통매입세액의 정산이라 한다. 공통매입세액의 정산방법은 다음과 같다.

$$총공통매입세액^* \times \frac{해당과세기간의\ 면세공급가액}{해당과세기간의\ 총공급가액} - 기불공제매입세액$$

* 총공통매입세액 = 예정신고기간의 공통매입세액 + 확정신고기간의 공통매입세액

공통매입세액의 정산은 [공통매입세액의정산내역]을 클릭하면 아래와 같은 화면이 나타나는데 여기에 공통매입세액의 안분내역을 입력한다.

[공통매입세액의정산내역화면]

실습예제

다음은 (주)한국전자의 2기 부가가치세 확정신고 자료 중 과세재화와 면세재화에 공통으로 사용되는 원재료 매입액에 관한 공통매입세액 정산내역이다. 아래 자료를 이용하여 공제받지못할매입세액명세서를 작성하시오. 본 문제에 한하여, 전산데이타와 상관없이 아래의 자료를 적용하기로 한다.

(1) 과세기간의 매출(공급가액)내역

구 분	2025년 2기 예정	2025년 2기 확정	합 계
과세분	45,000,000원	75,000,000원	120,000,000원
면세분	55,000,000원	65,000,000원	120,000,000원
합 계	100,000,000원	140,000,000원	240,000,000원

(2) 예정신고시 공통매입세액 불공제내역
   ① 공통매입세액 6,500,000원
   ② 기 불공제매입세액 3,575,000원

(3) 과세기간 최종3월(10.01~12.31)의 내역
   ① 공통매입세액 5,000,000원

공통매입세액의 정산내역 입력화면

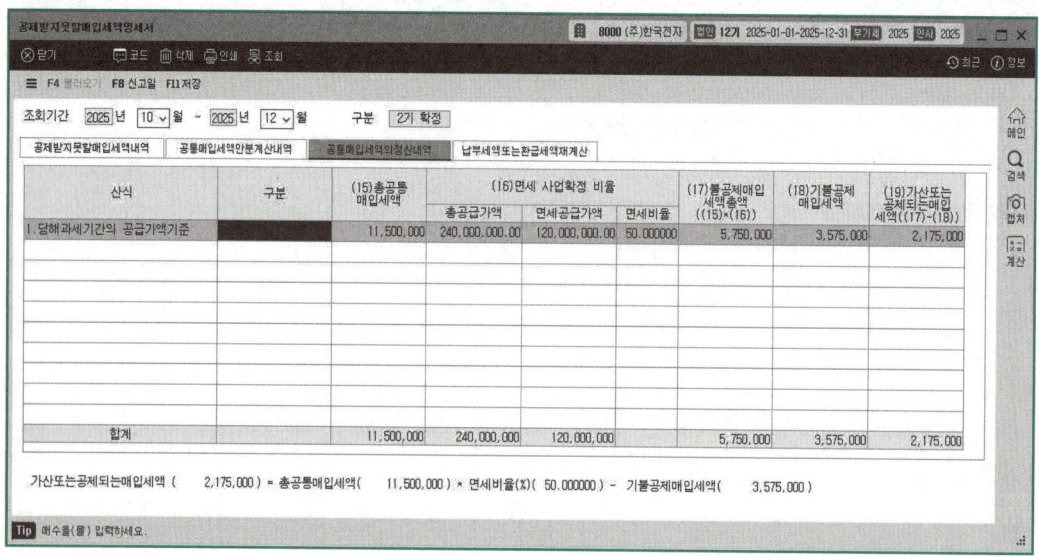

(5) 공통매입세액의 재계산

공통매입세액 안분계산에 따라 매입세액을 공제한 후 나중에 면세사업의 비중이 증가 또는 감소하는 경우에는 당초 매입세액공제가 과대 또는 과소해지는 결과가 된다. 따라서 그 과대 또는 과소공제된 매입세액을 납부세액에 가산하거나 환급세액에 가산하게 되는데, 이것을 "납부세액 또는 환급세액의 재계산"이라고 한다.

1) 재계산의 요건

① 재계산대상: 과세사업과 면세사업에 공통으로 사용하는 감가상각자산
② 재계산대상의 매입세액: 당초 매입세액공제 또는 안분계산의 대상이 된 매입세액
③ 면세비율의 증가 또는 감소: 면세비율의 증감이 5%이상 차이발생

2) 재계산의 방법

재계산에 의하여 가산 또는 공제되는 매입세액
= 해당재화의 매입세액 × (1 – 체감률* × 경과된 과세기간의 수) × 증감된 면세비율

* 건물·구축물: 5%, 기타자산: 25%

[납부세액 또는 환급세액재계산]을 클릭한 다음 아래의 화면이 나타나면 해당 계산내역을 직접 입력한다.

[납부세액또는환급세액재계산화면]

실습예제

다음의 내용을 토대로 (주)한국전자 2기 확정 부가가치세신고시 납부세액재계산을 하여 공제받지못할 매입세액명세서를 작성하시오. 본 문제에 한하여, 전산데이타와 상관없이 아래의 자료를 적용하기로 한다.

① 2025년 과세사업과 면세사업에 공통으로 사용되는 자산의 구입내역

계정과목	취득일자	공급가액	부가가치세
기 계 장 치	2024. 07. 01.	20,000,000원	2,000,000원
건 물	2023. 05. 10.	300,000,000원	30,000,000원
원 재 료	2025. 10. 20.	2,500,000원	250,000원

② 2025년 제2기 부가세 확정신고시 공통매입세액에 대한 안분계산 및 정산은 정확히 신고서에 반영되었다.

③ 2025년의 공급가액 내역

구 분	2025년 제1기	2025년 제2기
과세사업	150,000,000 원	120,000,000 원
면세사업	150,000,000 원	80,000,000 원

해답

납부세액 또는 환급세액재계산의 입력화면

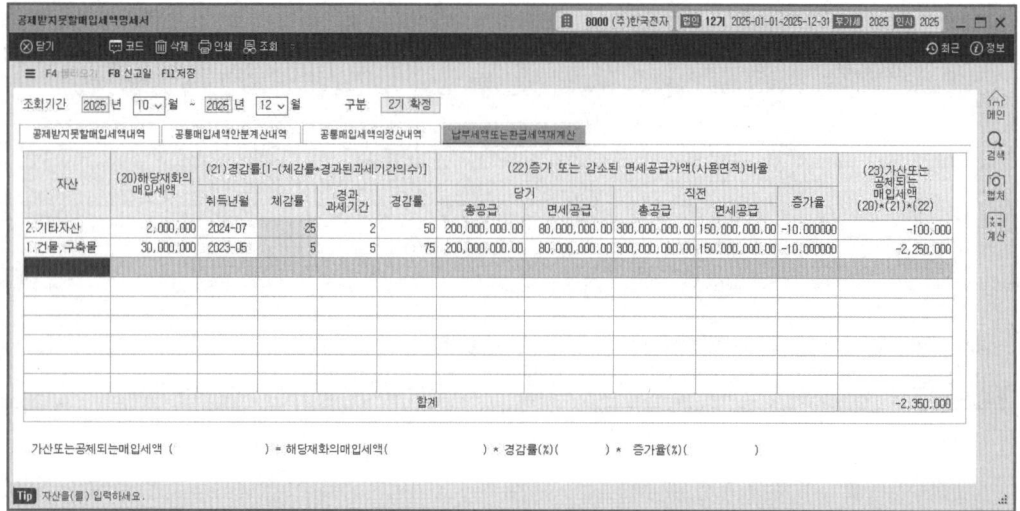

02. 대손세액공제신고서

　대손세액공제란 사업자가 부가가치세가 과세되는 재화 또는 용역을 공급하는 경우 공급을 받는 자의 파산, 강제집행 등의 사유로 인하여 당해 재화 또는 용역의 공급에 대한 외상매출금 기타 매출채권의 전부 또는 일부가 대손되어 회수할 수 없는 경우에는 다음 산식에 의하여 계산한 금액을 그 대손의 확정이 된 날이 속하는 과세기간의 매출세액에서 차감할 수 있다. 다만 당해 사업자가 대손금액의 전부 또는 일부를 회수한 경우에는 회수한 대손금액에 관련된 대손세액을 회수한 날이 속하는 과세기간의 매출세액에 가산한다.

구 분	공급하는자	공급받는자
대손이 확정된 경우	대손세액을 매출세액에서 차감 (-대손세액)	대손세액을 매입세액에서 차감 (-대손처분받은 세액)
대손금을 변제한 경우	대손세액을 매출세액에 가산 (+대손세액)	대손세액을 매입세액에 가산 (+대손처분받은 세액)

1. 대손세액공제의 방법

　대손세액은 그 대손이 확정된 날이 속하는 과세기간의 매출세액에서 차감할 수 있으며, 그 금액은 다음과 같이 계산한다.

> 대손세액 = 대손금액(부가가치세 포함) × 10/110

2. 대손세액 공제의 요건

> ① 상법, 어음법, 수표법, 민법에 따른 소멸시효가 완성된 채권
> ② 회생계획인가의 결정 또는 법원의 면책결정에 따라 회수불능으로 확정된 채권
> ③ 신용회복지원협약에 따라 면책으로 확정된 채권
> ④ 채무자의 파산, 강제집행, 형의 집행, 사업의 폐지, 사망, 실종 또는 행방불명으로 회수할 수 없는 채권
> ⑤ 부도발생일부터 6개월 이상 지난 수표 또는 어음상의 채권 및 외상매출금(중소기업의 외상매출금으로서 부도발생일 이전의 것에 한정한다). 다만, 해당 법인이 채무자의 재산에 대하여 저당권을 설정하고 있는 경우는 제외한다.
> ⑥ 중소기업의 외상매출금 및 미수금으로서 회수기일이 2년 이상 지난 외상매출금등. 다만, 특수관계인과의 거래로 인하여 발생한 외상매출금등은 제외한다.
> ⑦ 회수기일이 6개월 이상 지난 채권 중 채권가액이 30만원 이하(채무자별 채권가액의 합계액을 기준으로 한다)인 채권

3. 대손세액공제 범위

　부가가치세가 과세되는 재화 또는 용역을 공급한 후 공급일로부터 10년이 경과된 날이 속하는 과세기간에 대한 확정신고기한까지 확정되는 대손세액으로 한다.

4. 대손세액의 회계처리

- 대손세액공제액의 회계처리
  ① 공급자: 대손세액을 대손이 확정된 날이 속하는 해당과세기간의 매출세액에서 차감
    (차) 부가세예수금   ×××   (대) 매출채권   ×××
  ② 공급받는자: 대손처분이 확정된 날이 속하는 해당과세기간의 매입세액에서 차감
    (차) 매입채무   ×××   (대) 부가세대급금   ×××

- 대손세액가산액의 회계처리
  ① 공급자: 대손세액을 회수한 날이 속하는 해당과세기간의 매출세액에 가산
    (차) 현 금   ×××   (대) 부가세예수금   ×××
  ② 공급받는자: 대손세액을 변제한 날이 속하는 해당과세기간의 매입세액에 가산
    (차) 부가세대급금   ×××   (대) 현 금   ×××

5. 대손세액공제의 시기와 신청방법

사업자는 부가가치세확정신고시 대손세액공제신고서와 대손사실을 증명하는 서류를 첨부하여야 한다. 즉 부가가치세예정신고시에는 대손세액공제를 받을 수 없다.

6. 입력방법

[대손세액공제신고서]를 작성하려면 [부가가치세Ⅱ]의 [대손세액공제신고서]메뉴를 클릭한다. [대손세액공제신고서]를 작성하고 저장하면 부가가치세신고서에 자동으로 반영된다.

[대손세액공제신고서화면]

(1) 대손발생

1) 조회기간

월(▼)을 선택하면 해당 과세 월이 자동으로 입력된다. 해당 월의 버튼을 이용하여 선택할 수 도 있다.

2) 대손확정일 등

구 분	내 용
대 손 확 정 일	대손의 확정 연·월·일을 입력한다.
대 손 금 액	부가가치세가 포함된 대손확정금액을 입력한다.
공 제 율	공제율은 10/110 이 자동으로 표기된다.
대 손 세 액	금액에 공제율을 곱한 금액이 자동계산된다.
거 래 처	거래상대방 상호는 코드도움상자(F2)를 이용하여 입력한다. 거래처가 입력되어 있지 않은 경우에는 직접 입력한다. 입력 시 하단에 성명, 사업자(주)등록번호, 소재지를 추가 입력한다.
대 손 사 유	대손사유에 커서가 위치하면 자동으로 표시되는 대손사유 중에서 하나를 선택하여 입력한다.

(2) 대손변제

1) 조회기간

월(▼)을 선택하면 해당 과세 월이 자동으로 입력된다. 해당 월의 버튼을 이용하여 선택할 수 도 있다.

2) 변제확정일 등

구 분	내 용
변 제 확 정 일	대손변제의 확정 연·월·일을 입력한다.
변 제 금 액	변제한 금액을 입력한다.
공 제 율	공제율은 10/110 이 자동으로 표기된다.
변 제 세 액	금액에 공제율을 곱한 금액이 자동계산된다.
거 래 처	거래상대방 상호는 코드도움상자(F2)를 이용하여 입력한다. 거래처가 입력되어 있지 않은 경우에는 직접 입력한다. 입력 시 하단에 성명, 사업자(주)등록번호, 소재지를 추가 입력한다.
변 제 사 유	변제사유에 커서가 위치하면 자동으로 표시되는 변제사유 중에서 하나를 선택하여 입력한다.

(3) 부가가치세신고서 반영

1) 대손공제액

대손세액공제(변제)신고서를 작성하면 대손세액합계금액이 부가가치세신고서상 과세표준 및 매출세액의 대손세액가감란에 음수(-)로 자동표시 된다.

2) 대손변제액

대손세액공제(변제)신고서를 작성하면 대손변제세액합계금액이 부가가치세신고서상 [기타 공제 매입세액]의 변제대손세액란에 자동표시 된다.

🔍 실습예제

다음의 내용에 의하여 (주)한국전자 제1기 확정 신고시 [대손세액공제신고서]를 작성하고 부가가치세신고서에 반영 하시오.

- 대손이 발생된 매출채권은 아래와 같다.

공급일자	거래상대방	계정과목	공급대가	비고
2022. 05. 10.	㈜동국무역	외상매출금	1,100,000원	상법상 소멸시효 완성(2025. 05. 10.)
2024. 07. 05.	㈜한세전자	받을어음	6,600,000원	부도발생일(2024. 10. 04.)
2024. 04. 20.	㈜우일상사	단기대여금	4,400,000원	사망(2025. 05. 20.)

- 전기에 대손세액공제(사유 : 파산, 당초공급일 : 2024.02.05.)를 받았던 매출채권(공급대가 : 5,500,000원, 매출처 : (주)대한상사)를 2025.05.23.에 회수하였다.

 해답

☞ 대손세액공제신고서 작성 → 부가가치세신고서 반영

① 대손세액공제신청서 입력화면 거래처 : (주)동국무역 신고서반영 : -100,000원

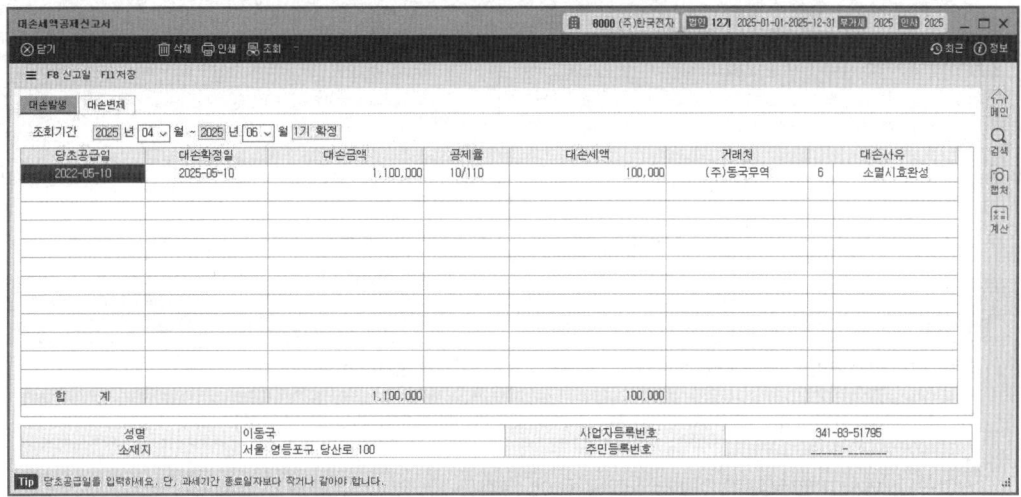

② 대손세액공제신고서 입력화면 거래처 : (주)한세전자 신고서반영 : -600,000원

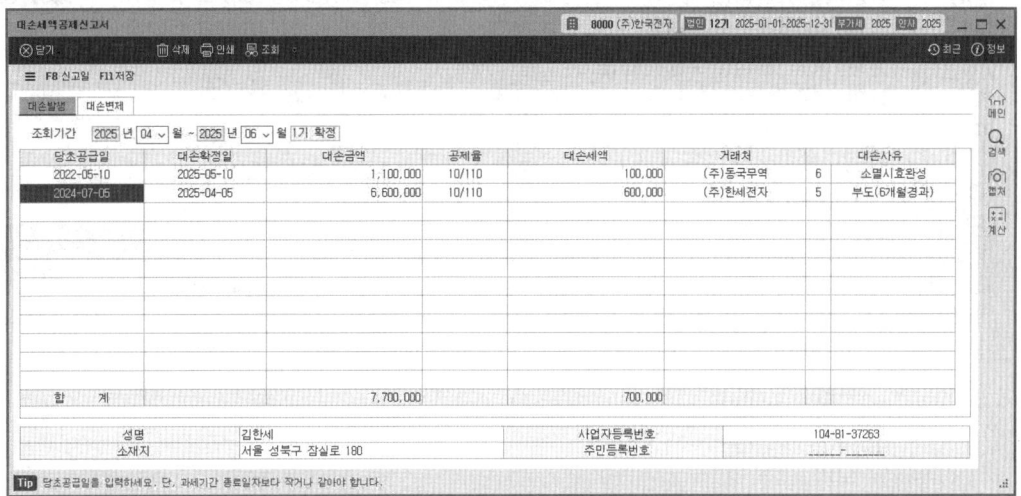

③ 대손세액공제신고서 입력화면 거래처 : (주)대한상사 신고서반영 : 500,000원

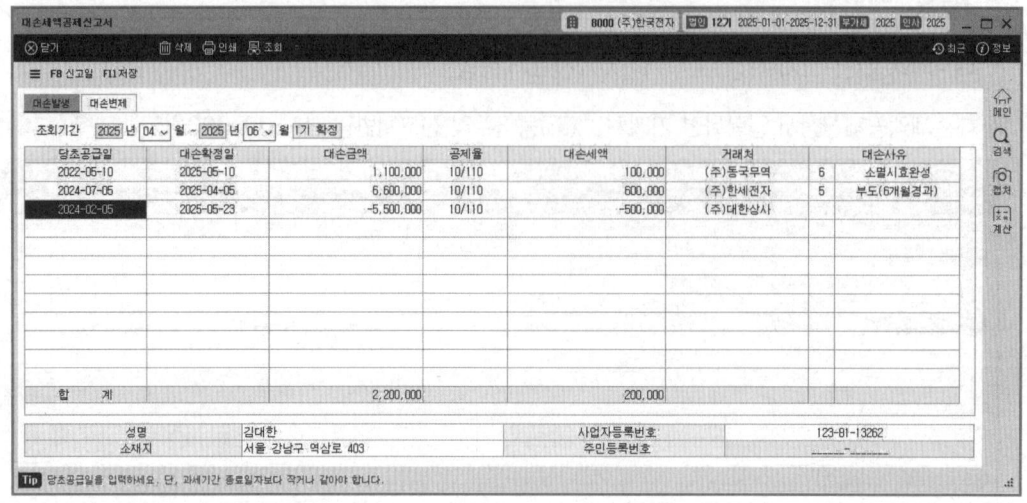

· ㈜우일상사 단기대여금 : 단기대여금은 부가가치세법상 대손세액공제가 불가하다.

④ 부가가치세신고 입력화면[8] 대손세액감란에 음수(-)로 200,000원 신고서 반영

구분				정기신고금액		
				금액	세율	세액
과세표준및매출세액	과세	세금계산서발급분	1	40,000,000	10/100	4,000,000
		매입자발행세금계산서	2		10/100	
		신용카드·현금영수증발행분	3		10/100	
		기타(정규영수증외매출분)	4	1,900,000		190,000
	영세	세금계산서발급분	5		0/100	
		기타	6	150,000,000	0/100	
	예정신고누락분		7			
	대손세액가감		8			-200,000
	합계		9	191,900,000	㉮	3,990,000

* 대손세액공제신고서에 입력하고 저장하면 부가가치세신고서에 자동으로 반영된다. 대손세액은 신고서에 직접 입력할 수 있는데 대손세액이 크면 음수로 입력하고 변제세액(회수액)이 크면 양수로 입력하여야 한다.

03. 부동산임대공급가액명세서

부동산임대업을 영위하는 사업자는 부가가치세신고서와 함께 부동산임대공급가액명세서를 반드시 제출해야 한다. 부동산 임대용역의 공급내역을 상세히 기록한 부동산임대공급가액명세서를 제출하므로 부가가치세 성실신고여부와 보증금에 대한 간주임대료 계산의 적정여부 등을 판단하는 자료로 활용되어 진다.

1. 보증금(전세금)에 대한 간주임대료

간주임대료란 부가가치세법에서는 실제로 받은 임대료뿐 만 아니라 보증금에 대한 이자 해당액도 임대료를 받는 것으로 보아 부가가치세를 과세하고 있는데 이것을 간주임대료라고 한다.

간주임대료는 부동산임대공급가액명세서에서 작성된다. (전세의 경우 보증금만 있다 하더라도 부동산임대공급가액 명세서에 입력하여야 하며 월세의 경우 보증금이 없고 월세만 있다 하더라도 내용은 입력해야함) 간주임대료는 다음과 같이 계산한다.

> 간주임대료 = 임대보증금 × 이자율 × 해당과세기간일수/365(366)

2. 간주임대료의 회계처리

- 임대인이 간주임대료에 대한 부가가치세를 부담하는 경우
  (차) 세금과공과   ×××   (대) 부가세예수금   ×××

- 임차인이 간주임대료에 대한 부가가치세를 부담하는 경우
  ① 임차인이 간주임대료 지급시
    (차) 세금과공과   ×××   (대) 현 금 등   ×××
  ② 임대인이 간주임대료 수취시
    (차) 현 금 등   ×××   (대) 부가세예수금   ×××

3. 입력방법

[부동산임대공급가액명세서]를 작성하려면 [부가가치세Ⅱ]의 [부동산임대공급가액명세서]메뉴를 클릭한다.

[부동산임대공급가액명세서화면]

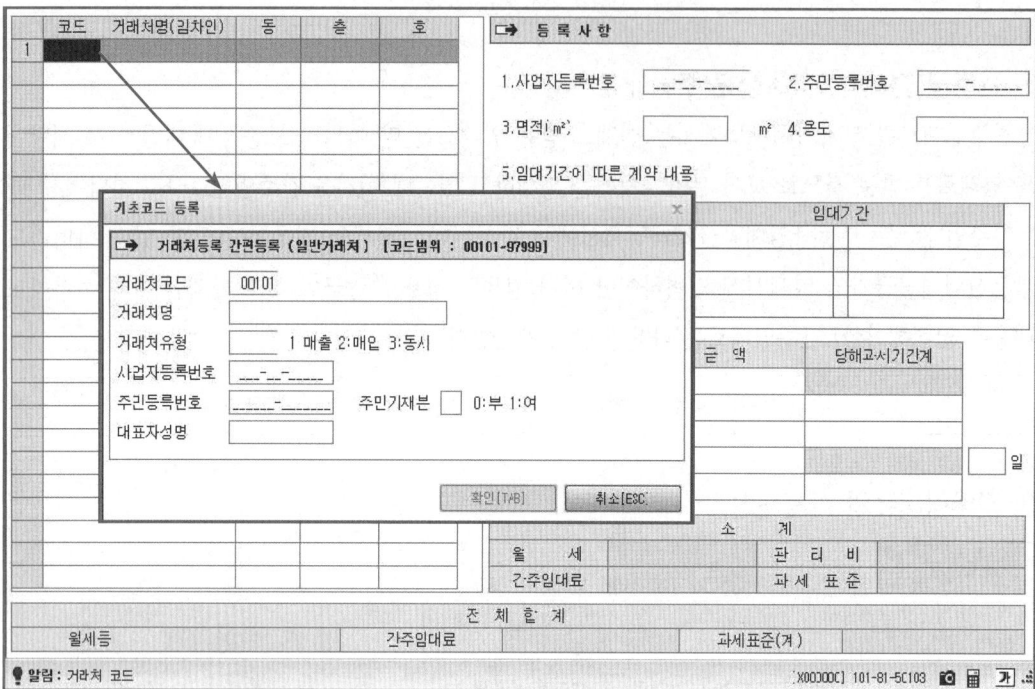

(1) 조회기간

월(▼)을 선택하면 해당 과세 월이 자동으로 입력된다. 해당 월의 버튼을 이용하여 선택할 수도 있다.

(2) 거래처명(임차인)·동·층·호

구 분	내 용
거래처명(임차인)	코드란에서 검색(F2)키를 이용하여 거래처를 입력한다. 신규거래처의 경우에는 코드란에서 ⊞키를 누른다. 그러면 거래처등록화면이 나타나는데 여기에 거래처내용을 입력한 후 [확인(TAB)]키를 눌러 거래처등록을 한다.
동	건물에 해당하는 동을 입력한다.
층	건물의 층수를 입력한다.
호	건물의 호수를 입력한다.

(3) 등록사항

구 분		내 용
사업자등록번호		거래처등록내용이 자동반영 된다.
주민등록번호		
면 적		임대면적을 평방미터(㎡)로 입력한다.
용 도		임차인이 사용하는 용도를 입력한다.
임 대 기 간		임차인에게 임대한 전체 임대기간을 입력한다. 과세기간(조회기간)내에 계약기간의 연장, 보증금·월세의 변동이 있는 경우 입력하고 첫 번째 임대기간의 계약갱신일은 입력하지 않는다.
계 약 내 용	보증금	임대계약상의 보증금을 입력한다.
	월세	월임대료를 입력한다.
	월관리비	월관리비를 입력한다.
간 주 임 대 료		입력된 보증금을 기초로 간주임대료가 자동계산 된다.
과 세 표 준		간주임대료, 월세, 관리비가 합산표시 된다.
전 체 합 계	월세등	각 임차인별 월세와 관리비 총합계액이 표시된다.
	간주임대료	각 임차인별 간주임대료의 총합계액이 표시된다.
	과세표준(계)	부가가치세가 과세되는 과세표준의 합계액이 표시 된다.

🔍 실습예제

(주)한국전자의 제 2기 예정신고기간(7.1~9.30) 동안의 부동산임대현황이 아래와 같을 때, 부동산임대공급가액명세서를 작성하고, 9월 30일자로 간주 임대료에 대한 회계처리를 하시오. 단, 임차인은 아래 임대기간 동안에 정상적으로 입주 및 연장을 하였으며, 간주임대료에 대한 부가가치세(원미만 절사)는 임대인이 부담한다. (적용이자율은 3.5%로 가정한다)

(건물명 : 유성건물, 105동)

층별	호수	상호 (사업자등록번호)	면적 (㎡)	용도	임대기간	보증금(원)	월세(원)	관리비 (원)
지하 1층	101	빵빵노래방	40	점포	2024.7.1~ 2026.6.30	40,000,000	1,500,000	300,000
지상 1층	101	(주)대우전기	60	점포	2024.9.1~ 2025.8.31	60,000,000	1,500,000	400,000
					2025.9.1~ 2026.8.31	80,000,000	2,000,000	500,000
지상 2층	201	(주)튼튼건설	60	사무실	2025.8.1~ 2026.7.31	30,000,000	1,300,000	350,000

해답

☞ ① 부동산임대공급가액명세서 → ② 일반전표입력 순으로 작성한다.

① 부동산임대공급가액명세서 작성

[답] 부동산임대공급가액명세서 입력화면 : B101호 빵빵노래방 간주임대료 : 352,876원

☞ 우측에 간주임대료는 해당 임차인과의 간주임대료를 의미하며 하단의 간주임대료는 전체 임대보증금에 대한 간주임대료를 의미한다. 부가가치세 신고서에 반영하기 위해서는 하단에 있는 전체 간주임대료를 메모 하여 반영시켜야 함을 유의한다

[답] 부동산임대공급가액명세서 입력화면 : 101호 (주)대우전기 간주임대료 : 586,848원

① 2025년 07월 01일부터 2025년 08월 31일(62일)까지 간주임대료: 356,712원

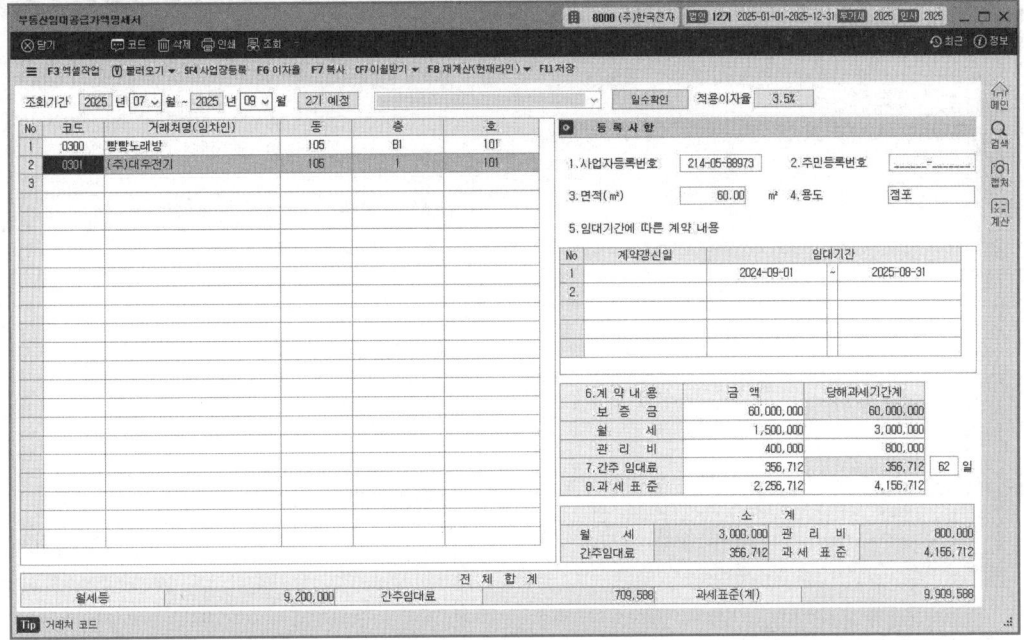

② 2025년 09월 01일부터 2025년 09월 30일(30일)까지 간주임대료: 230,136원

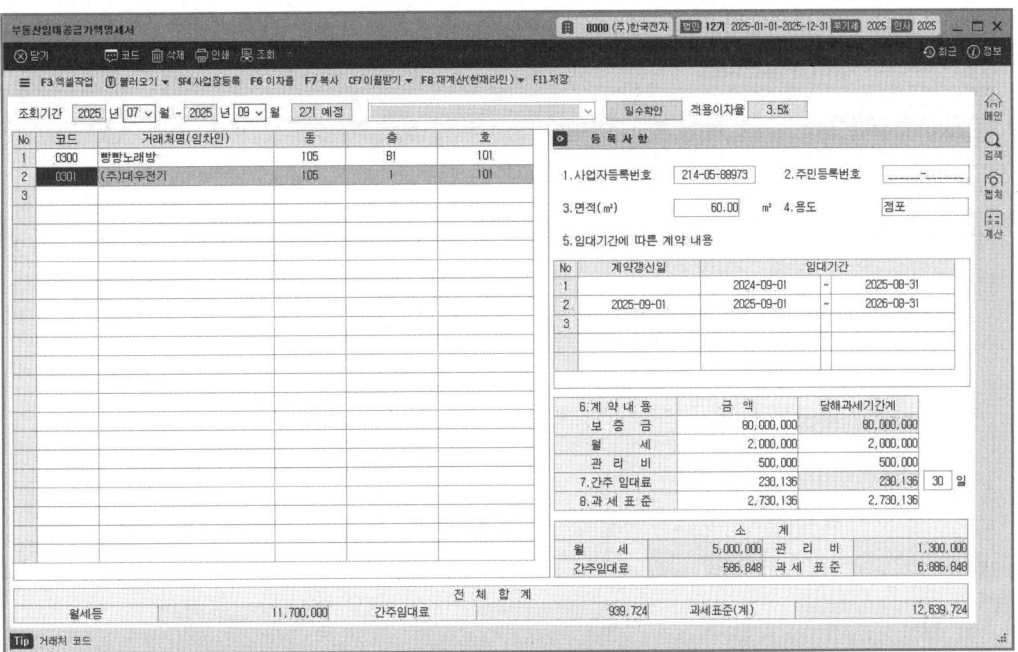

[답] 부동산임대공급가액명세서 입력화면 : 201호 (주)튼튼건설 간주임대료 : 175,479원

위 화면에서 간주임대료(1,115,203원)을 메모하여 간주임대료의 10%를 일반전표에서 회계처리 한다. (부가가치세 신고서에 반영하라는 내용이 없으므로 매입매출전표에 입력하는 내용은 생략한다)

② 일반전표입력화면

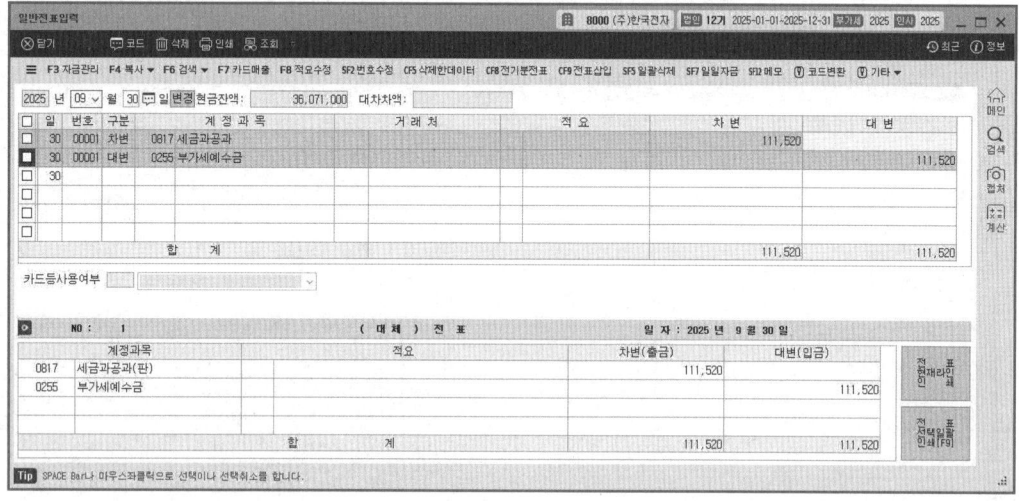

04..영세율첨부서류제출명세서

1. 영세율첨부서류제출명세서

영세율첨부서류명세서는 개별소비세 수출면세의 적용을 받기 위하여 수출신고필증, 우체국장이 발행한 소포수령증(우편수출에 한함) 등을 개별소비세 과세표준신고서와 함께 이미 제출한 사업자가 부가가치세신고서에 당해 서류를 별도로 제출하지 아니하고자 하는 경우 또는 영세율첨부서류를 전산테이프 또는 디스켓으로 제출하고자 하는 사업자의 경우에 작성한다.

2. 첨부서류

영세율이 적용되는 경우 사업자는 부가가치세 예정 및 확정 신고서와 함께 해당하는 다음의 서류를 첨부하여 제출하여야한다.

① 수출실적명세서, 다만 소포우편에 의하여 수출한 경우에는 당해 우체국장이 발행하는 소포수령증
② 수출계약서 사본 또는 외국환은행이 발행하는 외화입금증명서
③ 내국신용장이나 구매확인서 사본 또는 외국환은행이 발급하는 수출대금입금증명서
④ 한국국제협력단 등이 교부한 공급사실을 증명할 수 있는 서류 등

[영세율첨부서류제출명세서화면]

3. 입력방법

(1) 조회기간

월(▼)을 선택하면 해당 과세 월이 자동으로 입력된다. 해당 월의 버튼을 이용하여 선택할 수도 있다.

(2) 서류명 등

구 분	내 용
서 류 명	개별소비세신고 시 이미 제출한 서류의 명칭을 기재한다.
발 급 자	해당서류의 발급자를 입력한다.
발 급 일 자	해당서류의 발급일자를 입력한다.
선 적 일 자	해당서류의 선적일자를 입력한다.
통 화 코 드	결제 받기로 한 외국통화코드를 직접입력하거나 검색()키를 이용하여 통화코드를 입력한다.
환 율	수출재화의 선적일자와 외국환 거래시점의 기준환율 또는 재정환율을 입력한다.
당 기 제 출 금 액	수출대금으로 받을 외화금액을 입력하면 원화금액은 이미 입력한 환율을 적용하여 계산된다.
당기신고해당분	부가가치세영세율신고와 관련된 외화금액을 입력하면 원화금액은 자동반영 된다.

실습예제

(주)한국전자의 다음 자료를 이용하여 제2기 확정부가가치세 [영세율첨부서류제출명세서]를 작성하시오. 외화입금증명원은 국민은행에서 받았으며, 선적일에 수출신고를 하였다. (직접수출)

| 구분 | 발급일자 | 수출금액 | | 수출신고서 | | 환율 |
		외화	원화	면장번호	신고일자	
신고분	10.20	$10,000	12,000,000	WB356-123	10.15	1$당 1,200원
신고분	11.15	$15,000	16,500,000	WB356-267	11.12	1$당 1,100원
신고분	12.24	$34,000	38,420,000	WB356-785	12.27	1$당 1,130원

해답

[답] 영세율첨부서류제출명세서 입력화면

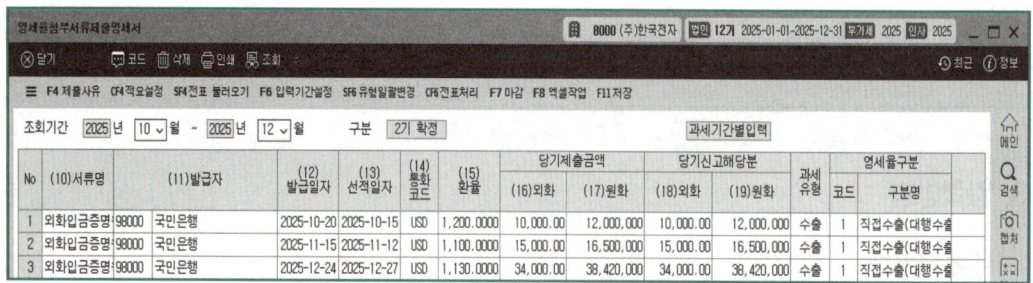

05. 수출실적명세서

수출실적명세서는 내국물품을 국외로 반출하는 수출거래에 영세율을 적용받기 위하여 수출신고필증의 내용을 기재하여 부가가치세신고서와 함께 제출하는 영세율첨부서류를 말한다.

[수출실적명세서]를 작성하려면 [부가가치세Ⅱ]의 [수출실적명세서]메뉴를 클릭한다.

[수출실적명세서화면]

1. 조회기간

월(▼)을 선택하면 해당 과세 월이 자동으로 입력된다. 해당 월의 버튼을 이용하여 선택할 수 도 있다.

2. 기타영세율적용

직수출하는 재화 이외의 영세율적용분(국외제공용역 등)으로 세금계산서를 발급하지 않은 총건수, 외화금액합계, 원화금액합계를 입력한다.

3. 수출재화의 내용입력

구 분	내 용
수출신고번호	수출신고필증의 신고번호를 입력한다.
선(기)적일자	수출재화의 실제 선(기)적일을 입력한다.
통화코드	수출대금을 결제받기로 한 외국통화를 입력한다. 키를 이용하여 외국통화에 대한 도움을 받을 수 있다.
환율	수출재화의 선(기)적일자의 기준환율 또는 재정환율을 입력한다.
외화금액	물품수출을 통해 지급받기로 한 전체 수출금액을 입력한다.
원화금액	외화금액에 환율을 적용하여 자동으로 계산된다. 단, 선적일 전에 수출대금(수출선수금, 사전송 금방식수출 등)을 원화로 환가한 경우에는 그 금액을 기재한다.

외화의 환산

대가를 외국통화 기타 외국환으로 받는 때에는 다음과 같은 금액을 그 대가(과세표준)로 한다.

구 분	외화환산액
공급시기 도래 전에 원화로 환가한 경우	그 환가한 금액
공급시기 이후에 외국통화, 기타 외국환 상태로 보유하거나 지급받는 경우	공급시기의 외국환거래법에 따른 기준환율 또는 재정환율에 따라 계산한 금액

실습예제

다음 자료에 의하여 (주)한국전자의 부가가치세 제 2기 확정신고에 첨부할 수출실적명세서를 작성하시오.

수출신고번호 (거래처)	선적일자	대금결제일 (환전일)	통화 코드	외화금액	적용환율 선적시 기준환율	적용환율 결제일 적용 환율
02015-06-0138408 (세계무역)	10.05	10.08	USD	$5,000	1,100/$	1,200/$
02030-11-0127565 (Tope.Corp)	11.12	11.16	JPY	¥1,000,000	950/100¥	900/100¥
01005-23-0000010 (MAYCY.CO.LTD)	12.22	12.18	USD	$8,500	1,150/$	1,050/$

[답] 수출실적명세서 입력화면

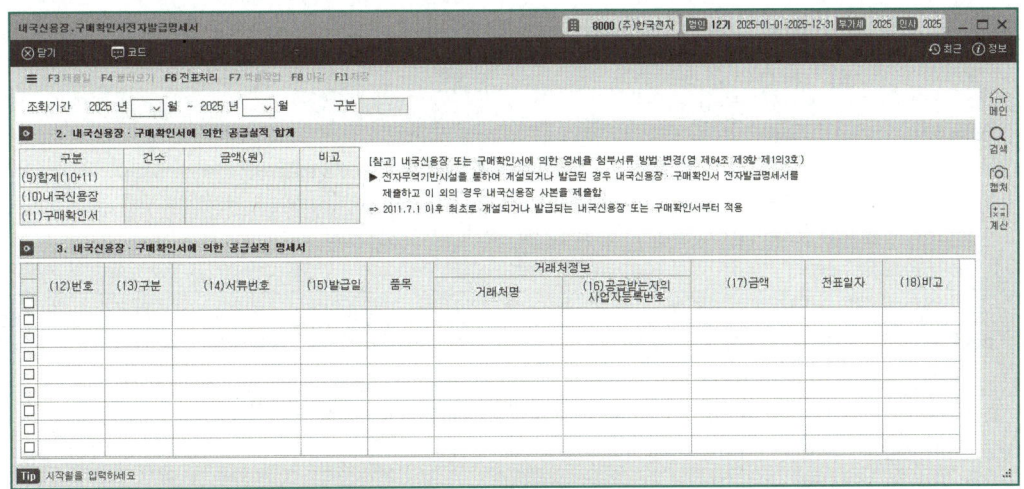

06.. 내국신용장·구매확인서전자발급명세서

수출업자 또는 수출업자에게 납품하는 사업자에게 수출용 재화를 내국신용장 또는 구매확인서에 의하여 공급하는 경우 한하여 영세율이 적용되며 내국신용장 등을 전자무역기반시설을 통하여 개설되거나 발급된 경우에는 내국신용장이나 구매확인서를 전자발급명세서를 통하여 제출하여야 한다.

1. 조회기간

월(▼)을 선택하면 해당 과세 월이 자동으로 반영된다. 해당 월의 버튼을 이용하여 선택할 수 도 있다.

2. 내국신용장·구매확인서에 의한 공급실적 합계

내국신용장·구매확인서에 의한 공급실적합계는 내국신용장·구매확인서에 의한 공급실적명세서를 작성하면 자동작성된다.

3. 내국신용장·구매확인서에 의한 공급실적명세서 입력방법

항 목	내 용
구 분	내국신용장, 구매확인서 중 선택한다.
서 류 번 호	내국신용장 및 구매확인서 발급번호를 기재한다.
발 급 일	내국신용장 및 구매확인서 발급일을 기재한다.
거 래 처 정 보	내국신용장 등에 영세율세금계산서 공급받는 자를 기재한다.
금 액	영세율세금계산서 발급금액을 입력한다.
전 표 일 자	매입매출전표에 입력한 공급시기를 입력한다.
불 러 오 기	매입매출전표에 입력한 전표를 내국신용장·구매확인서 전자발급명세서에 반영하고자 하는 경우 사용한다. 서류번호와 발급일을 추가로 입력한다. 불러오고자 하는 경우 해당 계정과목을 입력한다.

실습예제

당사는 수출용 원자재를 ㈜삼진에게 공급하고 구매확인서를 받았다. 다음의 구매확인서를 참조하여 (주)한국전자 제1기 부가가치세 확정신고기간의 [내국신용장·구매확인서전자발급명세서]와 [영세율매출명세서]를 작성하시오(단, 회계처리는 생략할 것).

외화획득용원료·기재구매확인서

※ 구매확인서번호 : PKT202500621365

(1) 구매자
- (상호) ㈜삼진
- (주소) 인천시 부평구 부평대로 11
- (성명) 문대원
- (사업자등록번호) 201-81-01218

(2) 공급자
- (상호) ㈜한국전자
- (주소) 서울특별시 서초구 방배로 35
- (성명) 손정호
- (사업자등록번호) 101-81-50103

1. 구매원료의 내용

(3) HS부호	(4) 품명 및 규격	(5) 단위수량	(6) 구매일	(5) 단위수량	(6) 구매일	(7) 단가	(8) 금액	(9) 비고
6243550000	t	50 DPR	2025-05-31	50 DPR	2025-05-31	USD 6,000	USD 300,000	
TOTAL		50 DPR		50 DPR			USD 300,000	

2. 세금계산서(외화획득용 원료·기재를 구매한 자가 신청하는 경우에만 기재)

(10) 세금계산서번호	(11) 작성일자	(12) 공급가액	(13) 세액	(14) 품목	(15) 규격	(16) 수량
20250531100000084352462	2025.05.31.	393,000,000원	0원			

(17) 구매원료·기재의 용도명세 : 원자재

위의 사항을 대외무역법 제18조에 따라 확인합니다.

확인일자 2025년 06월 07일
확인기관 한국무역정보통신
전자서명 1301703632

제출자 : ㈜삼진 (인)

[답] 내국신용장·구매확인서전자발급명세서 입력화면

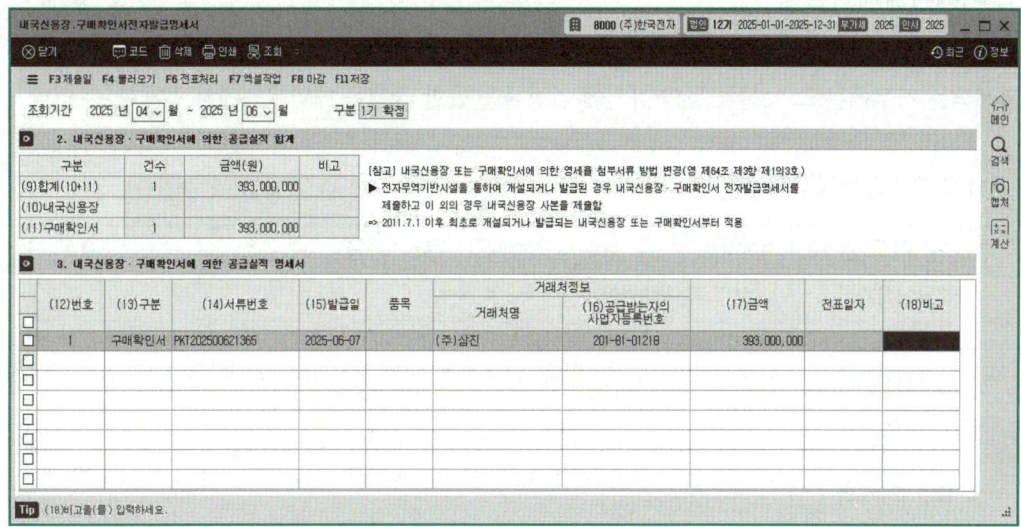

[답] 영세율매출명세서 입력화면

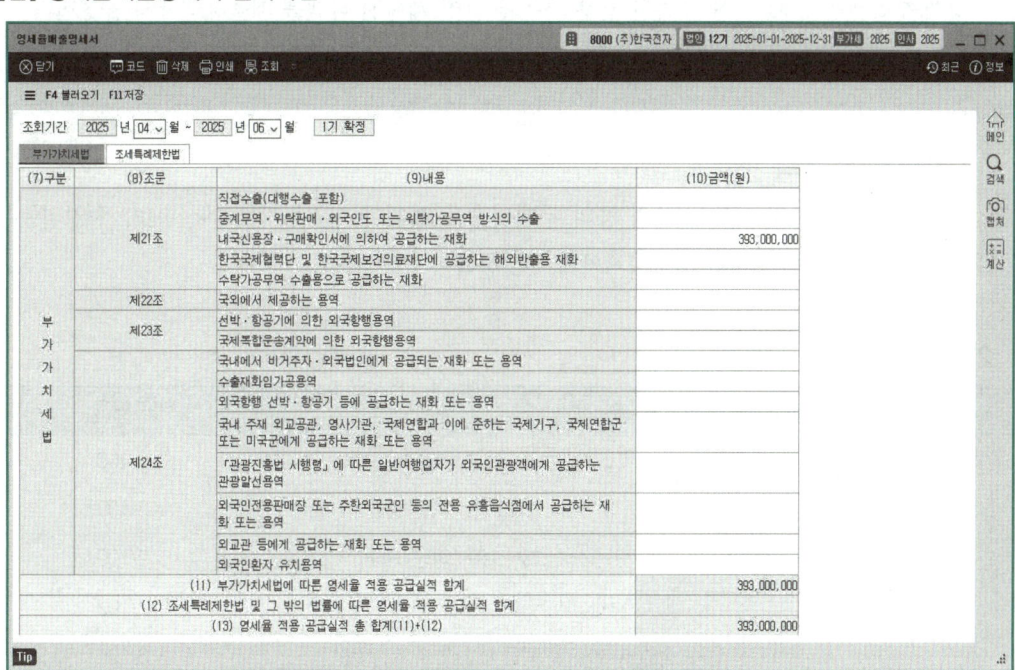

07..의제매입세액공제신고서

1. 의제매입세액공제

사업자가 면세농산물 등을 원재료로 하여 제조·가공한 재화 또는 창출한 용역의 공급에 대하여 과세되는 경우에는 그 농산물 등의 가액에 일정률을 곱한 금액을 매입세액에서 공제할 수 있다.

(1) 의제매입세액공제요건

공제요건	내 용
① 적용대상자	사업자등록을 한 사업자
② 과세사업에 사용	사업자가 공급받은 면세농산물 등을 원재료로 하여 제조·가공한 재화 또는 용역의 공급이 과세되어야 한다. 여기서 면세되는 농산물 등이란 본래성질이 변하지 않는 1차 가공물과 그에 따른 부산물, 단순가공 및 미가공 식료품 등을 포함한다.
③ 증명서류제출	의제매입세액을 공제받으려는 사업자는 면세농산물 등을 공급받은 사실을 증명하는 의제매입세액공제신고서와 매입처별계산서합계표·신용카드매출전표등수령명세서를 관할세무서장에게 제출하여야 한다.

(2) 의제매입세액의 계산

의제매입세액공제요건을 충족한 경우 다음과 같이 계산된 금액을 매출세액에서 공제한다.

$$\text{의제매입세액} = \text{면세농산물 등의 가액} \times \text{공제율}$$

1) 면세농산물 등의 가액

면세농산물 등의 가액은 운임 등의 부대비용을 제외한 매입원가로 계산하며, 수입되는 농산물 등의 경우에는 관세의 과세가격으로 한다.

2) 공제율

구 분			공제율
음식점업	법인사업자		6/106
	개인사업자	과세표준 2억원 초과	8/108
		과세표준 2억원 이하	9/109
개별소비세 과세유흥장소의 경영자			2/102
제조업	① 과자점업, 도정업, 제분업 및 떡류 제도업 중 떡방앗간		6/106
	② ①이외의 제조업자로 일정한 중소기업 및 개인사업자		4/104
기타업	−		2/102

(2) 의제매입세액공제한도

구 분	한 도 비 율				
법인사업자	해당과세기간의 과세표준 ×50%				
개인사업자	해 당 과세기간의 과세표준	2억원 초과	55%	음식점업	60%
		2억원 이하	65%		70%
		1억원 이하			75%

(3) 의제매입세액의 공제시기

의제매입세액은 면세농산물 등을 공급받거나 수입한 날이 속하는 과세기간의 매출세액에서 공제한다.

(4) 의제매입세액의 추징

의제매입세액의 공제를 받은 면세농산물 등에 대하여 다음에 해당하는 경우에는 그 공제한 금액을 납부세액에 가산하거나 환급세액에서 공제하여야 한다.

① 면세농산물 등을 그대로 양도 또는 인도하는 경우
② 면세농산물 등을 면세사업 기타의 목적을 위하여 사용하거나 소비하는 경우

2. 회계처리

- 원재료매입시
  (차) 원재료(적요: 6) ×××   (대) 현 금 등   ×××
  * 매입매출전표입력시 원재료계정 적요 6번(의제매입세액 공제신고서 자동반영분)선택

- 의제매입세액공제시
  (차) 부가세대급금   ×××   (대) 원재료(적요: 8) ×××
  * 과세기간종료일자로 일반전표에 입력한다. 원재료입력시 적요8번(타계정으로 대체액 원가명세서 반영분)선택

3. 입력방법

[의제매입세액공제신청서]메뉴는 일반전표입력과 매입매출전표입력에서 해당 계정의 적용번호를 [6.의제매입세액공제신고서 자동반영분]으로 입력된 자료가 반영되어 자동으로 작성된다. 또한 본 메뉴에서 수정 및 추가 입력도 가능하다.

[의제매입세액공제신청서]를 작성하려면 [부가가치세Ⅱ]의 [의제매입세액공제신고서]메뉴를 클릭한다.

[의제매입세액공제신고서화면]

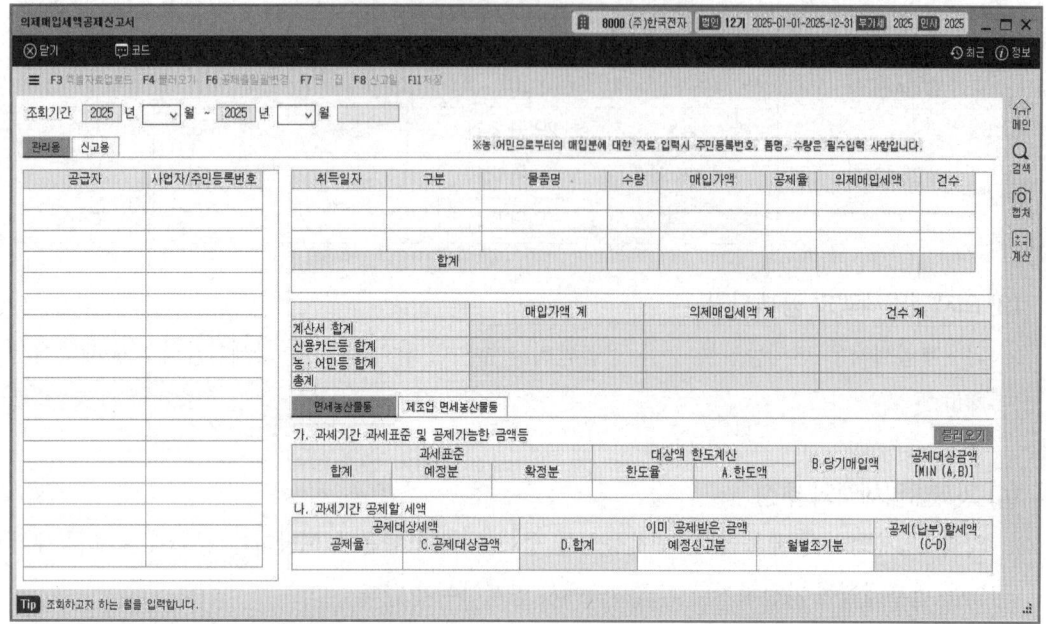

(1) 조회기간

월(▼)을 선택하면 해당 과세 월이 자동으로 입력된다. 해당 월의 버튼을 이용하여 선택할 수도 있다.

(2) 데이터불러오기

화면상단의 [F4불러오기]를 클릭하면 데이터 불러오기 실행여부를 묻는 메시지 창이 나타난다. 여기서 [예]를 선택하면 전표입력에서 [적요6]으로 입력한 데이터를 불러온다. 이 기능은 전표입력시 반드시 [적요6]을 선택하였어야 하며, 거래처가 입력 되어있어야 한다.

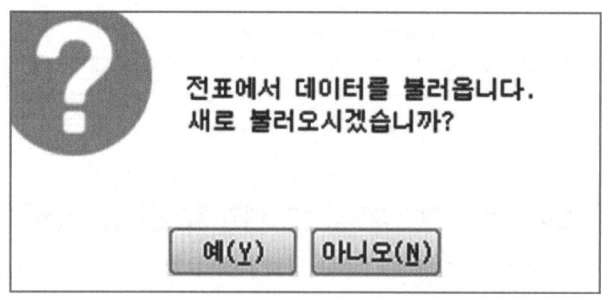

(3) 공급자등

구 분	내 용	
공 급 자	면세농산물 등의 공급자 상호 또는 성명을 입력한다.	
사업자/주민등록번호	공급하는자가 사업자인 경우에는 사업자등록번호를 입력하고 공급하는자가 비사업자인 경우에는 주민등록번호를 입력한다.	
취 득 일 자	면세농산물 등의 취득일자를 입력한다.	
구 분	1.계산서	사업자에게 계산서를 발급받고 매입한 경우
	2.신용카드 등	사업자에게 신용카드 등으로 결제한 경우
	3.농어민으로부터매입	농어민으로부터 매입한 경우
물 품 명·수 량	면세농산물 등의 품명과 수량을 입력한다.	
매 입 가 격	매입금액을 입력한다.	
공 제 율 의제매입세액	의제매입세액 공제율을 선택하면 의제매입세액이 자동으로 계산된다.	
건 수	거래내역을 입력하면 "1"로 자동반영된다.	

4. 부가가치세신고서 반영

[의제매입세액공제신청서]를 작성하면 의제매입세액 합계란의 금액과 세액이 부가가치세신고서 [그 밖의 공제매입세액]란의 의제매입세액란에 자동으로 반영된다.

실습예제

다음은 의제매입세액공제 대상이 되는 매입자료 내역이며, 자료에 의하여 (주)한국전자 제 1기 확정분 의제매입세액공제신청서를 작성하시오.(의제매입세액공제 대상이 되는 거래는 다음 거래뿐이다.) 단, 본 문제에 한하여 당해법인(중소기업)은 식품가공제조업을 겸업하는 것으로 가정한다.

[자료1]

구 분	일 자	상호 또는 성명	사업자번호 또는 주민등록번호	품 명	매입가액	증 빙	수 량
사업자 매입분	4.01	(주)일명축산	132-84-56586	닭	3,003,900	계산서	10
	5.03	(주)영동상회	132-81-21354	당근	1,060,000	영수증	30
	6.12	(주)부산수산	132-84-56475	멍게	3,060,000	신용카드	20
	6.15	(주)웅진워터	204-81-37258	수도료	816,000	신용카드	10
	6.21	(주)광주수산	132-82-13225	미역	2,099,670	계산서	25
농,어민 매입분	4.12	김대한	630121-1222311	호두	1,999,200	영수증	40
	5.05	이의제	290125-1023214	배추	4,115,700	영수증	20

[자료2]

제1기의 식품가공제조업과 관련한 공급가액은 30,000,000원(제1기 예정공급가액: 10,000,000원, 제1기 확정공급가액 20,000,000원)이다.

[자료3]

예정신고기간 매입액은 2,990,000원이다.

예정신고시 의제매입세액공제액은 115,000원이다.

[답] 의제매입세액공제신청서 입력화면

① 사업자매입분 입력화면

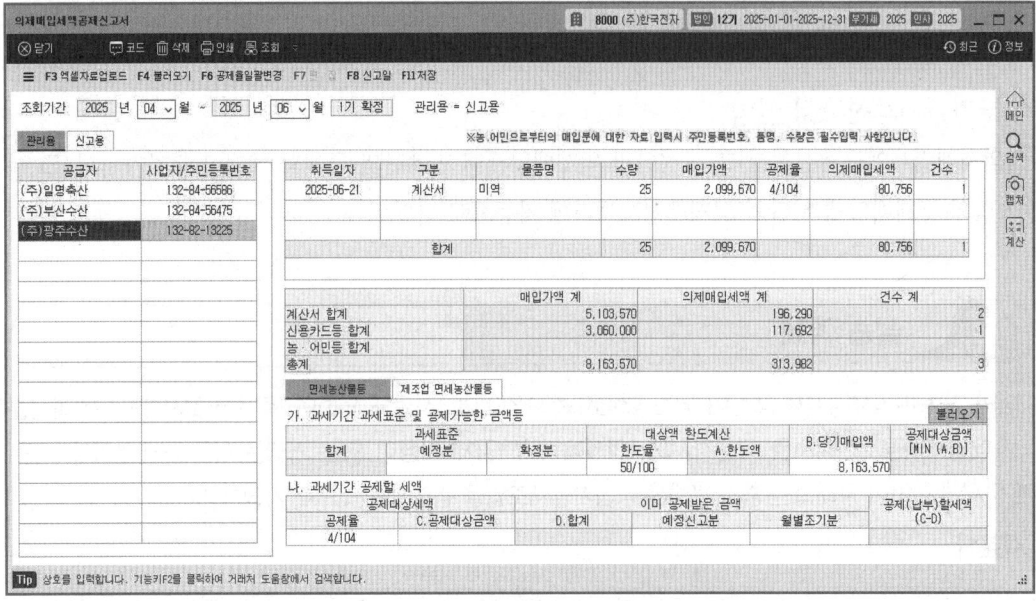

② 농,어민매입분 입력화면

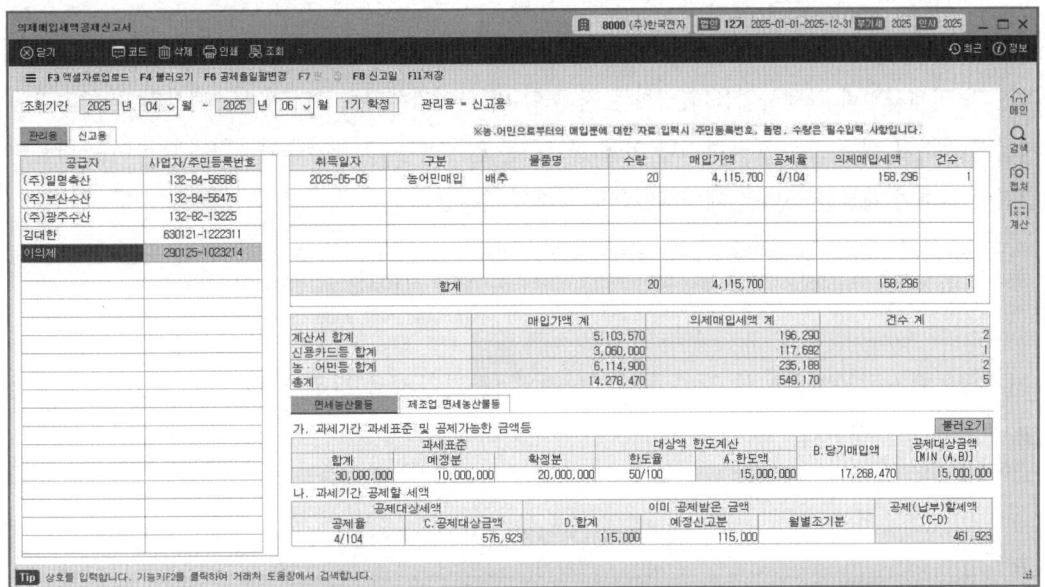

* 1기 확정을 선택후 4월부터 6월선택 (매입매출전표에 회계처리를 생략하였으므로 새로 불러오기 하여도 불러 오지 않으므로 수동으로 입력한다. 거래처를 등록 후 공급자에서 F2를 선택 거래처를 선택하여 작성하기도 하나 문제에서 거래처가 등록되어 있지 않다면 직접 거래처명과 사업자등록번호만 입력하여도 무방하다
* "1.사업자매입분(계산서)"를 선택하여 입력한다. 사업자간의 거래에서 영수증은 매입이 인정 되지 않으므로 사업자간에는 계산서나 신용카드 등 매입분만을 선택 할 수 있으며 농.어민에게 구입시에만 영수증 "3.농.어민으로 부터 매입분"으로 인정된다.
* 당사는 제조업이고 중소기업인 법인이므로 공제율을 4/104로 직접 입력한다.
* [가. 과세기간 과세표준 및 공제가능한 금액등]은 [불러오기] 버튼을 클릭하여 반영한다. 직접 입력도 가능하다. 본 문제는 주어진 과세표준을 직접 입력한다.
* [나. 과세기간 공제할 세액]은 가의 공제대상금액에 공제율을 곱하여 계산한다. 이렇게 계산된 금액에서 예정 때 공제받은 금액을 차감하여 공제(납부)할 세액이 최종적으로 계산된다.
* B. 당기매입액 : 예정신고기간 매입액 2,990,000원 + 확정신고기간 매입액 14,278,470원 = 17,268,470원

08. 재활용폐자원세액공제신고서

　재활용폐자원 및 중고자동차 수집하는 사업자가 국가·지방자치단체 기타 과세사업을 영위하지 않는 자(면세사업과 과세사업을 겸영하는 자 포함)와 간이과세자로부터 재활용폐자원 및 중고자동차를 취득하여 제조 또는 가공하거나 이를 공급하는 경우에는 그 재활용폐자원에 대하여는 다음의 산식에 의하여 계산한 금액을 매입세액으로 공제할 수 있다.

> 재활용폐자원 등에 대한 매입세액 = 취득가액 × **3/103**(중고자동차: 10/110)

　[재활용폐자원세액공제신고서]를 작성하려면 [부가가치세Ⅱ]의 [재활용폐자원세액공제신고서] 메뉴를 클릭한다.

[재활용폐자원세액공제신고서화면]

실습예제

당사는 재활용폐자원을 수집하는 사업자이다. 다음 자료에 의하여 (주)한국전자 제2기 확정신고기간의 재활용폐자원세액공제신고서를 작성하시오. 단, 공제(납부)할 세액까지 정확한 금액을 입력할 것

거래자료	공급자	사업자번호	거래일자	품명	수량(kg)	취득금액	증빙	건수
	성포자원	101-02-21108	10.11	고철	100	4,650,000	영수증	1

추가자료	구분	매출액	매입공급가액(세금계산서)
	예정분	58,000,000	43,000,000
	확정분	63,000,000	52,000,000

*성포자원은 간이과세사업자이다.(직전년도 공급대가 합계액이 4,800만원 미만)
*매입매출전표입력은 생략하며, 예정신고기간 중의 재활용폐자원신고내역은 없다.
*제2기과세기간간 중 재활용관련 매출액과 세금계산서 매입액은 위와 같다.

해답

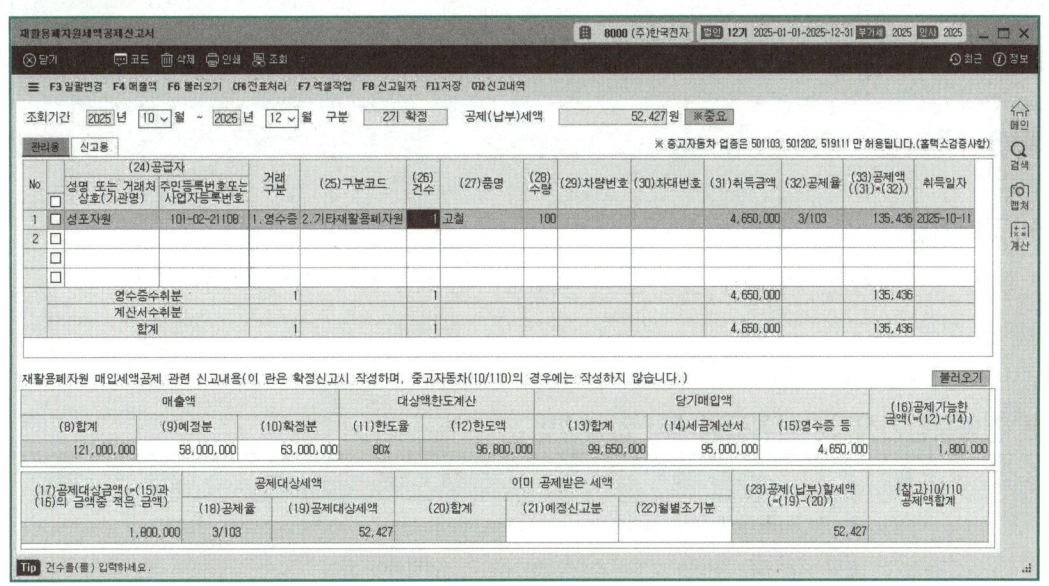

* 확정시에는 정산하여야한다. 공제액 [Min(①, ②) × 3/103] – 이미 공제받은 세액
① 해당과세기간 영수증과 계산서 수취 분 재활용폐자원의 취득가액
② (해당과세기간에 공급한 재활용폐자원 관련 과세표준×80%)-세금계산서수취분 재활용폐자원 매입가액

09..건물등감가상각자산취득명세서

사업자가 감가상각자산에 해당하는 사업설비를 신설·취득·확장(자본적 지출 포함) 또는 증축하는 경우 건축물은 10년, 기타고정자산은 2년으로 이를 사후관리를(공통매입세액 안분계산)하기 위한 목적과 조기환급 시 첨부서류로 제출하는 서류를 말한다.

매입매출전표 입력 시 고정자산으로 입력된 계정과목은 상단의 [F4불러오기]버튼을 클릭 후 구분에 해당 계정과목을 입력하면 자동반영된다.

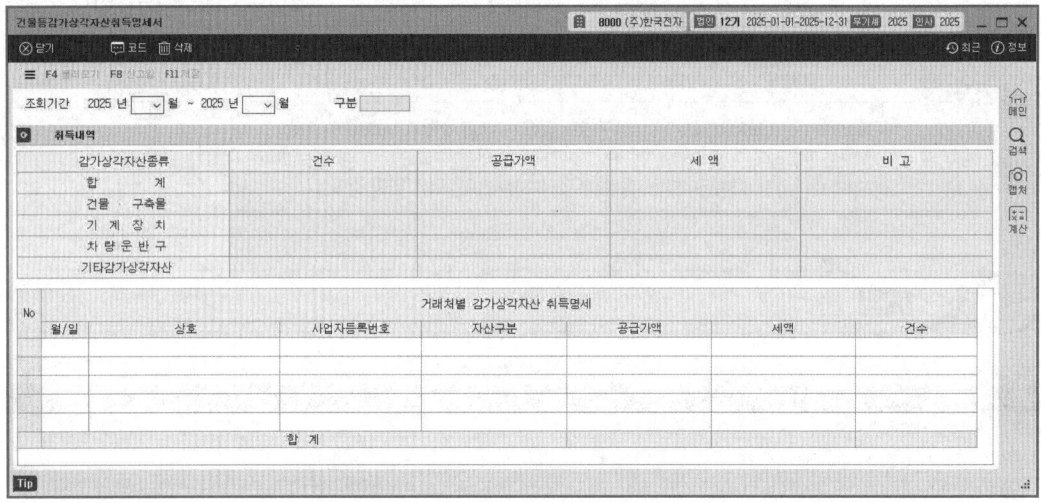

1. 조회기간

월(▼)을 선택하면 해당 과세 월이 자동으로 반영된다. 해당 월의 버튼을 이용하여 선택할 수 도 있다.

2. 건물등감가상각자산취득명세서 입력방법

항 목	내 용
월 일	취득일 월과 일을 입력한다.
상 호	F2버튼을 클릭하여 조회 후 입력하거나 직접입력한다.
사 업 자 등 록 번 호	F2버튼을 클릭하여 조회하는 경우 자동반영된다. 직접입력도 가능하다.
자 산 구 분	1.건물및구축물, 2.기계장치, 3.차량운반구, 4.기타 중 선택하여 입력한다.
공급가액/세액/건수	공급가액란에 취득가액을 입력하면 세액과 건수는 자동입력된다.

실습예제

다음의 자료를 이용하여 (주)한국전자 제2기 확정신고기간에 대한 [건물등감가상각자산취득명세서]를 작성하시오(단, 모두 감가상각자산에 해당함).

일자	내역	공급가액	부가가치세	상호
10/10	생산부가 사용할 공장건물 구입 · 전자세금계산서 수령 · 보통예금으로 지급	60,000,000원	6,000,000원	㈜대한
11/15	생산부 공장에서 사용할 포장용 기계 구입 · 전자세금계산서 수령 · 보통예금으로 지급	35,000,000원	3,500,000원	㈜한세
12/28	영업부에서 사용할 승용차 구입 · 전자세금계산서 수령 · 법인카드로 결제	4,000,000원	400,000원	㈜우일상사

해답

[답] 건물등감가상각자산취득명세서 입력화면

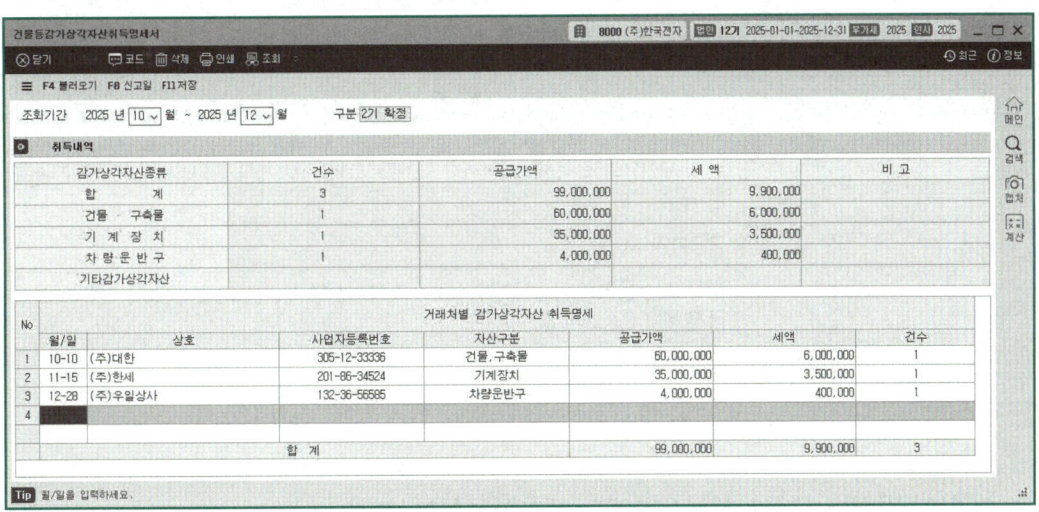

10. 가산세 연습

다음은 전산세무2급 범위 내에서 중요하게 다루어지는 가산세만을 요약·정리한 내용이다. 자세한 내용은 본 교재의 이론편 부가가치세 가산세부분을 참조하기 바란다.

1. 세금계산서 불성실가산세

구 분		가산세액
지연발급등	세금계산서 지연발급	공급가액 ×1%
	종이세금계산서발급	
지연수취	세금계산서 지연수취	공제받을 매입세액의 공급가액 ×0.5%
미발급등	세금계산서 미발급	공급가액 ×2%
	세금계산서 가공발급	공급가액 ×3%
	세금계산서 가공수취	
	세금계산서 위장발급	공급가액 ×2%
	세금계산서 과다기재	

2. 전자세금계산서 지연전송 및 미전송가산세

구 분		내 용
매출	지연전송	전자세금계산서 발급명세 전송기한이 경과한 후 재화 또는 용역의 공급시기가 속하는 과세기간의 확정신고기한까지 국세청장에게 전자세금계산서 발급명세를 전송하는 경우
	가산세	공급가액 ×0.3%
	미전송	재화 또는 용역의 공급시기가 속하는 과세기간의 확정신고기한까지 국세청장에게 발급 명세를 전송하지 않은 경우
	가산세	공급가액 ×0.5%

* 미(지연)전송 가산세가 적용되는 부분은 매출처별 세금계산서합계표불성실가산세가 중복적용되지 않는다.

3. 매출(매입)처별 세금계산산서합계표 제출불성실가산세

구 분		가산세액
제출불성실	미제출(1개월 이내 제출 시 50% 감면)	공급가액 ×0.5%
	부실기재	
	과다기재(공급가액을 과다기재하여 매입세액을 공제)	
지연제출(예정신고 분을 확정신고 시 제출)		공급가액 ×0.3%

4. 신고불성실가산세

= 과소신고(초과환급)세액 × 10% × 감면(6개월 이내 50%)*

* 일정기간내 신고시 감면적용(영세율과세표준신고불성실가산세도 동일하게 적용)

구 분	감면율
법정신고기한이 지난 후 1개월 이내 수정신고 한 경우	90%
법정신고기한이 지난 후 1개월 초과 3개월 이내 수정신고 한 경우	75%
법정신고기한이 지난 후 3개월 초과 6개월 이내 수정신고 한 경우	50%
법정신고기한이 지난 후 6개월 초과 1년 이내 수정신고 한 경우	30%
법정신고기한이 지난 후 1년 초과 1년6개월 이내 수정신고 한 경우	20%
법정신고기한이 지난 후 1년6개월 초과 2년 이내 수정신고 한 경우	10%

5. 납부지연가산세

= 과소납부(미납부)세액 × 일수* × 2.2/10,000

* 일수: 과세표준신고기한 다음날부터 자진신고 납부일까지

6. 영세율과세표준신고불성실가산세

= 과세표준(공급가액) × 0.5% × 감면(6개월 이내 50%)*

* 신고불성실가산세 감면과 동일

🔍 실습예제

본문제는 가산세만 연습하기 위한 문제이므로 가산세 답만 제공합니다.

[1] 다음 자료를 이용하여 2기확정(10월1일~12월31일) 부가가치세신고서를 작성하시오. (부가가치세 신고서 이외에 과세표준명세 및 기타부속서류 작성은 생략할 것)

매출 자료	· 10월~12월에 과세로 공급한 세금계산서 발급분은 공급가액 250,000,000원, 부가가치세 25,000,000원이다. · 8월에 공급하고 적법하게 발급 전송했던 매출전자세금계산서 공급가액 30,000,000원 부가가치세 3,000,000원을 담당자의 실수로 예정신고시 누락하게 되었다.(부정행위가 아님, 미납일수는 92일로 한다) · 10월~12월에 과세신용카드 매출액은 공급대가 22,000,000원이다.
매입 자료	· 10월~12월에 과세로 매입하고 적법하게 교부받은 세금계산서는 공급가액 100,000,000원 부가가치세 10,000,000원이다. 이 중 공장용트럭(매입세액공제 대상)을 구입하고 교부받은 세금계산서 공급가액 20,000,000원 부가가치세 2,000,000원과 토지와 관련된(자본적지출) 포크레인 공사를 하고 받은 세금계산서 공급가액 10,000,000원 부가가치세 1,000,000원도 포함되어 있다.

[2] 2기 부가가치세 예정신고시 다음의 매출 내용이 누락되었다(부당 과소신고 해당 안됨). 2기 예정신고 누락분을 모두 반영하여 부가가치세 확정신고서를 작성하시오.(예정신고누락과 관련된 가산세 계산시 미납일수는 92일로 한다)

구 분	공급가액	부가가치세
신용카드매출전표 발행 매출	10,000,000원	1,000,000원
영세율전자세금계산서 매출 (전자세금계산서는 적법하게 발급하였으나 신고기한까지 미전송하였고 예정신고서에 누락함)	5,000,000원	-
직수출 매출	3,000,000원	-

[3] 제2기 부가가치세 확정신고(10.1.~12.31.)를 하려고 한다. 다음의 사항과 가산세(부당과소신고는 아님)를 반영하여 부가가치세신고서를 작성하시오. 과소납부경과일수는 91일로 한다.(부가가치세신고서 이외에 부속서류의 작성은 생략한다)

예정신고 누락내용	· 신용카드 매출(공급대가 55,000,000원) · 제품을 직수출하고 받은 외화입금증명서(공급가액 20,000,000원) · 영업부서의 2,000CC 승용차(공급가액 20,000,000원, 부가가치세 2,000,000원) 세금계산서 매입
제2기 확정신고시 기타 사항	· 전기 확정신고시 대손세액공제를 받았던 외상매출금 3,300,000원을 회수하였다. · 제2기 예정신고시 미환급세액 400,000원이 있다. · 신용카드 매출(위에서 언급한 55,000,000원)과 전자세금계산서 50매 발행·전송 및 부가가치세 전자신고를 직접 이행함에 따른 세액공제 적용여부를 판단하여 적용한다.

[4] 1기 예정 부가가치세 신고시 다음의 내용이 누락되었다. 1기 부가가치세 확정신고시 예정신고 누락분을 모두 반영하여 신고서를 작성하시오. (부당과소신고가 아니며, 예정신고누락과 관련된 가산세 계산시 미납일수는 90일이고, 전자신고세액공제 10,000원을 적용한다)

누 락 내 용	금 액	비 고
현금영수증 발행 매출	3,300,000원	공급대가
간주공급에 해당하는 사업상 증여 금액	1,000,000원	시가
직수출 매출	5,000,000원	
영세율 세금계산서를 발급받은 운반비 매입	5,000,000원	공급가액

[5] 다음 자료를 반영하여 2기 확정신고(10월~12월)에 대한 부가가치세 신고서를 작성하시오. 단, 2기 확정 과세기간의 거래는 주어진 자료 뿐이라고 가정하고, 부가가치세 신고서 이외의 부속서류 작성 및 매입매출전표의 수정·입력은 생략한다.

> · 예정신고시 누락분
>   - 직수출 30,000,000원(부정행위 아님)
>   - 매입세액공제 가능한 사업용신용카드 일반매입분 5,500,000원(공급대가) 누락
> · 확정신고기간분에 대한 사항
>   - 세금계산서 매출액 15,000,000원(공급가액)
>   → 세금계산서 매출분 중 종이세금계산서 발급분 10,000,000원(공급가액)이 포함되어 있다.
>   - 세금계산서 매입액 10,000,000원(공급가액) : 고정자산매입분 없음
>   → 매입세금계산서 중 접대비 해당분 3,000,000원(공급가액)이 포함되어 있다.

[6] 부가가치세 1기 확정신고를 7월 25일에 하였으나, 10월 10일 다음 자료가 신고 누락된 것을 발견하였다. 누락된 사항을 반영하여 부가가치세 수정신고서(1차)를 작성(매입매출전표 입력과 과세표준명세 작성은 생략) 하시오. 신고불성실은 일반 과소신고이며, 미납일수는 77일로 가정하고, 전자세금계산서는 적절히 수수하였다고 가정한다.

5월 2일	거래처 하이플러스정공에 제품 외상매출 후 전자세금계산서 4,000,000원(부가가치세별도) 발급 및 전송하였다.
6월 24일	거래처 한양자동차에서 외상으로 7인승 업무용승용차(1,800cc,경유차량) 구입 후 전자세금계산서 18,000,000원(부가가치세 별도) 수취

[7] 제2기 확정신고(10월~12월)를 한 후 다음과 같은 오류를 발견하였다. 2026년 3월 5일에 수정신고하는 경우 부가가치세 가산세를 계산하시오. 본 문제에서 과소신고한 것은 부당과소신고가 아니다.

가정	· 발견된 오류는 아직 신고서에 반영되지 않았으며, 오류 내용에 대한 전표입력은 생략한다. · 가산세 계산시 일수는 39일로 한다. · 아래 오류사항 이외에 추가적으로 반영할 사항은 없으며, 각종 세액공제는 모두 생략한다.
오류 사항	· 10월1일 ㈜영동상사에 제품을 5,000,000원(부가가치세별도)에 판매하고, 즉시 전자세금계산서를 발급한 1건에 대한 국세청 전송을 누락하여 2026년 1월 10일 국세청에 전송하였는데 부가가치세 신고서에 반영되지않았다. · 원재료를 소매로 3,000,000원(부가가치세별도)에 매입하고 카드로 결제한내 역1건을 누락하였다.(원재료 판매처는 일반과세자이다) · ㈜대박상사로부터 원재료를 1,000,000원(부가가치세 별도)에 매입하고 세금계산서 수취 1건을누락하였다.

[8] 제1기 확정신고(4월 ~ 6월)를 7월 25일에 하였는데, 이에 대하여 다음과 같은 오류내용을 발견하고 11월 10일에 1차로 수정신고 및 납부하였다. 다음의 오류내용이 반영된 부가가치세 가산세를 계산하시오. 단, 미납일수는 85일로 가정한다.

- 직수출 50,000,000원에 대한 매출누락(부정행위 아님)이 발생하였다.
- 사업자인 (주)감귤에게 현재 사용하고 있지 않는 중고기계를 13,200,000원(부가가치세 포함)에 현금판매한 것을 누락하였다.(세금계산서 미발급분이다)
- 당초 부가가치세 신고서에 반영하지 못한 제품 타계정대체액 명세는 다음과 같다. 제품 제조에 사용된 재화는 모두 매입세액공제분이다.
  - 매출처에 접대목적으로 제공 : 원가 3,000,000원, 시가 4,500,000원(부가가치세 별도)
  - 불특정다수인에게 홍보용 제품 제공 : 원가 2,000,000원, 시가 2,500,000원(부가가치세 별도)

[9] 제1기 확정신고(4월~6월)를 7월 25일에 하였는데, 이에 대한 오류내용이 발견되어 처음으로 10월 23일 수정신고 및 납부를 하였다. 부가가치세수정신고서(과세표준명세 포함)를 작성하시오. 단, 미납일수는 90일로 한다.

오류 사항	・직수출 50,000,000원에 대한 매출누락(부정행위 아님)이 발생하였다. ・비사업자인 최현에게 제품운반용 중고트럭을 22,000,000원에 현금판매한 것을 누락하였다.(세금계산서 미발급분이다) ・당초 부가가치세 신고서에 반영하지 못한 제품 타계정대체액 명세는 다음과 같다. 제품제조에 사용된 재화는 모두 매입세액공제분이다. - 매출처에 접대목적으로 제공 : 원가 2,000,000원, 시가 2,500,000원 - 불특정다수인에게 홍보용제품 제공 : 원가 1,000,000원, 시가 1,200,000원

해답

[1]

① 신고불성실 = 3,000,000 × 10% × 25% = 75,000
② 납부지연 = 3,000,000 × 92일 × 2.2/10,000 = 60,720

[2]

① 전자세금계산서 미전송 = 5,000,000 × 0.5% = 25,000
② 신고불성실 = 1,000,000 × 10% × 25% = 25,000
③ 납부지연 = 1,000,000 × 92일 × 2.2/10,000 = 20,240
④ 영세율과세표준신고불성실 = 8,000,000 × 0.5% × 25% = 10,000
  *전자세금계산서 미전송가산세가 적용되는 부분은 매출전표세금계산서합계표 불성실가산세가 중복 적용되지 않는다.

[3]

① 신고불성실 = 5,000,000 × 10% × 25% = 125,000
② 납부지연 = 5,000,000 × 91일 × 2.2/10,000 = 100,100
③ 영세율과세표준신고불성실 = 20,000,000 × 0.5% × 25% = 25,000

[4]

① 신고불성실 = (300,000 + 100,000) × 10% × 25% = 10,000
② 납부지연 = 400,000 × 90일 × 2.2/10,000 = 7,920
③ 영세율과세표준신고불성실 = 5,000,000 × 0.5% × 25% = 6,250

[5]

① 지연발급 등(종이세금계산서 발급) = 10,000,000 × 1% = 100,000
② 영세율과세표준신고불성실 = 30,000,000 × 0.5% × 25% = 37,500

[6]

① 신고불성실 = 400,000 × 10% × 25% = 10,000
② 납부지연 = 400,000 × 77일 × 2.2/10,000 = 6,776

[7]

① 전자세금계산서 지연전송 = 5,000,000 × 0.3% = 15,000
② 신고불성실 = (500,000 − 300,000 − 100,000) × 10% × 25% = 2,500
③ 납부지연 = 100,000 × 39일 × 2.2/10,000 = 858
 *전자세금계산서 지연전송가산세가 적용되는 부분은 매출전표세금계산서합계표 불성실가산세가 중복 적용되지 않는다.

[8]

① 미발급 = 12,000,000 × 2% = 240,000
② 신고불성실 = (1,200,000 + 450,000) × 10% × 25% = 41,250
③ 납부지연 = 1,650,000 × 85일 × 2.2/10,000 = 30,855
④ 영세율과세표준신고불성실 = 50,000,000 × 0.5% × 25% = 62,500

[9]

① 미발급 = 20,000,000 × 2% = 400,000
② 신고불성실 = (2,000,000 + 250,000) × 10% × 25% = 56,250
③ 납부지연 = 2,250,000 × 90일 × 2.2/10,000 = 44,550
④ 영세율과세표준신고불성실 = 50,000,000 × 0.5% × 25% = 62,500

실습예제1. 부가가치세예정신고

㈜성포전자(코드번호:8700)를 선택하여 다음 자료를 통하여 제2기예정부가가치세신고서를 작성하시오. 단, 신고서작성과 관련한 전표입력사항과 부속서류작성은 생략한다.

(1) 매출자료

일 자	거래내용	공급가액
07월 05일	제품국내매출(전자세금계산서발급)	15,650,400
07월 10일	제품국내매출(영세율전자세금계산서발급)	5,625,600
08월 25일	거래처에 제품을 무상증여(증빙없슴)	750,000(시가)
08월 15일	제품국내매출(신용카드매출전표발급)	1,440,000
09월 24일	해외직접수출(세금계산서미발급)	2,500,000

(2) 매입자료

일 자	거래내용	공급가액
07월 10일	원재료매입(전자세금계산서수취)	8,555,000
07월 12일	컴퓨터구입(신용카드매출전표수취)	1,354,300
09월 16일	비영업용소형승용차구입(전자세금계산서수취)	2,350,000
09월 25일	문구류구입(신용카드매출전표수취)	55,000

 해답

1. 과세표준및매출세액

(1) 과세: 세금계산서발급분[1]란에 제품국내매출 전자세금계산서발급분 15,650,400원을 입력한다.
(2) 과세: 신용카드·현금영수증발행분[3]란에 제품국내매출 신용카드매출전표발급분 1,440,000원을 입력한다.
(3) 과세: 기타(정규영수증외매출분)[4]란에 거래처증정분 750,000원을 입력한다.
(4) 영세: 세금계산서발급분[5]란에 내국신용장·구매확인서에 의한 제품매출 영세전자세금계산서발급분 5,625,600원을 입력한다.
(5) 영세: 기타[6]란에 해외수출분 2,500,000원을 입력한다.

2. 매입세액

(1) 세금계산서수취분: 일반매입[10]란에 원재료매입분 8,555,000원 공급가액과 세액 8,55,500 원을 입력한다.
(2) 세금계산서수취분: 고정자산매입[11]란과 [50]란에 승용차구입분 2,350,000원 공급가액과 세액 235,000원을 입력한다.
(3) 신용카드매출수령금액합계표: 일반매입[41]란에 문구류구입분 55,000원과 세액 5,500원을 입력한다. 고정매입 [42]란에 컴퓨터구입분 1,354,300원과 세액135,430원을 입력한다.
(4) 부가가치세신고서
  ① 부가가치세신고서화면

구분			정기신고금액			구분		금액	세율	세액
				금액	세율	세액	7.매출(예정신고누락분)				
과세표준및매출세액	과세	세금계산서발급분	1	15,650,400	10/100	1,565,040	예정누락분	과세	세금계산서	33		10/100	
		매입자발행세금계산서	2		10/100				기타	34		10/100	
		신용카드·현금영수증발행분	3	1,440,000	10/100	144,000		영세	세금계산서	35		0/100	
		기타(정규영수증외매출분)	4	750,000	10/100	75,000			기타	36		0/100	
	영세	세금계산서발급분	5	5,625,600	0/100				합계	37			
		기타	6	2,500,000	0/100		12.매입(예정신고누락분)					
	예정신고누락분		7						세금계산서	38			
	대손세액가감		8				예정누락분		그 밖의 공제매입세액	39			
	합계		9	25,966,000	㉮	1,784,040			합계	40			
매입세액	세금계산서수취분	일반매입	10	8,555,000		855,500		신용카드매출수령금액합계	일반매입				
		수출기업수입분납부유예	10-1						고정매입				
		고정자산매입	11	2,350,000		235,000		의제매입세액					
	예정신고누락분		12					재활용폐자원등매입세액					
	매입자발행세금계산서		13					과세사업전환매입세액					
	그 밖의 공제매입세액		14	1,409,300		140,930		재고매입세액					
	합계(10)-(10-1)+(11)+(12)+(13)+(14)		15	12,314,300		1,231,430		변제대손세액					
	공제받지못할매입세액		16	2,350,000		235,000		외국인관광객에대한환급세액					
	차감계 (15-16)		17	9,964,300	㉯	996,430		합계					
납부(환급)세액(매출세액㉮-매입세액㉯)					㉰	787,610	14.그 밖의 공제매입세액					
경감공제세액	그 밖의 경감·공제세액		18				신용카드매출	일반매입	41	55,000		5,500
	신용카드매출전표등 발행공제등		19				수령금액합계표	고정매입	42	1,354,300		135,430
	합계		20		㉱		의제매입세액		43	뒤쪽		
소규모 개인사업자 부가가치세 감면세액			20		㉲		재활용폐자원등매입세액		44	뒤쪽		
예정신고미환급세액			21		㉳		과세사업전환매입세액		45			
예정고지세액			22		㉴		재고매입세액		46			
사업양수자의 대리납부 기납부세액			23		㉵		변제대손세액		47			
매입자 납부특례 기납부세액			24		㉶		외국인관광객에대한환급세액		48			
신용카드업자의 대리납부 기납부세액			25		㉷		합계		49	1,409,300		140,930
가산세액계			26		㉸							
차가감하여 납부할세액(환급받을세액)(㉰-㉱-㉲-㉳-㉴-㉵-㉶-㉷+㉸)			27			787,610						
총괄납부사업자가 납부할 세액(환급받을 세액)												

구분			정기신고금액			구분		금액	세율	세액
			금액	세율	세액	16.공제받지못할 매입세액				
과세표준및매출세액	과세	세금계산서발급분	1	15,650,400	10/100	1,565,040	공제받지못할 매입세액	50	2,350,000		235,000
		매입자발행세금계산서	2		10/100		공통매입세액면세등사업분	51			
		신용카드·현금영수증발행분	3	1,440,000		144,000	대손처분받은세액	52			
		기타(정규영수증외매출분)	4	750,000	10/100	75,000	합계	53	2,350,000		235,000
	영세	세금계산서발급분	5	5,625,600	0/100		18.그 밖의 경감·공제세액				
		기타	6	2,500,000	0/100		전자신고세액공제	54			
	예정신고누락분		7				전자세금계산서발급세액공저	55			
	대손세액가감		8				택시운송사업자경감세액	56			
	합계		9	25,966,000	㉓	1,784,040	대리납부세액공제	57			
매입세액	세금계산서수취분	일반매입	10	8,555,000		855,500	현금영수증사업자세액공제	58			
		수출기업수입분납부유예	10				기타	59			
		고정자산매입	11	2,350,000		235,000	합계	60			
	예정신고누락분		12								
	매입자발행세금계산서		13								
	그 밖의 공제매입세액		14	1,409,300		140,930					
	합계(10)-(10-1)+(11)+(12)+(13)+(14)		15	12,314,300		1,231,430					
	공제받지못할매입세액		16	2,350,000		235,000					
	차감계 (15-16)		17	9,964,300	㉕	996,430					
납부(환급)세액(매출세액㉓-매입세액㉕)					㉔	787,610					
경감공제세액	그 밖의 경감·공제세액		18								
	신용카드매출전표등 발행공제등		19								
	합계		20		㉚						
소규모 개인사업자 부가가치세 감면세액			20		㉗						
예정신고미환급세액			21		㉙						
예정고지세액			22		㉚						
사업양수자의 대리납부 기납부세액			23		㉛						
매입자 납부특례 기납부세액			24		㉜						
신용카드업자의 대리납부 기납부세액			25		㉝						
가산세액계			26		㉞						
차가감하여 납부할세액(환급받을세액)㉑-㉒-㉙-㉚-㉛-㉜-㉝+㉞			27			787,610					
총괄납부사업자가 납부할 세액(환급받을 세액)											

> 비영업용소형승용차는 매입세액을 공제받지 못하기 때문에 세금계산서고정자산매입분란과 공제받지못할매입세액란에 금액을 입력한다.

실습예제2. 부가가치세확정신고(예정신고누락분 포함)

㈜성포전자(코드번호:8700)를 선택하여 다음 자료를 통하여 제2기확정부가가치세신고서(과세표준명세서생략)를 작성하시오. 단, 신고서작성과 관련한 전표입력사항과 부속서류작성은 생략한다. 가산세계산시 적용할 미납일수는 92일이고, 부당과소신고에 해당하지 않는다.

(1) 매출자료

일 자	거래내용	공급가액
10월 05일	제품국내매출(전자세금계산서발급)	16,000,000
10월 10일	제품국내매출(현금영수증발급)	5,000,000

(2) 매입자료

일 자	거래내용	공급가액
11월 10일	원재료매입(전자세금계산서수취)	4,500,000

(3) 예정신고누락자료(전자세금계산서를 적법하게 발급 후 다음날 전송했으나 예정시 누락됨

	일 자	거래내용	공급가액
매출	07월 10일	신용카드매출(공급대가)	2,200,000
	07월 12일	제품을 직수출하고 받은 외화입금증명서(공급가액)	3,000,000
매입	09월 20일	원재료매입: 세금계산서수취(공급가액)	800,000

(4) 부가가치세신고는 전자신고하기로 한다.

 해답

1. 과세표준및매출세액

(1) 과세: 세금계산서발급분[1]란에 제품국내매출 전자세금계산서발급분 1,600,000원을 입력한다.
(2) 과세: 신용카드·현금영수증발행분[3]란에 제품국내매출 신용카드매출전표발급분 5,000,000원을 입력한다.

2. 매입세액

(1) 세금계산서수취분: 일반매입[10]란에 원재료매입분 4,500,000원 공급가액과 세액 450,000원을 입력한다.

3. 예정신고누락분

(1) 매출누락: 과세-기타[34]란에 국내매출 전자세금계산서 누락분 2,000,000원과 세액200,000원을 입력한다.
    영세-기타[36]란에 제품수액출 누락분 3,000,000원을 입력한다.
(2) 매입누락: 세금계산서[38]란에 원재료매입누락액 800,000원과 세액80,000원을 입력한다.

4. 부가가치세신고서화면

(1) 매출누락: 과세-기타[34]란에 국내매출 전자세금계산서 누락분 2,000,000원과 세액 200,000원을 입력한다.
    영세-기타[36]란에 제품수액출 누락분 3,000,000원을 입력한다.
(2) 매입누락: 세금계산서[38]란에 원재료매입누락액 800,000원과 세액 80,000원을 입력한다.

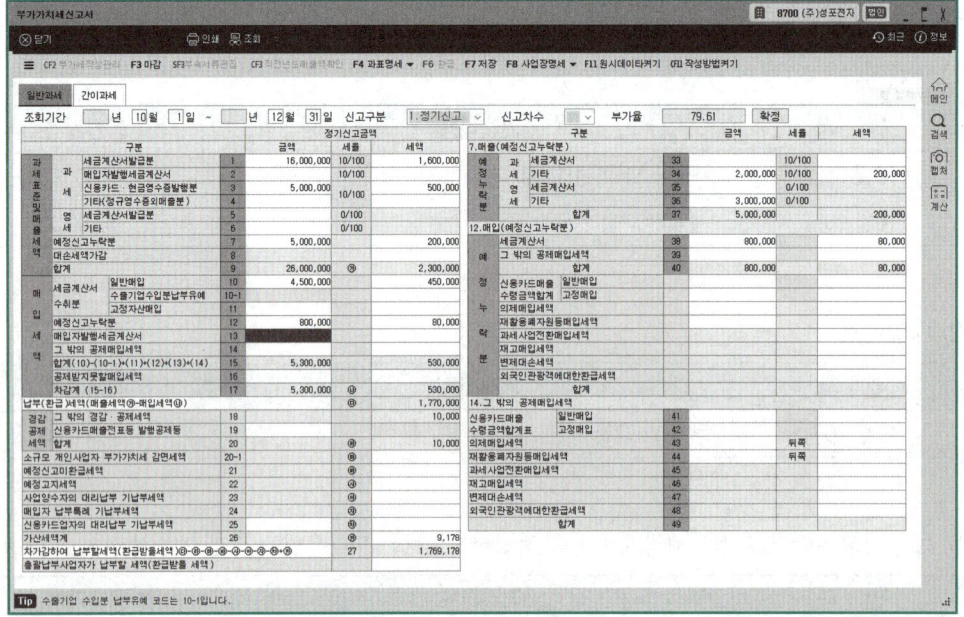

5. 기타경감공제세액

(1) 전자신고세액공제: 10,000원([54]란에 입력)

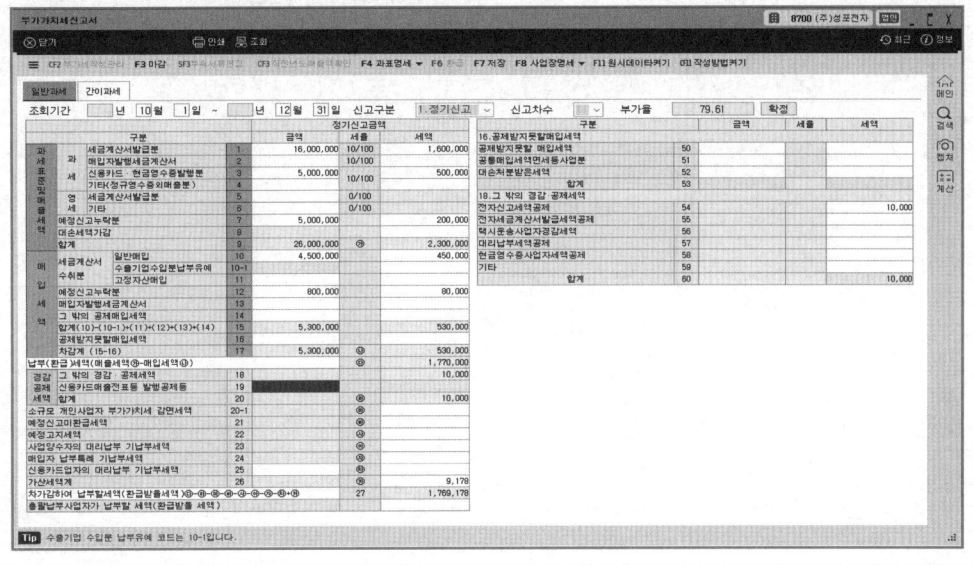

6. 가산세

① 신고불성실가산세 = (200,000−80,000)×10%×25% = 3,000원([71]란에 입력)
② 납부지연가산세 = (200,000−80,000)×92일×2.2/10,000 = 2,428원([73]란에 입력)
③ 영세율과세표준신고불성실가산세 = 3,000,000×0.5%×25% = 3,750원([74]란에 입력)

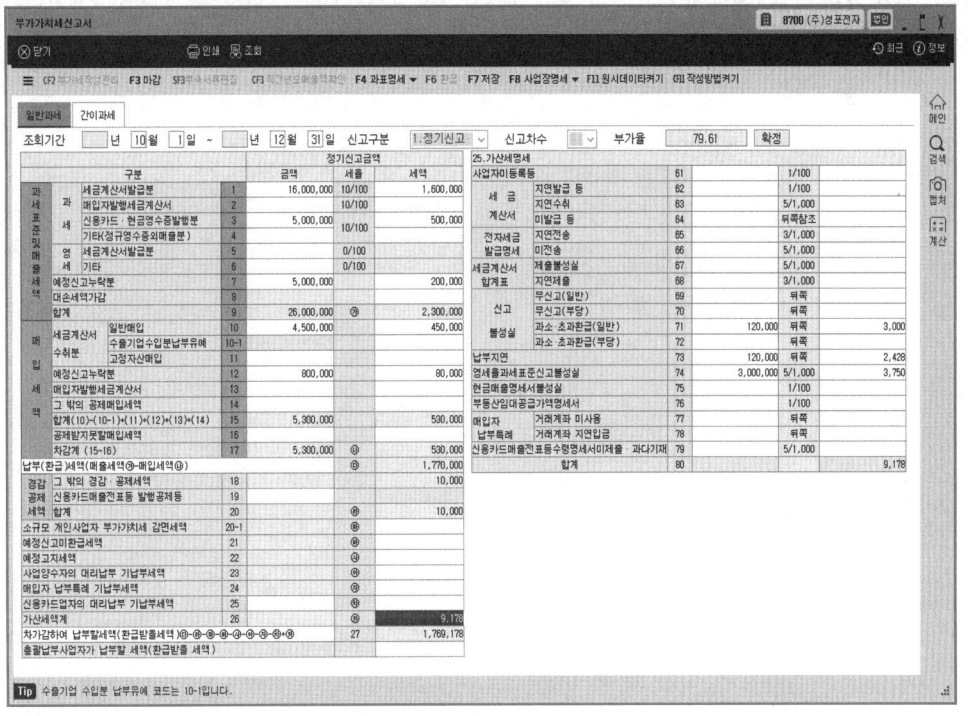

CLASS전산세무2급
실 기 편

CLASS전산세무2급
실 기 편

01 근로소득관리

전산세무회계 교육용 프로그램에서 원천징수 버튼을 누르면 다음과 같은 초기 작업 메뉴가 실행된다. 프로그램설명은 전산세무2급 출제범위인 근로소득원천징수의 연말정산으로 한정하여 설명하고자 한다.

[회계관리 전체메뉴화면]

근로/퇴직/사업

근로소득관리	기초코드등록	데이터관리	전자신고
사원등록 급여자료입력 원천징수이행상황신고서 소득자별근로소득원천징수부 연말정산추가자료입력 근로소득·세액공제신고서 신용카드소득공제신청서 의료비지급명세서 기부금명세서 근로소득원천징수영수증 근로소득자료제출집계표	환경등록 회사등록 부서등록	데이터백업 사원코드변환 마감후이월	원천징수이행상황신고서 전자신고 국세청 홈택스 전자신고변환(교육용)

메인메뉴	서브메뉴
근로소득관리	사원등록, 급여자료입력, 원천징수이행상황신고서, 소득자별근로소득원천징수부, 연말정산추가자료 입력, 근로소득공제신고서, 신용카드소득공제신청서, 의료비지급명세서, 기부금명세서, 근로소득원천징수영수증, 근로소득자료제출집계표
기초코드등록	회사등록, 부서등록
데이터관리	데이터백업, 사원코드변환, 마감후이월
전자신고	원천징수이행상황신고서, 전자신고, 국세청홈텍스, 전자신고변환 교육용

01. 사원등록

사원등록은 다음의 화면과 같이 각 사원의 기초자료등록과 관리사항등록을 입력한다. 각 사원에 대한 기초자료등록과 관리사항등록은 근로소득세의 원천징수와 연말정산에서 매우 중요하다.

사원등록화면은 [근로소득관리]에서 [사원등록]메뉴를 클릭하면 다음과 같은 화면이 실행된다.

[사원등록화면]

1. 사 번
숫자 또는 문자를 이용하여 10자 이내의 사원코드를 부여한다.

2. 성 명
사원명을 20자 이내로 입력한다.

3. 주민(외국인)번호
내국인은 주민등록번호를 입력, 외국인은 외국인등록번호란에 외국인등록번호를 입력한다.

4. 기초자료등록

(1) 기본사항

구 분	내 용
입사연월일	해당 사원의 입사일자를 입력한다.
내/외국인구분	내국인이면 "1", 외국인이면 "2"를 선택한다.
외국인국적	해당 사원의 국적을 입력한다. 검색키를 이용하여 국적을 입력할 수 있다.
주민구분	1.주민등록번호, 2.외국인등록번호, 3.여권번호 중 선택하여 입력한다.
거주지국코드	해당 거주지국을 입력한다. 검색키를 이용하여 거주직국을 입력할 수 있다.
생산직여부	생산직이면 [1.여]를 생산직이 아니면 [0.부]를 입력한다. 소득세법상 연장근로 수당의 비과세 적용에 해당하는 사원은 반드시 [1.여] 생산직을 선택하여야 한다.
주소	우편번호검색기능을 이용하여 입력하면 기본주소는 자동입력 되고 상세주소만 추가 입력한다.
국민연금(기준소득월액)	국민연금은 기준소득월액을 입력하면 국민연금납부액이 자동으로 계산된다.
건강보험료(표준보수월액)	건강보험료(표준보수월액)를 입력하면 건강보험납부액이 자동으로 계산된다.
고용보험보수월액	고용보험보수월액을 입력하면 고용보험납부액이 자동으로 계산된다.
퇴사일	사원이 퇴사한 경우 해당 연·월·일을 입력한다.

(2) 부양가족명세

연말관계	성명	내/외국인	주민(외국인)번호	나이	기본공제	부녀자	한부모	경로우대	장애인	자녀	출산입양	위탁관계

※연말관계 : 0. 소득자 본인, 1.소득자의 직계존속, 2. 배우자의 직계존속, 3. 배우자,
4.직계비속(자녀+입양자), 5. 직계비속(4 제외), 6. 형제자매, 7. 수급자(1~6제외), 8. 위탁아동

구 분	내 용
연말관계	하단의 메시지*를 참조하여 해당 번호를 입력한다.
성 명	부양가족의 성명을 입력한다.
내 / 외 국 인	내국인이면 "1"을 외국인이면 "2"를 선택한다.
주민(외국인)번호	내국인은 주민등록번호를 입력하고 외국인은 외국인등록번호를 입력한다.
기 본 공 제	기본내용은 별도로 설명한다.
부 녀 자	배우자가 있는 여성이거나 여성근로자로 배우자가 없고 부양가족이 있는 세대주인 경우 [부녀]란에 "1"을 치면 "○"로 입력된다.
한 부 모	해당 거주자가 배우자가 없는 사람으로서 기본공제대상인 직계비속 또는 입양자가 있는 경우에 "1"을 치면 "○"로 입력된다.
경 로 우 대	공제대상이 되는 부양가족 중 70세 이상자가 있는 경우 [경로70세]란에 "1"을 치면 "○"로 입력된다.
장 애 인	공제대상이 되는 부양가족 중 장애인이 있는 경우 [장애]란에 "1"을 치면 "○"로 입력된다.
위 탁 관 계	도움키(F2)를 이용하여 위탁관계 코드를 입력한다.

※기본공제

다음의 보조화면에서 기본공제대상 여부를 선택한다.(연간소득금액이 100만원이하인 자)연간소득금액이 100만원을 초과자는 부를 선택하거나 입력하지 않는다.

연말관계	성명	내/외국인	주민(외국인)번호	나이	기본공제	부녀자	한부모	경로우대	장애인	자녀	출산입양	위탁관계

※ 연말관계 : 0.소득자 본인, 1.소득자의 직계존속, 2.배우자의 직계존속, 3.배우자, 4.직계비속(자녀+입양자)
5.직계비속(4 제외), 6. 형제자매, 7.수급자(1~6 제외), 8.위탁아동(만 18세 미만, 보호기간 연장 시 20세 이하/직접선택)

실습예제

다음의 자료를 통하여 (주)한국전자(8000)의 사원등록을 하시오. 제시된 사항 이외에는 입력 또는 수정하지 않는다. (주)한국전자로 회사를 변경하여 작업을 수행하시오.

1. 사무직 김새길씨(입사일 : 2024. 4. 10, 사원번호 101)가 실제 부양하고 있는 가족사항이다. 국민연금, 건강보험, 고용보험에 적용되는 기준소득월액(보수월액)은 3,000,000원이다. 다음 자료에 의하여 사원등록을 하시오.

관계	가족사항	연령(만)	참 고 사 항
본인	김새길	861125-1216741	주소: 서울시 송파구 삼전로100
배우자	송혜후	900910-2341234	복권당첨소득 15,000,000원 있음.(2025년10월2일)
장남	김재웅	020705-3441234	대학생, 소득없음.
장녀	김재영	060525-3382220	고등학생, 소득없음.
차남	김재철	251015-3432112	3월4일에 출생
부친	김종석	500217-1346934	소득없음. 장애인복지법에 따른 장애인에 해당
모친	전금자	560520-2341235	소득없음.
처제	송영선	930910-2375892	소득없음.

2. 사무직 박미나(사원번호 : 102, 주민등록번호 : 790225-2121216, 주소 : 서울시 강남구 역삼로 403, 입사일 : 2023.5.1)씨가 실제 부양하고 있는 가족사항이다. 국민연금, 건강보험, 고용보험에 적용되는 기준소득월액(보수월액)은 3,300,000원이며, 박미나씨의 종합소득금액은 3,500만원이다. 다음 자료에 의하여 사원등록을 하시오.

가족사항	주민등록번호	기 타
김재만(배우자)	781020-1335264	총급여 500만원, 2025년 7월 1일에 사망
박민철(부친)	390624-1342729	소득없음
정숙희(모친)	450613-2524423	소득없음
김태규(장남)	950312-1896527	소득없음
김태수(차남)	110612-3456854	소득없음
박미정(언니)	800211-2124232	장애인복지법에 따른 장애인, 소득없음

3. 생산직사원 박영국(사원등록코드 103번, 입사일 : 2024.04.21)씨가 실제 부양하고 있는 가족사항이다. 국민연금, 건강보험, 고용보험에 적용되는 기준소득월액(보수월액)은 2,500,000원이다. 다음 자료에 의하여 사원등록을 하시오.

관 계	가족사항	주민등록번호	참 고 사 항
본인	박영국	760320-1036259	주소: 서울시 강남구 논현로102
부친	박남철	510217-1432112	소득없음.
아들	박지승	011010-3341235	대학생, 소득없음.
딸	박지원	070525-4382221	소득없음.
동생	박동민	041015-3432112	중증치매장애인(근로소득금액: 1,600,000원)

[답] 사원등록 입력화면 (101 : 김새길)

1. 기본사항

2. 부양가족명세

관계	성명	공제요건		공제여부		비고
		연령	소득	기본공제	추가공제	
본인	김새길			○		본인은 무조건 공제대상
배우자	송혜후		○	○		복권당첨 소득은 무조건 분리과세 소득이므로 소득제한을 받지 않음
장남	김재웅	×	○	×		20세 초과자로 공제대상 아님
장녀	김재영	○	○	○		
차남	김재철	○	○	○	○	
부친	김종석	○	○	○	○	
모친	전금자	○	○	○		
처제	송영선	×	○	×		20세 초과자로 공제대상 아님

연말관계	성명	내/외국인	주민(외국인,여권)번호	나이	기본공제	부녀자	한부모	경로우대	장애인	자녀	출산입양	위탁관계
0	김새길	내	1 861125-1216741	39	본인							
1	김종석	내	1 500217-1346934	75	60세이상			O	1			
1	전금자	내	1 560520-2341235	69	60세이상							
3	송혜후	내	1 900910-2341234	35	배우자							
4	김재웅	내	1 020705-3441234	23	부							
4	김재영	내	1 060525-3382220	19	20세이하					O		
4	김재철	내	1 251015-3432112	0	20세이하					셋째		

[답] 사원등록 입력화면 (102 : 박미나)

1. 기본사항

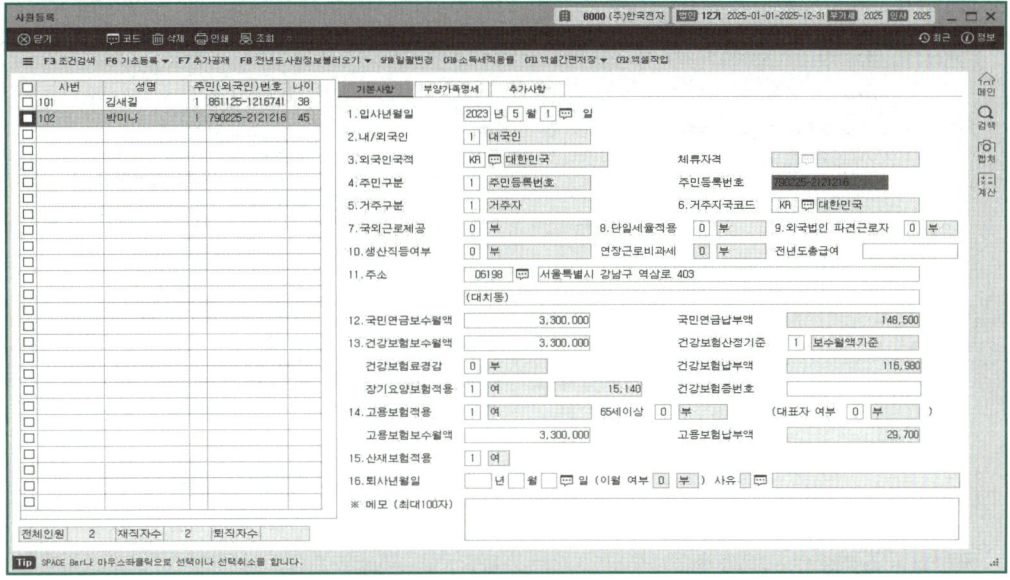

2. 부양가족명세

관계	성명	공제요건		공제여부		비고
		연령	소득	기본공제	추가공제	
본인	박미나			O		종합소득금액이 3,000만원을 초과하므로 부녀자공제를 받을 수 없음
배우자	김재만		O	O		총급여 500만원이하이므로 공제대상, 사망에 경우 당해연도까지 공제됨
부친	박민철	O	O	O	O	추가공제:경로자공제대상
모친	정숙희	O	O	O	O	추가공제:경로자공제대상
장남	김태규	×	O	×		20세 초과자로 공제대상 아님
차남	김태수	O	O	O		
언니	박미정	×	O	O		장애인은 연령제한을 받지 않으므로 공제 됨

기본사항	부양가족명세	추가사항										
연말관계	성명	내/외국인	주민(외국인,여권)번호		나이	기본공제	부녀자	한부모	경로우대	장애인	자녀	출산입양	위탁관계
0	박미나	내	1	790225-2121216	46	본인							
1	박민철	내	1	390624-1342729	86	60세이상			○				
1	정숙희	내	1	450613-2524423	80	60세이상			○				
3	김재만	내	1	781020-1335264	47	배우자							
4	김태규	내	1	954031-2189652	30	부							
4	김태수	내	1	110612-3456854	14	20세이하					○		
6	박미정	내	1	800211-2124232	45	장애인				1			

[답] 사원등록 입력화면 (103 : 박영국)

1. 기본사항

2. 부양가족명세

관계	성명	공제요건		공제여부		비고
		연령	소득	기본공제	추가공제	
본인	박영국			○	○	자녀가 있고 배우자가 없으므로 한부모공제 됨
부친	박남철	○	○	○	○	추가공제:경로자공제대상
아들	박지승	×	○	×		20세 초과자로 공제대상 아님
딸	박지원	○	○	○		
동생	박동민	×	×	×		근로소득금액이 150만원을 초과 하므로 공제 안됨

기본사항	부양가족명세	추가사항										
연말관계	성명	내/외국인		주민(외국인,여권)번호	나이	기본공제	부녀자	한부모	경로우대	장애인	자녀	출산입양	위탁관계
0	박영국	내	1	760320-1036259	49	본인	○						
1	박남철	내	1	510217-1432112	74	60세이상			○				
4	박지승	내	1	011010-3341235	24	부							
4	박지원	내	1	070525-4382221	18	20세이하					○		
6	박동민	내	1	041015-3432112	21	부							

02..급여자료입력

급여자료입력은 각각의 근로자에게 지급한 급여내역과 각종공제액 그리고 소득세와 지방소득세를 산출하기 위하여 입력하는 곳이다. 급여자료에서 입력된 사항은 해당 월의 [원천징수이행상황신고서]에 자동으로 반영되고 이를 지급일이 속하는 다음달 10일까지 관할세무서에 신고하여야 한다.

1. 수당등록과 공제등록

급여자료를 입력하기 전에는 반드시 수당등록과 공제등록이 선행되어야 하며, 최초의 급여를 지급할 때 한번만 작업하면 된다. 필요에 따라 수시로 변경할 수 있다.

좌측상단에서 [F4수당공제]를 클릭하면 아래와 같은 화면이 나타난다. 기본적인 수당등록과 공제등록은 입력되어있다. 사용하지 않는 수당(공제)등록항목은 [0:부]를 선택한다. 새로운 수당공제항목은 직접 입력하여 사용할 수 있다.

> ① 코드 : 수당명을 입력하면 자동으로 생성된다.
> ② 수당명 : 한글 7자, 영문은 15자 이내의 수당명을 입력한다.
> ③ 과세구분 : 지급과목명이 과세에 해당하면 "1"을 선택하고 비과세에 해당하면 "2"를 선택하여 입력한다.

수당공제등록

수당등록 | 공제등록

No	코드	과세구분	수당명	근로소득유형			월정액	통상임금	사용여부
				유형	코드	한도			
1	1001	과세	기본급	급여			정기	여	여
2	1002	과세	상여	상여			부정기	부	여
3	1003	과세	직책수당	급여			정기	부	여
4	1004	과세	월차수당	급여			정기	부	여
5	1005	비과세	식대	식대	P01	(월)200,000	정기	부	여
6	1006	비과세	자가운전보조금	자가운전보조금	H03	(월)200,000	부정기	부	여
7	1007	비과세	야간근로수당	야간근로수당	001	(년)2,400,000	부정기	부	여

No	코드	공제항목명	공제소득유형	사용여부
1	5001	국민연금	고정항목	여
2	5002	건강보험	고정항목	여
3	5003	장기요양보험	고정항목	여
4	5004	고용보험	고정항목	여
5	5005	학자금상환	고정항목	여

2. 급여자료입력

　수당등록과 공제등록 사항을 입력한 후 각각의 사원에 대한 급여항목과 공제항목을 입력하면 급여대장 및 급여명세 등을 출력할 수 있고 [급여자료입력]에서 입력된 내용은 [원천징수이행상황신고서]에 자동으로 반영된다.

[급여자료입력화면]

(1) 귀속연월

　지급하는 급여가 몇 월분의 급여인지를 입력한다. 만일 급여가 정상적으로 지급되지 않은경우에는 귀속연월과 지급연월일이 차이가 발생할 수 있다.

(2) 지급년월일

　지급하는 지급연월일을 입력한다.

(4) 급여지급명세

화면 왼쪽을 보게 되면 사원코드와 사원명이 자동생성 된다. 사원명을 클릭하여 오른쪽 급여지급명세 화면으로 이동하게 되는데 여기에 해당 금액을 입력한다.

① 급여항목 : 수당등록에서 등록해 놓은 급여항목이 자동 반영되어진다.
② 지급금액 : 해당사원의 급여항목에 해당되는 금액을 입력한다.
③ 공제항목 : 공제등록에서 등록한 공제항목이 나타난다. 소득세와 지방소득세는 급여 항목에 입력하면 자동으로 계산된다.
④ 공제금액 : 해당 공제금액을 직접 입력한다.

실습예제

다음은 (주)한국전자의 1월~12월 급여내역(지급일 : 매월25일)이다. 수당등록 및 급여자료를 입력하고, 각자의 1월~12월 급여에 대한 소득세 원천징수세액을 산출하시오. 공제항목은 프로그램에서 자동반영되는 금액을 사용할 것

성명(사원코드)		김새길	박미나	박영국
지급항목	기 본 급	3,000,000원	3,300,000원	2,500,000원
	직 책 수 당	500,000원	–	300,000원
	월 차 수 당	300,000원	200,000원	250,000원
	중 식 대	150,000원	150,000원	150,000원
	자 가 운 전 보 조 금	250,000원	250,000원	250,000원

※ 중식대는 점심식사대로서, 이외의 별도로 식사나 기타 음식물을 제공받지 않는다.
※ 자가운전보조금은 본인명의 차량을 업무에 사용하고 별도로 실비를 제공받지 않는다.
※ 김새길의 국민연금공제액은 135,000원이다.

 해답

[답] 급여자료 입력화면

① 수당등록 및 공제등록

No	코드	과세구분	수당명	근로소득유형			월정액	통상임금	사용여부
				유형	코드	한도			
1	1001	과세	기본급	급여			정기	여	여
2	1002	과세	상여	상여			부정기	부	부
3	1003	과세	직책수당	급여			정기	부	여
4	1004	과세	월차수당	급여			정기	부	여
5	1005	비과세	식대	식대	P01	(월)200,000	정기	부	여
6	1006	비과세	자가운전보조금	자가운전보조금	H03	(월)200,000	부정기	부	여
7	1007	비과세	야간근로수당	야간근로수당	001	(년)2,400,000	부정기	부	부

② 급여자료입력(1월): 귀속년월: 1월, 지급년월일: 1월 25일

① 김새길

급여항목	금액	공제항목	금액
기본급	3,000,000	국민연금	135,000
직책수당	500,000	건강보험	106,350
월차수당	300,000	장기요양보험	13,770
식대	150,000	고용보험	34,650
자가운전보조금	250,000	소득세(100%)	38,600
		지방소득세	3,860
		농특세	
과 세	3,850,000		
비 과 세	350,000	공 제 총 액	332,230
지 급 총 액	4,200,000	차 인 지 급 액	3,867,770

② 박미나

급여항목	금액	공제항목	금액
기본급	3,300,000	국민연금	148,500
직책수당		건강보험	116,980
월차수당	200,000	장기요양보험	15,140
식대	150,000	고용보험	31,950
자가운전보조금	250,000	소득세(100%)	28,380
		지방소득세	2,830
		농특세	
과 세	3,550,000		
비 과 세	350,000	공 제 총 액	343,780
지 급 총 액	3,900,000	차 인 지 급 액	3,556,220

③ 박영국

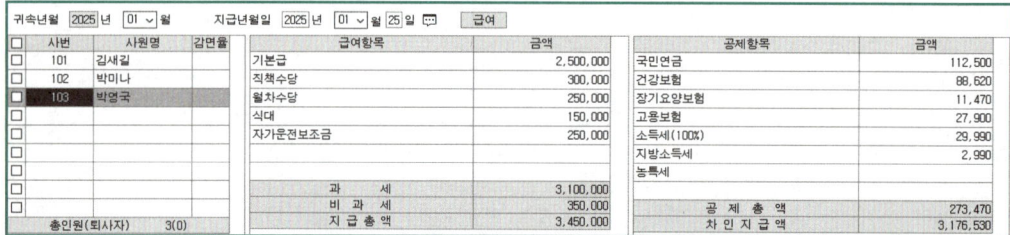

☞ 2월~ 12월 급여자료입력은 다음 중 어느 하나의 방법을 선택하여 입력할 수 있다.

① 전월데이터를 불러 오시겠습니까? → "예"를 선택하여 완성한다.

② [F6지급일자]를 클릭

　　→ [지급일자 수정, 복사(이동), 삭제]화면에서 [다중복사(F4)]클릭

　　→ [급여다중복사]에서 귀속월과 지급일자를 입력한 후 [복사(Tab)]클릭하여 완성한다.

03. 원천징수이행상황신고서

원천징수이행상황신고서는 원천징수의무자가 근로소득을 지급하면서 근로소득세를 원천징수한 날의 다음달 10일까지 관할세무서에 제출하여야 한다. 비과세 조정환급 또는 소액부징수 등으로 인하여 납부할 세액이 없는 때에도 신고서를 제출하여야 한다.

[원천징수이행상황신고서 입력화면]

1. 원천징수내역 및 납부세액 입력방법

① 귀속기간 및 지급기간을 입력하고 정기신고를 선택한다.
② 각종 소득에 대한 원천징수내역을 확인할 수 있다.
③ 징수세액은 당월 중 원천징수의무자가 소득자로부터 원천징수한 세액이 자동반영 되며 환급세액의 경우 음수로 표시된다.
④ 당월조정환급세액은 [19.당월조정환급세액계]란의 금액이 자동반영 된다.
⑤ 납부세액(소득세 등)이 자동반영된다.

2. 환급세액조정 입력방법

(1) 전월 미환급 세액의 계산

① 전월에 미환급세액이 있는 경우 [12.전월미환급]란에 직접 입력하거나 [20.차월이월환급세액]이 다음 달에 [12.전월미환급]란에 자동반영 된다.
② [13.기환급]란에는 환급세액이 발생한 경우 다음 달 이후에 납부할 세액에서 조정환급하는 것이지만 다음달 이후에도 원천징수할 세액이 없거나 납부할 세액이 환급세액에 미달하는 경우 세무서에 직접 환급 신청한 금액을 입력한다.

(2) 당월 발생 환급세액

[15.일반환급]란에는 징수세액란에 금액이 음수인 경우에 자동반영 된다.

(3) 기타사항

① [19.당월조정환급세액계]란에는 [당월조정환급세액]란의 금액이 자동반영 된다.
② [20.차월이월환급세액]란에는 다음 달 [12.전월미환급]란의 금액이 자동반영 된다.
③ [21.환급신청액]란에는 당월에 환급신청할 금액을 입력한다.

실습예제

(주)한국전자의 12월분 원천징수이행상황신고서를 작성하시오. 전월에 미환급된 세액이 50,000원이 있었다고 가정한다.

해답

[답] 원천징수이행상황신고서 입력화면

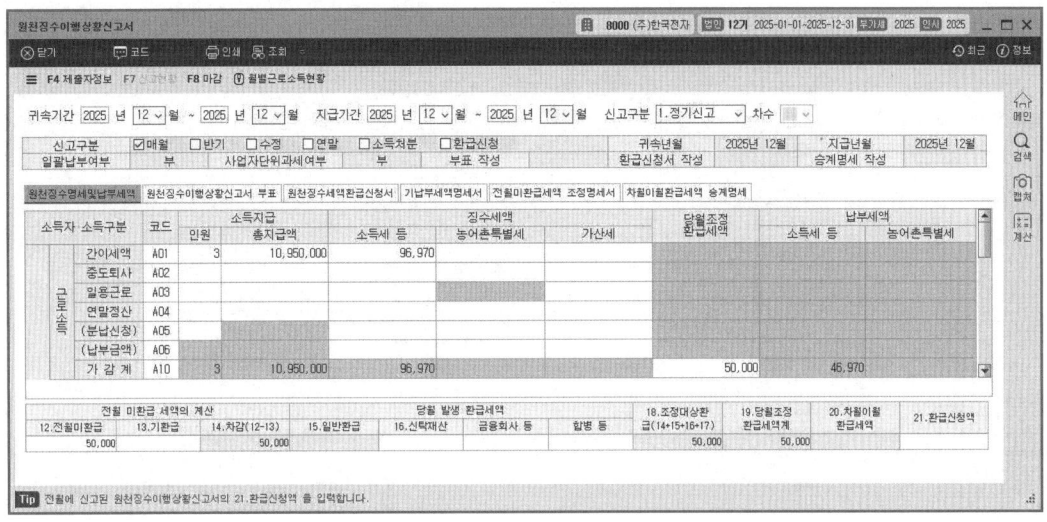

04. 연말정산추가자료입력[1]

연말정산자료 입력은 근로자가 제출한 근로소득자 공제신고서 및 각종 증빙자료를 바탕으로 하여 연말정산에 필요한 사항을 입력하는 것을 말한다.

[연말정산추가자료입력화면]

---

[1] 전산세무2급시험에서는 연말정산자료 입력문제는 거의 매회 출제된다. 연말정산자료 입력 방법에 대해서는 반드시 숙지한 후 반복 연습을 하여야 한다.

1. 계속근로자의 연말정산 자료입력

(1) 기본내용입력

1) 사번 · 사원명 · 완료

	사번	사원명	완료
☐	101	김새길	×
☐	102	박미나	×
☐	103	박영국	×
☐			

사원등록에 등록된 연말정산 대상 사원의 성명을 코드로 입력하거나 [F3전체사원]를 클릭을 하면 [계속근무자를 모두 불러오시겠습니까?]라는 메시지가 나타나는데 여기서 [예Y]를 선택하면 사원등록에 등록된 사원이 조회된다. 연말정산추가자료를 입력한 후 작업완료 키를 누르면 [현재라인을 작업완료하시겠습니까?]라는 메시지가 나타나며 [예(Y)]를 누르면 연말정산이 완료된다.

(2) 소득명세

[급여자료입력]메뉴에서 입력한 급여자료가 불러와 진다. 또한 중도입사자의 경우에는 종전근무지의 소득(급여)자료를 입력할 수 있다.

(3) 부양가족소득공제입력

사원등록에서 입력된 거주자 및 부양가족소득공제가 불러와지며 직접 추가, 수정, 삭제를 할 수 있다.

(4) 연금/저축 등

1) 퇴직연금계좌

근로자퇴직급여보장법에 따라 근로자가 부담하는 부담금(퇴직연금)을 아래 화면에 입력한다. 입력시 [금융회사 등]은 F2검색키를 이용하여 입력하고 계좌번호(증권번호)와 불입금액을 입력하면 연말정산 탭의 60.근로자퇴직연금란에 자동반영 된다.

2 연금계좌 세액공제 - 퇴직연금계좌(연말정산입력 탭의 59.과학기술인공제, 60.근로자퇴직연금)							크게보기
퇴직연금 구분	코드	금융회사 등	계좌번호(증권번호)	납입금액	공제대상금액	세액공제금액	
		1.퇴직연금 2.과학기술인공제회					
퇴직연금							
과학기술인공제회							

2) 연금저축계좌

개인연금저축과 연금저축 불입액을 아래화면에 입력한다. 입력시 [금융회사 등]은 F2검색키를 이용하여 입력하고 계좌번호(증권번호)와 불입금액을 입력 하면 연말정산 탭의 38.개인연금저축소득공제란에 자동반영되며, 61.연금저축세액공제란에 자동 반영된다.

개인연금저축	2000. 12. 31까지 개인연금저축에 가입한 소득자 본인 명의 경우 당해 연도 저축불입액 을 입력한다. 저축불입액의 40%에 상당하는 금액을 소득공제한다. 다만, 공제금액의한도는 72만원이다.
연금저축	2001.1.1.이후연금저축에가입한거주자로연간연금저축불입금액을입력한다.(공제한도 퇴직연금공제액과 합산하여 연간400만원)

[2] 연금계좌 세액공제 - 연금저축계좌 (연말정산입력 탭의 38.개인연금저축, 61.연금저축)　　크게보기

연금저축구분	코드	금융회사 등	계좌번호(증권번호)	납입금액	공제대상금액	소득/세액공제액
	1.개인연금저축 2.연금저축					
개인연금저축						
연금저축						

3) 주택마련저축공제

청약저축, 주택청약종합저축, 근로자주택마련저축 불입액을 아래의 화면에 입력한다. 입력시 [금융회사 등]은 F2검색키를 이용하여 입력하고 계좌번호(증권번호)와 불입금액을 입력하면 연말정산 탭의 40.주택마련저축소득공제란에 자동반영 된다.

[3] 주택마련저축 공제 (연말정산탭의 40.주택마련저축소득공제)　　크게보기

저축구분	코드	금융회사 등	계좌번호(증권번호)	납입금액	소득공제금액
	1.청약저축 2.주택청약종합저축 3.근로자주택마련저축				
청약저축					
주택청약종합저축					
근로자주택마련저축					

4) 월세액등소득공제

임대인명(상호명), 주민등록번호(사업자번호), 임대차계약서상 주소지, 임대차계약기간, 월세액을 아래의 화면에 입력하면 연말정산 탭의 34.주택임차차입금원리금상환액-월세액란에 자동반영 된다.

[1] 월세액 세액공제 명세　　크게보기

임대인명 (상호)	주민등록번호 (사업자번호)	유형	계약 면적(㎡)	임대차계약서 상 주소지	계약서상 임대차 계약기간		연간 월세액
					개시일	~ 종료일	

5) 거주자간 주택임차차입금 원리금 상환액 소득공제 명세

대주, 주민등록번호, 금전소비대차계약기간, 차입금이자율, 원리금상환액등을 아래의 화면에 입력하면 연말정산 탭의 34.주택임차차입금원리금상환액-거주자란에 자동반영 된다.

(5) 연말정산입력

1) 보험료공제

건강보험료	급여자료입력에서 입력된 매월 건강보험료 공제액이 자동집계 되며, 이 금액은 전액 소득공제 된다.
장기요양보험료	급여자료입력에서 입력된 매월 장기요양보험료가 자동 집계되어 반영되며, 불입액 전액이 소득공제 된다.
고용보험료	급여자료입력에서 입력된 매월 고용보험료가 자동 집계되어 반영되며, 불입액 전액이 소득공제 된다.

2) 주택자금공제

2011년 이전 차입분		장기주택이자상환액을 상환기간에 따라 해당란에 입력한다.
2012년 이후 차입분 (15년 이상)	고정금리 비 거 치 상환대출	장기주택저당 차입금의 70%이상을 고정금리로 지급하거나 차입금의 70%이상을 비거치식 분할상환방식으로 상환하는 것을 입력한다.
	기타대출	고정금리비거치상환대출이외의 것을 입력한다.

3) 신용카드등공제

근로소득이 있는 거주자(일용직근로자를 제외하며 배우자 또는 직계존비속, 배우자의 직계존비속을 포함. 단, 연간소득금액이 100만원 초과하는 자는 제외)가 사업자로부터 재화나 용역을 제공받고 신용카드. 직불카드. 지로로 납부한 금액과 현금영수증사용액, 전통시장사용액, 대중교통사용액을 일정한도로 소득공제한다. 신용카드등 사용액을 다음화면과 같이 구분하여 입력한다.

42. 신용카드 등 사용액	신용카드(15%)	신용카드 사용액을 입력한다.
	현금영수(30%)	현금영수증 사용액을 입력한다.
	직불카드등(30%)	직불카드등 사용액을 입력한다.
	전통시장사용(40%)	전통시장에서 사용한 금액을 입력한다.
	대중교통사용(40%)	대중교통수단을 이용하고 사용한 금액을 입력한다.
		해당금액에 커서를 위치 시키면 좌측화면이 나타나고 좌측화면 해당금액을 입력한다.

4) 우리사주조합소득공제

우리사주조합원이 자사주를 취득하기 위하여 우리사주조합에 출연하는 경우 400만원 한도에서 출연금액을 근로소득금액에서 공제한다.

5) 보험료세액공제

62.보장성 보험 (1)일반 (2)장애인	보장보험 세액공제	기본공제대상자를 피보험자로 하는 일반적인 보장성보험료 지출액(연100만원 한도)을 입력한다.
	장애인전용보장성 보험세액공제	기본공제대상자 중 장애인을 피보험자 또는 수익자로 하는 장애인전용보장성보험료 지출액(연 100만원 한도)을 입력한다.

6) 의료비세액공제

본인, 배우자, 부양가족을 위하여 지출한 의료비 중 공제 가능한 의료비를 장애인의료비, 전액공제의료비, 일반의료비로 나누어서 입력한다.

	(1) 장애인, 난임시술비	장애인 또는 난임시술비를 위하여 지급한 의료비지출액을 입력한다.
	(2) 본인·경로자	당해 거주자, 경로우대자(65세 이상인자)를 위하여 지급한 의료비지출액을 입력한다.
	(6) 일반	공제대상 의료비 중 본인 등 공제의료비에 해당하지 않는 의료비

7) 교육비세액공제

각 란에 해당 공제대상 인원과 교육비 지급액 또는 한도액을 입력한다.

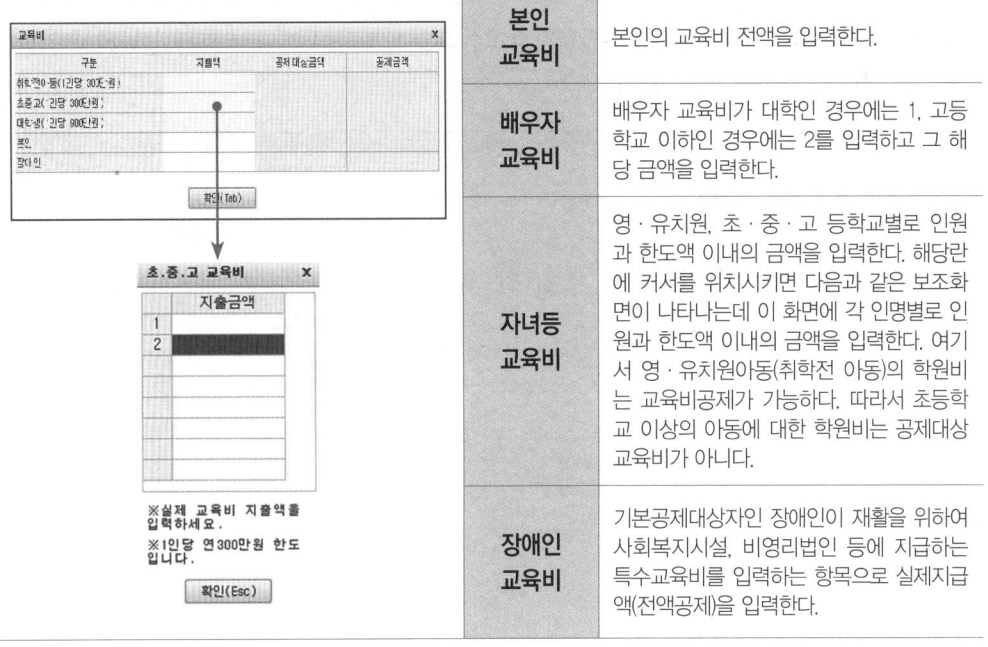

본인 교육비	본인의 교육비 전액을 입력한다.
배우자 교육비	배우자 교육비가 대학인 경우에는 1, 고등학교 이하인 경우에는 2를 입력하고 그 해당 금액을 입력한다.
자녀등 교육비	영·유치원, 초·중·고 등학교별로 인원과 한도액 이내의 금액을 입력한다. 해당란에 커서를 위치시키면 다음과 같은 보조화면이 나타나는데 이 화면에 각 인명별로 인원과 한도액 이내의 금액을 입력한다. 여기서 영·유치원아동(취학전 아동)의 학원비는 교육비공제가 가능하다. 따라서 초등학교 이상의 아동에 대한 학원비는 공제대상 교육비가 아니다.
장애인 교육비	기본공제대상자인 장애인이 재활을 위하여 사회복지시설, 비영리법인 등에 지급하는 특수교육비를 입력하는 항목으로 실제지급액(전액공제)을 입력한다.

8) 기부금세액공제

	(1) 정치자금 기부금	10만원이하	정치자금에 해당하는 금액 중 10만원 이하의 금액을 입력한다.
		10만원초과	정치자금에 해당하는 금액 중 10만원을 초과하는 금액을 입력한다.
	(2)특례기부금(전액)		2011년에 특례기부금으로 통합
	(3)일반기부금	종교단체 외 기부금	종교단체 외에 해당하는 금액을 입력한다.
		종교단체 기부금	종교단체에 기부한 금액을 입력한다

2. 중도입사자 연말정산

사업연도 중에 근로자가 입사한 경우에는 계속근무자와 마찬가지로 연말정산을 한다. 추가 중도입사자는 종전근무지 등의 근로소득원천징수영수증을 참조하여 해당 자료를 입력하여야 한다. 소득명세에서 직접 입력할 수 도 있다.

3. 중도퇴사자 연말정산

사업연도 중에 근로자가 퇴사한 경우에는 퇴직한 달의 급여를 지급할 때 중도퇴사자에 대한 연말정산을 하여 해당사항을 [원천징수이행상황신고서]에 반영하여 신고하여야 한다. 중도퇴사자의 연말정산절차는 다음과 같다.

(1) 사원등록

[사원등록]에서 퇴사 년 월 일을 입력한다.

(2) 연말정산

[급여자료입력]에서 상단에 있는 [F7중도퇴사자정산]버튼에 누르면 다음과 같은 [연말정산]화면이 실행된다.

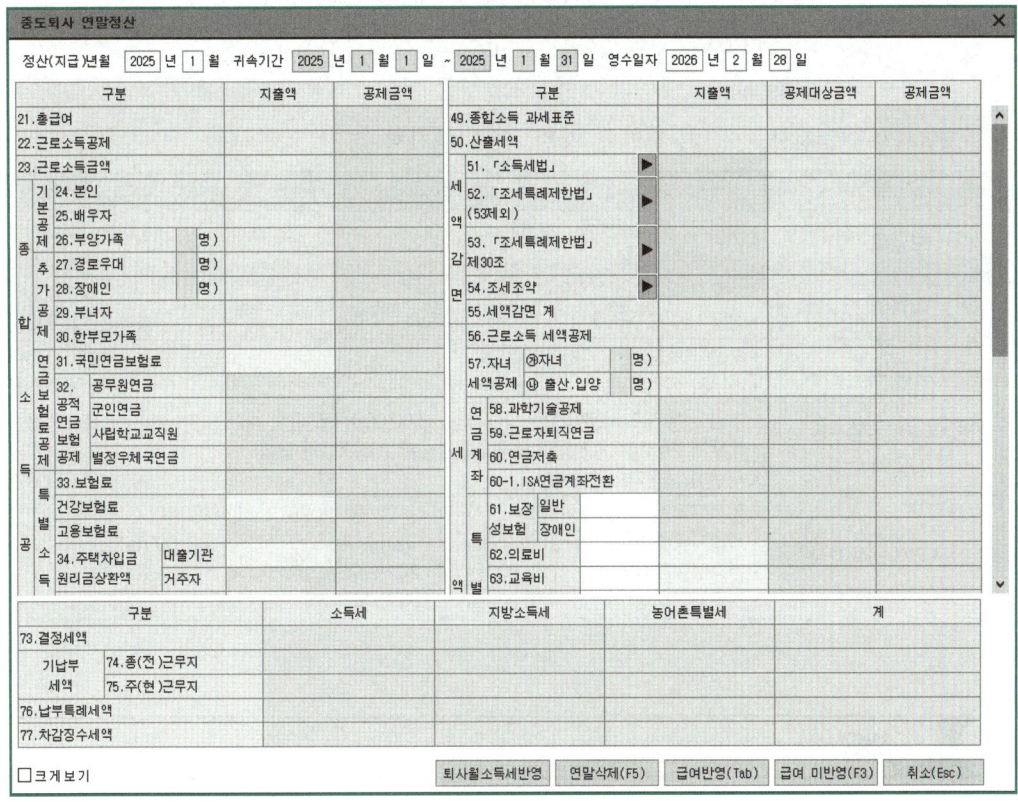

위 연말정산 추가자료에 기타보험료, 의료비 등의 해당 금액을 입력 후 [급여반영(Tab)]키를 누른다. 연말정산 추가자료입력 메뉴를 실행 입력사항 확인 후 원천징수이행상황신고서로 소득세 내용을 확인한다. 상기 작업순서의 작업을 수행하면 중도퇴사자의 연말정산 작업이 모두 완료된다.

 **실습예제**

다음은 (주)태풍전자(8500)의 연말정산관련 자료이다. 주어진 자료를 이용하여 연말정산추가자료를 입력하시오. 자료에 주어진 부양가족은 기본공제대상자에 해당한다. (주)태풍전자로 회사를 변경하여 작업을 수행하시오.(국세청 연말정산간소화 서비스 조회자료)

1. 계속근무자 연말정산 - 성명: 최태산, 사번: 101번, 직책: 과장

구 분	금 액(원)	참 고 사 항
보험료	800,000	본인 생명보험료
의료비	3,700,000	본인 질병 치료비
	4,300,000	장남 질병 치료비
교육비	7,200,000	배우자 대학원 수업료
	4,700,000	처제 대학교 수업료
신용카드사용액	8,300,000	본인 신용카드 총사용액(도서공연비지출액 300,000원 포함)
	5,400,000	배우자 신용카드 총사용액 (중학생인 자녀의 학원비 결제액 700,000원이 포함됨)

2. 중도입사자 연말정산 - 성명: 정인숙, 사번: 102번, 직책: 부장

구 분	내 용	금 액
보험료	• 배우자자동차보험료 • 부친생명보험료	700,000원 850,000원
교육비	• 배우자 야간대학교수업료 • 장남 대학교수업료	3,600,000원 3,200,000원
의료비	• 부친(경로자) 관절염치료비 • 배우자 장염치료비	7,200,000원 3,600,000원
신용카드/현금영수증 사용액	• 본인 신용카드 사용액(전통시장사용분 500,000원포함) • 배우자 현금영수증사용액(대중교통사용분 100,000원 포함) • 시누이 신용카드사용액	7,800,000원 4,300,000원 2,700,000원
종전근무지 소득자료	• 종전근무지명:(주)대한기업　　　• 근무기간:2025.01.01.~2025.05.31 • 사업자등록번호:124-81-21692　• 급여총액:　　　　　15,000,000원 • 건강보험료납부액:　　650,000원　• 장기요양보험료납부액:　45,000원 • 소득세납부액:　　　　750,000원　• 지방세납부액:　　　　75,000원	

 해답

[답] 계속근무자 연말정산추가자료 입력화면 (사원코드 : 101번, 사원 : 최태산)

1. 보험료공제 : 본인 생명보험 800,000원

2. 의료비공제 : 전액공제의료비(본인: 3,700,000원), 그 밖의 공제대상자(장남: 4,300,000원)

3. 교육비공제 : 대학생 처제 4,700,000원(배우자 대학원 교육비는 공제대상이 아니다)

4. 신용카드공제 : 본인 8,000,000원, 배우자 5,400,000원, 도서공연비 300,000원

1 [부양가족] 탭 : 보험료

소득명세	부양가족	신용카드 등	의료비	기부금	연금저축 등I	연금저축 등II	월세액	연말정산입력
보장성보험-일반			800,000					800,000
보장성보험-장애인								
합 계			800,000					800,000

2 [의료비] 탭

2025년 의료비 지급명세서

	의료비 공제대상자				지급처			지급명세				14.산후조리원
	성명	내/외	5.주민등록번호	6.본인등해당여부	9.증빙코드	8.상호	7.사업자등록번호	10.건수	11.금액	11-1.실손보험수령액	12.미숙아선천성이상아	13.난임여부	
□	최태산	내	571125-1216741	1	0	1				3,700,000		X	X	X
□	장남	내	061111-3111111	3	X	1				4,300,000		X	X	X

3 [부양가족] 탭 : 교육비

소득명세	부양가족	신용카드 등	의료비	기부금	연금저축 등I	연금저축 등II	월세액	연말정산입력

자료구분	보험료			의료비					교육비	
	건강	고용	일반보장성	장애인전용	일반	실손	선천성이상아	난임	65세,장애인	일반	장애인특수
국세청										4,700,000 3.대학생	
기타											

4 [신용카드] 탭

소득명세	부양가족	신용카드 등	의료비	기부금	연금저축 등I	연금저축 등II	월세액	출산지원금	연말정산입력

	성명/생년월일	자료구분	신용카드	직불,선불	현금영수증	도서등신용	도서등직불	도서등현금	전통시장	대중교통	합계
□	최태산	국세청	8,000,000			300,000					8,300,000
	1957-11-25	기타									
□	부친	국세청									
	1937-11-11	기타									
□	모친	국세청									
	1938-11-11	기타									
□	배우자	국세청	5,400,000								5,400,000
	1959-11-11	기타									

5 [연말정산입력] 탭

정산(지급)년월 2026년 2월 귀속기간 2025년 1월 1일 - 2025년 12월 31일 영수일자 2026년 2월 28일

구분		지출액	공제금액	구분	지출액
제 공제 별정우체국연금				세금 59.근로자퇴직연금	
특 33.보험료		1,698,000	1,698,000	계 60.연금저축	
별 건강보험료		1,323,600	1,323,600	좌 60-1.ISA연금계좌전환	
소 고용보험료		374,400	374,400	61.보장 일반	800,000	800,000
득 34.주택차입금 대출기관				특 성보험 장애인	
공 원리금상환액 거주자				62.의료비	8,000,000	8,000,000
제 34.장기주택저당차입금이자상				별 63.교육비	4,700,000	4,700,000
35.특별소득공제 계			1,698,000	64.기부금	
36.차감소득금액			19,822,000	세 1)정치자금 10만원이하	
37.개인연금저축				기부금 10만원초과	
그 38.소기업,소상 2015년이전가입				액 2)고향사랑 10만원이하	
공인 공제부금 2016년이후가입				기부금 10만원초과	
39.주택 청약저축				공 3)특례기부금(전액)	
밖 마련저축 주택청약				4)우리사주조합기부금	
의 소득공제 근로자주택마련				제 5)일반기부금(종교단체외)	
소 40.투자조합출자 등 소득공제				6)일반기부금(종교단체)	
41.신용카드 등 사용액		13,700,000	1,737,500	65.특별세액공제 계	

[답] 중도입사자 연말정산추가자료 입력화면 (사원코드 : 102번, 사원 : 정인숙)
1. 보험료공제 : 1,550,000원(부친: 생명보험 850,000원, 배우자자동차보험료: 700,000원)
2. 교육비공제 : 배우자 대학교 수업료: 3,600,000원, 대학생 장남 3,200,000원
3. 의료비공제 : 전액공제의료비(부친): 7,200,000원, 그 밖의 공제대상자 배우자 3,600,000원
4. 신용카드공제 : 형제자매 신용카드 사용액은 공제대상이 아니므로 시누이 신용카드사용액은 제외된다. 신용카드사용액(본인): 7,300,000원, 현금영수증사용액(배우자): 4,200,000원, 전통시장사용분 500,000원, 대중교통사용분 100,000원

① [부양가족] 탭 : 보험료
· 배우자

소득명세	부양가족	신용카드 등	의료비	기부금	연금저축 등I	연금저축 등II	월세액	연말정산입력
보장성보험-일반			700,000					700,000
보장성보험-장애인								
합 계			700,000					700,000

· 부친

소득명세	부양가족	신용카드 등	의료비	기부금	연금저축 등I	연금저축 등II	월세액	연말정산입력
보장성보험-일반			850,000					850,000
보장성보험-장애인								
합 계			850,000					850,000

② [부양가족] 탭 : 교육비
· 배우자

소득명세	부양가족	신용카드 등	의료비	기부금	연금저축 등I	연금저축 등II	월세액	연말정산입력			
자료구분	보험료				의료비					교육비	
	건강	고용	일반보장성	장애인전용	일반	실손	선천성이상아	난임	65세,장애인	일반	장애인특수
국세청			700,000							3,600,000 3.대학생	
기타											

· 장남

소득명세	부양가족	신용카드 등	의료비	기부금	연금저축 등I	연금저축 등II	월세액	연말정산입력			
자료구분	보험료				의료비					교육비	
	건강	고용	일반보장성	장애인전용	일반	실손	선천성이상아	난임	65세,장애인	일반	장애인특수
국세청										3,200,000 3.대학생	
기타											

③ [의료비] 탭

소득명세	부양가족	신용카드 등	의료비	기부금	연금저축 등I	연금저축 등II	월세액	출산지원금	연말정산입력				
의료비 공제대상자					2025년 의료비 지급명세서								
					지급처			지급명세					14.산후조리원
□	성명	내/외	5.주민등록번호	6.본인등해당여부	9.증빙코드	8.상호	7.사업자등록번호	10.건수	11.금액	11-1.실손보험수령액	12.미숙아선천성이상아	13.난임여부	
□	부친	내	471111-1123456	2	0	1			7,200,000		X	X	X
□	배우자	내	771111-1134566	3	X	1			3,600,000		X	X	X

4 [신용카드] 탭

내/외관계	성명 생년월일	자료구분	신용카드	직불,선불	현금영수증	도서등 신용	도서등 직불	도서등 현금	전통시장	대중교통
내	정인숙	국세청	7,300,000						500,000	
0	1979-02-25	기타								
내	부친	국세청								
1	1947-11-11	기타								
내	배우자	국세청			4,200,000					100,000
3	1977-11-11	기타								

5 [소득명세] 탭

구분			합계	주(현)	납세조합	종(전) [1/2]
소득명세	9.근무처명			(주)태풍전자		(주)대한기업
	9-1.종교관련 종사자			부		부
	10.사업자등록번호			101-81-50103	---—-—---	124-81-21692
	11.근무기간			2025-06-01 ~ 2025-12-31	--—-—-- ~ --—-—--	2025-01-01 ~ 2025-05-31
	12.감면기간			--—-—-- ~ --—-—--	--—-—-- ~ --—-—--	--—-—-- ~ --—-—--
	13-1.급여(급여자료입력)		39,500,000	24,500,000		15,000,000
	13-2.비과세한도초과액		350,000	350,000		
	13-3.과세대상추가(인정상여추가)					
	14.상여					
	15.인정상여					
	15-1.주식매수선택권행사이익					
	15-2.우리사주조합 인출금					
	15-3.임원퇴직소득금액한도초과액					
	15-4.직무발명보상금					
	16.계		39,850,000	24,850,000		15,000,000
공제보험료명세	직장	건강보험료(직장)(33)	1,420,350	770,350		650,000
		장기요양보험료(33)	123,960	78,960		45,000
		고용보험료(33)	201,600	201,600		
		국민연금보험료(31)	1,039,500	1,039,500		
	공적연금보험료	공무원 연금(32)				
		군인연금(32)				
		사립학교직원연금(32)				
		별정우체국연금(32)				
세액	기납부세액	소득세	1,831,080	1,081,080		750,000
		지방소득세	183,080	108,080		75,000
		농어촌특별세				

⑥ [연말정산입력] 탭

구분			지출액	공제금액	구분		지출액	
특별소득공제	보험료공제	공적연금보험공제	군인연금			세액공제 ⑭ 출산.입양 명)		
			사립학교교직원			연금계좌	58.과학기술공제		
			별정우체국연금				59.근로자퇴직연금		
		33.보험료		1,745,910	1,745,910		60.연금저축		
		건강보험료		1,544,310	1,544,310		60-1.ISA연금계좌전환		
		고용보험료		201,600	201,600	특별세액공제	61.보장성보험 일반	1,550,000	1,550,000
		34.주택차입금 원리금상환액	대출기관				장애인		
			거주자				62.의료비	10,800,000	10,800,000
		34.장기주택저당차입금이자상					63.교육비	6,800,000	6,800,000
		35.특별소득공제 계			1,745,910		64.기부금		
36.차감소득금액					17,337,090		1)정치자금기부금 10만원이하		
그밖의소득공제	37.개인연금저축						10만원초과		
	38.소기업,소상공인 공제부금		2015년이전가입				2)고향사랑기부금 10만원이하		
			2016년이후가입				10만원초과		
	39.주택마련저축소득공제		청약저축				3)특례기부금(전액)		
			주택청약				4)우리사주조합기부금		
			근로자주택마련				5)일반기부금(종교단체외)		
	40.투자조합출자 등 소득공제						6)일반기부금(종교단체)		
	41.신용카드 등 사용액			12,100,000	1,911,250		65.특별세액공제 계		

정산(지급)년월 2026년 2월 귀속기간 2025년 1월 1일 ~ 2025년 12월 31일 영수일자 2026년 2월 28일

05. 소득세 전자신고

실습예제

㈜성포전자(회사코드:8700)의 9월귀속/9월지급의 원천징수이행상황신고서를 조회하여 마감하고 국세청 홈택스에 전자신고를 수행하시오.(비밀번호:12345678)

해답

1. 원천징수이행상황신고서 전자신고 마감하기

    원천징수이행상황신고서를 작성한 후 [F8마감]을 실행한다.

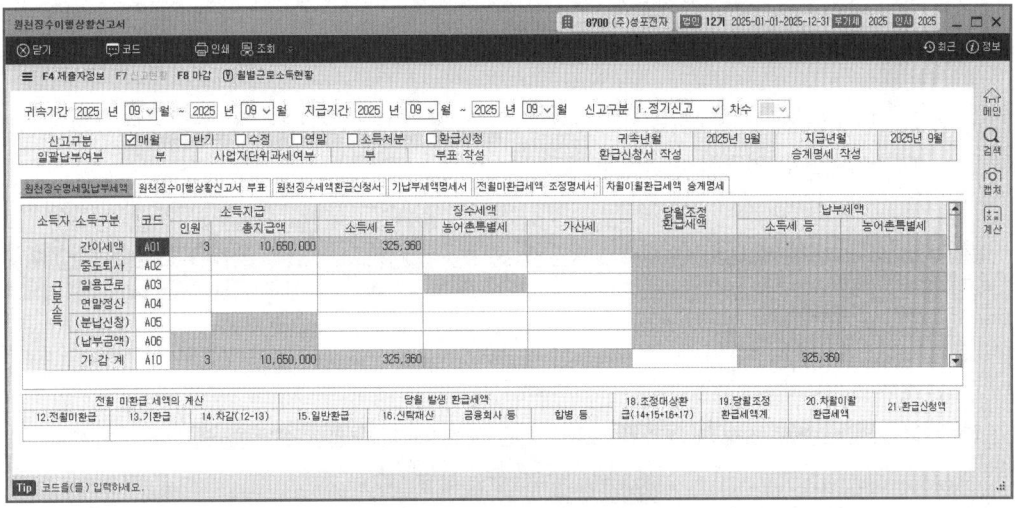

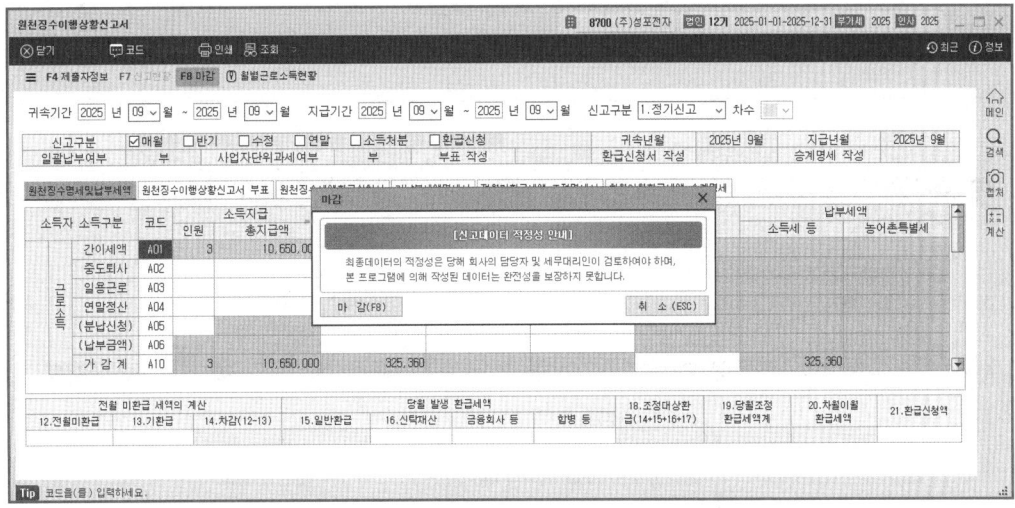

2. 원천징수이행상황신고서 전자신고제작하기(2.납세자자진신고를 선택한다)

　① 원천징수이행상황신고서를 마감한 후, [전자신고]메뉴를 클릭한다.

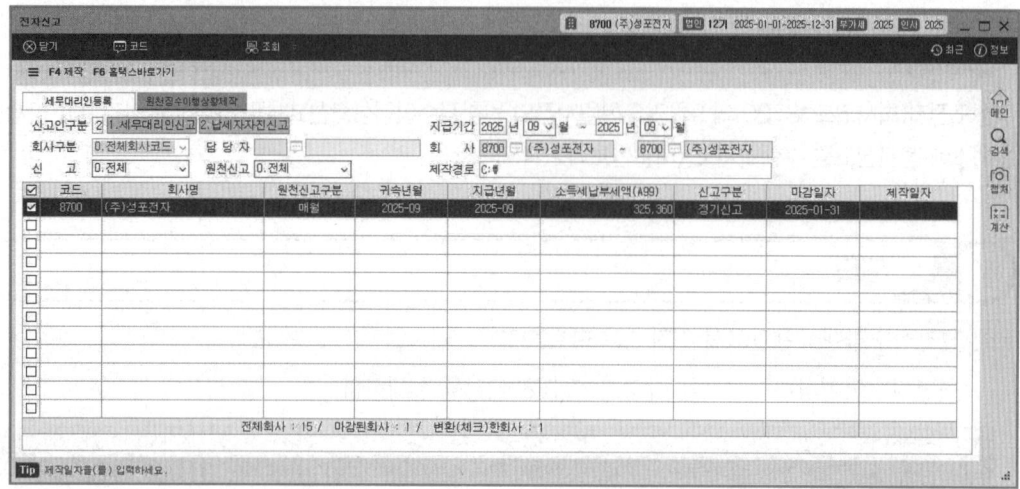

　② 신고년월과 신고인구분을 선택하여 조회 후 상단 [F4제작]을 클릭한다. [F4제작]을 클릭 후 비밀번호를 입력하여 파일을 제작한다.

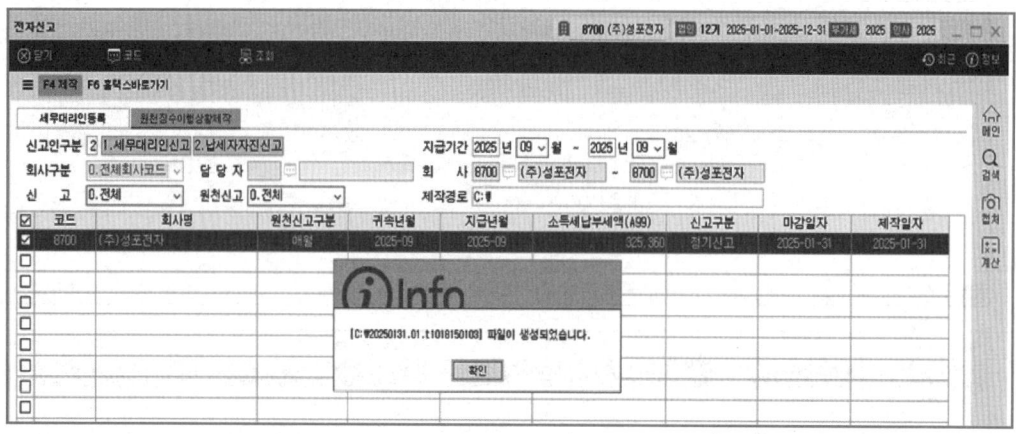

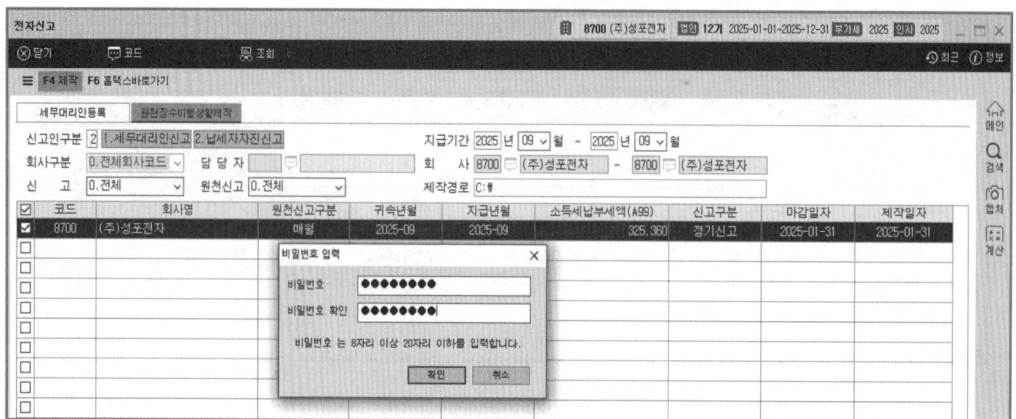

3. 원천징수이행상황신고서 홈택스전자신고

① 전자신고메뉴에서 제작한 파일을 [찾아보기]기능을 통해 불러옵니다. 파일을 불러오면 선택한 파일내역에 전자파일명과 파일크기가 반영된다.

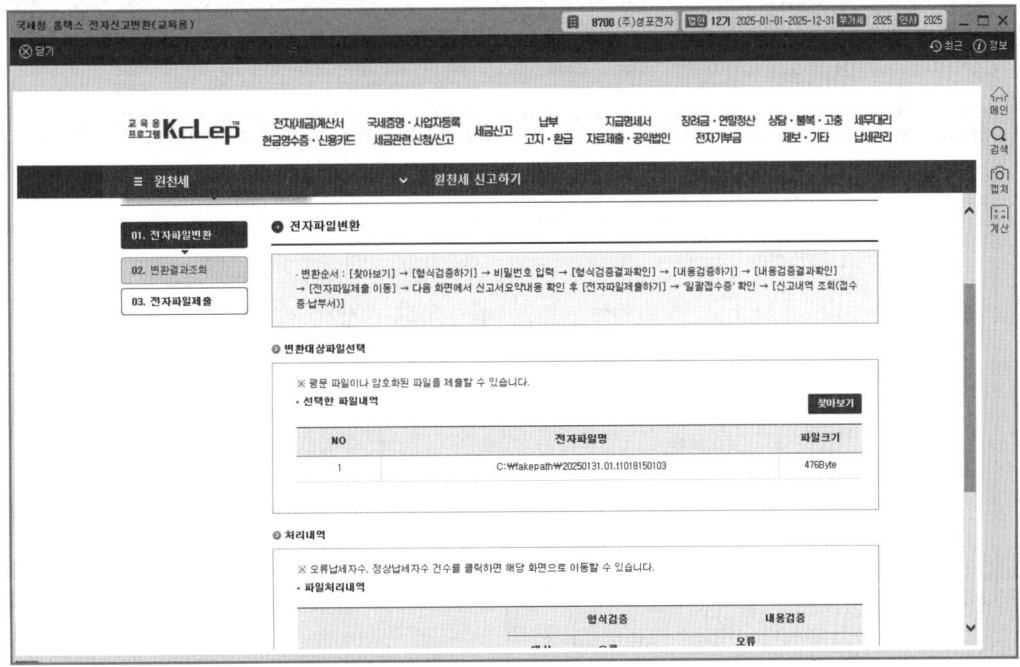

③ 형식검증하기를 클릭하여 형식검증을 진행한다.(변환파일정보입력창에 비빌번호입력)

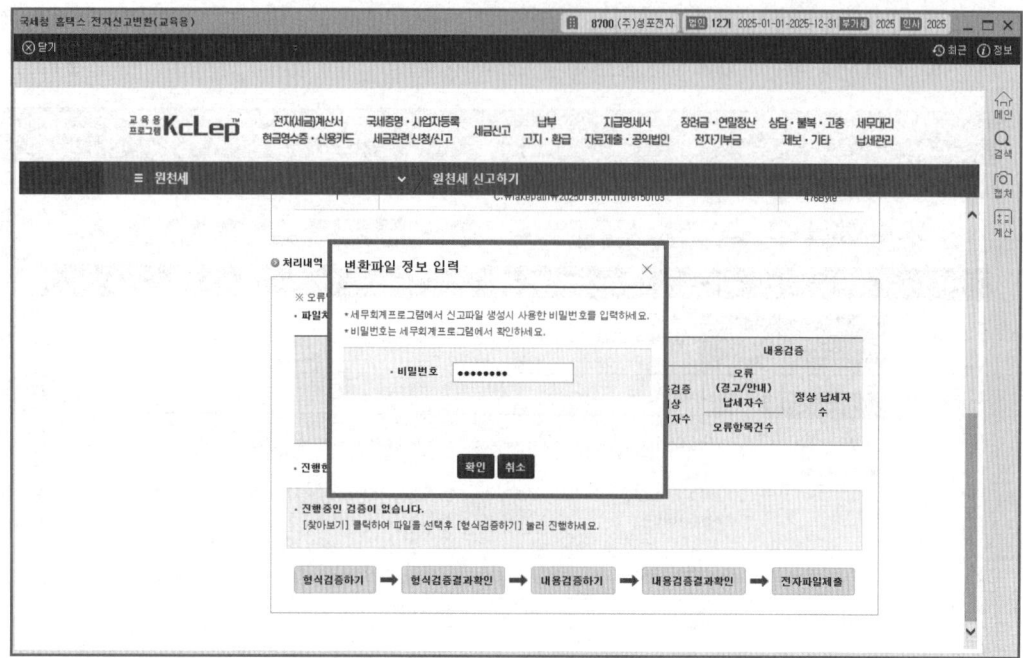

④ 형식검증결과확인을 클릭하여 형식검증을 진행한다.

⑤ 내용검증하기를 클릭하여 내용검증한다.

⑥ 내용검증결과확인을 클릭하여 검증결과를 확인한다.

⑦ 전자파일제출을 클릭하면 정상변환된 제출 가능한 신고서목록이 조회되며, 전자파일제출하기를 클릭하여 제출한다.

⑧ 제출이 완료되면 접수증이 나오며, 접수내용을 확인 할 수 있다.

PART 7

실기편
기출문제

제116회 ~ 제105회

CLASS 전산세무 2급
실 기 편

116회 이론시험

다음 문제를 보고 알맞은 것을 골라 **이론문제 답안작성** 메뉴에 입력하시오. (객관식 문항당 2점)

기본전제

문제에서 한국채택국제회계기준을 적용하도록 하는 전제조건이 없는 경우, 일반기업회계기준을 적용한다.

01. 다음 중 자본적 지출 항목을 수익적 지출로 잘못 회계처리한 경우 재무제표에 미치는 영향으로 옳은 것은?

① 자산이 과소계상 된다.
② 당기순이익이 과대계상 된다.
③ 부채가 과소계상 된다.
④ 자본이 과대계상 된다.

02. 다음 중 당좌자산에 해당하지 않는 항목은 무엇인가?

① 영업권
② 매출채권
③ 단기투자자산
④ 선급비용

03. 다음 중 회계추정의 변경에 해당하지 않는 것은 무엇인가?

① 감가상각자산의 내용연수 변경
② 감가상각방법의 변경
③ 재고자산 평가방법의 변경
④ 재고자산의 진부화 여부에 대한 판단

04. 다음 중 자본에 대한 설명으로 옳지 않은 것은?

① 유상증자 시 주식이 할인발행된 경우 주식할인발행차금은 자본조정으로 계상한다.
② 신주발행비는 손익계산서상의 당기 비용으로 처리한다.
③ 주식분할의 경우 주식수만 증가할 뿐 자본금에 미치는 영향은 발생하지 않는다.
④ 무상감자는 주식소각 대가를 주주에게 지급하지 않으므로 형식적 감자에 해당한다.

05. 다음의 자료를 이용하여 기말재고자산에 포함해야 할 총금액을 계산하면 얼마인가? 단, 창고 재고 금액은 고려하지 않는다.

> · 반품률이 높지만, 그 반품률을 합리적으로 추정할 수 없는 상태로 판매한 상품 : 2,000,000원
> · 시용판매 조건으로 판매된 시송품 총 3,000,000원 중 고객이 구매의사표시를 한 상품 : 1,000,000원
> · 담보로 제공한 저당상품 : 9,000,000원
> · 선적지 인도조건으로 매입한 미착상품 : 4,000,000원

① 15,000,000원 ② 16,000,000원
③ 17,000,000원 ④ 18,000,000원

06. 다음 중 원가에 대한 설명으로 옳지 않은 것은?
① 조업도(제품생산량)가 증가함에 따라 단위당 변동원가는 일정하고 단위당 고정원가는 감소한다.
② 제조원가는 직접재료원가, 직접노무원가, 제조간접원가를 말한다.
③ 가공원가란 직접재료원가와 직접노무원가만을 합한 금액을 말한다.
④ 고정원가란 관련범위 내에서 조업도 수준과 관계없이 총원가가 일정한 원가를 말한다.

07. 다음 중 개별원가계산과 종합원가계산에 대한 설명으로 옳지 않은 것은?
① 개별원가계산은 개별적으로 원가를 추적해야 하므로 공정별로 원가를 통제하기가 어렵다.
② 종합원가계산 중 평균법은 기초재공품 모두를 당기에 착수하여 완성한 것으로 가정한다.
③ 종합원가계산을 적용할 때 기초재공품이 없다면 평균법과 선입선출법에 의한 계산은 차이가 없다.
④ 종합원가계산은 개별원가계산과 달리 기말재공품의 평가문제가 발생하지 않는다.

08. 다음 중 보조부문원가를 배분하는 방법에 대한 설명으로 옳지 않은 것은?
① 상호배분법은 보조부문 상호 간의 용역수수관계를 완전히 반영하는 방법이다.
② 단계배분법은 보조부문 상호 간의 용역수수관계를 전혀 반영하지 않는 방법이다.
③ 직접배분법은 보조부문 상호 간의 용역수수관계를 전혀 반영하지 않는 방법이다.
④ 상호배분법, 단계배분법, 직접배분법 중 어떤 방법을 사용하더라도 보조부문의 총원가는 제조부문에 모두 배분된다.

09. 당사의 보험료를 제조부문에 80%, 영업부문에 20%로 배분하고 있다. 당월 지급액 100,000원, 전월 미지급액 30,000원, 당월 미지급액이 20,000원인 경우 당월 제조간접원가로 계상해야 하는 보험료는 얼마인가?

① 64,000원
② 72,000원
③ 80,000원
④ 90,000원

10. 종합원가계산을 적용할 경우, 다음의 자료를 이용하여 평균법과 선입선출법에 따른 가공원가의 완성품환산량을 각각 계산하면 몇 개인가?

- 기초재공품 : 300개(완성도 20%)
- 당기착수량 : 1,000개
- 당기완성량 : 1,100개
- 기말재공품 : 200개(완성도 60%)
- 원재료는 공정착수 시점에 전량 투입되며, 가공원가는 전체 공정에서 균등하게 발생한다.

	평균법	선입선출법
①	1,120개	1,060개
②	1,120개	1,080개
③	1,220개	1,180개
④	1,220개	1,160개

11. 다음 중 부가가치세법상 부가가치세가 과세되는 재화 또는 용역의 공급에 해당하는 것은?

① 박물관에 입장하도록 하는 용역
② 고속철도에 의한 여객운송 용역
③ 도서 공급
④ 도서대여 용역

12. 다음 중 부가가치세법상 매입세액공제가 가능한 경우는?

① 면세사업과 관련된 매입세액
② 기업업무추진비 지출과 관련된 매입세액
③ 토지의 형질변경과 관련된 매입세액
④ 제조업을 영위하는 사업자가 농민으로부터 면세로 구입한 농산물의 의제매입세액

13. 다음 중 소득세법상 근로소득의 원천징수 시기로 옳지 않은 것은?
① 2025년 05월 귀속 근로소득을 2025년 05월 31일에 지급한 경우 : 2025년 05월 31일
② 2025년 07월 귀속 근로소득을 2025년 08월 10일에 지급한 경우 : 2025년 08월 10일
③ 2025년 11월 귀속 근로소득을 2026년 01월 31일에 지급한 경우 : 2025년 12월 31일
④ 2025년 12월 귀속 근로소득을 2026년 03월 31일에 지급한 경우 : 2025년 12월 31일

14. 다음 중 소득세법상 사업소득에 대한 설명으로 가장 옳지 않은 것은?
① 간편장부대상자의 사업용 유형자산 처분으로 인하여 발생한 이익은 사업소득에 해당한다.
② 국세환급가산금은 총수입금액에 산입하지 않는다.
③ 거주자가 재고자산을 가사용으로 소비하는 경우 그 소비·지급한 때의 가액을 총수입금액에 산입한다.
④ 부동산임대와 관련 없는 사업소득의 이월결손금은 당해 연도의 다른 종합소득에서 공제될 수 있다.

15. 다음 중 소득세법상 종합소득공제 및 세액공제에 대한 설명으로 옳지 않은 것은?
① 거주자의 직계존속이 주거 형편에 따라 별거하고 있는 경우에는 생계를 같이 하는 것으로 본다.
② 재학 중인 학교로부터 받은 장학금이 있는 경우 이를 차감한 금액을 세액공제 대상 교육비로 한다.
③ 배우자가 있는 여성은 배우자가 별도의 소득이 없는 경우에 한하여 부녀자공제를 받을 수 있다.
④ 맞벌이 부부 중 남편이 계약자이고 피보험자가 부부공동인 보장성보험의 보험료는 보험료 세액공제 대상이다.

116회 실무시험

㈜선진테크(회사코드:1162)는 컴퓨터 및 주변장치의 제조 및 도·소매업을 주업으로 영위하는 중소기업으로서 당기(제12기)의 회계기간은 2025.1.1.~2025.12.31.이다. 전산세무회계 수험용 프로그램을 이용하여 다음 물음에 답하시오.

기본전제

- 문제에서 한국채택국제회계기준을 적용하도록 하는 전제조건이 없는 경우, 일반기업회계기준을 적용하여 회계처리 한다.
- 문제의 풀이와 답안작성은 제시된 문제의 순서대로 진행한다.

입력시 유의사항

- 일반적인 적요의 입력은 생략하지만, 타계정 대체거래는 적요 번호를 선택하여 입력한다.
- 채권·채무와 관련된 거래는 별도의 요구가 없는 한 반드시 기등록된 거래처코드를 선택하는 방법으로 거래처명을 입력한다.
- 제조경비는 500번대 계정코드를, 판매비와관리비는 800번대 계정코드를 사용한다.
- 회계처리 시 계정과목은 별도의 제시가 없는 한 등록된 계정과목 중 가장 적절한 과목으로 한다.

문제1 [일반전표입력] 메뉴를 이용하여 다음의 거래자료를 입력하시오. (15점)

[1] 01월 03일 전기에 하남상회에게 제품을 판매하고 계상했던 외상매출금 총 3,400,000원 중 1,400,000원은 하남상회가 발행한 약속어음으로 받고, 나머지는 보통예금 계좌로 즉시 입금받았다. (3점)

[2] 01월 15일 영업부에서 사용할 실무서적을 현금으로 구입하고, 다음의 영수증을 수취하였다. (3점)

NO.	영수증 (공급받는자용)		
	㈜선진테크 귀하		
공급자	사업자등록번호	145-91-12336	
	상 호	대일서점	성 명	김대일
	사업장소재지	서울시 강동구 천호대로 1(천호동)		
	업 태	도소매	종 목	서적
작성일자	금액합계	비고
2025.01.15.	25,000원	
공급내역			
월/일	품명	수량	단가	금액
1/15	영업전략실무	1	25,000원	25,000원
합계	₩ 25,000		
위 금액을 영수함			

[3] 08월 20일 당사는 공장신축용 토지를 취득한 후 취득세 18,000,000원과 지방채 12,000,000원(액면가 12,000,000원, 공정가치 10,500,000원, 만기 5년, 무이자부)을 보통예금 계좌에서 지급하였다. (단, 지방채는 매도가능증권으로 분류할 것) (3점)

[4] 10월 25일 다음의 제조부서 직원급여를 보통예금 계좌에서 이체하여 지급하였다. 예수금은 하나의 계정으로 처리하시오. (3점)

2025년 10월분 급여명세서

(단위 : 원)

사원코드 : 0008 사원명 : 김하나 입사일 : 2024.05.01
부서 : 제조 직급 : 과장

지급내역	지급액	공제내역	공제액
기본급	3,500,000	국민연금	265,500
상여	3,000,000	건강보험	230,420
		고용보험	58,500
		장기요양보험료	29,840
		소득세	530,000
		지방소득세	53,000
		공제액계	1,167,260
지급액계	6,500,000	차인지급액	5,332,740

귀하의 노고에 감사드립니다. ㈜선진테크

[5] 12월 01일 지난 9월 2일 공장에서 사용할 목적으로 ㈜은성기계에서 기계장치를 구매하고 아래의 전자세금계산서를 수취하면서 미지급금으로 회계처리를 했던 거래에 대하여 12월 1일에 법인카드(신한카드)로 결제하여 지급하였다(단, 카드 결제분은 미지급금으로 처리할 것). (3점)

전자세금계산서					승인번호		20250902-31000013-44346111		
공급자	등록번호	180-81-41214	종사업장번호		공급받는자	등록번호	130-81-53506	종사업장번호	
	상호(법인명)	㈜은성기계	성명	박은성		상호(법인명)	㈜선진테크	성명	이득세
	사업장	서울특별시 성북구 장월로1길 28, 상가동 101호				사업장	경기도 부천 길주로 284, 105호(중동)		
	업태	제조업	종목	전자부품		업태	제조, 도소매 외	종목	컴퓨터 및 주변장치 외
	이메일	es@naver.com				이메일	jdcorp@naver.com		
						이메일			

작성일자	공급가액	세액	수정사유
2025/09/02	20,000,000	2,000,000	해당 없음
비고			

월	일	품목	규격	수량	단가	공급가액	세액	비고
09	02	기계장치				20,000,000	2,000,000	

합계금액	현금	수표	어음	외상미수금	이 금액을 (청구) 함
22,000,000				22,000,000	

문제 2 [매입매출전표입력] 메뉴를 이용하여 다음의 거래자료를 입력하시오. (15점)

입력시 유의사항

- 일반적인 적요의 입력은 생략하지만, 타계정 대체거래는 적요 번호를 선택하여 입력한다.
- 채권·채무 관련 거래는 별도의 요구가 없는 한 반드시 기등록된 거래처코드를 선택하는 방법으로 거래처명을 입력한다.
- 제조경비는 500번대 계정코드를, 판매비와관리비는 800번대 계정코드를 사용한다.
- 회계처리 시 계정과목은 등록된 계정과목 중 가장 적절한 과목으로 한다.
- 입력 화면 하단의 분개까지 처리하고, 세금계산서 및 계산서는 전자 여부를 입력하여 반영한다.

[1] 01월 02일 제조부문에서 사용하던 기계장치(취득원가 5,000,000원, 감가상각누계액 4,300,000원)를 미래전자에 1,000,000원(부가가치세 별도)에 매각하면서 전자세금계산서를 발급하였으며, 대금 중 부가가치세는 현금으로 받고, 나머지는 전액 미래전자가 발행한 약속어음으로 수취하였다. (3점)

[2] 02월 12일 가공육선물세트를 구입하여 영업부 거래처에 접대를 목적으로 제공하고 아래의 전자세금계산서를 수취하면서 대금은 보통예금 계좌에서 지급하였다. (3점)

전자세금계산서

| 승인번호 | 20250212-100156-956214 |

공급자
- 등록번호: 130-81-23545
- 상호(법인명): ㈜롯데백화점 중동
- 성명: 이시진
- 사업장주소: 경기도 부천시 길주로 300 (중동)
- 업태: 서비스
- 종목: 백화점
- 이메일: fhdns@never.net

공급받는자
- 등록번호: 130-81-53506
- 상호(법인명): ㈜선진테크
- 성명: 이득세
- 사업장주소: 경기도 부천시 길주로 284, 105호 (중동)
- 업태: 제조, 도소매
- 종목: 컴퓨터 및 주변장치 외
- 이메일: 1111@daum.net

작성일자	공급가액	세액	수정사유	비고
2025/02/12	7,100,000	710,000		

월	일	품목	규격	수량	단가	공급가액	세액	비고
02	12	가공육 선물세트 1호		100	71,000	7,100,000	710,000	

합계금액	현금	수표	어음	외상미수금	
7,810,000	7,810,000				위 금액을 (영수) 함

[3] 07월 17일 당사는 수출회사인 ㈜봉산실업에 내국신용장에 의해 제품을 판매하고 영세율전자세금계산서를 발급하였다. 대금 중 1,800,000원은 현금으로 받고, 나머지는 외상으로 하였다. (3점)

영세율전자세금계산서

| 승인번호 | 20250717-1000000-0000415871 |

공급자
- 등록번호: 130-81-53506
- 상호(법인명): ㈜선진테크
- 성명: 이득세
- 사업장: 경기도 부천시 길주로 284, 105호 (중동)
- 업태: 제조 외
- 종목: 컴퓨터 및 주변장치 외
- 이메일: 1111@daum.net

공급받는자
- 등록번호: 130-81-55668
- 상호(법인명): ㈜봉산실업
- 성명: 안민애
- 사업장: 서울 강남구 역삼로 1504-20
- 업태: 도소매
- 종목: 전자제품
- 이메일: semicom@naver.com

작성일자	공급가액	세액	수정사유
2025/07/17	18,000,000	0	해당 없음
비고			

월	일	품목	규격	수량	단가	공급가액	세액	비고
07	17	제품	set	10	1,800,000	18,000,000	0	

합계금액	현금	수표	어음	외상미수금	
18,000,000	1,800,000			16,200,000	이 금액을 (영수) 함

[4] 08월 20일 ㈜하나로마트에서 한우갈비세트(부가가치세 면세 대상) 2,000,000원을 현금으로 결제하고 현금영수증(지출증빙용)을 수취하였다. 이 중 600,000원 상당은 복리후생 차원에서 당사 공장 직원에게 제공하였고, 나머지는 영업부서 직원에게 제공하였다. (3점)

[5] 09월 10일 아래의 세금계산서를 2025년 제2기 부가가치세 예정신고 시 누락하였다. 반드시 2025년 제2기 부가가치세 확정신고서에 반영되도록 입력 및 설정한다. (3점)

세금계산서						
책 번 호		권	호			
일 련 번 호		-				

	공급자			공급받는자		
사업자등록번호	113-15-53127			사업자등록번호	130-81-53506	
상호(법인명)	풍성철강	성명(대표자)	이소희	상호(법인명)	㈜선진테크	성명(대표자)	이득세
사업장 주소	서울시 금천구 시흥대로 53			사업장 주소	경기도 부천시 길주로 284, 105호 (중동)	
업태	도매업	종목	철강	업태	제조업	종목	컴퓨터 및 주변장치 외

작성			공급가액		세액		비고
연	월	일	공란수 백 십 억 천 백 십 만 천 백 십 일		십 억 천 백 십 만 천 백 십 일		
2025	09	10	1 0 0 0 0 0 0		1 0 0 0 0 0		

월	일	품목	규격	수량	단가	공급가액	세액	비고
09	10	원재료				1,000,000	100,000	

합계금액	현금	수표	어음	외상미수금	이 금액을 (청구) 함
1,100,000				1,100,000	

문제 3 부가가치세 신고와 관련하여 다음 물음에 답하시오. (10점)

[1] 다음의 자료를 토대로 2025년 제1기 부가가치세 확정신고기간의 [부가가치세신고서]를 작성하시오(단, 아래 제시된 자료만 있는 것으로 가정함). (6점)

매출자료	· 세금계산서 발급분 과세 매출 : 공급가액 200,000,000원, 세액 20,000,000원
	   -종이(전자 외) 세금계산서 발급분(공급가액 50,000,000원, 세액 5,000,000원)이 포함되어 있다.
	   -그 외 나머지는 모두 전자세금계산서 발급분이다.
	· 당사의 직원인 홍길동(임원 아님)에게 경조사와 관련하여 연간 100,000원(시가) 상당의 제품(당사가 제조한 제품임)을 무상으로 제공하였다.
	· 대손이 확정된 외상매출금 1,650,000원(부가가치세 포함)에 대하여 대손세액공제를 적용한다.

매입자료	· 수취한 매입세금계산서는 공급가액 120,000,000원, 세액 12,000,000원으로 내용은 아래와 같다.
	   -승용자동차(배기량 : 999cc, 경차에 해당됨) 취득분 : 공급가액 20,000,000원, 세액 2,000,000원
	   -거래처 접대목적으로 구입한 물품(고정자산 아님) : 공급가액 5,000,000원, 세액 500,000원
	   -그 외 나머지는 일반 매입분이다.

유의사항	· 세부담 최소화를 가정한다. · 불러온 자료는 무시하고 문제에 제시된 자료만 직접 입력한다. · 해당 법인은 홈택스 사이트를 통해 전자적인 방법으로 부가가치세 신고를 직접 한다. · 부가가치세 신고서 이외의 과세표준명세 등 기타 부속서류의 작성은 생략한다.

[2] 다음의 자료는 2025년 제2기 확정신고 시의 대손 관련 자료이다. 해당 자료를 이용하여 2025년 제2기 확정신고 시의 [대손세액공제신고서]를 작성하시오(단, 모든 거래는 부가가치세 과세대상에 해당함). (4점)

대손 확정일	당초 공급일	계정과목	대손금	매출처 상호	대손사유
2025.10.5.	2024.5.3.	미수금 (유형자산매각대금)	11,000,000원	㈜가경	파산종결 결정공고
2025.10.24.	2022.10.10.	외상매출금	22,000,000원	㈜용암	소멸시효완성
2025.5.19. (부도발생일)	2025.4.8.	받을어음	16,500,000원	㈜개신	부도발생 (저당권설정 안 됨)
2025.12.19. (부도발생일)	2025.8.25.	받을어음	13,200,000원	㈜비하	부도발생 (저당권설정 안 됨)

문제 4 결산정리사항은 다음과 같다. 관련 메뉴를 이용하여 결산을 완료하시오. (15점)

[1] 기존에 입력된 데이터는 무시하고, 2025년 제2기 부가가치세 확정신고와 관련된 내용이 다음과 같다고 가정한다. 12월 31일 부가세예수금과 부가세대급금을 정리하는 회계처리를 하시오(단, 납부세액(또는 환급세액)은 미지급세금(또는 미수금)으로, 경감공제세액은 잡이익으로, 가산세는 세금과공과(판)로 회계처리한다). (3점)

· 부가세대급금 : 9,500,000원   · 부가세예수금 : 12,500,000원
· 전자신고세액공제액 : 10,000원   · 세금계산서 미발급가산세 : 240,000원

[2] 아래의 내용을 참고하여 2025년 말 현재 보유 중인 매도가능증권(비유동자산)에 대한 결산 회계처리를 하시오(단, 매도가능증권과 관련된 2024년의 회계처리는 적절하게 수행함). (3점)

주식명	2024년 취득가액	2024년 말 공정가치	2025년 말 공정가치
엔비디아듀	1,000,000원	800,000원	2,000,000원

[3] 9월 1일에 영업부 차량보험에 가입하고 1년치 보험료 1,200,000원을 납부하였다. 보험료 납부 당시 회사는 전액 보험료로 회계처리 하였다(단, 월할계산할 것). (3점)

[4] 당사는 2025년 1월 1일에 사채(액면가액 10,000,000원)를 발행하고 매년 결산일(12월 31일)에 이자비용을 보통예금 계좌에서 지급하고 있다. 만기 2027년 12월 31일, 액면이자율 10%, 시장이자율 7%이며 발행시점의 발행가액은 10,787,300원이다. 2025년 12월 31일 결산일에 필요한 회계처리를 하시오(단, 원단위 이하는 절사할 것). (3점)

[5] 다음은 ㈜선진테크의 유형자산 명세서이다. 기존에 입력된 데이터는 무시하며 다음의 유형자산만 있다고 가정하고 감가상각과 관련된 회계처리를 하시오. (3점)

유형자산 명세서					
계정과목	자산명	당기분 회사 계상 감가상각비	상각방법	내용연수	사용 부서
건물	공장건물	10,000,000원	정액법	20년	제조부
기계장치	초정밀검사기	8,000,000원	정률법	10년	제조부
차량운반구	그랜져	7,000,000원	정액법	5년	영업부
비품	컴퓨터	3,000,000원	정률법	5년	영업부

문제 5 2025년 귀속 원천징수와 관련된 다음의 물음에 답하시오. (15점)

[1] 다음의 자료를 바탕으로 내국인이며 거주자인 생산직 사원 임하나(750128-2436815, 세대주, 입사일 : 2025.09.01.)의 세부담이 최소화 되도록 [사원등록] 메뉴의 [기본사항] 탭을 이용하여 아래의 내용 중에서 필요한 항목을 입력하고, 9월분 급여자료를 입력하시오(단, 급여 지급일은 매월 말일이며, 사용하지 않는 수당항목은 '부'로 표시할 것). (6점)

※ 아래 〈자료〉를 통해 임하나의 [사원등록] 메뉴의 [기본사항] 탭에서 다음의 사항을 입력하고 9월분 급여자료를 입력하시오.
· 10.생산직등여부, 연장근로비과세, 전년도총급여
· 12.국민연금보수월액
· 13.건강보험보수월액
· 14.고용보험보수월액

〈자료〉
· 국민연금보수월액, 건강보험보수월액, 고용보험보수월액은 1,800,000원으로 신고하였다.
· 급여 및 제수당 내역은 다음과 같다.

급여 및 제수당	기본급	식대	시내교통비	보육수당	야간근로수당
금액(원)	1,500,000	200,000	300,000	100,000	2,200,000

· 별도의 식사는 제공하지 않고 있으며, 식대로 매월 200,000원을 지급하고 있다.
· 출퇴근용 시내교통비로 매월 300,000원을 지급하고 있다.
· 보육수당은 6세 이하 자녀를 양육하는 직원에게 지급하는 수당이다.
· 9월은 업무 특성상 야간근무를 하며, 이에 대하여 별도의 수당을 지급하고 있다.
 (→ 임하나 : 국내 근무, 월정액급여 1,800,000원, 전년도총급여 27,000,000원)
· 2025년 9월 1일 이전의 연장·야간근로수당으로서 비과세되는 금액은 없다.

[2] 다음은 퇴사자 우미영 사원(사번 : 301)의 2025년 3월 급여자료이다. [사원등록] 메뉴에서 퇴사년월일을 반영하고, 3월의 [급여자료입력]과 [원천징수이행상황신고서]를 작성하시오(단, 반드시 [급여자료입력]의 「F7 중도퇴사자정산」을 이용하여 중도퇴사자 정산 내역을 급여자료에 반영할 것). (6점)

- 퇴사일은 2025년 3월 31일이고, 3월 급여는 2025년 4월 5일에 지급되었다.
- 수당 및 공제항목은 중도퇴사자 정산과 관련된 부분을 제외하고 추가 및 변경하지 않기로 하며 사용하지 않는 항목은 그대로 둔다.
- 3월 급여자료(우미영에 대한 급여자료만 입력하도록 한다.)

급여 항목	금액	공제 항목	금액
기 본 급	2,700,000원	국 민 연 금	121,500원
식 대 (비 과 세)	200,000원	건 강 보 험	95,710원
		장 기 요 양 보 험	12,390원
		고 용 보 험	21,600원
		중 도 정 산 소 득 세	−96,500원
		중도정산지방소득세	−9,640원
		공 제 총 액	145,060원
지 급 총 액	2,900,000원	차 인 지 급 액	2,754,940원

[3] 다음 자료를 이용하여 이미 작성된 [원천징수이행상황신고서]를 조회하여 마감하고, 국세청 홈택스에 전자신고를 하시오. (3점)

〈전산프로그램에 입력된 소득자료〉

귀속월	지급월	소득구분	신고코드	인원	총지급액	소득세	비고
10월	10월	근로소득	A01	2명	7,000,000원	254,440원	매월(정기)신고

〈유의사항〉
1. 위 자료를 바탕으로 [원천징수이행상황신고서]가 작성되어 있다.
2. [원천징수이행상황신고서] 마감 → [전자신고] → [국세청 홈택스 전자신고 변환(교육용)] 순으로 진행한다.
3. [전자신고] 메뉴의 [원천징수이행상황제작] 탭에서 신고인구분은 2.납세자 자진신고를 선택하고, 비밀번호는 "123456789"를 입력한다.
4. [국세청 홈택스 전자신고 변환(교육용)] → 전자파일변환(변환대상파일선택) → 찾아보기 에서 전자신고용 전자파일을 선택한다.
5. 전자신고용 전자파일 저장경로는 로컬디스크(C :)이며, 파일명은 "작성연월일.01.t사업자등록번호"다.
6. 형식검증하기 → 형식검증결과확인 → 내용검증하기 → 내용검증결과확인 → 전자파일제출 을 순서대로 클릭한다.
7. 최종적으로 전자파일 제출하기 를 완료한다.

115회 이론시험

다음 문제를 보고 알맞은 것을 골라 │ 이론문제 답안작성 │ 메뉴에 입력하시오. (객관식 문항당 2점)

기본전제

문제에서 한국채택국제회계기준을 적용하도록 하는 전제조건이 없는 경우, 일반기업회계기준을 적용한다.

01. 다음 중 재무제표의 기본가정에 해당하지 않는 것은?

① 기업실체를 중심으로 하여 기업실체의 경제적 현상을 재무제표에 보고해야 한다.

② 기업이 계속적으로 존재하지 않을 것이라는 반증이 없는 한, 기업실체의 본래 목적을 달성하기 위하여 계속적으로 존재한다.

③ 기업실체의 지속적인 경제적 활동을 인위적으로 일정 기간 단위로 분할하여 각 기간마다 경영자의 수탁책임을 보고한다.

④ 회계정보가 유용하기 위해서는 그 정보가 의사결정에 반영될 수 있도록 적시에 제공되어야 한다.

02. 다음의 자료를 통해 2025년 12월 31일 결산 후 재무제표에서 확인 가능한 정보로 올바른 것은?

2023년 1월 1일 기계장치 취득	
· 매입가액	20,000,000원
· 취득에 직접적으로 필요한 설치비	300,000원
· 2023년에 발생한 소모품 교체비	600,000원
· 2023년에 발생한 본래의 용도를 변경하기 위한 제조·개량비	4,000,000원
· 내용연수는 6년, 정액법으로 매년 정상적으로 상각함(월할계산할 것). 잔존가치는 없음.	

① 기계장치의 취득원가는 24,000,000원으로 계상되어 있다.

② 손익계산서에 표시되는 감가상각비는 4,150,000원이다.

③ 재무상태표에 표시되는 감가상각누계액은 8,300,000원이다.

④ 상각 후 기계장치의 미상각잔액은 12,150,000원이다.

03. 다음 중 일반기업회계기준상 무형자산 상각에 대한 설명으로 옳지 않은 것은?
① 무형자산의 상각대상 금액은 그 자산의 추정 내용연수 동안 체계적인 방법에 의하여 비용으로 배분된다.
② 제조와 관련된 무형자산의 상각비는 제조원가에 포함한다.
③ 무형자산의 상각방법으로는 정액법만 사용해야 한다.
④ 무형자산의 잔존가치는 없는 것을 원칙으로 한다.

04. 다음 중 사채에 대한 설명으로 가장 옳지 않은 것은?
① 사채할인발행차금은 사채의 발행금액에서 차감하는 형식으로 표시한다.
② 액면이자율보다 시장이자율이 큰 경우에는 할인발행된다.
③ 사채할증발행차금은 사채의 액면금액에서 가산하는 형식으로 표시한다.
④ 액면이자율이 시장이자율보다 큰 경우에는 할증발행된다.

05. 다음 중 회계정책, 회계추정의 변경 및 오류에 대한 설명으로 옳지 않은 것은?
① 회계정책의 변경은 기업환경의 변화, 새로운 정보의 획득 또는 경험의 축적에 따라 지금까지 사용해 오던 회계적 추정치의 근거와 방법 등을 바꾸는 것을 말한다.
② 회계추정의 변경은 전진적으로 처리하여 그 효과를 당기와 당기 이후의 기간에 반영한다.
③ 회계변경의 효과를 회계정책의 변경효과와 회계추정의 변경효과로 구분하는 것이 불가능한 경우 회계추정의 변경으로 본다.
④ 회계추정 변경의 효과는 당해 회계연도 개시일부터 적용한다.

06. 다음 중 원가 집계과정에 대한 설명으로 옳지 않은 것은?
① 당기제품제조원가(당기완성품원가)는 원재료 계정의 차변으로 대체된다.
② 당기총제조원가는 재공품 계정의 차변으로 대체된다.
③ 당기제품제조원가(당기완성품원가)는 제품 계정의 차변으로 대체된다.
④ 제품매출원가는 매출원가 계정의 차변으로 대체된다.

07. 다음 중 개별원가계산과 종합원가계산에 대한 설명으로 옳지 않은 것은?

① 개별원가계산은 주문받은 개별 제품별로 작성된 작업원가표에 집계하여 원가를 계산한다.
② 종합원가계산은 개별 제품별로 작업원가표를 작성하여 원가를 계산한다.
③ 개별원가계산은 각 제조지시별로 원가계산을 해야하므로 많은 시간과 비용이 발생한다.
④ 조선업, 건설업은 개별원가계산이 적합한 업종에 해당한다.

08. 다음 중 제조원가명세서와 손익계산서 및 재무상태표의 관계에 대한 설명으로 옳지 않은 것은?

① 제조원가명세서의 기말원재료재고액은 재무상태표의 원재료 계정에 계상된다.
② 제조원가명세서의 기말재공품의 원가는 재무상태표의 재공품 계정으로 계상된다.
③ 제조원가명세서의 당기제품제조원가는 재무상태표의 매출원가에 계상된다.
④ 손익계산서의 기말제품재고액은 재무상태표의 제품 계정 금액과 같다.

09. 다음의 자료를 이용하여 직접노무시간당 제조간접원가 예정배부율을 구하시오.

- 제조간접원가 실제 발생액 : 6,000,000원
- 제조간접원가 배부차이 : 400,000원(과대배부)
- 실제 직접노무시간 : 50,000시간

① 112원　　　　　　　　② 128원
③ 136원　　　　　　　　④ 146원

10. 기초재공품은 1,000개이고 완성도는 30%이다. 당기투입수량은 6,000개이고 기말재공품은 800개일 경우 선입선출법에 의한 가공원가의 완성품환산량이 6,100개라면, 기말재공품의 완성도는 몇 %인가? (단, 가공원가는 전공정에 걸쳐 균등하게 발생한다.)

① 10%　　　　　　　　② 15%
③ 20%　　　　　　　　④ 25%

11. 다음 중 부가가치세법상 과세기간에 대한 설명으로 옳지 않은 것은?

① 일반과세자의 과세기간은 원칙상 1년에 2개가 있다.

② 신규로 사업을 개시하는 것은 과세기간 개시일의 예외가 된다.

③ 매출이 기준금액에 미달하여 일반과세자가 간이과세자로 변경되는 경우 그 변경되는 해에 간이과세자에 관한 규정이 적용되는 과세기간은 그 변경 이전 1월 1일부터 6월 30일까지이다.

④ 간이과세자가 간이과세자에 관한 규정의 적용을 포기함으로써 일반과세자로 되는 경우에는 1년에 과세기간이 3개가 될 수 있다.

12. 다음 중 부가가치세법상 재화의 공급에 해당하는 것은?

① 담보의 제공
② 사업용 상가건물의 양도
③ 사업의 포괄적 양도
④ 조세의 물납

13. 다음 중 소득세법상 근로소득이 없는 거주자(사업소득자가 아님)가 받을 수 있는 특별세액공제는?

① 보험료세액공제
② 의료비세액공제
③ 교육비세액공제
④ 기부금세액공제

14. 다음 중 소득세법상 수입시기로 가장 옳지 않은 것은?

① 비영업대금의 이익 : 약정에 의한 이자 지급일

② 잉여금 처분에 의한 배당 : 잉여금 처분 결의일

③ 장기할부판매 : 대가의 각 부분을 받기로 한 날

④ 부동산 등의 판매 : 소유권이전등기일, 대금청산일, 사용수익일 중 **빠른 날**

15. 다음 중 소득세법상 기타소득에 대한 설명으로 가장 옳지 않은 것은?

① 「공익법인의 설립·운영에 관한 법률」의 적용을 받는 공익법인이 주무관청의 승인을 받아 시상하는 상금 및 부상과 다수가 순위 경쟁하는 대회에서 입상자가 받는 상금 및 부상의 경우, 거주자가 받은 금액의 100분의 60에 상당하는 금액을 필요경비로 한다.

② 고용관계 없이 다수인에게 강연을 하고 강연료 등 대가를 받는 용역을 일시적으로 제공하고 받는 대가는 기타소득에 해당한다.

③ 이자소득·배당소득·사업소득·근로소득·연금소득·퇴직소득 및 양도소득 외의 소득으로서 재산권에 관한 알선수수료는 기타소득에 해당한다.

④ 이자소득·배당소득·사업소득·근로소득·연금소득·퇴직소득 및 양도소득 외의 소득으로서 상표권·영업권을 양도하거나 대여하고 받는 금품은 기타소득에 해당한다.

| 115회 | | 실 무 시 험 | |

㈜은마상사(회사코드:1152)는 전자제품의 제조 및 도·소매업을 주업으로 영위하는 중소기업으로 당기(제18기)의 회계기간은 2025.1.1.~2025.12.31.이다. 전산세무회계 수험용 프로그램을 이용하여 다음 물음에 답하시오.

기본전제

· 문제에서 한국채택국제회계기준을 적용하도록 하는 전제조건이 없는 경우, 일반기업회계기준을 적용하여 회계처리 한다.
· 문제의 풀이와 답안작성은 제시된 문제의 순서대로 진행한다.

문제 1 [일반전표입력] 메뉴를 이용하여 다음의 거래자료를 입력하시오. (15점)

입력시 유의사항

· 일반적인 적요의 입력은 생략하지만, 타계정 대체거래는 적요 번호를 선택하여 입력한다.
· 채권·채무와 관련된 거래는 별도의 요구가 없는 한 반드시 기등록된 거래처코드를 선택하는 방법으로 거래처명을 입력한다.
· 제조경비는 500번대 계정코드를, 판매비와관리비는 800번대 계정코드를 사용한다.
· 회계처리 시 계정과목은 별도의 제시가 없는 한 등록된 계정과목 중 가장 적절한 과목으로 한다.

[1] 04월 11일 당사가 보유 중인 매도가능증권을 12,000,000원에 처분하고 처분대금은 보통예금 계좌로 입금받았다. 해당 매도가능증권의 취득가액은 10,000,000원이며, 2024년 말 공정가치는 11,000,000원이다. (3점)

[2] 06월 25일 당사의 거래처인 ㈜은비로부터 비품을 무상으로 받았다. 해당 비품의 공정가치는 5,000,000원이다. (3점)

[3] 08월 02일 ㈜은마상사의 사옥으로 사용할 토지를 비사업자로부터 다음과 같이 매입하였다. 그 중 토지 취득 관련 지출은 다음과 같다. 취득세는 현금으로 납부하고 토지대금과 등기수수료, 중개수수료는 보통예금 계좌에서 이체하였다. (3점)

· 토지가액	300,000,000원
· 토지 관련 취득세	13,000,000원
· 토지 취득 관련 법무사 등기수수료	300,000원
· 토지 취득 관련 중개수수료	2,700,000원

[4] 08월 10일 당기분 퇴직급여를 위하여 영업부서 직원에 대한 퇴직연금(DB형) 5,000,000원과 제조부서 직원에 대한 퇴직연금(DC형) 3,000,000원을 보통예금 계좌에서 이체하였다. (3점)

[5] 12월 13일 자기주식(취득가액 : 주당 58,000원) 120주를 주당 65,000원에 처분하여 매매대금이 보통예금 계좌로 입금되었다. 처분일 현재 자기주식처분손실 200,000원이 계상되어 있다. (3점)

문제2 [매입매출전표입력] 메뉴를 이용하여 다음의 거래자료를 입력하시오. (15점)

> **입력시 유의사항**
> · 일반적인 적요의 입력은 생략하지만, 타계정 대체거래는 적요 번호를 선택하여 입력한다.
> · 채권·채무 관련 거래는 별도의 요구가 없는 한 반드시 기등록된 거래처코드를 선택하는 방법으로 거래처명을 입력한다.
> · 제조경비는 500번대 계정코드를, 판매비와관리비는 800번대 계정코드를 사용한다.
> · 회계처리 시 계정과목은 등록된 계정과목 중 가장 적절한 과목으로 한다.
> · 입력화면 하단의 분개까지 처리하고, 세금계산서 및 계산서는 전자 여부를 입력하여 반영한다.

[1] 03월 12일 싱가포르에 소재하는 ABC사에 제품을 $30,000에 직수출하였다. 수출대금 중 $20,000가 선적과 동시에 보통예금 계좌에 입금되었으며 나머지 $10,000는 다음달 말일에 수취하기로 하였다(수출신고번호 입력은 생략할 것). (3점)

수출대금	대금수령일	기준환율	비고
$20,000	2025.03.12.	1,300원/$	선적일
$10,000	2025.04.30.	1,250원/$	잔금청산일

[2] 10월 01일 업무용으로 사용할 목적으로 거래처 달려요로부터 업무용승용차(990㏄)를 중고로 구입하였다. 대금은 한 달 후에 지급하기로 하고, 다음의 종이세금계산서를 발급받았다. (3점)

세금계산서(공급받는 자 보관용)

공급자	등록번호	106-11-56318			공급받는자	등록번호	688-85-01470		
	상호(법인명)	달려요	성명(대표자)	정화물		상호(법인명)	㈜은마상사	성명(대표자)	박은마
	사업장 주소	경기도 성남시 중원구 성남대로 99				사업장 주소	경기도 평택시 가재길 14		
	업태	서비스	종목	화물		업태	도소매	종목	전자제품

작성				공급가액				세액			비고
연 25	월 10	일 01	빈칸수 4	2 0 0 0 0 0 0 0				2 0 0 0 0 0 0			

월	일	품목	규격	수량	단가	공급가액	세액	비고
10	01	승용차				20,000,000	2,000,000	

합계금액	현금	수표	어음	외상미수금	이 금액을 **청구** 함
22,000,000				22,000,000	

[3] 10월 29일 업무용승용차를 ㈜월클파이낸셜로부터 운용리스 조건으로 리스하였다. 영업부서에서 사용하고 임차료 1,800,000원의 전자계산서를 발급받았다. 대금은 다음 달 5일에 지급하기로 하였다. (3점)

[4] 11월 01일 ㈜은마상사는 ㈜진산에 아래와 같은 전자세금계산서를 발급하였다. 제품 대금은 ㈜진산에게 지급해야할 미지급금(8,000,000원)과 상계하기로 상호 협의하였으며 잔액은 보통예금 계좌로 입금받았다. (3점)

전자세금계산서

				승인번호	20251101-1547412-2014956

공급자	등록번호	688-85-01470	종사업장번호			공급받는자	등록번호	259-81-15652	종사업장번호	
	상호(법인명)	㈜은마상사	성명	박은마			상호(법인명)	㈜진산	성명	이진산
	사업장주소	경기도 평택시 가재길 14					사업장주소	세종시 부강면 부곡리 128		
	업태	도소매	종목	전자제품			업태	건설업	종목	인테리어
	이메일						이메일			
							이메일			

작성일자	공급가액	세액	수정사유	비고
2025.11.01	10,000,000	1,000,000		

월	일	품목	규격	수량	단가	공급가액	세액	비고
11	01	전자제품				10,000,000	1,000,000	

합계금액	현금	수표	어음	외상미수금	위 금액을 **(청구)** 함
11,000,000	3,000,000			8,000,000	

[5] 11월 20일 ㈜코스트코코리아에서 제조부 사원들을 위해 공장에 비치할 목적으로 온풍기를 1,936,000원(부가가치세 포함)에 구입하고, 대금은 보통예금 계좌에서 이체하여 지급한 후 현금영수증(지출증빙용)을 수취하였다(단, 자산으로 처리할 것). (3점)

Hometax 국세청홈택스 현금영수증

● 거래정보

거래일시	2025-11-20
승인번호	G45972376
거래구분	승인거래
거래용도	지출증빙
발급수단번호	688-85-01470

● 거래금액

공급가액	부가세	봉사료	총 거래금액
1,760,000	176,000	0	1,936,000

● 가맹점 정보

상호	㈜코스트코코리아
사업자번호	107-81-63829
대표자명	조만수
주소	경기도 부천시 길주로 284

● 익일 홈택스에서 현금영수증 발급 여부를 반드시 확인하시기 바랍니다.
● 홈페이지 (http : // www.hometax.go.kr)
  - 조회/발급 > 현금영수증 조회 > 사용내역(소득공제) 조회
                                    > 매입내역(지출증빙) 조회
● 관련문의는 국세상담센터(☎126 - 1 - 1)

문제 3 부가가치세 신고와 관련하여 다음 물음에 답하시오. (10점)

[1] 다음 자료를 보고 제2기 확정신고기간의 [공제받지못할매입세액명세서] 중 [공제받지못할매입세액내역] 탭과 [공통매입세액의정산내역] 탭을 작성하시오(단, 불러온 자료는 무시하고 직접 입력할 것). (4점)

1. 매출 공급가액에 관한 자료

구분	과세사업	면세사업	합계
7월~12월	350,000,000원	150,000,000원	500,000,000원

2. 매입세액(세금계산서 수취분)에 관한 자료

구분	① 과세사업 관련			② 면세사업 관련		
	공급가액	매입세액	매수	공급가액	매입세액	매수
10월~12월	245,000,000원	24,500,000원	18매	90,000,000원	9,000,000원	12매

3. 총공통매입세액(7월~12월) : 3,800,000원
 ※ 제2기 예정신고 시 공통매입세액 중 불공제매입세액 : 500,000원

[2] 다음의 자료를 이용하여 2025년 제1기 확정신고기간에 대한 [부가가치세신고서]를 작성하시오(단, 과세표준명세 작성은 생략한다). (6점)

구분	자료
매출	1. 전자세금계산서 발급 매출 공급가액 : 500,000,000원(세액 50,000,000원) 　(→지연발급한 전자세금계산서의 매출 공급가액 1,000,000원이 포함되어 있음) 2. 신용카드 매출전표 발급 매출 공급대가 : 66,000,000원 　(→전자세금계산서 발급 매출 공급가액 10,000,000원이 포함되어 있음) 3. 해외 직수출에 따른 매출 공급가액 : 30,000,000원
매입	1. 전자세금계산서 수취 매입(일반) 공급가액 : 320,000,000원(세액 32,000,000원) 2. 신용카드 매입 공급대가 : 12,100,000원 　(→에어컨 구입비 3,300,000원(공급대가)이 포함되어 있음) 3. 제1기 예정신고 시 누락된 세금계산서 매입(일반) 공급가액 : 10,000,000원(세액 1,000,000원)
비고	1. 지난해 11월에 발생한 매출채권(5,500,000원, 부가가치세 포함)이 해당 거래처의 파산으로 대손이 확정되었다. 2. 2025년 제1기 예정신고미환급세액 : 3,000,000원 3. 국세청 홈택스에 전자신고를 완료하였다.

문제 4 결산정리사항은 다음과 같다. 관련 메뉴를 이용하여 결산을 완료하시오. (15점)

[1] 전기에 은혜은행으로부터 차입한 장기차입금 20,000,000원의 만기일은 2026년 4월 30일이다. (3점)

[2] 10월 01일에 팝업스토어 매장 임차료 1년분 금액 3,000,000원을 모두 지불하고 임차료로 계상하였다. 기말 결산 시 필요한 회계처리를 행하시오(단, 임차료는 월할 계산한다). (3점)

[3] 아래의 차입금 관련 자료를 이용하여 결산일까지 발생한 차입금 이자비용에 대한 당해연도분 미지급비용을 인식하는 회계처리를 하시오(단, 이자는 만기 시에 지급하고, 월할 계산한다). (3점)

- 금융기관 : ㈜중동은행
- 대출금액 : 300,000,000원
- 대출기간 : 2025년 05월 01일 ~ 2026년 04월 30일
- 대출이자율 : 연 6.8%

[4] 결산 시 당기 감가상각비 계상액은 다음과 같다. 결산을 완료하시오. (3점)

계정과목	경비구분	당기 감가상각비 계상액
건물	판매및관리	20,000,000원
기계장치	제조	4,000,000원
영업권	판매및관리	3,000,000원

[5] 결산일 현재 재고자산은 다음과 같다. 아래의 정보를 반영하여 결산자료입력을 수행하시오. (3점)

1. 기말재고자산
 · 기말원재료 : 4,700,000원
 · 기말재공품 : 800,000원
 · 기말제품 : 16,300,000원
2. 추가정보(위 1.에 포함되지 않은 자료임)
 · 도착지 인도조건으로 매입하여 운송 중인 미착원재료 : 2,300,000원
 · 수탁자에게 인도한 위탁제품 14,000,000원 중에 수탁자가 판매 완료한 것은 9,000,000원으로 확인됨.

문제 5 2025년 귀속 원천징수와 관련된 다음의 물음에 답하시오. (15점)

[1] 다음은 영업부 사원 김필영(사번 : 1001)의 부양가족 자료이다. 부양가족은 모두 생계를 함께하고 있으며 세부담 최소화를 위해 가능하면 김필영이 모두 공제받고자 한다. 본인 및 부양가족의 소득은 주어진 내용이 전부이다. [사원등록] 메뉴의 [부양가족명세] 탭을 작성하시오(단, 기본공제대상자가 아닌 경우도 기본공제 '부'로 입력할 것). (5점)

관계	성명	주민등록번호	동거 여부	비고
본인	김필영	820419-1234564	세대주	총급여 8,000만원
배우자	최하나	841006-2219118	동거	퇴직소득금액 100만원
아들	김이온	120712-3035892	동거	소득 없음
딸	김시온	190103-4035455	동거	소득 없음
부친	김경식	450103-1156778	주거형편상 별거	소득 없음, 「국가유공자법」에 따른 상이자로 장애인, 2025.03.08. 사망.
모친	이연화	490717-2155433	주거형편상 별거	양도소득금액 1,000만원, 장애인(중증환자)
장모	한수희	511111-2523454	주거형편상 별거	총급여 500만원
형	김필모	791230-1234574	동거	일용근로소득 720만원, 「장애인복지법」에 따른 장애인

[2] 다음은 회계부서에 재직 중인 이철수(사원코드 : 102) 사원의 연말정산 관련 자료이다. 아래의 자료를 이용하여 [연말정산추가자료입력] 메뉴의 [부양가족] 탭, [신용카드 등] 탭, [의료비] 탭을 입력하여 [연말정산입력] 탭을 완성하시오(단, 근로자 본인의 세부담 최소화를 가정한다). (10점)

1. 가족사항(모두 거주자인 내국인에 해당함)

성명	관계	주민등록번호	동거여부	소득금액	비고
이철수	본인	830505-1478521		48,000,000원	총급여액(근로소득 외의 소득 없음), 세대주
강희영	배우자	840630-2547858	여	10,000,000원	양도소득금액
이명수	부친	561012-1587428	여	900,000원	부동산임대소득금액 : 총수입금액 20,000,000원 필요경비 19,100,000원
이현수	아들	140408-3852611	여	-	초등학생
이리수	딸	191104-4487122	여	-	취학 전 아동

※ 기본공제대상자가 아닌 경우도 기본공제 '부'로 입력할 것

2. 연말정산 관련 추가자료(모든 자료는 국세청에서 제공된 자료에 해당하며, 표준세액공제가 더 클 경우 표준세액공제를 적용한다.)

내역	비고
보장성 보험료	· 이철수(본인) : 자동차보험료 300,000원 · 강희영(배우자) : 보장성보험료 200,000원 · 이명수(부친) : 생명보험료 150,000원(만기까지 납입액이 만기환급액보다 큰 경우에 해당) · 이현수(아들) : 보장성보험료 350,000원
교육비	· 이철수(본인) : 정규 교육 과정 대학원 교육비 5,000,000원 · 이현수(아들) : 국내 소재 사립초등학교(「초·중등교육법」상의 정규 교육기관) 수업료 8,000,000원 바이올린 학원비 2,400,000원 · 이리수(딸) : 「영유아보육법」상의 어린이집 교육비 1,800,000원
의료비	· 이철수(본인) : 질병 치료 목적 의료비 1,050,000원 · 이명수(부친) : 질병 치료 목적 국외 의료비 1,500,000원 · 이리수(딸) : 질병 치료 목적 의료비 250,000원
신용카드 사용액	· 이철수(본인) : 신용카드 사용액 32,500,000원 (신용카드사용분 중 전통시장/대중교통/도서 등 사용분은 없음)

114회 이론시험

다음 문제를 보고 알맞은 것을 골라 이론문제 답안작성 메뉴에 입력하시오. (객관식 문항당 2점)

기본전제
문제에서 한국채택국제회계기준을 적용하도록 하는 전제조건이 없는 경우, 일반기업회계기준을 적용한다.

01. 다음 중 재무상태표의 목적을 설명한 것으로 옳지 않은 것은?
① 일정시점 현재 기업이 보유하고 있는 경제적 자원에 대한 정보를 제공한다.
② 회계정보이용자들이 기업의 유동성, 재무적 탄력성, 수익성과 위험을 평가하는데 정보를 제공한다.
③ 기업이 보유하고 있는 자산과 부채, 그리고 자본에 대한 정보를 제공한다.
④ 종업원의 실적을 측정하여 근무태도를 평가한다.

02. 재고자산의 단가결정방법 중 후입선출법에 대한 설명으로 바르지 않은 것은?
① 실제 물량흐름과 원가흐름이 대체로 일치한다.
② 기말재고가 가장 오래 전에 매입한 상품의 단가로 계상된다.
③ 물가가 상승한다는 가정에는 이익이 과소계상된다.
④ 물가가 상승한다는 가정에는 기말재고가 과소평가된다.

03. 다음 중 일반기업회계기준상 거래형태별 수익 인식시점으로 가장 올바른 것은?
① 배당금 수익 : 배당금을 수취한 날
② 상품권 판매 : 상품권을 발행한 날
③ 장기할부판매 : 판매가격을 기간별로 안분하여 수익으로 인식한다.
④ 건설형 공사계약 : 공사 진행률에 따라 진행기준에 의해 수익을 인식한다.

04. 다음 중 자본에 대한 설명으로 옳지 않은 것은?

① 상법 규정에 따라 자본금의 1/2에 달할 때까지 금전에 의한 이익배당액의 1/10 이상의 금액을 이익준비금으로 적립하여야 한다.
② 주식배당을 하면 자본금 계정과 자본총액은 변하지 않는다.
③ 자본은 주주의 납입자본에 기업활동을 통하여 획득하고 기업의 활동을 위해 유보된 금액을 가산하고, 기업활동으로 인한 손실 및 소유자에 대한 배당으로 인한 주주지분 감소액을 차감한 잔액이다.
④ 현금으로 배당하는 경우에는 배당액을 이익잉여금에서 차감한다.

05. 다음은 시장성 있는 유가증권의 취득 및 처분에 대한 내역이다. 다음 중 아래의 자료에 대한 설명으로 틀린 것은?

· 2024년 07월 12일 : 주식회사 한세의 주식 10주를 주당 20,000원에 매입하였다.
· 2024년 12월 31일 : 주식회사 한세의 공정가치는 주당 19,000원이다.
· 2025년 05월 09일 : 주식회사 한세의 주식 전부를 주당 21,000원에 처분하였다.

① 단기매매증권으로 분류할 경우, 2024년 기말 장부가액은 200,000원이다.
② 매도가능증권으로 분류할 경우, 처분 시 매도가능증권처분이익은 10,000원이다.
③ 단기매매증권으로 분류할 경우, 처분 시 단기매매증권처분이익은 20,000원이다.
④ 매도가능증권으로 분류할 경우, 단기매매증권으로 분류하였을 경우보다 2024년 당기순이익이 감소한다.

06. 다음 중 기본원가에 해당하면서 동시에 가공원가에 해당하는 것은?

① 직접재료원가　　　　　　　　② 직접노무원가
③ 제조간접원가　　　　　　　　④ 직접재료원가와 직접노무원가

07. ㈜미르는 동일한 원재료를 투입하여 동일한 제조공정에서 제품 A, B, C를 생산하고 있다. 세 가지 제품에 공통적으로 투입된 결합원가가 400,000원일 때, 순실현가치법으로 결합원가를 배부하는 경우 제품 B의 제조원가는 얼마인가?

제품	생산량	단위당 판매가격	추가가공원가(총액)
A	200kg	@3,000원	없음
B	250kg	@2,000원	125,000원
C	500kg	@1,200원	75,000원

① 100,000원　　② 165,000원　　③ 200,000원　　④ 225,000원

08. 다음 중 제조간접원가 배부차이 조정 방법에 해당하지 않는 것은?
① 매출원가조정법　② 단계배분법　③ 비례배분법　④ 영업외손익법

09. 다음 중 개별원가계산에 대한 설명으로 옳지 않은 것은?
① 제조간접원가는 원가대상에 직접 추적할 수 없으므로 배부기준을 정하여 배부율을 계산하여야 한다.
② 조선업이나 건설업 등에 적합한 원가계산 방법이다.
③ 단일 종류의 제품을 연속적으로 대량 생산하는 경우에 적용한다.
④ 실제개별원가계산에서는 제조간접원가를 기말 전에 배부할 수 없어 제품원가 계산이 지연된다는 단점이 있다.

10. 다음 중 공손에 대한 설명으로 틀린 것을 고르시오.
① 정상품을 생산하는 과정에서 불가피하게 발생하는 계획된 공손을 정상공손이라고 한다.
② 정상공손은 예측이 가능하며 단기적으로 통제할 수 없다.
③ 비정상공손은 능률적인 생산조건 하에서는 발생하지 않을 것으로 예상되며 예측할 수 없다.
④ 비정상공손은 통제가능한 공손으로서 제품원가에 가산한다.

11. 다음 중 우리나라 부가가치세법의 특징에 대한 설명으로 옳지 않은 것은?

① 전단계세액공제법
② 간접세
③ 소비행위에 대하여 과세
④ 생산지국 과세원칙

12. 다음 중 부가가치세법상 공통매입세액 안분 계산을 생략하는 경우를 고르시오.

> 가. 해당 과세기간 중 공통매입세액이 5만원 미만인 경우
> 나. 해당 과세기간의 총공급가액 중 면세공급가액이 5% 미만이면서, 공통매입세액은 5백만원 이상인 경우
> 다. 해당 과세기간 중 공통매입세액이 없는 경우

① 가
② 다
③ 가, 다
④ 가, 나, 다

13. 다음 중 부가가치세법상 신고와 납부에 대한 설명으로 옳은 것은?

① 예정신고를 한 사업자는 이미 신고한 과세표준과 납부한 납부세액 또는 환급받은 세액은 각 과세기간의 확정신고에 대한 과세표준과 납부세액 또는 환급세액을 신고할 때 신고하지 아니한다.
② 모든 법인사업자는 예정신고기간의 과세표준과 납부세액을 관할 세무서장에게 신고해야 한다.
③ 신규로 사업을 시작하는 자에 대한 최초의 예정신고기간은 그 날이 속하는 과세기간의 개시일로부터 사업 개시일까지로 한다.
④ 모든 개인사업자는 예정신고를 하고 예정신고기간의 납부세액을 납부할 수 있다.

14. 다음 중 소득세법상 과세 방법이 나머지와 다른 하나는 무엇인가?

① Gross-Up 대상 배당소득 2,400만원
② 일용근로소득 5,000만원
③ 주택임대소득이 아닌 부동산 임대소득 100만원
④ 인적용역을 일시적으로 제공하고 받은 대가 800만원

15. 다음 중 소득세법상 사업소득 총수입금액에 산입하여야 하는 것은?

① 부가가치세 매출세액

② 사업과 관련된 자산수증이익

③ 사업용 고정자산 매각액 (복식부기의무자가 아님)

④ 자가생산한 제품을 타 제품의 원재료로 사용한 경우 그 금액

114회	실 무 시 험	

㈜효원상회(회사코드:1142)는 전자제품의 제조 및 도·소매업을 주업으로 영위하는 중소기업으로 당기(제12기)의 회계기간은 2025.1.1.~2025.12.31.이다. 전산세무회계 수험용 프로그램을 이용하여 다음 물음에 답하시오.

기본전제

- 문제에서 한국채택국제회계기준을 적용하도록 하는 전제조건이 없는 경우, 일반기업회계기준을 적용하여 회계처리 한다.
- 문제의 풀이와 답안작성은 제시된 문제의 순서대로 진행한다.

문제1 [일반전표입력] 메뉴를 이용하여 다음의 거래자료를 입력하시오. (15점)

입력시 유의사항

- 일반적인 적요의 입력은 생략하지만, 타계정 대체거래는 적요 번호를 선택하여 입력한다.
- 채권·채무와 관련된 거래는 별도의 요구가 없는 한 반드시 기등록된 거래처코드를 선택하는 방법으로 거래처명을 입력한다.
- 제조경비는 500번대 계정코드를, 판매비와관리비는 800번대 계정코드를 사용한다.
- 회계처리 시 계정과목은 별도의 제시가 없는 한 등록된 계정과목 중 가장 적절한 과목으로 한다.

[1] 01월 25일 미지급세금으로 계상되어 있는 2024년 제2기 확정 부가가치세 납부세액 8,500,000원을 국민카드로 납부하였다. 단, 납부대행수수료는 납부세액의 0.8%이며, 세금과공과(판)로 처리한다. (3점)

[2] 01월 31일 제품 판매대금으로 수령한 약속어음을 하나은행에 할인하고, 할인수수료 85,000원을 차감한 잔액이 보통예금 계좌로 입금되었다(단, 매각거래로 회계처리 할 것). (3점)

전 자 어 음

㈜효원상회 귀하

금 일천만원정   10,000,000원

위의 금액을 귀하 또는 귀하의 지시인에게 지급하겠습니다.

지급기일	2025년 03월 31일	발행일	2024년 12월 31일
지급지	국민은행	발행지 주 소	경기도 부천시 길주로 284, 805호
지급장소	신중동역 종합금융센터	발행인	무인상사㈜

[3] 02월 04일 액면가액 10,000,000원(5년 만기)인 사채를 9,800,000원에 할인발행하였으며, 대금은 전액 보통예금 계좌로 입금되었다. (3점)

[4] 06월 17일 생산부에서 사용할 소모품을 현금으로 구입하고 아래의 간이영수증을 수령하였다(단, 당기 비용으로 처리할 것). (3점)

영 수 증 (공급받는자용)					
No.		㈜효원상회 귀하			
공급자	사업자등록번호	150-45-51052			
	상 호	나래철물	성 명	이나래	(인)
	사업장 소재지	서울시 강남구 도곡동			
	업 태	도소매	종 목	철물점	
작성년월일		공급대가 총액		비고	
2025.06.17.		20,000원			
위 금액을 정히 영수(청구)함.					
월일	품목	수량	단가	공급가(금액)	
06.17.	청소용품	2	10,000원	20,000원	
합계				20,000원	
부가가치세법시행규칙 제25조의 규정에 의한 (영수증)으로 개정					

[5] 09월 13일 매입처인 ㈜제주상사로부터 일시적으로 차입한 50,000,000원에 대하여 이자를 지급하였다. 이자 200,000원에 대한 원천징수세액은 55,000원이다. 당사는 이자에서 원천징수세액을 차감한 금액을 보통예금 계좌에서 송금하였다. (3점)

문제 2 [매입매출전표입력] 메뉴를 이용하여 다음의 거래자료를 입력하시오. (15점)

입력시 유의사항

· 일반적인 적요의 입력은 생략하지만, 타계정 대체거래는 적요 번호를 선택하여 입력한다.
· 채권·채무 관련 거래는 별도의 요구가 없는 한 반드시 기등록된 거래처코드를 선택하는 방법으로 거래처명을 입력한다.
· 제조경비는 500번대 계정코드를, 판매비와관리비는 800번대 계정코드를 사용한다.
· 회계처리 시 계정과목은 등록된 계정과목 중 가장 적절한 과목으로 한다.
· 입력 화면 하단의 분개까지 처리하고, 세금계산서 및 계산서는 전자 여부를 입력하여 반영한다.

[1] 07월 08일 내국신용장에 의하여 ㈜한빛에 제품을 22,000,000원에 판매하고, 영세율전자세금계산서를 발급하였다. 판매대금 중 계약금을 제외한 잔금은 ㈜한빛이 발행한 약속어음(만기 3개월)으로 수령하였으며, 계약금 7,000,000원은 작년 말에 현금으로 받았다(단, 서류번호 입력은 생략할 것). (3점)

[2] 07월 15일 회사 사옥을 신축하기 위하여 취득한 토지의 부동산중개수수료에 대하여 ㈜다양으로부터 아래의 전자세금계산서를 수취하였다. (3점)

전자세금계산서

				승인번호	20250715-10454645-53811338		
공급자	등록번호	211-81-41992	종사업장번호	공급받는자	등록번호	651-81-00898	종사업장번호	
	상호(법인명)	㈜다양	성명	오미인		상호(법인명)	㈜효원상회	성명	오미자
	사업장	서울시 금천구 시흥대로 198-11			사업장	경기도 용인시 처인구 경안천로 2-7	
	업태	서비스	종목	부동산중개		업태	제조 외	종목	전자제품
	이메일	ds114@naver.com			이메일	jjsy77@naver.com	

작성일자	공급가액	세액	수정사유
2025/07/15	10,200,000	1,020,000	해당 없음
비고			

월	일	품목	규격	수량	단가	공급가액	세액	비고
07	15	토지 중개수수료				10,200,000	1,020,000	

합계금액	현금	수표	어음	외상미수금	이 금액을 (**청구**) 함
11,220,000				11,220,000	

[3] 08월 05일 생산부 직원들의 단합을 위한 회식을 하고 식사비용 275,000원(부가가치세 포함)을 현금으로 지급하였으며, 일반과세자인 ㈜벽돌갈비로부터 지출증빙용 현금영수증을 적법하게 발급받았다. (3점)

Hometax, 국세청홈택스 현금영수증

● 거래정보

거래일시	2025-08-05 20:12:55
승인번호	G00260107
거래구분	승인거래
거래용도	지출증빙
발급수단번호	651-81-00898

● 거래금액

공급가액	부가세	봉사료	총 거래금액
250,000	25,000	0	275,000

● 가맹점 정보

상호	㈜벽돌갈비
사업자번호	123-81-98766
대표자명	심재은
주소	서울시 송파구 방이동 12-2

※ 익일 홈택스에서 현금영수증 발급 여부를 반드시 확인하시기 바랍니다.
※ 홈페이지 (http://www.hometax.go.kr)
  - 조회/발급 > 현금영수증 조회 > 사용내역(소득공제) 조회
             > 매입내역(지출증빙) 조회
※ 관련문의는 국세상담센터(☎126-1-1)

[4] 08월 20일 영업부에서 사용하던 업무용 승용자동차(12고1234)를 헤이중고차상사㈜에 5,500,000원(부가가치세 포함)에 처분하고 전자세금계산서를 발급하였다. 대금은 전액 보통예금 계좌로 지급받았으며, 해당 차량은 20,000,000원에 취득한 것으로 처분일 현재 감가상각누계액은 16,000,000원이다. (3점)

[5] 09월 12일 제조공장의 임대인으로부터 다음의 전자세금계산서를 발급받았다. 단, 비용은 아래의 품목에 기재된 계정과목으로 각각 회계처리하시오. (3점)

전자세금계산서

승인번호: 20250912-31000013-44346111

공급자
- 등록번호: 130-55-08114
- 상호(법인명): 건물주
- 성명: 편미선
- 사업장: 경기도 부천시 길주로 1
- 업태: 부동산업
- 종목: 부동산임대
- 이메일:

공급받는자
- 등록번호: 651-81-00898
- 상호(법인명): ㈜효원상회
- 성명: 오미자
- 사업장: 경기도 용인시 처인구 경안천로 2-7
- 업태: 제조 외
- 종목: 전자제품
- 이메일: jjsy77@naver.com

작성일자	공급가액	세액	수정사유
2025/09/12	3,000,000	300,000	해당 없음

비고:

월	일	품목	규격	수량	단가	공급가액	세액	비고
09	12	임차료				2,800,000	280,000	
09	12	건물관리비				200,000	20,000	

합계금액	현금	수표	어음	외상미수금	이 금액을 (**청구**) 함
3,300,000				3,300,000	

문제3 부가가치세 신고와 관련하여 다음 물음에 답하시오. (10점)

[1] 아래의 자료를 이용하여 2025년 제1기 부가가치세 확정신고기간의 [수출실적명세서]를 작성하시오(단, 거래처코드와 거래처명은 등록된 거래처를 조회하여 사용할 것). (3점)

거래처	수출신고번호	선적일	환가일	통화	수출액	기준환율 선적일	기준환율 환가일
BOB	12345-77-100066X	2025.06.15	2025.04.10	USD	$80,000	1,350원/$	1,300원/$
ORANGE	22244-88-100077X	2025.06.15	2025.06.30	EUR	€52,000	1,400원/€	1,410원/€

[2] 다음의 자료만을 이용하여 2025년 제2기 확정신고기간의 [부가가치세신고서]를 작성하시오 (단, 불러온 데이터 값은 무시하고 새로 입력할 것). (5점)

구분	자료
매출자료	1. 전자세금계산서 발급분 과세 매출액 : 공급가액 155,000,000원, 세액 15,500,000원 2. 종이세금계산서 발급분 과세 매출액 : 공급가액 12,500,000원, 세액 1,250,000원 3. 내국신용장에 의한 영세율 매출액 : 공급가액 100,000,000원, 세액 0원 4. 당기에 대손이 확정(대손세액 공제 요건 충족)된 채권 : 1,320,000원(VAT 포함)
매입자료	1. 전자세금계산서 수취분 매입내역 | 구분 | 공급가액 | 세액 | |---|---|---| | 일반 매입 | 185,000,000원 | 18,500,000원 | | 일반 매입(접대성 물품) | 2,400,000원 | 240,000원 | | 제조부 화물차 구입 | 28,000,000원 | 2,800,000원 | | 합계 | 215,400,000원 | 21,540,000원 | 2. 신용카드 사용분 매입내역 | 구분 | 공급가액 | 세액 | |---|---|---| | 일반 매입 | 18,554,200원 | 1,855,420원 | | 사업과 관련 없는 매입 | 1,363,637원 | 136,363원 | | 비품(고정자산) 매입 | 2,545,455원 | 254,545원 | | 예정신고누락분(일반 매입) | 500,000원 | 50,000원 | | 합계 | 22,963,292원 | 2,296,328원 |
기타	1. 당사는 법인으로 전자세금계산서 의무발급대상자이나 종이세금계산서 발급 1건이 있다. (위 매출자료의 '2. 종이세금계산서 발급분 과세 매출액') 2. 위 '기타 1.' 외 전자세금계산서의 발급 및 국세청 전송은 정상적으로 이루어졌다. 3. 예정신고누락분은 확정신고 시에 반영하기로 한다. 4. 전자신고세액공제를 받기로 한다.

[3] 다음의 자료를 이용하여 2025년 제1기 부가가치세 예정신고기간(1월 1일~3월 31일)의 [부가가치세신고서] 및 관련 부속서류를 전자신고하시오. (2점)

1. 부가가치세신고서와 관련 부속서류는 마감되어 있다.
2. [전자신고] → [국세청 홈택스 전자신고변환(교육용)] 순으로 진행한다.
3. [전자신고]의 [전자신고제작] 탭에서 신고인구분은 2.납세자 자진신고를 선택하고, 비밀번호는 "12345678"로 입력한다.
4. [국세청 홈택스 전자신고변환(교육용)] → 전자파일변환(변환대상파일선택) → 찾아보기 에서 전자신고용 전자파일을 선택한다.
5. 전자신고용 전자파일 저장경로는 로컬디스크(C:)이며, 파일명은 "enc작성연월일.101.v사업자등록번호"이다.
6. 형식검증하기 → 형식검증결과확인 → 내용검증하기 → 내용검증결과확인 → 전자파일제출 을 순서대로 클릭한다.
7. 최종적으로 전자파일 제출하기 를 완료한다.

문제 4 결산정리사항은 다음과 같다. 관련 메뉴를 이용하여 결산을 완료하시오. (15점)

[1] 당기 중 현금 시재가 부족하여 현금과부족으로 처리했던 1,200,000원의 원인이 결산일 현재 다음과 같이 확인되었다(단, 항목별로 적절한 계정과목으로 처리하고, 하나의 전표로 입력할 것). (3점)

내용	금액
불우이웃돕기 성금	1,000,000원
영업부 거래처 직원의 결혼 축의금	200,000원

[2] 제조부의 제품 생산공장에 대한 화재보험료 전액을 납부일에 즉시 비용으로 처리하였다. 결산일에 필요한 회계처리를 하시오(단, 보험료는 월할 계산한다). (3점)

구분	보장기간	납부일	납부액
제조부 제품 생산공장 화재보험료	2025.06.01.~2026.05.31.	2025.06.01.	3,600,000원

[3] 대표자에게 대여한 20,000,000원(대여기간 : 2025.01.01.~2025.12.31.)에 대하여 당좌대출이자율(연 4.6%)로 계산한 이자 상당액을 보통예금 계좌로 입금받았다. (3점)

[4] 당사는 기말 현재 보유 중인 다음의 3가지 채권의 잔액에 대해서만 1%의 대손충당금을 보충법으로 설정하고 있다(단, 원 단위 미만은 절사한다). (3점)

구분	기말잔액	설정 전 대손충당금 잔액
외상매출금	548,550,000원	4,750,000원
받을어음	22,700,000원	20,000원
단기대여금	50,000,000원	0원

[5] 기말 현재 당기분 법인세(지방소득세 포함)는 8,400,000원으로 산출되었다. 단, 당기분 법인세 중간예납세액과 이자소득 원천징수세액의 합계액인 5,800,000원은 선납세금으로 계상되어 있다. (3점)

문제 5 2025년 귀속 원천징수와 관련된 다음의 물음에 답하시오. (15점)

[1] 다음은 영업부 대리 정기준(사번 : 33)의 급여 관련 자료이다. 필요한 [수당공제등록]을 하고 4월분 [급여자료입력]과 [원천징수이행상황신고서]를 작성하시오. (5점)

1. 4월의 급여 지급내역은 다음과 같다.

이름 : 정기준			지급일 : 2025년 04월 30일	
	기 본 급	2,800,000원	국 민 연 금	153,000원
	직 책 수 당	400,000원	건 강 보 험	120,530원
	야 간 근 로 수 당	200,000원	장 기 요 양 보 험	15,600원
(비과세)	식 대	200,000원	고 용 보 험	27,200원
(비과세)	자 가 운 전 보 조 금	200,000원	소 득 세	114,990원
(비과세)	보 육 수 당	200,000원	지 방 소 득 세	11,490원
급 여 합 계		4,000,000원	공 제 합 계	442,810원
			차 인 지 급 액	3,557,190원

2. 수당공제등록 시 다음에 주의하여 입력한다.
   · 수당등록 시 사용하는 수당 이외의 항목은 사용 여부를 "부"로 체크한다.
     (단, 월정액 여부와 통상임금 여부는 무시할 것)
   · 공제등록은 고려하지 않는다.

3. 급여자료입력 시 다음에 주의하여 입력한다.
   · 비과세에 해당하는 항목은 모두 비과세 요건을 충족하며, 최대한 반영하기로 한다.
   · 공제항목은 불러온 데이터를 무시하고 직접 입력하여 작성한다.

4. 원천징수는 매월하고 있으며, 전월 미환급세액은 601,040원이다.

[2] 다음은 2025.08.01. 홍보부에 입사한 홍상현(사원코드 : 1005, 세대주) 사원의 연말정산 관련 자료이다. 다음 자료를 이용하여 [연말정산추가자료입력] 메뉴의 [소득명세] 탭, [부양가족(보험료, 교육비)] 탭, [신용카드 등] 탭, [의료비] 탭을 작성하여 [연말정산입력] 탭에서 연말정산을 완료하시오(단, 근로자 본인의 세부담 최소화를 가정한다). (10점)

1. 전(前)근무지 근로소득원천징수영수증
   · 근무기간 : 2025.01.01.~2025.07.31.
   · 근무처 : 주식회사 두섬(사업자등록번호 : 103-81-62982)
   · 소득명세 : 급여 26,000,000원, 상여 1,000,000원(비과세 급여, 비과세 상여 및 감면소득 없음)

세액명세	소득세	지방소득세	공제보험료 명세	건 강 보 험 료	905,300원
결 정 세 액	340,000원	34,000원		장기요양보험료	115,900원
기 납 부 세 액	460,000원	46,000원		고 용 보 험 료	243,000원
차감징수세액	-120,000원	-12,000원		국민연금보험료	1,170,000원

2. 가족사항 : 모두 동거하며, 생계를 같이함

성명	관계	주민번호	비고
홍상현	본인	860314-1287653	현근무지 총급여액 15,000,000원
이명지	배우자	860621-2044775	총급여액 6,000,000원
홍라율	자녀	190827-4842416	소득 없음
홍천운	부친	580919-1287035	소득 없음

※ 기본공제대상자가 아닌 경우, 기본공제 "부"로 입력할 것

3. 연말정산추가자료
   (안경 구입비용을 제외한 연말정산 자료는 모두 국세청 홈택스 연말정산간소화서비스 자료임)

항목	내용
보험료	· 홍상현(본인) - 자동차운전자보험료 800,000원 · 이명지(배우자) - 보장성보험료 800,000원 · 홍라율(자녀) - 일반보장성보험료 500,000원

의료비	· 홍상현(본인) - 질병치료비 300,000원
	          - 시력보정용 안경 구입비용 700,000원
	            (상호 : 모든안경, 사업자등록번호 : 431-01-00574)
	· 홍라율(자녀) - 질병치료비 400,000원
	· 홍천운(부친) - 질병치료비 8,000,000원

교육비	· 홍상현(본인) - 정규 교육 과정 대학원 교육비 7,000,000원 · 홍라율(자녀) - 「영유아보육법」상의 어린이집 교육비 2,400,000원
신용카드 등 사용액	· 홍상현(본인) - 신용카드 사용액 23,000,000원(대중교통 사용분 1,000,000원 포함) - 현금영수증 사용액 7,000,000원(전통시장 사용분 4,000,000원 포함) · 홍상현의 신용카드 사용액은 위 의료비 지출액이 모두 포함된 금액이다. · 제시된 내용 외 전통시장/대중교통/도서 등 사용분은 없다.

113회 이론시험

다음 문제를 보고 알맞은 것을 골라 [이론문제 답안작성] 메뉴에 입력하시오. (객관식 문항당 2점)

기본전제
문제에서 한국채택국제회계기준을 적용하도록 하는 전제조건이 없는 경우, 일반기업회계기준을 적용한다.

01. 다음 중 재무상태표의 구성요소에 대한 설명으로 틀린 것은?
① 부채는 유동성에 따라 유동부채와 비유동부채로 구분한다.
② 자산과 부채는 유동성이 큰 항목부터 배열하는 것을 원칙으로 한다.
③ 자산은 유동자산과 비유동자산으로 구분하며 유동자산은 당좌자산과 투자자산으로 구분한다.
④ 자본은 자본금, 자본잉여금, 자본조정, 기타포괄손익누계액 및 이익잉여금(결손금)으로 구분한다.

02. 다음의 자료를 이용하여 기말 자본잉여금을 구하시오. 단, 기초 자본잉여금은 10,000,000원이다.

당기에 발생한 자본 항목의 증감 내역은 아래와 같다.
· 주식발행초과금 증가 2,000,000원   · 자기주식처분이익 발생 300,000원
· 이익준비금 적립 3,000,000원   · 자본금 증가 5,000,000원

① 12,000,000원   ② 12,300,000원   ③ 15,000,000원   ④ 17,000,000원

03. 다음 중 받을어음의 대손충당금을 과대 설정하였을 경우 재무제표에 미치는 영향으로 올바른 것은?
① 자산의 과소계상   ② 비용의 과소계상
③ 당기순이익 과대계상   ④ 이익잉여금의 과대계상

04. 다음 중 일반기업회계기준에 따른 유형자산에 대한 설명으로 옳지 않은 것은?

① 취득원가는 구입원가 또는 제작원가 및 경영진이 의도하는 방식으로 자산을 가동하는 데 필요한 장소와 상태에 이르게 하는 데 직접 관련되는 원가로 구성된다.

② 취득세, 등록면허세 등 유형자산의 취득과 직접 관련된 제세공과금은 당기비용으로 처리한다.

③ 새로운 상품과 서비스를 소개하는 데 소요되는 원가(예 : 광고 및 판촉활동과 관련된 원가)는 유형자산의 원가를 구성하지 않는다.

④ 건물을 신축하기 위하여 사용 중인 기존 건물을 철거하는 경우 그 건물의 장부금액은 제거하여 처분손실로 반영하고, 철거비용은 전액 당기비용으로 처리한다.

05. 다음 중 충당부채에 대한 설명으로 틀린 것은?

① 과거사건에 의해 충당부채를 인식하기 위해서는 그 사건이 기업의 미래행위와 독립적이어야 한다.

② 충당부채는 보고기간말마다 그 잔액을 검토하고, 보고기간말 현재 최선의 추정치를 반영하여 증감조정한다.

③ 충당부채를 발생시킨 사건과 밀접하게 관련된 자산의 예상되는 처분차익은 충당부채 금액의 측정에 고려하지 아니한다.

④ 의무발생사건의 결과로 현재의무가 존재하면 자원의 유출 가능성이 낮더라도 충당부채로 인식해야 한다.

06. ㈜한국은 선입선출법에 의한 종합원가계산을 적용하고 있으며, 당기 생산 관련 자료는 아래와 같다. 품질검사는 완성도 30% 시점에서 이루어지며, 당기에 검사를 통과한 정상품의 3%를 정상공손으로 간주한다. 당기의 정상공손수량은 몇 개인가?

```
〈물량흐름〉    기초재공품    500개    (완성도 70%)
              당기착수량    2,000개
              당기완성량    2,000개
              기말재공품    300개    (완성도 50%)
```

① 51개 ② 54개 ③ 60개 ④ 75개

07. 다음 중 원가회계의 목적과 거리가 먼 것은?
① 내부 경영 의사결정에 필요한 원가 정보를 제공하기 위함이다.
② 원가통제에 필요한 원가 정보를 제공하기 위함이다.
③ 손익계산서상 제품 원가에 대한 원가 정보를 제공하기 위함이다.
④ 이익잉여금처분계산서상 이익잉여금 처분 정보를 제공하기 위함이다.

08. 다음은 정상원가계산을 채택하고 있는 ㈜서울의 2025년 원가 관련 자료이다. ㈜서울은 직접노동시간에 비례하여 제조간접원가를 배부한다. 제조간접원가 배부액을 구하시오.

- 제조간접원가 예산 : 39,690,000원
- 예산 직접노동시간 : 90,000시간
- 실제 제조간접원가 : 44,100,000원
- 실제 직접노동시간 : 70,000시간

① 30,870,000원   ② 34,300,000원   ③ 47,800,000원   ④ 51,030,000원

09. 다음 중 제조원가의 분류로 잘못 구성된 것을 고르시오.
① 추적가능성에 따른 분류 : 직접재료원가, 간접재료원가, 직접노무원가, 간접노무원가
② 제조원가의 요소에 따른 분류 : 직접재료원가, 직접노무원가, 제조간접원가
③ 원가행태에 따른 분류 : 재료원가, 노무원가, 제조간접원가
④ 발생형태에 따른 분류 : 재료원가, 노무원가, 제조경비

10. 다음 중 보조부문원가의 배분 방법에 대한 설명으로 옳은 것은?
① 직접배분법은 보조부문 상호간의 용역수수관계를 전혀 인식하지 않아 항상 가장 부정확하다.
② 상호배분법은 보조부문 상호간의 용역수수관계를 가장 정확하게 배분하므로 가장 많이 이용된다.
③ 단계배분법은 보조부문 상호간의 용역수수관계를 일부 인식하며 배분 순서에 따라 결과가 달라진다.
④ 단계배분법은 우선순위가 낮은 부문의 원가를 우선순위가 높은 부문과 제조부문에 먼저 배분한다.

11. 다음 중 부가가치세법상 아래의 수정세금계산서 발급 방법에 대한 수정세금계산서 발급 사유로 옳은 것은?

> (수정세금계산서 발급 방법)
> 사유 발생일을 작성일로 적고 비고란에 처음 세금계산서 작성일을 덧붙여 적은 후 붉은색 글씨로 쓰거나 음의 표시를 하여 발급

① 착오로 전자세금계산서를 이중으로 발급한 경우
② 계약의 해제로 재화 또는 용역이 공급되지 아니한 경우
③ 필요적 기재사항 등이 착오 외의 사유로 잘못 적힌 경우
④ 면세 등 세금계산서 발급 대상이 아닌 거래 등에 대하여 세금계산서를 발급한 경우

12. 다음 중 부가가치세법상 공제하지 아니하는 매입세액이 아닌 것은?

① 토지에 관련된 매입세액
② 사업과 직접 관련이 없는 지출에 대한 매입세액
③ 기업업무추진비 및 이와 유사한 비용 지출에 대한 매입세액
④ 세금계산서 임의적 기재사항의 일부가 적히지 아니한 지출에 대한 매입세액

13. 다음 중 부가가치세법상 환급에 대한 설명으로 가장 옳지 않은 것은?

① 각 과세기간별로 그 과세기간에 대한 환급세액을 확정신고한 사업자에게 그 확정신고기한이 지난 후 25일 이내에 환급하여야 한다.
② 재화 및 용역의 공급에 영세율을 적용받는 경우 조기환급 신고할 수 있다.
③ 조기환급 신고의 경우 조기환급 신고기한이 지난 후 15일 이내에 환급할 수 있다.
④ 사업 설비를 신설·취득·확장 또는 증축하는 경우 조기환급 신고할 수 있다.

14. 다음 중 소득세법상 종합소득에 대한 설명으로 틀린 것은?

① 이자소득은 총수입금액과 소득금액이 동일하다.
② 퇴직소득과 양도소득은 종합소득에 해당하지 않는다.
③ 사업소득, 근로소득, 연금소득, 기타소득에는 비과세 소득이 존재한다.
④ 금융소득(이자 및 배당)은 납세자의 선택에 따라 금융소득종합과세를 적용할 수 있다.

15. 다음 중 소득세법상 결손금과 이월결손금에 대한 설명으로 가장 옳지 않은 것은?

① 비주거용 부동산 임대업에서 발생한 이월결손금은 타 소득에서 공제할 수 없다.
② 추계 신고 시에는 원칙적으로 이월결손금을 공제할 수 없다.
③ 해당 과세기간에 일반사업소득에서 결손금이 발생하고 이월결손금도 있는 경우에는 이월결손금을 먼저 다른 소득금액에서 공제한다.
④ 결손금의 소급공제는 중소기업에 한하여 적용 가능하다.

| 113회 | 실 무 시 험 | |

㈜파도상회(회사코드 : 1132)는 전자제품의 제조 및 도·소매업을 주업으로 영위하는 중소기업으로, 당기(제14기)의 회계기간은 2025.1.1.~2025.12.31.이다. 전산세무회계 수험용 프로그램을 이용하여 다음 물음에 답하시오.

기본전제

- 문제에서 한국채택국제회계기준을 적용하도록 하는 전제조건이 없는 경우, 일반기업회계기준을 적용하여 회계처리 한다.
- 문제의 풀이와 답안작성은 제시된 문제의 순서대로 진행한다.

문제1 [일반전표입력] 메뉴를 이용하여 다음의 거래자료를 입력하시오. (15점)

입력시 유의사항

- 일반적인 적요의 입력은 생략하지만, 타계정 대체거래는 적요 번호를 선택하여 입력한다.
- 채권·채무와 관련된 거래는 별도의 요구가 없는 한 반드시 기등록된 거래처코드를 선택하는 방법으로 거래처명을 입력한다.
- 제조경비는 500번대 계정코드를, 판매비와관리비는 800번대 계정코드를 사용한다.
- 회계처리 시 계정과목은 별도의 제시가 없는 한 등록된 계정과목 중 가장 적절한 과목으로 한다.

[1] 03월 21일 정기 주주총회에서 이익배당을 결의하다. 다음은 정기 주주총회 의사록이며, 실제 배당금 지급일은 4월로 예정되었다(단, 이익배당과 관련된 회계처리를 이월이익잉여금(375) 계정을 사용하여 회계처리할 것). (3점)

제12기 정기 주주총회 의사록

㈜파도상회
1. 일시 : 2025년 3월 21일 16시
2. 장소 : 경기도 부천시 길주로 284, 515호 (중동, 신중동역 헤리움 메트로타워)
3. 출석상황

주주총수 : 5명	주식총수 : 100,000주
출석주주 : 5명	주식총수 : 100,000주
참 석 율 : 100%	100%

의장인 사내이사 이도진은 정관 규정에 따라 의장석에 등단하여 위와 같이 법정수에 달하는 주주가 출석하여 본 총회가 적법하게 성립되었음을 알리고 개회를 선언하다.

제1호 의안 : 제12기(2024년 1월 1일부터 2024년 12월 31일까지) 재무제표 승인의 건
의장은 본 의안을 2024년 결산기가 2024년 12월 31일자로 종료됨에 따라 재무상태표 및 손익계산서를 보고하고 이에 따른 승인을 구한바 참석주주 전원의 일치로 이를 승인가결하다.

제2호 의안 : 제12기 이익배당의 건
의장은 제12기(2024년) 배당에 관한 안건을 상정하고 의안에 대한 설명 및 필요성을 설명하고 그 승인을 구한바, 만장일치로 찬성하여 다음과 같이 승인 가결하다.
  1) 배당에 관한 사항
   가. 1주당 배당금 : 보통주 1,000원
   나. 액면배당률 : 보통주 10%
   다. 배당총액 : 100,000,000원
  2) 기타사항
   가. 배당은 현금배당으로 하며, 이익배당액의 10%를 결의일에 이익준비금으로 적립한다.

이상으로서 금일의 의안 전부를 심의 종료하였으므로 의장은 폐회를 선언하다.
위 결의를 명확히 하기 위해 이 의사록을 작성하고 의장과 출석한 이사 및 감사 아래에 기명 날인하다.

[2] 03월 28일 남일상사에 대한 외상매입금 15,500,000원 중 7,000,000원은 보통예금 계좌에서 이체하여 지급하였으며 잔액은 대표자 개인 명의의 보통예금 계좌에서 이체하여 지급하였다(단, 가수금 계정을 사용하고, 거래처(00133)를 입력할 것). (3점)

[3] 06월 25일 외부 강사를 초청하여 영업부 직원들의 CS교육을 실시하고 강사료 2,400,000원에서 원천징수세액(지방소득세 포함) 79,200원을 차감한 금액을 보통예금 계좌에서 지급하였다. (3점)

[4] 08월 10일 단기매매차익을 얻을 목적으로 전기에 취득하여 보유하고 있던 ㈜연흥의 주식(취득가액 500,000원)을 모두 1,000,000원에 처분하고 대금에서 거래수수료 등 제비용 50,000원을 차감한 잔액이 보통예금 계좌로 입금되었다. (3점)

[5] 09월 05일 제품 생산에 투입할 원재료로 사용하기 위해 구입하여 보관 중인 미가공식료품을 수재민을 도와주기 위하여 지방자치단체에 무상으로 기부하였다. 단, 취득원가는 2,000,000원이며, 시가는 2,100,000원이다. (3점)

문제 2 [매입매출전표입력] 메뉴를 이용하여 다음의 거래자료를 입력하시오. (15점)

입력시 유의사항

- 일반적인 적요의 입력은 생략하지만, 타계정 대체거래는 적요 번호를 선택하여 입력한다.
- 채권·채무 관련 거래는 별도의 요구가 없는 한 반드시 기등록된 거래처코드를 선택하는 방법으로 거래처명을 입력한다.
- 제조경비는 500번대 계정코드를, 판매비와관리비는 800번대 계정코드를 사용한다.
- 회계처리 시 계정과목은 등록된 계정과목 중 가장 적절한 과목으로 한다.
- 입력 화면 하단의 분개까지 처리하고, 세금계산서 및 계산서는 전자 여부를 입력하여 반영한다.

[1] 07월 17일 비사업자인 개인 소비자 추미랑에게 제품을 판매하고 대금은 현금으로 받아 아래의 현금영수증을 발급하였다. (3점)

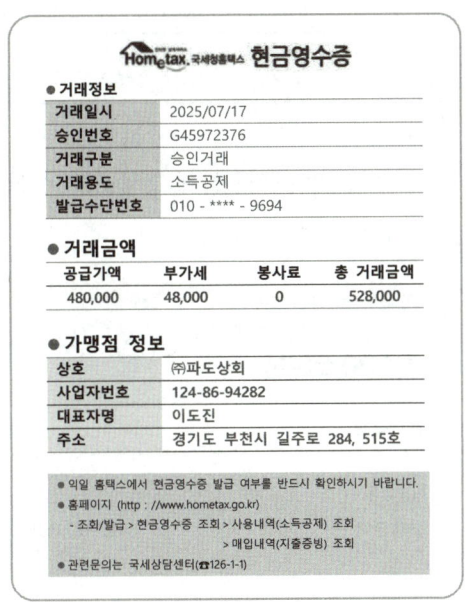

[2] 07월 28일 비사업자인 개인에게 영업부 사무실에서 사용하던 에어컨(취득원가 2,500,000원, 감가상각누계액 1,500,000원)을 1,100,000원(부가가치세 포함)에 판매하고, 대금은 보통예금 계좌로 받았다(단, 별도의 세금계산서나 현금영수증을 발급하지 않았으며, 거래처 입력은 생략할 것). (3점)

[3] 08월 28일 해외거래처인 LQTECH로부터 제품 생산에 필요한 원재료를 수입하면서 인천세관으로부터 아래의 수입전자세금계산서를 발급받고, 부가가치세는 현금으로 납부하였다(단, 재고자산에 대한 회계처리는 생략할 것). (3점)

	수입전자세금계산서					승인번호		20250828-11324560-11134567	
세관명	등록번호	135-82-12512	종사업장번호		수입자	등록번호	124-86-94282	종사업장번호	
	세관명	인천세관	성명	김세관		상호(법인명)	㈜파도상회	성명	이도진
	세관주소	인천광역시 미추홀구 항구로				사업장주소	경기도 부천시 길주로 284, 515호		
	수입신고번호 또는 일괄발급기간 (총건)					업태	제조업	종목	전자제품
납부일자		과세표준		세액		수정사유		비고	
2025/08/28		5,400,000		540,000		해당 없음			
월	일	품목	규격	수량	단가		공급가액	세액	비고
08	28	수입신고필증 참조					5,400,000	540,000	
	합계금액	5,940,000							

[4] 09월 02일 사내 행사를 위하여 영업부 직원들에게 제공할 다과류를 구입하고 법인카드(비씨카드)로 결제하였다. (3점)

[5] 09월 11일 공장에서 사용할 목적으로 지난 4월 2일 ㈜오성기계와 체결한 기계장치 공급계약에 따라 절단로봇을 인도받고 시험가동을 완료하였다. 잔금은 보통예금 계좌에서 지급하고 아래의 전자세금계산서를 발급받았다. (3점)

고압제트 절단로봇 공급계약서
(생략)

제 2 조 위 공급계약의 총 계약금액은 22,000,000원(VAT 포함)으로 하며, 아래와 같이 지불하기로 한다.

계약금	일금 이백만 원정 (₩ 2,000,000)은 계약 시에 지불한다.
잔 금	일금 이천만 원정 (₩ 20,000,000)은 2025년 09월 30일 내에 제품 인도 후 시험가동이 완료된 때에 지불한다.

(이하 생략)

전자세금계산서

승인번호: 20250911-31000013-443461111

	공급자			공급받는자		
등록번호	130-81-08113	종사업장번호		등록번호	124-86-94282	종사업장번호	
상호(법인명)	㈜오성기계	성명	유오성	상호(법인명)	㈜파도상회	성명	이도진
사업장	경기도 부천시 길주로 1			사업장	경기도 부천시 길주로 284, 515호		
업태	제조	종목	생산로봇	업태	제조,도소매	종목	전자제품
이메일	osung@naver.com			이메일	wavestore@naver.com		

작성일자	공급가액	세액	수정사유
2025/09/11	20,000,000	2,000,000	

비고

월	일	품목	규격	수량	단가	공급가액	세액	비고
09	11	고압제트 절단 로봇	M701C			20,000,000	2,000,000	

합계금액	현금	수표	어음	외상미수금	이 금액을 (영수) 함
22,000,000	22,000,000				

문제 3 부가가치세 신고와 관련하여 다음 물음에 답하시오. (10점)

[1] 이 문제에 한정하여 ㈜파도상회는 음식점업만을 영위하는 법인으로 가정한다. 다음 자료를 이용하여 2025년 제1기 확정신고기간(04.01~06.30.)에 대한 의제매입세액공제신고서를 작성하시오. (4점)

1. 매입자료

취득일자	공급자	사업자등록번호(주민등록번호)	물품명	수량	매입가액	구분
2025.04.10.	은성	752-06-02023	야채	250개	1,020,000원	계산서
2025.04.30.	㈜이두식자재	872-87-85496	생닭	300마리	1,830,000원	신용카드
2025.05.20.	김어부	650321-1548905	갈치	80마리	790,000원	농어민 매입

2. 제1기 예정분 과세표준은 80,000,000원이며, 확정분 과세표준은 95,000,000원이다.
3. 제1기 예정신고기간 매입액 1,325,000원이며, 예정신고시 의제매입세액 75,000원을 공제받았다.
4. 위 자료 1의 면세 매입 물품은 모두 과세사업인 음식점업에 직접 사용하였다.

[2] 다음의 자료를 이용하여 2025년 제2기 부가가치세 확정신고기간에 대한 [건물등감가상각자산취득명세서]를 작성하시오(단, 아래의 자산은 모두 감가상각 대상에 해당함). (4점)

취득일	내용	공급가액 / 부가가치세액	상호 / 사업자등록번호	비고
10.04.	영업부의 업무용승용차(2,000cc) 구입	31,000,000원 / 3,100,000원	㈜원대자동차 / 210-81-13571	전자세금계산서 수취
11.26.	제조부의 공장 건물 신축공사비 지급	50,000,000원 / 5,000,000원	아름건설 / 101-26-97846	종이세금계산서 수취
12.09.	제조부 공장에서 사용할 포장기계 구입	2,500,000원 / 250,000원	나라포장 / 106-02-56785	법인 신용카드 결제

[3] 2025년 제1기 예정신고기간(2025.01.01.~2025.03.31.)의 [부가가치세신고서]를 전자신고하시오. (2점)

> 1. 부가가치세신고서와 관련 부속서류는 마감되어 있다.
> 2. [전자신고] → [국세청 홈택스 전자신고변환(교육용)] 순으로 진행한다.
> 3. [전자신고] 메뉴의 [전자신고제작] 탭에서 신고인구분은 2.납세자 자진신고를 선택하고, 비밀번호는 "12341234"로 입력한다.
> 4. [국세청 홈택스 전자신고변환(교육용)] → 전자파일변환(변환대상파일선택) → 찾아보기 에서 전자신고용 전자파일을 선택한다.
> 5. 전자신고용 전자파일 저장경로는 로컬디스크(C :)이며, 파일명은 "enc작성연월일.101.v사업자등록번호"다.
> 6. 형식검증하기 → 형식검증결과확인 → 내용검증하기 → 내용검증결과확인 → 전자파일제출 을 순서대로 클릭한다.
> 7. 최종적으로 전자파일 제출하기 를 완료한다.

문제 4 결산정리사항은 다음과 같다. 관련 메뉴를 이용하여 결산을 완료하시오. (15점)

[1] 아래의 자료를 이용하여 정기예금의 당기분 경과이자에 대한 회계처리를 하시오(단, 월할 계산할 것). (3점)

> · 정기예금액 : 30,000,000원   · 예금가입기간 : 2025.04.01.~2026.03.31.   · 연이자율 : 3.4%
> · 이자는 만기일(2026.03.31.)에 일시 수령한다.

[2] 일반기업회계기준에 따라 2025년 말 현재 보유 중인 매도가능증권에 대하여 결산일의 적절한 회계처리를 하시오(단, 매도가능증권은 비유동자산이며, 2024년의 회계처리는 적절하게 되었다). (3점)

주식명	2024년 취득가액	2024년 말 공정가치	2025년 말 공정가치
㈜엔지	5,000,000원	6,000,000원	4,800,000원

[3] 2025년 11월 중 캐나다 ZF사에 수출한 외상매출금 $100,000은 2026년 1월 15일에 외화통장으로 회수될 예정이며, 일자별 기준환율은 다음과 같다. (3점)

구분	수출신고일 : 25.11.03.	선적일 : 25.11.10.	결산일 : 2025.12.31.
기준환율	900원/$	920원/$	950원/$

[4] 기존에 입력된 데이터는 무시하고 2025년 제2기 확정신고기간의 부가가치세와 관련된 내용은 다음과 같다고 가정한다. 12월 31일 부가세예수금과 부가세대급금을 정리하는 회계처리를 하시오. 단, 납부세액(또는 환급세액)은 미지급세금(또는 미수금)으로, 경감세액은 잡이익으로, 가산세는 세금과공과(판)로 회계처리한다. (3점)

- 부가세대급금   6,400,000원   · 부가세예수금   8,240,000원
- 전자신고세액공제액   10,000원   · 세금계산서지연발급가산세   84,000원

[5] 결산일 현재 무형자산인 영업권의 전기 말 상각 후 미상각잔액은 200,000,000원으로 이 영업권은 작년 1월 초 250,000,000원에 취득한 것이다. 이에 대한 회계처리를 하시오. 단, 회사는 무형자산에 대하여 5년간 월할 균등 상각하고 있으며, 상각기간 계산 시 1월 미만은 1월로 간주한다. (3점)

문제 5 2025년 귀속 원천징수와 관련된 다음의 물음에 답하시오. (15점)

[1] 다음 자료를 이용하여 2025년 5월 귀속 [원천징수이행상황신고서]를 작성하시오. 단, 아래에 주어진 자료만을 이용하여 [원천징수이행상황신고서]를 직접 작성하고, [급여자료입력] 메뉴에서 불러오는 자료는 무시할 것. (5점)

[지급일자 : 2025년 6월 05일]			2025년 5월 귀속 급여대장						(단위:원)
구분		급여내역상세				공제내역상세			
성명	기본급	자격수당	식대	자가운전보조금	합계	4대보험	소득세	지방소득세	합계
김성현	2,600,000	–	200,000	200,000	3,000,000	234,000	90,000	9,000	333,000
서지은	2,700,000	300,000	200,000	–	3,200,000	270,000	-200,000	-20,000	50,000
합계	5,300,000	300,000	400,000	200,000	6,200,000	504,000	-110,000	-11,000	383,000

1. 위 급여내역 중 식대 및 자가운전보조금은 비과세 요건을 충족한다.
2. 5월 귀속 급여 지급일은 2025년 6월 5일이다.
3. 서지은(중도퇴사자) 관련 사항
   (1) 2025년 5월 31일까지 근무 후 중도퇴사하였다.
   (2) 2025년 1월부터 4월까지의 총지급액은 12,000,000원이라고 가정한다.
   (3) 소득세 및 지방소득세는 중도퇴사자 정산이 반영된 내역이며, 5월분 급여에 대해서는 원천징수하지 않았다.

[2] 함춘식 대리(사번 : 301, 입사일 : 2025년 04월 21일)의 2025년 귀속 연말정산과 관련된 자료는 다음과 같다. 아래의 자료를 이용하여 [연말정산추가자료입력] 메뉴의 [소득명세] 탭, [부양가족] 탭, [의료비] 탭, [신용카드등] 탭, [월세액] 탭을 작성하고 [연말정산입력] 탭에서 연말정산을 완료하시오(단, 제시된 소득 이외의 소득은 없으며, 세부담 최소화를 가정한다). (10점)

현근무지	· 급여총액 : 40,600,000원(비과세 급여, 상여, 감면소득 없음) · 소득세 기납부세액 : 2,368,370원(지방소득세 : 236,800원) · 이외 소득명세 탭의 자료는 불러오기 금액을 반영한다.
전(前)근무지 근로소득 원천징수영수증	· 근무처 : ㈜솔비공업사(사업자번호 : 956-85-02635) · 근무기간 : 2025.01.01.~2025.04.20. · 급여총액 : 12,200,000원(비과세 급여, 상여, 감면소득 없음) · 건강보험료 : 464,810원 · 장기요양보험료 : 97,290원 · 고용보험료 : 134,320원 · 국민연금 : 508,700원 · 소득세 결정세액 : 398,000원(지방소득세 결정세액 : 39,800원)
가족사항	<table><tr><th>성명</th><th>관계</th><th>주민번호</th><th>비고</th></tr><tr><td>함춘식</td><td>본인</td><td>900919-1668321</td><td>무주택 세대주임</td></tr><tr><td>함덕주</td><td>부</td><td>501223-1589321</td><td>일용근로소득금액 4,300만원</td></tr><tr><td>박경자</td><td>모</td><td>530807-2548718</td><td>복권 당첨소득 500만원</td></tr><tr><td>함경리</td><td>누나</td><td>881229-2509019</td><td>중증환자 등 장애인으로 소득 없음</td></tr></table> · 기본공제대상자가 아닌 경우 기본공제 여부에 '부'로 표시할 것 · 위의 가족은 모두 내국인으로 생계를 같이 하는 것으로 한다.
2025년도 연말정산자료	<table><tr><th>항목</th><th>내용</th></tr><tr><td>보험료</td><td>· 함덕주(부) : 일반 보장성 보험료 50만원 · 함춘식(본인) : 저축성 보험료 120만원 · 함경리(누나) : 장애인 전용 보장성 보험료 70만원</td></tr><tr><td>의료비</td><td>· 박경자(모) : 임플란트 비용 200만원 · 함덕주(부) : 보청기 구입비용 30만원 · 함경리(누나) : 치료를 위한 한약 30만원 ※ 위 의료비는 모두 함춘식 본인의 신용카드로 결제하였고, 치료 목적으로 지출하였다. ※ 주어진 자료만 고려하여 입력한다.</td></tr><tr><td>신용 카드등 사용액</td><td>· 함춘식(본인) 신용카드 사용액 : 2,100만원 　-대중교통 사용분 60만원, 아파트 관리비 100만원, 동거가족 의료비 260만원 포함 · 함덕주(부) 체크카드 사용액 : 800만원 　-전통시장 사용분 200만원 포함</td></tr><tr><td>월세액</td><td>· 임대인 : 이고동(주민등록번호 691126-1904701) · 유형 및 면적 : 아파트, 84㎡ · 임대주택 주소지 : 경기도 안산시 단원구 중앙대로 620 · 임대차 기간 : 2025.01.01.~2026.12.31. · 월세액 : 월 60만원</td></tr></table> ※ 위 보험료, 의료비, 신용카드 등 사용액은 모두 국세청 연말정산 간소화 서비스에서 조회된 자료이다.

| 112회 | 이 론 시 험 | |

다음 문제를 보고 알맞은 것을 골라 │ 이론문제 답안작성 │ 메뉴에 입력하시오. (객관식 문항당 2점)

> **기본전제**
> 문제에서 한국채택국제회계기준을 적용하도록 하는 전제조건이 없는 경우, 일반기업회계기준을 적용한다.

01. 다음 중 유가증권에 대한 설명으로 옳지 않은 것은?

① 유가증권은 증권의 종류에 따라 지분증권과 채무증권으로 분류할 수 있다.
② 단기매매증권은 주로 단기간 내 매매차익을 목적으로 취득한 유가증권을 의미한다.
③ 지분증권은 단기매매증권과 매도가능증권으로 분류할 수 있으나, 만기보유증권으로 분류할 수 없다.
④ 보고기간 종료일로부터 1년 이내 만기가 도래하는 만기보유증권의 경우 단기매매증권으로 변경하여 유동자산으로 재분류하여야 한다.

02. 다음의 회계상 거래가 2025년 재무제표에 미치는 영향으로 옳지 않은 것은?

> 영업부의 업무용 차량에 대한 보험료(보험기간 : 2025.07.01.~2026.06.30.)를 2025년 7월 1일에 지급하고 전부 비용으로 회계처리하였다. 2025년 12월 31일 결산일 현재 별도의 회계처리를 하지 않았다.

① 자산 과대
② 비용 과대
③ 당기순이익 과소
④ 부채 영향 없음

03. 다음 중 유형자산의 취득 이후 지출에 대한 설명으로 가장 옳지 않은 것은?

① 유형자산의 인식기준을 충족하는 경우에는 자본적 지출로 처리하고, 충족하지 못한 경우에는 수익적 지출로 처리한다.
② 본래의 용도를 변경하기 위한 지출은 자본적 지출에 해당한다.
③ 자산의 원상회복, 수선유지를 위한 지출 등은 자본적 지출에 해당한다.
④ 건물 벽의 도장, 파손된 유리창 대체, 일반적인 소액 수선비는 수익적 지출에 해당한다.

04. 다음 중 용역의 제공으로 인한 수익인식의 조건에 대한 설명으로 틀린 것은?
① 용역제공거래의 성과를 신뢰성 있게 추정할 수 있을 때 진행기준에 따라 인식한다.
② 이미 발생한 원가와 그 거래를 완료하기 위해 추가로 발생할 것으로 추정되는 원가의 합계액이 총수익을 초과하는 경우에는 그 초과액과 이미 인식한 이익의 합계액을 전액 당기손실로 인식한다.
③ 용역제공거래의 성과를 신뢰성 있게 추정할 수 없는 경우에는 발생한 비용의 범위 내에서 회수가능한 금액을 수익으로 인식한다.
④ 용역제공거래의 성과를 신뢰성 있게 추정할 수 없고 발생한 원가의 회수가능성이 낮은 경우에는 수익을 인식하지 않고 발생한 원가도 비용으로 인식하지 않는다.

05. 다음 중 일반기업회계기준상 보수주의에 대한 예시로 옳지 않은 것은?
① 재고자산의 평가 시 저가주의에 따른다.
② 회계연도의 이익을 줄이기 위해 유형자산의 내용연수를 임의로 단축한다.
③ 물가 상승 시 재고자산평가방법으로 후입선출법을 적용한다.
④ 우발손실은 인식하나 우발이익은 인식하지 않는다.

06. 다음 중 원가행태(조업도)에 따른 분류에 대한 설명으로 가장 틀린 것은?
① 고정원가는 조업도의 변동과 관계없이 일정하게 발생하는 원가이다.
② 조업도가 증가하면 총 변동원가도 증가한다.
③ 제조공장의 임차료는 대표적인 고정원가이다.
④ 조업도가 감소하면 단위당 변동원가는 증가한다.

07. ㈜한국은 제조간접원가를 직접노무시간 기준으로 배부하고 있으며 제조간접원가 배부율은 시간당 2,000원이다. 제조간접원가 실제 발생액이 18,000,000원이고, 실제 직접노무시간이 10,000시간이 발생한 경우 제조간접원가 배부차이는 얼마인가?

① 2,000,000원 과대배부 ② 2,000,000원 과소배부
③ 3,000,000원 과소배부 ④ 배부차이 없음

08. 다음은 ㈜한국의 제조활동과 관련된 물량흐름 관련 자료이다. 이에 대한 설명으로 옳은 것은?

| · 기초재공품 : 500개 | · 당기착수량 : 5,000개 |
| · 기말재공품 : 300개 | · 공손품수량 :   700개 |

① 완성품의 10%가 정상공손이면 완성품수량은 4,200개이다.
② 완성품의 10%가 정상공손이면 정상공손수량은 450개이다.
③ 완성품의 10%가 정상공손이면 비정상공손수량은 280개이다.
④ 완성품의 10%가 정상공손이면 정상공손수량은 420개이다.

09. 다음 중 개별원가계산에 대한 설명으로 옳지 않은 것은?
① 작업원가표를 근거로 원가계산을 한다.
② 직접원가와 제조간접원가의 구분이 중요하다.
③ 공정별 제품원가 집계 후 해당 공정의 생산량으로 나누어 단위당 원가를 계산하는 방식이다.
④ 주문생산형태에 적합한 원가계산방식이다.

10. 아래의 자료를 이용하여 평균법에 의한 가공원가의 완성품환산량을 계산하면 얼마인가?

구분	수량	완성도
기초재공품	1,000개	50%
당기착수	3,000개	
기말재공품	2,000개	40%

① 2,800개 ② 3,800개 ③ 4,000개 ④ 4,300개

11. 다음 중 부가가치세법상 간이과세자에 대한 설명으로 가장 틀린 것은?

① 간이과세자란 원칙적으로 직전 연도의 공급대가의 합계액이 1억400만원에 미달하는 사업자를 말한다.
② 직전 연도의 공급대가의 합계액이 4,800만원 이상인 부동산임대사업자는 간이과세자로 보지 않는다.
③ 간이과세자는 세금계산서를 발급받은 재화의 공급대가에 1%를 곱한 금액을 납부세액에서 공제한다.
④ 직전 연도의 공급대가의 합계액이 4,800만원 미만인 간이과세자는 세금계산서를 발급할 수 없다.

12. 다음 중 부가가치세법상 의제매입세액공제제도에 관한 내용으로 가장 틀린 것은?

① 의제매입세액은 면세농산물 등을 공급받거나 수입한 날이 속하는 과세기간의 매출세액에서 공제한다.
② 의제매입세액공제는 사업자등록을 한 부가가치세 과세사업자가 적용대상자이며, 미등록자는 허용되지 않는다.
③ 면세농산물 등의 매입가액에는 운임 등의 직접 부대비용 및 관세를 포함한다.
④ 면세농산물 등에 대하여 세금계산서 없이도 일정한 금액을 매입세액으로 의제하여 공제하는 것이기 때문에 의제매입세액공제라고 한다.

13. 다음 중 소득세법상 근로소득과 관련된 내용으로 틀린 것은?

① 식사나 기타 음식물을 제공받지 않는 근로자가 받는 월 20만원 이하의 식사대는 비과세 근로소득이다.
② 종업원이 지급받은 경조금 중 사회통념상 타당하다고 인정되는 범위 내의 금액은 근로소득으로 보지 않는다.
③ 고용관계에 의하여 지급받은 강연료는 근로소득이다.
④ 근로자의 가족에 대한 학자금은 비과세 근로소득이다.

14. 다음 중 소득세법상 과세표준 확정신고를 반드시 하여야 하는 경우는?

① 퇴직소득만 있는 경우
② 근로소득과 사업소득이 있는 경우
③ 근로소득과 퇴직소득이 있는 경우
④ 근로소득과 보통예금이자 150만원(14% 원천징수세율 적용 대상)이 있는 경우

15. 다음 중 소득세법상 종합소득공제에 대한 설명으로 가장 옳지 않은 것은?

① 근로소득금액 5,000,000원이 있는 40세 배우자는 기본공제 대상자에 해당한다(단, 다른 소득은 없다).
② 종합소득금액이 35,000,000원이고, 배우자가 없는 거주자로서 기본공제 대상자인 직계비속이 있는 자는 한부모공제가 가능하다.
③ 부녀자공제와 한부모공제가 중복되는 경우에는 한부모공제만 적용한다.
④ 기본공제 대상자가 아닌 자는 추가공제 대상자가 될 수 없다.

112회 실무시험

㈜시완산업(회사코드:1122)은 전자제품의 제조 및 도·소매업을 주업으로 영위하는 중소기업으로, 당기(제14기)의 회계기간은 2025.1.1.~2025.12.31.이다. 전산세무회계 수험용 프로그램을 이용하여 다음 물음에 답하시오.

기본전제

· 문제에서 한국채택국제회계기준을 적용하도록 하는 전제조건이 없는 경우, 일반기업회계기준을 적용하여 회계처리 한다.
· 문제의 풀이와 답안작성은 제시된 문제의 순서대로 진행한다.

문제1 [일반전표입력] 메뉴를 이용하여 다음의 거래자료를 입력하시오. (15점)

입력시 유의사항

· 일반적인 적요의 입력은 생략하지만, 타계정 대체거래는 적요 번호를 선택하여 입력한다.
· 채권·채무와 관련된 거래는 별도의 요구가 없는 한 반드시 기등록된 거래처코드를 선택하는 방법으로 거래처명을 입력한다.
· 제조경비는 500번대 계정코드를, 판매비와관리비는 800번대 계정코드를 사용한다.
· 회계처리 시 계정과목은 별도의 제시가 없는 한 등록된 계정과목 중 가장 적절한 과목으로 한다.

[1] 06월 12일 단기매매증권으로 분류되는 ㈜단타의 주식 5,000주를 1주당 2,000원에 매입하였다. 매입수수료는 매입가액의 1%이고, 매입 관련 대금은 모두 보통예금 계좌에서 지급하였다. (3점)

[2] 07월 09일 5월분 급여 지급 시 원천징수한 소득세 3,000,000원 및 지방소득세 300,000원을 보통예금 계좌에서 이체하여 납부하였다(단, 소득세와 지방소득세를 합하여 하나의 전표로 입력할 것). (3점)

[3] 07월 21일 대주주로부터 업무용 토지(공정가치 350,000,000원)를 무상으로 기증받고, 같은 날에 토지에 대한 취득세 20,000,000원을 보통예금 계좌에서 납부하였다(단, 하나의 전표로 입력할 것). (3점)

[4] 09월 20일 액면금액 35,000,000원(5년 만기)인 사채를 34,100,000원에 발행하고, 대금은 전액 보통예금 계좌로 입금받았다. (3점)

[5] 10월 21일 전기에 발생한 ㈜도담의 외상매출금 $100,000를 회수하고 즉시 전액을 원화로 환가하여 보통예금 계좌에 입금하였다(단, 전기 결산일에 외화자산 및 부채의 평가는 적절히 반영되었으며, 계정과목은 외상매출금을 사용할 것). (3점)

2024년 12월 31일(전기 결산일) 기준환율	2025년 10월 21일(환가일) 적용환율
1,150원/$	1,250원/$

문제 2 [매입매출전표입력] 메뉴를 이용하여 다음의 거래자료를 입력하시오. (15점)

입력시 유의사항

· 일반적인 적요의 입력은 생략하지만, 타계정 대체거래는 적요 번호를 선택하여 입력한다.
· 채권·채무 관련 거래는 별도의 요구가 없는 한 반드시 기등록된 거래처코드를 선택하는 방법으로 거래처명을 입력한다.
· 제조경비는 500번대 계정코드를, 판매비와관리비는 800번대 계정코드를 사용한다.
· 회계처리 시 계정과목은 등록된 계정과목 중 가장 적절한 과목으로 한다.
· 입력 화면 하단의 분개까지 처리하고, 세금계산서 및 계산서는 전자 여부를 입력하여 반영한다.

[1] 07월 02일 기계장치의 내용연수를 연장시키는 주요 부품을 교체하고 16,500,000원(부가가치세 포함)을 대보상사에 당좌수표를 발행하여 지급하였다. 이에 대해 종이세금계산서를 수취하였다(단, 부품교체 비용은 자본적지출로 처리할 것). (3점)

[2] 07월 24일 마케팅부서 직원의 야식을 참맛식당(일반과세자)에서 현금으로 구입하고, 현금영수증(지출증빙용)을 발급받았다. (3점)

Hometax 국세청홈택스 현금영수증

● 거래정보

거래일시	20250724
승인번호	G00260107
거래구분	승인거래
거래용도	지출증빙
발급수단번호	609-81-40259

● 거래금액

공급가액	부가세	봉사료	총 거래금액
80,000	8,000	0	88,000

● 가맹점 정보

상호	참맛식당
사업자번호	356-52-00538
대표자명	강연우
주소	서울시 강서구 가로공원로 74

● 익일 홈택스에서 현금영수증 발급 여부를 반드시 확인하시기 바랍니다.
  홈페이지 (http://www.hometax.go.kr)
    - 조회/발급 > 현금영수증 조회 > 사용내역(소득공제) 조회
                                    > 매입내역(지출증빙) 조회
● 관련문의는 국세상담센터(☎126-1-1)

[3] 08월 01일 제품의 영업관리를 위하여 개별소비세 과세대상 승용차(1,500cc)를 ㈜빠름자동차에서 구입하였다. 대금은 보통예금 계좌에서 3,000,000원을 지급하고 나머지는 외상으로 하였으며, 다음과 같은 전자세금계산서를 발급받았다. (3점)

전자세금계산서

승인번호	20250801-410000012-7c00mk5

공급자
- 등록번호: 123-81-12147
- 상호(법인명): ㈜빠름자동차
- 성명: 김빠름
- 사업장주소: 서울 강남구 강남대로 256
- 업태: 제조
- 종목: 자동차

공급받는자
- 등록번호: 609-81-40259
- 상호(법인명): ㈜시완산업
- 성명: 신서윤
- 사업장주소: 서울특별시 강서구 가로공원로 173
- 업태: 제조,도소매
- 종목: 전자제품

작성일자	공급가액	세액	수정사유	비고
2025-08-01	25,000,000	2,500,000	해당없음	

월	일	품목	규격	수량	단가	공급가액	세액	비고
08	01	승용차(1,500cc)				25,000,000	2,500,000	

[4] 08월 17일 ㈜더뷰상사에게 제품 2,000개를 개당 20,000원(부가가치세 별도)에 판매하고 전자세금계산서를 발급하였다. 이와 관련하여 공급가액의 30%는 보통예금 계좌로 받고 나머지는 외상으로 하였다. (3점)

전자세금계산서

승인번호	202508172501-45121451215-4212445

공급자
- 등록번호: 609-81-40259
- 상호(법인명): ㈜시완산업
- 성명: 신서윤
- 사업장주소: 서울특별시 강서구 가로공원로 173
- 업태: 제조,도소매
- 종목: 전자제품

공급받는자
- 등록번호: 606-81-95866
- 상호(법인명): ㈜더뷰상사
- 성명: 김소인
- 사업장주소: 충북 청주시 흥덕구 청주역로 105
- 업태: 도소매
- 종목: 완구

작성일자	공급가액	세액	수정사유	비고
2025-08-17	40,000,000	4,000,000		

월	일	품목	규격	수량	단가	공급가액	세액	비고
08	17	모니터 외		2,000	20,000	40,000,000	4,000,000	

[5] 11월 30일 미국의 KYM사에 $60,000(수출신고일 11월 27일, 선적일 11월 30일)의 제품을 직수출하였다. 수출대금 중 $30,000는 11월 30일에 보통예금 계좌로 받았으며, 나머지 잔액은 12월 5일에 받기로 하였다. 일자별 기준환율은 다음과 같다(단, 수출신고필증은 정상적으로 발급받았으며, 수출신고번호는 고려하지 말 것). (3점)

일자	11월 27일	11월 30일	12월 05일
기준환율	1,350원/$	1,310원/$	1,295원/$

문제 3 부가가치세 신고와 관련하여 다음 물음에 답하시오. (10점)

[1] 다음 자료를 바탕으로 제2기 확정신고기간(2025.10.01.~2025.12.31.)의 [부동산임대공급가액명세서]를 작성하시오(단, 간주임대료에 대한 정기예금 이자율은 3.5%로 가정한다). (3점)

동수	층수	호수	면적(㎡)	용도	임대기간	보증금(원)	월세(원)	관리비(원)
2	1	103	100	사무실	2023.11.01.~2025.10.31.	50,000,000	2,000,000	500,000
					2025.11.01.~2027.10.31.	60,000,000	2,000,000	500,000

· 위 사무실은 ㈜삼정테크(502-86-56232)에게 2023.11.01. 최초로 임대를 개시하였으며, 계약기간 만료로 2025.11.01. 임대차계약을 갱신하면서 보증금만 인상하기로 하였다.
· 월세와 관리비 수입은 모두 정상적으로 세금계산서를 발급하였으며, 간주임대료에 대한 부가가치세는 임대인이 부담하고 있다.

[2] 다음 자료를 이용하여 2025년 제1기 예정신고기간(01.01.~03.31.)의 [부가가치세신고서]를 작성하시오(단, 기존에 입력된 자료 또는 불러오는 자료는 무시하고, 부가가치세 신고서 외의 부속서류 작성은 생략할 것). (5점)

매출자료	(1) 전자세금계산서 발급분 : 공급가액 350,000,000원 세액 35,000,000원 (2) 현금영수증 발급분 : 공급가액 12,000,000원 세액 1,200,000원 (3) [부동산임대공급가액명세서]에서 계산된 간주임대료 과세표준 금액 : 287,600원 　　(단, 임대료에 대한 전자세금계산서는 적법하게 발급되었음)
매입자료	(1) 전자세금계산서 수취분 일반매입 : 공급가액 110,000,000원 세액 11,000,000원 　　-업무용 토지취득 관련 법무사비용 공급가액 350,000원 세액 35,000원이 포함되어 있다. (2) 전자세금계산서 수취분 고정자산매입 : 공급가액 40,000,000원 세액 4,000,000원 　　-개별소비세 과세 대상 업무용승용차(5인승, 1,995cc) 매입액이다. (3) 신용카드 일반매입액 : 공급가액 50,000,000원 세액 5,000,000원 　　-접대 관련 카드사용분 공급가액 5,000,000원 세액 500,000원이 포함되어 있다.
기타자료	· 매출 및 매입에 대한 전자세금계산서는 적법하게 발급되었다. · 전자신고세액공제는 고려하지 않는다.

[3] 2025년 제1기 확정 부가가치세신고서의 [전자신고]를 수행하시오. (2점)

1. 부가가치세 신고서와 관련 부속서류는 마감되어 있다.
2. [전자신고]→[국세청 홈택스 전자신고변환(교육용)] 순으로 진행한다.
3. [전자신고]에서 전자파일 제작 시 신고인 구분은 2.납세자 자진신고로 선택하고, 비밀번호는 "13001300"으로 입력한다.
4. [국세청 홈택스 전자신고변환(교육용)]에서 전자파일변환(변환대상파일선택)> 찾아보기
5. 전자신고용 전자파일 저장경로는 로컬디스크(C:)이며, 파일명은 "enc작성연월일.101.v6098140259"이다.
6. 형식검증하기 ➡ 형식검증결과확인 ➡ 내용검증하기 ➡ 내용검증결과확인 ➡ 전자파일제출 을 순서대로 클릭한다.
7. 최종적으로 전자파일 제출하기 를 완료한다.

문제 4 다음 결산자료를 입력하여 결산을 완료하시오. (15점)

[1] 3월 22일에 장기 투자 목적으로 ㈜바른상사의 비상장주식 10,000주를 7,300,000원에 취득하였다. 결산일 현재 해당 주식의 시가는 1주당 850원이다. (3점)

[2] 12월 30일에 장부상 현금보다 실제 현금이 102,000원이 적은 것을 발견하여 현금과부족으로 회계 처리하였으나 기말까지 원인을 파악하지 못했다. (3점)

[3] 결산 시 거래처원장 중 보통예금(우리은행)의 잔액이 (-)35,423,800원임을 발견하였다. 보통예금(우리은행) 계좌는 마이너스 통장으로 확인되었다(단, 마이너스 통장은 단기차입금 계정을 사용하고, 음수(-)로 회계처리하지 말 것). (3점)

[4] 2025년 3월 1일에 영업부 사무실에 대한 화재보험료(보험기간 2025.03.01.~2026.02.29.) 1,200,000원을 전액 납입하고, 전액 비용으로 회계처리하였다(단, 음수(-)로 회계처리하지 말고, 월할계산 할 것). (3점)

[5] 퇴직급여추계액이 다음과 같을 때 퇴직급여충당부채를 설정하시오. 회사는 퇴직급여추계액의 100%를 퇴직급여충당부채로 설정하고 있다. (3점)

구분	퇴직금추계액	설정 전 퇴직급여충당부채 잔액
생산부서	300,000,000원	60,000,000원
마케팅부서	100,000,000원	20,000,000원

문제 5 2025년 귀속 원천징수자료와 관련하여 다음의 물음에 답하시오. (15점)

[1] 다음 자료를 이용하여 본사 기업부설연구소의 수석연구원으로 근무하는 박정수(사번:102)의 7월분 [급여자료입력]과 [원천징수이행상황신고서]를 작성하시오(단, 전월미환급세액은 150,000원이다). (5점)

※ 수당등록 시 월정액 및 통상임금은 고려하지 않으며, 사용하는 수당 이외의 항목은 사용 여부를 "부"로 체크한다.
※ 급여자료입력 시 공제항목의 불러온 데이터는 무시하고 직접 입력하여 작성한다.
※ 원천징수이행상황신고서의 귀속월과 지급월은 동일하게 매월 작성하여 신고하고 있으며, 박정수의 급여내역만 반영하고 환급신청은 하지 않기로 한다.
※ 비과세 요건에 해당하면 최대한 반영하기로 한다.

〈7월 급여내역〉

이름	박정수	지급일	7월 31일
기본급	2,000,000원	소득세	39,690원
직책수당	300,000원	지방소득세	3,960원
식대	200,000원	국민연금	112,500원
[기업연구소]연구보조비	200,000원	건강보험	88,620원
보육수당	200,000원	장기요양보험	11,350원
		고용보험	23,400원
급여계	2,900,000원	공제합계	279,520원
		지급총액	2,620,480원

· 식대 : 식대 이외에 현물식사도 함께 제공하고 있다.
· [기업연구소]연구보조비 : 연구활동에 직접 종사하는 자에게 지급하고 있다.
· 보육수당 : 사규에 따라 6세 이하 자녀의 보육과 관련하여 자녀 1인당 200,000원의 수당을 지급하고 있다.

[2] 2025년 9월 20일에 입사한 사원 김민수(사번:130, 세대주)의 2025년 귀속 연말정산 관련 자료는 다음과 같다. [연말정산추가자료입력] 메뉴에서 이전 근무지와 관련한 근로소득 원천징수영수증은 [소득명세] 탭, 나머지 연말정산 자료에 따라 [부양가족] 탭, [의료비] 탭에 입력하고, [연말정산입력] 탭을 완성하시오(단, 제시된 자료 외의 소득은 없으며, 본인의 세부담 최소화를 가정한다). (10점)

1. 가족사항 (단, 모두 생계를 같이 하며, 반드시 기본공제대상자가 아닌 경우에는 '부'로 입력할 것)

성명	관계	주민번호	비고
김민수	본인	780205-1884520	
여민지	배우자	810120-2118524	근로소득자(총급여액 : 5,000,000원)
김수지	자녀	100810-4988221	중학생, 일시적인 문예창작소득 50만원
김지민	자녀	120520-3118529	중학생, 소득없음.
한미녀	모친	551211-2113251	「장애인복지법」상 장애인, 원천징수 대상 금융소득금액 1,000만원

2. 김민수의 전(前)근무지 근로소득 원천징수영수증

· 근무처 : ㈜강일전자(205-85-11389)
· 근무기간 : 2025.01.01.~2025.09.19.
· 급여 : 33,250,000원
· 상여 : 8,500,000원
· 국민연금보험료 : 1,822,500원
· 국민건강보험료 : 1,435,680원
· 장기요양보험료 : 183,870원
· 고용보험료 : 364,500원

구분		소득세	지방소득세
세액명세	결정세액	325,000원	32,500원
	기납부세액	370,000원	37,000원
	차감징수세액	-45,000원	-4,500원

3. 연말정산추가자료(모두 국세청 연말정산간소화서비스에서 조회한 자료임)

항목	내용
보험료	· 김민수 자동차 운전자보험료(보장성) : 1,150,000원 · 한미녀 장애인전용보장성 보험료 : 1,200,000원
의료비	· 여민지(배우자) : 국내에서 지출한 질병 치료비 3,000,000원(김민수의 신용카드로 결제함) 　　　　　　　※ 실손의료보험금 수령액 1,000,000원 · 김수지(자녀) : 시력보정용 콘택트렌즈 구입비 600,000원(김민수 신용카드로 결제함)
교육비	· 김수지(자녀) : 중학교의 수업료 및 특별활동비 200,000원, 영어학원비 1,000,000원 · 김지민(자녀) : 중학교 현장학습체험학습비 400,000원, 태권도학원비 700,000원 · 한미녀(모친) : 평생교육법에 따른 대학교 등록금 3,000,000원 　　　　　　　(장애인특수교육비에 해당하지 않음)
신용카드등 사용액	· 김민수(본인) 신용카드 사용액 : 32,570,000원(아래의 항목이 포함된 금액임) 　| 구분 | 금액 | 　| 전통시장 | 5,200,000원 | 　| 대중교통 | 7,500,000원 | · 여민지(배우자) 직불카드 사용액 : 12,000,000원 · 한미녀(모친) 현금영수증 사용액 : 5,000,000원

111회 이론시험

다음 문제를 보고 알맞은 것을 골라 [이론문제 답안작성] 메뉴에 입력하시오. (객관식 문항당 2점)

기본전제
문제에서 한국채택국제회계기준을 적용하도록 하는 전제조건이 없는 경우, 일반기업회계기준을 적용한다.

01. 다음 중 재무제표의 기본가정에 대한 설명으로 가장 옳은 것은?
① 재무제표의 기본가정에는 기업실체의 가정, 계속기업의 가정, 수익·비용 대응의 가정이 있다.
② 기간별 보고의 가정은 자산과 부채의 분류표시를 유동성 순위에 따라 분류하여야 한다는 가정이다.
③ 기업실체의 가정은 기업실체를 소유주와는 독립적으로 보아 기업의 자산과 소유주의 자산을 분리하여 인식하여야 한다는 가정이다.
④ 계속기업의 가정은 기업실체의 지속적인 경제적 활동을 일정한 기간 단위로 분할하여 각 기간별로 재무제표를 작성하는 것을 말한다.

02. 물가가 지속해서 상승하는 경제 상황을 가정할 때, 다음 중 당기순이익이 가장 적게 계상되는 재고자산 평가방법은 무엇인가?
① 선입선출법   ② 총평균법   ③ 이동평균법   ④ 후입선출법

03. 2025년 10월 1일 ㈜한국은 기계장치를 5,000,000원에 취득하였다. 기계장치의 내용연수는 3년, 잔존가치는 500,000원으로 추정되었으며, 연수합계법으로 상각한다. ㈜한국이 결산일인 2025년 12월 31일에 계상하여야 할 감가상각비는 얼마인가? (단, 월할상각 할 것)
① 416,666원   ② 562,500원   ③ 625,000원   ④ 750,000원

04. 다음 중 무형자산에 대한 설명으로 옳지 않은 것은?
① 무형자산의 재무제표 표시방법으로 직접법만을 허용하고 있다.
② 무형자산 상각 시 잔존가치는 원칙적으로 '0'인 것으로 본다.
③ 무형자산은 유형자산과 마찬가지로 매입가액에 취득 관련 부대 원가를 가산한 금액을 취득원가로 처리한다.
④ 무형자산의 상각기간은 독점적·배타적인 권리를 부여하고 있는 관계 법령이나 계약에 정해진 경우를 제외하고는 20년을 초과할 수 없다.

05. 다음 중 자본 항목의 자본조정으로 분류하는 것은?
① 자기주식처분손실 ② 주식발행초과금
③ 매도가능증권평가손익 ④ 감자차익

06. 다음 중 원가의 개념에 대한 설명으로 가장 옳지 않은 것은?
① 기회원가 : 자원을 다른 대체적인 용도로 사용할 경우 얻을 수 있는 최대금액
② 매몰원가 : 과거의 의사결정으로 이미 발생한 원가로서 의사결정에 고려하지 말아야 하는 원가
③ 회피가능원가 : 특정한 대체안을 선택하는 것과 관계없이 계속해서 발생하는 원가
④ 관련원가 : 여러 대안 사이에 차이가 나는 원가로서 의사결정에 직접적으로 관련되는 원가

07. 다음 중 변동원가와 고정원가에 대한 설명으로 가장 옳지 않은 것은?
① 변동원가는 생산량이 증가함에 따라 총원가가 증가하는 원가이다.
② 고정원가는 생산량의 증감과는 관계없이 총원가가 일정한 원가이다.
③ 생산량의 증감과는 관계없이 제품 단위당 변동원가는 일정하다.
④ 생산량의 증감과는 관계없이 제품 단위당 고정원가는 일정하다.

08. 다음 중 제조원가명세서에 대한 설명으로 가장 옳지 않은 것은?

① 제조원가명세서에는 기말 제품 재고액이 표시된다.
② 판매비와관리비는 제조원가명세서 작성과 관련이 없다.
③ 당기총제조원가는 직접재료원가, 직접노무원가, 제조간접원가의 합을 의미한다.
④ 제조원가명세서의 당기제품제조원가는 손익계산서의 당기제품제조원가와 일치한다.

09. 캠핑카를 생산하여 판매하는 ㈜붕붕은 고급형 캠핑카와 일반형 캠핑카 두 가지 모델을 생산하고 있다. 모델별 제조와 관련하여 당기에 발생한 원가는 각각 아래와 같다. ㈜붕붕은 직접재료원가를 기준으로 제조간접원가를 배부하고 있으며, 당기의 실제 제조간접원가는 2,400,000원이다. 일반형 캠핑카의 당기총제조원가는 얼마인가?

구분	고급형 캠핑카	일반형 캠핑카	합계
직접재료원가	1,800,000원	1,200,000원	3,000,000원
직접노무원가	1,000,000원	600,000원	1,600,000원

① 2,700,000원 ② 2,760,000원 ③ 4,240,000원 ④ 4,300,000원

10. 다음 자료를 이용하여 평균법에 따른 종합원가계산을 적용할 경우, 가공원가의 완성품환산량 단위당 원가는 얼마인가?

- 직접재료는 공정 개시 시점에 모두 투입하며, 가공원가는 공정 진행에 따라 균등하게 발생한다.
- 기초재공품 2,500개(완성도 30%), 당기투입량 30,000개, 기말재공품 4,000개(완성도 30%)
- 기초재공품원가 : 직접재료원가 200,000원, 가공원가 30,000원
- 당기제조원가 : 직접재료원가 2,400,000원, 가공원가 1,306,500원

① 25원 ② 37원 ③ 42원 ④ 45원

11. 다음 중 부가가치세법상 면세에 해당하는 것은 모두 몇 개인가?

가. 시외우등고속버스 여객운송용역
나. 토지의 공급
다. 자동차운전학원에서 가르치는 교육용역
라. 식용으로 제공되는 외국산 미가공식료품
마. 형사소송법에 따른 국선변호인의 국선 변호
바. 제작 후 100년이 초과된 골동품

① 5개 ② 4개 ③ 3개 ④ 2개

12. 다음 중 부가가치세법상 대손세액공제에 대한 설명으로 가장 옳지 않은 것은?
① 대손 사유에는 부도발생일부터 6개월 이상 지난 어음·수표가 포함된다.
② 회수기일이 6개월 이상 지난 채권 중 채권가액이 30만원 이하인 채권은 대손사유를 충족한다.
③ 재화를 공급한 후 공급일부터 15년이 지난 날이 속하는 과세기간에 대한 확정신고기한까지 대손사유로 확정되는 경우 대손세액공제를 적용한다.
④ 대손세액은 대손이 확정된 날이 속하는 과세기간의 매출세액에서 뺄 수 있다.

13. 다음 중 소득세의 특징으로 가장 옳은 것은?
① 소득세의 과세기간은 사업자의 선택에 따라 변경할 수 있다.
② 거주자의 소득세 납세지는 거주자의 거소지가 원칙이다.
③ 소득세법은 종합과세제도에 의하므로 거주자의 모든 소득을 합산하여 과세한다.
④ 소득세는 개인별 소득을 기준으로 과세하는 개인 단위 과세제도이다.

14. 거주자 김민재 씨의 소득이 다음과 같을 경우, 종합소득금액은 얼마인가? 단, 이자소득금액은 모두 국내은행의 정기예금이자이다.

· 양도소득금액 : 10,000,000원	· 근로소득금액 : 30,000,000원
· 이자소득금액 : 22,000,000원	· 퇴직소득금액 : 8,700,000원

① 30,000,000원   ② 52,000,000원   ③ 54,700,000원   ④ 74,700,000원

15. 다음 중 소득세법상 근로소득의 원천징수 시기가 틀린 것은?
① 2025년 11월 귀속 근로소득을 2025년 12월 31일에 지급한 경우 : 2025년 12월 말일
② 2025년 11월 귀속 근로소득을 2026년 01월 31일에 지급한 경우 : 2026년 01월 말일
③ 2025년 12월 귀속 근로소득을 2026년 01월 31일에 지급한 경우 : 2026년 01월 말일
④ 2025년 12월 귀속 근로소득을 2026년 03월 31일에 지급한 경우 : 2026년 02월 말일

111회 실무시험

㈜대동산업(회사코드:1112)은 컴퓨터 및 주변장치의 제조 및 도·소매업을 주업으로 영위하는 중소기업으로, 당기(17기)의 회계기간은 2025.1.1.~2025.12.31.이다. 전산세무회계 수험용 프로그램을 이용하여 다음 물음에 답하시오.

기본전제

- 문제에서 한국채택국제회계기준을 적용하도록 하는 전제조건이 없는 경우, 일반기업회계기준을 적용하여 회계처리 한다.
- 문제의 풀이와 답안작성은 제시된 문제의 순서대로 진행한다.

문제 1 [일반전표입력] 메뉴를 이용하여 다음의 거래자료를 입력하시오. (15점)

입력시 유의사항

- 일반적인 적요의 입력은 생략하지만, 타계정 대체거래는 적요 번호를 선택하여 입력한다.
- 채권·채무와 관련된 거래는 별도의 요구가 없는 한 반드시 기등록된 거래처코드를 선택하는 방법으로 거래처명을 입력한다.
- 제조경비는 500번대 계정코드를, 판매비와관리비는 800번대 계정코드를 사용한다.
- 회계처리 시 계정과목은 별도의 제시가 없는 한 등록된 계정과목 중 가장 적절한 과목으로 한다.

[1] 01월 30일 당사가 생산한 제품(원가 50,000원, 시가 80,000원)을 제조부 생산직 직원에게 복리후생 목적으로 제공하였다(단, 부가가치세법상 재화의 공급의제에 해당하지 아니함). (3점)

[2] 04월 01일 미국 LA은행으로부터 차입한 외화장기차입금 $20,000와 이자 $800에 대해 보통예금으로 달러를 구입하여 원금과 이자를 지급하였다. 4월 1일의 기준환율은 ₩1,400/$이다(단, 외화장기차입금은 거래처원장을 조회하여 회계처리하고, 하나의 전표로 처리할 것). (3점)

[3] 05월 06일 영업부 사무실로 사용하기 위하여 4월 2일에 아래와 같이 ㈜명당과 체결한 부동산임대차계약에 따라 임대차계약서상의 보증금 20,000,000원 중 잔금 18,000,000원을 보통예금 계좌에서 송금하여 지급하고, 사무실의 임차를 개시하였다(단, 관련 계정을 조회하여 처리할 것). (3점)

	부동산임대차계약서	
제 1 조 임대차계약에 있어 임차인은 보증금을 아래와 같이 계약금과 잔금으로 나누어 지급하기로 한다.		
보증금	일금	이천만원정 (₩ 20,000,000)
계약금	일금	이백만원정 (₩ 2,000,000)은 계약 시에 지불하고 영수함.
잔금	일금	일천팔백만원정 (₩ 18,000,000)은 2025년 05월 06일에 지불한다.

[4] 08월 20일 전기에 회수불능으로 대손처리한 외상매출금 2,750,000원(부가가치세 포함)을 회수하여 보통예금 계좌로 입금되었다(단, 당시 대손 요건을 충족하여 대손세액공제를 받았으며, 하나의 전표로 처리할 것). (3점)

[5] 09월 19일 영업부에서 사용할 업무용 차량의 취득세 1,250,000원을 보통예금 계좌에서 납부하였다. (3점)

문제2 [매입매출전표입력] 메뉴를 이용하여 다음의 거래자료를 입력하시오. (15점)

입력시 유의사항

· 일반적인 적요의 입력은 생략하지만, 타계정 대체거래는 적요 번호를 선택하여 입력한다.
· 채권·채무 관련 거래는 별도의 요구가 없는 한 반드시 기등록된 거래처코드를 선택하는 방법으로 거래처명을 입력한다.
· 제조경비는 500번대 계정코드를, 판매비와관리비는 800번대 계정코드를 사용한다.
· 회계처리 시 계정과목은 등록된 계정과목 중 가장 적절한 과목으로 한다.
· 입력화면 하단의 분개까지 처리하고, 세금계산서 및 계산서는 전자 여부를 입력하여 반영한다.

[1] 04월 02일 제품을 ㈜이레테크에 판매하고 다음과 같이 전자세금계산서를 발급하였다. 3월 2일에 받은 선수금 5,000,000원을 제외한 대금 중 30,000,000원은 ㈜이레테크가 발행한 어음으로 받고 나머지는 외상으로 하였다. (3점)

	전자세금계산서					승인번호		20250402-000023123547		
공급자	등록번호	128-81-59325		종사업장번호		등록번호	127-81-32505		종사업장번호	
	상호(법인명)	(주)대동산업		성명	지민아	상호(법인명)	㈜이레테크		성명	이진주
	사업장주소	서울시 서초구 서초대로12길 45				사업장주소	부산시 사상구 대동로 307			
	업태	제조 외		종목	컴퓨터 및 주변장치	업태	제조업		종목	전자제품
	이메일	jjjj@daum.net				이메일	sky@naver.com			
						이메일				
작성일자		공급가액		세액		수정사유		비고		
2025/04/02		50,000,000		5,000,000		해당 없음				
월	일	품목		규격	수량	단가	공급가액	세액		비고
04	02	제품					50,000,000	5,000,000		
합계금액		현금		수표		어음	외상미수금	위 금액을 **(청구)** 함		
55,000,000		5,000,000				30,000,000	20,000,000			

[2] 04월 09일 해외 매출거래처인 BTECH에 제품을 3,000,000원에 직수출하고, 대금은 1개월 후에 받기로 하였다(단, 반드시 수출신고번호는 「1234500123456X」를 입력할 것). (3점)

[3] 05월 29일 직원회식대로 제조부 660,000원과 영업부 440,000원을 지출하고 침산가든에서 제일카드(법인카드)로 결제하였다. (3점)

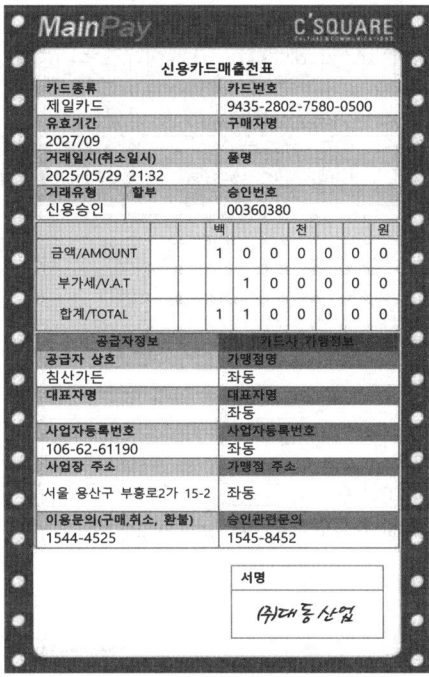

[4] 06월 05일 ㈜한라상사로부터 과세사업에는 사용하지 않고 면세사업에만 사용하기 위한 기계장치를 공급가액 100,000,000원(세액 10,000,000원)에 취득하고, 전자세금계산서를 발급받았다. 대금은 보통예금 계좌에서 10,000,000원을 송금하고, 나머지는 당좌수표를 발행하여 지급하였다. (3점)

[5] 06월 15일 제조부가 사용할 청소용품을 일진상사(일반과세자)에서 현금으로 구입하고, 현금영수증을 발급받았다(단, 소모품비로 회계처리할 것). (3점)

```
                    일진상사
211-11-10614                         박일문
경기도 부천시 신흥로 110      TEL : 031-117-2727
           홈페이지 http://www.kacpta.or.kr
              현금영수증(지출증빙용)
구매 2025/06/15 17:27              거래번호 : 11511
  상품명      수량      단가        공급가액
  청소용품                            200,000

              과 세 물 품 가 액      200,000원
              부 가 가 치 세 액       20,000원
              합        계          220,000원
              받 은 금 액           220,000원
```

문제 3 부가가치세 신고와 관련하여 다음 물음에 답하시오. (10점)

[1] 다음 자료를 보고 2025년 제1기 예정신고기간의 [수출실적명세서]와 [영세율매출명세서]를 작성하시오(단, 매입매출전표입력은 생략할 것). (4점)

| 거래처 | 수출신고번호 | 선적일 | 환가일 | 통화 | 수출액 | 적용환율 | |
						선적일	환가일
제임스사	13065-22-065849X	2025.01.31.	2025.01.25.	USD	$100,000	₩1,000/$	₩1,080/$
랜덤기업	13075-20-080907X	2025.02.20.	2025.02.23.	USD	$80,000	₩1,050/$	₩1,070/$
큐수상사	13889-25-148890X	2025.03.18.	–	JPY	¥5,000,000	₩800/100¥	–

[2] 다음은 2025년 제2기 부가가치세 확정신고기간 귀속 자료이다. 다음 자료만을 이용하여 [부가가치세신고서]를 작성하시오(단, 기존의 입력된 자료는 무시하고, 부가가치세신고서 외의 부속서류 및 과세표준명세 입력은 생략할 것). (6점)

구분	자 료
매출	1. 전자세금계산서 발급분(과세분) : 공급가액 500,000,000원, 세액 50,000,000원 2. 신용카드에 의한 매출액 : 공급가액 80,000,000원, 세액 8,000,000원 3. 직수출액 : 150,000,000원 4. 영세율세금계산서 발급분 : 50,000,000원(종이 세금계산서 발급) 5. 2024년 제2기 확정신고 시 대손세액공제 받은 외상매출금 33,000,000원을 전액 회수함.
매입	1. 세금계산서 수취분 일반매입 : 공급가액 550,000,000원, 세액 55,000,000원 (세금계산서 수취분 매입액 중 520,000,000원은 과세사업의 매출과 관련된 매입액이며, 나머지 30,000,000원은 거래처 접대와 관련된 매입액이다.) 2. 제2기 예정신고 시 누락된 종이 세금계산서 수취분 : 공급가액 20,000,000원, 세액 2,000,000원
기타	1. 예정신고 누락분은 확정신고 시 반영하기로 한다. 2. 홈택스에서 직접 전자신고하여 세액공제를 받기로 한다.

문제4 결산정리사항은 다음과 같다. 관련 메뉴를 이용하여 결산을 완료하시오. (15점)

[1] 관리부가 2025년 9월 1일에 구입한 소모품 중 당기 말 현재까지 미사용한 소모품은 100,000원이다. (단, 비용에 대한 계정과목은 소모품비(판매관리비)를 사용하고, 반드시 해당 거래를 조회하여 적절한 회계처리를 할 것). (3점)

[2] 결산일 현재 보유 중인 매도가능증권(2024년 취득)에 대하여 일반기업회계기준에 따라 회계처리를 하시오(단, 매도가능증권은 비유동자산에 해당함). (3점)

주식명	주식 수	취득일	1주당 취득원가	2024년 12월 31일 1주당 공정가치	2025년 12월 31일 1주당 공정가치
㈜에코	100주	2024.05.23.	10,000원	8,300원	7,000원

[3] 2025년 12월 16일에 차입한 대출금에 대한 이자를 다음 달부터 매월 16일에 지급하기로 하였다. (3점)

> 2025년 12월 16일부터 2026년 1월 15일까지 1개월 동안 지급되어야 할 이자는 3,100,000원이었으며, 이 중 2025년도 12월 31일까지의 발생이자는 1,600,000원이었다.

[4] 당해연도 말 퇴직급여추계액은 생산직 75,000,000원, 관리직 35,000,000원이며, 이미 설정된 퇴직급여충당부채액은 생산직 50,000,000원과 관리직 28,000,000원이다. 당사는 퇴직급여추계액의 100%를 퇴직급여충당부채로 계상한다. (3점)

[5] 2025년 결산을 하면서 당해연도에 대한 법인세 45,000,000원, 법인지방소득세 6,000,000원을 확정하였다. 중간예납세액 23,000,000원, 이자수익에 대한 원천징수세액 3,080,000원이 자산으로 계상되어 있다. (3점)

문제 5 2025년 귀속 원천징수와 관련된 다음의 물음에 답하시오. (15점)

[1] 다음 자료는 인사부 박한별 사원(입사일 2025년 6월 1일, 국내 근무)의 부양가족과 관련된 내용이다. 제시된 자료만을 이용하여 [사원등록(사번 : 500)]을 하고, 부양가족을 모두 [부양가족명세]에 등록 후 박한별의 세부담이 최소화되도록 기본공제 및 추가공제 여부를 입력하시오. (6점)

- 박한별 사원 본인과 부양가족은 모두 내국인이며 거주자이다.
- 기본공제 대상자가 아닌 경우 '부'로 표시한다.

관계	성명	주민등록번호	동거(생계) 여부	장애인 여부	소득현황 및 기타사항
본인	박한별	810505-2027818	-	부	근로소득금액 2,500만원
배우자	김준호	800525-1056931	부	부	소득 없음, 주거형편상 별거
본인의 아버지	박인수	510725-1013119	여	부	「장애인복지법」상 장애인에 해당함, 소득 없음, 2025년 1월 31일에 사망
아들	김은수	050510-3212685	부	부	분리과세 기타소득 200만원, 국외 유학 중
딸	김아름	231225-4115731	여	부	소득 없음

[2] 2025년 7월 1일 입사한 김기웅(사번 : 600)의 연말정산 자료는 다음과 같다. [연말정산추가입력]에 전(前)근무지의 내용을 반영하여 [소득명세] 탭, [부양가족] 탭, [신용카드 등] 탭, [연금저축 등] 탭, [연말정산입력] 탭을 작성하시오. (9점)

1. 전(前) 근무지(㈜해탈상사)에서 받은 근로소득원천징수영수증 자료를 입력한다.
2. 2025년 7월에 직장 근처로 이사하면서 전세자금대출을 받았다.

〈김기웅의 전(前)근무지 근로소득원천징수영수증〉

	구 분		주(현)	종(전)	-1 납세조합	합 계
Ⅰ 근무처별 소득명세	⑨ 근 무 처 명		㈜해탈상사			
	⑩ 사업자등록번호		120-85-22227			
	⑪ 근무기간		2025.1.1.~2025.6.30.	~	~	~
	⑫ 감면기간		~	~	~	~
	⑬ 급 여		24,000,000			
	⑭ 상 여		3,000,000			
	⑮ 인 정 상 여					
	⑮-1 주식매수선택권 행사이익					
	⑮-2 우리사주조합인출금					
	⑮-3 임원 퇴직소득금액 한도초과액					
	⑯ 계		27,000,000			
Ⅱ 비과세 및 감면소득명세	⑱ 국외근로					
	⑱-1 야간근로수당	001				
	⑱-2 출산·보육수당	Q01	600,000			
	⑱-4 연구보조비 ~					
	⑱-29					
	⑲ 수련보조수당	Y22				
	⑳ 비과세소득 계					
	⑳-1 감면소득 계					
Ⅲ 세액명세	구 분			⑱ 소 득 세	⑲ 지방소득세	⑳ 농어촌특별세
	⑫ 결 정 세 액			1,255,000	125,500	
	기납부세액	⑬ 종(전)근무지 (결정세액란의 세액을 적습니다)	사업자 등록 번호			
		⑭ 주(현)근무지		1,350,000	135,000	
	⑮ 납부특례세액					
	⑯ 차 감 징 수 세 액(⑫-⑬-⑭-⑮)			△95,000	△9,500	
	(국민연금 1,610,000원 건강보험 1,388,000원 장기요양보험 189,000원 고용보험 235,600원) 위의 원천징수액(근로소득)을 정히 영수(지급)합니다.					

항목	내용
〈김기웅의 2025년 연말정산자료 : 모든 자료는 국세청에서 제공된 자료에 해당함〉	
보험료	· 본인 저축성보험료 : 800,000원
교육비	· 본인 야간대학원 등록금 : 3,000,000원
의료비	· 시력보정용 안경구입비 : 600,000원(본인 신용카드 결제) · 본인 질병치료비 : 2,500,000원(실손의료보험금 500,000원 수령)
신용카드 등 사용액	· 신용카드 사용액 : 21,200,000원(대중교통 1,200,000원 포함) · 직불카드 사용액 : 1,300,000원(전통시장 300,000원 포함) · 현금영수증 사용액 : 1,200,000원(도서·공연 200,000원 포함)
주택차입금 원리금상환액	· 이자상환액 : 300,000원 · 원금상환액 : 3,000,000원 ※ 주택임차차입금원리금 상환액 공제요건을 충족한다고 가정한다.

110회 이론시험

다음 문제를 보고 알맞은 것을 골라 │이론문제 답안작성│ 메뉴에 입력하시오. (객관식 문항당 2점)

기본전제

문제에서 한국채택국제회계기준을 적용하도록 하는 전제조건이 없는 경우, 일반기업회계기준을 적용한다.

01. 다음 중 재무제표의 작성과 표시에 관한 설명으로 틀린 것은?
① 자산과 부채는 유동성이 낮은 항목부터 배열하는 것을 원칙으로 한다.
② 재무제표는 재무상태표, 손익계산서, 현금흐름표, 자본변동표로 구성되며, 주석을 포함한다.
③ 자산과 부채 및 자본은 총액에 의하여 기재함을 원칙으로 하고, 자산 항목과 부채 항목 또는 자본 항목을 상계하여 그 전부 또는 일부를 재무상태표에서 제외하면 안된다.
④ 자본거래에서 발생한 자본잉여금과 손익거래에서 발생한 이익잉여금을 구분하여 표시한다.

02. 다음 자료를 이용하여 유동자산에 해당하는 금액의 합계액을 구하면 얼마인가?

· 매출채권	1,000,000원	· 상품	2,500,000원
· 특허권	1,500,000원	· 당좌예금	3,000,000원
· 선급비용	500,000원	· 장기매출채권	2,000,000원

① 5,500,000원 ② 6,000,000원 ③ 6,500,000원 ④ 7,000,000원

03. 다음 중 물가가 지속적으로 상승하는 상황에서 기말재고자산이 가장 크게 계상되는 재고자산의 평가방법은 무엇인가?

① 선입선출법 ② 후입선출법 ③ 총평균법 ④ 이동평균법

04. 유형자산을 보유하고 있는 동안 발생한 수익적지출을 자본적지출로 잘못 회계처리한 경우, 재무제표에 미치는 효과로 가장 올바른 것은?

① 자산의 과소계상　　　　　　　② 부채의 과대계상
③ 당기순이익의 과대계상　　　　④ 매출총이익의 과소계상

05. 다음 중 자본에 대한 설명으로 가장 옳지 않은 것은?
① 자본금은 기업이 발행한 발행주식총수에 1주당 액면금액을 곱한 금액이다.
② 자본잉여금은 주식발행초과금과 기타자본잉여금(감자차익, 자기주식처분이익 등)으로 구분하여 표시한다.
③ 매도가능증권평가손익은 자본조정 항목으로 계상한다.
④ 미처분이익잉여금은 배당 등으로 처분할 수 있는 이익잉여금을 말한다.

06. 다음 중 원가에 대한 설명으로 가장 옳지 않은 것은?
① 직접원가란 특정원가집적대상에 직접 추적이 가능하거나 식별가능한 원가이다.
② 고정원가란 관련범위 내에서 조업도 수준과 관계없이 총원가가 일정한 원가 형태를 말한다.
③ 가공원가란 직접재료원가와 직접노무원가를 말한다.
④ 매몰원가란 과거 의사결정에 따라 이미 발생한 원가로 현재의 의사결정에 영향을 미치지 못하는 원가를 의미한다.

07. 다음의 원가 자료를 이용하여 직접재료원가를 계산하면 얼마인가?

　・총제조원가 : 4,000,000원
　・직접노무원가 : 제조간접원가의 2배
　・제조간접원가 : 총제조원가의 25%

① 1,000,000원　　② 1,500,000원　　③ 2,000,000원　　④ 2,500,000원

08. ㈜한국은 직접노무시간을 기준으로 제조간접원가를 예정배부하고 있다. 당기 초 제조간접원가 예산은 2,000,000원이며, 예정 직접노무시간은 200시간이다. 당기 말 현재 실제 제조간접원가는 2,500,000원이 발생하였으며, 제조간접원가 배부차이가 발생하지 않았다면 실제 직접노무시간은 얼마인가?

① 160시간 ② 200시간 ③ 250시간 ④ 500시간

09. 다음 중 공손에 관한 설명으로 옳지 않은 것은?
① 정상적인 생산과정에서 필수불가결하게 발생하는 정상공손원가는 제조원가에 포함된다.
② 주산품의 제조과정에서 발생한 원재료의 부스러기 등 작업폐물의 순실현가치는 제조원가에서 차감한다.
③ 작업자의 부주의 등에 의하여 발생하는 비정상공손원가는 발생한 기간의 영업외비용으로 처리한다.
④ 정상공손수량과 비정상공손수량은 원가흐름의 가정에 따라 다르게 계산된다.

10. 다음 중 가중평균법에 의한 종합원가계산방법을 적용하여 완성품 단위당 원가를 산정할 때 필요하지 않은 자료는 무엇인가?
① 기말재공품의 완성도
② 당기총제조원가
③ 완성품의 물량
④ 기초재공품의 물량

11. 다음 중 부가가치세법상 재화의 공급의제(재화의 공급으로 보는 특례)에 해당하는 것은? 단, 일반과세자로서 매입 시 매입세액은 전부 공제받았다고 가정한다.
① 자기의 다른 과세사업장에서 원료 또는 자재 등으로 사용·소비하기 위해 반출하는 경우
② 사용인에게 사업을 위해 착용하는 작업복, 작업모, 작업화를 제공하는 경우
③ 무상으로 견본품을 인도 또는 양도하거나 불특정다수에게 광고선전물을 배포하는 경우
④ 자동차 제조회사가 자기생산한 승용자동차(2,000cc)를 업무용으로 사용하는 경우

12. 다음 중 부가가치세법상 영세율제도에 대한 설명으로 가장 옳지 않은 것은?

① 부가가치세의 역진성 완화를 목적으로 한다.
② 완전 면세제도이다.
③ 면세사업자는 영세율 적용대상자가 아니다.
④ 비거주자 또는 외국법인의 경우에는 상호면세주의에 따른다.

13. 다음은 부가가치세법상 가산세에 대한 설명이다. 빈칸에 들어갈 내용으로 알맞은 것은?

> 사업자가 재화 또는 용역을 공급하지 아니하고 세금계산서를 발급하는 경우 그 세금계산서에 적힌 공급가액의 (　　)를 납부세액에 더하거나 환급세액에서 뺀다.

① 1%　　② 2%　　③ 3%　　④ 10%

14. 다음 중 소득세법상 근로소득의 수입시기로 옳지 않은 것은?

① 잉여금처분에 의한 상여 : 결산일
② 인정상여 : 해당 사업연도 중 근로를 제공한 날
③ 일반상여 : 근로를 제공한 날
④ 일반급여 : 근로를 제공한 날

15. 다음의 자료를 이용하여 소득세법상 복식부기의무자의 사업소득 총수입금액을 구하면 얼마인가?

> · 매출액 300,000,000원
> · 차량운반구(사업용) 양도가액 30,000,000원
> · 원천징수된 은행예금의 이자수익 500,000원
> · 공장건물 양도가액 100,000,000원

① 430,500,000원　　② 430,000,000원
③ 330,000,000원　　④ 300,000,000원

110회 실무시험

㈜도원기업(회사코드:1102)은 전자제품의 제조 및 도·소매업을 주업으로 영위하는 중소기업으로, 당기(제20기)의 회계기간은 2025.1.1.~2025.12.31.이다. 전산세무회계 수험용 프로그램을 이용하여 다음 물음에 답하시오.

기본전제

- 문제에서 한국채택국제회계기준을 적용하도록 하는 전제조건이 없는 경우, 일반기업회계기준을 적용하여 회계처리 한다.
- 문제의 풀이와 답안작성은 제시된 문제의 순서대로 진행한다.

문제 1 [일반전표입력] 메뉴를 이용하여 다음의 거래자료를 입력하시오. (15점)

입력시 유의사항

- 일반적인 적요의 입력은 생략하지만, 타계정 대체거래는 적요 번호를 선택하여 입력한다.
- 채권·채무와 관련된 거래는 별도의 요구가 없는 한 반드시 기등록된 거래처코드를 선택하는 방법으로 거래처명을 입력한다.
- 제조경비는 500번대 계정코드를, 판매비와관리비는 800번대 계정코드를 사용한다.
- 회계처리 시 계정과목은 별도의 제시가 없는 한 등록된 계정과목 중 가장 적절한 과목으로 한다.

[1] 01월 05일 에코전자의 상장주식 100주를 단기 투자목적으로 1주당 60,000원에 취득하고 대금은 증권거래수수료 30,000원과 함께 보통예금 계좌에서 지급하였다. (3점)

[2] 03월 31일 보유 중인 신한은행의 예금에서 이자수익 500,000원이 발생하여 원천징수세액을 제외한 423,000원이 보통예금 계좌로 입금되었다(단, 원천징수세액은 자산으로 처리할 것). (3점)

[3] 04월 30일 본사 건물 신축공사를 위한 장기차입금의 이자비용 2,500,000원을 보통예금 계좌에서 지급하였다. 해당 지출은 차입원가 자본화 요건을 충족하였으며, 신축공사 중인 건물은 2026년 2월 28일에 완공될 예정이다. (3점)

[4] 07월 10일 당사는 퇴직연금제도를 도입하면서 퇴직연금상품에 가입하였다. 생산부서 직원에 대해서는 확정급여형(DB형) 상품으로 10,000,000원, 영업부서 직원에 대해서는 확정기여형(DC형) 상품으로 7,000,000원을 보통예금 계좌에서 이체하여

납입하였다(단, 하나의 전표로 입력하고 기초 퇴직급여충당부채 금액은 고려하지 말 것). (3점)

[5] 07월 15일 ㈜지유로부터 공장에서 사용할 기계장치를 구입하기로 계약하고, 계약금 5,000,000원을 즉시 당좌수표를 발행하여 지급하였다. (3점)

문제 2 [매입매출전표입력] 메뉴를 이용하여 다음의 거래자료를 입력하시오. (15점)

입력시 유의사항

· 일반적인 적요의 입력은 생략하지만, 타계정 대체거래는 적요번호를 선택하여 입력한다.
· 별도의 요구가 없는 한 반드시 기등록된 거래처코드를 선택하는 방법으로 거래처명을 입력한다.
· 제조경비는 500번대 계정코드를, 판매비와관리비는 800번대 계정코드를 사용한다.
· 회계처리시 계정과목은 별도제시가 없는 한 등록된 계정과목 중 가장 적절한 과목으로 한다.
· 입력화면 하단의 분개까지 처리하고, 전자세금계산서 및 전자계산서는 전자 입력으로 반영한다.

[1] 07월 07일 ㈜신화에서 영업부서의 매출처에 선물로 증정할 와인세트 10세트를 1세트당 50,000원(부가가치세 별도)에 구입하고 전자세금계산서를 발급받았다. 대금 550,000원은 현금으로 지급하고, 선물은 구입 즉시 모두 거래처에 전달하였다. (3점)

[2] 07월 20일 공장에서 생산부서가 사용할 선풍기를 ㈜하나마트에서 현금으로 구입하고, 아래와 같이 현금영수증을 발급받았다(단, 소모품비로 처리할 것). (3점)

[3] 08월 16일 미국 UFC사에 제품을 $10,000에 해외 직수출하고, 8월 31일에 수출대금 전액을 달러($)로 받기로 하였다. 일자별 환율은 다음과 같다(단, 수출신고번호 입력은 생략할 것). (3점)

구분	8월 10일(수출신고일)	8월 16일(선적일)	8월 31일(대금회수일)
기준환율	1,150원/$	1,100원/$	1,200원/$

[4] 09월 30일 ㈜명학산업에 제품을 공급하고 아래와 같이 전자세금계산서를 발급하였다. 대금은 8월 31일에 기수령한 계약금 1,800,000원을 제외한 잔액을 ㈜명학산업이 발행한 당좌수표로 수령하였다. (3점)

전자세금계산서				승인번호		20250930-1547412-2014956	
공급자	등록번호	㈜도원기업	종사업장번호	공급받는자	등록번호	301-81-45665	종사업장번호
	상호(법인명)	370-81-12345	성명 이세종		상호(법인명)	㈜명학산업	성명 김연동
	사업장주소	서울 구로구 안양천로539길 6			사업장주소	세종시 부강면 문곡리 128	
	업태	제조등	종목 전자부품		업태	제조	종목 가전제품
	이메일				이메일		
					이메일		
작성일자	공급가액		세액	수정사유		비고	
2025/09/30	18,000,000		1,800,000				

월	일	품목	규격	수량	단가	공급가액	세액	비고
09	30	제품				18,000,000	1,800,000	

합계금액	현금	수표	어음	외상미수금	위 금액을 (영수) 함
19,800,000	1,800,000	18,000,000			

[5] 10월 31일 구매확인서에 의하여 ㈜크림으로부터 수출용 원재료(공급가액 6,000,000원)를 매입하고 영세율전자세금계산서를 발급받았다. 대금은 보통예금 계좌에서 지급하였다. (3점)

문제3 부가가치세 신고와 관련하여 다음 물음에 답하시오. (10점)

[1] 다음의 자료를 이용하여 제2기 부가가치세 확정신고기간에 대한 [건물등감가상각자산취득명세서]를 작성하시오(단, 아래의 자산은 모두 감가상각 대상에 해당함). (3점)

취득일	내용	공급가액	상호	비고
		부가가치세액	사업자등록번호	
10.04.	회계부서의 컴퓨터 및 프린터 교체	20,000,000원	우리전산	종이세금계산서 수취
		2,000,000원	102-03-52877	
11.11.	생산부서의 보관창고 신축공사비	100,000,000원	㈜튼튼건설	전자세금계산서 수취
		10,000,000원	101-81-25749	
11.20.	업무용승용차(1,500cc) 구입	15,000,000원	㈜빠름자동차	전자세금계산서 수취
		1,500,000원	204-81-96316	
12.14.	영업부서의 에어컨 구입	10,000,000원	㈜시원마트	법인 신용카드 결제
		1,000,000원	304-81-74529	

[2] 아래의 자료만을 이용하여 제1기 부가가치세 확정신고기간(4월~6월)의 [부가가치세신고서]를 직접 입력하여 작성하시오(단, 부가가치세신고서 외의 부속서류와 과세표준명세의 작성은 생략하며, 불러온 데이터는 무시하고 새로 입력할 것). (5점)

매출 자료	· 전자세금계산서 매출액[주1] : 공급가액 320,000,000원, 세액 30,000,000원 [주1]영세율세금계산서 매출액(공급가액 20,000,000원)이 포함되어 있다. · 해외 직수출 매출액 : 공급가액 15,000,000원 · 현금영수증 매출액 : 공급대가 11,000,000원			
매입 자료	· 전자세금계산서를 수취한 매입액[주2] : 공급가액 150,000,000원, 세액 15,000,000원 [주2]운반용 화물자동차 매입액(공급가액 20,000,000원, 세액 2,000,000원)이 포함되어 있으며, 나머지 금액은 모두 재고자산 매입액이다. · 신용카드 매입액은 다음과 같다.			
	구분	내용	공급가액	세액
	일반매입	직원 복리후생 관련 매입	8,000,000원	800,000원
		대표자 개인용 물품 매입	1,000,000원	100,000원
	고정자산매입	제품 품질 테스트 기계설비 매입	6,000,000원	600,000원
	합계		15,000,000원	1,500,000원
기타	· 예정신고 미환급세액은 900,000원으로 가정한다. · 전자신고세액공제 10,000원을 적용하여 세부담최소화를 가정한다.			

[3] 2025년 제1기 예정신고기간(01.01.~03.31.)의 [부가가치세신고서]를 전자신고하시오. (2점)

1. 부가가치세신고서와 관련 부속서류는 마감되어 있다.
2. [전자신고] → [국세청 홈택스 전자신고변환(교육용)] 순으로 진행한다.
3. [전자신고] 메뉴의 [전자신고제작] 탭에서 신고인구분은 2.납세자 자진신고를 선택하고, 비밀번호는 "12341234"로 입력한다.
4. [국세청 홈택스 전자신고변환(교육용)] → 전자파일변환(변환대상파일선택) → 찾아보기 에서 전자신고용 전자파일을 선택한다.
5. 전자신고용 전자파일 저장경로는 로컬디스크(C:)이며, 파일명은 "enc작성연월일.101.v3708112345"이다.
6. 형식검증하기 ➡ 형식검증결과확인 ➡ 내용검증하기 ➡ 내용검증결과확인 ➡ 전자파일제출 을 순서대로 클릭한다.
7. 최종적으로 전자파일 제출하기 를 완료한다.

문제 4 결산정리사항은 다음과 같다. 관련 메뉴를 이용하여 결산을 완료하시오. (15점)

[1] 다음은 2025년 제2기 확정신고기간의 부가가치세 관련 자료이다. 아래의 자료만을 이용하여 부가세대급금과 부가세예수금을 정리하는 회계처리를 하시오. 단 입력된 데이터는 무시하고, 납부세액은 미지급세금으로, 환급세액은 미수금으로, 가산세는 세금과공과(판)로, 공제세액은 잡이익으로 처리하시오. (3점)

- 부가세예수금 : 720,000원
- 전자세금계산서지연발급가산세 : 10,000원
- 부가세대급금 : 520,000원
- 전자신고세액공제 : 10,000원

[2] 돌담은행으로부터 차입한 장기차입금 중 100,000,000원은 2026년 6월 30일에 상환기일이 도래한다. (3점)

[3] 외상매출금 및 미수금에 대하여만 기말잔액에 1%의 대손율을 적용하여 보충법에 의해 대손충당금을 설정하시오. (3점)

[4] 기말 현재 보유하고 있는 무형자산 중 영업권의 전기 말 상각 후 미상각잔액은 16,000,000원이다. 해당 영업권의 취득일은 2024년 1월 1일이며, 회사는 영업권에 대하여 5년간 월할 균등상각하고 있다. (3점)

[5] 결산일 현재 재고자산은 다음과 같다. 결산자료입력을 이용하여 결산을 수행하시오. (3점)

구분	금액	비고
원재료	93,000,000원	선적지 인도기준(FOB)으로 매입하여 운송 중인 미착원재료 2,000,000원 미포함
재공품	70,000,000원	
제품	135,000,000원	수탁자가 보관 중인 위탁제품 5,000,000원 미포함

문제 5 **2025년 귀속 원천징수와 관련된 다음의 물음에 답하시오. (15점)**

[1] 다음은 ㈜도원기업의 사무직 사원 김우리(사원코드:100)의 6월 급여자료이다. 아래 자료를 이용하여 [사원등록]의 [부양가족명세] 탭의 부양가족에 대한 기본공제 및 추가공제 여부를 반영하고, [수당공제등록] 및 [급여자료입력]을 수행하시오(단, 근로자 본인의 세부담 최소화를 가정한다). (5점)

1. 부양가족 명세(모두 거주자인 내국인에 해당함)

성명	주민등록번호	관계	동거(생계)여부	비고
김우리	801210-1127858	본인		세대주, 2025년 총급여액 5,200만원
이현진	821010-2145201	배우자	여	소득없음
김아현	190101-4928325	입양자녀	여	소득없음, 2025년 1월에 입양신고함

※ 제시된 자료 외의 다른 소득은 없다.

2. 6월분 급여자료

이름	김우리	지급일	2025년 07월 10일
기본급	3,000,000원	소득세	89,390원
식대	200,000원	지방소득세	8,930원
자가운전보조금	200,000원	국민연금	166,500원
보육수당	200,000원	건강보험	131,160원
야간근로수당	527,000원	장기요양보험	16,800원
		고용보험	34,440원
급여계	4,127,000원	공제합계	447,220원
		지급총액	3,679,780원

· 식대 : 당사는 현물식사와 식대를 함께 제공하고 있다.
· 자가운전보조금 : 당사는 본인 명의의 차량을 업무 목적으로 사용한 직원에게만 자가운전보조금을 지급하고 있으며, 실제 발생한 교통비를 별도로 지급하지 않는다.
· 보육수당 : 당사는 6세 이하 자녀(입양자녀 포함) 1명당 200,000원씩 보육수당을 지급하고 있다.
※ 수당등록 시 월정액 및 통상임금은 고려하지 않으며, 사용하는 수당 이외의 항목은 사용 여부를 "부"로 반영한다.
※ 급여자료입력 시 공제항목의 불러온 데이터는 무시하고 직접 입력하여 작성한다.

[2] 다음은 회계부서에 재직 중인 김갑용(사원코드:101) 사원의 연말정산 관련 자료이다. 다음의 자료를 이용하여 [연말정산추가자료입력] 메뉴의 [부양가족] 탭 및 관련된 탭을 모두 작성하여 연말정산을 완료하시오(단, 근로자 본인의 세부담 최소화를 가정하고, [연말정산입력] 탭은 직접 입력하지 않음). (10점)

1. 가족사항(모두 거주자인 내국인에 해당함)

성명	관계	주민등록번호	동거여부	소득금액	비고
김갑용	본인	830505-1478521		65,000,000원	총급여액(근로소득 외의 소득없음), 세대주
강희영	배우자	840630-2547858	여	10,000,000원	근로소득금액
김수필	부친	561012-1587428	여	900,000원	부동산임대소득금액 : 총수입금액 20,000,000원 필요경비 19,100,000원
김정은	아들	140408-3852611	여	-	초등학생
김준희	딸	191104-4487122	여	-	취학 전 아동

2. 연말정산 관련 추가자료(모든 자료는 국세청에서 제공된 자료에 해당함)

내역	비고
보장성 보험료	· 김갑용(본인) : 자동차보험료 300,000원 · 강희영(배우자) : 보장성보험료 200,000원 · 김수필(부친) : 생명보험료 150,000원(만기까지 납입액이 만기환급액보다 큰 경우에 해당) · 김준희(딸) : 보장성보험료 350,000원
교육비	· 김갑용(본인) : 정규 교육 과정 대학원 교육비 5,000,000원 · 김정은(아들) : 국내 소재 사립초등학교(「교육법」상의 정규 교육기관) 수업료 8,000,000원, 바이올린 학원비 2,400,000원 · 김준희(딸) : 「영유아보육법」상의 어린이집 교육비 1,800,000원
의료비	· 김갑용(본인) : 시력보정용 안경 구입비용 650,000원 · 김수필(부친) : 질병 치료 목적 의료비 1,500,000원 · 김준희(딸) : 질병 치료 목적 의료비 250,000원
신용카드 사용액	· 김갑용(본인) : 신용카드 사용액 21,500,000원(국세청 자료) (신용카드사용분 중 전통시장/대중교통/도서 등 사용분은 없음)
연금저축	· 김갑용(본인) : 2025년 연금저축계좌 납입액 6,000,000원 (계좌번호 : 농협중앙회 301-02-228451, 당해연도에 가입함)

109회 이론시험

다음 문제를 보고 알맞은 것을 골라 │이론문제 답안작성│ 메뉴에 입력하시오. (객관식 문항당 2점)

기본전제

문제에서 한국채택국제회계기준을 적용하도록 하는 전제조건이 없는 경우, 일반기업회계기준을 적용한다.

01. 다음 중 금융부채에 대한 설명으로 틀린 것은?

① 금융부채는 최초 인식 시 공정가치로 측정하는 것이 원칙이다.
② 양도한 금융부채의 장부금액과 지급한 대가의 차액은 기타포괄손익으로 인식한다.
③ 금융부채는 후속 측정 시 상각후원가로 측정하는 것이 원칙이다.
④ 금융채무자가 재화 또는 용역을 채권자에게 제공하여 금융부채를 소멸시킬 수 있다.

02. 아래의 자료는 시장성 있는 유가증권에 관련된 내용이다. 이에 대한 설명으로 옳은 것은?

· 2024년 08월 05일 : A회사 주식 500주를 주당 4,000원에 매입하였다.
· 2024년 12월 31일 : A회사 주식의 공정가치는 주당 5,000원이다.
· 2025년 04월 30일 : A회사 주식 전부를 주당 6,000원에 처분하였다.

① 단기매매증권으로 분류할 경우 매도가능증권으로 분류하였을 때보다 2023년 당기순이익은 감소한다.
② 단기매매증권으로 분류할 경우 매도가능증권으로 분류하였을 때보다 2023년 기말 자산이 더 크다.
③ 매도가능증권으로 분류할 경우 처분 시 매도가능증권처분이익은 500,000원이다.
④ 매도가능증권으로 분류할 경우 단기매매증권으로 분류하였을 때보다 2024년 당기순이익은 증가한다.

03. 다음 중 회계변경으로 인정되는 정당한 사례로 적절하지 않은 것은?

① 일반기업회계기준의 제·개정으로 인하여 새로운 해석에 따라 회계변경을 하는 경우
② 기업환경의 중대한 변화에 의하여 종전의 회계정책을 적용하면 재무제표가 왜곡되는 경우

③ 동종산업에 속한 대부분의 기업이 채택한 회계정책 또는 추정방법으로 변경함에 있어서 새로운 회계정책 또는 추정방법이 종전보다 더 합리적이라고 판단되는 경우
④ 정확한 세무신고를 위해 세법 규정을 따를 필요가 있는 경우

04. 다음 중 무형자산에 대한 설명으로 가장 옳지 않은 것은?
① 개발비 중 연구단계에서 발생한 지출은 발생한 기간의 비용으로 인식한다.
② 합리적인 상각방법을 정할 수 없는 경우에는 정률법으로 상각한다.
③ 일반기업회계기준에서는 무형자산의 재무제표 표시방법으로 직접상각법과 간접상각법을 모두 허용하고 있다.
④ 무형자산의 내용연수는 법적 내용연수와 경제적 내용연수 중 짧은 것으로 한다.

05. 다음 중 자본에 대한 설명으로 틀린 것은?
① 자본은 기업의 자산에서 모든 부채를 차감한 후의 잔여지분을 나타낸다.
② 주식의 발행금액이 액면금액보다 크면 그 차액을 주식발행초과금으로 하여 이익잉여금으로 회계처리한다.
③ 납입된 자본에 기업활동을 통해 획득하여 기업의 활동을 위해 유보된 금액을 가산하여 계산한다.
④ 납입된 자본에 소유자에 대한 배당으로 인한 주주지분 감소액을 차감하여 계산한다.

06. ㈜하나의 제조간접원가 배부차이가 250,000원 과대배부인 경우, 실제 제조간접원가 발생액은 얼마인가? 단, 제조간접원가 예정배부율은 작업시간당 3,000원이며, 작업시간은 1일당 5시간으로 총 100일간 작업하였다.

① 1,000,000원　② 1,250,000원　③ 1,500,000원　④ 1,750,000원

07. ㈜연우가 2025년에 사용한 원재료는 500,000원이다. 2025년 초 원재료 재고액이 2025년 말 원재료 재고액보다 50,000원 적을 경우, 2025년의 원재료 매입액은 얼마인가?

① 450,000원　② 500,000원　③ 550,000원　④ 600,000원

08. 다음 중 제조원가명세서를 작성하기 위하여 필요한 내용이 아닌 것은?

① 당기 직접노무원가 발생액   ② 당기 직접재료 구입액
③ 당기 기말제품 재고액   ④ 당기 직접재료 사용액

09. ㈜푸른솔은 보조부문의 원가배분방법으로 직접배분법을 사용한다. 보조부문 A와 B의 원가가 각각 1,500,000원과 1,600,000원으로 집계되었을 경우, 아래의 자료를 바탕으로 제조부문 X에 배분될 보조부문원가는 얼마인가?

사용부문 제공부문	보조부문		제조부문		합계
	A	B	X	Y	
A	–	50시간	500시간	300시간	850시간
B	200시간	–	300시간	500시간	1,000시간

① 1,150,000원   ② 1,250,000원   ③ 1,332,500원   ④ 1,537,500원

10. 다음 중 종합원가계산에 대한 설명으로 틀린 것은?

① 선입선출법은 실제 물량흐름을 반영하므로 평균법보다 더 유용한 정보를 제공한다.
② 평균법은 당기 이전에 착수된 기초재공품도 당기에 착수한 것으로 본다.
③ 선입선출법이 평균법보다 계산방법이 간편하다.
④ 기초재공품이 없다면 선입선출법과 평균법의 적용 시 기말재공품원가는 언제나 동일하다.

11. 다음 중 부가가치세법상 용역의 공급시기에 대한 설명으로 틀린 것은?

① 임대보증금의 간주임대료는 예정신고기간 또는 과세기간의 종료일을 공급시기로 한다.
② 폐업 전에 공급한 용역의 공급시기가 폐업일 이후에 도래하는 경우 폐업일을 공급시기로 한다.
③ 장기할부조건부 용역의 공급의 경우 대가의 각 부분을 받기로 한 때를 공급시기로 한다.
④ 용역의 대가의 각 부분을 받기로 한 때 대가를 받지 못하는 경우 공급시기로 보지 않는다.

12. 다음 중 부가가치세법상 면세 대상이 아닌 것은?

① 항공법에 따른 항공기에 의한 여객운송용역

② 도서, 신문

③ 연탄과 무연탄

④ 우표, 인지, 증지, 복권

13. 다음 중 부가가치세법상 재화의 공급에 해당하는 거래는?

① 과세사업자가 사업을 폐업할 때 자기생산·취득재화가 남아있는 경우

② 사업장별로 그 사업에 관한 모든 권리와 의무를 포괄적으로 승계시키는 경우

③ 법률에 따라 조세를 물납하는 경우

④ 각종 법에 의한 강제 경매나 공매에 따라 재화를 인도하거나 양도하는 경우

14. 다음 중 소득세법상 과세방법이 다른 하나는?

① 복권 당첨금

② 일용근로소득

③ 계약금이 위약금으로 대체되는 경우의 위약금이나 배상금

④ 비실명 이자소득

15. 다음 중 근로소득만 있는 거주자의 연말정산 시 산출세액에서 공제하는 세액공제에 대한 설명으로 틀린 것은?

① 저축성보험료에 대해서는 공제받을 수 없다.

② 근로를 제공한 기간에 지출한 의료비만 공제 대상 의료비에 해당한다.

③ 직계존속의 일반대학교 등록금은 교육비세액공제 대상이다.

④ 의료비세액공제는 지출한 의료비가 총급여액의 3%를 초과하는 경우에만 적용받을 수 있다.

109회 실무시험

㈜천부전자(회사코드:1092)는 제조 및 도·소매업을 영위하는 중소기업으로, 당기(제18기) 회계기간은 2025.1.1.~2025.12.31.이다. 전산세무회계 수험용 프로그램을 이용하여 다음 물음에 답하시오.

기본전제

· 문제에서 한국채택국제회계기준을 적용하도록 하는 전제조건이 없는 경우, 일반기업회계기준을 적용하여 회계처리 한다.
· 문제의 풀이와 답안작성은 제시된 문제의 순서대로 진행한다.

문제 1 [일반전표입력] 메뉴를 이용하여 다음의 거래자료를 입력하시오. (15점)

입력시 유의사항

· 일반적인 적요의 입력은 생략하지만, 타계정 대체거래는 적요번호를 선택하여 입력한다.
· 채권·채무와 관련된 거래는 별도의 요구가 없는 한 반드시 기 등록되어 있는 거래처코드를 선택하는 방법으로 거래처명을 입력한다.
· 제조경비는 500번대 계정코드를, 판매비와 관리비는 800번대 계정코드를 사용한다.
· 회계처리과목은 별도제시가 없는 한 등록되어 있는 계정과목 중 가장 적절한 과목으로 한다.

[1] 01월 22일 ㈜한강물산에 제품을 8,000,000원에 판매하기로 계약하고, 판매대금 중 20%를 당좌예금 계좌로 송금받았다. (3점)

[2] 03월 25일 거래처인 ㈜동방불패의 파산으로 외상매출금 13,000,000원의 회수가 불가능해짐에 따라 대손처리하였다(대손 발생일 직전 외상매출금에 대한 대손충당금 잔액은 4,000,000원이었으며, 부가가치세법상 대손세액공제는 고려하지 않는다). (3점)

[3] 06월 30일 업무용 승용자동차(5인승, 2,000cc)의 엔진 교체 후 대금 7,700,000원을 보통예금 계좌에서 지급하고 현금영수증을 수령하였다(단, 승용자동차의 엔진 교체는 자본적지출에 해당한다). (3점)

[4] 07월 25일 이사회에서 2025년 07월 12일에 결의한 중간배당(현금배당 100,000,000원)인 미지급배당금에 대하여 소득세 등 15.4%를 원천징수하고 보통예금 계좌에서 지급하였다(단, 관련 데이터를 조회하여 회계처리할 것). (3점)

[5] 11월 05일 액면가액 10,000,000원(3년 만기)인 사채를 10,850,000원에 할증발행하였으며, 대금은 전액 보통예금 계좌로 입금되었다. (3점)

문제 2 [매입매출전표입력] 메뉴를 이용하여 다음의 거래자료를 입력하시오. (15점)

> **입력시 유의사항**
>
> · 일반적인 적요의 입력은 생략하지만, 타계정 대체거래는 적요번호를 선택하여 입력한다.
> · 별도의 요구가 없는 한 반드시 기 등록되어 있는 거래처코드를 선택하는 방법으로 거래처명을 입력한다.
> · 제조경비는 500번대 계정코드를, 판매비와 관리비는 800번대 계정코드를 사용한다.
> · 회계처리시 계정과목은 별도제시가 없는 한 등록되어 있는 계정과목 중 가장 적절한 과목으로 한다.
> · 입력화면 하단의 분개까지 처리하고, 전자세금계산서 및 전자계산서는 전자입력으로 반영한다.

[1] 07월 18일 취득가액은 52,000,000원, 매각 당시 감가상각누계액은 38,000,000원인 공장에서 사용하던 기계장치를 ㈜로라상사에 매각하고 아래와 같이 전자세금계산서를 발급하였다(당기의 감가상각비는 고려하지 말고 하나의 전표로 입력할 것). (3점)

전자세금계산서					승인번호	20250718-000023-123547		
공급자	등록번호	130-81-25029	종사업장번호		공급받는자	등록번호	101-81-42001	종사업장번호	
	상호(법인명)	㈜천부전자	성명	정지훈		상호(법인명)	㈜로라상사	성명	전소민
	사업장주소	인천시 남동구 간석로 7				사업장주소	경기 포천시 중앙로 8		
	업태	제조,도소매	종목	전자제품		업태	제조업	종목	자동차부품
	이메일					이메일			
						이메일			

작성일자	공급가액	세액	수정사유	비고
2025.07.18.	11,000,000	1,100,000	해당 없음	

월	일	품목	규격	수량	단가	공급가액	세액	비고
07	18	기계장치 매각				11,000,000	1,100,000	

합계금액	현금	수표	어음	외상미수금	위 금액을 (청구) 함
12,100,000				12,100,000	

[2] 07월 30일 영업부에 필요한 비품을 ㈜소나무로부터 구입하고 법인 명의로 현금영수증을 발급받았다. 법인의 운영자금이 부족하여 대표자 개인 명의의 계좌에서 대금을 지급하였다(단, 가수금(대표자)으로 처리할 것). (3점)

Hometax 국세청홈택스 현금영수증

●거래정보

거래일시	2025년 7월 30일 13:40:14
승인번호	1234567
거래구분	승인거래
거래용도	지출증빙
발급수단번호	130-81-25029

●거래금액

공급가액	부가세	봉사료	총 거래금액
600,000	60,000		660,000

●가맹점 정보

상호	㈜소나무
사업자번호	222-81-12347
대표자명	박무늬
주소	서울특별시 강남구 압구정동 14

● 익일 홈택스에서 현금영수증 발급 여부를 반드시 확인하시기 바랍니다.
● 홈페이지 (http://www.hometax.go.kr)
 - 조회/발급 > 현금영수증 조회 > 사용내역(소득공제) 조회
                                    > 매입내역(지출증빙) 조회
● 관련문의는 국세상담센터(☎126-1-1)

[3] 08월 31일 제2기 부가가치세 예정신고 시 누락한 제조부의 자재 창고 임차료에 대하여 아래와 같이 종이 세금계산서를 10월 30일에 수취하였다(단, 제2기 확정 부가가치세신고서에 자동 반영되도록 입력 및 설정할 것). (3점)

세금계산서(공급받는 자 보관용)

책 번 호 | 권 | 호
일련번호 | - |

	공급자				공급받는자			
등록번호	113-55-61448				등록번호	130-81-25029		
상호(법인명)	오미순부동산	성명(대표자)	오미순		상호(법인명)	㈜천부전자	성명(대표자)	정지훈
사업장 주소	경기도 부천시 신흥로 111				사업장 주소	인천시 남동구 간석로 7		
업태	부동산업	종목	임대업		업태	제조 외	종목	전자제품

작성			공 급 가 액									세 액								비 고
연	월	일	빈칸수	조	천	백	십	억	천	백	십	만	천	백	십	일	천	백	십	억	천	백	십	만	천	백	십	일	
25	08	31	6						1	5	0	0	0	0	0								1	5	0	0	0	0	

월	일	품 목	규격	수량	단가	공급가액	세액	비고
08	31	자재창고 임차료				1,500,000	150,000	

합 계 금 액	현 금	수 표	어 음	외상미수금	이 금액을 **청구** 함
1,650,000				1,650,000	

[4] 09월 28일 제품의 제작에 필요한 원재료를 수입하면서 인천세관으로부터 아래의 수입전자세금계산서를 발급받고, 부가가치세는 보통예금 계좌에서 지급하였다(단, 재고자산에 대한 회계처리는 생략할 것). (3점)

수입전자세금계산서					승인번호	20250928-16565842-11125669			
세관명	등록번호	135-82-12512	종사업장번호		수입자	등록번호	130-81-25029	종사업장번호	
	세관명	인천세관	성명	김세관		상호(법인명)	㈜천부전자	성명	정지훈
	세관주소	인천광역시 미추홀구 항구로				사업장주소	인천시 남동구 간석로 7		
	수입신고번호 또는 일괄발급기간(총건)					업태	제조,도소매	종목	전자제품
납부일자		과세표준		세액	수정사유		비고		
2025.09.28.		20,000,000		2,000,000	해당 없음				
월	일	품목	규격	수량	단가	공급가액		세액	비고
09	28	수입신고필증 참조				20,000,000		2,000,000	
합계금액		22,000,000							

[5] 09월 30일 영업부에서 거래처에 추석선물로 제공하기 위하여 ㈜부천백화점에서 선물세트를 구입하고 아래의 전자세금계산서를 발급받았다. 대금 중 500,000원은 현금으로 결제하였으며, 잔액은 보통예금 계좌에서 지급하였다. (3점)

전자세금계산서					승인번호	20250930-100156-956214			
공급자	등록번호	130-81-01236	종사업장번호		공급받는자	등록번호	130-81-25029	종사업장번호	
	상호(법인명)	㈜부천백화점	성명	안부천		상호(법인명)	㈜천부전자	성명	정지훈
	사업장주소	경기도 부천시 길주로 280 (중동)				사업장주소	인천시 남동구 간석로 7		
	업태	소매	종목	잡화		업태	제조	종목	전자제품
	이메일	bucheon@never.net				이메일			
						이메일			
작성일자		공급가액		세액	수정사유		비고		
2025.09.30.		2,600,000		260,000	해당 없음				
월	일	품목	규격	수량	단가	공급가액		세액	비고
09	30	홍삼선물세트		10	260,000	2,600,000		260,000	
합계금액		현금		수표	어음	외상미수금		위 금액을 (영수) 함	
2,860,000		2,860,000							

문제 3 부가가치세신고와 관련하여 다음 물음에 답하시오. (10점)

[1] 아래의 자료를 이용하여 제1기 부가가치세 확정신고기간의 [수출실적명세서]를 작성하시오(단, 거래처코드와 거래처명은 조회하여 불러올 것). (3점)

거래처	수출신고번호	선적일	환가일	통화	수출액	기준환율	
						선적일	환가일
B&G	11133-77-100066X	2025.04.15.	2025.04.10.	USD	$80,000	₩1,350/$	₩1,300/$
PNP	22244-88-100077X	2025.05.30.	2025.06.07.	EUR	€52,000	₩1,400/€	₩1,410/€

[2] 다음의 자료만을 이용하여 제1기 부가가치세 확정신고기간(4월 1일~6월 30일)의 [부가가치세신고서]를 작성하시오(단, 기존에 입력된 자료 또는 불러온 자료는 무시하고, 부가가치세신고서 외의 부속서류 작성은 생략할 것). (5점)

구분	자료
매출	1. 전자세금계산서 발급분 제품 매출액 : 200,000,000원(부가가치세 별도) 2. 신용카드로 결제한 제품 매출액 : 44,000,000원(부가가치세 포함) 3. 내국신용장에 의한 제품 매출액(영세율세금계산서 발급분) : 공급가액 40,000,000원 4. 수출신고필증 및 선하증권으로 확인된 수출액(직수출) : 5,000,000원(원화 환산액)

매입	1. 세금계산서 수취분 일반매입 : 공급가액 120,000,000원, 세액 12,000,000원
	2. 세금계산서 수취분 9인승 업무용 차량 매입 : 공급가액 30,000,000원, 세액 3,000,000원
	  ※ 위 1번의 일반매입분과 별개이다.
	3. 법인신용카드매출전표 수취분 중 공제 대상 일반매입
	  : 공급가액 10,000,000원, 세액 1,000,000원
	4. 제1기 예정신고 시 누락된 세금계산서 매입 : 공급가액 20,000,000원, 세액 2,000,000원

비고	1. 제1기 예정신고 시 미환급세액은 1,000,000원이라고 가정한다. 2. 전자신고세액공제는 고려하지 않도록 한다.

[3] 다음의 자료를 이용하여 제1기 부가가치세 예정신고기간(1월 1일~3월 31일)의 [부가가치세신고서] 및 관련 부속서류를 전자신고하시오. (2점)

1. 부가가치세신고서와 관련 부속서류는 마감되어 있다.
2. [전자신고] → [국세청 홈택스 전자신고변환(교육용)] 순으로 진행한다.
3. [전자신고] 메뉴의 [전자신고제작] 탭에서 신고인구분은 2.납세자 자진신고를 선택하고, 비밀번호는 "12341234"로 입력한다.
4. [국세청 홈택스 전자신고변환(교육용)] → 전자파일변환(변환대상파일선택) → 찾아보기 에서 전자신고용 전자파일을 선택한다.
5. 전자신고용 전자파일 저장경로는 로컬디스크(C:)이며, 파일명은 "enc작성연월일.101.v1308125029"이다.
6. 형식검증하기 ➡ 형식검증결과확인 ➡ 내용검증하기 ➡ 내용검증결과확인 ➡ 전자파일제출 을 순서대로 클릭한다.
7. 최종적으로 전자파일 제출하기 를 완료한다.

문제 4 결산정리사항은 다음과 같다. 관련 메뉴를 이용하여 결산을 완료하시오. (15점)

[1] 기말 재고조사 결과 자산으로 처리하였던 영업부의 소모품 일부(장부가액 : 250,000원)가 제조부의 소모품비로 사용되었음을 확인하였다. (3점)

[2] 기말 재무상태표의 단기차입금 중에는 당기에 발생한 ㈜유성에 대한 외화차입금 26,000,000원이 포함되어 있다. 발생일 현재 기준환율은 1,300원/$이고, 기말 현재 기준환율은 1,400원/$이다. (3점)

[3] 대출금에 대한 이자지급일은 매월 16일이다. 당해연도분 미지급비용을 인식하는 회계처리를 하시오(단, 거래처 입력은 하지 않을 것). (3점)

> 대출 적용금리는 변동금리로 은행에 문의한 결과 2025년 12월 16일부터 2026년 1월 15일까지의 기간에 대하여 지급되어야 할 이자는 총 5,000,000원이며, 이 중 2025년도 12월 31일까지에 대한 발생이자는 2,550,000원이었다.

[4] 기존에 입력된 데이터는 무시하고 제2기 확정신고기간의 부가가치세와 관련된 내용이 다음과 같다고 가정한다. 12월 31일 부가세예수금과 부가세대급금을 정리하는 회계처리를 하시오. 단, 납부세액(또는 환급세액)은 미지급세금(또는 미수금)으로, 경감세액은 잡이익으로, 가산세는 세금과공과(판)로 회계처리한다. (3점)

> · 부가세대급금 12,400,000원   · 부가세예수금 240,000원
> · 전자신고세액공제액 10,000원   · 세금계산서지연발급가산세 24,000원

[5] 당기분 법인세가 27,800,000원(법인지방소득세 포함)으로 확정되었다. 회사는 법인세 중간예납세액과 이자소득원천징수세액의 합계액 11,000,000원을 선납세금으로 계상하고 있었다. (3점)

문제 5 2025년 귀속 원천징수자료와 관련하여 다음의 물음에 답하시오. (15점)

[1] 다음은 자재부 사원 김경민(사번 : 101)의 부양가족 자료이다. 부양가족은 모두 생계를 함께하고 있으며 세부담 최소화를 위해 가능하면 김경민이 모두 공제받고자 한다. [사원등록] 메뉴의 [부양가족명세]를 작성하시오(단, 기본공제대상자가 아닌 경우에는 입력하지 말 것). (5점)

성명	관계	주민등록번호	동거 여부	비고
김경민	본인	650213-1234567	세대주	총급여 : 50,000,000원
정혜미	배우자	630415-2215676	동거	퇴직소득금액 100만원
김경희	동생	700115-2157895	동거	일용근로소득 550만원, 장애인(장애인복지법)
김경우	부친	400122-1789545	주거형편상 별거	이자소득 2천만원
박순란	모친	400228-2156777	주거형편상 별거	소득없음
정지원	처남	690717-1333451	동거	양도소득금액 100만원, 장애인(중증환자)
김기정	아들	951111-1123456	주거형편상 별거	취업준비생, 일용근로소득 500만원
김지은	딸	031230-4156870	동거	사업소득금액 100만원

[2] 다음은 진도준(사번:15, 입사일:2025.01.02.) 사원의 2025년 귀속 연말정산 관련 자료이다. [연말정산추가자료입력]의 [부양가족(보험료, 교육비)] 탭, [신용카드] 탭, [의료비] 탭, [연금저축] 탭을 작성하고, [연말정산입력] 탭에서 연말정산을 완료하시오(단, 근로자 본인의 세부담이 최소화되도록 한다). (10점)

1. 가족사항(모두 동거하며, 생계를 같이한다. 아래 제시된 자료 외의 다른 소득은 없다.)

관계	성명	주민등록번호	소득	비고
본인	진도준	771030-1224112	총급여 8,000만원	세대주
어머니	박정희	490511-2148712	종합과세금융소득 2,400만원	
배우자	김선영	800115-2347238	분리과세 선택 기타소득 300만원	
아들	진도진	140131-3165610	소득 없음	초등학생
아들	진시진	190121-3165115	소득 없음	유치원생

※ 기본공제대상자가 아닌 경우 기본공제 "부"로 입력할 것

2. 연말정산 자료
※ 아래의 자료는 국세청 홈택스 및 기타 증빙을 통해 확인된 것으로, 별도의 언급이 없는 한 국세청 홈택스 연말정산간소화서비스에서 조회된 자료이다.

구분	내용
보험료	· 진도준 보장성보험료 : 2,200,000원 · 진도진 보장성보험료 : 480,000원 · 진시진 보장성보험료 : 456,000원
교육비	· 진도준 대학원 수업료 : 8,000,000원 · 박정희 사이버대학 수업료 : 2,050,000원 · 진도진 영어보습학원비 : 2,640,000원 · 진도진 태권도학원비 : 1,800,000원 · 진시진 축구교실학원비 : 1,200,000원 (진시진의 축구교실학원비는 국세청 홈택스 연말정산간소화서비스에서 조회한 자료가 아니며, 교육비세액공제 요건을 충족하지 못하는 것으로 확인되었다.)

의료비	· 진도준 질병 치료비 : 3,000,000원(진도준 신용카드 결제)
	· 진도준 시력보정용 렌즈 구입비용 : 600,000원(1건, 진도준 신용카드 결제)
	  -구입처 : 렌즈모아(사업자등록번호 105-68-23521)
	  -의료비증빙코드 : 기타영수증
	· 박정희 질병 치료비 : 3,250,000원(진도준 신용카드 결제)
	  -보험업법에 따른 보험회사에서 실손의료보험금 2,000,000원 수령

신용카드 등 사용액	· 진도준 신용카드 사용액 : 32,000,000원(전통시장 사용분 2,000,000원 포함) · 진도준 현금영수증 사용액 : 3,200,000원(전통시장 사용분 200,000원 포함) · 진도준 체크카드 사용액 : 2,382,000원(대중교통 사용분 182,000원 포함) · 진도준 신용카드 사용액은 의료비 지출액이 모두 포함된 금액이다. · 제시된 내용 외 전통시장/대중교통/도서 등 사용분은 없다.
기타	· 진도준 연금저축계좌 납입액 : 2,400,000원(2025년도 납입분) -삼성생명보험㈜ 계좌번호 : 153-05274-72339

108회 이론시험

다음 문제를 보고 알맞은 것을 골라 │이론문제 답안작성│ 메뉴에 입력하시오. (객관식 문항당 2점)

기본전제
문제에서 한국채택국제회계기준을 적용하도록 하는 전제조건이 없는 경우, 일반기업회계기준을 적용한다.

01. 다음 중 회계정책, 회계추정의 변경 및 오류에 대한 설명으로 틀린 것은?
① 회계추정 변경의 효과는 당해 회계연도 개시일부터 적용한다.
② 변경된 새로운 회계정책은 원칙적으로 전진적으로 적용한다.
③ 매기 동일한 회계추정을 사용하면 비교가능성이 증대되어 재무제표의 유용성이 향상된다.
④ 매기 동일한 회계정책을 사용하면 비교가능성이 증대되어 재무제표의 유용성이 향상된다.

02. 다음 중 주식배당에 대한 설명으로 가장 옳지 않은 것은?
① 주식발행 회사의 순자산은 변동이 없으며, 주주 입장에서는 주식 수 및 단가만 조정한다.
② 주식발행 회사의 입장에서는 배당결의일에 미처분이익잉여금이 감소한다.
③ 주식의 주당 액면가액이 증가한다.
④ 주식발행 회사의 자본금이 증가한다.

03. 비용의 인식이란 비용이 귀속되는 보고기간을 결정하는 것을 말하며, 관련 수익과의 대응 여부에 따라 수익과 직접대응, 합리적인 기간 배분, 당기에 즉시 인식의 세 가지 방법이 있다. 다음 중 비용인식의 성격이 나머지와 다른 하나는 무엇인가?
① 감가상각비　　② 급여　　　③ 광고선전비　　　④ 기업업무추진비

04. 다음 중 재무상태표와 손익계산서에 모두 영향을 미치는 오류에 해당하는 것은?

① 만기가 1년 이내에 도래하는 장기채무를 유동성대체하지 않은 경우

② 매출할인을 영업외비용으로 회계처리한 경우

③ 장기성매출채권을 매출채권으로 분류한 경우

④ 감가상각비를 과대계상한 경우

05. 아래의 자료에서 기말재고자산에 포함해야 할 금액은 모두 얼마인가?

- 선적지인도조건으로 매입한 미착상품 1,000,000원
- 도착지인도조건으로 판매한 운송 중인 상품 3,000,000원
- 담보로 제공한 저당상품 5,000,000원
- 반품률을 합리적으로 추정가능한 상태로 판매한 상품 4,000,000원

① 4,000,000원   ② 8,000,000원   ③ 9,000,000원   ④ 13,000,000원

06. 제조부서에서 사용하는 비품의 감가상각비 700,000원을 판매부서의 감가상각비로 회계처리할 경우, 해당 오류가 당기손익에 미치는 영향으로 옳은 것은? (단, 당기에 생산한 제품은 모두 당기 판매되고, 기초 및 기말재공품은 없는 것으로 가정한다.)

① 제품매출원가가 700,000원만큼 과소계상된다.

② 매출총이익이 700,000원만큼 과소계상된다.

③ 영업이익이 700,000원만큼 과소계상된다.

④ 당기순이익이 700,000원만큼 과소계상된다.

07. 다음의 ㈜광명의 원가 관련 자료이다. 당기의 가공원가는 얼마인가?

- 직접재료 구입액 : 110,000원
- 직접노무원가 : 200,000원
- 직접재료 기말재고액 : 10,000원
- 고정제조간접원가 : 500,000원
- 변동제조간접원가는 직접노무원가의 3배이다.

① 900,000원   ② 1,100,000원   ③ 1,300,000원   ④ 1,400,000원

08. 다음의 자료에서 설명하는 원가행태의 예시로 가장 올바른 것은?

· 조업도가 '0'이라도 일정한 원가가 발생하고 조업도가 증가할수록 원가도 비례적으로 증가한다.
· 혼합원가(Mixed Costs)라고도 한다.

① 직접재료원가   ② 임차료   ③ 수선비   ④ 전기요금

09. 종합원가계산제도하의 다음 물량흐름 자료를 참고하여 ㉠과 ㉡의 차이를 구하면 얼마인가?

· 재료원가는 공정 초에 전량 투입되며, 가공원가는 공정 전반에 걸쳐 균등하게 발생한다.
· 기초재공품 : 300개(완성도 40%)   · 당기착수량 : 700개
· 기말재공품 : 200개(완성도 50%)   · 당기완성품 : 800개
· 평균법에 의한 가공원가의 완성품환산량은 (㉠)개이다.
· 선입선출법에 의한 가공원가의 완성품환산량은 (㉡)개이다.

① 100개   ② 120개   ③ 150개   ④ 200개

10. 다음 중 공손 및 작업폐물의 회계처리에 대한 설명으로 틀린 것은?

① 정상적이면서 모든 작업에 공통되는 공손원가는 공손이 발생한 제조부문에 부과하여 제조간접원가의 배부과정을 통해 모든 작업에 배부되도록 한다.
② 비정상공손품의 제조원가가 80,000원이고, 처분가치가 10,000원이라면 다음과 같이 회계처리한다.
   (차) 공손품   10,000원   (대) 재공품 80,000원
       공손손실   70,000원
③ 작업폐물이 정상적이면서 모든 작업에 공통되는 경우에는 처분가치를 제조간접원가에서 차감한다.
④ 작업폐물이 비정상적인 경우에는 작업폐물의 매각가치를 제조간접원가에서 차감한다.

11. 다음 중 부가가치세법에 따른 과세거래에 대한 설명으로 틀린 것은?

① 자기가 주요자재의 일부를 부담하는 가공계약에 따라 생산한 재화를 인도하는 것은 재화의 공급으로 본다.
② 사업자가 위탁가공을 위하여 원자재를 국외의 수탁가공 사업자에게 대가 없이 반출하는 것은 재화의 공급으로 보지 아니한다.
③ 주된 사업과 관련하여 용역의 제공 과정에서 필연적으로 생기는 재화의 공급은 주된 용역의 공급에 포함되는 것으로 본다.
④ 사업자가 특수관계인에게 사업용 부동산의 임대용역을 제공하는 것은 용역의 공급으로 본다.

12. 다음 중 부가가치세법에 따른 신고와 납부에 대한 설명으로 틀린 것은?

① 모든 사업자는 예정신고기간의 과세표준과 납부세액을 관할 세무서장에게 신고해야 한다.
② 간이과세자에서 해당 과세기간 개시일 현재 일반과세자로 변경된 경우 예정고지가 면제된다.
③ 조기에 환급을 받기 위하여 신고한 사업자는 이미 신고한 과세표준과 납부한 납부세액 또는 환급받은 세액은 신고하지 아니한다.
④ 폐업하는 경우 폐업일이 속한 달의 다음 달 25일까지 과세표준과 세액을 신고해야 한다.

13. 다음 중 세금계산서에 대한 설명으로 가장 올바르지 않은 것은?

① 소매업을 영위하는 사업자가 영수증을 발급한 경우, 상대방이 세금계산서를 요구할지라도 세금계산서를 발행할 수 없다.
② 세관장은 수입자에게 세금계산서를 발급하여야 한다.
③ 면세사업자도 재화를 공급하는 경우 계산서를 발급하여야 한다.
④ 매입자발행세금계산서 발급이 가능한 경우가 있다.

14. 다음 중 소득세법상 비과세되는 근로소득이 아닌 것은?

① 근로자가 출장여비로 실제 소요된 비용을 별도로 지급받지 않고 본인 소유의 차량을 직접 운전하여 업무수행에 이용한 경우 지급하는 월 20만원 이내의 자가운전보조금
② 회사에서 현물식사를 제공하는 대신에 별도로 근로자에게 지급하는 월 20만원의 식대
③ 근로자가 6세 이하 자녀보육과 관련하여 받는 급여로서 월 20만원 이내의 금액
④ 대주주인 출자임원이 사택을 제공받음으로써 얻는 이익

15. 소득세법상 다음 자료에 의한 소득만 있는 거주자의 2025년 귀속 종합소득금액은 모두 얼마인가?

- 사업소득금액(도소매업) : 25,000,000원
- 사업소득금액(음식점업) : △10,000,000원
- 사업소득금액(비주거용 부동산임대업) : △7,000,000원
- 근로소득금액 : 13,000,000원
- 양도소득금액 : 20,000,000원

① 21,000,000원   ② 28,000,000원   ③ 41,000,000원   ④ 48,000,000원

108회 실무시험

㈜세아산업(회사코드:1082)은 제조 및 도·소매업을 영위하는 중소기업으로, 당기(12기) 회계기간은 2025.1.1.~2025.12.31.이다. 전산세무회계 수험용 프로그램을 이용하여 다음 물음에 답하시오.

기본전제

- 문제에서 한국채택국제회계기준을 적용하도록 하는 전제조건이 없는 경우, 일반기업회계기준을 적용하여 회계처리 한다.
- 문제의 풀이와 답안작성은 제시된 문제의 순서대로 진행한다.

문제 1 [일반전표입력] 메뉴를 이용하여 다음의 거래자료를 입력하시오. (15점)

입력시 유의사항

- 일반적인 적요의 입력은 생략하지만, 타계정 대체거래는 적요번호를 선택하여 입력한다.
- 채권·채무와 관련된 거래는 별도의 요구가 없는 한 반드시 기 등록되어 있는 거래처코드를 선택하는 방법으로 거래처명을 입력한다.
- 제조경비는 500번대 계정코드를, 판매비와 관리비는 800번대 계정코드를 사용한다.
- 회계처리과목은 별도제시가 없는 한 등록되어 있는 계정과목 중 가장 적절한 과목으로 한다.

[1] 02월 11일 영업부의 거래처 직원인 최민영의 자녀 돌잔치 축의금으로 100,000원을 보통예금 계좌에서 이체하였다. (3점)

[2] 03월 31일 제조공장의 직원을 위해 확정기여형(DC) 퇴직연금에 가입하고 당월분 납입액 2,700,000원을 보통예금 계좌에서 퇴직연금 계좌로 이체하였다. (3점)

[3] 05월 30일 당사는 유상증자를 통해 보통주 5,000주를 주당 4,000원(주당 액면가액 5,000원)에 발행하고, 증자대금은 보통예금 계좌로 입금되었다. 유상증자일 현재 주식발행초과금 잔액은 2,000,000원이다. (3점)

[4] 07월 10일 래인상사㈜로부터 제품 판매대금으로 수령한 3개월 만기 약속어음 20,000,000원을 하나은행에 할인하고, 할인수수료 550,000원을 차감한 잔액이 보통예금 계좌로 입금되었다(단, 차입거래로 회계처리 할 것). (3점)

[5] 12월 13일 당사의 거래처인 ㈜서울로부터 기계장치를 무상으로 받았다. 동 기계장치의 공정가치는 3,800,000원이다. (3점)

문제 2 [매입매출전표입력] 메뉴를 이용하여 다음의 거래자료를 입력하시오. (15점)

―― 입력시 유의사항 ――
· 일반적인 적요의 입력은 생략하지만, 타계정 대체거래는 적요번호를 선택하여 입력한다.
· 별도의 요구가 없는 한 반드시 기 등록되어 있는 거래처코드를 선택하는 방법으로 거래처명을 입력한다.
· 제조경비는 500번대 계정코드를, 판매비와 관리비는 800번대 계정코드를 사용한다.
· 회계처리시 계정과목은 별도제시가 없는 한 등록되어 있는 계정과목 중 가장 적절한 과목으로 한다.
· 입력화면 하단의 분개까지 처리하고, 전자세금계산서 및 전자계산서는 전자입력으로 반영한다.

[1] 10월 08일 수출업체인 ㈜상상에 구매확인서에 의하여 제품을 10,000,000원에 판매하고, 영세율전자세금계산서를 발급하였다. 판매대금은 당월 20일에 지급받는 것으로 하였다(단, 서류번호의 입력은 생략한다). (3점)

[2] 10월 14일 제조공장에서 사용하는 화물용 트럭의 접촉 사고로 인해 파손된 부분을 안녕정비소에서 수리하고, 1,650,000원(부가가치세 포함)을 법인카드(㈜순양카드)로 결제하였다. 단, 지출비용은 차량유지비 계정을 사용한다. (3점)

카드매출전표
카드종류 : ㈜순양카드
카드번호 : 2224-1222-****-1347
거래일시 : 2025.10.14. 22:05:16
거래유형 : 신용승인
금   액 : 1,500,000원
부 가 세 : 150,000원
합   계 : 1,650,000원
결제방법 : 일시불
승인번호 : 71999995
은행확인 : 하나은행
가맹점명 : 안녕정비소
- 이하생략 -

[3] 11월 03일 ㈜바이머신에서 10월 1일에 구입한 기계장치에 하자가 있어 반품하고 아래와 같이 수정세금계산서를 발급받았으며 대금은 전액 미지급금과 상계처리하였다(단, 분개는 음수(-)로 회계처리할 것). (3점)

수정전자세금계산서						승인번호	20251103-00054021-00000086		
공급자	등록번호	105-81-72040	종사업장번호			공급받는자	등록번호	202-81-03655	종사업장번호	
	상호(법인명)	㈜바이머신	성명	한만군			상호(법인명)	㈜세아산업	성명	오세아
	사업장주소	경북 칠곡군 석적읍 강변대로 220					사업장주소	서울시 동대문구 겸재로 16		
	업태	도소매	종목	기타 기계 및 장비			업태	제조,도소매	종목	컴퓨터부품
	이메일						이메일			
							이메일			
작성일자		공급가액		세액		수정사유	비고		
2025-11-03		- 30,000,000원		- 3,000,000원		재화의 환입	당초 작성일자(20251001), 당초 승인번호		
월	일	품목	규격	수량	단가		공급가액	세액	비고
11	03	기계장치					- 30,000,000원	- 3,000,000원	
합계금액		현금		수표		어음	외상미수금	위 금액을 (**청구**) 함	
- 33,000,000원							- 33,000,000원		

[4] 11월 11일 빼빼로데이를 맞아 당사의 영업부 직원들에게 선물하기 위해 미리 주문하였던 초콜릿을 ㈜사탕으로부터 인도받았다. 대금 2,200,000원(부가가치세 포함) 중 200,000원은 10월 4일 계약금으로 지급하였으며, 나머지 금액은 보통예금 계좌에서 지급하고 아래의 전자세금계산서를 수취하였다. (3점)

전자세금계산서						승인번호	20251111-15454645-58811886		
공급자	등록번호	178-81-12341	종사업장번호			공급받는자	등록번호	202-81-03655	종사업장번호	
	상호(법인명)	㈜사탕	성명	박사랑			상호(법인명)	㈜세아산업	성명	오세아
	사업장주소	서울특별시 동작구 여의대방로 28					사업장주소	서울시 동대문구 겸재로 16		
	업태	소매업	종목	과자류			업태	제조,도소매	종목	컴퓨터부품
	이메일						이메일			
							이메일			
작성일자		공급가액		세액		수정사유	비고		
2025-11-11		2,000,000원		200,000원		해당 없음	계약금 200,000원 수령(2025년 10월 4일)		
월	일	품목	규격	수량	단가		공급가액	세액	비고
11	11	힘내라 초콜렛 외			2,000,000원		2,000,000원	200,000원	
합계금액		현금		수표		어음	외상미수금	위 금액을 (**청구**) 함	
2,200,000원		200,000					2,000,000원		

[5] 12월 28일 비사업자인 개인 소비자에게 사무실에서 사용하던 비품(취득원가 1,200,000원, 감가상각누계액 960,000원)을 275,000원(부가가치세 포함)에 판매하고, 대금은 보통예금 계좌로 받았다(별도의 세금계산서나 현금영수증을 발급하지 않았으며, 거래처 입력은 생략한다). (3점)

문제 3 부가가치세신고와 관련하여 다음 물음에 답하시오. (10점)

[1] 다음은 제2기 부가가치세 예정신고기간의 신용카드 매출 및 매입자료이다. 아래 자료를 이용하여 [신용카드매출전표등발행금액집계표]와 [신용카드매출전표등수령명세서(갑)]을 작성하시오(단, 매입처는 모두 일반과세자이다). (4점)

1. 신용카드 매출

거래일자	거래내용	공급가액	부가가치세	합계	비고
7월 17일	제품매출	4,000,000원	400,000원	4,400,000원	전자세금계산서를 발급하고 신용카드로 결제받은 3,300,000원이 포함되어 있다.
8월 21일	제품매출	3,000,000원	300,000원	3,300,000원	
9월 30일	제품매출	2,000,000원	200,000원	2,200,000원	

2. 신용카드 매입

거래일자	상호	사업자번호	공급가액	부가가치세	비고
7월 11일	㈜가람	772-81-10112	70,000원	7,000원	사무실 문구구입-법인(신한)카드 사용
8월 15일	㈜기쁨	331-80-62014	50,000원	5,000원	거래처 선물구입-법인(신한)카드 사용
9월 27일	자금성	211-03-54223	10,000원	1,000원	직원 간식구입-직원 개인카드 사용

※ 법인(신한)카드 번호 : 7777-9999-7777-9999, 직원 개인카드 번호 : 3333-5555-3333-5555

[2] 다음의 자료를 이용하여 제1기 부가가치세 확정신고기간(4월~6월)에 대한 [대손세액공제신고서]를 작성하시오. (4점)

· 대손이 발생된 매출채권은 아래와 같다.

공급일자	거래상대방	계정과목	공급대가	비고
2025. 01. 05.	정성㈜	외상매출금	11,000,000원	부도발생일(2025. 03. 31.)
2024. 09. 01.	수성㈜	받을어음	7,700,000원	부도발생일(2024. 11. 01.)
2022. 05. 10.	금성㈜	외상매출금	5,500,000원	상법상 소멸시효 완성(2025. 05. 10.)
2024. 01. 15.	우강상사	단기대여금	2,200,000원	자금 차입자의 사망(2025. 06. 25.)

· 전기에 대손세액공제(사유 : 전자어음부도, 당초공급일 : 2024.01.05, 대손확정일자 : 2024.10.01.)를 받았던 매출채권(공급대가 : 5,500,000원, 매출처 : 비담㈜, 111-81-33339)의 50%를 2025.05.10.에 회수하였다.

[3] 당 법인의 제1기 예정신고기간의 부가가치세신고서를 작성 및 마감하여 부가가치세 전자신고를 수행하시오. (2점)

1. 부가가치세신고서와 관련 부속서류는 마감되어 있다.
2. [전자신고] → [국세청 홈택스 전자신고변환(교육용)] 순으로 진행한다.
3. [전자신고] 메뉴의 [전자신고제작] 탭에서 신고인구분은 2.납세자 자진신고를 선택하고, 비밀번호는 "12341234"로 입력한다.
4. [국세청 홈택스 전자신고변환(교육용)] → 전자파일변환(변환대상파일선택) → 찾아보기 에서 전자신고용 전자파일을 선택한다.
5. 전자신고용 전자파일 저장경로는 로컬디스크(C:)이며, 파일명은 "enc작성연월일.101.v2028103655"이다.
6. 형식검증하기 → 형식검증결과확인 → 내용검증하기 → 내용검증결과확인 → 전자파일제출 을 순서대로 클릭한다.
7. 최종적으로 전자파일 제출하기 를 완료한다.

문제 4 다음 결산자료를 입력하여 결산을 완료하시오. (15점)

[1] 2025년 6월 1일에 제조공장에 대한 화재보험료(보험기간 : 2025.06.01.~2026.05.31.) 3,000,000원을 전액 납입하고 즉시 비용으로 회계처리하였다(단, 음수(-)로 회계처리하지 말고, 월할계산할 것). (3점)

[2] 보통예금(우리은행)의 잔액이 (-)7,200,000원으로 계상되어 있어 거래처원장을 확인해보니 마이너스통장으로 확인되었다. (3점)

[3] 다음은 기말 현재 보유하고 있는 매도가능증권(투자자산)의 내역이다. 이를 반영하여 매도가능증권의 기말평가에 대한 회계처리를 하시오. (3점)

회사명	2024년 취득가액	2024년 기말 공정가액	2025년 기말 공정가액
㈜대박	159,000,000원	158,500,000원	135,000,000원

[4] 결산일 현재 외상매출금 잔액과 미수금 잔액에 대해서만 1%의 대손충당금(기타채권 제외)을 보충법으로 설정하고 있다. (3점)

[5] 기말 현재 보유 중인 감가상각 대상 자산은 다음과 같다. (3점)

· 계정과목 : 특허권   · 취득원가 : 4,550,000원
· 내용연수 : 7년   · 취득일자 : 2023.04.01.   · 상각방법 : 정액법

문제 5 2025년 귀속 원천징수자료와 관련하여 다음의 물음에 답하시오. (15점)

[1] 다음은 영업부 최철수 과장(사원코드 : 101)의 3월과 4월의 급여자료이다. 3월과 4월의 [급여자료입력]과 [원천징수이행상황신고서]를 작성하시오(단, 원천징수이행상황신고서는 각각 작성할 것). (5점)

1. 회사 사정으로 인해 3월과 4월 급여는 2025년 4월 30일에 일괄 지급되었다.
2. 수당 및 공제항목은 불러온 자료는 무시하고, 아래 자료에 따라 입력하되 사용하지 않는 항목은 "부"로 등록한다.
3. 급여자료

구 분	3월	4월	비 고
기본급	2,800,000원	3,000,000원	
식대	100,000원	200,000원	현물식사를 별도로 제공하고 있다.
지급총액	2,900,000원	3,200,000원	
국민연금	135,000원	135,000원	
건강보험	104,850원	115,330원	
장기요양보험	13,430원	14,770원	
고용보험	23,200원	25,600원	
건강보험료정산	-	125,760원	공제소득유형 : 5.건강보험료정산
장기요양보험정산	-	15,480원	공제소득유형 : 6.장기요양보험정산
소득세	65,360원	91,460원	
지방소득세	6,530원	9,140원	
공제총액	348,370원	532,540원	
차인지급액	2,551,630원	2,667,460원	

[2] 신영식 사원(사번 : 102, 입사일 : 2025년 05월 01일)의 2025년 귀속 연말정산과 관련된 자료는 다음과 같다. 아래의 자료를 이용하여 [연말정산추가자료입력] 메뉴의 [소득명세] 탭, [부양가족] 탭, [의료비] 탭, [기부금] 탭, [연금저축 등Ⅰ] 탭, [연말정산입력] 탭을 작성하여 연말정산을 완료하시오. 단, 신영식은 무주택 세대주로 부양가족이 없으며, 근로소득 이외에 다른 소득은 없다. (10점)

현근무지	· 급여총액 : 24,800,000원(비과세 급여, 상여, 감면소득 없음) · 소득세 기납부세액 : 747,200원(지방소득세 : 74,720원) · 이외 소득명세 탭의 자료는 불러오기 금액을 반영한다.		
전(前)근무지 근로소득원천징수 영수증	· 근무처 : ㈜진우상사(사업자번호 : 258-81-84442) · 근무기간 : 2025.01.01.~2025.04.20. · 급여총액 : 20,000,000원 (비과세 급여, 상여, 감면소득 없음) · 건강보험료 : 419,300원 · 장기요양보험료 : 51,440원 · 고용보험료 : 108,000원 · 국민연금 : 540,000원 · 소득세 결정세액 : 200,000원(지방소득세 결정세액 : 20,000원)		
2025년도 연말정산자료	※ 안경구입비를 제외한 연말정산 자료는 모두 국세청 홈택스 연말정산간소화서비스 자료임		
	항목	내용	
	보험료 (본인)	· 일반 보장성 보험료 : 2,000,000원 · 저축성 보험료 : 1,500,000원 ※ 계약자와 피보험자 모두 본인이다.	
	교육비(본인)	· 대학원 교육비 : 7,000,000원	
	의료비 (본인)	· 질병 치료비 : 3,000,000원 (본인 현금 결제, 실손의료보험금 1,000,000원 수령) · 시력보정용 안경 구입비 : 800,000원 (안경원에서 의료비공제용 영수증 수령) · 미용 목적 피부과 시술비 : 1,000,000원 · 건강증진을 위한 한약 : 500,000원	
	기부금 (본인)	· 종교단체 금전 기부금 : 1,200,000원 · 사회복지공동모금회 금전 기부금 : 2,000,000원 ※ 지급처(기부처) 상호 및 사업자번호 입력은 생략한다.	
	개인연금저축 (본인)	· 개인연금저축 납입금액 : 2,000,000원 · KEB 하나은행, 계좌번호 : 253-660750-73308	

107회 이론시험

다음 문제를 보고 알맞은 것을 골라 [이론문제 답안작성] 메뉴에 입력하시오. (객관식 문항당 2점)

기본전제
문제에서 한국채택국제회계기준을 적용하도록 하는 전제조건이 없는 경우, 일반기업회계기준을 적용한다.

01. 다음 중 재고자산의 취득원가에 포함되지 않는 것은?
① 부동산매매업자가 부동산(재고자산)을 취득하기 위하여 지출한 취득세
② 컴퓨터를 수입하여 판매하는 소매업자가 컴퓨터를 수입하기 위하여 지출한 하역료
③ 가전제품 판매업자가 가전제품을 홍보하기 위하여 지출한 광고비
④ 제품 제조과정에서 발생하는 직접재료원가

02. 다음 중 아래 자료의 거래로 변동이 있는 자본 항목끼리 바르게 짝지어진 것은?

㈜한국은 자기주식 300주(주당 액면금액 500원)를 주당 600원에 취득하여 200주는 주당 500원에 매각하고, 나머지 100주는 소각하였다. ㈜한국의 자기주식 취득 전 자본 항목은 자본금뿐이다.

① 자본금, 자본잉여금　　② 자본잉여금, 자본조정
③ 자본금, 자본조정　　　④ 자본조정, 기타포괄손익누계액

03. 아래의 자료를 이용하여 2025년 매도가능증권처분손익을 구하면 얼마인가?

· 2024년 03월 01일 : 매도가능증권 1,000주를 주당 7,000원에 취득하였다.
· 2024년 12월 31일 : 매도가능증권 1,000주에 대하여 기말 공정가치로 평가하고, 매도가능증권평가이익 2,000,000원을 인식하였다.
· 2025년 03월 01일 : 매도가능증권 100주를 주당 6,000원에 처분하였다.
· 위 거래 이외에 매도가능증권 관련 다른 거래는 없었다.

① 매도가능증권처분이익 100,000원　　② 매도가능증권처분손실 100,000원
③ 매도가능증권처분이익 200,000원　　④ 매도가능증권처분손실 200,000원

04. 다음 중 충당부채에 대한 설명으로 가장 옳지 않은 것은?

① 충당부채의 명목금액과 현재가치의 차이가 중요한 경우에는 의무를 이행하기 위해 예상되는 지출액의 미래가치로 평가한다.

② 충당부채는 최초의 인식시점에서 의도한 목적과 용도로만 사용해야 한다.

③ 충당부채로 인식하기 위해서는 과거 거래의 결과로 현재 의무가 존재하여야 하고, 그 의무를 이행하기 위해 자원이 유출될 가능성이 매우 높아야 한다.

④ 충당부채로 인식하는 금액은 현재의무를 이행하는데 소요되는 지출에 대한 보고기간 말 현재 최선의 추정치여야 한다.

05. 2025년 12월 31일 ㈜순양은 영업부가 사용하던 승합자동차를 중고차 매매 중개사이트를 이용하여 8,000,000원에 처분하고, 중고차 매매 중개사이트의 중개수수료 150,000원을 차감한 후 7,850,000원을 지급받았다. 다음은 처분한 승합자동차 관련 자료로 아래의 감가상각방법에 의하여 감가상각하였다. 아래의 자료를 이용하여 계산한 유형자산처분손익은 얼마인가?

구분	사용부서	취득가액	잔존가액	취득일	감가상각방법	내용연수
승합자동차	영업부	15,000,000원	0원	2024.01.01.	정액법	5년

① 유형자산처분이익 1,000,000원
② 유형자산처분이익 850,000원
③ 유형자산처분손실 1,000,000원
④ 유형자산처분손실 1,150,000원

06. 다음 중 손익계산서에서 확인할 수 있는 항목을 고르시오.

① 당기원재료사용액
② 제조간접원가사용액
③ 당기제품제조원가
④ 기말재공품재고액

07. 다음 중 변동원가에 대한 설명으로 옳지 않은 것은?

① 조업도가 증가하면 단위당 변동원가도 증가한다.
② 조업도가 감소하면 총변동원가도 감소한다.
③ 직접재료원가는 대표적인 변동원가이다.
④ 일반적으로 단위당 변동원가에 조업도를 곱하여 총변동원가를 계산한다.

08. 다음 중 종합원가계산의 특징으로 가장 옳은 것은?

① 직접원가와 간접원가로 나누어 계산한다.

② 단일 종류의 제품을 연속적으로 대량 생산하는 경우에 적용한다.

③ 고객의 주문이나 고객이 원하는 형태의 제품을 생산할 때 사용되는 방법이다.

④ 제조간접원가는 원가대상에 직접 추적할 수 없으므로 배부기준을 정하여 배부율을 계산하여야 한다.

09. 다음 자료를 이용하여 직접노무원가를 계산하면 얼마인가?

· 직접원가(기초원가) 400,000원 · 가공원가 500,000원 · 당기총제조원가 800,000원

① 100,000원   ② 200,000원   ③ 300,000원   ④ 400,000원

10. 각 부문의 용역수수관계와 원가 발생액이 다음과 같을 때, 단계배분법(가공부문의 원가부터 배분)에 따라 보조부문원가를 제조부문에 배분한 후 3라인에 집계되는 제조원가를 구하시오.

제공부문＼소비부문	보조부문		제조부문	
	가공부문	연마부문	3라인	5라인
가공부문	–	50%	30%	20%
연마부문	20%	–	35%	45%
발생원가	400,000원	200,000원	500,000원	600,000원

① 690,000원   ② 707,500원   ③ 760,000원   ④ 795,000원

11. 다음 중 부가가치세법상 신용카드매출전표 등 발급에 대한 세액공제에 관한 설명으로 틀린 것은?

① 법인사업자와 직전 연도의 재화 또는 용역의 공급가액의 합계액이 사업장별로 10억원을 초과하는 개인사업자는 적용 대상에서 제외한다.
② 신용카드매출전표 등 발급에 대한 세액공제금액은 각 과세기간마다 500만원을 한도로 한다.
③ 공제대상 사업자가 현금영수증을 발급한 금액에 대해서도 신용카드매출전표 등 발급에 대한 세액공제를 적용한다.
④ 신용카드매출전표 등 발급에 대한 세액공제금액이 납부할 세액을 초과하면 그 초과하는 부분은 없는 것으로 본다.

12. 다음은 일반과세자인 ㈜한성의 2025년 제1기 매출 관련 자료이다. 부가가치세 매출세액은 얼마인가?

· 총매출액 : 20,000,000원   · 매출에누리액 : 3,000,000원   · 판매장려금 : 1,500,000원

① 150,000원   ② 300,000원   ③ 1,550,000원   ④ 1,700,000원

13. 다음 중 부가가치세법상 의제매입세액공제에 대한 설명으로 옳은 것은?

① 법인 음식점은 의제매입세액공제를 받을 수 없다.
② 간이과세자는 의제매입세액공제를 받을 수 없다.
③ 면세농산물 등을 사용한 날이 속하는 예정신고 또는 확정신고 시 공제한다.
④ 일반과세자인 음식점은 농어민으로부터 정규증빙 없이 농산물 등을 구입한 경우에도 공제받을 수 있다.

14. 주어진 자료에 의하여 아래의 일용근로자의 근로소득에 대하여 원천징수할 세액은 얼마인가?

· 근로소득	일당 200,000원×4일=800,000원
· 근로소득공제	1일 150,000원
· 근로소득세액공제	근로소득에 대한 산출세액의 100분의 55

① 48,000원　　② 39,000원　　③ 12,000원　　④ 5,400원

15. 다음은 기업업무추진비에 관한 설명이다. 아래의 빈칸에 각각 들어갈 금액으로 올바르게 짝지어진 것은?

사업자가 한 차례의 기업업무추진에 지출한 기업업무추진비 중 경조금의 경우 (가), 그 외의 경우 (나)을 초과하는 적격 증빙 미수취 기업업무추진비는 각 과세기간의 소득금액을 계산할 때 필요경비에 산입하지 아니한다.

	가	나
①	100,000원	10,000원
②	100,000원	30,000원
③	200,000원	10,000원
④	200,000원	30,000원

| 107회 | 실 무 시 험 | |

㈜파쇄상회(회사코드:1072)는 제조 및 도·소매업을 영위하는 중소기업으로, 당기(14) 회계기간은 2025.1.1.~2025.12.31.이다. 전산세무회계 수험용 프로그램을 이용하여 다음 물음에 답하시오.

기본전제

문제에서 한국채택국제회계기준을 적용하도록 하는 전제조건이 없는 경우, 일반기업회계기준을 적용하여 회계처리 한다.

문제1 [일반전표입력] 메뉴를 이용하여 다음의 거래자료를 입력하시오. (15점)

입력시 유의사항

· 일반적인 적요의 입력은 생략하지만, 타계정 대체거래는 적요번호를 선택하여 입력한다.
· 채권·채무와 관련된 거래는 별도의 요구가 없는 한 반드시 기 등록되어 있는 거래처코드를 선택하는 방법으로 거래처명을 입력한다.
· 제조경비는 500번대 계정코드를, 판매비와 관리비는 800번대 계정코드를 사용한다.
· 회계처리과목은 별도제시가 없는 한 등록되어 있는 계정과목 중 가장 적절한 과목으로 한다.

[1] 01월 31일 ㈜오늘물산의 1월 31일 현재 외상매출금 잔액이 전부 보통예금 계좌로 입금되었다(단, 거래처원장을 조회하여 입력할 것). (3점)

[2] 03월 15일 정기주주총회에서 주식배당 10,000,000원, 현금배당 20,000,000원을 실시하기로 결의하였다(단, 이월이익잉여금(코드번호 0375) 계정을 사용하고, 현금배당의 10%를 이익준비금으로 적립한다). (3점)

[3] 04월 21일 외상매출금으로 계상한 해외 매출처인 CTEK의 외화 외상매출금 $23,000 전액을 회수와 동시에 즉시 원화로 환가하여 보통예금 계좌에 입금하였다. 환율은 다음과 같다. (3점)

· 2025년 01월 03일 선적일(외상매출금 인식 시점) 적용 환율 : 1,280원/$
· 2025년 04월 21일 환가일(외상매출금 입금 시점) 적용 환율 : 1,220원/$

[4] 08월 05일 단기매매차익을 얻을 목적으로 보유하고 있는 ㈜망고의 주식 100주를 1주당 10,000원에 처분하고 대금은 수수료 등 10,000원을 차감한 금액이 보통예금 계좌로 입금되었다(단, ㈜망고의 주식 1주당 취득원가는 5,000원이다). (3점)

[5] 09월 02일 사무실을 임차하기 위하여 ㈜헤리움과 08월 02일에 체결한 임대차계약의 보증금 잔액을 보통예금 계좌에서 이체하여 지급하였다. 다음은 임대차계약서의 일부이다. (3점)

부동산임대차계약서

제 1 조 위 부동산의 임대차계약에 있어 임차인은 보증금 및 차임을 아래와 같이 지불하기로 한다.

보증금	일금 일천만원정 (₩ 10,000,000)
계약금	일금 일백만원정 (₩ 1,000,000)은 계약 시에 지불하고 영수함.
잔금	일금 구백만원정 (₩ 9,000,000)은 2025 09월 02일에 지불한다.

문제 2 [매입매출전표입력] 메뉴를 이용하여 다음의 거래자료를 입력하시오. (15점)

입력시 유의사항

· 일반적인 적요의 입력은 생략하지만, 타계정 대체거래는 적요번호를 선택하여 입력한다.
· 별도의 요구가 없는 한 반드시 기 등록되어 있는 거래처코드를 선택하는 방법으로 거래처명을 입력한다.
· 제조경비는 500번대 계정코드를, 판매비와 관리비는 800번대 계정코드를 사용한다.
· 회계처리시 계정과목은 별도제시가 없는 한 등록되어 있는 계정과목 중 가장 적절한 과목으로 한다.
· 입력화면 하단의 분개까지 처리하고, 전자세금계산서 및 전자계산서는 전자입력으로 반영한다.

[1] 01월 15일 회사 사옥을 신축하기 위해 취득한 토지의 중개수수료에 대하여 부동산중개법인으로부터 아래의 전자세금계산서를 수취하였다. (3점)

전자세금계산서

승인번호: 20250115-10454645-53811338

공급자
- 등록번호: 211-81-41992
- 상호(법인명): ㈜동산
- 성명: 오미진
- 사업장 주소: 서울시 금천구 시흥대로 198-11
- 업태: 서비스
- 종목: 부동산중개
- 이메일: ds114@naver.com

공급받는자
- 등록번호: 301-81-59626
- 상호(법인명): ㈜파쇄상회
- 성명: 이미숙
- 사업장 주소: 서울시 영등포구 선유동1로 1
- 업태: 제조 외
- 종목: 전자제품
- 이메일: jjsy77@naver.com

작성일자	공급가액	세액	수정사유	비고
2025-01-15	10,000,000원	1,000,000원	해당 없음	

월	일	품목	규격	수량	단가	공급가액	세액	비고
01	15	토지 중개수수료				10,000,000원	1,000,000원	

합계금액	현금	수표	어음	외상미수금	위 금액을 (**청구**) 함
11,000,000원				11,000,000원	

[2] 03월 30일 외국인(비사업자)에게 제품을 110,000원(부가가치세 포함)에 판매하고 대금은 현금으로 수령하였다(단, 구매자는 현금영수증을 요청하지 않았으나 당사는 현금영수증 의무발행사업자로서 적절하게 현금영수증을 발행하였다). (3점)

[3] 07월 20일 ㈜굳딜과 제품 판매계약을 체결하고 판매대금 16,500,000원(부가가치세 포함)을 보통예금 계좌로 입금받은 후 전자세금계산서를 발급하였다. 계약서상 해당 제품의 인도일은 다음 달 15일이다. (3점)

전자세금계산서

		공급자				공급받는자		
승인번호				20250720-000023-123547				
등록번호	301-81-59626	종사업장번호		등록번호	101-81-42001	종사업장번호		
상호(법인명)	㈜파쇄상회	성명	이미숙	상호(법인명)	㈜굳딜	성명	전소민	
사업장주소	서울시 영등포구 선유동1로 1			사업장주소	경기 포천시 중앙로 8			
업태	제조 외	종목	전자제품	업태	제조업	종목	자동차부품	
이메일	jjsy77@naver.com			이메일				
				이메일				

작성일자	공급가액	세액	수정사유	비고
2025-07-20	15,000,000원	1,500,000원	해당 없음	

월	일	품목	규격	수량	단가	공급가액	세액	비고
07	20	제품 선수금				15,000,000원	1,500,000원	

합계금액	현금	수표	어음	외상미수금	위 금액을 (영수) 함
16,500,000원	16,500,000원				

[4] 08월 20일 미국에 소재한 해외 매출거래처인 몽키에게 제품을 5,000,000원에 직수출하고 판매대금은 3개월 후에 받기로 하였다(단, 수출신고번호 입력은 생략한다). (3점)

[5] 9월 12일 다음은 영업부 사무실의 임대인으로부터 받은 전자세금계산서이다. 단, 세금계산서상에 기재된 품목별 계정과목으로 각각 회계처리하시오. (3점)

전자세금계산서					승인번호	20250912-31000013-44346111		
공급자	등록번호	130-55-08114	종사업장번호		공급받는자	등록번호	301-81-59626	종사업장번호	
	상호(법인명)	미래부동산	성명	편미선		상호(법인명)	㈜파쇄상회	성명	이미숙
	사업장주소	경기도 부천시 길주로 1				사업장주소	서울시 영등포구 선유동1로 1		
	업태	부동산업	종목	부동산임대		업태	제조 외	종목	전자제품
	이메일	futureland@estate.com				이메일	jjsy77@naver.com		
						이메일			
작성일자		공급가액		세액		수정사유	비고		
2025-09-12		2,800,000원		280,000원		해당 없음			
월	일	품목	규격	수량	단가	공급가액	세액	비고
09	12	임차료				2,500,000원	250,000원	
09	12	건물관리비				300,000원	30,000원	
합계금액		현금		수표	어음	외상미수금	위 금액을 (청구) 함	
3,080,000원						3,080,000원		

문제3 부가가치세신고와 관련하여 다음 물음에 답하시오. (10점)

[1] 아래 자료만을 이용하여 제1기 부가가치세 확정신고기간(04.01.~06.30.)의 [부가가치세신고서]를 작성하시오(단, 기존에 입력된 자료 또는 불러온 자료는 무시하고, 부가가치세신고서 외의 부속서류 작성은 생략할 것). (6점)

매출자료	· 전자세금계산서 발급분 과세 매출액 : 600,000,000원(부가가치세 별도) · 신용카드매출전표 발급분 과세 매출액 : 66,000,000원(부가가치세 포함) · 현금영수증 발급분 과세 매출액 : 3,300,000원(부가가치세 포함) · 중국 직수출액 : 400,000위안		
	일자별 환율	4월 10일 : 수출신고일	4월 15일 : 선적일	4월 20일 : 환가일
		180원/위안	170원/위안	160원/위안
	· 대손세액공제 요건을 충족한 소멸시효 완성 외상매출금 : 11,000,000원(부가가치세 포함)		
매입자료	· 세금계산서 수취분 매입액(일반매입) : 공급가액 400,000,000원, 세액 40,000,000원 －이 중 접대 물품 관련 매입액(공급가액 8,000,000원, 세액 800,000원)이 포함되어 있으며, 나머지는 과세 재고자산의 구입액이다. · 정상적으로 수취한 종이세금계산서 예정신고 누락분 : 공급가액 5,000,000원, 부가가치세 500,000원		
기타자료	· 매출자료 중 전자세금계산서 지연발급분 : 공급가액 23,000,000원, 세액 2,300,000원 · 부가가치세 신고는 신고기한 내에 당사가 직접 국세청 홈택스에서 전자신고한다. · 세부담 최소화를 가정한다.		

[2] 다음 자료를 이용하여 제2기 확정신고기간의 [공제받지못할매입세액명세서](「공제받지못할 매입세액 내역」및「공통매입세액의정산내역」)를 작성하시오(단, 불러온 자료는 무시하고 직접 입력할 것). (4점)

1. 매출 공급가액에 관한 자료

구분	과세사업	면세사업	합계
07월~12월	450,000,000원	150,000,000원	600,000,000원

2. 매입세액(세금계산서 수취분)에 관한 자료

구분	① 과세사업 관련			② 면세사업 관련		
	공급가액	매입세액	매수	공급가액	매입세액	매수
10월~12월	225,000,000원	22,500,000원	11매	50,000,000원	5,000,000원	3매

3. 제2기(07.01.~12.31.) 총공통매입세액 : 15,000,000원
4. 제2기 예정신고 시 공통매입세액 중 불공제매입세액 : 250,000원

문제 4 다음 결산자료를 입력하여 결산을 완료하시오. (15점)

[1] 2023년 7월 1일에 개설한 푸른은행의 정기예금 100,000,000원의 만기일이 2026년 6월 30일에 도래한다. (3점)

[2] 2025년 4월 1일 우리㈜에게 70,000,000원을 대여하고 이자는 2026년 3월 31일 수령하기로 하였다(단, 약정이자율은 연 6%, 월할 계산할 것). (3점)

[3] 당기 중 현금 시재가 부족하여 현금과부족으로 처리했던 623,000원을 결산일에 확인한 결과 내용은 다음과 같다(단, 하나의 전표로 입력하고, 항목별로 적절한 계정과목을 선택할 것). (3점)

내용	금액
불우이웃돕기 성금	500,000원
생산부에서 발생한 운반비(간이영수증 수령)	23,000원
영업부 거래처 직원의 결혼 축의금	100,000원

[4] 결산일 현재 재고자산을 실사 평가한 결과는 다음과 같다. 기말재고자산 관련 결산분개를 하시오(단, 각 기말재고자산의 시가와 취득원가는 동일한 것으로 가정한다). (3점)

구분	취득단가	장부상 기말재고	실사한 기말재고	수량 차이 원인
원재료	1,500원	6,500개	6,200개	정상감모
제품	15,500원	350개	350개	
상품	10,000원	1,500개	1,000개	비정상감모

[5] 당사는 기말 현재 보유 중인 외상매출금, 받을어음, 단기대여금의 잔액(기타 채권의 잔액은 제외)에 대해서만 1%의 대손충당금을 보충법으로 설정하고 있다(단, 원 단위 미만은 절사한다). (3점)

문제 5 2025년 귀속 원천징수자료와 관련하여 다음의 물음에 답하시오. (15점)

[1] 다음은 생산직 근로자인 이현민(사번 : 105)의 3월분 급여 관련 자료이다. 아래 자료를 이용하여 3월분 [급여자료입력]과 [원천징수이행상황신고서]를 작성하시오(단, 전월미환급세액은 420,000원이다). (5점)

1. 유의사항
 · 수당등록 및 공제항목은 불러온 자료는 무시하고 아래 자료에 따라 입력하며, 사용하는 수당 및 공제 이외의 항목은 "부"로 체크하고, 월정액 여부와 정기 · 부정기 여부는 무시한다.
 · 원천징수이행상황신고서는 매월 작성하며, 이현민의 급여 내역만 반영하고 환급신청은 하지 않는다.
2. 급여명세서 및 급여 관련 자료

2025년 3월 급여명세서

㈜파쇄상회

이름	이현민	지급일	2025.03.31.
기 본 급	2,600,000원	소 득 세	10,230원
상 여	600,000원	지 방 소 득 세	1,020원
식 대	100,000원	국 민 연 금	126,000원
자가운전보조금	200,000원	건 강 보 험	98,270원
야간근로수당	200,000원	장기요양보험	12,580원
월 차 수 당	300,000원	고 용 보 험	29,600원
급 여 합 계	4,000,000원	공 제 합 계	277,700원
귀하의 노고에 감사드립니다.		차인지급액	3,722,300원

 · 식대 : 당 회사는 현물 식사를 별도로 제공하지 않는다.
 · 자가운전보조금 : 직원 본인 명의의 차량을 소유하고 있고, 그 차량을 업무수행에 이용하는 경우에 자가운전보조금을 지급하고 있으며, 별도의 시내교통비 등을 정산하여 지급하지 않는다.
 · 야간근로수당 : 생산직 근로자가 받는 시간외근무수당으로서 이현민 사원의 기본급은 매월 동일한 것으로 가정한다.

[2] 다음은 강희찬(사번 : 500) 사원의 2025년 귀속 연말정산 관련 자료이다. 아래의 자료를 이용하여 [연말정산추가자료입력] 메뉴의 [부양가족](인별 보험료 및 교육비 포함) 탭을 수정하고, [신용카드 등] 탭, [의료비] 탭, [기부금] 탭을 작성하여 연말정산을 완료하시오. (10점)

1. 가족사항

관계	성명	나이	소득	비고
본인	강희찬	42	총급여액 6,000만원	세대주
배우자	송은영	44	양도소득금액 500만원	
아들	강민호	11	소득 없음	첫째, 2025년에 입양 신고함
동생	강성찬	39	소득 없음	장애인복지법에 따른 장애인

2. 연말정산 자료 : 다음은 근로자 본인이 결제하거나 지출한 금액으로서 모두 국세청 홈택스 연말정산간소화 서비스에서 수집한 자료이다.

구분	내용
신용카드등 사용액	· 본인 : 신용카드 20,000,000원 　- 재직 중인 ㈜파쇄상회의 비용을 본인 신용카드로 결제한 금액 1,000,000원, 자녀 미술학원비 1,200,000원, 대중교통이용액 500,000원이 포함되어 있다. · 아들 : 현금영수증 700,000원 　- 자녀의 질병 치료목적 한약구입비용 300,000원, 대중교통이용액 100,000원이 포함되어 있다.
보험료	· 본인 : 생명보험료 2,400,000원(보장성 보험임) · 동생 : 장애인전용보장성보험료 1,700,000원
의료비	· 본인 : 2,700,000원(시력보정용 안경 구입비 600,000원 포함) · 배우자 : 2,500,000원(전액 난임시술비에 해당함) · 아들 : 1,200,000원(현금영수증 수취분 질병 치료목적 한약구입비용 300,000원 포함) · 동생 : 3,100,000원(전액 질병 치료목적으로 지출한 의료비에 해당함)
교육비	· 아들 : 초등학교 수업료 500,000원, 미술학원비 1,200,000원(본인 신용카드 사용분에 포함)
기부금	· 본인 : 종교단체 기부금 1,200,000원(모두 당해연도 지출액임)

3. 근로자 본인의 세부담이 최소화되도록 하고, 제시된 가족들은 모두 생계를 같이하는 동거가족이다.

| 106회 | 이 론 시 험 | |

다음 문제를 보고 알맞은 것을 골라 [이론문제 답안작성] 메뉴에 입력하시오. (객관식 문항당 2점)

기본전제

문제에서 한국채택국제회계기준을 적용하도록 하는 전제조건이 없는 경우, 일반기업회계기준을 적용한다.

01. 다음 중 재무제표 작성과 표시에 대한 설명으로 틀린 것은?
① 자산과 부채는 1년을 기준으로 하여 유동자산 또는 비유동자산, 유동부채 또는 비유동부채로 구분하는 것을 원칙으로 한다.
② 중요하지 않은 항목이라도 성격이나 기능이 유사한 항목과 통합하여 표시할 수 없다.
③ 자산과 부채는 유동성이 높은 항목부터 배열하는 것을 원칙으로 한다.
④ 자본은 자본금, 자본잉여금, 자본조정, 기타포괄손익누계액, 이익잉여금(또는 결손금)으로 분류된다.

02. 다음 중 현금및현금성자산으로 분류되는 것은?
① 사용 제한 기간이 1년 이내인 보통예금
② 취득 당시 만기가 1년 이내에 도래하는 금융상품
③ 당좌차월
④ 3개월 이내 환매 조건을 가진 환매채

03. 다음 자료를 이용하여 유동부채에 포함될 금액을 구하면 얼마인가?

· 외상매입금	100,000,000원	· 퇴직급여충당부채	500,000,000원
· 선수금	5,000,000원	· 사채	50,000,000원
· 미지급금	3,000,000원		

① 655,000,000원 ② 158,000,000원
③ 108,000,000원 ④ 58,000,000원

04. 다음 중 유가증권에 대한 설명으로 틀린 것은?

① 단기매매증권에 대한 미실현보유손익은 기타포괄손익누계액으로 처리한다.

② 단기매매증권이 시장성을 상실한 경우에는 매도가능증권으로 분류하여야 한다.

③ 매도가능증권에 대한 미실현보유손익은 기타포괄손익누계액으로 처리한다.

④ 만기가 확정된 채무증권으로서 상환금액이 확정되었거나 확정이 가능한 채무증권을 만기까지 보유할 적극적인 의도와 능력이 있는 경우에는 만기보유증권으로 분류한다.

05. 다음 중 자본에 영향을 미치는 거래에 해당하지 않는 것은?

① 보통주 500주를 1주당 500,000원에 신규발행하여 증자하였다.

② 정기주주총회에서 현금배당 1,000,000원을 지급하는 것으로 결의하였다.

③ 영업부에서 사용할 비품을 1,500,000원에 구입하고 대금은 현금으로 지급하였다.

④ 직원들에게 연말 상여금 2,000,000원을 현금으로 지급하였다.

06. 다음 중 원가 집계과정에 대한 설명으로 틀린 것은?

① 당기제품제조원가(당기완성품원가)는 재공품 계정의 차변으로 대체된다.

② 당기총제조원가는 재공품 계정의 차변으로 대체된다.

③ 당기제품제조원가(당기완성품원가)는 제품 계정의 차변으로 대체된다.

④ 제품매출원가는 매출원가 계정의 차변으로 대체된다.

07. 다음 중 의사결정과의 관련성에 따른 원가에 대한 설명으로 틀린 것은?

① 매몰원가 : 과거의 의사결정으로 이미 발생한 원가로서 어떤 의사결정을 하더라도 회수할 수 없는 원가

② 기회원가 : 자원을 현재 용도 이외에 다른 용도로 사용했을 경우 얻을 수 있는 최대 금액

③ 관련원가 : 의사결정 대안 간에 차이가 나는 원가로 의사결정에 영향을 주는 원가

④ 회피불능원가 : 어떤 의사결정을 하더라도 절약할 수 있는 원가

08. 다음의 그래프가 나타내는 원가에 대한 설명으로 가장 옳은 것은?

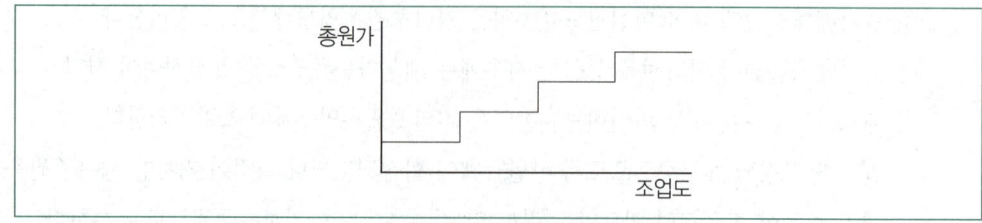

① 변동원가와 고정원가가 혼합된 원가이므로 혼합원가(Mixed Costs)라고도 한다.
② 일정한 범위의 조업도 내에서는 총원가가 일정하지만 조업도 구간이 달라지면 총액(총원가)이 달라진다.
③ 대표적인 예로는 전기요금, 수도요금 등이 있다.
④ 조업도의 변동과 관계없이 일정하게 발생하는 고정원가와 조업도의 변동에 따라 비례하여 발생하는 변동원가의 두 가지 요소를 모두 가지고 있다.

09. ㈜한양은 직접노무시간을 기준으로 제조간접원가를 예정배부하고 있다. 제조간접원가예산 총액은 3,000,000원이며, 예정 직접노무시간과 실제 직접노무시간은 30,000시간으로 동일하다. 제조간접원가가 100,000원 과소배부되었을 경우 실제 제조간접원가 발생액은 얼마인가?

① 2,900,000원
② 3,000,000원
③ 3,100,000원
④ 3,200,000원

10. 다음은 제조회사인 ㈜가림의 원가 관련 자료이다. 아래의 자료를 바탕으로 구한 평균법에 의한 완성품 단위당 제조원가는 얼마인가? 단, 모든 제조원가는 공정 전반에 걸쳐 균등하게 투입된다.

· 기초재공품원가 : 직접재료원가 500,000원, 가공원가 : 500,000원
· 당기제조원가 : 직접재료원가 7,000,000원, 가공원가 : 6,000,000원
· 완성품수량 : 5,000개
· 기말재공품수량 : 2,500개(완성도 80%)

① 1,500원
② 1,700원
③ 1,800원
④ 2,000원

11. 다음 중 우리나라의 부가가치세법에 대한 설명으로 옳은 것은?

> 가. 우리나라 부가가치세는 간접세이다.
> 나. 우리나라 부가가치세는 생산지국과세원칙을 적용하고 있다.
> 다. 우리나라 부가가치세는 지방세이다.
> 라. 우리나라 부가가치세는 전단계거래액공제법이다.

① 가　　　② 가, 나　　　③ 가, 다　　　④ 가, 라

12. 다음 중 부가가치세법상 납세지에 대한 설명으로 틀린 것은? 단, 예외 사항은 없는 것으로 한다.

① 광업 : 광업사무소의 소재지
② 제조업 : 최종제품을 완성하는 장소
③ 부동산임대업 : 사업에 관한 업무를 총괄하는 장소
④ 법인 건설업 : 법인의 등기부상 소재지

13. 다음 중 소득세법상 기본원칙에 대한 설명으로 가장 옳지 않은 것은?

① 종합소득은 원칙적으로 종합과세하고, 퇴직소득과 양도소득은 분류과세한다.
② 사업소득이 있는 거주자의 종합소득세 납세지는 사업장의 소재지로 한다.
③ 소득세의 과세기간은 1월 1일부터 12월 31일까지를 원칙으로 한다.
④ 종합소득세 산출세액 계산 시 종합소득과세표준에 따라 6%~45%의 누진세율이 적용된다.

14. 소득세법상 아래의 자료에 의한 소득만 있는 거주자의 종합소득금액을 계산하면 얼마인가? 단, 이월결손금은 전년도의 부동산임대업을 제외한 사업소득에서 발생한 금액이다.

> · 부동산임대 이외의 사업소득금액 : 35,000,000원　　· 근로소득금액 : 10,000,000원
> · 부동산(상가)임대 사업소득금액 :　15,000,000원　　· 퇴직소득금액 : 70,000,000원
> · 이월결손금 : 50,000,000원

① 10,000,000원　　② 35,000,000원　　③ 60,000,000원　　④ 80,000,000원

15. 다음 중 소득세법에서 규정하고 있는 원천징수세율이 가장 낮은 소득은 무엇인가?

① 복권당첨소득 중 3억원 초과분
② 비실명 이자소득
③ 이자소득 중 비영업대금이익
④ 일용근로자의 근로소득

106회 실무시험

수원산업㈜(회사코드:1062)는 제조 및 도·소매업을 영위하는 중소기업으로, 당기(12기) 회계기간은 2025.1.1.~2025.12.31.이다. 전산세무회계 수험용 프로그램을 이용하여 다음 물음에 답하시오.

기본전제

· 문제에서 한국채택국제회계기준을 적용하도록 하는 전제조건이 없는 경우, 일반기업회계기준을 적용하여 회계처리 한다.
· 문제의 풀이와 답안작성은 제시된 문제의 순서대로 진행한다.

문제 1 다음 거래를 일반전표입력 메뉴에 추가 입력하시오.(15점)

입력시 유의사항

· 일반적인 적요의 입력은 생략하지만, 타계정 대체거래는 적요번호를 선택하여 입력한다.
· 채권·채무와 관련된 거래는 별도의 요구가 없는 한 반드시 기 등록되어 있는 거래처코드를 선택하는 방법으로 거래처명을 입력한다.
· 제조경비는 500번대 계정코드를, 판매비와 관리비는 800번대 계정코드를 사용한다.
· 회계처리과목은 별도제시가 없는 한 등록되어 있는 계정과목 중 가장 적절한 과목으로 한다.

[1] 03월 20일 회사는 보유하고 있던 자기주식 300주(1주당 15,000원에 취득)를 모두 17,000원에 처분하고 대금은 보통예금 계좌로 수령하였다(단, 처분일 현재 자기주식처분손익 잔액을 조회하여 반영할 것). (3점)

[2] 03월 31일 액면가액 100,000,000원(5년 만기)인 사채를 102,000,000원에 발행하였으며, 대금은 전액 보통예금 계좌로 받았다. (3점)

[3] 04월 30일 다음은 4월 급여내역으로서 급여 지급일은 4월 30일이며, 보통예금 계좌에서 지급하였다(단, 하나의 전표로 처리할 것). (3점)

부서	성명	총급여	소득세 등 공제합계	차감지급액
영업부	박유미	2,400,000원	258,290원	2,141,710원
제조부	이옥섭	2,100,000원	205,940원	1,894,060원
합계		4,500,000원	464,230원	4,035,770원

[4] 05월 13일 ㈜진아로부터 외상매출금 50,000,000원을 조기 회수함에 따른 제품매출할인액 (할인율 1%)을 차감한 나머지 금액을 보통예금 계좌로 입금받았다(단, 부가가치세는 고려하지 말 것). (3점)

[5] 08월 25일 2025년 제1기 확정신고기간의 부가가치세 미납세액 5,000,000원(미지급세금으로 처리함)과 납부지연가산세 200,000원을 법인카드(국민카드)로 납부하였다. 국세 카드납부대행수수료는 결제금액의 2%가 부과된다. 단, 미지급 카드 대금은 미지급금, 가산세는 세금과공과(판), 카드수수료는 수수료비용(판)으로 처리하고, 하나의 전표로 회계처리하시오. (3점)

문제 2 [매입매출전표입력] 메뉴를 이용하여 다음의 거래자료를 입력하시오. (15점)

입력시 유의사항
- 일반적인 적요의 입력은 생략하지만, 타계정 대체거래는 적요번호를 선택하여 입력한다.
- 별도의 요구가 없는 한 반드시 기 등록되어 있는 거래처코드를 선택하는 방법으로 거래처명을 입력한다.
- 제조경비는 500번대 계정코드를, 판매비와 관리비는 800번대 계정코드를 사용한다.
- 회계처리시 계정과목은 별도제시가 없는 한 등록되어 있는 계정과목 중 가장 적절한 과목으로 한다.
- 입력화면 하단의 분개까지 처리하고, 전자세금계산서 및 전자계산서는 전자입력으로 반영한다.

[1] 01월 23일 전기에 당사가 ㈜유진물산에 외상으로 판매한 제품(공급가액 5,000,000원, 세액 500,000원)에 관한 공급계약이 해제되어 현행 부가가치세법에 따라 아래와 같은 수정전자세금계산서를 발급하였다. (3점)

수정전자세금계산서

승인번호	20250123-15454645-58811886

공급자
- 등록번호: 602-81-48930
- 상호(법인명): 수원산업㈜
- 성명: 이준영
- 사업장 주소: 경기도 수원시 장안구 파장천로44번길 30
- 업태: 제조 외
- 종목: 컴퓨터 및 주변장치 외

공급받는자
- 등록번호: 150-81-21411
- 상호(법인명): ㈜유진물산
- 성명: 최유진
- 사업장 주소: 서울시 서초구 명달로 105
- 업태: 도소매
- 종목: 전자제품

작성일자	공급가액	세액	수정사유	비고
2025-01-23	-5,000,000원	-500,000원	계약해제	

월	일	품목	규격	수량	단가	공급가액	세액	비고
1	23	제품				-5,000,000원	-500,000원	

합계금액	현금	수표	어음	외상미수금	
-5,500,000원				-5,500,000원	위 금액을 **(청구)** 함

[2] 02월 01일 업무용으로 사용할 목적으로 거래처 ㈜기대로부터 업무용승용차(990cc)를 중고로 구입하였다. 대금은 한 달 후에 지급하기로 하고, 다음의 종이세금계산서를 발급받았다. (3점)

세금계산서(공급받는 자 보관용)

책 번 호: 권 호
일 련 번 호: -

공급자
- 등록번호: 106-81-56311
- 상호(법인명): ㈜기대
- 성명(대표자): 정현우
- 사업장 주소: 경기도 성남시 중원구 성남대로 99
- 업태: 제조, 도소매
- 종목: 전자제품

공급받는자
- 등록번호: 602-81-48930
- 상호(법인명): 수원산업㈜
- 성명(대표자): 이준영
- 사업장 주소: 경기도 수원시 장안구 파장천로44번길 30
- 업태: 도소매
- 종목: 컴퓨터 외

작성 연월일	빈칸수	공급가액	세액	비고
25 02 01	4	10,000,000	1,000,000	

월	일	품목	규격	수량	단가	공급가액	세액	비고
02	01	승용차				10,000,000원	1,000,000원	

합계금액	현금	수표	어음	외상미수금	
11,000,000원				11,000,000원	이 금액을 **청구** 함

[3] 03월 24일 정상적인 구매확인서에 의하여 수출업체인 ㈜상도무역에 제품을 납품하고 다음의 영세율 전자세금계산서를 발급하였다. 대금은 다음 달에 지급받기로 하였다(단, 서류번호 입력은 생략할 것). (3점)

전자세금계산서

| 승인번호 | 20250324-15454645-58811886 |

공급자
- 등록번호: 602-81-48930
- 상호(법인명): 수원산업㈜
- 성명: 이준영
- 사업장주소: 경기도 수원시 장안구 파장천로44번길 30
- 업태: 제조 외
- 종목: 컴퓨터 및 주변장치 외

공급받는자
- 등록번호: 130-81-55668
- 상호(법인명): ㈜상도무역
- 성명: 김영수
- 사업장주소: 서울시 서초구 강남대로 253
- 업태: 도소매,무역
- 종목: 전자제품

작성일자	공급가액	세액	수정사유	비고
2025-03-24	30,000,000원	0원	해당 없음	구매확인서

월	일	품목	규격	수량	단가	공급가액	세액	비고
3	24	제품	SET	10	3,000,000원	30,000,000원	0원	

합계금액	현금	수표	어음	외상미수금	
30,000,000원				30,000,000원	위 금액을 **(청구)** 함

[4] 04월 01일 판매한 제품을 배송하기 위하여 ㈜장수운송(일반과세자)에 운반비를 현금으로 지급하고 현금영수증(지출증빙용)을 발급받았다. (3점)

Hometax 국세청홈택스 현금영수증

●거래정보
거래일시	2025-04-01 13:06:22
승인번호	G00260107
거래구분	승인거래
거래용도	지출증빙
발급수단번호	602-81-48930

●거래금액
공급가액	부가세	봉사료	총 거래금액
500,000	50,000	0	550,000

●가맹점 정보
상호	㈜장수운송
사업자번호	114-81-80641
대표자명	남재안
주소	서울시 송파구 문정동 101-2

●익일 홈택스에서 현금영수증 발급 여부를 반드시 확인하시기 바랍니다.
●홈페이지 (http://www.hometax.go.kr)
 - 조회/발급 > 현금영수증 조회 > 사용내역(소득공제) 조회
                              > 매입내역(지출증빙) 조회
●관련문의는 국세상담센터(☎126-1-1)

[5] 05월 20일 생산부 직원들이 온리푸드에서 회식을 하고 식사비용 495,000원(부가가치세 포함)을 법인카드인 국민카드로 결제하였다(단, 카드매입에 대한 부가가치세 매입세액 공제요건은 충족하며, 미결제 카드대금은 미지급금으로 처리할 것). (3점)

문제 3 부가가치세신고와 관련하여 다음 물음에 답하시오. (10점)

[1] 다음 자료를 바탕으로 제2기 확정신고기간(10.01.~12.31.)의 부동산임대공급가액명세서를 작성하시오(단, 간주임대료에 대한 정기예금 이자율은 3.5%로 가정한다). (2점)

동수	층수	호수	면적(㎡)	용도	임대기간	보증금(원)	월세(원)	관리비(원)
1	2	201	120	사무실	2023.12.01.~2025.11.30.	30,000,000	1,700,000	300,000
					2025.12.01.~2027.11.30.	50,000,000	1,700,000	300,000

· 위 사무실은 세무법인 우람(101-86-73232)에게 2023.12.01. 최초로 임대를 개시하였으며, 2년 경과 후 계약기간이 만료되어 2025.12.01. 임대차계약을 갱신하면서 보증금만 인상하기로 하였다.
· 월세와 관리비에 대해서는 정상적으로 세금계산서를 발급하였으며, 간주임대료에 대한 부가가치세는 임대인이 부담하고 있다.

[2] 다음의 자료만을 이용하여 제2기 확정신고기간(10월 1일~12월 31일)의 [부가가치세신고서]를 직접 입력하여 작성하시오(부가가치세신고서 외의 기타 부속서류의 작성은 생략하며, 불러온 데이터 값은 무시하고 새로 입력할 것). (6점)

매출자료	· 전자세금계산서 매출액 : 공급가액 250,000,000원, 세액 25,000,000원 　- 영세율 매출은 없음 · 신용카드 매출액 : 공급가액 30,000,000원, 세액 3,000,000원 　- 신용카드 매출액은 전자세금계산서 발급분(공급가액 10,000,000원, 세액 1,000,000원)이 포함되어 있음
매입자료	· 전자세금계산서 매입액 : 공급가액 180,000,000원, 세액 18,000,000원 　- 전자세금계산서 매입액은 업무용승용차(5인승, 2,000cc) 매입액(공급가액 30,000,000원, 세액 3,000,000원)이 포함되어 있으며, 나머지는 원재료 매입액임 · 신용카드 매입액 : 공급가액 25,000,000원, 세액 2,500,000원 　- 전액 직원 복리후생 관련 매입액임
예정신고 누락분	· 전자세금계산서 과세 매출액 : 공급가액 20,000,000원, 세액 2,000,000원 　- 부당과소신고에 해당하지 않음
기타	· 예정신고 누락분은 확정신고 시 반영하기로 한다. · 2025년 제2기 예정신고 시 당초 납부기한은 2025.10.25.이며, 2025년 제2기 확정신고 및 납부일은 2026.01.25.이다. · 국세청 홈택스를 통해 전자신고하고 전자신고세액공제를 받기로 한다. · 전자세금계산서의 발급 및 전송은 정상적으로 이뤄졌다.

[3] 다음의 자료를 이용하여 제2기 부가가치세 예정신고기간(7월~9월)의 [부가가치세신고서]와 관련 부속서류를 전자신고하시오. (2점)

1. 부가가치세신고서와 관련 부속서류는 마감되어 있다.
2. [전자신고] → [국세청 홈택스 전자신고변환(교육용)] 순으로 진행한다.
3. 전자신고용 전자파일 제작 시 신고인 구분은 2.납세자 자진신고로 선택하고, 비밀번호는 "12341234"로 입력한다.
4. 전자신고용 전자파일 저장경로는 로컬디스크(C:)이며, 파일명은 "enc작성연월일.101.v6028148930"이다.
5. 최종적으로 국세청 홈택스에서 [전자파일 제출하기]를 완료한다.

문제4 다음 결산자료를 입력하여 결산을 완료하시오. (15점)

[1] 영업부가 7월에 구입한 소모품 800,000원 중 결산일까지 미사용한 소모품은 500,000원이다. 당사는 소모품 구입 시 전액 자산으로 계상하였다(단, 자산에 대한 계정과목은 소모품을 사용할 것). (3점)

[2] 전기에 하나은행에서 차입한 $10,000가 당기 결산일 현재 외화장기차입금으로 남아 있으며, 일자별 기준환율은 다음과 같다. (3점)

| ·차입일 현재 환율 : 1,500원/$ | ·전기말 현재 환율 : 1,575원/$ | ·당기말 현재 환율 : 1,545원/$ |

[3] 일반기업회계기준에 따라 2025년말 현재 보유 중인 매도가능증권(2024년 중 취득)에 대하여 결산일 회계처리를 하시오(단, 매도가능증권은 비유동자산으로 가정함). (3점)

주식명	주식수	1주당 취득원가	2024년말 1주당 공정가치	2025년말 1주당 공정가치
㈜세모전자	100주	2,000원	3,300원	3,000원

[4] 매출채권(외상매출금, 받을어음) 잔액에 대하여 대손율 1%의 대손충당금을 보충법으로 설정하시오. (3점)

[5] 기말 현재 당기분 법인세(지방소득세 포함)는 20,000,000원으로 산출되었다. 단, 당기분 법인세 중간예납세액 8,300,000원과 이자소득 원천징수세액 700,000원은 선납세금으로 계상되어 있다. (3점)

문제5 2025년 귀속 원천징수자료와 관련하여 다음의 물음에 답하시오. (15점)

[1] 다음 자료를 바탕으로 [사원등록] 메뉴를 이용하여 사무직 사원 강하나(내국인, 거주자, 여성, 세대주, 배우자 없음)의 [부양가족명세] 탭을 알맞게 수정하고, [수당공제] 등록과 5월의 [급여자료입력]을 수행하시오. (5점)

1. 부양가족 명세

성명	관계	주민등록번호	내/외국인	동거여부	비고
강하나	본인	810630-2548757	내국인	세대주	근로소득 총급여액 3,000만원
강인우	본인의 아버지	510420-1434568	내국인	주거형편상 별거	양도소득금액 90만원
유지인	본인의 어머니	540730-2870981	내국인	주거형편상 별거	근로소득 총급여액 500만원
이민주	본인의 딸	020805-4123451	내국인	동거	소득 없음
이자유	본인의 아들	060505-3123451	내국인	동거	소득 없음
강하늘	본인의 언니	780112-2434522	내국인	동거	소득 없음, 장애인(중증환자)

※ 본인 및 부양가족의 소득은 위의 소득이 전부이다.

2. 5월분 급여자료

이름	강하나	지급일	5월 31일
기본급	2,000,000원	소득세	19,520원
식대	100,000원	지방소득세	1,950원
자가운전보조금	200,000원	국민연금	85,500원
		건강보험	59,280원
		장기요양보험	7,270원
		고용보험	16,000원
급여계	2,300,000원	공제합계	189,520원
		지급총액	2,110,480원

· 식대 : 당 회사는 현물 식사를 별도로 제공하고 있지 않다.
· 자가운전보조금 : 당사는 본인 명의의 차량을 업무 목적으로 사용한 직원에게만 자가운전보조금을 지급하고 있으며, 실제 발생한 교통비를 별도로 지급하지 않는다.

※ 수당등록 시 월정액 및 통상임금은 고려하지 않으며, 사용하는 수당 이외의 항목은 사용 여부를 "부"로 체크한다.
※ 급여자료입력 시 공제항목의 불러온 데이터는 무시하고 직접 입력하여 작성한다.

[2] 2025년 6월 10일에 입사한 사원 문지율(사번 : 125, 남성, 세대주) 씨의 2025년 귀속 연말정산 관련 자료는 다음과 같다. [연말정산추가자료입력] 메뉴를 이용하여 전(前)근무지 관련 근로소득원천징수영수증은 [소득명세] 탭에 입력하고, 나머지 자료에 따라 [부양가족] 탭 및 [의료비지급명세서(부양가족 탭)]와 [연말정산입력] 탭을 입력하시오(단, 제시된 소득 이외의 소득은 없으며, 세부담 최소화를 가정한다). (10점)

1. 전(前)근무지 근로소득원천징수영수증
   · 근무기간 : 2025.01.01.~2025.06.01.
   · 근무처 : 주식회사 영일전자(사업자등록번호 : 603-81-01281)
   · 급여 : 16,200,000원, 상여 : 3,000,000원

세액명세	소득세	지방소득세	공제보험료 명세	건강보험료	113,230원
결정세액	100,000원	10,000원		장기요양보험료	13,890원
기납부세액	300,000원	30,000원		고용보험료	25,920원
차감징수세액	-200,000원	-20,000원		국민연금보험료	145,800원

2. 가족사항 : 모두 생계를 같이함

성명	관계	주민번호	비고
문지율	본인	721010-1187511	총급여액 5,000만원
김민성	배우자	750101-2843110	일용근로소득금액 1,200만원
문가영	자녀	051027-4842411	소득 없음
문가빈	자녀	051027-4845114	소득 없음

※ 기본공제대상자가 아닌 경우도 기본공제 "부"로 입력할 것

3. 연말정산추가자료(모두 국세청 연말정산간소화서비스에서 조회한 자료임)

항목	내용
보험료	· 문지율(본인) : 자동차운전자보험료 120만원 · 문가영(자녀) : 일반보장성보험료 50만원
의료비	※ 의료비는 의료비지급명세서(부양가족 탭)에 반영할 것 · 김민성(배우자) : 질병 치료비 200만원 　　　　　　(실손의료보험금 수령액 50만원, 문지율의 신용카드로 결제) · 문가빈(자녀) : 콘택트렌즈 구입 비용 60만원(문지율의 신용카드로 결제)
교육비	· 문지율(본인) : 대학원 등록금 1,000만원 · 문가영(자녀) : 고등학교 교복 구입비 70만원, 체험학습비 20만원 · 문가빈(자녀) : 고등학교 교복 구입비 50만원, 영어학원비 100만원
신용카드 등 사용액	· 문지율(본인) 신용카드 3,200만원(아래의 항목이 포함된 금액임) 　-전통시장 사용분 150만원 　-대중교통 사용분 100만원 　-도서공연등 사용분 100만원 　-배우자 및 자녀의 의료비 지출액 260만원 · 문지율(본인) 현금영수증 : 300만원 · 김민성(배우자) 현금영수증 : 150만원

105회   이 론 시 험

다음 문제를 보고 알맞은 것을 골라 │ 이론문제 답안작성 │ 메뉴에 입력하시오. (객관식 문항당 2점)

기본전제

문제에서 한국채택국제회계기준을 적용하도록 하는 전제조건이 없는 경우, 일반기업회계기준을 적용한다.

01. 다음은 회계정보의 질적 특성 중 무엇에 대한 설명인가?

> 회계정보가 정보이용자의 의사결정 목적과 관련 있어야 한다는 것으로서, 회계정보를 이용하지 않고 의사결정하는 경우와 회계정보를 이용하여 의사결정하는 경우를 비교했을 때 의사결정의 내용에 차이가 발생하여야 한다는 특성이다.

① 이해가능성   ② 목적적합성   ③ 신뢰성   ④ 비교가능성

02. 다음의 자료는 ㈜아주상사의 2025년 기말재고자산 내역이다. 재고자산감모손실이 2025년 매출총이익에 미치는 영향을 바르게 설명한 것은?

> · 장부상 기말재고 : 1,000개   · 단위당 원가 : 1,500원(시가 : 1,700원)
> · 실사에 의한 기말재고 : 950개   · 재고자산감모손실의 5%는 비정상적으로 발생하였다.

① 매출총이익이 71,250원 감소한다.
② 매출총이익이 75,000원 감소한다.
③ 매출총이익이 76,500원 감소한다.
④ 매출총이익이 85,000원 감소한다.

03. 다음 중 유형자산에 대한 설명으로 틀린 것은?

① 유형자산은 재화의 생산, 용역의 제공, 타인에 대한 임대 또는 자체적으로 사용할 목적으로 보유하는 물리적 형체가 있는 자산을 말한다.
② 유형자산은 1년을 초과하여 사용할 것이 예상되는 자산이다.
③ 정부보조 등에 의해 유형자산을 무상 또는 공정가치보다 낮은 대가로 취득한 경우 그 유형자산의 취득원가는 취득일의 공정가치로 한다.

④ 다른 종류의 자산과의 교환으로 취득한 유형자산의 취득원가는 교환을 위하여 제공한 자산의 장부가액으로 측정한다.

04. 다음 중 재화의 판매로 인한 수익인식의 조건에 대한 설명으로 옳지 않은 것은?
① 수익금액을 신뢰성 있게 측정할 수 있다.
② 경제적 효익의 유입 가능성이 매우 높다.
③ 재화의 소유에 따른 유의적인 위험과 보상이 판매자에게 있다.
④ 거래와 관련하여 발생했거나 발생할 원가를 신뢰성 있게 측정할 수 있다.

05. 다음 중 자산과 부채에 대한 설명으로 틀린 것은?
① 우발자산은 자산으로 인식한다.
② 부채는 과거의 거래나 사건의 결과로 현재 기업 실체가 부담하고 있고 미래에 자원의 유출 또는 사용이 예상되는 의무이다.
③ 부채는 원칙적으로 1년을 기준으로 유동부채와 비유동부채로 분류한다.
④ 우발부채는 부채로 인식하지 않고 주석으로 기재한다.

06. 다음 중 원가의 분류기준에 대한 설명으로 옳지 않은 것은?
① 원가 발생형태에 따른 분류 : 재료원가, 노무원가, 제조간접원가
② 원가행태에 따른 분류 : 변동원가, 고정원가, 준변동원가, 준고정원가
③ 원가의 추적가능성에 따른 분류 : 제조원가, 비제조원가
④ 의사결정과의 관련성에 따른 분류 : 관련원가, 비관련원가, 기회원가, 매몰원가

07. 다음 중 제조원가명세서에 대한 설명으로 가장 옳지 않은 것은?
① 당기제품제조원가는 손익계산서상 제품 매출원가 계산에 직접적인 영향을 미친다.
② 제조원가명세서상 기말 원재료재고액은 재무상태표에 표시되지 않는다.
③ 당기총제조원가는 직접재료원가, 직접노무원가, 제조간접원가의 총액을 의미한다.
④ 당기제품제조원가는 당기에 완성된 제품의 원가를 의미한다.

08. 직접배분법을 이용하여 보조부문 제조간접원가를 제조부문에 배분하고자 한다. 보조부문 제조간접원가를 배분한 후 조립부문의 총원가는 얼마인가?

제공부문\사용부문	보조부문		제조부문	
	설비부문	전력부문	조립부문	절단부문
전력부문 공급	60kw	–	500kw	500kw
설비부문 공급	–	100시간	600시간	200시간
자기부문원가	800,000원	400,000원	600,000원	500,000원

① 900,000원 ② 1,300,000원 ③ 1,400,000원 ④ 1,800,000원

09. 정상개별원가계산을 채택하고 있는 ㈜현탄은 직접노무시간을 기준으로 제조간접원가를 배부하고 있다. 당해연도 초 제조간접원가 예상금액은 1,000,000원, 예상 직접노무시간은 20,000시간이다. 당기 말 현재 실제 제조간접원가 발생액은 800,000원, 실제 직접노무시간이 13,000시간일 경우 제조간접원가배부차이는 얼마인가?

① 150,000원 과소배부 ② 150,000원 과대배부
③ 280,000원 과소배부 ④ 280,000원 과대배부

10. 아래의 자료를 이용하여 종합원가계산 시 비정상공손수량을 계산하면 몇 개인가? 단, 정상공손은 완성품수량의 8%로 가정한다.

· 기초재공품 : 200개 · 당기착수량 : 900개 · 기말재공품 : 120개 · 공손수량 : 80개

① 5개 ② 6개 ③ 7개 ④ 8개

11. 다음 중 부가가치세법상 간이과세자에 대한 설명으로 틀린 것은?

① 법인은 간이과세자가 될 수 없다.
② 간이과세자는 의제매입세액 공제를 받을 수 있다.
③ 간이과세자는 공급대가를 과세표준으로 한다.
④ 간이과세자도 영세율을 적용받을 수 있으나 공제세액이 납부세액을 초과하더라도 환급되지 않는다.

12. 다음 중 부가가치세법상 재화 및 용역의 공급시기에 대한 설명으로 옳지 않은 것은?

① 장기할부판매 : 대가의 각 부분을 받기로 한 때
② 내국물품 외국반출(직수출) : 수출재화의 선(기)적일
③ 무인판매기를 이용하여 재화를 공급하는 경우 : 재화가 인도되는 때
④ 완성도기준지급조건부 : 대가의 각 부분을 받기로 한 때

13. 다음 중 부가가치세법상 면세 대상 재화 또는 용역에 해당하지 않는 것은?

① 주택과 그 부수토지(범위 내)의 임대용역
② 고속철도에 의한 여객운송용역
③ 연탄과 무연탄
④ 금융·보험용역

14. 다음 중 소득세법상 인적공제에 대한 설명으로 가장 옳은 것은?

① 기본공제 대상 판정에 있어 소득금액 합계액은 종합소득금액, 퇴직소득금액, 양도소득금액을 합하여 판단한다.
② 배우자가 없는 거주자로서 기본공제대상자인 자녀가 있는 경우에도 종합소득금액이 3천만원을 초과하는 경우에는 한부모추가공제를 적용받을 수 없다.
③ 형제자매의 배우자는 공제대상 부양가족에 포함한다.
④ 부양기간이 1년 미만인 부양가족에 대한 인적공제는 월할 계산한다.

15. 다음 중 소득세법상 과세 대상 근로소득에 해당하지 않는 것은?

① 주주총회 등 의결기관의 결의에 따라 상여로 받는 소득
② 퇴직할 때 받은 퇴직소득에 속하지 않는 퇴직공로금
③ 사업주가 모든 종업원에게 지급하는 하계 휴가비
④ 임원이 아닌 종업원이 중소기업에서 주택 구입에 소요되는 자금을 저리 또는 무상으로 받음으로써 얻는 이익

105회 실무시험

㈜미수상회(회사코드 : 1052)는 제조 및 도·소매업을 영위하는 중소기업으로, 당기(13기)의 회계기간은 2025.1.1.~2025.12.31.이다. 전산세무회계 수험용 프로그램을 이용하여 다음 물음에 답하시오.

기본전제

- 문제에서 한국채택국제회계기준을 적용하도록 하는 전제조건이 없는 경우, 일반기업회계기준을 적용하여 회계처리 한다.
- 문제의 풀이와 답안작성은 제시된 문제의 순서대로 진행한다.

문제 1 [일반전표입력] 메뉴를 이용하여 다음의 거래자료를 입력하시오. (15점)

입력시 유의사항

- 일반적인 적요의 입력은 생략하지만, 타계정 대체거래는 적요번호를 선택하여 입력한다.
- 채권·채무와 관련된 거래는 별도의 요구가 없는 한 반드시 기 등록되어 있는 거래처코드를 선택하는 방법으로 거래처명을 입력한다.
- 제조경비는 500번대 계정코드를, 판매비와 관리비는 800번대 계정코드를 사용한다.
- 회계처리 시 계정과목은 별도제시가 없는 한 등록되어 있는 계정과목 중 가장 적절한 과목으로 한다.

[1] 01월 12일 미래상사㈜로부터 제품 판매대금으로 수령한 약속어음 15,000,000원을 할인하고, 할인비용 200,000원을 차감한 잔액이 보통예금에 입금되었다(단, 매각거래로 회계처리 할 것). (3점)

[2] 02월 05일 생산부 직원들에 대한 확정기여형(DC형) 퇴직연금 납입액 3,000,000원을 보통예금 계좌에서 이체하였다. (3점)

[3] 03월 31일 미납된 법인세 4,000,000원을 보통예금 계좌에서 이체하여 납부하였다(단, 미지급한 세금은 부채이다). (3점)

[4] 05월 05일 유진전자에서 5월 1일에 구입한 3,000,000원의 컴퓨터를 사회복지공동모금회에 기부하였다(단, 컴퓨터는 구입 시 비품으로 처리하였음). (3점)

[5] 06월 17일 생산부에서 사용할 청소용품을 현금으로 구입하고 아래의 간이영수증을 수령하였다(단, 당기 비용으로 처리할 것). (3점)

영 수 증 (공급받는자용)				
No.	㈜미수상회 귀하			
공급자	사업자등록번호	118-05-52158		
	상 호	서울철물	성 명	이영민 (인)
	사업장 소재지	서울시 강남구 도곡동		
	업 태	도,소매	종 목	철물점
작성년월일		공급대가 총액		비고
2025.06.17.		20,000원		
위 금액을 정히 **영수**(청구)함.				
월일	품목	수량	단가	공급가(금액)
06.17.	청소용품	2	10,000원	20,000원
합계				20,000원
부가가치세법시행규칙 제25조의 규정에 의한 (영수증)으로 개정				

문제 2 [매입매출전표입력] 메뉴를 이용하여 다음의 거래자료를 입력하시오. (15점)

입력시 유의사항

- 일반적인 적요의 입력은 생략하지만, 타계정 대체거래는 적요번호를 선택하여 입력한다.
- 채권·채무와 관련된 거래는 별도의 요구가 없는 한 반드시 기 등록되어 있는 거래처코드를 선택하는 방법으로 거래처명을 입력한다.
- 제조경비는 500번대 계정코드를, 판매비와 관리비는 800번대 계정코드를 사용한다.
- 회계처리 시 계정과목은 별도제시가 없는 한 등록되어 있는 계정과목 중 가장 적절한 과목으로 한다.
- 입력화면 하단의 분개까지 처리하고, 세금계산서 및 계산서는 전자 여부를 입력하여 반영한다.

[1] 01월 20일 ㈜하이마트에서 탕비실에 비치할 목적으로 냉장고를 3,300,000원(부가가치세 포함)에 현금으로 구입하고, 현금영수증(지출증빙용)을 수취하였다(단, 자산으로 처리할 것). (3점)

㈜하이마트			
128-85-46204		유정아	
서울특별시 구로구 구로동 2727		TEL : 02-117-2727	
홈페이지 http://www.kacpta.or.kr			
현금영수증(지출증빙용)			
구매 2025/01/20/17:27		거래번호 : 0031-0027	
상품명	수량	단가	금액
냉장고	1	3,300,000원	3,300,000원
		과 세 물 품 가 액	3,000,000원
		부 가 가 치 세 액	300,000원
		합 계	3,300,000원
		받 은 금 액	3,300,000원

[2] 02월 09일 영업부에서 비품으로 사용하던 복사기(취득가액 : 5,000,000원, 처분 시 감가상각누계액 : 2,255,000원)를 ㈜유미산업에 2,000,000원(부가가치세 별도)에 처분하고 전자세금계산서를 발급하였다. 대금은 보통예금 계좌로 입금되었다. (3점)

[3] 07월 01일 창립기념일 선물로 영업부 직원들에게 1인당 5개씩 지급할 USB를 ㈜원테크로부터 구입하였다. 매입대금 중 500,000원은 현금으로 지급하고 나머지는 외상으로 처리하였다(단, 아래의 전자세금계산서는 적법하게 발급받았으며, 외상대는 미지급금 처리한다). (3점)

전자세금계산서					승인번호	20250701 - 15454645 - 58811886		
공급자	등록번호	101-81-22500	종사업장번호		공급받는자	등록번호	222-81-14476	종사업장번호
	상호(법인명)	㈜원테크	성명	이원화		상호(법인명)	㈜미수상회	성명	전재현
	사업장주소	서울특별시 동작구 여의대방로 28				사업장주소	서울시 송파구 가락로 8	
	업태	도소매	종목	전자제품		업태	제조	종목	전자제품
	이메일					이메일		
						이메일		

작성일자	공급가액	세액	수정사유	비고
2025-07-01	5,000,000원	500,000원	해당 없음	

월	일	품목	규격	수량	단가	공급가액	세액	비고
07	01	USB		1,000	5,000원	5,000,000원	500,000원	

합계금액	현금	수표	어음	외상미수금	위 금액을 (**청구**) 함
5,500,000원	500,000			5,000,000원	

[4] 08월 27일 기계장치의 내용연수를 연장시키는 주요 부품을 교체하고 13,200,000원(부가가치세 포함)을 광명기계에 당좌수표를 발행하여 지급하였다. 이에 대해 종이세금계산서를 수취하였다(단, 부품교체 비용은 자본적지출로 처리할 것). (3점)

[5] 09월 27일 미국 BOB사에 제품을 $30,000에 직수출(수출신고일 : 9월 15일, 선적일 : 9월 27일)하고, 수출대금은 9월 30일에 받기로 하였다. 수출과 관련된 내용은 다음과 같다(수출신고번호는 고려하지 말 것). (3점)

일자	9월 15일 : 수출신고일	9월 27일 : 선적일	9월 30일 : 대금회수일
기준환율	1,200원/$	1,150원/$	1,180원/$

문제 3 부가가치세 신고와 관련하여 다음 물음에 답하시오. (10점)

[1] 다음의 자료를 이용하여 제1기 확정신고기간에 대한 [건물등감가상각자산취득명세서]를 작성하시오(단, 모두 감가상각자산에 해당함). (3점)

일자	내역	공급가액	부가가치세	상호	사업자등록번호
04/08	생산부가 사용할 공장건물 구입 · 전자세금계산서 수령 · 보통예금으로 지급	500,000,000원	50,000,000원	㈜용을	130-81-50950
05/12	생산부 공장에서 사용할 포장용 기계 구입 · 전자세금계산서 수령 · 보통예금으로 지급	60,000,000원	6,000,000원	㈜광명	201-81-14367
06/22	영업부 환경개선을 위해 에어컨 구입 · 전자세금계산서 수령 · 법인카드로 결제	8,000,000원	800,000원	㈜ck전자	203-81-55457

[2] 다음 자료를 이용하여 제1기 확정신고기간의 [부가가치세신고서]만을 작성하시오(단, 불러오는 데이터 값은 무시하고 새로 입력할 것). (5점)

구분	자료
매출자료	· 전자세금계산서 발급분 과세 매출액 : 공급가액 500,000,000원, 세액 50,000,000원 · 해외 직수출에 따른 매출 : 공급가액 100,000,000원, 세액 0원
매입자료	· 전자세금계산서 발급받은 매입내역 | 구분 | 공급가액 | 세액 | |---|---|---| | 일반 매입 | 185,000,000원 | 18,500,000원 | | 일반 매입(접대성 물품) | 5,000,000원 | 500,000원 | | 기계장치 매입 | 100,000,000원 | 10,000,000원 | | 합계 | 290,000,000원 | 29,000,000원 | · 신용카드 사용분 매입내역 | 구분 | 공급가액 | 세액 | |---|---|---| | 일반 매입 | 5,000,000원 | 500,000원 | | 사업과 관련없는 매입 | 1,000,000원 | 100,000원 | | 비품(고정) 매입 | 3,000,000원 | 300,000원 | | 예정신고누락분(일반 매입) | 1,000,000원 | 100,000원 | | 합 계 | 10,000,000원 | 1,000,000원 |
기타	· 전자세금계산서의 발급 및 국세청 전송은 정상적으로 이루어졌다. · 예정신고누락분은 확정신고 시에 반영하기로 한다. · 국세청 홈택스로 전자신고하여 전자신고세액공제를 받기로 한다.

[3] ㈜미수상회(회사코드 : 1052)의 제2기 확정 부가가치세 신고서를 작성 및 마감하여 가상홈택스에서 부가가치세 신고를 수행하시오. (2점)

> 1. 부가가치세신고서와 관련 부속서류는 마감되어 있다.
> 2. [전자신고] → [국세청 홈택스 전자신고변환(교육용)] 순으로 진행한다.
> 3. 전자신고용 전자파일 제작 시 신고인 구분은 2.납세자 자진신고로 선택하고, 비밀번호는 "12341234"로 입력한다.
> 4. 전자신고용 전자파일 저장경로는 로컬디스크(C:)이며, 파일명은 "enc작성연월일.101.v2228114476"이다.
> 5. 최종적으로 국세청 홈택스에서 [전자파일 제출하기]를 완료한다.

문제 4 다음 결산자료를 입력하여 결산을 완료하시오. (15점)

[1] 아래의 차입금 관련 자료를 이용하여 결산일까지 발생한 차입금 이자비용에 대한 당해연도분 미지급비용을 인식하는 회계처리를 하시오(단, 이자비용은 만기 시에 지급하고, 월할 계산한다). (3점)

· 금융기관 : ㈜은아은행 · 대출금액 : 300,000,000원	· 대출기간 : 2025년 05월 01일~2026년 04월 30일 · 대출이자율 : 연 2.0%

[2] 12월 1일 장부상 현금보다 실제 현금이 86,000원 많은 것을 발견하여 현금과부족으로 회계처리하였으나 기말까지 원인을 파악하지 못했다. (3점)

[3] 다음은 제2기 확정신고기간의 부가가치세 관련 자료이다. 12월 31일에 부가세대급금과 부가세예수금을 정리하는 회계처리를 하시오. 단, 입력된 데이터는 무시하고, 납부세액(또는 환급세액)은 미지급세금(또는 미수금), 가산세는 세금과공과(판), 경감세액은 잡이익으로 처리하시오. (3점)

· 부가세대급금 : 31,400,000원 · 전자세금계산서미발급가산세 : 60,000원	· 부가세예수금 : 25,450,000원 · 전자신고세액공제액 : 10,000원

[4] 전기에 미래은행으로부터 차입한 장기차입금 20,000,000원의 만기일은 2026년 3월 30일이다. (3점)

[5] 결산일 현재 무형자산인 영업권의 전기말 상각 후 미상각잔액은 200,000,000원으로, 이 영업권은 작년 1월 초 250,000,000원에 취득한 것이다. 단, 회사는 무형자산에 대하여 5년간 월할 균등상각하고 있으며, 상각기간 계산 시 1월 미만은 1월로 간주한다. 이에 대한 회계처리를 하시오. (3점)

문제 5 2025년 귀속 원천징수자료와 관련하여 다음의 물음에 답하시오. (15점)

[1] 다음은 영업부 소속인 이영환(사번 : 501)의 급여 관련 자료이다. 필요한 [수당공제등록]을 하고 5월분 [급여자료입력]과 [원천징수이행상황신고서]를 작성하시오. (5점)

1. 5월의 급여 지급내역은 다음과 같다.

이름 : 이영환			지급일 : 2025년 5월 31일	
	기 본 급	3,000,000원	국 민 연 금	135,000원
	직 책 수 당	400,000원	건 강 보 험	120,000원
(비과세)	식 대	200,000원	장 기 요 양 보 험	14,720원
(비과세)	자가운전보조금	200,000원	고 용 보 험	28,000원
(비과세)	보 육 수 당	100,000원	소 득 세	142,220원
-			지 방 소 득 세	14,220원
급여 합계		3,900,000원	공제합계	454,160원
			차인지급액	3,445,840원

2. 수당공제등록 시 다음에 주의하여 입력한다.
 · 수당등록 시 사용하는 수당 이외의 항목은 사용 여부를 "부"로 체크한다.(단, 월정액 여부와 통상임금 여부는 무시할 것)
 · 공제등록은 그대로 둔다.
3. 급여자료입력 시 다음에 주의하여 입력한다.
 · 비과세에 해당하는 항목은 모두 요건을 충족하며, 최대한 반영하기로 한다.
 · 공제항목은 불러온 데이터는 무시하고 직접 입력하여 작성한다.
4. 원천징수는 매월 하고 있으며, 전월 미환급세액은 200,000원이다.

[2] 다음은 최미남(사번 : 502, 입사일 : 2025.01.01.) 사원의 2025년 연말정산 관련 자료이다. [연말정산추가자료입력] 메뉴의 [부양가족] 탭을 수정하고, [연금저축] 탭, [의료비] 탭, [연금저축등Ⅰ]탭, [신용카드등] 탭 과 [연말정산입력] 탭을 작성하시오(단, 근로자 본인의 세부담이 최소화되도록 한다). (10점)

1. 가족사항 (모두 동거하며, 생계를 같이한다. 제시된 자료 외의 다른 소득은 없다)

관계	성명	주민등록번호	지급일 : 2025년 5월 31일	비고
본인	최미남	771030-1112352	총급여 7,000만원	세대주
어머니	박희수	500324-2625224	일용근로소득 300만원	
배우자	김연우	800515-2122527	종합과세금융소득 3,000만원	
딸	최지우	140123-4165982	소득 없음	초등학생
아들	최건우	151224-3695874	소득 없음	초등학생

※ 기본공제대상자가 아닌 경우도 기본공제 "부"로 입력할 것

2. 연말정산 자료
※ 국세청 홈택스 및 기타 증빙을 통해 확인된 자료이며, 별도의 언급이 없는 한 국세청 홈택스연말정산간소화서비스에서 조회된 자료이다.

구분	내용
보험료	· 최미남 보장성보험료 : 1,600,000원 · 최지우 보장성보험료 : 500,000원 · 최건우 보장성보험료 : 450,000원
교육비	· 최미남 대학원 수업료 : 5,000,000원 · 김연우 사이버대학 수업료 : 750,000원 · 최지우 영어보습학원비 : 1,200,000원 · 최건우 컴퓨터학원비 : 1,000,000원
의료비	※ 의료비는 의료비지급명세서(부양가족 탭)에 반영할 것 · 최미남 질병 치료비 : 1,500,000원 (최미남 신용카드 결제) · 최미남 시력보정용 안경 구입비용 : 500,000원 (최미남 신용카드 결제) 　- 구입처 : 대학안경점(사업자등록번호 605-26-23526) 　- 의료비증빙코드는 기타영수증으로 입력할 것 · 박희수 질병 치료비 : 3,250,000원(최미남 신용카드 결제) 　- 보험업법에 따른 보험회사에서 실손의료보험금 1,000,000원 지급 받음
신용카드 등 사용액	· 최미남 신용카드 사용액 : 22,000,000원(전통시장/대중교통/도서 등 사용분 없음) · 최미남 현금영수증 사용액 : 2,200,000원(전통시장/대중교통/도서 등 사용분 없음) · 김연우 신용카드 사용액 : 3,100,000원(전통시장/대중교통/도서 등 사용분 없음) · 최미남 신용카드 사용액에는 의료비 지출액이 모두 포함된 금액이다.
기타	· 최미남 연금저축계좌 : 1,200,000원 　(2025년도 납입분, ㈜국민은행 계좌번호 : 243-910750-72209)

MEMO

MEMO

MEMO

MEMO

MEMO

MEMO

MEMO

CLASS 전산세무2급
해 답 편

이론문제 해답

PART 1   CHAPTER 01   재무회계의 개념

1. ③	2. ④	3. ③	4. ①	5. ③
6. ④	7. ①	8. ①	9. ③	10. ①
11. ①	12. ②	13. ②	14. ②	15. ④

01 ③ 기업은 현금흐름의 현금흐름표 제외하고는 발생기준 회계를 사용하여 재무제표를 작성한다.

02 ④ 특정 기간의 손익상태를 나타내는 보고서는 손익계산서이다.

03 ③ 재무제표의 기본가정에는 기업실체의 가정, 계속기업의 가정, 기간별 보고의 가정이 있다.

04 ① 재무상태표는 일정시점에 기업이 보유하고 있는 경제적 자원인 자산과 경제적 의무인 부채 그리고 자본에 대한 정보를 제공하는 재무보고서이다.

05 ③ 기업회계기준 2.9 중요한 항목은 재무제표의 본문이나 주석에 그 내용을 가장 잘 나타낼 수 있도록 구분하여 표시하며, 중요하지 않은 항목은 성격이나 기능이 유사한 항목과 통합하여 표시할 수 있다.

06 ④ [일반기업회계기준 문단 2.13] 재무제표의 기간별 비교가능성을 제고하기 위하여 재무제표 항목의 표시와 분류는 다음의 경우를 제외하고는 매기 동일하여야 한다.

  (1) 일반기업회계기준에 의하여 재무제표 항목의 표시와 분류의 변경이 요구되는 경우

  (2) 사업결합 또는 사업중단 등에 의해 영업의 내용이 유의적으로 변경된 경우

  (3) 재무제표 항목의 표시와 분류를 변경함으로써 기업의 재무정보를 더욱 적절하게 전달할 수 있는 경우

08 ① 유동자산은 당좌자산과 재고자산으로 구분한다.

10 ① 재무정보의 이용자'재무회계개념체계에 따른 재무보고의 목적에는 기업 근로자의 근로 성과평가의 유용한 정보의 제공이 해당하지 않는다.

11 ① 목적적합성에 대한 내용으로 적시성에 해당한다.

12 ② 목적적합성에 대한 설명이다.

13 ② 표현의 충실성은 회계정보의 질적 특성 중 신뢰성을 갖추기 위한 속성에 해당한다.

14 ② 계속성의 원칙은 회계처리의 기간별 비교를 위해 필요하다.

15 ④ 보수주의는 논리적 일관성이 결여되어 이익조작의 가능성이 있다.

CHAPTER 02 당좌자산

연습문제 해답

1. ①	2. ④	3. ④	4. ②	5. ③
6. ④	7. ④	8. ③	9. ①	10. ①
11. ③	12. ③	13. ④	14. ②	15. ④
16. ③	17. ②	18. ②	19. ②	20. ②

01 ① 보고기간종료일로부터 1년 이내에 현금화 또는 실현될 것으로 예상되는 자산

02 ④ 기업이 고유의 영업활동과 직접적인 관련 없이 투자 목적으로 보유하고 있는 부동산을 투자부동산이라고 한다. 투자부동산은 비유동자산인 투자자산으로 분류된다.

03 ④ 선수수익은 부채항목이다.

04 ② 요구불예금이란 예금주의 요구가 있을 때 언제든지 지급할 수 있는 예금의 총칭(보통예금과 당좌예금 등)이다.

05 ③ 현금성자산은 현금으로 전환이 용이하고 이자율 변동에 따른 위험이 경미한 금융상품으로서 취득 당시 만기일(또는 상환일)이 3개월 이내인 것을 말한다.

06 ④ 정기예금은 단기금융상품에 해당

07 ④ 단기대여금은 당좌자산에 속하는 채권으로서 현금및현금성자산으로 분류하지 않는다.
· 만기가 도래한 받을어음은 통화대용증권으로서 현금및현금성자산으로 분류된다.

08 ③ 당기의 공정가치 변동에 따른 공정가치와 장부금액의 차액은 단기매매증권평가이익(또는 손실)으로 인식하여 당기손익(영업외손익)에 반영한다.

09 ① 매도가능증권의 취득 시점에 제공한 대가 외의 매입수수료, 이전비용 등은 취득원가에 가산한다.
· [일반기업회계기준 문단 6.12] 금융자산이나 금융부채는 최초인식시 공정가치로 측정한다. 다만, 최초인식 이후 공정가치로 측정하고 공정가치의 변동을 당기손익으로 인식하는 금융자산이나 금융부채{예 : 단기매매증권, 파생상품(현금흐름위험회피회계에서 위험회피수단으로 지정되는 경우는 제외)}가 아닌 경우 당해 금융자산(금융부채)의 취득(발행)과 직접 관련되는 거래원가는 최초인식하는 공정가치에 가산(차감)한다.

10 ① 상품권은 그 자체가 매매대상이 아니기 때문에 회계상 유가증권에서 제외된다.

11 ③ 매도가능증권의 미실현보유손익은 자본항목(기타포괄손익누계액)으로 처리한다.

12 ③ 계정과목명을 단기매매증권으로 분류 변경하는 것이 아니라, 만기보유증권(유동자산)으로 분류변경 한다.

13 ④ 만기보유증권으로부터 매도가능증권으로 재분류하는 경우에, 유가증권 재분류에 따른 평가에서 발생하는 공정가치와 장부금액의 차이금액은 기타포괄손익누계액으로 처리한다.

14 ②, (일반기업회계기준 6장 문단 6.A7의 3)
① 단기매매증권은 시장성이 있으며, 단기간 내 매매차익 목적이며 거래가 적극적이고 빈번하게 이루어져야 한다.
③ 단기매매증권은 다른 범주로 재분류할 수 없으며, 다른 범주의 유가증권의 경우에도 단기매매증권으로 재분류할 수 없다. 다만, 드문 상황에서 더 이상 단기간 내의 매매차익을 목적으로 보유하지 않는 단기매매증권은 매도가능증권이나 만기보유증권으로 분류할 수 있으며, 단기매매증권이 시장성을 상실한 경우에는 매도가능증권으로 분류하여야 한다.
④ 제3자로부터 증여에 의하여 단기매매증권을 취득한 때에는 공정가치를 취득가액으로 한다.

15 ④
〈매각시〉 (차) 보통예금   9,500,000원   (대) 받을어음   10,000,000원
              매출채권처분손실   500,000원

〈차입시〉 (차) 보통예금   9,500,000원   (대) 단기차입금   10,000,000원
              이자비용   500,000원

16 ③ 판매관리비로 비용처리한다.

17 ② 대손충당금을 과다설정한 것은 손익계산서에 계상될 대손상각비를 과대계상했다는 것이다.

대손상각비 XXX / 대손충당금 XXX
　　　따라서 당기순이익 및 이익잉여금, 자산은 과소계상되고, 비용은 과대계상된다.
18　② 매출채권 이외의 채권은 영업외비용으로 처리한다.
19　② 12월 1일의 회계처리는 다음과 같다.
　　　(차) 대손충당금 1,000,000 (대) 외상매출금 1,000,000
　　　따라서 회계처리과정에서 비용으로 인식되는 금액은 없다.
20　② 매 출 원 가 = 120,000원 + 200,000원 − 110,000원 = 210,000원
　　　매 출 액 = 210,000원 + 90,000원 = 300,000원
　　　외 상 매 출 액 = 300,000원 − 50,000원 = 250,000원
　　　기말매출채권 = 80,000원 + 250,000원 − 200,000원 = 130,000원

CHAPTER 03　재고자산

연습문제 해답

1. ④	2. ③	3. ②	4. ④	5. ②
6. ②	7. ②	8. ③	9. ③	10. ③
11. ②	12. ②	13. ③	14. ①	15. ①

02　③ 계속기록법 하의 평균법을 이동평균법이라 한다.
03　② 20,000원 = 100,000원 + 650,000원 − (800,000원 × 0.75) − 130,000원
04　④ 계속기록법을 적용한 평균법을 이동평균법이라 하고, 실지재고조사법을 적용한 평균법을 총평균법이라 한다.
06　② 적송품은 위탁자의 재고자산이다.
07　② 개별법은 가장 정확한 단가산정방법이지만 실무적으로 적용하기 어렵다.
08　③ 후입선출법은 현행수익에 대하여 현행원가가 대응되므로 기말재고는 과거의 상품원가로 구성된다.
09　③ 후입선출법 하에서 물가가 지속적으로 하락시 선입선출법보다 이익을 크게 계상한다.
10　③ 9,000,000원 = 적송품 2,000,000원 + 담보제공저당상품 7,000,000원
11　② 일반기업회계기준 7장 재고자산 실무지침7.5
　　　도착지 인도조건인 경우에는 상품이 도착된 시점에 소유권이 매입자에게 이전되기 때문에 미착상품은 매입자(판매회사)의 재고자산에 포함되지 않는다.
12　② 창고재고액 2,000,000원 + 미착상품 150,000원 + 시송품 300,000원 + 적송품 100,000원 = 2,550,000원
14　① 재고자산은 이를 판매하여 수익을 인식한 기간에 매출원가로 인식한다. 재고자산의 시가가 장부금액 이하로 하락하여 발생한 평가손실은 재고자산의 차감계정으로 표시하고 매출원가에 가산한다. 재고자산의 장부상 수량과 실제 수량과의 차이에서 발생하는 감모손실의 경우 정상적으로 발생한 감모손실은 매출원가에 가산하고 비정상적으로 발생한 감모손실은 영업외비용으로 분류한다.
15　① 매출총이익이 71,250원 감소한다.
　　　· 재고자산감모손실 : 1,000개 − 950개 = 50개 × 1,500원 = 75,000원
　　　· 정상감모손실 : 75,000원 × 95% = 71,250원
　　　· 비정상감모손실 : 75,000원 × 5% = 3,750원(비정상감모손실은 영업외비용으로 처리)
　　　· 따라서 정상감모손실 금액만 매출총이익에 영향을 끼치므로 매출총이익 71,250원 감소한다.

CHAPTER 04 유형자산

연습문제 해답

1. ③	2. ④	3. ②	4. ③	5. ①
6. ②	7. ③	8. ②	9. ④	10. ②
11. ④	12. ④			

01 ③ 임차보증금은 비유동자산이므로 유동자산 다음에 배열된다.
02 ④ 기업회계기준 10.10

유형자산의 원가가 아닌 예는 다음과 같다.

> ㉠ 새로운 시설을 개설하는 데 소요되는 원가
> ㉡ 새로운 상품과 서비스를 소개하는 데 소요되는 원가(예: 광고및 판촉활동과 관련된 원가)
> ㉢ 새로운 지역에서 또는 새로운 고객층을 대상으로 영업을 하는데 소요되는 원가(예:직원 교육훈련비)
> ㉣ 관리 및 기타 일반간접원가

03 ② 토지 취득과 관련하여 취득세가 발생하면 이는 토지의 취득원가로 처리한다.
04 ③ 컴퓨터 취득원가 = 8,000,000(구입가액) + 100,000(배송료) + 200,000(설치비) = 8,300,000
· 소프트웨어 구입비는 무형자산(소프트웨어계정)으로 계상한다.
05 ① 이종자산간의 교환시에 취득자산의 원가는 제공한 자산의 공정가치
06 ② 비용을 자산으로 계상하게 되면 자산과 당기순이익이 과대 계상되고 자본이 과대 계상 된다. 그러나 현금 유출액에는 영향을 미치지 않는다.
07 ③ 감가상각이란 유형자산의 취득원가를 수익에 대응시키기 위하여 합리적이고 체계적인 방법에 따라 유형자산의 내용연수에 걸쳐 배분하는 절차를 말한다.
08 ② 물가변동이 있는 경우에도 잔존가액은 수정하지 아니한다.
09 ④ 정률법과 이중체감법, 연수합계법은 모두 가속상각법으로 초기에 비용을 많이 계상하므로 이익이 정액법보다 적게 계상된다.
10 ② 20X2년 : 2,000,000 × 0.1 = 200,000

20X3년 : 1,800,000 × 0.1 = $\dfrac{180,000}{380,000}$

11 ④ 유형자산의 공정가치는 시장가격으로 한다.
12 ④ 재산세, 종합부동산세는 보유와 관련된 세금이므로 취득원가가 아닌 세금과공과 계정으로 처리한다.

CHAPTER 05 투자자산 · 무형자산 · 기타비유동자산

연습문제 해답

| 1. ① | 2. ③ | 3. ① | 4. ② | 5. ④ |
| 6. ② | 7. ③ | 8. ④ | 9. ③ | 10. ② |

01 ① 만기보유증권이란 만기가 확정된 채무증권으로서 상환금액이 확정되었거나 확정이 가능한 채무증권을 만기까지 보유할 적극적인 의도와 능력이 있는 경우를 말한다. (일반기업회계기준 6.23)
02 ③ 만기보유증권도 매도가능증권으로 재분류가 가능하다.
03 ① 매도가능증권의 취득 시점에 제공한 대가 외의 매입수수료, 이전비용 등은 취득원가에 가산한다.

- [일반기업회계기준 문단 6.12] 금융자산이나 금융부채는 최초인식시 공정가치로 측정한다. 다만, 최초인식 이후 공정가치로 측정하고 공정가치의 변동을 당기손익으로 인식하는 금융자산이나 금융부채{예 : 단기매매증권, 파생상품(현금흐름위험회피회계에서 위험회피수단으로 지정되는 경우는 제외)}가 아닌 경우 당해 금융자산(금융부채)의 취득(발행)과 직접 관련되는 거래원가는 최초인식하는 공정가치에 가산(차감)한다.

04 ② 500주 × (6,000 – 7,000) + (2,000,000 × 500주/1,000주) = 500,000

05 ④

| 20X1.02.01. | (차) 현금 | 300,000원 | (대) 매도가능증권 | 600,000원 |

매도가능증권평가이익   100,000원

매도가능증권처분손실   200,000원

06 ② 무형자산의 상각방법은 자산의 경제적 효익이 소비되는 행태를 반영한 합리적인 방법이어야 한다. 무형자산의 상각대상 금액을 내용연수 동안 합리적으로 배분하기 위해 다양한 방법을 사용할 수 있다. 이러한 상각방법에는 정액법, 체감잔액법(정률법 등), 연수합계법, 생산량비례법 등이 있다. 다만, 합리적인 상각방법을 정할 수 없는 경우에는 정액법을 사용한다.

07 ③ 무형자산 내용연수는 법적 내용연수와 경제적 내용연수 중 짧은 기간으로 한다.

08 ④ [일반기업회계기준 문단 11.27] 무형자산의 미래경제적효익은 시간의 경과에 따라 소비되기 때문에 상각을 통하여 장부금액을 감소시킨다. 무형자산의 공정가치 또는 회수가능액이 증가하더라도 상각은 원가에 기초한다.

09 ③ 무형자산의 잔존가치는 없는 것을 원칙으로 한다.

10 ② 독점적·배타적 권리를 부여하고 있는 관계 법령에 정해진 경우에는 20년을 초과할 수 있다.

CHAPTER 06 부채

연습문제 해답

| 1. ① | 2. ① | 3. ① | 4. ③ | 5. ② |
| 6. ① | 7. ③ | 8. ④ | 9. ③ | 10. ③ |

01 ①

② 정상적인 영업주기 내에 소멸할 것으로 예상되는 매입채무와 미지급비용 등이 보고기간 종료일로부터 1년 이내에 결제되지 않아도 유동부채로 분류한다.

③ 미지급금은 일반적 상거래 이외에서 발생한 지급기일이 도래한 확정채무를 말한다.

④ 지출시기나 금액이 불확실하지만 부채로 인식하는 충당부채가 있다.

02 ① 105,000,000원=단기차입금 100,000,000원+미지급비용 5,000,000원

· 비유동부채 : 장기차입금, 퇴직급여충당부채

· 유동자산 : 선급비용

03 ① 사채할인발행차금은 유효이자율법을 적용하여 상각하여 상각한 금액을 당해 기간 동안의 사채이자(비용)에서 가감하여야 한다.

04 ③ 일반기업회계기준 제6장 제2절 6.A1, 유효이자율법 적용시 사채할증발행차금 상각액과 사채할인발행차금 상각액 모두 매년 증가한다.

05 ② 액면이자율보다 시장이자율이 클 경우 할인발행한다.

06 ① 유효이자율법에 의해 계산된 사채할인발행차금 상각액은 매기 증가한다.

07 ③

① 사채계정에는 액면금액을 기록하고 사채발행으로 유입된 현금과 액면금액과의 차액이 사채할인(할증)발행차금으로 기록된다.

② 사채발행 시 액면이자율보다 유효이자율이 높으면 할인발행된다.
④ 사채가 만기상환되는 경우 사채상환손익이 발생하지 않는다.

08 ④ 충당부채는 최초의 인식시점에서 의도한 목적과 용도에만 사용하여야 한다. 다른 목적으로 충당부채를 사용하면 상이한 목적을 가진 두 가지 지출의 영향이 적절하게 표시되지 못하기 때문이다.(일반기업회계기준 14.15)

09 ③ 우발부채는 부채로 인식하지 아니한다. 의무를 이행하기 위하여 자원이 유출될 가능성이 아주 낮지 않는 한, 우발부채를 주석에 기재한다. (일반기업회계기준 14.5)

10 ③ * 결산 분개: (차) 퇴직급여 2,000,000원 (대) 퇴직급여충당부채 2,000,000원
　　　* 당기 퇴직금 추산액(6,000,000원)
　　　= 전기이월 잔액(x) − 당기 퇴직금 지급액(1,000,000원) + 결산 시 추가 설정액(2,000,000원)
　　　→ 전기이월 잔액(x) = 5,000,000원

CHAPTER 07 자본

연습문제 해답

| 1. ① | 2. ④ | 3. ② | 4. ② | 5. ④ |
| 6. ① | 7. ④ | 8. ③ | 9. ② | 10. ③ |

01 ① 자본금은 법정 납입자본금으로서 발행주식수에 액면가액을 곱한 금액을 말한다.
02 ④ 자기주식처분이익을 일반기업회계기준에서는 자본잉여금 중 기타자본잉여금으로 규정하고 있다.
03 ② 이익잉여금은 영업활동의 결과 발생한 순이익을 사내에 유보한 금액으로 이익준비금, 임의적립금등이 있다. 따라서 이익잉여금의 합계는 이익준비금(400,000원)+임의적립금(150,000원)을 합한 550,000원이다.
04 ② 감자차손은 감자차익과 상계하고 남은 잔액을 자본조정으로 분류된다.
05 ④ 주식배당 후에는 발행주식수가 증가한다.
06 ① 나와 다는 잉여금의 감소를 초래하면서 동시에 다른 자본항목의 증가를 가져오므로 자본의 증감에 영향이 없음
07 ④ '가', '라'는 자본의 변동은 없다. '나'는 자본이 증가한다.
08 ③ 자본의 증가는 유상증자(①의 경우), 자기주식의 처분(②의 경우), 현물출자(④의 경우) 등이 있다. 유상감자(③의 경우)의 경우에는 실질적인 자본이 감소하게 된다.
09 ② 2,200,000원＝주식발행초과금 500,000원＋감자차익 700,000원＋자기주식처분이익 1,000,000원
　　　· 이익잉여금 : 이익준비금, 임의적립금
　　　· 기타포괄손익누계액 : 매도가능증권평가이익
10 ③ 주식배당 결의일에 (차)미처분이익잉여금XXX (대)자본금XXX 회계처리를 하므로 자본금은 증가하고 이익잉여금은 감소한다. 자본항목간의 변동만 있음.

CHAPTER 08 수익과 비용

연습문제 해답

| 1. ④ | 2. ③ | 3. ④ | 4. ① | 5. ④ |
| 6. ③ | 7. ④ | 8. ② | 9. ① | 10. ② |

01 ④ 수익과 관련 비용은 대응하여 인식한다. 즉, 특정 거래와 관련하여 발생한 수익과 비용은 동일한 회계기간에 인식한다. 일반적으로 재화의 인도 이후 예상되는 품질보증비나 기타 비용은 수익인식시점에 신뢰성 있게 측정할 수 있다. 그러나 관련된 비용을 신뢰성 있게 측정할 수 없다면 수익을 인식할 수 없다. 이 경우에 재화 판매의 대가로 이미 받은 금액은 부채로 인식한다.
03 ④ 자기주식 처분손실은 당기순이익에 영향을 미치지 않는다.
04 ①, ③은 영업외수익, ②,④는 영업외비용(일반기업회계기준 2.49)
05 ④ 유형자산의 처분손실은 영업외비용으로 영업이익에 영향을 미치지 아니한다.
06 ③ 영업이익=매출액-매출원가-판매관리비(급여+감가상각비+기업업무추진비 + 세금과공과)
07 ④ 영업이익=매출액-매출원가-판매관리비(임직원급여+직원회식비+광고선전비+거래처기업업무추진비)
08 ② 기부금은 영업외비용에 해당한다. 영업외비용을 판매비과 관리비로 처리하면, 영업이익(매출총이익-판매비와 관리비)이 과소계상된다. 하지만 매출총이익(매출-매출원가)이나 법인세차감 전 순이익에는 변화가 없다. 매출원가에 미치는 영향도 없다.
09 ① 구입 시 비용 처리한 미사용소모품에 대한 올바른 분개는 다음과 같으며, 해당 분개를 누락하면 자산이 과소계상된다.
(차)소모품 XXX (대)소모품비 XXX
10 ② 500,000 - 200,000 = 300,000원

CHAPTER 09 회계변경과 오류수정

연습문제 해답

| 1. ③ | 2. ④ | 3. ② | 4. ④ | 5. ③ |
| 6. ② | 7. ④ | 8. ④ | 9. ② | 10. ② |

01 ③ 세법개정으로 회계처리를 변경해야 하는 경우는 정당한 회계변경 사유가 아니다.
02 ④ 세법의 규정을 따르기 위한 회계변경은 정당한 회계변경으로 보지 않는다.
03 ② 회계정책의 변경에 해당
04 ④ 회계변경의 속성상 그 효과를 회계정책의 변경효과와 회계추정의 변경효과로 구분하기가 불가능한 경우 이를 회계추정의 변경으로 본다.
05 ③ 회계정책과 회계추정의 변경효과를 구분하기 불가능한 경우는 회계추정의 변경으로 본다.
06 ② 유가증권 평가방법의 변경의 회계정책의 변경이다.
07 ④ 오류수정이 아니라 회계추정의 변경이다.
08 ④ 비교재무제표를 작성하는 경우 중대한 오류의 영향을 받는 회계기간의 재무제표항목은 재작성 한다.
09 ② 올바른 분개는 (차) 이자비용 500,000원 (대) 미지급비용 500,000원 수익의 과대계상으로 당기순이익 500,000원이 과대계상 되었으며, 비용의 과소계상으로 당기순이익 500,000원이 과대계상 되었으므로 당기순이익은 총 1,000,000원이 과대계상 되었다.
10 ② 수정 전 당기순이익   500,000원
    미지급이자   - 30,000원
    임대료선수분   - 20,000원
    보험료선급분   + 5,000원
    미수이자   + 50,000원
    수정 후 당기순이익   505,000원

PART 2

CHAPTER 01 원가회계의 개념

연습문제 해답

1. ④	2. ①	3. ④	4. ②	5. ④
6. ③	7. ②	8. ④	9. ②	10. ①
11. ③	12. ③	13. ③	14. ④	15. ②

01 ④ 조업도의 변동에 관계없이 총원가가 일정하게 발생한다.
02 ①. ②는 가공원가, ③은 변동원가, ④는 직접원가에 관한 설명이다.
03 ④ 제품생산량이 증가함에 따라 제품단위당 고정원가는 감소한다.
04 ② 제조간접비 중에는 고정비도 포함되어 있다.
05 ④ 직접노무비와 제조간접비의 합계를 가공비라고 한다.
06 ③ 제품 판매위한 광고비는 판매비와관리비 이다.
08 ④ 조업도가 증가하면 단위당 비용은 감소하나 조업도가 감소하면 단위당 비용은 증가한다.
09 ② 조업도가 변화하더라도 총원가가 일정한 경우는 고정비이며, 전기료의 경우 혼합원가(준변동비)에 해당한다.
10 ① 기본원가(직접재료비와 직접노무비)이면서 전환원가(가공비=직접노무비와 제조간접비)는 직접노무비이다.
11 ③ 조업도 증감과 관계없이 단위당 변동원가는 일정하다.
12 ③ 원가의 추적가능성에 따른 분류 : 직접원가, 간접원가
13 ③ 고정원가는 조업도의 변동에 관계없이 총원가는 일정하고 단위당 원가는 조업도의 증가에 따라 감소한다.
14 ④ 제품생산량이 증가함에 따라 제품 단위당 고정원가는 감소한다.
15 ② ㉡은 고정비에 대한 그래프이다. 조업도가 증가하면 총원가는 일정하지만 단위당 원가는 감소한다.

CHAPTER 02 제조원가의 흐름

연습문제 해답

1. ④	2. ③	3. ①	4. ②	5. ③
6. ③	7. ③	8. ①	9. ①	10. ②
11. ①	12. ②	13. ④	14. ④	15. ②

01 ④ 제품생산량이 증가함에 따라 제품 단위당 고정원가는 감소한다.
02 ③ 기초재공품+당기총제조비용−기말재공품 = 당기제품제조원가
05 ③ 당기 제품매출원가는 제품계정 대변에 기입되고, 당기제품제조원가와 재공품 차기이월액은 재공품계정의 대변에 기입됨
06 ③ 2,500,000원=직접노무원가 1,000,000원+변동제조간접원가 800,000원+고정제조간접원가 700,000원
　　・변동제조간접원가 : 직접노무원가 1,000,000원×80%=800,000원
07 ③ 1,265,000원=당기총제조원가 2,300,000원−직접노무비 575,000원−제조간접비 460,000원
　　・제조간접비 : 당기총제조원가 2,300,000원×20%=460,000원
　　・직접노무비 : 제조간접비 460,000원÷80%=575,000원
08 ① 가공비 = 직접노무비 + 제조간접비 = 400,000원 + 700,000원 / 0.4 = 2,150,000원
09 ① 원재료사용액 = 70,000원 + 200,000원− 40,000원 = 230,000원
　　당기총제조원가 = 직접재료비 사용액 + 직접노무비발생액 + 제조간접비 발생액
　　= 230,000원 + 150,000원 + 100,000원 = 480,000원
　　당기제품제조원가 = 기초재공품 + 당기총제조원가 − 기말재공품

			= 80,000원 + 480,000원 − 100,000 = 460,000원
10	② 520,000원=당기제품제조원가 540,000원−기초재공품 30,000원+기말재공품 10,000원
		· 매출원가 : 기초제품 50,000원+당기제품제조원가−기말제품 40,000원=550,000원
		· 당기제품제조원가 : 매출원가 550,000원−기초제품 50,000원+기말제품 40,000원= 540,000원
		· 당기제품제조원가 : 기초재공품 30,000원+당기총제조원가−기말재공품 10,000원= 540,000원
11	① 400,000원=기초제품 210,000원+당기제품제조원가 390,000원−제품매출원가 200,000원
		· 당기제품제조원가 : 기초재공품 100,000원+당기총제조원가 440,000원−기말재공품 150,000원=390,000원
		· 당기총제조원가 : 직접재료비 190,000원+직접노무비 100,000원+제조간접비 150,000원=440,000원
12	② 제조원가명세서상 기말 원재료재고액은 재무상태표에 표시된다.
13	④ 제품매출원가는 손익계산서에서 확인가능하다.
14	④ 제품의 폐기는 제조원가명세서에 영향을 미치지 않는다.
15	② 5,050,000원=기초재공품재고 400,000원+당기총제조원가 5,150,000원−기말재공품재고 500,000원
		· 직접재료비 : 500,000원+1,200,000원−50,000원=1,650,000원
		· 당기총제조원가 : 직접재료비 1,650,000원+직접노무비 1,500,000원+제조간접비 2,000,000원 =5,150,000원

CHAPTER 03 원가배분

연습문제 해답

| 1. ① | 2. ④ | 3. ④ | 4. ④ | 5. ③ |
| 6. ② | 7. ④ | 8. ④ | 9. ① | 10. ③ |

01	① 상대적판매가치법 또는 순실현가치법은 다음과 같은 문제점이 있기 때문에 매출액(부담능력의 지표)과 원가의 발생간에 밀접한 인과관계가 있는 경우에만 사용되어야 한다.
		ⓐ 원가를 근거로 판매가격이 결정되는 것이 아니라 판매가격에 의해 원가가 결정된다.
		ⓑ 매출액은 매기간 변화하기 때문에 특정부문에 배분되는 원가가 다른 부문의 영업활동에 의해서도 영향을 받기 때문에 불공평한 원가배분이 이루어질 수 있다.
02	④ 수선유지비− 수선유지작업시간
04	④ 실제조업도가 정상조업도보다 높은 경우에는 실제조업도에 기초하여 고정제조간접원가를 배부함으로써 재고자산이 실제 원가를 반영하도록 한다.
05	③ 직접배부법은 보조부문 상호간의 용역수수를 완전히 무시하고 배분하는 방법이다.
06	② 원가배분기준의 적용순서는 인과관계기준을 우선적용하되 인과관계기준을 알 수 없는 경우에는 부담능력기준, 수혜기준 등을 적용한다.
07	④ 보조부문비를 가장 정확하게 배부하는 방법은 상호배부법이다.
08	④ 1,180,000원=절단부문 원가 900,000원+설비부문 배분원가 180,000원+동력부분 배분원가 100,000원
		· 설비부문 배분원가 : 배분 전 원가 300,000원×(600시간/1,000시간)=180,000원
		· 동력부문 배분원가 : 배분 전 원가 250,000원×(200Kw/500Kw)=100,000원
09	① · 전력부문이 조립부문에 배분한 금액 = 100,000원 x 80kw/160kw = 50,000원
		· 수선부문이 조립부문에 배분한 금액 = 200,000원 x 300시간/500시간 = 120,000원
		· 조립부문 총원가 = 50,000원 + 120,000원 + 500,000원 = 670,000원
10	③ 763,000원=Z2 배분 전 원가 680,000원+Z1 배부액 83,000원
		· Z1의 원가를 먼저 배부하므로 Z1의 원가 중 Z2가 소비하는 만큼을 Z2에 배부한다. 따라서 Z2에서 배부해야 하는 금액은 Z2의 배분 전 원가와 Z1으로부터 배부받은 금액이다.

CHAPTER 04 개별원가계산

연습문제 해답

1. ①	2. ①	3. ④	4. ②	5. ③
6. ②	7. ①	8. ③	9. ④	10. ②
11. ④	12. ①	13. ②	14. ④	15. ②

01 ① 전투식량의 제조원가는 종합원가계산에 적합한 방식이다.

02 ① 개별원가계산에서는 총원가에 비하여 생산량이 적기 때문에 단위당 원가가 일반적으로 크게 나타난다.

03 ④ 종합원가계산에 관한 계산방법이다.

04 ② 개별제품별로 원가를 집계하기 때문에 상세한 기록이 필요하여 그에 따른 비용과 시간이 많이 소요된다.

05 ③ 부문별 제조간접비 배분율을 적용하는 것이 더 정확한 원가배분방법이다.

06 ② 종합원가계산은 직접비와 간접비의 구분이 필요없는 대신 직접재료비와 가공비로 분류하게 된다.

07 ① 1,480,000원＝직접재료비 600,000원＋직접노무비 400,000원＋제조간접비 480,000원
　　・제조간접비 배부율 : 제조간접비 1,200,000원÷총직접재료비 1,500,000원＝80%
　　・비행기A 제조간접비 배부액 : 직접재료비 600,000원×배부율 80%＝480,000원

08 ③ 40원＝예정배부액 1,400,000원 ÷ 실제 직접노무시간 35,000시간
　　・제조간접비 예정배부액 : 실제 발생액 1,000,000원＋배부차이 400,000원＝1,400,000원

09 ④ 실제배부법은 예정배부법에 비해 원가계산 시점이 지연된다.

10 ② 과소배부란 예정배부를 적게 한 경우이다
　　과소배부시 제조간접비 통제계정이 기말에 차변잔액이 발생한다.
　　재공품 ××× (예정배부액) /
　　제조간접비 ××× (실제발생액)
　　과소배부액 ×××

11 ④ 제조간접비 예정배부시 예정배부율은 사용하지만 제품원가계산은 실제 생산활동수준에 근거하여 산출되어야 하기 때문에 반드시 실제조업도에 의하여 예정배부액을 계산하여야 한다.

12 ① 예정배부액 = 200시간 × 5,500원 = 1,100,000원
　　배부차이 = 1,100,000원 － 1,000,000원(실제 발생액) = 100,000원 과대배부

13 ② 예정배부율 = 예정제조간접원가총액 / 예정배부기준 = 600,000원/30,000시간 = @20원
　　예정배부액 = 실제배부기준 × 예정배부율 = 20,000시간 × @20원 = 400,000원
　　실제발생제조간접원가 = 예정배부액 + 과소배부차이= 400,000원 +30,000원 = 430,000원

14 ④ 예정배부율 = 제조간접비예상 ÷ 예정배부기준수(예상 기계사용시간)
　　50원 = 1,500,000원 ÷ 30,000시간
　　예정배부액 = 예정배부율(50원) × 실제 기계사용시간(36,900시간) = 1,845,000원
　　실제발생액(1,650,000원) － 예정배부액(1,845,000원) = －195,000원(과대배부)

15 ② 실제발생액(700,000)－예정배부액 = 200,000(과소배부)
　　예정배부액 500,000 = 실제 직접노무시간(20,000시간)× 예정배부율
　　예정배부율 = 25원/시간당

CHAPTER 05 종합원가계산

연습문제 해답

1.	③	2.	②	3.	③	4.	①	5.	①
6.	④	7.	④	8.	②	9.	②	10.	①
11.	②	12.	①	13.	①	14.	①	15.	④
16.	③	17.	③	18.	③	19.	④	20.	②

01　③ 주문생산방식의 건설업의 경우 개별원가 계산이 적합한 업종이다.

02　② 주문생산방식의 건설업의 경우 개별원가 계산이 적합한 업종이다.

03　③ 상기 설명은 개별원가계산의 핵심과제이다.

04　① 선입선출법은 기초재공품 완성분과 당기착수 완성분으로 구분이 가능하다고 가정하는 원가흐름이며, 평균법은 기초재공품 완성분과 당기착수 완성분으로 구분하지 않고, 모두 당기에 착수되어 완성된 것으로 가정한다.

05　① 종합원가계산에서 재료비와 가공비로 구분하는 이유는 재료비와 가공비의 투입시점이 틀리기 때문이다. 따라서 재료비와 가공비의 투입시점이 같다면 굳이 재료비와 가공비를 구분하는 실익이 없다.

06　④ 개별원가계산이 종합원가계산에 비해서 제품별 원가계산이 보다 정확하다.

07　④ 선입선출법은 당기발생원가만을 완성품과 기말재공품에 배분하고, 기초재공품원가는 완성품 원가에 가산한다.

08　② 기말재공품은 완성도가 50%에 도달하지 않았으므로 기말재공품에 대한재료비 완성품환산량은 0개임

　　가공비 완성품환산량 1,200개 = 1,000개 + 500개×40%

09　② 96,250원＝기말재공품 5,500단위×완성도 50%×완성품환산량 단위당 원가 35원
　　・완성품환산량 : (7,800단위×50%)+(당기 투입 45,000단위－기말재공품 5,500단위)+(5,500단위×50%)＝ 46,150단위
　　・완성품환산량 단위당 원가 : 당기 총발생원가 1,615,250원 ÷ 완성품환산량 46,150단위＝35원

10　① 360단위＝기초재공품 90단위+당기착수완성품 250단위+기말재공품 20단위
　　・기초재공품 : 150단위 × (1－40%)＝90단위
　　・당기착수완성품 : (당기완성품 400단위－기초재공품 150단위)＝250단위
　　・기말재공품 : 100단위 × 20%＝20단위

11　② 기초재공품 X 40% + (완성품수량－기초재공품수량) + 기말재공품 X 50%

12　①

	물량	완성품환산량	
		직접재료비	가공비
기　초　재　공　품	5,000	0	5,000×(1－40%) = 3,000
당　기　착　수　완　성	30,000	30,000	30,000
기　말　재　공　품	6,000	6,000×90% = 5,400	6,000×50% = 3,000
계	41,000	35,400	36,000

13　① (7,000개 － 2,000개×40%) + 3,000×30% = 7,100개

14　① 평균법에 의한 가공비의 완성품환산량 = 190,000개 + (8,000개×0.4) = 193,200개
　　선입선출법에 의한 가공비의 완성품환산량 = 190,000개+(8,000개×0.4)－(10,000개×0.2)=191,200개
　　완성품환산량의 차이는 193,200개－191,200개=2,000개이다.

15　④ 비정상공손은 영업외비용으로 처리한다.

16　③ 공손의 발생시점(불량품 검사시점)이 기말재공품의 완성도 이후인 경우에는 기말재공품은 불량품 검사를 받지 않았으므로 기말재공품에는 정상공손품원가가 배분되지 아니한다.

17 ③ 당기완성품수량 = (100+900)-(100+60) =840

　　　정상공손수량 = 840× 5% = 42개

　　　비정상공손수량 = 60-42 = 18개

18 ③ 110개

　　　공손품 수량 = 300개 + 1,000개 - 900개 - 200개 = 200개

　　　정상공손 수량 = 900개 × 10% = 90개

　　　비정상공손 수량 = 200개 - 90개 = 110개

19 ④ 500개

	재공품
기초재공품 500개 당기투입 4,000개	완성품 3,500개 공손품 800개 (정상 500, 비정상 300) 기말재공품 200개

20 ② 당기완성수량 9,000개×3%=270개가 정상공손수량이다.

CHAPTER 06 결합원가계산

연습문제 해답

1. ③   2. ①   3. ②   4. ②   5. ①
6. ③

01 ③ 분리점 이후의 추가가공원가도 그 다음 분리점에서는 결합원가가 된다.

　　② 제조간접원가도 포함한 개념이다.

02 ① B등급품에 배부될 원가는 8,000,000원 × 180,000g/300,000g = 4,800,000원이다.

03 ②

구분	판매가치	비율	결합원가배부액	생산량	단위당 원가
제품 A	15,000원	1/2	15,000원	100개	150원
제품 B	15,000원	1/2	15,000원	50개	300원

04 ② 순실현가치

　　X제품 : 200개 × @3,000 - 200,000원= 400,000원(40%)

　　Y제품 : 240개 × @4,000 - 360,000원=600,000원(60%)

　　결합원가의 배분

　　X제품 : 500,000원 × 0.4 = 200,000원

　　Y제품 : 500,000원 × 0.6 = 300,000원

05 ① 기초, 기말재고자산이 없는 경우 회사전체의 당기순이익은 어떠한 방법을 사용하여도 동일하다.

06 ③ 부산물은 연산품에 비해 판매가치가 상대적으로 작지만 정상적인 제품이다.

PART 3 부가가치세

연습문제 해답

1.	③	2.	②	3.	②	4.	②	5.	①
6.	①	7.	③	8.	③	9.	③	10.	②
11.	④	12.	②	13.	①	14.	③	15.	④
16.	③	17.	①	18.	④	19.	①	20.	④
21.	④	22.	③	23.	①	24.	③	25.	③
26.	②	27.	②	28.	②	29.	②	30.	②

01 ③ 건설업을 영위하는 법인사업자의 사업장은 법인의 등기부상의 소재지로 한다.

02 ② 신청일부터 2일 이내에 신청자에게 발급하여야 한다. [부가가치세법시행령 제11조 제5항]

03 ② 재화의 간주공급에 대해서는 원칙적으로 세금계산서 발급의무가 면제되나, 직매장 반출(판매목적 타사업장 반출)이 과세 거래에 해당하는 경우에는 세금계산서를 발급하여야 한다. (부가가치세법 제10조 제3항)

04 ② 사업자가 폐업할 때 자기생산·취득재화 중 남아 있는 재화는 자기에게 공급하는 것으로 본다.(부가가치세법 10조 6항)

05 ① 상표권의 양도는 재화의 공급이다.

06 ① 부가가치세법 제10조 제6항, 부가가치세법 제12조 제4항
   법률에 따라 조세를 물납하는 것은 재화의 공급으로 보지 아니한다.

07 ③ 무인판매기를 이용하여 재화를 공급하는 경우 : 무인판매기에서 현금을 인출하는 때

08 ③ 완성도기준지급조건부 판매 : 대가의 각 부분을 받기로 한 때가 공급시기이다.

09 ③ 부가세법 시행령 제28조 제7항, 사업자가 보세구역 안에서 보세구역 밖의 국내에 재화를 공급하는 경우가 재화의 수입에 해당할 때에는 수입신고 수리일을 재화의 공급시기로 본다.

10 ② 국외에서 공급하는 용역에 대해서는 영세율을 적용한다.

11 ④ 수출을 대행하는 수출업자는 그 수출대행수수료에 대해서 10%의 부가가치세를 적용한다.

12 ② 부가가치세법 제26조, 시내버스, 시외버스, 일반철도 등의 대중교통수단에 의한 여객운송용역은 기초생활필수품으로서 부가가치세를 면제하지만, 항공기 등에 의한 여객운송 용역은 부가가치세를 면제하는 여객운송 용역에서 제외한다.

13 ① 국내 거래에도 영세율이 적용될 수 있다.

14 ③ 면세포기는 과세기간 중 언제라도 할 수 있으며 승인을 요하지 아니한다.

15 ④ 장기할부판매의 경우 계약에 따라 받기로 한 각 대가의 각 부분이기 때문에 할부이자상당액도 공급가액에 포함된다.(부가법 제29조5항, 부가령 제60조 및 61조)

16 ③ 대가의 지급지연으로 받는 연체이자는 과세표준에 포함하지 않는다. (부가가치세법 제29조 제5항 제5호)

17 ① 37,000,000원=내국신용장 수출액 25,000,000원+부동산 임대용역 12,000,000원
   · 외국으로의 직수출과 부동산임대보증금에 대한 간주임대료는 세금계산서 발급의무가 면제된다.
   · 견본품의 제공은 재화의 공급으로 보지 아니한다.

18 ④ 직전 연도의 공급가액의 합이 8천만원 이상인 개인 사업자는 전자로 세금계산서를 발행하여야 한다.

19 ① 부가가치세법 시행령 제70조 제1항 2호, 계약의 해제로 재화 또는 용역이 공급되지 아니한 경우 : 계약이 해제된 때에 그 작성일은 계약해제일로 적고 비고란에 처음 세금계산서 작성일을 덧붙여 적은 후 붉은색 글씨로 쓰거나 음(陰)의 표시를 하여 발급작성일은 계약해제일로 적는다.

20 ④ 공급시기가 속하는 과세기간 종료 후 25일 이내에 내국신용장이 개설된 경우 당초 세금계산서 작성일을 적는다.(부가가치세법 시행령 제70조 제1항 제4호)

21 ④ 계약의 해제로 재화 또는 용역이 공급되지 아니한 경우: 계약이 해제된 때에 그 작성일은 계약해제일로 적고 비고란에 처음 세금계산서 작성일을 덧붙여 적은 후 붉은색 글씨로 쓰거나 음(陰)의 표시를 하여 발급(부가가치세법시행령 제70조 1항 2호)

22 ③ 부가가치세법 시행령 제71조 제1항 5호 국외제공용역은 용역을 제공받는 자가 국내에 사업장이 없는 비거주자 또는 외국법인인 경우에 한하여 세금계산서 발급의무가 면제된다.
23 ① 영세율이 적용되는 경우 내국신용장, 구매확인서에 의하는 경우 영세율세금계산서를 발행하여야 하며, 직수출의 경우 세금계산서발행이 면제된다. (부가가치세법 시행령 제71조 제1항의 제4호)
24 ③ 음식업자가 계산서를 받고 면세로 구입한 축산물의 의제매입세액은 매입가액의 8/108(개인) 또는 6/106(법인)을 공제한다(유흥주점은 4/104)(부가가치세법 제42조 제1항)
25 ③ 부가가치세법 제39조 제5항, 자동차판매업의 영업에 직접 사용되는 승용자동차는 매입세액공제대상이다.
26 ② ① 2014년 이후 공제 한도 있음
     ② 예정신고 또는 확정신고 시에 공제 가능
     ③ 간이과세자 의제매입세액공제 받을수 없다.
     ④ 제조업을 제외하고 공제 대상 아님
27 ② 부가가치세법 제46조, 연간한도액은 1,000만원 이다.
28 ② 부가가치세법 시행령 제107조 제1항, 관할세무서장은 조기환급세액이 발생하는 경우 각 조기환급 예정신고기간별로 그 예정신고 기한이 지난 후 15일 이내에 예정신고한 사업자에게 환급하여야 한다.
29 ② 간이과세자는 의제매입세액 공제를 받을 수 없다.
30 ② 2021.7.1. 이후 공급받는 분부터 간이과세자 세금계산서 관련 가산세 신설

PART 4 소득세

연습문제 해답

1. ④	2. ④	3. ③	4. ④	5. ④
6. ③	7. ②	8. ③	9. ④	10. ①
11. ④	12. ③	13. ②	14. ④	15. ②
16. ③	17. ①	18. ④	19. ④	20. ②
21. ③	22. ①	23. ①	24. ③	25. ③
26. ②	27. ①	28. ④	29. ②	30. ③

01 ④ 소득세는 단계별 초과누진세율을 적용하여 소득이 많은 개인에게 상대적으로 많은 세금을 납부하게 한다.(소득세법 제4조)
02 ④
     ① 퇴직소득은 합산대상이 아니다.
     ② 예납적 원천징수대상은 원천징수된 소득이 종합소득금액에 포함되어 기납부세액으로 공제된다.
     ③ 영세율이 적용되어 거래징수할 부가가치 매출세액이 없어도 사업소득에 해당하는 매출액은 있으므로 소득세법상 소득금액에 포함된다.
03 ③ 사업·기타소득은 필요경비 차감 후, 근로소득은 근로소득공제 후 소득금액을 산출한다.(소득세법 제16조)
04 ④ 이자소득에는 필요경비가 없으며, 연금소득과 근로소득은 근로소득공제 및 연금소득공제를 일률적으로 공제받는다. 사업소득의 경우 장부를 작성하여 신고하면 실제 지출한 필요경비를 인정받을 수 있다.
05 ④ 비거주자란 거주자가 아닌 개인을 말한다. 거주자란 국내에 주소를 두거나 183일이상의 거소를 둔 개인을 말한다.(소득세법 제1조의 2의 1항)
06 ③ 거주자는 국내에 주소를 두거나 183일 이상 거소를 둔 개인을 말한다.
07 ② 소득세법 제5조 제2항, 거주자가 사망한 경우의 과세기간은 1월 1일부터 사망한 날까지로 한다.
08 ③ 연금저축의 연금계좌에서 연금외 수령하는 일시금은 기타소득에 해당된다.
09 ④ 사업과 관련하여 해당 사업용 자산의 손실로 취득하는 보험차익은 총수입금액에 산입한다.

10 ① 주거용 건물 임대업에서 발생한 수입금액 합계액이 2천만원을 초과하는 경우 종합과세 대상이다.
11 ④ 근로자의 근로소득이 아닌 사업자의 복리후생비로 본다.
12 ③ 보육수당 - 월 20만원 이하의 금액
13 ② 주식매수선택권의 근로소득 수입시기는 주식매수선택권을 행사한 날이다.
14 ④ 비영업대금의 이익은 이자소득에 해당한다.
15 ② 연금계좌의 운용실적에 따라 증가된 금액은 연금소득에 해당한다.
16 ③ 소득세법제127조 원천징수의무
17 ① 비영업대금의 이익 : 25%
18 ④ 소득세법 제129조 제1항

    가. 비영업대금의 이익 1,000,000원×25% = 250,000원

    나. 상장법인의 대주주로서 받은 배당소득 2,500,000원 × 14% = 350,000원

    다. 사업소득에 해당하는 봉사료 수입금액 6,000,000원 × 5% = 300,000원

    라. 복권 당첨소득 1,000,000원 × 20% = 200,000원

19 ④ 기타소득 중 뇌물 또는 알선수재 및 배임수재에 의하여 받는 금품은 원천징수소득에서 제외한다.(소득세법 127조 1항 6호)
20 ② 복권당첨금의 소득은 분리과세되며 종합소득에 합산되지 않는다

    ① 국외에서 받은 이자소득은 무조건 종합과세대상이다.

    ② 소득세법상 성실신고대상사업자의 차량매각차익은 2016년부터 종합소득세과세대상이다.

    ④ 근로소득자의 급여는 종합과세대상소득에 해당한다.

21 ③ 소득세법시행령 제38조 제1항6, 출자임원이 주택을 제공받음으로써 얻는 이익은 근로소득에 해당한다. 지역권·지상권의 설정·대여 소득은 사업소득으로 과세(2018.1.1.시행)
22 ① 원양어선, 국외건설현장 근로자는 월 500만원까지 비과세이고, 생산직근로자의 초과근로수당은 월정액급여 210만원 이하여야 비과세가 적용되며, 생산직근로자의 초과근로수당은 연 240만원 이내의 비과세가 적용된다. 식사와 식사대를 제공받는 경우 식사는 비과세, 식사대 과세한다. 따라서 옳은 지문은 (다)번뿐이다.
23 ① 소득세법 제45조 제3항, 2020.1.1. 이후 개시하는 과세기간에 발생한 결손금부터는 15년간 이월공제한다.
24 ③ 소득세법 제45조 ③ 2, 부동산임대업에서 발생한 이월결손금은 부동산임대업의 소득금액에서 공제한다.
25 ③ 사망일 전날의 상황에 따른다.

26 ② 소득세법 제73조, 근로소득과 연말정산 대상 사업소득이 있는 자는 소득세법 제73조에 따른 과세표준확정신고의 예외를 적용하지 않는다.
27 ① · 한부모추가공제는 소득금액에 제한을 받지 않는다.
28 ④ 중간예납 대상자가 중간예납기간의 종료일 현재 그 중간예납기간 종료일까지의 종합소득금액에 대한 소득세액이 중간예납기준액의 100분의 30에 미달하는 경우(소득세법 제65조)
29 ② 이자소득은 다음연도 2월 말일이며, 나머지 소득은 다음연도 3월 10일이다.
30 ③ 소득세법상 사업자는 사업소득이 있는 거주자(소득세법 제1조의 2)로서 업종·규모 등을 기준으로 간편장부대상자와 복식부기의무자로 구분하며, 사업자 중에 복식부기의무자가 과세표준확정신고시 재무상태표, 손익계산서와 그 부속서류, 합계잔액시산표 및 조정계산서를 첨부하지 아니하면 무신고로 본다. 따라서 간편장부대상자의 경우에는 간편장부소득금액 계산서를 제출하면 된다.

기출문제 해답

116회 기출문제

1. 이론시험

〈1〉	〈2〉	〈3〉	〈4〉	〈5〉	〈6〉	〈7〉	〈8〉	〈9〉	〈10〉	〈11〉	〈12〉	〈13〉	〈14〉	〈15〉
①	①	③	②	③	③	④	②	②	④	②	④	④	①	③

[1] ① 자산을 비용으로 계상하면 자산과 당기순이익 및 자본이 과소계상 된다. 부채에는 영향이 없다.

[2] ① 영업권은 무형자산에 해당한다.

[3] ③ [일반기업회계기준 문단 실5.4(문단 5.9)] 재고자산 평가방법의 변경은 회계정책의 변경에 해당한다.

[4] ② 신주발행비는 주식의 발행대금에서 차감한다.

[5] ③ 17,000,000원
 · 반품률 추정 불가 상품 2,000,000원+고객이 구매의사표시를 하지 않은 시송품 2,000,000원+담보제공 저당상품 9,000,000원+선적지 인도조건으로 매입한 미착상품 4,000,000원=17,000,000원

[6] ③ 가공원가는 직접노무원가와 제조간접원가를 합한 금액이다.

[7] ④ 종합원가계산은 공정별로 원가를 집계하므로 재공품 원가의 개별확인이 불가능하여 원가계산 기간말 현재 가공 중에 있는 재공품의 원가를 별도로 추정해야 한다.

[8] ② 단계배분법은 보조부문 상호 간의 용역수수관계를 일부 반영하는 방법이다.

[9] ② 72,000원
 · 당월 발생 보험료 : 당월 지급액 100,000원－전월 미지급액 30,000원+당월 미지급액 20,000원=90,000원
 · 당월 발생 보험료 중 제조부문에 대한 배부율이 80%이므로 72,000원(=90,000원×80%)이 당월 제조간접원가로 계상된다.

[10] ④
 · 평균법 : 1,100개+200개×60%=1,220개
 · 선입선출법 : 300개×80%+800개+200개×60%=1,160개

[11] ② 부가가치세법 제26조 제1항, 일반적인 여객운송 용역은 부가가치세를 면제한다. 다만, 고속철도에 의한 여객운송 용역은 부가가치세를 면제하는 용역에서 제외한다.

[12] ④ 부가가치세법 제42조에 의하여 매입세액공제가 가능하다.

[13] ④ 소득세법 제135조 제1항, 근로소득 원천징수시기에 대한 특례
 · 2025년 11월 귀속 근로소득을 2025년 1월에 지급한 경우, 원천징수시기는 2025년 12월 31일이다.
 · 1월부터 11월까지의 근로소득을 해당 과세기간의 12월 31일까지 지급하지 않은 경우, 그 근로소득은 12월 31일에 지급한 것으로 보아 소득세를 원천징수한다.
 · 12월 귀속 근로소득을 다음 연도 2월 말일까지 지급하지 않은 경우, 그 근로소득은 다음 연도 2월 말일에 지급한

것으로 보아 소득세를 원천징수한다.

[14] ① 복식부기의무자의 경우 사업용 유형자산의 처분으로 발생하는 이익을 사업소득에 포함시킨다.

[15] ③ 소득세법 집행기준 51-0-1, 배우자가 있는 여성인 경우 배우자의 소득유무에 불구하고 부녀자공제를 받을 수 있다.

2. 실무시험

문제 1

[1] 일반전표입력
    01.03. (차) 보통예금   2,000,000원   (대) 외상매출금(하남상회)   3,400,000원
           받을어음(하남상회)   1,400,000원

[2] 일반전표입력
    01.15. (차) 도서인쇄비(판)   25,000원   (대) 현금   25,000원

[3] 일반전표입력
    08.20. (차) 토지   19,500,000원   (대) 보통예금   30,000,000원
           매도가능증권(178)   10,500,000원

[4] 일반전표입력
    10.25. (차) 임금(제)   3,500,000원   (대) 보통예금   5,332,740원
           (※ 또는 급여(제))   예수금   1,167,260원
           상여금(제)   3,000,000원

[5] 일반전표입력
    12.01. (차) 미지급금(㈜은성기계) 22,000,000원   (대) 미지급금(신한카드)   22,000,000원

문제 2

[1] 매입매출전표입력
유형: 11.과세, 공급가액: 1,000,000원, 부가세: 100,000원, 공급처명: 미래전자, 전자: 여, 분개: 혼합
    01.02. (차) 미수금   1,000,000원   (대) 기계장치   5,000,000원
           현금   100,000원   유형자산처분이익   300,000원
           감가상각누계액(207)   4,300,000원   부가세예수금   100,000원

[2] 매입매출전표입력
유형: 54.불공, 공급가액: 7,100,000원, 부가세: 710,000원, 공급처명: ㈜롯데백화점 중동, 전자: 여, 분개: 혼합
불공제사유:④기업업무추진비 및 이와 유사한 비용 관련
    02.12. (차) 기업업무추진비(판)   7,810,000원   (대) 보통예금   7,810,000원

[3] 매입매출전표입력
유형: 12.영세, 공급가액: 18,000,000원, 부가세: 0원, 공급처명: ㈜봉산실업, 전자: 여, 분개: 혼합
영세율구분: ③내국신용장·구매확인서에 의하여 공급하는 재화
    07.17. (차) 현금   1,800,000원   (대) 제품매출   18,000,000원
           외상매출금   16,200,000원

[4] 매입매출전표입력
유형: 62.현면, 공급가액: 2,000,000원, 부가세: 0원, 공급처명: ㈜하나로마트, 분개: 현금 또는 혼합
    08.20. (차) 복리후생비(제)   600,000원   (대) 현금   2,000,000원
           복리후생비(판)   1,400,000원

[5] 매입매출전표입력

유형: 51.과세, 공급가액: 1,000,000원, 부가세: 100,000원, 공급처명: 풍성철강, 전자: 부, 분개:외상 또는 혼합

09.10.	(차) 원재료(153)	1,000,000원	(대) 외상매입금	1,100,000원
	부가세대급금	100,000원		

※ 해당 전표 선택 후 Shift+F5 〉 예정신고누락분 확정신고 〉 확정신고 개시연월 : 2025년 10월 입력

또는 상단 F11 간편집계.. ▾ 〉 SF5 예정 누락분 〉 확정신고 개시연월 : 2025년 10월 입력(※ 또는 11월, 12월)

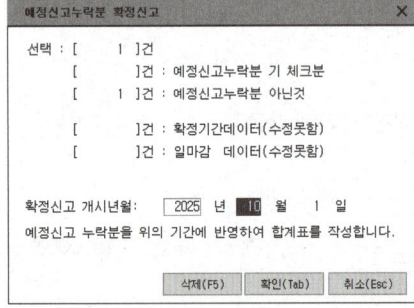

문제 3

[1] [부가가치세신고서]

구분				정기신고금액 금액	세율	세액
과세표준및매출세액	과세	세금계산서발급분	1	200,000,000	10/100	20,000,000
		매입자발행세금계산서	2		10/100	
		신용카드·현금영수증발행분	3		10/100	
		기타(정규영수증외매출분)	4			
	영세	세금계산서발급분	5		0/100	
		기타	6		0/100	
	예정신고누락분		7			
	대손세액가감		8			-150,000
	합계		9	200,000,000	㉮	19,850,000
매입세액	세금계산서수취분	일반매입	10	100,000,000		10,000,000
		수출기업수입분납부유예	10-1			
		고정자산매입	11	20,000,000		2,000,000
	예정신고누락분		12			
	매입자발행세금계산서		13			
	그 밖의 공제매입세액		14			
	합계(10)-(10-1)+(11)+(12)+(13)+(14)		15	120,000,000		12,000,000
	공제받지못할매입세액		16	5,000,000		500,000
	차감계 (15-16)		17	115,000,000	㉯	11,500,000
납부(환급)세액(매출세액㉮-매입세액㉯)					㉰	8,350,000
경감공제세액	그 밖의 경감·공제세액		18			10,000
	신용카드매출전표등 발행공제등		19			
	합계		20		㉱	10,000
소규모 개인사업자 부가가치세 감면세액			20-1		㉲	
예정신고미환급세액			21		㉳	
예정고지세액			22		㉴	
사업양수자의 대리납부 기납부세액			23		㉵	
매입자 납부특례 기납부세액			24		㉶	
신용카드업자의 대리납부 기납부세액			25		㉷	
가산세액계			26		㉸	500,000
차가감하여 납부할세액(환급받을세액)㉰-㉱-㉲-㉳-㉴-㉵-㉶-㉷+㉸			27			8,840,000

구분		금액	세율	세액
16.공제받지못할매입세액				
공제받지못할 매입세액	50	5,000,000		500,000
공통매입세액면세등사업분	51			
대손처분받은세액	52			
합계	53	5,000,000		500,000
18.그 밖의 경감·공제세액				
전자신고 및 전자고지 세액공제	54			
전자세금계산서발급세액공제	55			10,000
택시운송사업자경감세액	56			
대리납부세액공제	57			
현금영수증사업자세액공제	58			
기타	59			
합계	60			10,000

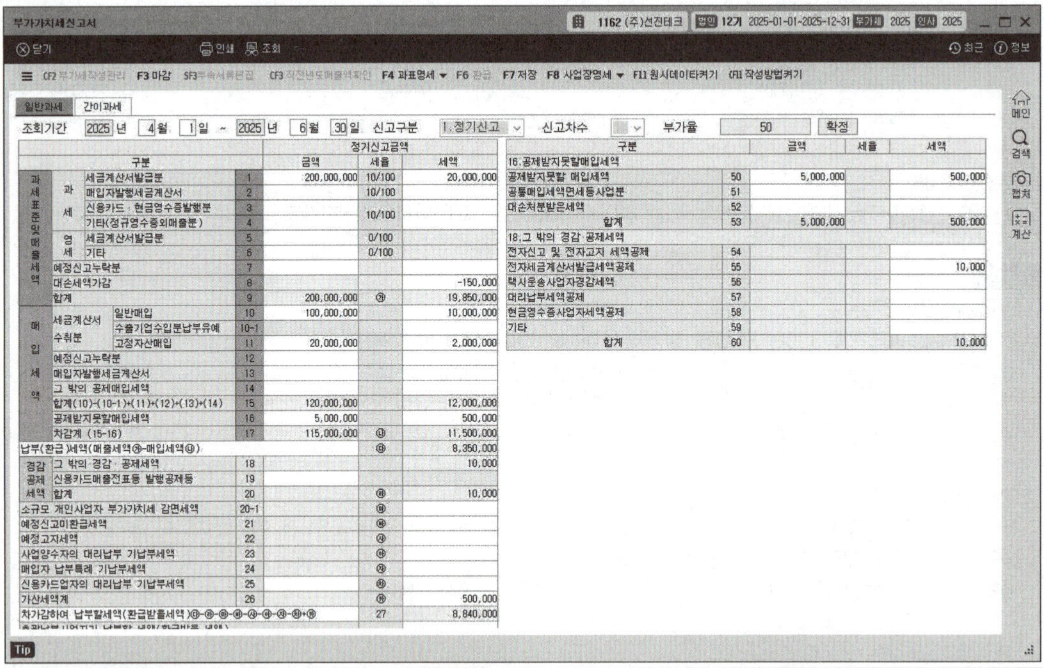

25.가산세명세					
사업자미등록등		61		1/100	
세 금 계산서	지연발급 등	62	50,000,000	1/100	500,000
	지연수취	63		5/1,000	
	미발급 등	64		뒤쪽참조	
전자세금 발급명세	지연전송	65		3/1,000	
	미전송	66		5/1,000	
세금계산서 합계표	제출불성실	67		5/1,000	
	지연제출	68		3/1,000	

※ 부가가치세법 경조사와 관련하여 직원에게 제공한 제품 등은 연간 100,000원 이하까지 재화의 공급으로 보지 않는다.

※ 단, 종이 세금계산서 발급분 가산세는 지연발급 등(62) 또는 미발급 등(64)에 입력한 답안 모두 정답으로 인정합니다.

[2] [대손세액공제신고서]

당초공급일	대손확정일	대손금액	공제율	대손세액	거래처		대손사유
2024-05-03	2025-10-05	11,000,000	10/110	1,000,000	(주)가경	1	파산
2022-10-10	2025-10-24	22,000,000	10/110	2,000,000	(주)용암	6	소멸시효완성
2025-04-08	2025-11-20	16,500,000	10/110	1,500,000	(주)개신	5	부도(6개월경과)

문제 4

[1] 일반전표입력

12.31. (차) 부가세예수금　　　　12,500,000원　　(대) 부가세대급금　　　　9,500,000원
　　　　　　세금과공과(판)　　　　　　240,000원　　　　잡이익　　　　　　　　　10,000원
　　　　　　　　　　　　　　　　　　　　　　　　　　　미지급세금　　　　　3,230,000원

[2] 일반전표입력

12.31. (차) 매도가능증권(178)　　　1,200,000원　　(대) 매도가능증권평가이익　1,000,000원
　　　　　　　　　　　　　　　　　　　　　　　　　　　매도가능증권평가손실　　200,000원

· 2024년 말 인식한 매도가능증권평가손실 200,000원을 2025년 말 발생한 매도가능증권평가이익과 우선 상계하여 회계처리한다.

[3] 일반전표입력

12.31. (차) 선급비용　　　　　　　800,000원　　(대) 보험료(판)　　　　　800,000원
· 당기 보험료 : 1,200,000원×4/12 = 400,000원
· 선급비용 : 1,200,000원 - 400,000원 = 800,000원

[4] 일반전표입력

12.31. (차) 이자비용　　　　　　　755,111원　　(대) 보통예금　　　　　1,000,000원
　　　　　　사채할증발행차금　　　　244,889원
또는
12.31. (차) 이자비용　　　　　　　755,110원　　(대) 보통예금　　　　　1,000,000원
　　　　　　사채할증발행차금　　　　244,890원
※ 문제의 조건에 따라 원단위 이하를 절사하여 입력한 전표도 정답으로 인정합니다.
· 시장이자율<액면이자율 : 사채가 할증발행된다.
· 2025년 이자비용 : 10,787,300원×7% = 755,111원
· 사채할증발행차금 상각액 : 1,000,000원 - 755,111원 = 244,889원

[5]
1. 일반전표입력

12.31. (차) 감가상각비(제)　　　18,000,000원　　(대) 감가상각누계액(203)　10,000,000원
　　　　　　　　　　　　　　　　　　　　　　　　　　　감가상각누계액(207)　 8,000,000원
　　　　　　감가상각비(판)　　　10,000,000원　　　　감가상각누계액(209)　 7,000,000원
　　　　　　　　　　　　　　　　　　　　　　　　　　　감가상각누계액(213)　 3,000,000원

2. 또는 [결산자료입력]
　>기간 : 2025년 1월~2025년 12월
　>2.매출원가　　　　　>7)경비　　　　　　>2).일반감가상각비　　　>건물　　10,000,000원 입력
　　　　　　　　　　　　　　　　　　　　　　　　　　　　　　　　　　　>기계장치 8,000,000원 입력
　>4.판매비와 일반관리비　>4).감가상각비　　>차량운반구 7,000,000원 입력
　　　　　　　　　　　　　　　　　　　　　　>비품　　 3,000,000원 입력
　>F3 전표추가

문제 5
[1]
1. [사원등록] 메뉴 → [기본사항] 탭

2. [급여자료입력] 메뉴 → [수당등록] 탭

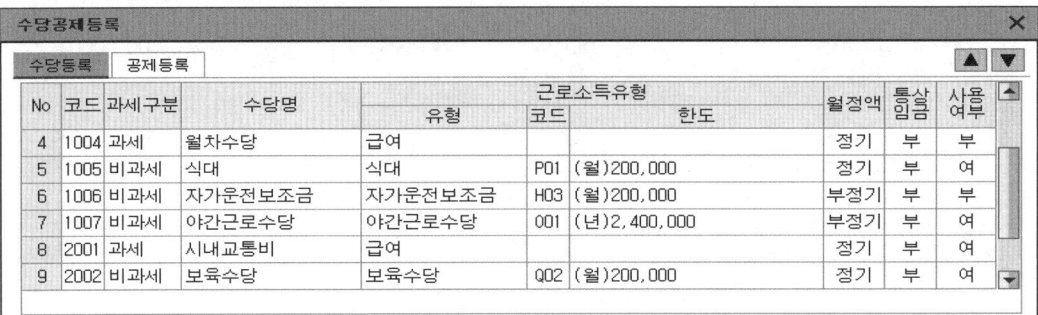

3. [급여자료입력]

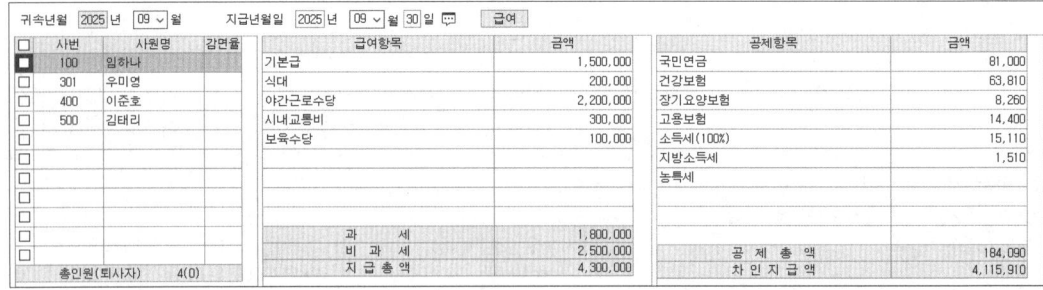

[2]
1. [사원등록] 메뉴 → 우미영 사원의 퇴사년월일 입력

2. [급여자료입력] 메뉴 → 상단 F7 중도퇴사자정산 ▼ -> 급여반영

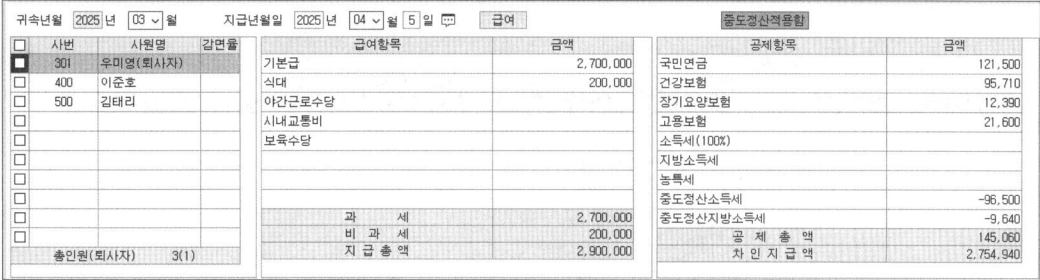

3. [원천징수이행상황신고서] 메뉴

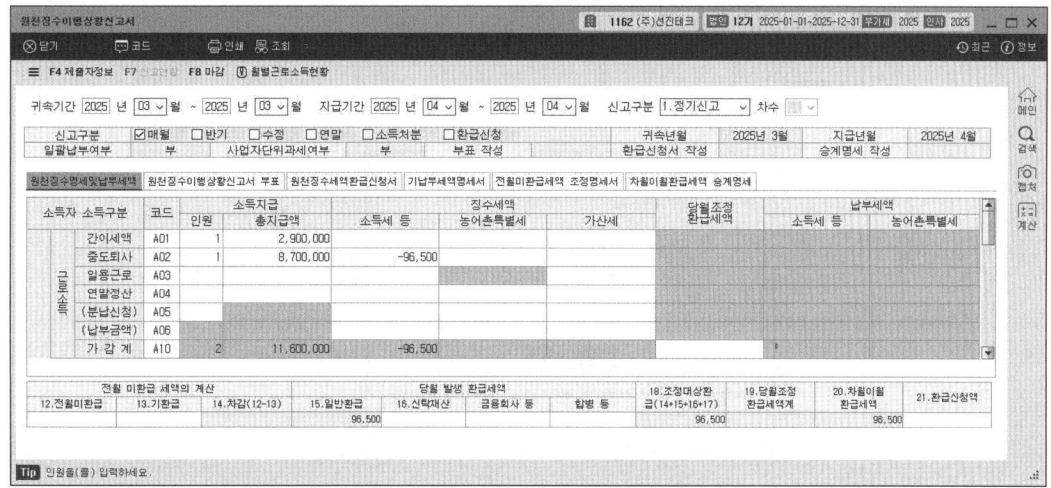

[3]
1. [원천징수이행상황신고서] 마감

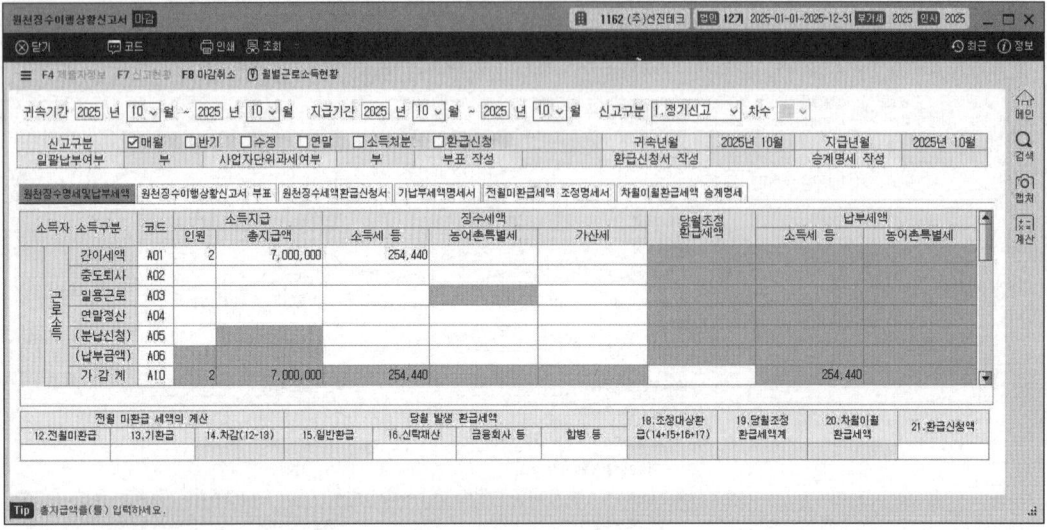

2. 전자신고 파일 제작

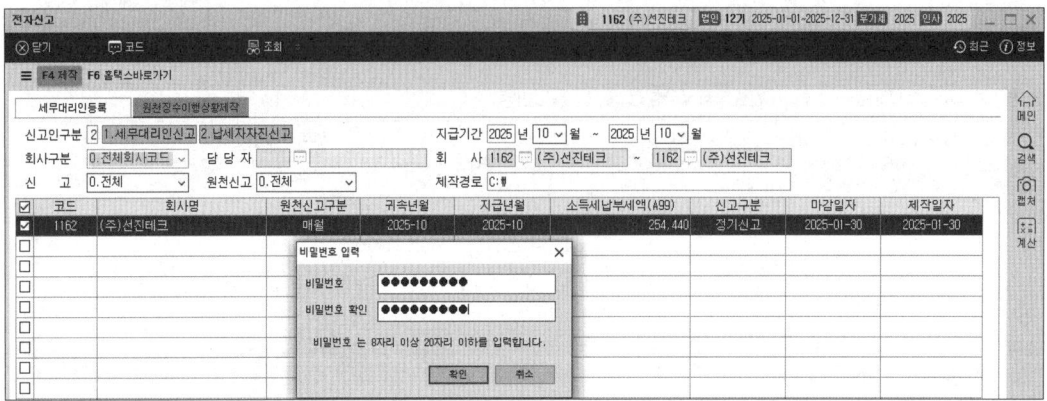

3. 홈택스 전자파일 변환 및 제출

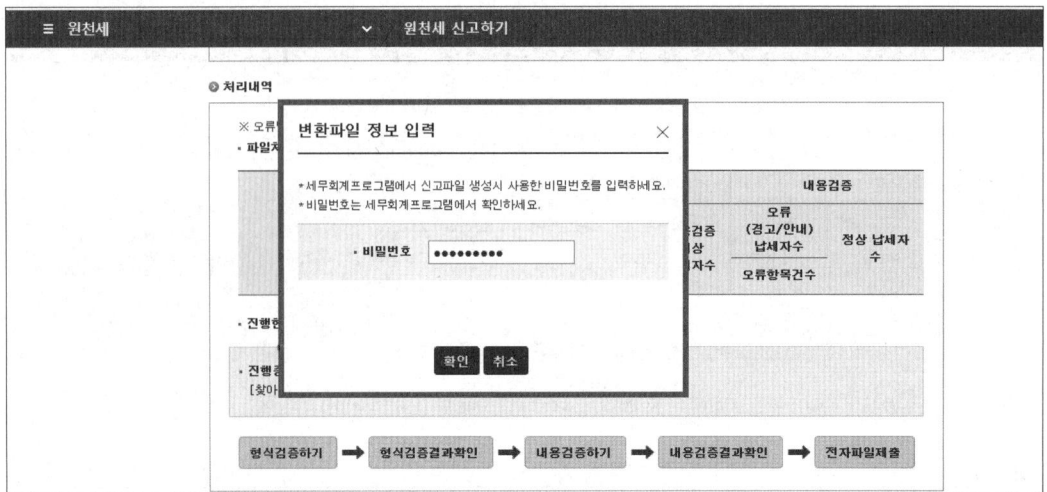

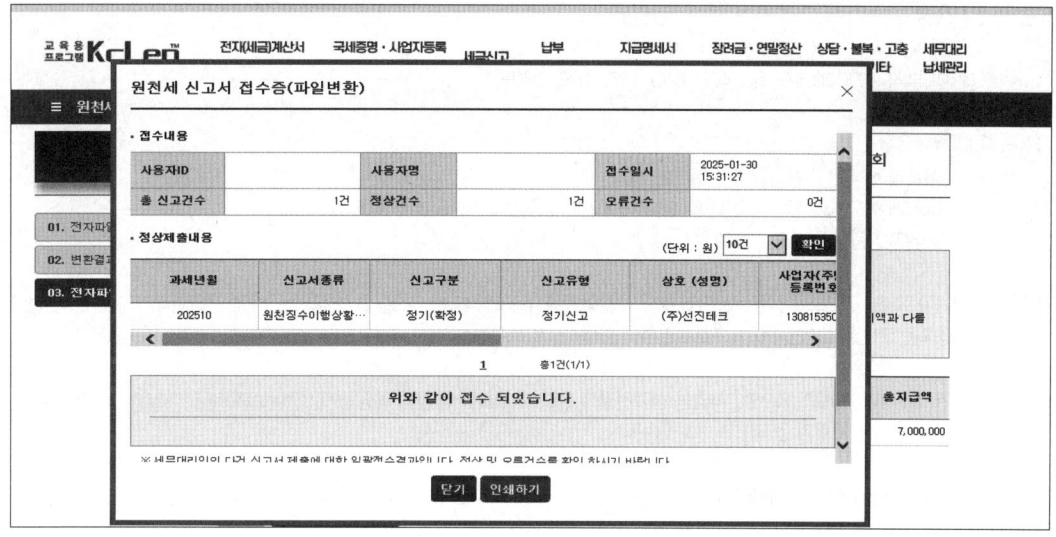

115회 기출문제

1. 이론시험

〈1〉	〈2〉	〈3〉	〈4〉	〈5〉	〈6〉	〈7〉	〈8〉	〈9〉	〈10〉	〈11〉	〈12〉	〈13〉	〈14〉	〈15〉
④	④	③	①	①	①	②	③	②	④	③	②	④	③	①

[1]　④ [일반기업회계기준 '재무회계개념체계' 문단 45] 회계정보의 질적특성 중 목적적합성(적시성)에 대한 설명이다.

[2]　④
① 기계장치 취득원가 : 20,000,000원 + 300,000원 + 4,000,000원 = 24,300,000원
· 소모품 교체비는 수익적 지출로서 당기 비용으로 처리한다.
② 감가상각비 : 24,300,000원 ÷ 6년 = 4,050,000원
③ 감가상각누계액 : 4,050,000원 × 3년 = 12,150,000원
· 2023년, 2024년, 2025년 감가상각비의 합계액
④ 2025.12.31. 미상각잔액 : 24,300,000원 - 12,150,000원 = 12,150,000원

[3]　③ [일반기업회계기준 문단 11.32] 무형자산의 상각방법은 합리적인 방법을 사용하며, 합리적인 상각방법을 정할 수 없는 경우에는 정액법을 사용한다.

[4]　① 사채할인발행차금은 사채의 액면금액에서 차감하는 형식으로 표시한다.

[5]　① [일반기업회계기준 문단 5.7] 회계정책의 변경은 재무제표의 작성과 보고에 적용하던 회계정책을 다른 회계정책으로 바꾸는 것을 말한다.

[6]　① 당기제품제조원가(당기완성품원가)는 재공품 계정의 대변으로 대체된다.

[7]　② 작업원가표는 종합원가계산이 아닌, 개별원가계산을 적용할 때 작성한다.

[8]　③ 제조원가명세서의 당기제품제조원가는 손익계산서의 당기제품제조원가에 계상된다.

[9] ② 128원
    =예정배부액 6,400,000원÷50,000시간
  · 예정배부액 : 6,000,000원+400,000원=6,400,000원

[10] ④ 25%
  · 선입선출법에 의한 가공원가의 완성품환산량
    =1,000개×(1-30%)+5,200개+(800개×기말재공품의 완성도)=6,100개
    ∴ 기말재공품의 완성도=25%

[11] ③ 부가가치세법 제5조 제4항, 일반과세자가 간이과세자로 변경되는 경우 그 변경되는 해에 간이과세자에 관한 규정이 적용되는 기간은 그 변경 이후 7월 1일부터 12월 31일까지이다.

[12] ② 부가가치세법 제10조 제9항, 사업용 상가건물의 양도는 재화의 공급에 해당하지만, 담보의 제공, 사업의 포괄적 양도, 조세의 물납은 재화의 공급으로 보지 않는다.

[13] ④ 소득세법 제59조의4, 기부금세액공제는 종합소득(사업소득자는 필요경비 산입)이 있는 거주자가 받을 수 있다.

[14] ③ 소득세법 시행령 제48조, 소득세법상 장기할부판매의 수입시기는 상품 등을 인도한 날이며, 부가가치세법상 장기할부판매의 공급시기는 대가의 각 부분을 받기로 한 때이다.

[15] ① 소득세법 시행령 제87조, 거주자가 받은 금액의 100분의 80에 상당하는 금액을 필요경비로 한다.

2. 실무시험

문제 1

[1] 일반전표입력
  04.11. (차) 보통예금   12,000,000원   (대) 매도가능증권(178)   11,000,000원
        매도가능증권평가이익   1,000,000원   매도가능증권처분이익   2,000,000원

[2] 일반전표입력
  06.25. (차) 비품   5,000,000원   (대) 자산수증이익   5,000,000원

[3] 일반전표입력
  08.02. (차) 토지   316,000,000원   (대) 현금   13,000,000원
                                                       보통예금   303,000,000원

[4] 일반전표입력
  08.10. (차) 퇴직연금운용자산   5,000,000원   (대) 보통예금   8,000,000원
        퇴직급여(제)   3,000,000원

[5] 일반전표입력
  12.13. (차) 보통예금   7,800,000원   (대) 자기주식   6,960,000원
                                                       자기주식처분손실   200,000원
                                                       자기주식처분이익   640,000원

문제 2

[1] 매입매출전표입력
유형: 16.수출, 공급가액: 39,000,000원, 공급처명: ABC사, 분개: 혼합
영세율구분:①직접수출(대행수출 포함)
  03.12. (차) 보통예금   26,000,000원   (대) 제품매출   39,000,000원
        외상매출금   13,000,000원

[2] 매입매출전표입력
유형: 51.과세, 공급가액: 20,000,000원, 부가세: 2,000,000원, 공급처명: 달려요, 전자: 부, 분개: 혼합 또는 외상
10.01. (차) 부가세대급금   2,000,000원   (대) 미지급금   22,000,000원
        차량운반구   20,000,000원
· 1,000cc 이하의 경차는 부가가치세 매입세액공제가 가능하다.

[3] 매입매출전표입력
유형: 53.면세, 공급가액: 1,800,000원, 부가세: 0원, 공급처명: ㈜월클파이낸셜, 전자: 여, 분개: 혼합
10.29. (차) 임차료(판)   1,800,000원   (대) 미지급금   1,800,000원
                                            (또는 미지급비용)

[4] 매입매출전표입력
유형: 11.과세, 공급가액: 10,000,000원, 부가세: 1,000,000원, 공급처명: ㈜진산, 전자: 여, 분개: 혼합
11.01. (차) 보통예금   3,000,000원   (대) 부가세예수금   1,000,000원
        미지급금   8,000,000원   제품매출   10,000,000원

[5] 매입매출전표입력
유형: 61.현과, 공급가액: 1,760,000원, 부가세: 176,000원, 공급처명: ㈜코스트코코리아, 분개: 혼합
11.20. (차) 부가세대급금   176,000원   (대) 보통예금   1,936,000원
        비품   1,760,000원

문제 3

[1]
1. [공제받지못할매입세액내역] 탭

조회기간 2025년 10월 ~ 2025년 12월   구분 2기 확정

매입세액 불공제 사유	세금계산서		
	매수	공급가액	매입세액
①필요적 기재사항 누락 등			
②사업과 직접 관련 없는 지출			
③개별소비세법 제1조제2항제3호에 따른 자동차 구입·유지			
④기업업무추진비 및 이와 유사한 비용 관련			
⑤면세사업등 관련	12	90,000,000	9,000,000
⑥토지의 자본적 지출 관련			
⑦사업자등록 전 매입세액			
⑧금·구리 스크랩 거래계좌 미사용 관련 매입세액			

2. [공통매입세액의정산내역] 탭

조회기간 2025년 10월 ~ 2025년 12월   구분 2기 확정

산식	구분	(15)총공통매입세액	(16)면세 사업확정 비율			(17)불공제매입세액총액 ((15)*(16))	(18)기불공제매입세액	(19)가산또는공제되는매입세액((17)-(18))
			총공급가액	면세공급가액	면세비율			
1.당해과세기간의 공급가액기준		3,800,000	500,000,000.00	150,000,000.00	30.000000	1,140,000	500,000	640,000

[2] [부가가치세신고서]

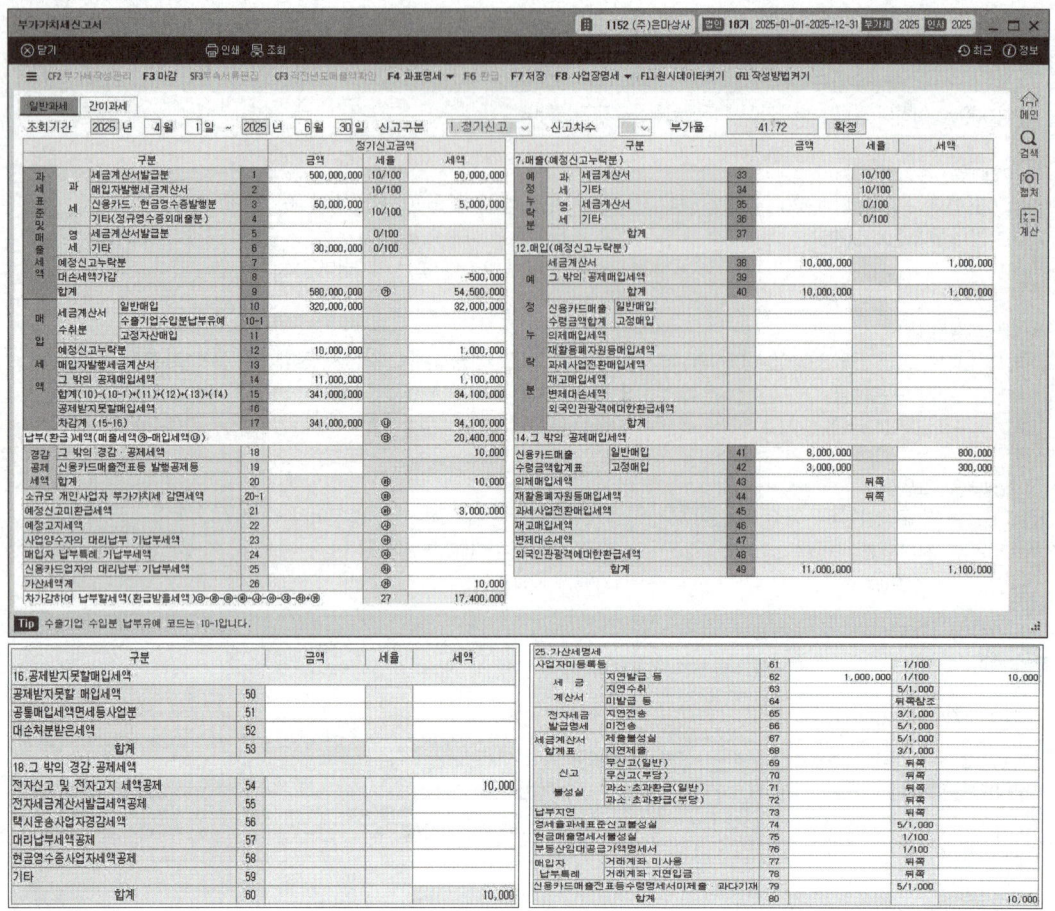

문제 4

[1] 일반전표입력
　　12.31. (차) 장기차입금(은혜은행)　20,000,000원　(대) 유동성장기부채(은혜은행)　20,000,000원

[2] 일반전표입력
　　12.31. (차) 선급비용　2,250,000원　(대) 임차료(판)　2,250,000원
　　· 선급비용 : 3,000,000원×9/12=2,250,000원

[3] 일반전표입력
　　12.31. (차) 이자비용　13,600,000원　(대) 미지급비용　13,600,000원
　　· 미지급비용 : 300,000,000원×6.8%×8개월/12개월=13,600,000원

[4]
1. [결산자료입력]
　>기간 : 2025년 01월~2025년 12월
　>2.매출원가　　　>7).경비　　　>2).일반감가상각비　　>기계장치 4,000,000원 입력
　>4.판매비와 일반관리비　>4).감가상각비　　>건물 20,000,000원 입력
　>4.판매비와 일반관리비　>6).무형자산상각비　>영업권 3,000,000원 입력
　>F3 전표추가

2. 또는 일반전표입력
12.31. (차) 감가상각비(판)   20,000,000원   (대) 감가상각누계액(203)   20,000,000원
       감가상각비(제)   4,000,000원   감가상각누계액(207)   4,000,000원
       무형자산상각비(판)   3,000,000원   영업권   3,000,000원

[5] [결산자료입력]
> 기간 : 2025년 01월~2025년 12월
> 2.매출원가   > 1). 원재료비   > ⑩기말원재료 재고액 4,700,000원 입력
                    > 8). 당기 총제조비용   > ⑩기말재공품 재고액 800,000원 입력
                    > 9). 당기완성품제조원가 > ⑩기말제품 재고액 21,300,000원 입력
> F3 전표추가
· 도착지 인도조건으로 매입하여 운송 중인 미착원재료 2,300,000원은 기말재고에 포함하지 않고, 위탁제품 중 판매되지 않은 5,000,000원은 기말재고에 포함한다.

문제 5

[1] [사원등록] 메뉴>[부양가족명세] 탭

연말관계	성명	내/외국인		주민(외국인,여권)번호	나이	기본공제	부녀자	한부모	경로우대	장애인	자녀	출산입양	위탁관계
0	김필영	내	1	820419-1234564	43	본인							
3	최하나	내	1	841006-2219118	41	배우자							
4	김이온	내	1	120712-3035892	13	20세이하					O		
4	김시온	내	1	190103-4035455	6	20세이하							
1	김경식	내	1	450103-1156778	80	60세이상			O	2			
1	이연화	내	1	490717-2155433	76	부							
2	한수희	내	1	511111-2523454	74	60세이상			O				
6	김필모	내	1	791230-1234574	46	장애인				1			

※ 단, 부친 김경식의 기본공제 항목 선택 : "60세 이상"과 "장애인" 모두 가능

[2] [연말정산추가자료입력] 메뉴
1. [부양가족] 탭
(1) 인적공제

| 소득명세 | 부양가족 | 신용카드 등 | 의료비 | 기부금 | 연금저축 등I | 연금저축 등II | 월세액 | 출산지원금 | 연말정산입력 |

연말관계	성명	내/외국인		주민(외국인)번호	나이	소득기준초과여부	기본공제	세대주구분	부녀자	한부모	경로우대	장애인	자녀	출산입양	결혼세액
0	이철수	내	1	830505-1478521	42		본인	세대주							
3	강희영	내	1	840630-2547858	41		부								
1	이명수	내	1	561012-1587428	69		60세이상								
4	이현수	내	1	140408-3852611	11		20세이하						O		
4	이리수	내	1	191104-4487122	6		20세이하								

(2) 보험료
① 이철수(본인)

보장성보험-일반	300,000
보장성보험-장애인	
합계	300,000

② 이명수(부친)

보장성보험-일반	150,000
보장성보험-장애인	
합계	150,000

③ 이현수(아들)

보장성보험-일반	350,000
보장성보험-장애인	
합 계	350,000

(3) 교육비

① 이철수(본인)

교육비	
일반	장애인특수
5,000,000 4.본인	

② 이현수(아들)

교육비	
일반	장애인특수
8,000,000 2.초중고	

※ 또는 3,000,000

③ 이리수(딸)

교육비	
일반	장애인특수
1,800,000 1.취학전	

2. [신용카드 등] 탭

	성명 생년월일	자료구분	신용카드	직불,선불	현금영수증	도서등신용	도서등직불	도서등현금	전통시장	대중교통	합계
	이철수 1983-05-05	국세청 기타	32,500,000								32,500,000

3. [의료비] 탭 : 국외 의료비는 공제 대상 의료비에서 제외된다.

	의료비 공제대상자			지급처			지급명세				14.산후조리원
	성명	내/외	5.주민등록번호	6.본인등해당여부	9.증빙코드	8.상호	7.사업자등록번호	10.건수	11.금액	11-1.실손보험수령액	12.미숙아선천성이상아	13.난임여부
	이철수	내	830505-1478521	1	0	1			1,050,000	X	X	X
	이리수	내	191104-4487122	2	0	1			250,000	X	X	X

4. [연말정산입력] 탭 : F8 부양가족탭 불러오기 실행

구분			지출액	공제금액
소득공제	연금보험공제	군인연금		
		사립학교교직원		
		별정우체국연금		
	특별소득공제	33.보험료	2,305,920	2,305,920
		건강보험료	1,921,920	1,921,920
		고용보험료	384,000	384,000
		34.주택차입금 원리금상환액 대출기관/거주자		
		34.장기주택저당차입금이자상		
		35.특별소득공제 계		2,305,920
36.차감소득금액				25,384,080
그밖의소득공제	37.개인연금저축			
	38.소기업,소상공인 공제부금	2015년이전가입 / 2016년이후가입		
	39.주택마련저축 소득공제	청약저축 / 주택청약 / 근로자주택마련		
	40.투자조합출자 등 소득공제			
	41.신용카드 등 사용액		32,500,000	4,000,000

구분			지출액
세액공제	⑭ 출산.입양 명		
연금계좌	58.과학기술공제		
	59.근로자퇴직연금		
	60.연금저축		
	60-1.ISA연금계좌전환		
특별세액공제	61.보장성보험 일반/장애인	800,000	800,000
	62.의료비	1,300,000	1,300,000
	63.교육비	14,800,000	14,800,000
	64.기부금		
	1)정치자금기부금 10만원이하/10만원초과		
	2)고향사랑기부금 10만원이하/10만원초과		
	3)특례기부금(전액)		
	4)우리사주조합기부금		
	5)일반기부금(종교단체외)		
	6)일반기부금(종교단체)		
	65.특별세액공제 계		

114회 기출문제

1. 이론시험

⟨1⟩	⟨2⟩	⟨3⟩	⟨4⟩	⟨5⟩	⟨6⟩	⟨7⟩	⟨8⟩	⟨9⟩	⟨10⟩	⟨11⟩	⟨12⟩	⟨13⟩	⟨14⟩	⟨15⟩
④	①	④	②	①	②	모두정답	②	③	④	④	③	①	②	②

[1] ④ 종업원의 근무태도를 평가하는 것은 재무상태표의 목적이 아니다.

[2] ① 실제 물량 흐름과 원가흐름이 대체로 일치하는 것은 선입선출법에 대한 설명이다.

[3] ④
· 배당금 수익 : 배당금을 받을 권리와 금액이 확정된 날
· 상품권 판매 : 상품권을 회수하고 재화를 인도한 시점
· 장기할부판매 : 재화의 인도 시점

[4] ② [일반기업회계기준 문단 15.16] 주식배당을 하면 이익잉여금 계정이 감소, 자본금 계정이 증가하고 자본총액은 변하지 않는다.

[5] ① 단기매매증권으로 분류할 경우, 2024년 기말 장부가액은 190,000원이다.

[6] ② 기본원가와 가공원가에 모두 포함되는 것은 직접노무원가이다.
· 직접재료원가+직접노무원가=기본원가
· 직접노무원가+제조간접원가=가공원가

[7] ※ 연산품원가계산은 전산세무2급 시험의 평가범위가 아니므로 모두 정답으로 인정합니다.
④ 225,000원
=결합원가 배부액 100,000원+추가가공원가 125,000원

구분	순실현가치	결합원가 배부액
A	200kg×@3,000원=600,000원	160,000원
B	250kg×@2,000원−125,000원=375,000원	100,000원
C	500kg×@1,200원−75,000원=525,000원	140,000원
합계	1,500,000원	400,000원

[8] ② 단계배분법은 보조부문원가의 배분방법에 해당한다.

[9] ③ 종합원가계산에 대한 설명이다.

[10] ④ 비정상공손은 통제가능한 공손으로서 제품원가로 처리할 수 없고, 발생한 기간에 손실로 처리한다.

[11] ④ 소비지국 과세원칙을 구현하기 위해 영세율 제도를 두고 있으며 재화의 수입에 대하여 내국물품과 동일하게 과세한다.

[12] ③ 해당 과세기간의 총공급가액 중 면세공급가액이 5% 미만이면서 공통매입세액 5백만원 미만이어야 한다.

[13] ① 부가가치세법 제49조 제1항 단서
· 부가가치세법 제48조 제3항, 직전 과세기간 공급가액의 합계액이 1억5천만원 미만인 법인사업자는 예정고지에 의하여 부가가치세를 납부한다.
· 부가가치세법 제48조 제1항 단서, 신규로 사업을 시작하는 자에 대한 최초의 예정신고기간은 사업 개시일부터 그 날이

속하는 예정신고기간의 종료일까지로 한다.
· 부가가치세법 제48조 제4항, 휴업 또는 사업 부진으로 인하여 사업실적이 악화된 경우 등 대통령령으로 정하는 사유가 있는 사업자만 예정신고를 할 수 있다.

[14] ② 일용근로소득은 금액과 관계없이 분리과세로 종결하며, 나머지는 종합과세 대상이다.
· 기타소득의 필요경비 60%를 공제한 기타소득금액이 320만원이므로 종합과세 대상에 해당한다.

[15] ② 사업과 관련된 자산수증이익은 사업소득 총수입금액에 산입하여야 한다.

2. 실무시험

문제 1

[1] 일반전표입력

01.25.	(차) 미지급세금	8,500,000원	(대) 미지급금(국민카드)		8,568,000원
	세금과공과(판)	68,000원	(또는 미지급비용)		

[2] 일반전표입력

01.31.	(차) 보통예금	9,915,000원	(대) 받을어음(무인상사㈜)	10,000,000원
	매출채권처분손실	85,000원		

[3] 일반전표입력

02.04.	(차) 보통예금	9,800,000원	(대) 사채	10,000,000원
	사채할인발행차금	200,000원		

[4] 일반전표입력

06.17.	(차) 소모품비(제)	20,000원	(대) 현금	20,000원

[5] 일반전표입력

09.13.	(차) 이자비용	200,000원	(대) 예수금	55,000원
			보통예금	145,000원

문제 2

[1] 매입매출전표입력
유형: 12.영세 공급가액: 22,000,000원 부가세: 0원 공급처명: ㈜한빛 전자: 여 분개: 혼합
영세율구분:③내국신용장·구매확인서에 의하여 공급하는 재화

07.08.	(차) 선수금	7,000,000원	(대) 제품매출	22,000,000원
	받을어음	15,000,000원		

[2] 매입매출전표입력
유형: 54.불공 공급가액: 10,200,000원 부가세: 1,020,000원 공급처명: ㈜다양 전자: 여 분개: 혼합
불공제사유: ⑥토지의 자본적 지출 관련

07.15.	(차) 토지	11,220,000원	(대) 미지급금	11,220,000원

[3] 매입매출전표입력
유형: 61.현과 공급가액: 250,000원 부가세: 25,000원 공급처명: ㈜벽돌갈비 분개: 현금 또는 혼합

08.05.	(차) 복리후생비(제)	250,000원	(대) 현금	275,000원
	부가세대급금	25,000원		

[4] 매입매출전표입력
유형: 11.과세 공급가액: 5,000,000원 부가세: 500,000원 공급처명: 헤이중고차상사㈜ 전자: 여 분개: 혼합
08.20. (차) 보통예금   5,500,000원   (대) 부가세예수금   500,000원
       감가상각누계액(209)   16,000,000원   차량운반구   20,000,000원
                                                    유형자산처분이익   1,000,000원

[5] 매입매출전표입력
유형: 51.과세 공급가액: 3,000,000원 부가세: 300,000원 공급처명: 건물주 전자: 여 분개: 혼합
09.12. (차) 부가세대급금   300,000원   (대) 미지급금   3,300,000원
       임차료(제)   2,800,000원   (또는 미지급비용)
       건물관리비(제)   200,000원
※ 복수거래 입력 여부는 관계없음.

문제 3
[1] [수출실적명세서]

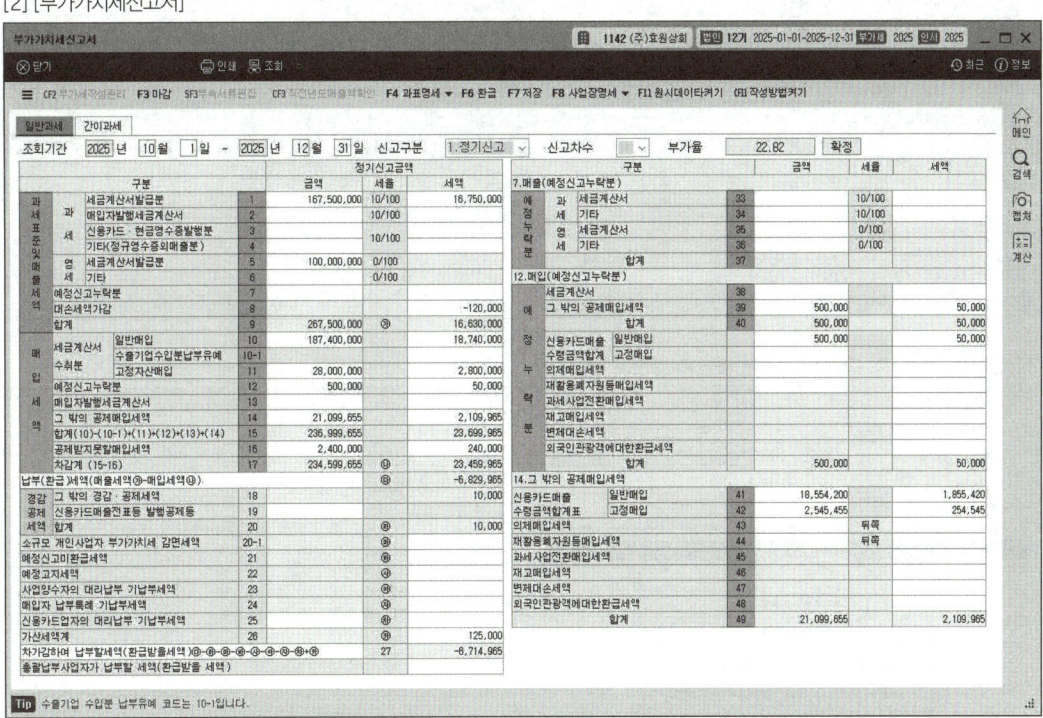

[2] [부가가치세신고서]

구분		금액	세율	세액
16.공제받지못할매입세액				
공제받지못할 매입세액	50	2,400,000		240,000
공통매입세액면세등사업분	51			
대손처분받은세액	52			
합계	53	2,400,000		240,000
18.그 밖의 경감·공제세액				
전자신고 및 전자고지 세액공제	54			10,000
전자세금계산서발급세액공제	55			
택시운송사업자경감세액	56			
대리납부세액공제	57			
현금영수증사업자세액공제	58			
기타	59			
합계	60			10,000

25.가산세명세					
사업자미등록등		61		1/100	
세금계산서	지연발급 등	62	12,500,000	1/100	125,000
	지연수취	63		5/1,000	
	미발급 등	64		뒤쪽참조	
전자세금 발급명세	지연전송	65		3/1,000	
	미전송	66		5/1,000	

· 전자세금계산서 미발급분 가산세 : 미발급 등(64) 또는 지연발급 등(62)

[3]

1. [부가가치세신고서] 및 관련 부속서류 마감 확인

2. [전자신고]>[전자신고제작] 탭>F4 제작>비밀번호 입력

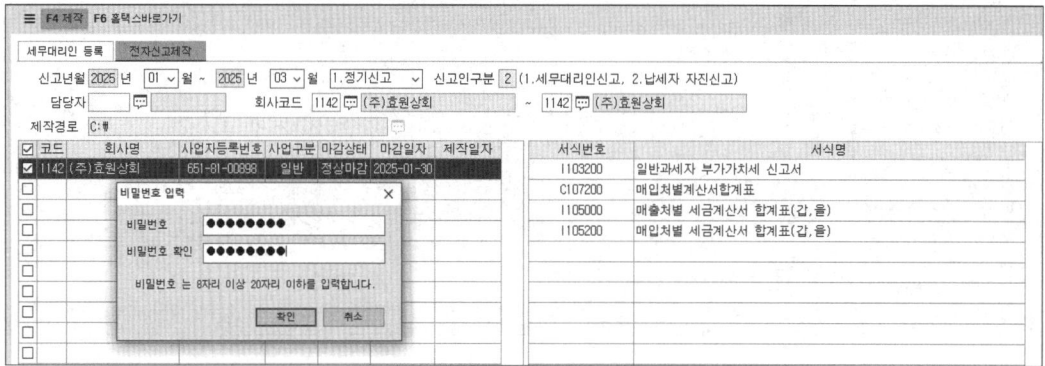

3. [국세청 홈택스 전자신고변환(교육용)]

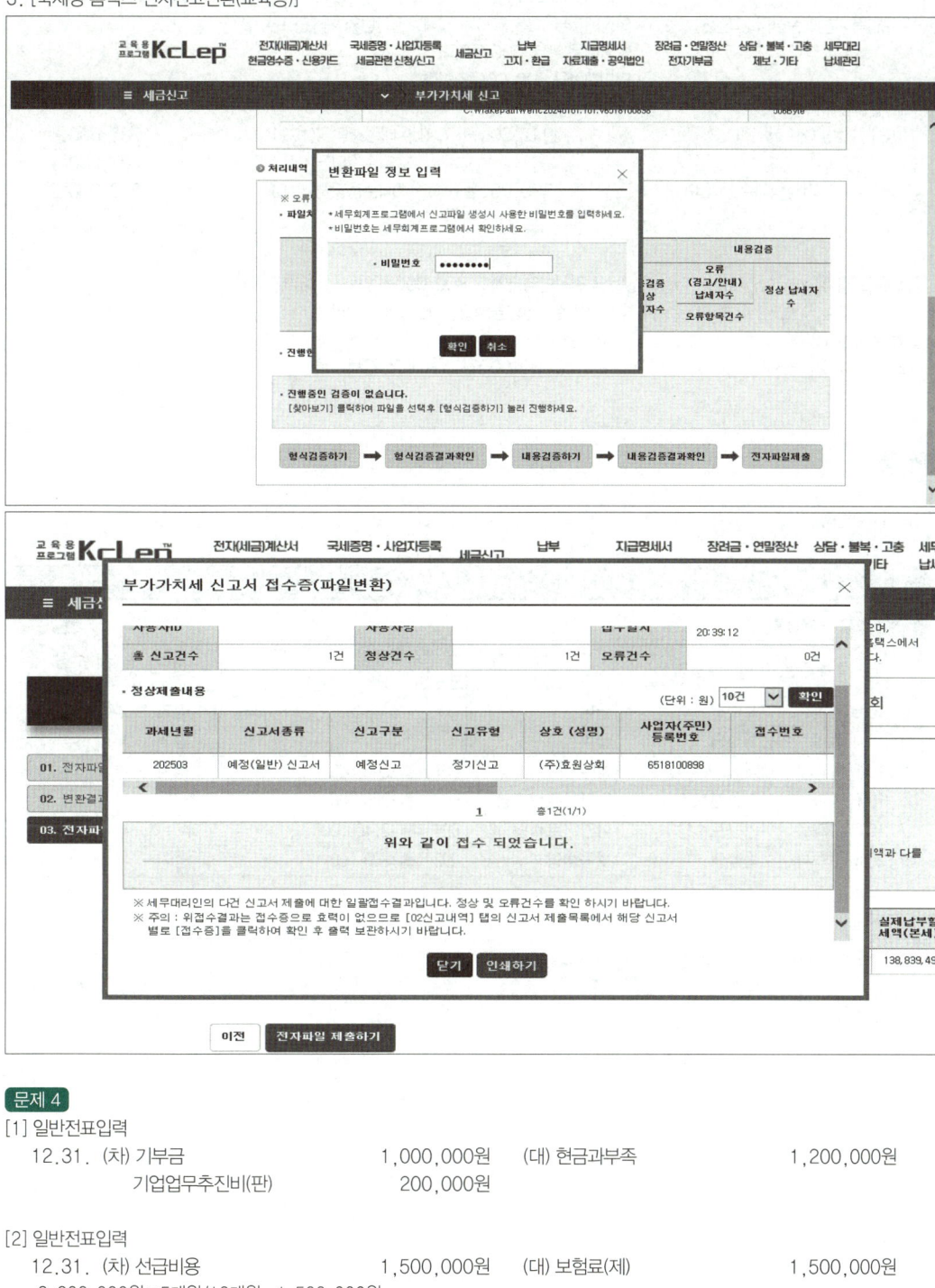

문제 4

[1] 일반전표입력
    12.31. (차) 기부금   1,000,000원   (대) 현금과부족   1,200,000원
               기업업무추진비(판)   200,000원

[2] 일반전표입력
    12.31. (차) 선급비용   1,500,000원   (대) 보험료(제)   1,500,000원
    · 3,600,000원×5개월/12개월=1,500,000원

[3] 일반전표입력
    12.31. (차) 보통예금   920,000원   (대) 이자수익   920,000원
    · 20,000,000원×4.6%=920,000원

[4]
결산자료입력>F8대손상각>대손율 1%> · 외상매출금 735,500원 입력>결산반영>F3전표추가
· 받을어음 207,000원 입력
· 단기대여금 500,000원 입력

2. 또는 일반전표입력
12.31. (차) 대손상각비　　　　　　　942,500원　　(대) 대손충당금(109)　　　735,500원
　　　　　　　　　　　　　　　　　　　　　　　　　　　대손충당금(111)　　　207,000원
　　　　　　기타의대손상각비　　　　500,000원　　　　대손충당금(115)　　　500,000원

[5]
1. [결산자료입력]>9. 법인세등> · 1). 선납세금 결산반영금액 5,800,000원 입력　>F3전표추가
· 2). 추가계상액 결산반영금액 2,600,000원 입력

2. 또는 일반전표입력
12.31. (차) 법인세등　　　　　　　8,400,000원　　(대) 선납세금　　　　　5,800,000원
　　　　　　　　　　　　　　　　　　　　　　　　　　　미지급세금　　　　　2,600,000원

문제 5

[1]
1. [급여자료입력]
(1) [수당등록] 탭

수당공제등록

No	코드	과세구분	수당명	근로소득유형 유형	코드	한도	월정액	통상임금	사용여부
3	1003	과세	직책수당	급여			정기	부	여
4	1004	과세	월차수당	급여			정기	부	부
5	1005	비과세	식대	식대	P01	(월)200,000	정기	부	여
6	1006	비과세	자가운전보조금	자가운전보조금	H03	(월)200,000	부정기	부	여
7	1007	비과세	야간근로수당	야간근로수당	001	(년)2,400,000	부정기	부	여
8	2001	비과세	보육수당	보육수당	Q02	(월)200,000	정기	부	여

(2) [급여자료입력]

귀속년월 2025년 04월　지급년월일 2025년 04월 30일　급여

사번	사원명	감면율	급여항목	금액	공제항목	금액
33	정기준		기본급	2,800,000	국민연금	153,000
			직책수당	400,000	건강보험	120,530
			식대	200,000	장기요양보험	15,600
			자가운전보조금	200,000	고용보험	27,200
			야간근로수당	200,000	소득세(100%)	114,990
			보육수당	200,000	지방소득세	11,490
					농특세	
			과　세	3,400,000		
			비 과 세	600,000	공 제 총 액	442,810
			지 급 총 액	4,000,000	차 인 지 급 액	3,557,190

총인원(퇴사자) 1(0)

3. [원천징수이행상황신고서]

소득자 소득구분		코드	소득지급		징수세액			당월조정 환급세액	납부세액	
			인원	총지급액	소득세 등	농어촌특별세	가산세		소득세 등	농어촌특별세
근로소득	간이세액	A01	1	3,800,000	114,990					
	중도퇴사	A02								
	일용근로	A03								
	연말정산	A04								
	(분납신청)	A05								
	(납부금액)	A06								
	가 감 계	A10	1	3,800,000	114,990			114,990		

전월 미환급 세액의 계산				당월 발생 환급세액				18.조정대상환급(14+15+16+17)	19.당월조정 환급세액계	20.차월이월 환급세액	21.환급신청액
12.전월미환급	13.기환급	14.차감(12-13)	15.일반환급	16.신탁재산	금융회사 등	합병 등					
601,040		601,040						601,040	114,990	486,050	

[2] [연말정산추가자료입력]
1. [소득명세] 탭

	구분		합계	주(현)	납세조합	종(전) [1/2]
소득명세	9.근무처명			(주)효원상회		주식회사 두섬
	9-1.종교관련 종사자			부		부
	10.사업자등록번호			651-81-00898	--- --- ---	103-81-62982
	11.근무기간			2025-08-01 ~ 2025-12-31	--- --- --- ~ --- --- ---	2025-01-01 ~ 2025-07-31
	12.감면기간					
	13-1.급여(급여자료입력)		41,000,000	15,000,000		26,000,000
	13-2.비과세한도초과액					
	13-3.과세대상추가(인정상여추가)					
	14.상여		1,000,000			1,000,000
	15.인정상여					
	15-1.주식매수선택권행사이익					
	15-2.우리사주조합 인출금					
	15-3.임원퇴직소득금액한도초과액					
	15-4.직무발명보상금					
	16.계		42,000,000	15,000,000		27,000,000
	18.국외근로					
공제보험료명세	직장	건강보험료(직장)(33)	1,437,050	531,750		905,300
		장기요양보험료(33)	184,750	68,850		115,900
		고용보험료(33)	363,000	120,000		243,000
		국민연금보험료(31)	1,845,000	675,000		1,170,000
	공적연금보험료	공무원 연금(32)				
		군인연금(32)				
		사립학교교직원연금(32)				
		별정우체국연금(32)				
세액	기납부세액	소득세	711,750	371,750		340,000
		지방소득세	71,150	37,150		34,000
		농어촌특별세				

2. [부양가족] 탭
(1) 인적공제

연말관계	성명	내/외국인	주민(외국인)번호	나이	소득기준 초과여부	기본공제	세대주구분	부녀자	한부모	경로우대	장애인	자녀	출산입양	결혼세액
0	홍상현	내	1 860314-1287653	39		본인	세대주							
3	이명지	내	1 860621-2044775	39		부								
4	홍라을	내	1 190827-4842416	6		20세이하								
1	홍천운	내	1 580919-1287035	67		60세이상								

(2) 교육비

① 홍상현(본인)

교육비	
일반	장애인특수
7,000,000 4.본인	

② 홍라율(자녀)

교육비	
일반	장애인특수
2,400,000 1.취학전	

(3) 보험료

① 홍상현(본인)

보장성보험-일반	800,000
보장성보험-장애인	
합계	800,000

② 홍라율(자녀)

보장성보험-일반	500,000
보장성보험-장애인	
합계	500,000

3. [신용카드 등] 탭

성명 생년월일	자료 구분	신용카드	직불,선불	현금영수증	도서등 신용	도서등 직불	도서등 현금	전통시장	대중교통	합계
홍상현	국세청	22,000,000		3,000,000				4,000,000	1,000,000	30,000,000
1986-03-14	기타									

4. [의료비] 탭

2025년 의료비 지급명세서

의료비 공제대상자					지급처			지급명세				14.산후조리원
성명	내/외	5.주민등록번호	6.본인등 해당여부	9.증빙 코드	8.상호	7.사업자 등록번호	10.건수	11.금액	11-1.실손 보험수령액	12.미숙아 선천성이상아	13.납입 여부	
홍상현	내	860314-1287653	1	0				300,000		X	X	X
홍상현	내	860314-1287653	1	5	모든안경	431-01-00574	1	500,000		X	X	X
홍라율	내	190827-4842416	2	0	1			400,000		X	X	X
홍천운	내	580919-1287035	2	0	1			8,000,000		X	X	X

5. [연말정산입력] 탭 : F8 부양가족탭불러오기 실행

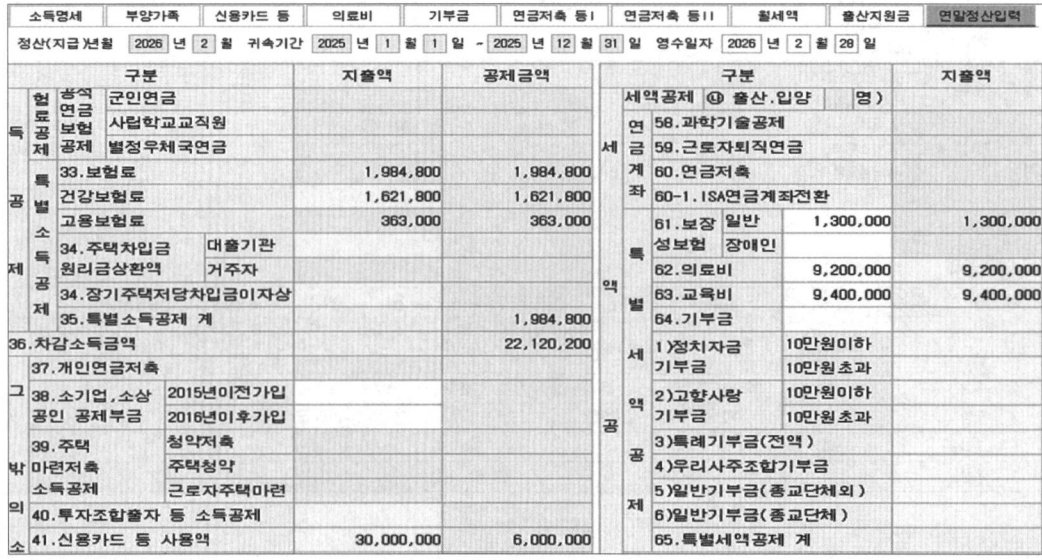

113회 기출문제

1. 이론시험

〈1〉	〈2〉	〈3〉	〈4〉	〈5〉	〈6〉	〈7〉	〈8〉	〈9〉	〈10〉	〈11〉	〈12〉	〈13〉	〈14〉	〈15〉
③	②	①	②	④	②	④	①	③	③	②	④	①	④	③

[1] ③ 유동자산은 당좌자산과 재고자산으로 구분하고 투자자산은 비유동자산에 속한다.

[2] ② 12,300,000원
 = 기초 자본잉여금 10,000,000원 + 주식발행초과금 2,000,000원 + 자기주식처분이익 300,000원

[3] ① 대손충당금 과대 설정은 동시에 대손상각비가 과대 계상된다.

[4] ② 취득세, 등록면허세 등 유형자산의 취득과 직접 관련된 제세공과금은 유형자산의 원가를 구성한다.

[5] ④ [일반기업회계기준 문단 14.3] 충당부채는 과거사건이나 거래의 결과에 의한 현재의무로서, 지출의 시기 또는 금액이 불확실하지만 그 의무를 이행하기 위하여 자원이 유출될 가능성이 매우 높고 또한 당해 금액을 신뢰성 있게 추정할 수 있는 의무를 말한다.

[6] ② 54개
 · 실제 물량의 흐름

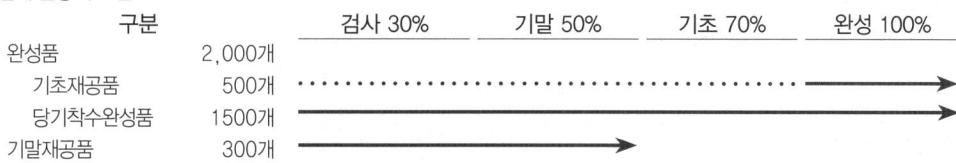

 · 당기에 검사를 통과한 정상품 : 1,500개 + 300개 = 1,800개
 · 정상공손수량 : 1,800개 × 3% = 54개

[7] ④ 이익잉여금처분은 주주에게 지급하는 배당 등을 의미하며 주주인 외부 이해관계자에게 제공하는 것은 재무회계의 목적에 해당한다.

[8] ① 30,870,000원
 = 실제 직접노동시간 70,000시간 × 제조간접원가 예정배부율 441원
 · 제조간접원가 예정배부율 : 제조간접원가 예산 39,690,000원 ÷ 예산 직접노동시간 90,000시간
 = 441원/직접노동시간

[9] ③ 제조원가를 원가행태에 따른 분류하면 변동제조원가, 고정제조원가로 분류한다.

[10] ③ 단계배분법은 우선순위가 높은 부문의 보조부문원가를 우선순위가 낮은 부문과 제조부문에 먼저 배분하는 방법으로 상호간의 용역수수관계를 일부 인식하지만 배분 순서가 부적절한 경우 직접배분법보다도 정확성이 떨어질 수 있다.
 · 상호배분법은 보조부문 상호간의 용역수수관계를 가장 정확하게 배분하지만 보조부문의 수가 여러 개일 경우 시간과 비용이 많이 소요되고 계산하기가 어려워 실무상 거의 사용되지 않는다.

[11] ② 부가가치세법 시행령 제70조 제1항 제2호
 · 면세 등 세금계산서 발급 대상이 아닌 거래 등에 대하여 세금계산서를 발급한 경우 : 처음에 발급한 세금계산서의 내용대로 붉은색 글씨로 쓰거나 음의 표시를 하여 발급
 · 필요적 기재사항 등이 착오 외의 사유로 잘못 적힌 경우 : 처음에 발급한 세금계산서의 내용대로 세금계산서를 붉은색

글씨로 쓰거나 음의 표시를 하여 발급하고, 수정하여 발급하는 세금계산서는 검은색 글씨로 작성하여 발급
· 착오로 전자세금계산서를 이중으로 발급한 경우 : 처음에 발급한 세금계산서의 내용대로 음의 표시를 하여 발급

[12] ④ 세금계산서 임의적 기재사항의 일부가 적히지 아니한 지출에 대한 매입세액은 공제가 가능하다. 필요적 기재사항의 일부가 적히지 아니한 지출에 대한 매입세액에 대해서는 공제 불가하다.

[13] ① 부가가치세법 제59조, 납세지 관할 세무서장은 각 과세기간별로 그 과세기간에 대한 환급세액을 확정신고한 사업자에게 그 확정신고기한이 지난 후 30일 이내(제2항 각 호의 어느 하나에 해당하는 경우에는 15일 이내)에 대통령령으로 정하는 바에 따라 환급하여야 한다.

[14] ④ 금융소득은 납세자의 선택에 따라 종합소득합산과세를 적용할 수 없으며 금융소득이 연 2천만원을 초과하는 경우 금융소득종합과세를 적용 한다.

[15] ③ 당해 과세기간에 발생한 결손금을 먼저 다른 소득금액에서 공제한다.

2. 실무시험

문제 1

[1] 일반전표입력
03.21. (차) 이월이익잉여금(375) 110,000,000원   (대) 미지급배당금 100,000,000원
　　　　　　　　　　　　　　　　　　　　　　　　　　 이익준비금   10,000,000원

[2] 일반전표입력
03.28. (차) 외상매입금(남일상사) 15,500,000원   (대) 보통예금   7,000,000원
　　　　　　　　　　　　　　　　　　　　　　　　　　 가수금(대표자) 8,500,000원

[3] 일반전표입력
06.25. (차) 교육훈련비(판) 2,400,000원   (대) 예수금   79,200원
　　　　　　　　　　　　　　　　　　　　　　　　　 보통예금   2,320,800원

[4] 일반전표입력
08.10. (차) 보통예금 950,000원   (대) 단기매매증권   500,000원
　　　　　　　　　　　　　　　　　　　　　 단기매매증권처분이익 450,000원

[5] 일반전표입력
09.05. (차) 기부금 2,000,000원   (대) 원재료 2,000,000원
　　　　　　　　　　　　　　　　　　 (적요 8. 타계정으로 대체액)

문제 2

[1] 매입매출전표입력
유형: 22.현과 공급가액: 480,000원 부가세: 48,000원 공급처명: 추미랑 분개: 현금 또는 혼합
07.17. (차) 현금 528,000   (대) 제품매출   480,000
　　　　　　　　　　　　　　　　　 부가세예수금 48,000

[2] 매입매출전표입력
유형: 14.건별 공급가액: 1,000,000원 부가세: 100,000원 공급처명: 없음 분개: 혼합
07.28. (차) 보통예금   1,100,000   (대) 부가세예수금   100,000
　　　　　 감가상각누계액(213) 1,500,000   비품   2,500,000

[3] 매입매출전표입력

유형: 55.수입 공급가액: 5,400,000원 부가세: 540,000원 공급처명: 인천세관 전자: 여 분개: 현금 또는 혼합
  08.28. (차) 부가세대급금   540,000원   (대) 현금   540,000원

[4] 매입매출전표입력
유형: 57.카과 공급가액: 1,000,000원 부가세: 100,000원 공급처명: 과자나라㈜ 분개: 카드 또는 혼합
신용카드사:비씨카드
  09.02. (차) 부가세대급금   100,000원   (대) 미지급금(비씨카드)   1,100,000원
        복리후생비(판)   1,000,000원   (또는 미지급비용)

[5] 매입매출전표입력
유형: 51.과세 공급가액: 20,000,000원 부가세: 2,000,000원 공급처명: ㈜오성기계 전자: 여 분개: 혼합
  09.11. (차) 기계장치   20,000,000원   (대) 보통예금   20,000,000원
        부가세대급금   2,000,000원   선급금   2,000,000원

문제 3

[1] [의제매입세액공제신고서]

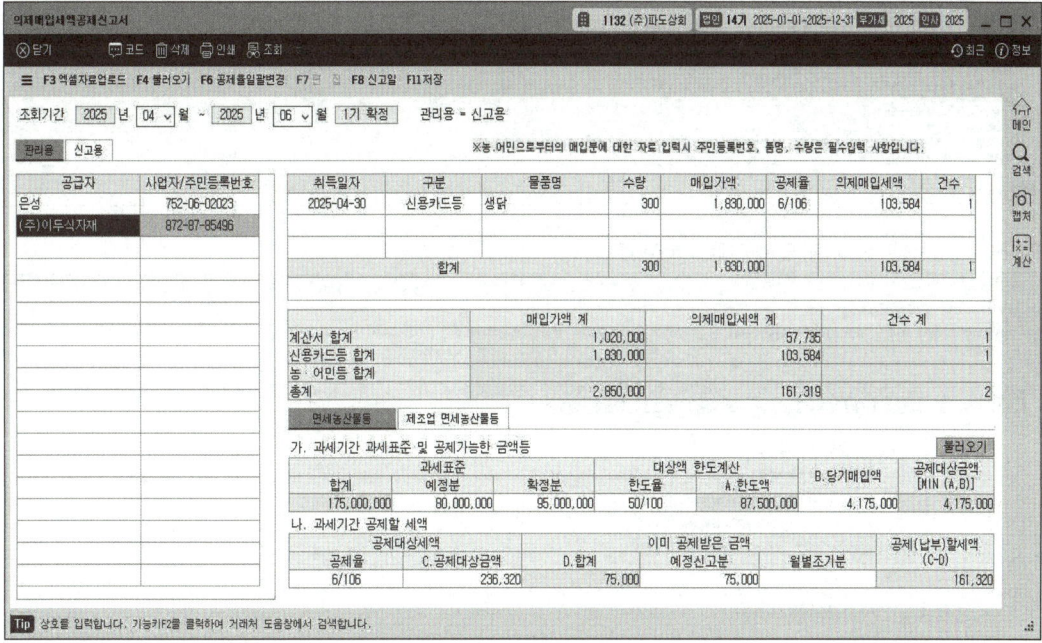

※ 농어민으로부터의 매입은 제조업자에 한하여 가능하다.
※ B.당기매입 : 예정신고기간 매입액 1,325,000원+확정신고기간 매입액 2,850,000원=4,175,000원

[2] [건물등감가상각자산취득명세서]

[3]
1. [부가가치세신고서] 및 관련 부속서류 마감 확인

2. [전자신고]>[전자신고제작] 탭> F4 제작>비밀번호 입력

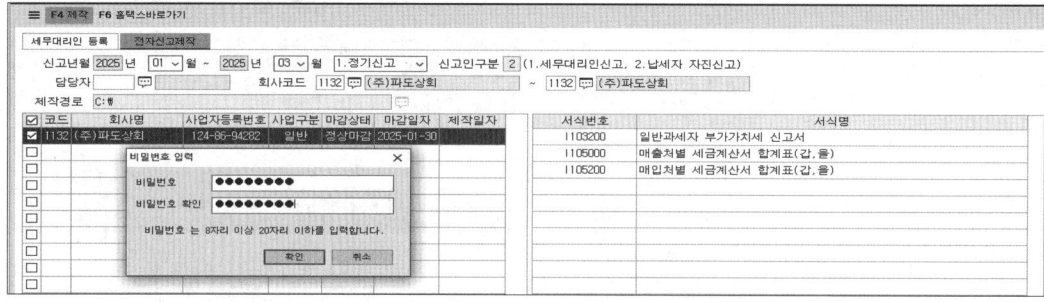

3. [국세청 홈택스 전자신고변환(교육용)]

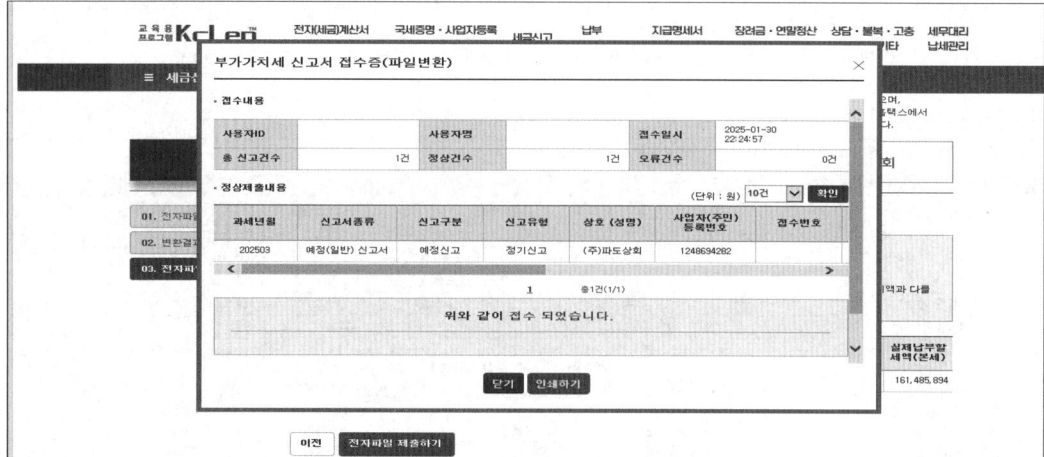

문제 4

[1] 일반전표입력

12.31. (차) 미수수익   765,000원   (대) 이자수익   765,000원

· 미수수익 : 30,000,000원×3.4%×9/12=765,000원

[2] 일반전표입력

12.31. (차) 매도가능증권평가이익   1,000,000원   (대) 매도가능증권(178)   1,200,000원
        매도가능증권평가손실   200,000원

· 2024년 말 인식한 매도가능증권평가이익(기타포괄손익누계액) 1,000,000원을 2025년 말 발생한 매도가능증권평가손실과 우선 상계하여 회계처리한다.

· 매도가능증권평가손익은 재무상태표상 자본 항목 중 기타포괄손익누계액 항목으로 차기 이후 발생하는 평가손익과 상계하여 회계처리한다.

[3] 일반전표입력

12.31. (차) 외상매출금(캐나다 ZF사)   3,000,000원   (대) 외화환산이익*   3,000,000원
        *$100,000×(950원-920원)=3,000,000원

[4] 일반전표입력

12.31. (차) 부가세예수금   8,240,000원   (대) 부가세대급금   6,400,000원
        세금과공과(판)   84,000원   잡이익   10,000원
                                       미지급세금   1,914,000원

[5]

1. [결산자료입력]>4. 판매비와일반관리비
                 >6). 무형자산상각비
                        >영업권 결산반영금액란 : 50,000,000원 입력>F3전표추가

2. 또는 일반전표입력

12.31. (차) 무형자산상각비   50,000,000원   (대) 영업권   50,000,000원

문제 5

[1] 원천징수이행상황신고서

소득자 소득구분		코드	소득지급		징수세액			당월조정 환급세액	납부세액	
			인원	총지급액	소득세 등	농어촌특별세	가산세		소득세 등	농어촌특별세
근로소득	간이세액	A01	2	6,000,000	90,000					
	중도퇴사	A02	1	15,200,000	-200,000					
	일용근로	A03								
	연말정산	A04								
	(분납신청)	A05								
	(납부금액)	A06								
	가 감 계	A10	3	21,200,000	-110,000					
총 합 계		A99	3	21,200,000						

· 간이세액[A01] 총지급액 : 급여 합계 6,200,000원-미제출비과세(자가운전보조금) 200,000원=6,000,000원
    ※ 원천세 신고 및 지급명세서 작성 시 식대는 제출비과세 항목이며, 자가운전보조금은 미제출비과세 항목이다.

· 중도퇴사[A02] : 1월~4월 총지급액 12,000,000원+5월 총지급액 3,200,000원=15,200,000원

[2]
1. [소득명세] 탭

구분		합계	주(현)	납세조합	종(전) [1/2]
	9.근무처명		(주)파도상회		(주)솔비공업사
	9-1.종교관련 종사자		부		부
소득명세	10.사업자등록번호		124-86-94282	--- -- -----	956-85-02635
	11.근무기간		2025-04-21 ~ 2025-12-31	----- -- ----- ~ ----- -- -----	2025-01-01 ~ 2025-04-20
	12.감면기간		----- -- ----- ~ ----- -- -----	----- -- ----- ~ ----- -- -----	----- -- ----- ~ ----- -- -----
	13-1.급여(급여자료입력)	52,600,000	40,600,000		12,000,000
	13-2.비과세한도초과액				
	13-3.과세대상추가(인정상여추가)				
	14.상여				
	15.인정상여				
	15-1.주식매수선택권행사이익				
	15-2.우리사주조합 인출금				
	15-3.임원퇴직소득금액한도초과액				
	15-4.직무발명보상금				
	16.계	52,600,000	40,600,000		12,000,000
공제보험료명세	직장 건강보험료(직장)(33)	1,904,000	1,439,190		464,810
	직장 장기요양보험료(33)	283,640	186,350		97,290
	직장 고용보험료(33)	459,120	324,800		134,320
	직장 국민연금보험료(31)	2,335,700	1,827,000		508,700
	공적연금보험료 공무원 연금(32)				
	공적연금보험료 군인연금(32)				
	공적연금보험료 사립학교교직원연금(32)				
	공적연금보험료 별정우체국연금(32)				
세액명세	기납부세액 소득세	2,766,370	2,368,370		398,000
	기납부세액 지방소득세	276,600	236,800		39,800
	기납부세액 농어촌특별세				

2. [부양가족] 탭
1) 부양가족명세

연말관계	성명	내/외국인	주민(외국인)번호	나이	소득기준초과여부	기본공제	세대주구분	부녀자	한부모	경로우대	장애인	자녀	출산입양	결혼세액
0	함춘식	내	1 900919-1668321	35		본인	세대주							
1	함덕주	내	1 501223-1589321	75		60세이상				○				
1	박경자	내	1 530807-2548718	72		60세이상				○				
6	함경리	내	1 881229-2509019	37		장애인					3			

2) 보험료
· 함춘식(본인) : 저축성 보험료는 공제 대상에 해당하지 않는다.
· 함덕주(부) : 일반 보장성보험료

보장성보험-일반	500,000
보장성보험-장애인	
합 계	500,000

· 함경리(누나) : 장애인전용 보장성보험료

보장성보험-일반	
보장성보험-장애인	700,000
합 계	700,000

※ 일반보장성 보험료와 장애인전용 보장성 보험료는 각각 100만원을 한도로 공제 가능하다.

3. [의료비] 탭

2025년 의료비 지급명세서

	성명	내/외	5.주민등록번호	6.본인등해당여부	9.증빙코드	8.상호	7.사업자등록번호	10.건수	11.금액	11-1.실손보험수령액	12.미숙아선천성이상아	13.난임여부	14.산후조리원
□	박경자	내	530807-2548718	2	0				2,000,000	X	X	X	X
□	함덕주	내	501223-1589321	2	0	1			300,000	X	X	X	X
□	함경리	내	881229-2509019	2	0	1			300,000	X	X	X	X

4. [신용카드 등] 탭

	성명 생년월일	자료 구분	신용카드	직불,선불	현금영수증	도서등 신용	도서등 직불	도서등 현금	전통시장	대중교통	합계
☐	함춘식	국세청	19,400,000							600,000	20,000,000
	1990-09-19	기타									
☐	함덕주	국세청		6,000,000						2,000,000	8,000,000
	1950-12-23	기타									

· 함춘식의 신용카드 사용액 중 아파트 관리비 100만원은 공제 대상 신용카드 사용 금액에서 제외된다.

5. [월세액] 탭

1 월세액 세액공제 명세(연말정산입력 탭의 70.월세액)

임대인명 (상호)	주민등록번호 (사업자번호)	유형	계약 면적(㎡)	임대차계약서 상 주소지	계약서상 임대차 계약기간		연간 월세액
					개시일	종료일	
이고동	691126-1904701	아파트	84.00	경기도 안산시 단원구 중앙동	2025-01-01 ~	2026-12-31	7,200,000

6. [연말정산입력] 탭 : F8부양가족탭불러오기 실행

정산(지급)년월 2026년 2월 귀속기간 2025년 1월 1일 ~ 2025년 12월 31일 영수일자 2026년 2월 28일

	구분		지출액	공제금액		구분		지출액
소 득 공 제	연 금 보 험 공 제	군인연금			세 액 공 제	⑪ 출산.입양	명	
		사립학교교직원				58.과학기술공제		
		별정우체국연금			연 금 계 좌	59.근로자퇴직연금		
	특 별 소 득 공 제	33.보험료	2,646,760	2,646,760		60.연금저축		
		건강보험료	2,187,640	2,187,640		60-1.ISA연금계좌전환		
		고용보험료	459,120	459,120	특 별 세 액 공 제	61.보장 성보험	일반	500,000	500,000
		34.주택차금 대출기관					장애인	700,000	700,000
		원리금상환액 거주자				62.의료비		2,600,000	2,600,000
		34.장기주택저당차입금이자상				63.교육비		
		35.특별소득공제 계		2,646,760		64.기부금		
36.차감소득금액				25,237,540		1)정치자금 기부금	10만원이하	
	37.개인연금저축						10만원초과	
그 밖 의 소	38.소기업,소상 공인 공제부금	2015년이전가입			세 액 공 제	2)고향사랑 기부금	10만원이하	
		2016년이후가입					10만원초과	
	39.주택 마련저축 소득공제	청약저축				3)특례기부금(전액)		
		주택청약				4)우리사주조합기부금		
		근로자주택마련				5)일반기부금(종교단체외)		
	40.투자조합출자 등 소득공제					6)일반기부금(종교단체)		
	41.신용카드 등 사용액		28,000,000	5,040,000		65.특별세액공제 계		

112회 기출문제

1. 이론시험

〈1〉	〈2〉	〈3〉	〈4〉	〈5〉	〈6〉	〈7〉	〈8〉	〈9〉	〈10〉	〈11〉	〈12〉	〈13〉	〈14〉	〈15〉
④	①	③	④	②	④	①	②	③	①	③	③	④	②	①

[1] ④ 계정과목을 단기매매증권으로 분류변경하는 것이 아니라, 만기보유증권(유동자산)으로 분류변경한다.

[2] ①
- 미반영 회계처리 :　　(차)　선급비용(자산)　　　　(대)　보험료(비용)
- 즉, 자산 과소, 비용 과대, 당기순이익 과소, 부채는 영향이 없다.

[3] ③ 원상회복, 수선유지를 위한 지출은 수익적 지출에 해당한다.

[4] ④ [일반기업회계기준 문단 16.14] 용역제공거래의 성과를 신뢰성 있게 추정할 수 없고 발생한 원가의 회수가능성이 낮은 경우에도 발생한 원가는 비용으로 인식한다.

[5] ② 회계연도의 이익을 줄이기 위해 유형자산의 내용연수를 임의로 단축하는 것은 회계처리의 오류이다.

[6] ④ 조업도가 증가하거나 감소하더라도 단위당 변동원가는 변함이 없다.

[7] ① 2,000,000원 과대배부
　　 =실제발생액 18,000,000원-예정배부액 20,000,000원
- 예정배부액 : 실제 직접노무시간 10,000시간×제조간접원가 배부율 2,000원=20,000,000원

[8] ②
- 완성품수량 : 기초재공품 500개+당기착수 5,000개-기말재공품 300개-공손품 700개=4,500개
- 정상공손수량 : 당기완성품 4,500개×10%=450개
- 비정상공손수량 : 공손품 700개-정상공손 450개=250개

[9] ③ 종합원가계산에 대한 설명이다.

[10] ① 2,800개
　　 =완성품 2,000개+기말재공품 2,000개×40%

[11] ③ 간이과세자는 세금계산서를 발급받은 재화의 공급대가에 0.5%를 곱한 금액을 납부세액에서 공제한다.

[12] ③ 의제매입세액의 공제대상이 되는 원재료의 매입가액은 운임 등의 부대비용을 제외한 매입원가로 한다.

[13] ④ 근로자의 가족에 대한 학자금은 근로소득으로 과세한다.

[14] ② 근로소득과 사업소득이 있는 경우 과세표준확정신고의 예외에 해당하지 않으므로 반드시 확정신고를 해야 한다.

[15] ① 총급여액 5,000,000원 이하의 근로소득만 있는 자가 기본공제 대상자에 해당한다.
- 한부모공제는 소득금액 제한이 없다.

2. 실무시험

문제 1

[1] 일반전표입력
  06.12. (차) 단기매매증권   10,000,000원   (대) 보통예금   10,100,000원
         수수료비용(984)   100,000원

[2] 일반전표입력
  07.09. (차) 예수금   3,300,000원   (대) 보통예금   3,300,000원

[3] 일반전표입력
  07.21. (차) 토지   370,000,000원   (대) 자산수증이익   350,000,000원
                                                  보통예금   20,000,000원

[4] 일반전표입력
  09.20. (차) 보통예금   34,100,000원   (대) 사채   35,000,000원
         사채할인발행차금   900,000원

[5] 일반전표입력
  10.21. (차) 보통예금   125,000,000원   (대) 외상매출금(㈜도담) 115,000,000원
                                                  외환차익   10,000,000원

문제 2

[1] 매입매출전표입력
유형: 51.과세 공급가액: 15,000,000원 부가세: 1,500,000원 공급처명: 대보상사 전자: 부 분개: 혼합
  07.02. (차) 부가세대급금   1,500,000원   (대) 당좌예금   16,500,000원
         기계장치   15,000,000원

[2] 매입매출전표입력
유형: 61.현과 공급가액: 80,000원 부가세: 8,000원 공급처명: 참맛식당 분개: 현금 또는 혼합
  07.24. (차) 부가세대급금   8,000원   (대) 현금   88,000원
         복리후생비(판)   80,000원

[3] 매입매출전표
유형: 54.불공 공급가액: 25,000,000원 부가세: 2,500,000원 공급처명: ㈜빠름자동차 전자: 여 분개: 혼합
불공제사유:③개별소비세법에 따른 자동차 구입·유지 및 임차
  08.01. (차) 차량운반구   27,500,000원   (대) 보통예금   3,000,000원
                                                  미지급금   24,500,000원

[4] 매입매출전표입력
유형: 11.과세 공급가액: 40,000,000원 부가세: 4,000,000원 공급처명: ㈜더뷰상사 전자: 여 분개: 혼합
  08.17. (차) 보통예금   12,000,000원   (대) 부가세예수금   4,000,000원
         외상매출금   32,000,000원   제품매출   40,000,000원

[5] 매입매출전표입력
유형: 16.수출 공급가액: 78,600,000원 공급처명: KYM사 분개: 혼합
영세율구분:① 직접수출(대행수출 포함)
  11.30. (차) 외상매출금   39,300,000원   (대) 제품매출   78,600,000원
         보통예금   39,300,000원

문제 3
[1]
[부동산임대공급가액명세서]

[2] [부가가치세신고서]

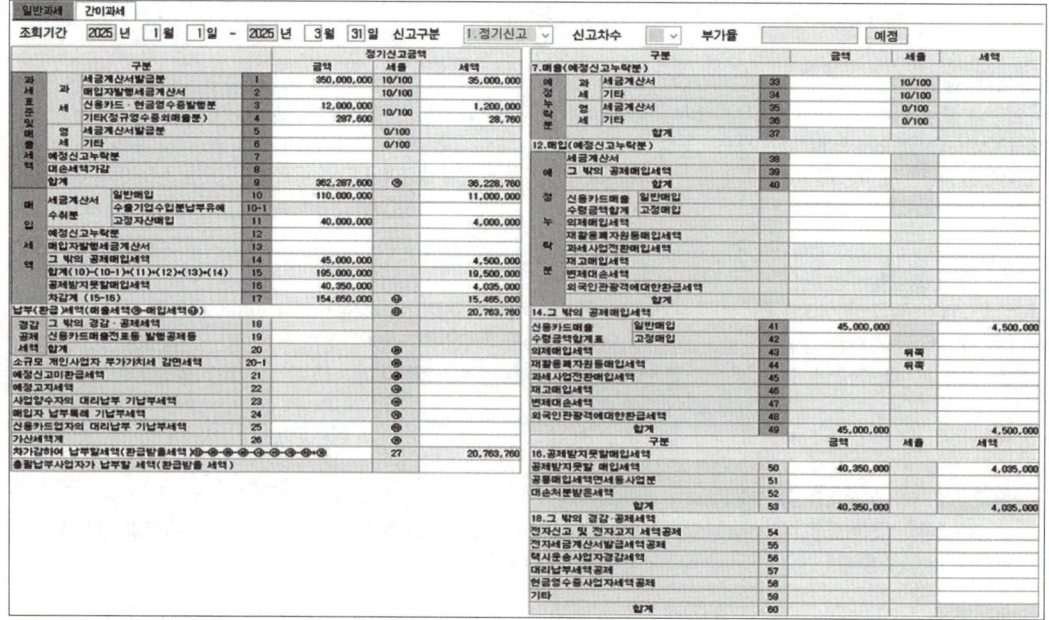

· 간주임대료는 기타(정규영수증외매출분)에 입력한다.

[3]
1. [부가가치세신고서] 및 부속서류 마감 확인

2. 전자신고 데이터 제작

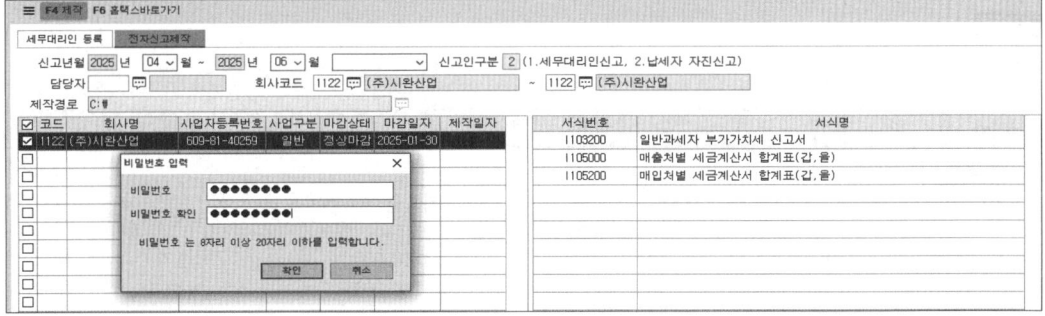

3. 가상홈택스 부가가치세 신고/납부

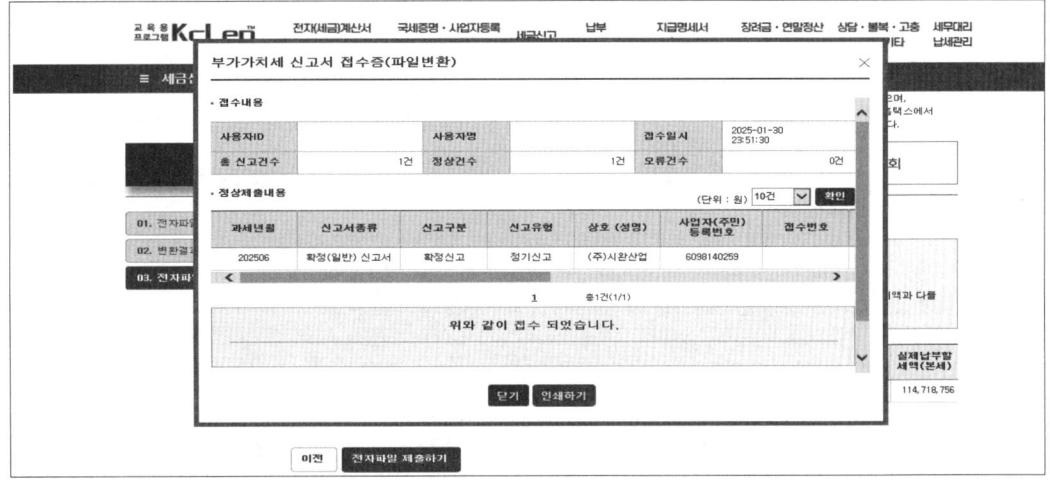

문제 4

[1] 일반전표입력
　　12.31.　(차) 매도가능증권(178)　　1,200,000원　　(대) 매도가능증권평가이익　1,200,000원

[2] 일반전표입력
　　12.31.　(차) 잡손실　　102,000원　　(대) 현금과부족　　102,000원

[3] 일반전표입력
　　12.31.　(차) 보통예금　　35,423,800원　　(대) 단기차입금(우리은행)　35,423,800원

[4] 일반전표입력
　　12.31.　(차) 선급비용　　200,000원　　(대) 보험료(판)　　200,000원

[5]
1. [결산자료입력]>Ctrl+F8퇴직충당>퇴직급여추계액란>퇴직급여(판) 100,000,000원 입력>F3전표추가
　　　　　　　　　　　　　　　　　　　>퇴직급여(제) 300,000,000원 입력
2. [결산자료입력]>3)노무비>2)퇴직급여(전입액) 240,000,000원 입력>F3전표추가
　　　　　　　　　 4)판매비와일반관리비>2)퇴직급여(전입액) 80,000,000원
3. 또는 일반전표입력
　　12.31.　(차) 퇴직급여(판)　　80,000,000원　　(대) 퇴직급여충당부채　320,000,000원
　　　　　　　　퇴직급여(제)　　240,000,000원
　　　　・ 마케팅부서 : 퇴직급여추계액 100,000,000원×100%-20,000,000원=80,000,000원
　　　　・ 생산부서 : 퇴직급여추계액 300,000,000원×100%-60,000,000원=240,000,000원

문제 5

[1]
1. [수당등록]

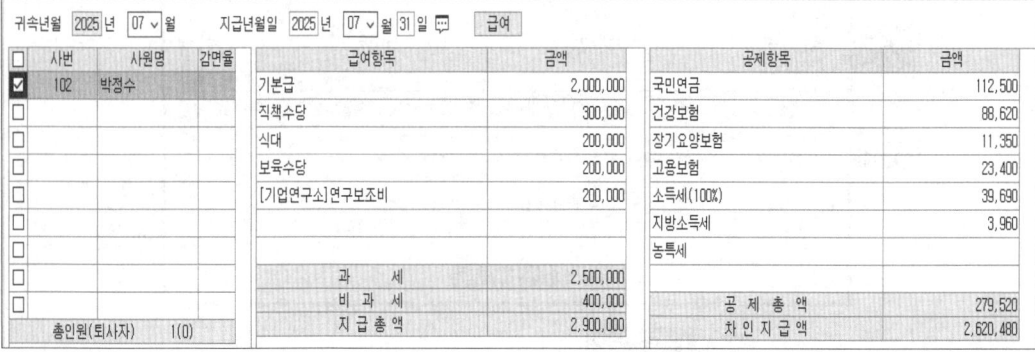

2. [급여자료입력]

3. 원천징수이행상황신고서

소득자 소득구분		코드	소득지급		징수세액			당월조정 환급세액	납부세액	
			인원	총지급액	소득세 등	농어촌특별세	가산세		소득세 등	농어촌특별세
근로소득	간이세액	A01	1	2,900,000	39,690					
	중도퇴사	A02								
	일용근로	A03								
	연말정산	A04								
	(분납신청)	A05								
	(납부금액)	A06								
	가 감 계	A10	1	2,900,000	39,690			39,690		

전월 미환급 세액의 계산				당월 발생 환급세액				18.조정대상환급(14+15+16+17)	19.당월조정환급세액계	20.차월이월환급세액	21.환급신청액
12.전월미환급	13.기환급	14.차감(12-13)	15.일반환급	16.신탁재산	금융회사 등	합병 등					
150,000		150,000						150,000	39,690	110,310	

[2]
1. [연말정산추가자료입력]>[소득명세] 탭

구분		합계	주(현)	납세조합	종(전) [1/2]
9.근무처명			(주)시완산업		(주)강일전자
9-1.종교관련 종사자			부		부
10.사업자등록번호			609-81-40259	---------	205-85-11389
11.근무기간			2025-09-20 ~ 2025-12-31	------- ~ -------	2025-01-01 ~ 2025-09-19
12.감면기간			------- ~ -------	------- ~ -------	------- ~ -------
소득명세	13-1.급여(급여자료입력)	50,750,000	17,500,000		33,250,000
	13-2.비과세한도초과액				
	13-3.과세대상추가(인정상여추가)				
	14.상여	8,500,000			8,500,000
	15.인정상여				
	15-1.주식매수선택권행사이익				
	15-2.우리사주조합 인출금				
	15-3.임원퇴직소득금액한도초과액				
	15-4.직무발명보상금				
	16.계	59,250,000	17,500,000		41,750,000
공제보험료명세	직장	건강보험료(직장)(33)	2,056,052	620,372		1,435,680
		장기요양보험료(33)	263,310	79,440		183,870
		고용보험료(33)	504,500	140,000		364,500
		국민연금보험료(31)	2,610,000	787,500		1,822,500
	공적연금보험료	공무원 연금(32)				
		군인연금(32)				
		사립학교교직원연금(32)				
		별정우체국연금(32)				
세액	기납부세액	소득세	1,301,080	976,080		325,000
		지방소득세	130,100	97,600		32,500
		농어촌특별세				

2. [연말정산추가자료입력]>[부양가족명세] 탭
(1) 인적공제

연말관계	성명	내/외국인	주민(외국인)번호	나이	소득기준 초과여부	기본공제	세대주구분	부녀자	한부모	경로우대	장애인	자녀	출산입양	결혼세액
0	김민수	내	1 780205-1884520	47		본인	세대주							
3	여민지	내	1 810120-2118524	44		배우자								
4	김수지	내	1 100810-4988221	15		20세이하						○		
4	김지민	내	1 120520-3118529	13		20세이하						○		
1	한미녀	내	1 551211-2113251	70		60세이상				○	1			

· 여민지(배우자) : 총급여 500만원 이하는 기본공제대상자이다.
· 김수지(자녀) : 일시적인 문예창작소득 50만원은 기타소득 분리과세로 기본공제대상자에 해당한다.
· 한미녀(모친)－기본공제유형 60세이상 또는 장애인
　　　　　　　－장애인은 연령의 제한이 없으며, 원천징수 대상 금융소득 2,000만원 이하는 분리과세로 기본공제대상자에 해당한다.

(2) 보험료

· 김민수 일반보장성보험료

보장성보험-일반	1,150,000
보장성보험-장애인	
합 계	1,150,000

· 한미녀(모친) 장애인보장성보험료

보장성보험-일반	
보장성보험-장애인	1,200,000
합 계	1,200,000

(3) 교육비

· 김수지

교육비	
일반	장애인특수
200,000 2.초중고	

· 김지민

교육비	
일반	장애인특수
300,000 2.초중고	

· 김수지(자녀) : 학원비는 초등학교 취학 전 아동에 한하여 공제가 가능하다.
· 김지민(자녀) : 초등학교 체험학습비는 연 30만원까지 공제가 가능하다.
· 한미녀(모친) : 직계존속의 교육비는 공제 대상이 아니다(다만, 장애인 특수교육비는 제외함).

3. [연말정산추가자료입력]>[의료비] 탭

| 소득명세 | 부양가족 | 신용카드 등 | 의료비 | 기부금 | 연금저축 등Ⅰ | 연금저축 등Ⅱ | 월세액 | 출산지원금 | 연말정산입력 |

2025년 의료비 지급명세서

	의료비 공제대상자					지급처			지급명세				14.산후조리원
	성명	내/외	5.주민등록번호	6.본인등해당여부	9.증빙코드	8.상호	7.사업자등록번호	10.건수	11.금액	11-1.실손보험수령액	12.미숙아선천성이상아	13.납입여부	
☐	여민지	내	810120-2118524	3	X	1			3,000,000	1,000,000	X	X	X
☐	김수지	내	100810-4988221	3	X	1			500,000		X	X	X

· 김수지(자녀) : 시력 보정용 콘택트렌즈 1인당 연 50만원까지 공제가 가능하다.

4. [연말정산추가자료입력]>[신용카드] 탭

| 소득명세 | 부양가족 | 신용카드 등 | 의료비 | 기부금 | 연금저축 등Ⅰ | 연금저축 등Ⅱ | 월세액 | 출산지원금 | 연말정산입력 |

☐	성명 생년월일	자료구분	신용카드	직불,선불	현금영수증	도서등신용	도서등직불	도서등현금	전통시장	대중교통	합계
☐	김민수 1978-02-05	국세청 기타	19,870,000						5,200,000	7,500,000	32,570,000
☐	한미녀 1955-12-11	국세청 기타			5,000,000						5,000,000
☐	여민지 1981-01-20	국세청 기타		12,000,000							12,000,000

5. [연말정산추가자료입력]>[연말정산입력] 탭 : F8부양가족불러오기 실행

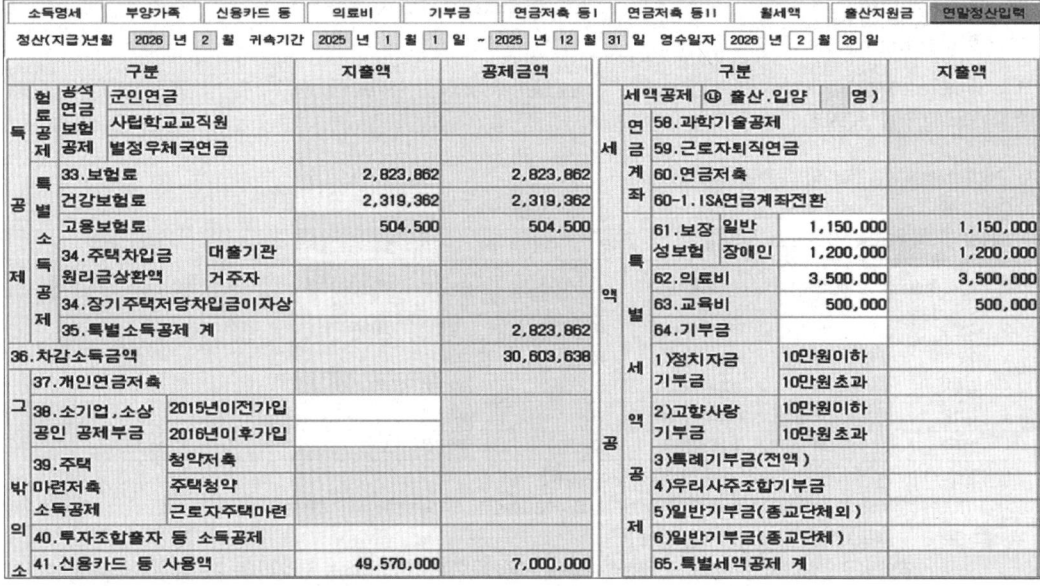

111회　기출문제

1. 이론시험

A형	⟨1⟩	⟨2⟩	⟨3⟩	⟨4⟩	⟨5⟩	⟨6⟩	⟨7⟩	⟨8⟩	⟨9⟩	⟨10⟩	⟨11⟩	⟨12⟩	⟨13⟩	⟨14⟩	⟨15⟩
	③	④	②	①	①	③	④	①	②	④	③	③	④	②	②

[1] ③
・재무제표는 일정한 가정 하에서 작성되며, 그러한 기본가정으로는 기업실체, 계속기업 및 기간별 보고를 들 수 있다.
・기간별 보고의 가정이란 기업실체의 존속기간을 일정한 기간 단위로 분할하여 각 기간별로 재무제표를 작성하는 것을 말한다.
・계속기업의 가정이란 기업실체는 그 목적과 의무를 이행하기에 충분할 정도로 장기간 존속한다고 가정하는 것을 말한다.

[2] ④ 후입선출법

[3] ② 562,500원

$$=(\text{취득가액 } 5{,}000{,}000원 - \text{잔존가치 } 500{,}000원) \times \frac{3년}{(1년+2년+3년)} \times \frac{3개월}{12개월}$$

[4] ① 무형자산의 재무제표 표시방법으로 직접법과 간접법을 모두 허용하고 있다.

[5] ① 자기주식처분손실
・자본잉여금 : 주식발행초과금, 감자차익
・기타포괄손익누계액 : 매도가능증권평가손익

[6] ③ 회피불능원가에 대한 설명이다. 회피가능원가란 의사결정에 따라 회피할 수 있는 원가를 말한다.

[7] ④ 생산량의 증감에 따라 제품 단위당 고정원가는 변동한다.

[8] ① 제조원가명세서에는 기말 제품 재고액은 표시되지 않는다.

[9] ② 2,760,000원
　　＝직접재료원가 1,200,000원＋직접노무원가 600,000원＋제조간접원가 960,000원
・제조간접원가 배부율 : 제조간접원가 2,400,000원÷총직접재료원가 3,000,000원＝80%
・일반형 캠핑카 제조간접원가 배부액 : 직접재료원가 1,200,000원×배부율 80%＝960,000원
・일반형 캠핑카 당기총제조원가 : 1,200,000원＋600,000원＋960,000원＝2,760,000원

[10] ④ 45원
・가공원가 완성품환산량 : 당기완성품수량 28,500개＋기말재공품 4,000개×0.3＝29,700개
・가공원가 완성품환산량 단위당원가 : (30,000원＋1,306,500원)÷29,700개＝45원

[11] ③ 3개, 나, 라, 마
・과세 : 가, 다, 바
・면세 : 나, 라, 마
・미가공식료품은 국내산, 외국산 불문하고 면세한다.

[12] ③ 공급일부터 10년이 지난 날이 속하는 과세기간에 대한 확정신고기한까지 확정되는 대손세액에 대하여 대손세액공제를 적용받을 수 있다.

[13] ④

[14] ② 52,000,000원
        =근로소득금액 30,000,000원+이자소득금액 22,000,000원
    · 양도소득과 퇴직소득은 분류과세한다.

[15] ② 소득세법 제135조 제1항
    · 2025년 11월 귀속 근로소득을 2026년 1월에 지급한 경우 원천징수시기는 2025년 12월 31일이다.
    · 1월~11월 귀속 근로소득을 12월 31일까지 지급하지 않은 경우, 그 근로소득은 12월 31일에 지급한 것으로 보아 소득세를 원천징수한다.
    · 12월 귀속 근로소득을 다음 연도 2월 말까지 지급하지 않은 경우, 그 근로소득은 다음 연도 2월 말에 지급한 것으로 보아 소득세를 원천징수한다.

2. 실무시험

문제 1
[1] 일반전표입력
    01.30. (차) 복리후생비(제)   50,000원   (대) 제품   50,000원
                                              (적요 8. 타계정으로 대체)

[2] 일반전표입력
    04.01. (차) 외화장기차입금(미국 LA은행) 26,000,000원 (대) 보통예금   29,120,000원
           이자비용   1,120,000원
           외환차손   2,000,000원

[3] 일반전표입력
    05.06. (차) 임차보증금(㈜명당)   20,000,000원 (대) 보통예금   18,000,000원
                                                  선급금(㈜명당)   2,000,000원

[4] 일반전표입력
    08.20. (차) 보통예금   2,750,000원 (대) 대손충당금(109)   2,500,000원
                                                  부가세예수금   250,000원

[5] 일반전표입력
    09.19. (차) 차량운반구   1,250,000원 (대) 보통예금   1,250,000원

문제 2
[1] 매입매출전표입력
유형: 11.과세 공급가액: 50,000,000원 부가세: 5,000,000원 거래처: ㈜이레테크 전자: 여 분개: 혼합
    04.02. (차) 선수금   5,000,000원 (대) 부가세예수금   5,000,000원
           받을어음   30,000,000원   제품매출   50,000,000원
           외상매출금   20,000,000원

[2] 매입매출전표입력
유형: 16.수출 공급가액: 3,000,000원 거래처: BTECH 분개: 외상 또는 혼합
영세율구분: ①직접수출(대행수출 포함) 수출신고번호:12345-00-123456X
    04.09. (차) 외상매출금   3,000,000원 (대) 제품매출   3,000,000원

[3] 매입매출전표입력
유형: 57.카과 공급가액: 1,000,000원 부가세: 100,000원 거래처: 침산가든 분개: 카드 또는 혼합
신용카드사:제일카드

05.29. (차) 부가세대급금   100,000원   (대) 미지급금(제일카드)   1,100,000원
      복리후생비(제)   600,000원   (또는 미지급비용)
      복리후생비(판)   400,000원

[4] 매입매출전표입력
유형: 54.불공 공급가액: 100,000,000원 부가세: 10,000,000원 거래처: ㈜한라상사 전자: 여 분개: 혼합
불공제사유:⑤ 면세사업 관련
   06.05. (차) 기계장치   110,000,000원   (대) 당좌예금   100,000,000원
                                         보통예금   10,000,000원

[5] 매입매출전표입력
유형: 61.현과 공급가액: 200,000원 부가세: 20,000원 거래처: 일진상사 분개: 현금 또는 혼합
   06.15. (차) 부가세대급금   20,000원   (대) 현금   220,000원
         소모품비(제) 200,000원

문제 3

[1]
1. [수출실적명세서]

2. [영세율매출명세서]

[2]

구분		금액	세율	세액
16.공제받지못할매입세액				
공제받지못할 매입세액	50	30,000,000		3,000,000
공통매입세액면세등사업분	51			
대손처분받은세액	52			
합계	53	30,000,000		3,000,000
18.그 밖의 경감·공제세액				
전자신고 및 전자고지 세액공제	54			10,000
전자세금계산서발급세액공제	55			
택시운송사업자경감세액	56			
대리납부세액공제	57			
현금영수증사업자세액공제	58			
기타	59			
합계	60			10,000

25.가산세명세					
사업자미등록등		61		1/100	
세 금 계산서	지연발급 등	62		1/100	
	지연수취	63		5/1,000	
	미발급 등	64	50,000,000	뒤쪽참조	500,000
전자세금 발급명세	지연전송	65		3/1,000	
	미전송	66		5/1,000	
세금계산서 합계표	제출불성실	67		5/1,000	
	지연제출	68		3/1,000	
신고 불성실	무신고(일반)	69		뒤쪽	
	무신고(부당)	70		뒤쪽	
	과소·초과환급(일반)	71		뒤쪽	
	과소·초과환급(부당)	72		뒤쪽	
납부지연		73		뒤쪽	
영세율과세표준신고불성실		74		5/1,000	
현금매출명세서불성실		75		1/100	
부동산임대공급가액명세서		76		1/100	
매입자	거래계좌 미사용	77		뒤쪽	
납부특례	거래계좌 지연입금	78		뒤쪽	
신용카드매출전표등수령명세서미제출·과다기재		79		5/1,000	
합계		80			500,000

※ 세금계산서 불성실 가산세 중 전자세금계산서 발급의무자가 세금계산서 발급시기에 종이세금계산서를 발급한 경우 가산세 : 공급 가액×1%(64.미발급 등 또는 62.지연발급 등)

문제 4

[1] 일반전표입력
12.31. (차) 소모품비(판) 900,000원   (대) 소모품   900,000원

[2] 일반전표입력
12.31. (차) 매도가능증권평가손실   130,000원   (대) 매도가능증권(178)   130,000원
· (8,300원 − 7,000원)×100주=130,000원

[3] 일반전표입력
12.31. (차) 이자비용   1,600,000원   (대) 미지급비용   1,600,000원

[4]
1 [결산자료입력]>Ctrl F8 퇴직충당
　　　　　>퇴직급여추계액>·퇴직급여(508) 75,000,000원 입력>결산반영
　　　　　　　　　　　　　·퇴직급여(806) 35,000,000원 입력
　　　　　>F3 전표추가
2. 또는 [결산자료입력]>·퇴직급여(508) 25,000,000원 입력>F3 전표추가
　　　　　　　　　　　·퇴직급여(806) 7,000,000원 입력
3. 또는 일반전표입력
12.31. (차) 퇴직급여(508)   25,000,000원   (대) 퇴직급여충당부채   32,000,000원
　　　　　퇴직급여(806)   7,000,000원

[5]
1. [결산자료입력]>9.)법인세등>1.선납세금 26,080,000원 입력>F3 전표추가
　　　　　　　　　　　　　　2.추가계상액 24,920,000원 입력
2. 또는 일반전표입력
12.31. (차) 법인세등   51,000,000원   (대) 미지급세금   24,920,000원
　　　　　　　　　　　　　　　　　　　　선납세금   26,080,000원

문제 5

[1]
1. [사원등록]>[기본사항]

기본사항 | 부양가족명세 | 추가사항

1. 입사년월일: 2025년 6월 1일
2. 내/외국인: 1 내국인
3. 외국인국적: KR 대한민국   체류자격:
4. 주민구분: 1 주민등록번호   주민등록번호: 810505-2027818
5. 거주구분: 1 거주자   6. 거주지국코드: KR 대한민국
7. 국외근로제공: 0 부   8. 단일세율적용: 0 부   9. 외국법인 파견근로자: 0 부
10. 생산직등여부: 0 부   연장근로비과세: 0 부   전년도총급여:

2. [사원등록]>[부양가족명세]

연말관계	성명	내/외국인	주민(외국인,여권)번호	나이	기본공제	부녀자	한부모	경로우대	장애인	자녀	출산입양	위탁관계
0	박한별	내	1 810505-2027818	44	본인	○						
3	김준호	내	1 800525-1056931	45	배우자							
1	박인수	내	1 510725-1013119	74	60세이상			○	1			
4	김은수	내	1 050510-3212685	20	20세이하				○			
4	김아름	내	1 231225-4115731	2	20세이하							

※ 박인수(아버지) - 기본공제 유형 : 4.60세이상 또는 5.장애인
   - 장애인공제 : 1.장애인복지법 또는 0.부
① 배우자는 생계를 같이 해야 한다는 요건이 없다.
② 직계비속은 항상 생계를 같이하는 부양가족으로 본다.

[2]
1. 소득명세 탭

구분		합계	주(현)	납세조합	종(전) [1/2]
소득명세	9.근무처명		(주)대동산업		(주)해탈상사
	9-1.종교관련 종사자		부		부
	10.사업자등록번호		129-81-59325	--.--.--	120-85-22227
	11.근무기간		2025-07-01 ~ 2025-12-31	--.--.-- ~ --.--.--	2025-01-01 ~ 2025-06-30
	12.감면기간				
	13-1.급여(급여자료입력)	66,000,000	42,000,000		24,000,000
	13-2.비과세한도초과액				
	13-3.과세대상추가(인정상여추가)				
	14.상여	3,000,000			3,000,000
	15.인정상여				
	15-1.주식매수선택권행사이익				
	15-2.우리사주조합 인출금				
	15-3.임원퇴직소득금액한도초과액				
	15-4.직무발명보상금				
	16.계	69,000,000	42,000,000		27,000,000
	18.국외근로				
	18-1.야간근로(연240만원) 001				
	18-2.보육수당 002	600,000			600,000
	18-3.출산지원금(1회) 003				
공제보험료명세	직장	건강보험료(직장X33)	2,876,900	1,488,900		1,388,000
		장기요양보험료(33)	379,680	190,680		189,000
		고용보험료(33)	571,600	336,000		235,600
		국민연금보험료(31)	3,203,000	1,593,000		1,610,000
	공적연금보험료	공무원 연금(32)				
		군인연금(32)				
		사립학교교직원연금(32)				
		별정우체국연금(32)				
세액	기납부세액	소득세	5,651,200	4,396,200		1,255,000
		지방소득세	565,120	439,620		125,500
		농어촌특별세				

2. 부양가족 탭 : 교육비

교육비	
일반	장애인특수
3,000,000 4.본인	

3. 신용카드 등 탭

	성명 생년월일	자료 구분	신용카드	직불,선불	현금영수증	도서등 신용	도서등 직불	도서등 현금	전통시장	대중교통	합계
□	김기웅	국세청	20,000,000	1,000,000	1,000,000			200,000	300,000	1,200,000	23,700,000
	1980-07-06	기타									

4. 의료비 탭

	의료비 공제대상자					2025년 의료비 지급명세서							
						지급처				지급명세			14.산후 조리원
□	성명	내/외	5.주민등록번호	6.본인등 해당여부	9.증빙 코드	8.상호	7.사업자 등록번호	10. 건수	11.금액	11-1.실손 보험수령액	12.미숙아 선천성이상아	13.납입 여부	
□	김기웅	내	800706-1256785	1	0	1			500,000		X	X	X
□	김기웅	내	800706-1256785	1	0	1			2,500,000	500,000	X	X	X

5. 연말정산입력 탭
1) 주택차입금원리금상환액

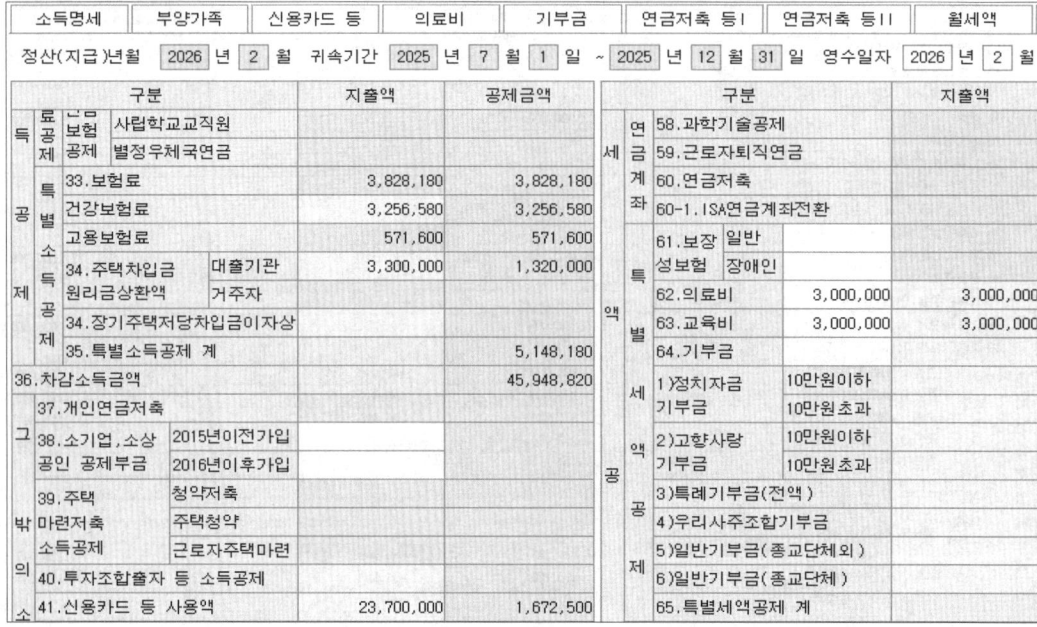

2) F8부양가족탭불러오기

110회 기출문제

1. 이론시험

〈1〉	〈2〉	〈3〉	〈4〉	〈5〉	〈6〉	〈7〉	〈8〉	〈9〉	〈10〉	〈11〉	〈12〉	〈13〉	〈14〉	〈15〉
①	④	①	③	③	③	①	③	②,④	④	④	①	③	①	③

[1] ① 유동성이 높은 항목부터 배열하는 것을 원칙으로 한다.

[2] ④ 7,000,000원 = 매출채권 1,000,000원 + 상품 2,500,000원 + 당좌예금 3,000,000원 + 선급비용 500,000원
· 비유동자산 : 특허권, 장기매출채권

[3] ① 선입선출법
· 물가가 지속적으로 상승하는 경우, 기말재고자산 금액은 후입선출법 > 총평균법 > 이동평균법 > 선입선출법 순으로 커진다.

[4] ③ 수익적지출을 자본적 지출로 잘못 회계처리하면 자산의 과대계상과 비용의 과소계상으로 인해 당기순이익과 자본이 과대계상된다.

[5] ③ 매도가능증권평가손익은 기타포괄손익누계액에 계상한다.

[6] ③ 가공원가란 직접노무원가와 제조간접원가를 말한다.

[7] ① 1,000,000원 = 총제조원가 4,000,000원 − 제조간접원가 1,000,000원 − 직접노무원가 2,000,000원
· 제조간접원가 : 총제조원가 4,000,000원 × 25% = 1,000,000원
· 직접노무원가 : 제조간접원가 1,000,000원 × 200% = 2,000,000원

[8] ③ 250시간 = 예정배부액(실제 제조간접원가) 2,500,000원 ÷ 예정배부율 10,000원
· 예정배부액 : 실제 제조간접원가 2,500,000원 ± 배부차이 0원 = 2,500,000원

· 예정배부율 : $\dfrac{\text{제조간접원가 예산 2,000,000원}}{\text{예정 직접노무시간 200시간}}$ = 10,000원/직접노무시간

[9] ②, ④
· ② 작업폐물에 관한 설명이다.
· ④ 원가흐름과 상관없이 항상 동일하다.

[10] ④ 평균법에 의한 종합원가계산의 경우, 완성품 단위당 원가의 산정 시 기초재공품의 물량에 대한 정보는 불필요하다.

[11] ④ 부가가치세법 제10조 제2항 1호, 사업자가 자기생산·취득재화를 비영업용 승용자동차(개별소비세 과세 대상)로 사용 또는 소비하거나 그 자동차의 유지를 위하여 사용 또는 소비하는 경우 재화의 공급으로 본다.

[12] ① 면세제도에 대한 설명이다.
· 영세율 제도는 소비지국과세원칙의 구현을 목적으로 한다.

[13] ③ 3%
· 부가가치세법 제60조 제3항 1호, 사업자가 재화 또는 용역을 공급하지 아니하고 세금계산서 등을 발급한 경우 그 세금계산서 등에 적힌 공급가액의 3퍼센트를 납부세액에 더하거나 환급세액에서 뺀다.

[14] ① 잉여금처분에 의한 상여는 해당 법인의 잉여금처분결의일을 수입시기로 한다.

[15] ③ 330,000,000원 =매출액 300,000,000원+차량운반구 양도가액 30,000,000원
· 소득세법 제19조 제1항 20호, 복식부기의무자가 차량 및 운반구 등 대통령령으로 정하는 사업용 유형자산을 양도함으로써 발생하는 소득은 사업으로 한다. 다만, 토지와 건물의 양도로 발생하는 양도소득에 해당하는 경우는 제외한다.

2. 실무시험

문제 1

[1] 일반전표입력

01.05.	(차)	단기매매증권	6,000,000원	(대)	보통예금	6,030,000원
		수수료비용(984)	30,000원			

[2] 일반전표입력

03.31.	(차)	보통예금	423,000원	(대)	이자수익	500,000원
		선납세금	77,000원			

[3] 일반전표입력

04.30.	(차)	건설중인자산	2,500,000원	(대)	보통예금	2,500,000원

[4] 일반전표입력

07.10.	(차)	퇴직연금운용자산	10,000,000원	(대)	보통예금	17,000,000원
		퇴직급여(판)	7,000,000원			

[5] 일반전표입력

07.15.	(차)	선급금(㈜지유)	5,000,000원	(대)	당좌예금	5,000,000원

문제 2

[1] 매입매출전표입력
유형:54.불공 공급가액:500,000원 부가세:50,000원 거래처:㈜신화 전자:여 분개:현금 또는 혼합
불공제사유:④ 기업업무추진비 및 이와 유사한 비용 관련

07.07.	(차)	기업업무추진비(판)	550,000원	(대)	현금	550,000원

[2] 매입매출전표입력
유형:61.현과 공급가액:1,000,000원 부가세:100,000원 거래처:㈜하나마트 분개:현금 또는 혼합

07.20.	(차)	부가세대급금	100,000원	(대)	현금	1,100,000원
		소모품비(제)	1,000,000원			

[3] 매입매출전표입력
유형:16.수출 공급가액:11,000,000원 거래처:미국 UFC사 분개:외상 또는 혼합
영세율구분:① 직접수출(대행수출 포함)

08.16.	(차)	외상매출금	11,000,000원	(대)	제품매출	11,000,000원

[4] 매입매출전표입력
유형:11.과세 공급가액:18,000,000원 부가세:1,800,000원 거래처:㈜명학산업 전자:여 분개:혼합

09.30.	(차)	현금	18,000,000원	(대)	부가세예수금	1,800,000원
		선수금	1,800,000원		제품매출	18,000,000원

[5] 매입매출전표입력
유형:52.영세 공급가액:6,000,000원 거래처:㈜크림 전자:여 분개:혼합
  10.31.   (차) 원재료   6,000,000원 (대) 보통예금   6,000,000원

문제 3
[1] [건물등감가상각자산취득명세서]

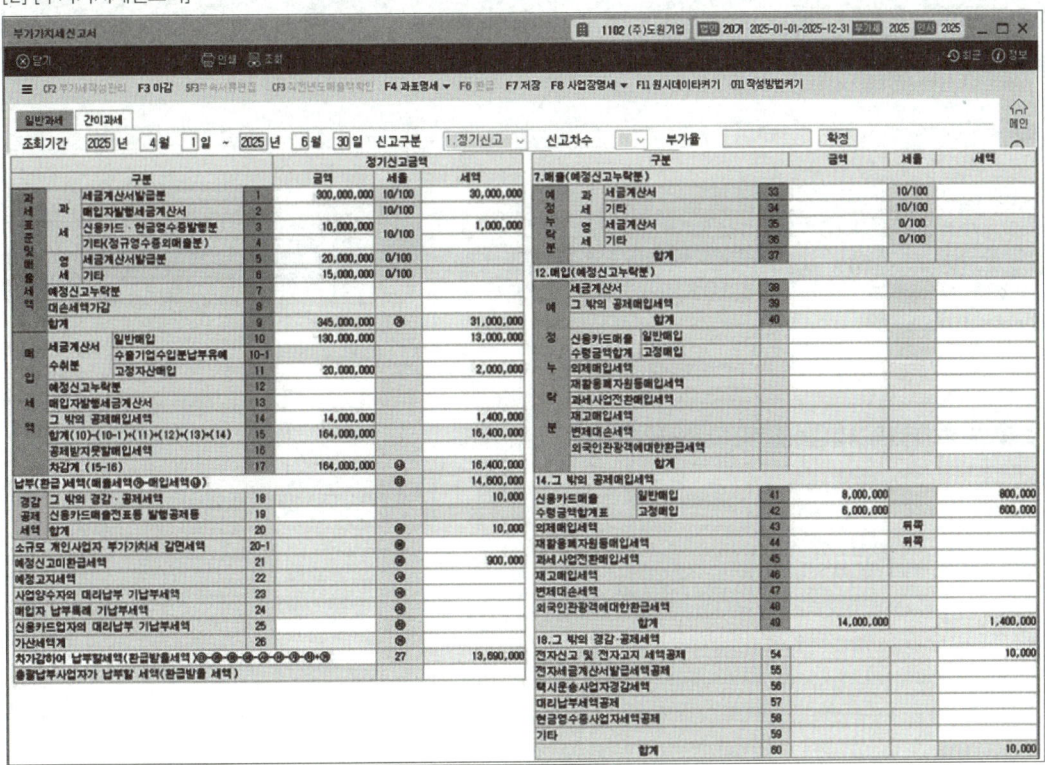

[2] [부가가치세신고서]

[3]
1. [부가가치세신고서] 및 관련 부속서류 마감 확인

2. [전자신고]>[전자신고제작] 탭>F4 제작>비밀번호 입력

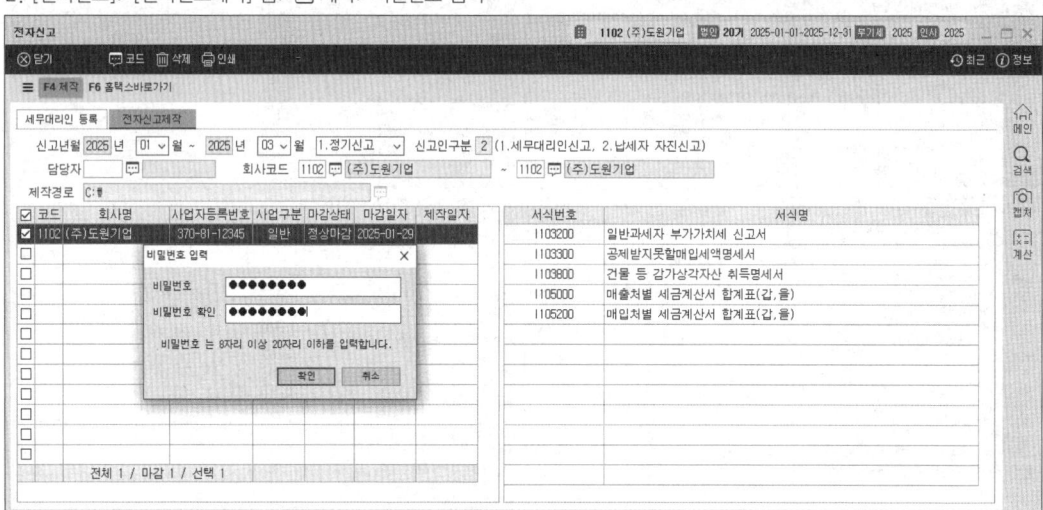

3. [국세청 홈택스 전자신고변환(교육용)]

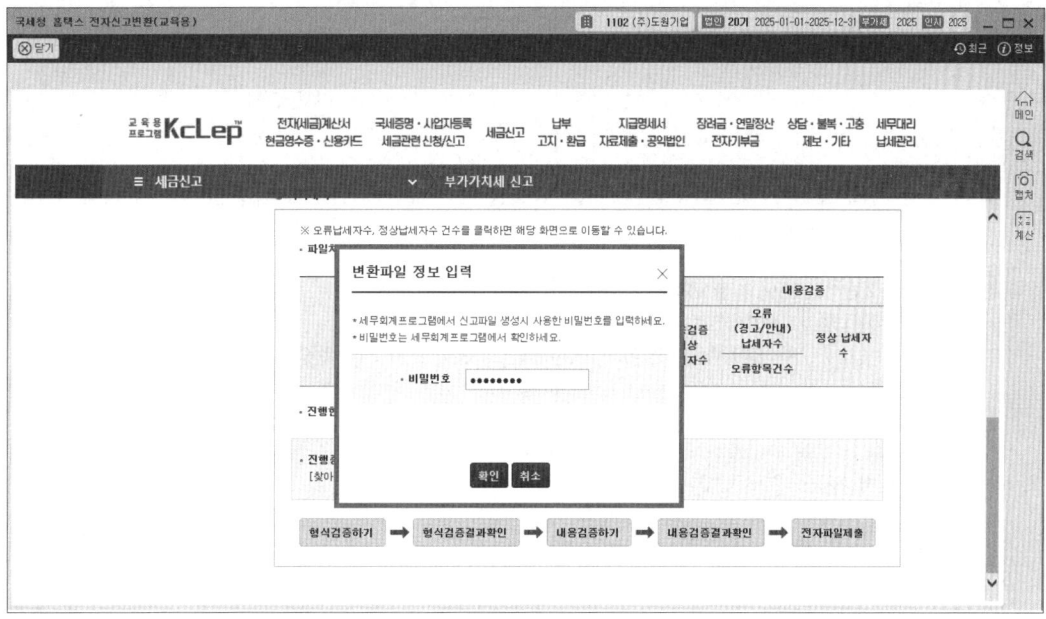

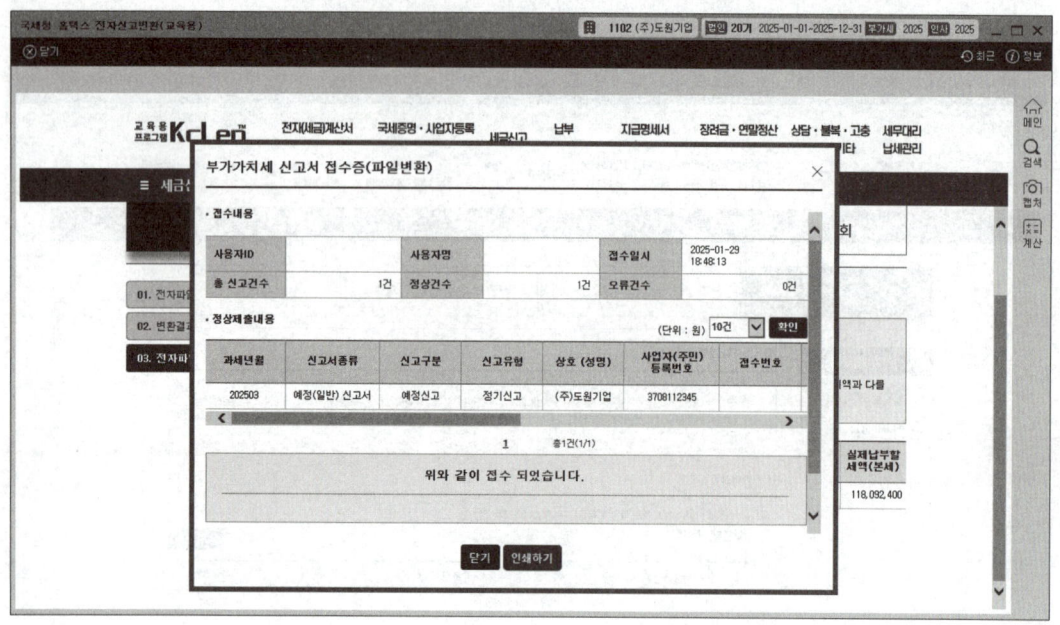

문제 4

[1] 일반전표입력

12.31.	(차)	부가세예수금	720,000원	(대)	부가세대급금	520,000원	
		세금과공과(판)	10,000원		잡이익	10,000원	
					미지급세금	200,000원	

[2] 일반전표입력

12.31.	(차)	장기차입금(돌담은행)	100,000,000원	(대)	유동성장기부채(돌담은행)	100,000,000원

[3]

1. [결산자료입력]>기간 : 2025년 01월~2025년 12월
　　　　　　>F8 대손>·대손율(%) : 1.00
　　　　　　　　　　·추가설정액(결산반영)>·외상매출금 3,334,800 >결산반영>F3 전표추가
　　　　　　　　　　　　　　　　　　　　·받을어음 0
　　　　　　　　　　　　　　　　　　　　·미수금 230,000
　　　　　　　　　　　　　　　　　　　　·선급금 0

2. 또는 [결산자료입력]>기간 : 2025년 01월~2025년 12월
　　　　　　>4. 판매비와 일반관리비>5). 대손상각>외상매출금 3,334,800원 입력>F3 전표추가
　　　　　　 7. 영업외 비용>2). 기타의대손상각>미수금 230,000원 입력

3. 또는 일반전표입력

12.31.	(차)	대손상각비	3,334,800원	(대)	대손충당금(109)	3,334,800원
		기타의대손상각비	230,000원		대손충당금(121)	230,000원

· 대손상각비 : 외상매출금 기말잔액 583,480,000원×1%-2,500,000원=3,334,800원
· 기타의대손상각비 : 미수금 기말잔액 23,000,000원×1%=230,000원

[4]
1. [결산자료입력]>기간 : 2025년 01월~2025년 12월
        >4. 판매비와 일반관리비>6). 무형자산상각비>영업권 4,000,000원 입력>F3 전표추가
2. 또는 일반전표입력
   12.31.   (차)   무형자산상각비   4,000,000원   (대)   영업권   4,000,000원

· 무형자산상각비 : 영업권 전기 말 미상각잔액 16,000,000원×(5년/4년)÷5년=4,000,000원

[5] [결산자료입력]>기간 : 2025년 01월~2025년 12월
        >2. 매출원가>1)원재료비>⑩ 기말 원재료 재고액 95,000,000원 입력
                8)당기 총제조비용>⑩ 기말 재공품 재고액 70,000,000원 입력
                9)당기완성품제조원가>⑩ 기말 제품 재고액 140,000,000원 입력
        >F3 전표추가

문제 5

[1]
1. [부양가족명세]

연말관계	성명	내/외국인	주민(외국인,여권)번호	나이	기본공제	부녀자	한부모	경로우대	장애인	자녀	출산입양	위탁관계
0	김우리	내	1 801210-1127858	45	본인							
3	이현진	내	1 821010-2145201	43	배우자							
4	김아현	내	1 190101-4928325	6	20세이하					첫째		

· 당해연도에 입양한 자녀에 대하여 출산입양공제가 가능하며, 8세 미만 자녀는 자녀세액공제 대상에 해당하지 않는다.

2. [수당등록]

No	코드	과세구분	수당명	유형	코드	한도	월정액	통상임금	사용여부
4	1004	과세	월차수당	급여			정기	부	부
5	1005	비과세	식대	식대	P01	(월)200,000	정기	부	부
6	1006	비과세	자가운전보조금	자가운전보조금	H03	(월)200,000	부정기	부	여
7	1007	비과세	야간근로수당	야간근로수당	O01	(년)2,400,000	부정기	부	여
8	2001	과세	식대	급여			정기	부	여
9	2002	비과세	보육수당	보육수당	Q02	(월)200,000	정기	부	여

· 현물식사를 제공받고 있으므로 식대로 제공받는 금액은 과세이다.
· 보육수당은 6세 이하 자녀가 있는 근로자가 받는 금액 중 월 20만원을 한도로 비과세한다.

3. [급여자료입력]

귀속년월 2025년 06월   지급년월일 2025년 07월 10일   급여

사번	사원명	감면율
100	김우리	
101	김갑용	

총인원(퇴사자) 2(0)

급여항목	금액
기본급	3,000,000
자가운전보조금	200,000
야간근로수당	527,000
식대	200,000
보육수당	200,000
과 세	3,727,000
비 과 세	400,000
지 급 총 액	4,127,000

공제항목	금액
국민연금	166,500
건강보험	131,160
장기요양보험	16,800
고용보험	34,440
소득세(100%)	89,390
지방소득세	8,930
농특세	
공 제 총 액	447,220
차 인 지 급 액	3,679,780

[2] [연말정산추가자료입력]
1. [부양가족] 탭
(1) 인적공제

연말관계	성명	내/외국인	주민(외국인)번호	나이	소득기준초과여부	기본공제	세대주구분	부녀자	한부모	경로우대	장애인	자녀	출산입양	결혼세액
0	김갑용	내 1	830505-1478521	42		본인	세대주							
1	김수필	내 1	561012-1587428	69		60세이상								
3	강희영	내 1	840630-2547858	41		부								
4	김정은	내 1	140408-3852611	11		20세이하						○		
4	김준희	내 1	191104-4487122	6		20세이하								

(2) 보험료
① 김갑용(본인)

보장성보험-일반	300,000
보장성보험-장애인	
합 계	300,000

② 김수필(부친)

보장성보험-일반	150,000
보장성보험-장애인	
합 계	150,000

③ 김준희(딸)

보장성보험-일반	350,000
보장성보험-장애인	
합 계	350,000

(3) 교육비세액공제
· 김갑용(본인)   · 김정은(아들) ※ 또는 3,000,000   · 김준희(딸)

교육비	
일반	장애인특수
5,000,000 4.본인	

교육비	
일반	장애인특수
8,000,000 2.초중고	

교육비	
일반	장애인특수
1,800,000 1.취학전	

2. [신용카드] 탭

성명 생년월일	자료구분	신용카드	직불,선불	현금영수증	도서등신용	도서등직불	도서등현금	전통시장	대중교통	합계
김갑용	국세청	21,500,000								21,500,000
1983-05-05	기타									

3. [의료비] 탭

2025년 의료비 지급명세서

의료비 공제대상자			6.본인등해당여부	9.즐빙코드	지급처		지급명세				14.산후조리원
성명	내/외	5.주민등록번호			8.상호	7.사업자등록번호	10.건수	11.금액	11-1.실손보험수령액	12.미숙아선천성이상아	13.난임여부	
김갑용	내	830505-1478521	1	0	1			500,000		X	X	X
김수필	내	561012-1587428	2	0	1			1,500,000		X	X	X
김준희	내	191104-4487122	2	0	1			250,000		X	X	X

4. [연금저축 등 I] 탭

2 연금계좌 세액공제	- 연금저축계좌(연말정산입력 탭의 37.개인연금저축, 60.연금저축)			
연금저축구분	코드	금융회사 등	계좌번호(증권번호)	납입금액
2.연금저축	190	농협중앙회 및 산하기관	301-02-228451	6,000,000
개인연금저축				
연금저축				6,000,000

5. [연말정산입력] 탭 : F8부양가족탭불러오기 실행

구분			지출액	공제금액	구분		지출액
정산(지급)년월 2026년 2월 귀속기간 2025년 1월 1일 ~ 2025년 12월 31일 영수일자 2026년 2월 28일							
보 험 료 공 제	공적연금보험공제	군인연금			세액공제 ⑭ 출산.입양 명		
		사립학교교직원			연금계좌	58.과학기술공제	
		별정우체국연금				59.근로자퇴직연금	
특 별 소 득 공 제	33.보험료		3,119,350	3,119,350		60.연금저축	6,000,000
	건강보험료		2,599,350	2,599,350		60-1.ISA연금계좌전환	
	고용보험료		520,000	520,000	특별세액공제	61.보장성보험 일반	800,000
	34.주택차입금 원리금상환액	대출기관				장애인	
		거주자				62.의료비	2,250,000
	34.장기주택저당차입금이자상					63.교육비	14,800,000
	35.특별소득공제 계			3,119,350		64.기부금	
36.차감소득금액				39,955,650	세 액 공 제	1)정치자금기부금 10만원이하	
그 밖 의 소	37.개인연금저축					10만원초과	
	38.소기업,소상공인 공제부금	2015년이전가입				2)고향사랑기부금 10만원이하	
		2016년이후가입				10만원초과	
	39.주택마련저축 소득공제	청약저축				3)특례기부금(전액)	
		주택청약				4)우리사주조합기부금	
		근로자주택마련				5)일반기부금(종교단체외)	
	40.투자조합출자 등 소득공제					6)일반기부금(종교단체)	
	41.신용카드 등 사용액		21,500,000	2,937,500		65.특별세액공제 계	

109회 기출문제

1. 이론시험

⟨1⟩	⟨2⟩	⟨3⟩	⟨4⟩	⟨5⟩	⟨6⟩	⟨7⟩	⟨8⟩	⟨9⟩	⟨10⟩	⟨11⟩	⟨12⟩	⟨13⟩	⟨14⟩	⟨15⟩
②	④	④	②	②	②	③	③	④	③	④	①	①	③	③

[1] ② 양도한 금융부채의 장부금액과 지급한 대가의 차액은 당기손익으로 인식한다.

[2] ④ 매도가능증권처분이익은 1,000,000원, 단기매매증권처분이익 500,000원이다. 따라서 매도가능증권으로 분류한 경우의 2024년 당기순이익이 단기매매증권으로 분류하였을 때보다 500,000원 증가한다.
① 매도가능증권으로 분류할 경우 2023년 당기순이익에 미치는 영향은 없으나 단기매매증권으로 분류할 경우 500,000원이 증가한다.
② 기말 자산은 동일하다.
③ 매도가능증권처분이익은 1,000,000원이다.

[3] ④ 세법 규정을 따르기 위한 회계변경은 정당한 사유에 해당하지 않는다.

[4] ② 합리적인 상각방법을 정할 수 없는 경우에는 정액법으로 상각한다.

[5] ② [일반기업회계기준 문단 15.3] 주주로부터 현금을 수령하고 주식을 발행하는 경우에 주식의 발행금액이 액면금액보다 크다면 그 차액을 주식발행초과금으로 하여 자본잉여금으로 회계처리한다.

[6] ② 1,250,000원 =예정배부액 1,500,000원－과대배부액 250,000원
  · 예정배부액 : (5시간×100일)×예정배부율 3,000원＝1,500,000원

[7] ③ 550,000원 =당기사용 원재료 500,000원＋원재료 재고 감소액 50,000원
  · 기초원재료＋당기매입 원재료＝당기사용 원재료＋기말원재료
  · 기말원재료가 50,000원이라 가정하면 기초원재료는 없음
  · 즉, 0원＋?원＝500,000원＋50,000원

[8] ③ 당기 기말제품 재고액은 손익계산서에서 매출원가를 산출하는데 필요한 자료로 제조원가명세서와는 상관없는 자료이다

[9] ④ 1,537,500원 =A부문(1,500,000원×500시간/800시간)＋B부문(1,600,000원×300시간/800시간)
  · 직접배분법은 보조부문 상호간에 행해지는 용역의 수수를 완전히 무시하는 원가배분방법이다.

[10] ③ 평균법은 당기 이전에 착수된 기초재공품도 당기에 착수한 것으로 가정하여 계산하므로 평균법이 선입선출법보다 계산이 간편하다.

[11] ④ 용역의 대가의 각 부분을 받기로 한 때란 "받기로 약정된 날"을 의미하므로 대가를 받지 못하는 경우에도 공급시기로 본다.

[12] ① 부가가치세법 제26조 제1항, 항공법에 따른 항공기에 의한 여객운송용역은 과세 대상에 해당한다.

[13] ① 폐업 시 잔존재화는 재화의 간주공급에 해당하며, 사업의 포괄양도와 조세의 물납, 강제 경매나 공매는 재화의 공급으로 보지 않는다.

[14] ③ 나머지는 모두 무조건 분리과세 대상에 해당하며 ③은 무조건 종합과세 대상이다.

[15] ③ 직계존속의 일반대학교 등록금은 교육비세액공제 대상이 아니다.

2. 실무시험

문제 1

[1] 일반전표입력
01.22.　(차) 당좌예금　　　　1,600,000원　(대) 선수금(㈜한강물산)　　1,600,000원

[2] 일반전표입력
03.25.　(차) 대손충당금(109)　 4,000,000원　(대) 외상매출금(㈜동방불패)　13,000,000원
　　　　　　대손상각비(판)　 9,000,000원

[3] 일반전표입력
06.30.　(차) 차량운반구　　　7,700,000원　(대) 보통예금　　　　　　　7,700,000원

[4] 일반전표입력
07.25.　(차) 미지급배당금　100,000,000원　(대) 예수금　　　　　　　15,400,000원
　　　　　　　　　　　　　　　　　　　　　　　보통예금　　　　　　84,600,000원

[5] 일반전표입력
　　11.05.　　(차)　보통예금　　　　　　10,850,000원　　(대)　사채　　　　　　　　10,000,000원
　　　　　　　　　　　　　　　　　　　　　　　　　　　　　　사채할증발행차금　　　　850,000원

문제 2

[1] 매출매입전표입력
유형:11.과세　공급가액:11,000,000원　부가세:1,100,000원　거래처:㈜로라상사　전자:여　분개:혼합
　　07.18.　　(차)　미수금　　　　　　　12,100,000원　　(대)　부가세예수금　　　　1,100,000원
　　　　　　　　　　감가상각누계액(207)　38,000,000원　　　　　기계장치　　　　　　52,000,000원
　　　　　　　　　　유형자산처분손실　　　3,000,000원

[2] 매입매출전표입력
유형:61.현과　공급가액:600,000원　부가세:60,000원　거래처:㈜소나무　분개:혼합
　　07.30.　　(차)　부가세대급금　　　　　　60,000원　　(대)　가수금(대표자 또는 정지훈)　660,000원
　　　　　　　　　　비품　　　　　　　　　600,000원

[3] 매입매출전표입력 : Shift F5 예정신고누락분 확정신고>확정신고 개시연월 : 2025년 10월>확인(Tab)
유형:51.과세　공급가액:1,500,000원　부가세:150,000원　거래처:오미순부동산　전자:부　분개:혼합
　　08.31.　　(차)　부가세대급금　　　　　150,000원　　(대)　미지급금　　　　　　1,650,000원
　　　　　　　　　　임차료(제)　　　　　1,500,000원

[4] 매입매출전표입력
유형:55.수입　공급가액:20,000,000원　부가세:2,000,000원　거래처:인천세관　전자:여　분개:혼합
　　09.28.　　(차)　부가세대급금　　　　2,000,000원　　(대)　보통예금　　　　　　2,000,000원

[5] 매입매출전표입력
유형:54.불공　공급가액:2,600,000원　부가세:260,000원　거래처:㈜부천백화점　전자:여　분개:혼합
불공제사유:④기업업무추진비 및 이와 유사한 비용 관련
　　09.30.　　(차)　기업업무추진비(판)　　2,860,000원　　(대)　현금　　　　　　　　　500,000원
　　　　　　　　　　　　　　　　　　　　　　　　　　　　　　　보통예금　　　　　　2,360,000원

문제 3

[1] [수출실적명세서]

구분	건수	외화금액	원화금액	비고
⑨합계	2	132,000.00	176,800,000	
⑩수출재화[=⑫합계]	2	132,000.00	176,800,000	
⑪기타영세율적용				

No	(13)수출신고번호	(14)선(기)적일자	(15)통화코드	(16)환율	(17)외화	(18)원화	거래처코드	거래처명
1	11133-77-100066X	2025-04-15	USD	1,300.0000	80,000.00	104,000,000	00159	B&G
2	22244-88-100077X	2025-05-30	EUR	1,400.0000	52,000.00	72,800,000	00160	PNP

[2] [부가가치세신고서]

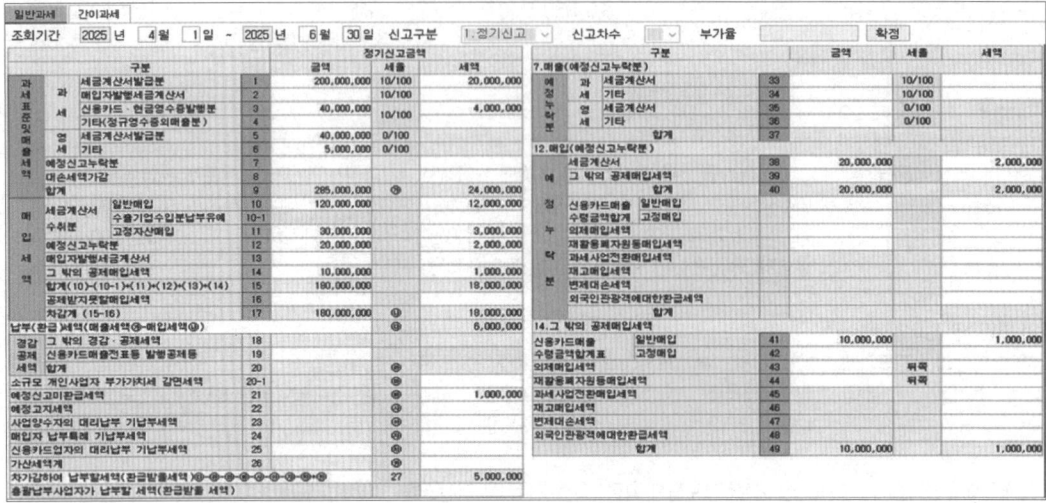

[3]
1. [부가가치세신고서] 및 관련 부속서류 마감 확인

2. [전자신고]>[전자신고제작] 탭> F4 제작>비밀번호 입력

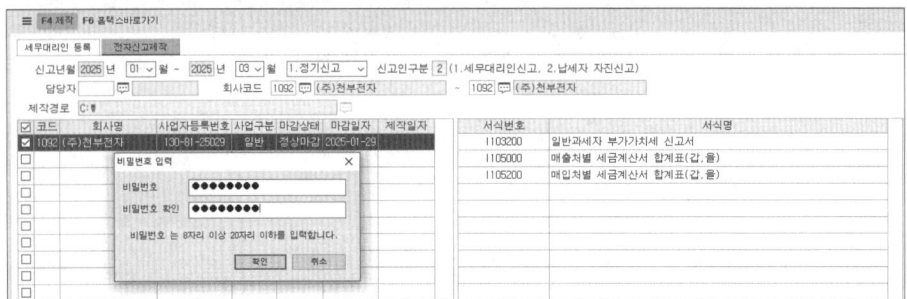

3. [국세청 홈택스 전자신고변환(교육용)]

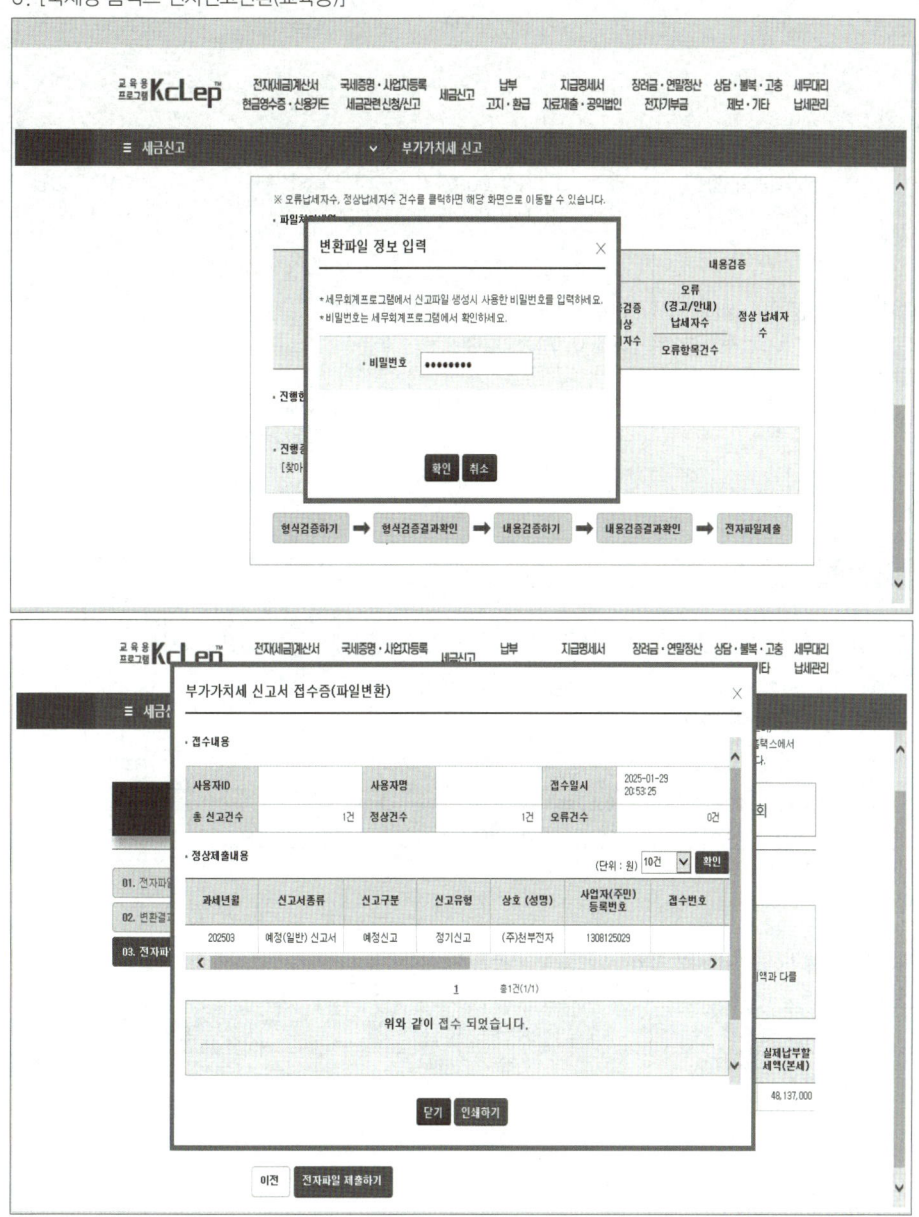

문제 4
결산정리사항은 다음과 같다. 관련 메뉴를 이용하여 결산을 완료하시오. (15점)
[1] 일반전표입력
    12.31.   (차) 소모품비(제)   250,000원 (대) 소모품   250,000원

[2] 일반전표입력
    12.31.   (차) 외화환산손실   2,000,000원 (대) 단기차입금(㈜유성) 2,000,000원

  · 외화환산손실 : $20,000×(기말 기준환율 1,400원－발생일 기준환율 1,300원)＝2,000,000원

[3] 일반전표입력
  12.31.   (차) 이자비용   2,550,000원   (대) 미지급비용   2,550,000원

[4] 일반전표입력
  12.31.   (차) 부가세예수금   240,000원   (대) 부가세대급금   12,400,000원
              세금과공과(판)   24,000원   잡이익   10,000원
              미수금   12,146,000원

[5]
1. [결산자료입력]>9. 법인세등>1). 선납세금 11,000,000원 입력   >F3전표추가
                        3). 추가계상액 16,800,000원 입력
2. 또는 일반전표입력
  12.31.   (차) 법인세등   27,800,000원   (대) 선납세금   11,000,000원
                                                미지급세금   16,800,000원

문제 5
[1] [사원등록]>[부양가족명세]

연말관계	성명	내/외국인		주민(외국인,여권)번호	나이	기본공제	부녀자	한부모	경로우대	장애인	자녀	출산입양	위탁관계
0	김경민	내	1	650213-1234567	60	본인							
3	정혜미	내	1	630415-2215676	62	배우자							
6	김경희	내	1	700115-2157895	55	장애인				1			
1	김경우	내	1	400122-1789545	85	60세이상			○				
1	박순란	내	1	400228-2156777	85	60세이상			○				
6	정지원	내	1	690717-1333451	56	장애인				3			

[2] [연말정산추가자료입력]
1. [부양가족] 탭
(1) 인적공제 : 소득요건을 미충족하는 박정희를 제외하고는 모두 기본공제대상자이다.

소득명세	부양가족	신용카드 등		의료비	기부금	연금저축 등I	연금저축 등II	월세액	출산지원금	연말정산입력				
연말관계	성명	내/외국인		주민(외국인)번호	나이	소득기준초과여부	기본공제	세대주구분	부녀자	한부모	경로우대	장애인	자녀	출산입양	결혼세액
0	진도준	내	1	771030-1224112	48		본인	세대주							
1	박정희	내	1	490511-2148712	76		부								
3	김선영	내	1	800115-2347238	45		배우자								
4	진도진	내	1	140131-3165610	11		20세이하						○		
4	진시진	내	1	190121-3165115	6		20세이하								

(2) 보험료 : 일반보장성보험료 합계가 1,000,000원 이상인 경우 정답
① 진도준

보장성보험-일반	2,200,000
보장성보험-장애인	
합 계	2,200,000

② 진도진

보장성보험-일반	480,000
보장성보험-장애인	
합 계	480,000

③ 진시진

보장성보험-일반	456,000
보장성보험-장애인	
합 계	456,000

(3) 교육비
① 진도준

교육비	
일반	장애인특수
8,000,000 4.본인	

② 박정희 : 직계존속의 교육비는 공제대상 교육비에 해당하지 않는다.
③ 진도진 : 취학아동의 학원비는 공제대상 교육비에 해당하지 않는다.
④ 진시진 : 공제 대상 교육비 요건 미충족

2. [의료비] 탭

	성명	내/외	5.주민등록번호	6.본인등 해당여부	9.증빙 코드	8.상호	7.사업자 등록번호	10.건수	11.금액	11-1.실손 보험수령액	12.미숙아 선천성이상아	13.난임 여부	14.산후 조리원
	진도준	내	771030-1224112	1	0	1				3,000,000		X	X	X
	진도준	내	771030-1224112	1	0	5	렌즈모아	105-68-23521	1	500,000		X	X	X
	박정희	내	490511-2148712	2	0	1				3,250,000	2,000,000	X	X	X

3. [신용카드 등] 탭

	성명 생년월일	자료 구분	신용카드	직불.선불	현금영수증	도서등 신용	도서등 직불	도서등 현금	전통시장	대중교통	합계
	진도준	국세청	30,000,000	2,200,000	3,000,000				2,200,000	182,000	37,582,000
	1977-10-30	기타									

4. [연금저축 등Ⅰ] 탭

2 연금계좌 세액공제	- 연금저축계좌(연말정산입력 탭의 37.개인연금저축, 60.연금저축)					크게보기
연금저축구분	코드	금융회사 등	계좌번호(증권번호)	납입금액	공제대상금액	소득/세액공제액
2.연금저축	405	삼성생명보험 (주)	153-05274-72339	2,400,000	2,400,000	288,000

5. [연말정산입력] 탭 : F8부양가족탭불러오기 실행

정산(지급)년월 2026 년 2 월 귀속기간 2025 년 1 월 1 일 ~ 2025 년 12 월 31 일 영수일자 2026 년 2 월 28 일

구분				지출액	공제금액	구분			지출액
특별소득공제	연금보험공제	군인연금				세액공제	⑪ 출산.입양	명	
		사립학교교직원					58.과학기술공제		
		별정우체국연금				연금계좌	59.근로자퇴직연금		
		33.보험료		3,839,270	3,839,270		60.연금저축		2,400,000
		건강보험료		3,199,270	3,199,270		60-1.ISA연금계좌전환		
		고용보험료		640,000	640,000	특별세액공제	61.보장성보험	일반 3,136,000	3,136,000
	34.주택차입금 원리금상환액	대출기관						장애인	
		거주자					62.의료비	6,750,000	6,750,000
	34.장기주택저당차입금이자상						63.교육비	8,000,000	8,000,000
	35.특별소득공제 계				3,839,270		64.기부금		
36.차감소득금액					52,810,730		1)정치자금기부금	10만원이하	
37.개인연금저축								10만원초과	
그밖의소득공제	38.소기업,소상공인 공제부금	2015년이전가입					2)고향사랑기부금	10만원이하	
		2016년이후가입						10만원초과	
	39.주택마련저축소득공제	청약저축					3)특례기부금(전액)		
		주택청약					4)우리사주조합기부금		
		근로자주택마련					5)일반기부금(종교단체외)		
	40.투자조합출자 등 소득공제						6)일반기부금(종교단체)		
	41.신용카드 등 사용액			37,582,000	4,452,800	65.특별세액공제 계			

108회 기출문제

1. 이론시험

⟨1⟩	⟨2⟩	⟨3⟩	⟨4⟩	⟨5⟩	⟨6⟩	⟨7⟩	⟨8⟩	⟨9⟩	⟨10⟩	⟨11⟩	⟨12⟩	⟨13⟩	⟨14⟩	⟨15⟩
②	③	①	④	③	①	③	④	②	④	③	①	①	④	②

[1]   ② [일반기업회계기준 문단 5.11] 변경된 새로운 회계정책은 소급하여 적용한다. 전기 또는 그 이전의 재무제표를 비교목적으로 공시할 경우에는 소급적용에 따른 수정사항을 반영하여 재작성한다. 비교재무제표상의 최초회계기간 전의 회계기간에 대한 수정사항은 비교재무제표상 최초회계기간의 자산, 부채 및 자본의 기초금액에 반영한다. 또한 전기 또는 그 이전기간과 관련된 기타재무정보도 재작성한다.

[2]   ③ 주식배당으로 주당 액면가액의 변동은 없다.
·주식발행 회사의 회계처리 : 미처분이익잉여금이 감소하고 자본금은 증가한다.
배당결의일 : (차)   미처분이익잉여금   (대)   미교부주식배당금
배당지급일 : (차)   미교부주식배당금   (대)   자본금

·주주의 회계처리는 없다. 주식배당은 주식발행 회사의 미처분이익잉여금의 감소와 자본금의 증가로 자본 구성항목의 변동만 있을 뿐 순자산 유출은 발생하지 않아 순자산은 변동이 없다.

[3]   ① 감가상각비는 기간 배분에 따라 비용을 인식하지만, 나머지는 당기에 즉시 비용으로 인식한다.

[4]   ④
·①, ③ 재무상태표에만 영향을 미치는 오류
·② 손익계산서에만 영향을 미치는 오류

[5]   ③ 9,000,000원
=선적지인도조건 1,000,000원+도착지인도조건 3,000,000원+담보제공저당상품 5,000,000원

[6]   ① 제조부서의 감가상각비를 판매부서의 감가상각비로 회계처리 할 경우, 제품매출원가가 과소계상되어 매출총이익은 증가하고, 영업이익 및 당기순이익의 변동은 없다.

[7]   ③ 1,300,000원 =직접노무원가 200,000원+변동제조간접원가 600,000원+고정제조간접원가 500,000원
·변동제조간접원가 : 직접노무원가 200,000원×3=600,000원

[8]   ④ 준변동원가에 대한 설명이다.

[9]   ② 120개 =㉠ 900개-㉡ 780개
·㉠ 평균법 완성품환산량 : 당기완성품 800개+기말재공품(200개×완성도 50%)=900개
·㉡ 선입선출법 완성품환산량 : 기초재공품(300개×완성도 60%)+당기착수 당기완성품 500개+기말재공품(200개×완성도 50%)=780개

[10] ④ 작업폐물이 비정상적인 경우에는 작업폐물의 매각가치를 기타수익으로 처리한다.

[11] ③ 부가가치세법 제14조 제2항, 주된 사업과 관련하여 주된 재화의 생산 과정이나 용역의 제공 과정에서 필연적으로 생기는 재화의 공급은 별도의 공급으로 보되, 과세 및 면세 여부 등은 주된 사업의 과세 및 면세 여부 등을 따른다.

[12] ① 부가가치세법 제48조 제3항, 개인사업자와 직전 과세기간 공급가액의 합계액이 1억5천만원 미만인 법인사업자는 각 예정신고기간마다 직전 과세기간에 대한 납부세액의 50퍼센트로 결정하여 대통령령으로 정하는 바에 따라 해당 예정신고기간이 끝난 후 25일까지 징수한다.

[13] ① 부가가치세법 제36조 제3항, 소매업을 영위하는 사업자가 영수증을 발급한 경우에도 재화 또는 용역을 공급받는 자가 사업자등록증을 제시하고 세금계산서 발급을 요구하는 경우에는 세금계산서를 발급하여야 한다.

[14] ④ 대주주인 출자임원이 사택을 제공받음으로써 얻는 이익은 근로소득으로 과세되며, 주주가 아닌 임원의 경우에는 과세 제외된다.

[15] ② 28,000,000원 = 사업소득금액 25,000,000원 - 사업소득결손금 결손금 10,000,000원 + 근로소득금액 13,000,000원
· 양도소득은 분류과세되는 소득이며, 비주거용 부동산 임대업에서 발생한 결손금은 해당연도의 다른 소득금액에서 공제할 수 없다.

2. 실무시험

문제 1

[1] 일반전표입력
02.11.　　　(차) 기업업무추진비(판)　　100,000원　　(대) 보통예금　　100,000원

[2] 일반전표입력
03.31.　　　(차) 퇴직급여(제)　　2,700,000원　　(대) 보통예금　　2,700,000원

[3] 일반전표입력
05.30.　　　(차) 보통예금　　20,000,000원　　(대) 자본금　　25,000,000원
　　　　　　　　주식발행초과금　　2,000,000원
　　　　　　　　주식할인발행차금　　3,000,000원

[4] 일반전표입력
07.10.　　　(차) 보통예금　　19,450,000원　　(대) 단기차입금(하나은행)　　20,000,000원
　　　　　　　　이자비용　　550,000원

[5] 일반전표입력
12.13.　　　(차) 기계장치　　3,800,000원　　(대) 자산수증이익　　3,800,000원

문제 2

[1] 매입매출전표입력
유형: 12.영세　공급가액:10,000,000원　거래처:㈜상상　전자:여　분개:외상 또는 혼합
영세율구분:③내국신용장·구매확인서에 의하여 공급하는 재화
10.08.　　　(차) 외상매출금　　10,000,000원　　(대) 제품매출　　10,000,000원

[2] 매입매출전표입력
유형:57.카과　공급가액:1,500,000원　부가세:150,000원　거래처:안녕정비소　분개:혼합 또는 카드
신용카드:㈜순양카드
10.14.　　　(차) 부가세대급금　　150,000원　　(대) 미지급금(㈜순양카드)　　1,650,000원
　　　　　　　　차량유지비(제)　　1,500,000원　　　　(또는 미지급비용)

[3] 매출매입전표입력
유형:51.과세　공급가액:-30,000,000원　부가세:-3,000,000원　거래처:㈜바이머신　전자:여　분개:혼합

| | 11.03. | (차) | 부가세대급금 기계장치 | -3,000,000원 -30,000,000원 | (대) | 미지급금 | -33,000,000원 |

[4] 매입매출전표입력
유형:51.과세 공급가액:2,000,000원 부가세:200,000원 거래처:㈜사탕 전자:여 분개:혼합

| | 11.11. | (차) | 부가세대급금 복리후생비(판) | 200,000 2,000,000 | (대) | 선급금 보통예금 | 200,000 2,000,000 |

[5] 매입매출전표입력
유형:14.건별 공급가액:250,000원 부가세:25,000원 분개:혼합

| | 12.28. | (차) | 보통예금 감가상각누계액(213) | 275,000 960,000 | (대) | 부가세예수금 비품 유형자산처분이익 | 25,000 1,200,000 10,000 |

문제 3

[1]
1. [신용카드매출전표등발행금액집계표]

조회기간 2025년 07월 ~ 2025년 09월 구분 2기 예정

1. 인적사항

| 상호[법인명] | ㈜세아산업 | 성명[대표자] | 오세아 | 사업등록번호 | 202-81-03655 |
| 사업장소재지 | | 서울특별시 동대문구 겸재로 16 (회경동) | | | |

2. 신용카드매출전표 등 발행금액 현황

구 분	합 계	신용·직불·기명식 선불카드	현금영수증	직불전자지급 수단 및 기명식선불 전자지급수단
합 계	9,900,000	9,900,000		
과세 매출분	9,900,000	9,900,000		
면세 매출분				
봉 사 료				

3. 신용카드매출전표 등 발행금액중 세금계산서 교부내역

| 세금계산서발급금액 | 3,300,000 | 계산서발급금액 | |

2. [신용카드매출전표등수령명세서(갑)]

조회기간 2025년 07월 ~ 2025년 09월 구분 2기 예정

2. 신용카드 등 매입내역 합계

구분	거래건수	공급가액	세액
합 계	2	80,000	8,000
현금영수증			
화물운전자복지카드			
사업용신용카드	1	70,000	7,000
그 밖의 신용카드	1	10,000	1,000

3. 거래내역입력

No	월/일	구분	공급자	공급자(기래쳐) 사업자등록번호	카드회원번호	그 밖의 신용카드 등 거래내역 합계		
						거래건수	공급가액	세액
1	07-11	사업	㈜가말	772-81-10112	7777-9999-7777-9999	1	70,000	7,000
2	09-27	신용	자금성	211-03-54223	3333-5555-3333-5555	1	10,000	1,000

[2]
[대손세액공제신고서]

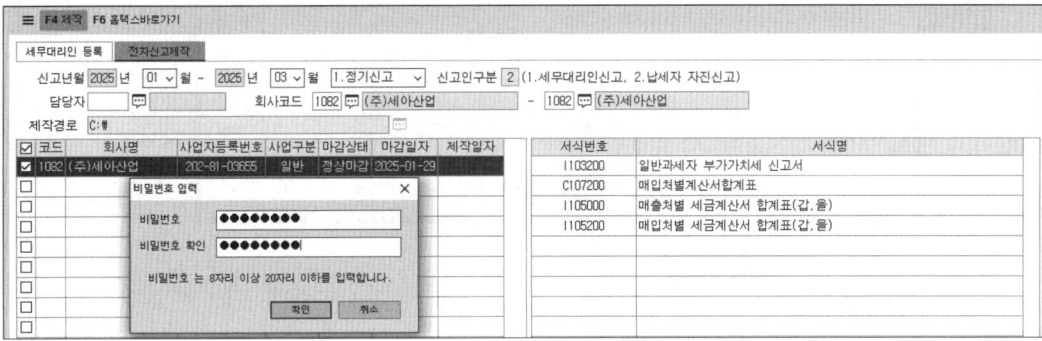

· 정성㈜ 외상매출금 : 부도발생일로부터 6개월이 경과하지 않았으므로 공제 불가.
· 우강상사 단기대여금 : 단기대여금은 부가가치세법상 대손세액공제가 불가하다.

[3]
1. [전자신고] : 전자신고 파일 제작

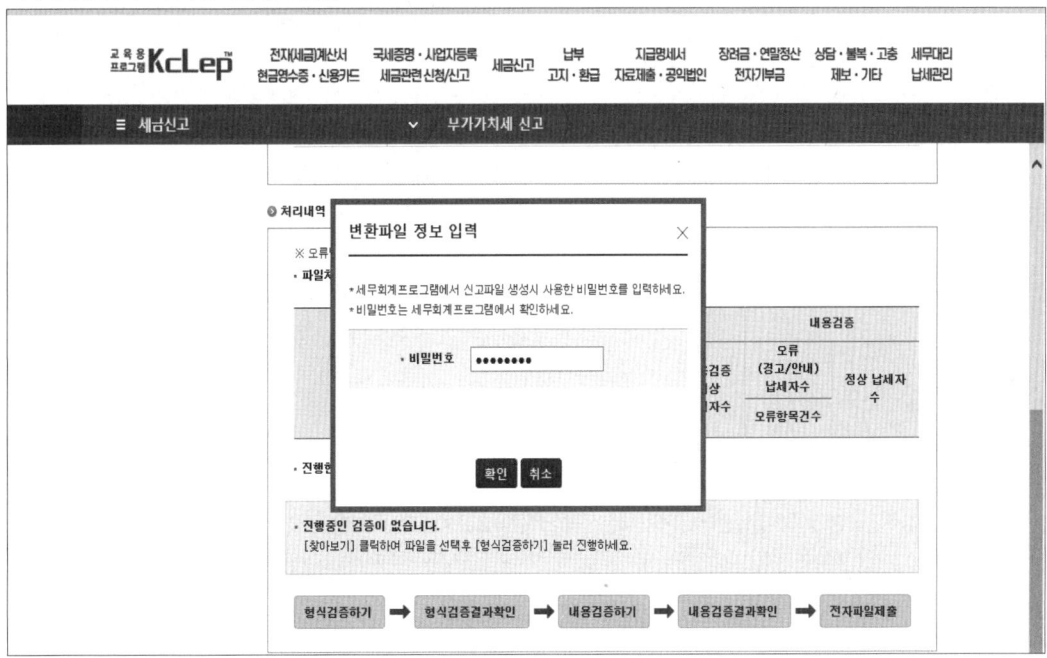

2. [국세청 홈택스 전자신고변환(교육용)]

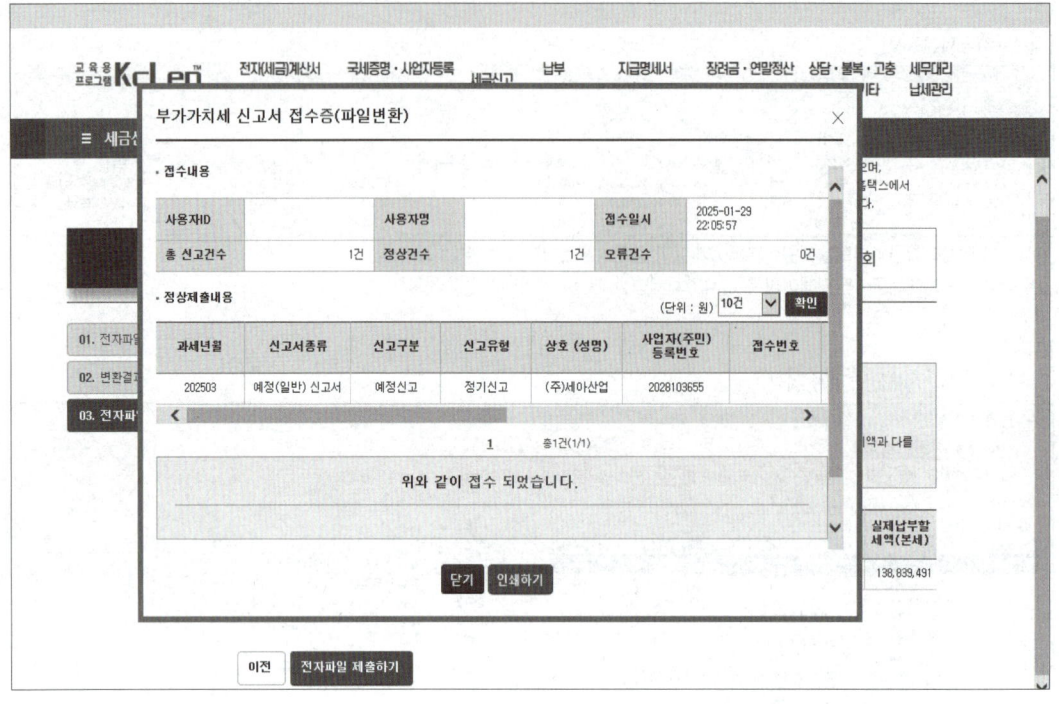

문제 4

[1] 일반전표입력

12.31. (차) 선급비용 1,250,000원 (대) 보험료(제) 1,250,000원

· 선급비용 : 3,000,000원 × $\dfrac{5월}{12월}$ = 1,250,000원

[2] 일반전표입력

12.31. (차) 보통예금 7,200,000원 (대) 단기차입금(우리은행) 7,200,000원

[3] 일반전표입력

12.31. (차) 매도가능증권평가손실 23,500,000원 (대) 매도가능증권(178) 23,500,000원

[4]

1. [결산자료입력]>F8 대손상각
   > · 대손율 1.00
   > · 외상매출금, 미수금을 제외한 계정의 추가설정액을 삭제
   > [결산반영]>F3 전표추가

2. [결산자료입력]> · 4. 판매비와 일반관리비>5). 대손상각>외상매출금 4,540,500원 입력
   · 7. 영업외비용>2). 기타의대손상각>미수금 2,480,000원 입력
   > F3 전표추가

3. 일반전표입력

   12.31. (차) 대손상각비(판) 4,540,500원[주1] (대) 대손충당금(109) 4,540,500원
   　　　　　　 기타의대손상각비 2,480,000원[주2] 　　　 대손충당금(121) 2,480,000원

[주1] 합계잔액시산표 12월 31일 외상매출금 잔액 558,550,000원×1% − 기설정된 대손충당금 1,045,000원 = 4,540,500원
[주2] 합계잔액시산표 12월 31일 미수금 잔액 278,000,000원×1% − 기설정된 대손충당금 300,000원 = 2,480,000원

[5]
1. [결산자료입력]>4.판매비와 일반관리비 >6).무형자산상각비>특허권 결산반영금액란 650,000원 입력>F3 전표추가
2. 또는 일반전표입력
    12.31.   (차) 무형자산상각비   650,000원   (대) 특허권   650,000원
    · 무형자산상각비 : 4,550,000원÷7년＝650,000원

문제 5

[1]
1. [수당공제]
1) 수당등록

No	코드	과세구분	수당명	근로소득유형			월정액	통상임금	사용여부
				유형	코드	한도			
1	1001	과세	기본급	급여			정기	여	여
2	1002	과세	상여	상여			부정기	부	부
3	1003	과세	직책수당	급여			정기	부	부
4	1004	과세	월차수당	급여			정기	부	부
5	1005	비과세	식대	식대	P01	(월)200,000	정기	부	부
6	1006	비과세	자가운전보조금	자가운전보조금	H03	(월)200,000	부정기	부	부
7	1007	비과세	야간근로수당	야간근로수당	O01	(년)2,400,000	부정기	부	부
8	2001	과세	식대	급여			정기	부	여

2) 공제등록

No	코드	공제항목명	공제소득유형	사용여부
1	5001	국민연금	고정항목	여
2	5002	건강보험	고정항목	여
3	5003	장기요양보험	고정항목	여
4	5004	고용보험	고정항목	여
5	5005	학자금상환	고정항목	부
6	6001	건강보험료정산	건강보험료정산	여
7	6002	장기요양보험정산	장기요양보험정산	여

2. [급여자료입력]
1) 3월 귀속 급여

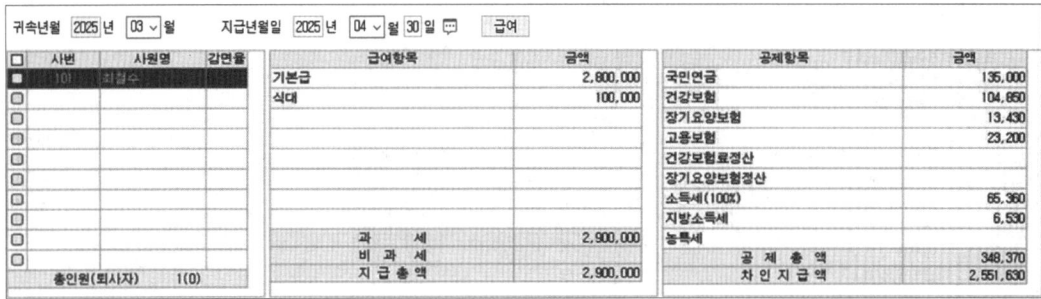

2) 4월 귀속 급여

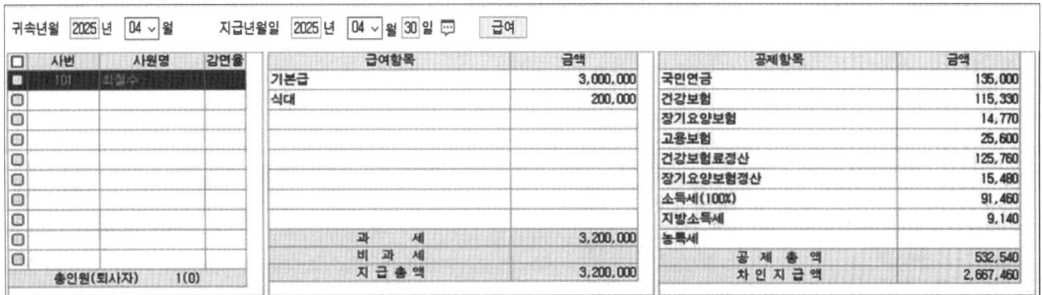

3. 원천징수이행상황신고서

1) 3월 귀속 4월 지급분

소득자 소득구분	코드	인원	총지급액	소득세 등
간이세액	A01	1	2,900,000	65,360
중도퇴사	A02			

2) 4월 귀속 4월 지급분

소득자 소득구분	코드	인원	총지급액	소득세 등
간이세액	A01	1	3,200,000	91,460
중도퇴사	A02			

[2]

1. [소득명세] 탭

	구분	합계	주(현)	납세조합	종(전) [1/2]
	9.근무처명		(주)세마산업		(주)진우상사
	9-1.종교관련 종사자		부		부
소	10.사업자등록번호		202-81-03655		258-81-84442
	11.근무기간		2025-05-01 ~ 2025-12-31	~	2025-01-01 ~ 2025-04-20
	12.감면기간		~	~	~
득	13-1.급여(급여자료입력)	44,800,000	24,800,000		20,000,000
	13-2.비과세한도초과액				
	13-3.과세대상추가(인정상여추가)				
명	14.상여				
	15.인정상여				
	15-1.주식매수선택권행사이익				
	15-2.우리사주조합 인출금				
세	15-3.임원퇴직소득금액한도초과액				
	15-4.직무발명보상금				
	16.계	44,800,000	24,800,000		20,000,000
공	직장	건강보험료(직장)(33)	1,298,460	879,160		419,300
제		장기요양보험료(33)	164,000	112,560		51,440
보		고용보험료(33)	306,400	198,400		108,000
험		국민연금보험료(31)	1,656,000	1,116,000		540,000
료	공적 연금 보험료	공무원 연금(32)				
명		군인연금(32)				
세		사립학교교직원연금(32)				
		별정우체국연금(32)				
세	기납부세액	소득세	947,200	747,200		200,000
액		지방소득세	94,720	74,720		20,000
		농어촌특별세				

2. [부양가족] 탭

1) 보장성보험

소득명세	부양가족	신용카드 등	의료비	기부금	연금저축 등I	연금저축 등II	월세액	연말정산입력
보장성보험-일반			2,000,000					2,000,000
보장성보험-장애인								
합 계			2,000,000					2,000,000

※ 보장성보험-일반 : 2,000,000원 또는 1,000,000원

2) 교육비

교육비	
일반	장애인특수
7,000,000 4.본인	

3. [의료비] 탭

	성명	내/외	5.주민등록번호	6.본인등 해당여부	9.증빙 코드	8.상호	7.사업자 등록번호	10. 건수	11.금액	11-1.실손 보험수령액	12.미숙아 선천성이상아	13.난임 여부	14.산후 조리원
☐	신영식	내	890801-1211112	1	0	1				3,000,000	1,000,000	X	X	X
☐	신영식	내	890801-1211112	1	0	5			1	500,000		X	X	X

4. [기부금] 탭

1) [기부금입력] 탭

12.기부자 인적 사항(F2)

주민등록번호	관계코드	내·외국인	성명
890801-1211112	거주자(본인)	내국인	신영식

구분		9.기부내용	기부처		건수	기부명세			자료 구분
7.유형	8. 코드		10.상호 (법인명)	11.사업자 번호 등		13.기부금합계 금액(14+15)	14.공제대상 기부금액	15.기부장려금 신청금액	
종교	41	금전				1,200,000	1,200,000		국세청
특례	10	금전				2,000,000	2,000,000		국세청
					합계	3,200,000	3,200,000		

※ 사회복지공동모금회 기부금 코드 및 유형 : 10.특례기부금 또는 40.일반기부금(종교단체 외)

2) [기부금조정] 탭

구분		기부연도	16.기부금액	17.전년도까지 공제된금액	18.공제대상 금액(16-17)	해당연도 공제금액	해당연도에 공제받지 못한 금액	
유형	코드						소멸금액	이월금액
특례	10	2025	2,000,000		2,000,000	2,000,000		
종교	41	2025	1,200,000		1,200,000	1,200,000		

※ 사회복지공동모금회 기부금 코드 및 유형 : 10.특례기부금

· 공제금액계산>불러오기>공제금액반영>저장

5. [연금저축] 탭

2 연금계좌 세액공제		- 연말정산입력 탭의 38.개인연금저축, 60.연금저축)		
연금저축구분	코드	금융회사 등	계좌번호(증권번호)	납입금액
1.개인연금저축	305	KEB 하나은행(구. 주식회사	253-660750-73308	2,000,000
개인연금저축				2,000,000
연금저축				

6. [연말정산입력] 탭 : F8 부양가족탭불러오기

	구분		지출액	공제금액		구분		지출액
					세액공제 ⑪ 출산.입양 (명)			
소득공제	건강보험 공적연금 보험공제	군인연금			연금계좌	58.과학기술공제		
		사립학교교직원				59.근로자퇴직연금		
		별정 우체국연금				60.연금저축		
	특별소득공제	33.보험료	1,768,860	1,768,860		60-1.ISA연금계좌전환		
		건강보험료	1,462,460	1,462,460	특별세액공제	61.보장 일반	2,000,000	2,000,000
		고용보험료	306,400	306,400		성보험 장애인		
		34.주택차입금 대출기관				62.의료비	3,500,000	3,500,000
		원리금상환액 거주자				63.교육비	7,000,000	7,000,000
		34.장기주택저당차입금이자상				64.기부금	3,200,000	3,200,000
		35.특별소득공제 계		1,768,860		1)정치자금 10만원이하		
36.차감소득금액				27,905,140		기부금 10만원초과		
그 밖의 소득공제		37.개인연금저축	2,000,000	720,000		2)고향사랑 10만원이하		
		38.소기업,소상 2015년이전가입				기부금 10만원초과		
		공인 공제부금 2016년이후가입				3)특례기부금(전액)		2,000,000
		39.주택 청약저축				4)우리사주조합기부금		
		마련저축 주택청약				5)일반기부금(종교단체외)		
		소득공제 근로자주택마련				6)일반기부금(종교단체)		1,200,000
		40.투자조합출자 등 소득공제				65.특별세액공제 계		
		41.신용카드 등 사용액						

107회 기출문제

1. 이론시험

〈1〉	〈2〉	〈3〉	〈4〉	〈5〉	〈6〉	〈7〉	〈8〉	〈9〉	〈10〉	〈11〉	〈12〉	〈13〉	〈14〉	〈15〉
③	③	②	①	④	③	①	②	①	④	②	④	②	④	④

[1] ③ 가전제품 판매업자가 가전제품을 홍보하기 위하여 지출한 광고비는 재고자산 취득 후에 발생하는 판매관리비 성격의 비용으로 취득원가에 포함되지 않는다.

[2] ③ 변동이 있는 자본 항목은 자본금과 자본조정(자기주식, 자기주식처분손실, 감자차손)이다.
  (차) 자기주식   180,000원   (대) 현금등   180,000원
  (차) 현금등   100,000원   (대) 자기주식   120,000원
  (차) 자기주식처분손실   20,000원
  (차) 자본금   50,000원   (대) 자기주식   60,000원
  (차) 감자차손   10,000원

[3] ② 매도가능증권처분손실 100,000원 ＝(매도가능증권 취득원가 7,000원－처분가액 6,000원)×100주
　　 2024.03.01.　(차)　매도가능증권　　　　7,000,000원　(대)　현금등　　　　　　　　　7,000,000원
　　 2024.12.31.　(차)　매도가능증권　　　　2,000,000원　(대)　매도가능증권평가이익　　2,000,000원
　　 2025.03.01.　(차)　현금등　　　　　　　　600,000원　(대)　매도가능증권　　　　　　　900,000원
　　　　　　　　　　　　매도가능증권평가이익　200,000원
　　　　　　　　　　　　매도가능증권처분손실　100,000원

[4] ① [일반기업회계기준 문단 14.9] 명목금액과 현재가치의 차이가 중요한 경우에는 의무를 이행하기 위하여 예상되는 지출액의 현재가치로 평가한다.

[5] ④ 유형자산처분손실 1,150,000원 ＝장부가액 9,000,000원－순매각금액 7,850,000원
　　・감가상각누계액 : (취득가액 15,000,000원－잔존가액 0원)×2/5＝6,000,000원
　　・장부가액 : 취득가액 15,000,000원－감가상각누계액 6,000,000원＝9,000,000원
　　・순매각금액 : 처분가액 8,000,000원－처분부대원가 150,000원＝7,850,000원
　　・[일반기업회계기준 문단 10.45] 유형자산의 제거 손익은 순매각금액과 장부금액의 차액으로 산정하며, 손익계산서에서 당기손익으로 인식한다.

[6] ③ 당기제품제조원가는 손익계산서 및 제조원가명세서에서 확인할 수 있다.

[7] ① 조업도가 증가하더라도 단위당 변동원가는 변함이 없다.

[8] ② 종합원가계산은 단일 종류의 제품을 연속적으로 대량 생산하는 제품의 원가계산에 적합하다. 나머지는 개별원가계산에 대한 설명이다.

[9] ① 100,000원 ＝직접원가 400,000원－직접재료원가 300,000원
　　・직접재료원가 : 당기총제조원가 800,000원－가공원가 500,000원＝300,000원

[10] ④ 795,000원 ＝가공부문 원가 배분액 120,000원＋연마부문 원가 배분액 175,000원＋3라인 발생원가 500,000원
　　 1. 가공부문 원가 배분
　　 ・연마부문 : 400,000원×50%＝200,000원
　　 ・3라인 : 400,000원×30%＝120,000원
　　 2. 연마부문 원가 배분
　　 ・3라인 : (가공부문원가 배분액 200,000원＋연마부문 원가 200,000원)×35%/80%＝175,000원

[11] ② 부가가치세법 제46조 제1항 3호, 공제금액 연간 1천만원을 한도로 하며 발급금액 또는 결제금액의 1.3퍼센트로 한다.
　　 ・따라서 각 과세기간마다 500만원을 한도로 하는 것은 아니다.

[12] ④ 1,700,000원 ＝과세표준 17,000,000원×10%
　　 ・과세표준 : 총매출액 20,000,000원－매출에누리액 3,000,000원＝17,000,000원
　　 ・매출에누리는 과세표준에서 차감하는 항목이고, 판매장려금은 과세표준에서 공제하지 않는 항목이다.

[13] ②
　　 ・법인 음식점은 의제매입세액 공제율 6/106을 적용한다.
　　 ・면세농산물 등을 사용한 시점이 아닌 구입한 날이 속하는 과세기간에 공제한다.
　　 ・제조업만 농어민으로부터 정규증빙 없이 농산물 등을 구입한 경우에도 의제매입세액공제가 가능하다.

[14] ④ 5,400원 ＝[(일당 200,000원－근로소득공제 150,000원/일)×4일×6%]×(1－55%)
　　 ・소득세법 제134조 제3항, 원천징수의무자가 일용근로자의 근로소득을 지급할 때에는 그 근로소득에 근로소득공제를 적용한 금액에 원천징수세율을 적용하여 계산한 산출세액에서 근로소득세액공제를 적용한 소득세를 원천징수한다.

[15] ④ 소득세법 제35조 제2항 및 시행령 제83조 제2항, 사업자가 한 차례의 접대에 지출한 기업업무추진비 중 경조금의 경우 20만원, 이외의 경우 3만원을 초과하는 기업업무추진비로서 적격증빙을 수취하지 아니한 기업업무추진비는 각 과세기간의 소득금액을 계산할 때 필요경비에 산입하지 아니한다.

2. 실무시험

문제 1

[1] 일반전표입력
01.31.　(차)　보통예금　　　7,700,000원　(대)　외상매출금(㈜오늘물산)　7,700,000원

[2] 일반전표입력
03.15.　(차)　이월이익잉여금(375)　32,000,000원　(대)　미교부주식배당금　10,000,000원
　　　　　　　　　　　　　　　　　　　　　　　　　미지급배당금　　　20,000,000원
　　　　　　　　　　　　　　　　　　　　　　　　　이익준비금　　　　2,000,000원

[3] 일반전표입력
04.21.　(차)　보통예금　　　28,060,000원　(대)　외상매출금(CTEK)　29,440,000원
　　　　　　　외환차손　　　1,380,000원

[4] 일반전표입력
08.05.　(차)　보통예금　　　990,000원　(대)　단기매매증권　　　500,000원
　　　　　　　　　　　　　　　　　　　　　　단기매매증권처분이익　490,000원

[5] 일반전표입력
09.02.　(차)　임차보증금(㈜헤리움)　10,000,000원　(대)　보통예금　　　9,000,000원
　　　　　　　　　　　　　　　　　　　　　　　　　　　선급금(㈜헤리움)　1,000,000원

문제 2

[1] 매입매출전표입력
유형:54.불공　공급가액:10,000,000원　부가세:1,000,000원　거래처:㈜동산　전자:여　분개:혼합
01.15.　(차)　토지　　　11,000,000원　(대)　미지급금　　　11,000,000원

[2] 매입매출전표입력
유형:22.현과　공급가액:100,000원　부가세:10,000원　거래처:없음　분개:현금 또는 혼합
03.30.　(차)　현금　　　110,000원　(대)　부가세예수금　　　10,000원
　　　　　　　　　　　　　　　　　　　　제품매출　　　　　100,000원
※ 현금영수증 의무발행사업자는 건당 거래금액이 100,000원 이상인 경우, 거래상대방이 증빙을 요청하지 않더라도 현금영수증을 자진 발급하여야 한다.
　· 거래처를 외국인 등으로 입력한 경우에도 정답으로 인정함.

[3] 매입매출전표입력
유형:11.과세　공급가액:15,000,000원　부가세:1,500,000원　거래처:㈜굳딜　전자:여　분개:혼합
07.20.　(차)　보통예금　　　16,500,000원　(대)　부가세예수금　　　1,500,000원
　　　　　　　　　　　　　　　　　　　　　　선수금　　　　　　15,000,000원

[4] 매입매출전표입력
유형:16.수출　공급가액:5,000,000원　거래처:몽키　분개:외상 또는 혼합
영세율구분: ①직접수출(대행수출 포함)
08.20.　(차)　외상매출금　　　5,000,000원　(대)　제품매출　　　5,000,000원

[5] 매입매출전표입력
유형:51.과세 공급가액:2,800,000원 부가세:280,000원 거래처:미래부동산 전자:여 분개:혼합

09.12.	(차)	부가세대급금	280,000원	(대)	미지급금	3,080,000원
		임차료(판)	2,500,000원		(또는 미지급비용)	
		건물관리비(판)	300,000원			

※ 복수거래 입력 여부는 관계없음.

문제 3

[1]

부가가치세 신고서 (조회기간: 2025년 4월 1일 ~ 2025년 6월 30일, 신고구분: 1.정기신고, 확정)

정기신고금액

구분				금액	세율	세액
과세표준및매출세액	과세	세금계산서발급분	1	600,000,000	10/100	60,000,000
		매입자발행세금계산서	2		10/100	
		신용카드·현금영수증발행분	3	63,000,000	10/100	6,300,000
		기타(정규영수증외매출분)	4		10/100	
	영세	세금계산서발급분	5		0/100	
		기타	6	68,000,000	0/100	
	예정신고누락분		7			
	대손세액가감		8			-1,000,000
	합계		9	731,000,000	⑨	65,300,000
매입세액	세금계산서수취분	일반매입	10	400,000,000		40,000,000
		수출기업수입분납부유예	10-1			
		고정자산매입	11			
	예정신고누락분		12	5,000,000		500,000
	매입자발행세금계산서		13			
	그 밖의 공제매입세액		14			
	합계(10)-(10-1)+(11)+(12)+(13)+(14)		15	405,000,000		40,500,000
	공제받지못할매입세액		16	8,000,000		800,000
	차감계 (15-16)		17	397,000,000	ⓒ	39,700,000
납부(환급)세액(매출세액⑨-매입세액ⓒ)					ⓓ	25,600,000
경감공제세액	그 밖의 경감·공제세액		18			10,000
	신용카드매출전표등 발행공제등		19			
	합계		20		ⓔ	10,000
소규모 개인사업자 부가가치세 감면세액			20-1		ⓕ	
예정신고미환급세액			21		ⓖ	
예정고지세액			22		ⓗ	
사업양수자의 대리납부 기납부세액			23		ⓘ	
매입자 납부특례 기납부세액			24		ⓙ	
신용카드업자의 대리납부 기납부세액			25		ⓚ	
가산세액계			26		ⓛ	230,000
차가감하여 납부할세액(환급받을세액)ⓓ-ⓔ-ⓕ-ⓖ-ⓗ-ⓘ-ⓙ-ⓚ+ⓛ			27			25,820,000
총괄납부사업자가 납부할 세액(환급받을 세액)						

구분		금액	세율	세액
7.매출(예정신고누락분)				
예정누락분	과세	세금계산서	33		10/100	
		기타	34		10/100	
	영세	세금계산서	35		0/100	
		기타	36		0/100	
	합계		37			
12.매입(예정신고누락분)				
	세금계산서		38	5,000,000		500,000
예정누락분	그 밖의 공제매입세액		39			
	합계		40	5,000,000		500,000
14.그 밖의 공제매입세액				
신용카드매출 수령금액합계표	일반매입	41			
	고정매입	42			
의제매입세액		43		뒤쪽	
재활용폐자원등매입세액		44		뒤쪽	
과세사업전환매입세액		45			
재고매입세액		46			
변제대손세액		47			
외국인관광객에대한환급세액		48			
합계		49			

구분		금액	세율	세액
16.공제받지못할매입세액				
공제받지못할 매입세액	50	8,000,000		800,000
공통매입세액면세등사업분	51			
대손처분받은세액	52			
합계	53	8,000,000		800,000
18.그 밖의 경감·공제세액				
전자신고 및 전자고지 세액공제	54			10,000
전자세금계산서 발급세액공제	55			
택시운송사업자경감세액	56			
대리납부세액공제	57			
현금영수증사업자세액공제	58			
기타	59			
합계	60			10,000

25.가산세명세			금액	세율	세액
사업자미등록등		61		1/100	
세금계산서	지연발급 등	62	23,000,000	1/100	230,000
	지연수취	63		5/1,000	
	미발급 등	64		뒤쪽참조	
전자세금발급명세	지연전송	65		3/1,000	
	미전송	66		5/1,000	
세금계산서합계표	제출불성실	67		5/1,000	
	지연제출	68		3/1,000	
신고불성실	무신고(일반)	69		뒤쪽	
	무신고(부당)	70		뒤쪽	
	과소·초과환급(일반)	71		뒤쪽	
	과소·초과환급(부당)	72		뒤쪽	
납부지연		73		뒤쪽	
영세율과세표준신고불성실		74		5/1,000	
현금매출명세서불성실		75		1/100	
부동산임대공급가액명세서		76		1/100	
매입자	거래계좌 미사용	77		뒤쪽	
납부특례	거래계좌 지연입금	78		뒤쪽	
신용카드매출전표등수령명세서미제출·과다기재		79		5/1,000	
합계		80			230,000

[2]
1. [공제받지못할매입세액내역] 탭

매입세액 불공제 사유	세금계산서		
	매수	공급가액	매입세액
①필요적 기재사항 누락 등			
②사업과 직접 관련 없는 지출			
③개별소비세법 제1조제2항제3호에 따른 자동차 구입·유지			
④기업무추진비 및 이와 유사한 비용 관련			
⑤면세사업등 관련	3	50,000,000	5,000,000
⑥토지의 자본적 지출 관련			
⑦사업자등록 전 매입세액			
⑧금·구리 스크랩 거래계좌 미사용 관련 매입세액			

조회기간 2025년 10월 ~ 2025년 12월, 구분 2기 확정

2. [공통매입세액의정산내역] 탭

산식	구분	(15)총공통매입세액	(16)면세 사업확정 비율			(17)불공제매입세액총액 ((15)*(16))	(18)기불공제매입세액	(19)가산또는 공제되는매입세액((17)-(18))
			총공급가액	면세공급가액	면세비율			
1.당해과세기간의 공급가액기준		15,000,000	600,000,000.00	150,000,000.00	25.000000	3,750,000	250,000	3,500,000

문제 4

[1] 일반전표입력
    12.31.   (차) 정기예금   100,000,000원   (대) 장기성예금   100,000,000원

[2] 일반전표입력
    12.31.   (차) 미수수익   3,150,000원   (대) 이자수익   3,150,000원

· 이자수익 : 70,000,000원×6%×9/12=3,150,000원

[3] 일반전표입력
    12.31.   (차) 기부금   500,000원   (대) 현금과부족   623,000원
                  운반비(제)   23,000원
                  기업업무추진비(판)   100,000원

[4]
1. 일반전표입력
    12.31.   (차) 재고자산감모손실   5,000,000원   (대) 상품   5,000,000원
                                                  (적요8. 타계정으로 대체액)

2. 결산자료입력> · 상품매출원가>⑩기말상품재고액 10,000,000원   >F3전표추가
              · 제품매출원가>1)원재료비>⑩기말원재료재고액 9,300,000원
                        9)당기완성품제조원가>⑩기말제품재고액 5,425,000원

[5]
1. 결산자료입력>F8대손상각>대손율: 1%
                >추가설정액> · 외상매출금 2,426,480원>결산반영>F3전표추가
                            · 받을어음 638,400원
                            · 단기대여금 1,900,000원

2. 또는 일반전표입력

12.31.	(차)	대손상각비	3,064,880원	(대)	대손충당금(109)	2,426,480원
					대손충당금(111)	638,400원
	(차)	기타의대손상각비	1,900,000원	(대)	대손충당금(115)	1,900,000원

문제 5

[1]

1. 수당공제등록

No	코드	과세구분	수당명	근로소득유형 유형	근로소득유형 코드	근로소득유형 한도	월정액	통상임금	사용여부
1	1001	과세	기본급	급여			정기	여	여
2	1002	과세	상여	상여			부정기	부	여
3	1003	과세	직책수당	급여			정기	부	부
4	1005	비과세	식대	식대	P01	(월)200,000	정기	부	여
5	1006	비과세	자가운전보조금	자가운전보조금	H03	(월)200,000	부정기	부	여
6	1007	비과세	야간근로수당	야간근로수당	O01	(년)2,400,000	부정기	부	여
7	1004	과세	월차수당	급여			정기	부	여

2. 급여자료입력

귀속년월 2025년 03월   지급년월일 2025년 03월 31일   급여

급여항목	금액	공제항목	금액
기본급	2,600,000	국민연금	126,000
상여	600,000	건강보험	98,270
식대	100,000	장기요양보험	12,580
자가운전보조금	200,000	고용보험	29,600
야간근로수당	200,000	소득세(100%)	10,230
월차수당	300,000	지방소득세	1,020
		농특세	
과 세	3,700,000		
비 과 세	300,000	공 제 총 액	277,700
지 급 총 액	4,000,000	차 인 지 급 액	3,722,300

· 식대와 자가운전보조금에 대해서는 비과세 적용을 받는다.

· 기본급여가 월 260만원으로 월정액 210만원을 초과하므로 야간근로(연장근로)수당에 대해서는 비과세 요건을 충족하지 않는다.

3. 원천징수이행상황신고서

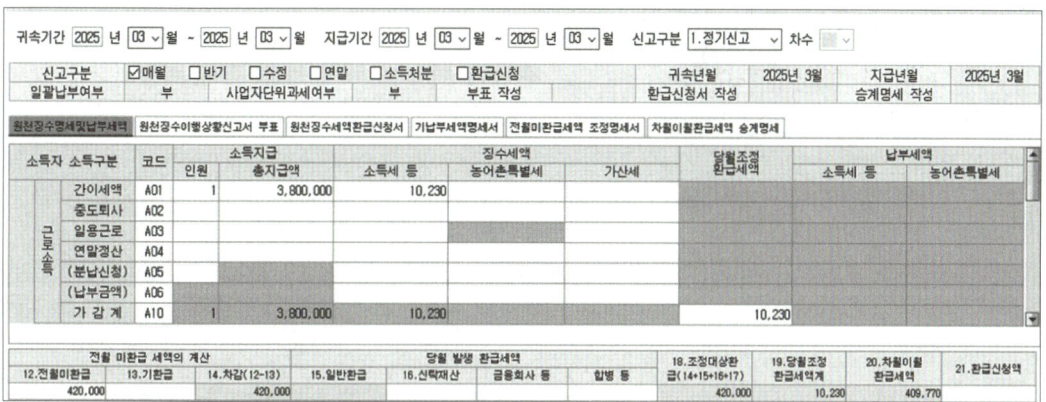

[2]
1. [부양가족] 탭
(1) 인적공제

연말관계	성명	내/외국인	주민(외국인)번호	나이	소득기준초과여부	기본공제	세대주구분	부녀자	한부모	경로우대	장애인	자녀	출산입양	결혼세액
0	강희찬	내	1 830130-1710614	42		본인	세대주							
3	송은영	내	1 810317-2141611	44		부								
4	강민호	내	1 141225-3014674	11		20세이하						○	첫째	
6	강성찬	내	1 860717-1714315	39		장애인					1			

(2) 보험료
① 강희찬(본인)

자료구분	보험료			
	건강	고용	일반보장성	장애인전용
국세청			2,400,000	
기타	2,399,400	480,000		

· 2,400,000원 또는 1,000,000원

② 강성찬(동생)

자료구분	보험료			
	건강	고용	일반보장성	장애인전용
국세청				1,700,000
기타				

· 1,700,000원 또는 1,000,000원

(3) 교육비(강민호)

교육비	
일반	장애인특수
500,000 2.초중고	

· 교육비 : 초등학생 학원비는 공제 대상 아님.

2. [신용카드 등] 탭

	성명 생년월일	자료 구분	신용카드	직불,선불	현금영수증	도서등 신용	도서등 직불	도서등 현금	전통시장	대중교통	합계
□	강희찬	국세청	18,500,000							500,000	19,000,000
	1983-01-30	기타									
□	송은영	국세청									
	1981-03-17	기타									
□	강민호	국세청			600,000					100,000	700,000
	2014-12-25	기타									

· 신용카드등 사용액 : 법인의 비용을 결제한 경우의 사용액은 공제 대상 아님

3. [의료비] 탭

2025년 의료비 지급명세서

	성명	내/외	5.주민등록번호	6.본인등 해당여부	9.증빙 코드	8.상호	7.사업자 등록번호	10. 건수	11.금액	11-1.실손 보험수령액	12.미숙아 선천성이상아	13.난임 여부	14.산후 조리원
□	강희찬	내	830130-1710614	1	0	1			2,600,000		X	X	X
□	송은영	내	810317-2141611	3	X	1			2,500,000		X	0	X
□	강민호	내	141225-3014674	3	X	1			1,200,000		X	X	X
□	강성찬	내	860717-1714315	2	0	1			3,100,000		X	X	X

· 시력보정용 안경 구입비는 1인당 50만원 한도이며, 이를 구분 기재한 것도 정답으로 인정함.
· 의료비세액공제는 부양가족의 소득요건 제한을 받지 않으므로 배우자 사용분도 공제대상임.

4. [기부금] 탭

(1) [기부금입력] 탭

12.기부자 인적 사항(F2)

주민등록번호	관계코드	내·외국인	성명
830130-1710614	거주자(본인)	내국인	강희찬

구분		기부처			기부명세				
7.유형	8. 코드	9.기부내용	10.상호 (법인명)	11.사업자 번호 등	건수	13.기부금합계 금액 (14+15)	14.공제대상 기부금액	15.기부장려금 신청 금액	자료 구분
종교	41	금전				1,200,000	1,200,000		국세청
		합계				1,200,000	1,200,000		

· 기부내용 : 금전, 현물, 미입력 모두 정답으로 인정함

(2) [기부금조정] 탭 > 공제금액계산 > 불러오기 > 공제금액반영 > 저장

구분		기부연도	16.기부금액	17.전년도까지 공제된금액	18.공제대상 금액(16-17)	해당연도 공제금액	해당연도에 공제받지 못한 금액	
유형	코드						소멸금액	이월금액
종교	41	2025	1,200,000		1,200,000	1,200,000		

5. [연말정산입력] 탭 > F8 부양가족탭불러오기

| 소득명세 | 부양가족 | 신용카드 등 | 의료비 | 기부금 | 연금저축 등I | 연금저축 등II | 월세액 | 출산지원금 | 연말정산입력 |

정산(지급)년월 2026 년 2 월 귀속기간 2025 년 1 월 1 일 - 2025 년 12 월 31 일 영수일자 2026 년 2 월 28 일

구분			지출액	공제금액	구분		지출액	
소 득 공 제	보험료공제	군인연금			세액공제	⑭ 출산.입양 1명		
		사립학교직원				58.과학기술공제		
		별정우체국연금			연금계좌	59.근로자퇴직연금		
	특별소득공제	33.보험료	2,879,400	2,879,400		60.연금저축		
		건강보험료	2,399,400	2,399,400		60-1.ISA연금계좌전환		
		고용보험료	480,000	480,000	특별세액공제	61.보장성보험 일반	2,400,000	2,400,000
		34.주택차입금 원리금상환액 대출기관				장애인	1,700,000	1,700,000
		거주자				62.의료비	9,400,000	9,400,000
		34.장기주택저당차입금이자상				63.교육비	500,000	500,000
		35.특별소득공제 계		2,879,400		64.기부금	1,200,000	1,200,000
36.차감소득금액				35,170,600		1)정치자금 기부금 10만원이하		
	37.개인연금저축					10만원초과		
그밖의소득공제	38.소기업,소상공인 공제부금	2015년이전가입				2)고향사랑 기부금 10만원이하		
		2016년이후가입				10만원초과		
	39.주택마련저축 소득공제	청약저축				3)특례기부금(전액)		
		주택청약				4)우리사주조합기부금		
		근로자주택마련				5)일반기부금(종교단체외)		
	40.투자조합출자 등 소득공제					6)일반기부금(종교단체)		1,200,000
	41.신용카드 등 사용액		19,700,000	2,915,000		65.특별세액공제 계		

106회 기출문제

1. 이론시험

〈1〉	〈2〉	〈3〉	〈4〉	〈5〉	〈6〉	〈7〉	〈8〉	〈9〉	〈10〉	〈11〉	〈12〉	〈13〉	〈14〉	〈15〉
②	④	③	①	③	①	④	②	③	④	①	③	②	①	④

[1] ② [일반기업회계기준 문단 2.34] 자산, 부채, 자본 중 중요한 항목은 재무상태표 본문에 별도 항목으로 구분하여 표시한다. 중요하지 않은 항목은 성격 또는 기능이 유사한 항목에 통합하여 표시할 수 있으며, 통합할 적절한 항목이 없는 경우에는 기타항목으로 통합할 수 있다. 이 경우 세부 내용은 주석으로 기재한다.

[2] ④ [일반기업회계기준 문단 2.35] 현금및현금성자산은 통화 및 타인발행수표 등 통화대용증권과 당좌예금, 보통예금 및 큰 거래비용 없이 현금으로 전환이 용이하고 이자율 변동에 따른 가치변동의 위험이 경미한 금융상품으로서 취득 당시 만기일(또는 상환일)이 3개월 이내인 것을 말한다.

[3] ③ 108,000,000원 = 외상매입금 100,000,000원 + 선수금 5,000,000원 + 미지급금 3,000,000원
· 퇴직급여충당부채와 사채는 비유동부채로 분류한다.

[4] ① [일반기업회계기준 문단 6.31] 단기매매증권에 대한 미실현보유손익은 당기손익항목으로 처리한다.

[5] ③ (차) 비품(자산 증가)   (대) 현금(자산 감소) : 자본 영향 없음
    ① (차) 현금(자산 증가)   (대) 자본금(자본 증가) : 자본 증가
    ② (차) 미처분이익잉여금(자본 감소) (대) 미지급배당금(부채 증가) : 자본 감소
    ④ (차) 급여(비용 발생)   (대) 현금(자산 감소) : 자본 감소

[6]   ① 당기제품제조원가(당기완성품원가)는 재공품 계정의 대변으로 대체된다.

[7]   ④ 회피가능원가에 대한 설명이다.

[8]   ② 준고정원가에 대한 설명으로 계단원가라고도 한다.
      · ①, ③, ④는 준변동원가에 대한 설명이다.

[9]   ③ 3,100,000원 = 예정배부액 3,000,000원 + 과소배부액 100,000원
      · 예정배부율 : 제조간접원가예산 3,000,000원 ÷ 예정 직접노무시간 30,000시간 = @100원/직접노무시간
      · 예정배부액 : 실제 직접노무시간 30,000시간 × 예정배부율 @100원 = 3,000,000원

[10] ④ 2,000원

	[1단계] 물량의 흐름	[2단계] 환성품환산량		
		직접재료원가	가공원가	
당기완성품	5,000단위	5,000단위	5,000단위	
기말재공품	2,500단위 (80%)	2,000단위	2,000단위	
	7,500단위	7,000단위	7,000단위	
[3단계]총원가의 요약				합계
기초재공품원가		500,000원	500,000원	1,000,000원
당기발생원가		7,000,000원	6,000,000원	13,000,000원
합계		7,500,000원	6,500,000원	14,000,000원
[4단계] 환산량단위당원가				
완성품 환산량				÷7,000단위
완성품단위당원가				2,000원

[11] ① 부가가치세법 제2조, 부가가치세는 국세이며, 소비지국과세원칙을 적용하고 전단계세액공제법을 채택하고 있다.

[12] ③ 부동산임대업의 납세지는 부동산의 등기부상 소재지이다.

[13] ② 사업소득이 있는 거주자의 종합소득세 납세지는 거주자의 주소지로 한다.

[14] ① 10,000,000원 = 35,000,000원 + 10,000,000원 + 15,000,000원 − 50,000,000원
      · 부동산임대업을 제외한 사업소득에서 발생한 이월결손금은 모든 종합소득에서 통산한다.

[15] ④ 일용근로자의 근로소득 : 6%
      · 복권당첨소득 중 3억원 초과분 : 30%
      · 비실명이자소득 : 45%
      · 이자소득 중 비영업대금이익 : 25%

2. 실무시험

문제 1

[1] 일반전표입력
03.20. (차) 보통예금   5,100,000원   (대) 자기주식   4,500,000원
                                                  자기주식처분손실   300,000원
                                                  자기주식처분이익   300,000원

[2] 일반전표입력
03.31. (차) 보통예금   102,000,000원   (대) 사채   100,000,000원
                                                  사채할증발행차금   2,000,000원

[3] 일반전표입력
　　04.30.　　(차)　급여(판)　　　2,400,000원　　(대)　예수금　　　　464,230원
　　　　　　　　　　급여(제)　　　2,100,000원　　　　　보통예금　　4,035,770원
　　　　　　　　　　(또는 임금(제))

[4] 일반전표입력
　　05.13.　　(차)　보통예금　　　49,500,000원　　(대)　외상매출금(㈜진아)　50,000,000원
　　　　　　　　　　매출할인(406)　　500,000원

[5] 일반전표입력
　　08.25.　　(차)　미지급세금　　　5,000,000원　　(대)　미지급금(국민카드)　5,304,000원
　　　　　　　　　　세금과공과(판)　　200,000원
　　　　　　　　　　수수료비용(판)　　104,000원

문제 2

[1] 매입매출전표입력
유형:11.과세　공급가액:-5,000,000원　부가세:-500,000원　공급처:㈜유진물산　전자:여　분개:외상 또는 혼합
　　01.23.　　(차)　외상매출금　　　-5,500,000원　　(대)　부가세예수금　　-500,000원
　　　　　　　　　　　　　　　　　　　　　　　　　　　　제품매출　　　-5,000,000원

[2] 매입매출전표입력
유형:51.과세　공급가액:10,000,000원　부가세:1,000,000원　공급처:㈜기대　전자:부　분개:혼합
　　　　　　　　(차)　부가세대급금　　　1,000,000원　　(대)　미지급금　　　11,000,000원
　　　　　　　　　　　차량운반구　　　10,000,000원
※ 1,000cc 이하 경차는 매입세액공제가 가능하다.

[3] 매입매출전표입력
유형:12.영세　공급가액:30,000,000원　부가세:0원　공급처:㈜상도무역　전자:여　분개:외상 또는 혼합
영세율구분:③내국신용장·구매확인서에 의하여 공급하는 재화
　　03.24.　　(차)　외상매출금　　　30,000,000원　　(대)　제품매출　　　30,000,000원

[4] 매입매출전표입력
유형:61.현과　공급가액:500,000원　부가세:50,000원　공급처:㈜장수운송　분개:현금 또는 혼합
　　04.01.　　(차)　부가세대급금　　　50,000원　　(대)　현금　　　550,000원
　　　　　　　　　　운반비(판)　　　500,000원

[5] 매입매출전표입력
유형:57.카과　공급가액:450,000원　부가세:45,000원　공급처:온리푸드　분개:카드 또는 혼합　신용카드사:국민카드
　　05.20.　　(차)　부가세대급금　　　45,000원　　(대)　미지급금(국민카드)　495,000원
　　　　　　　　　　복리후생비(제)　　450,000원

문제 3 부가가치세신고와 관련하여 다음 물음에 답하시오. (10점)

[1]
[부동산임대공급가액명세서]

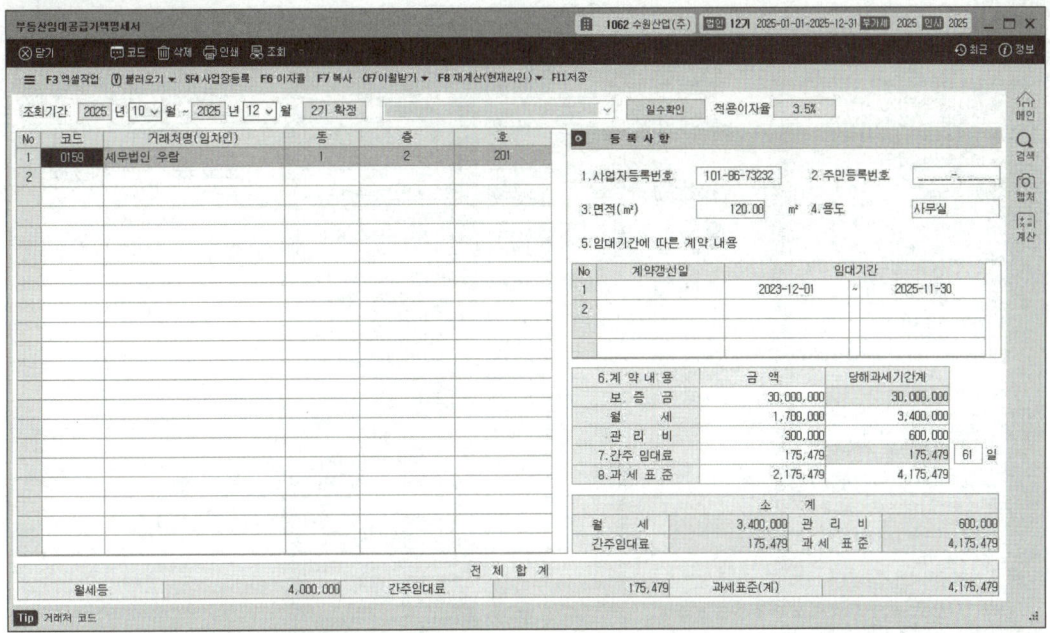

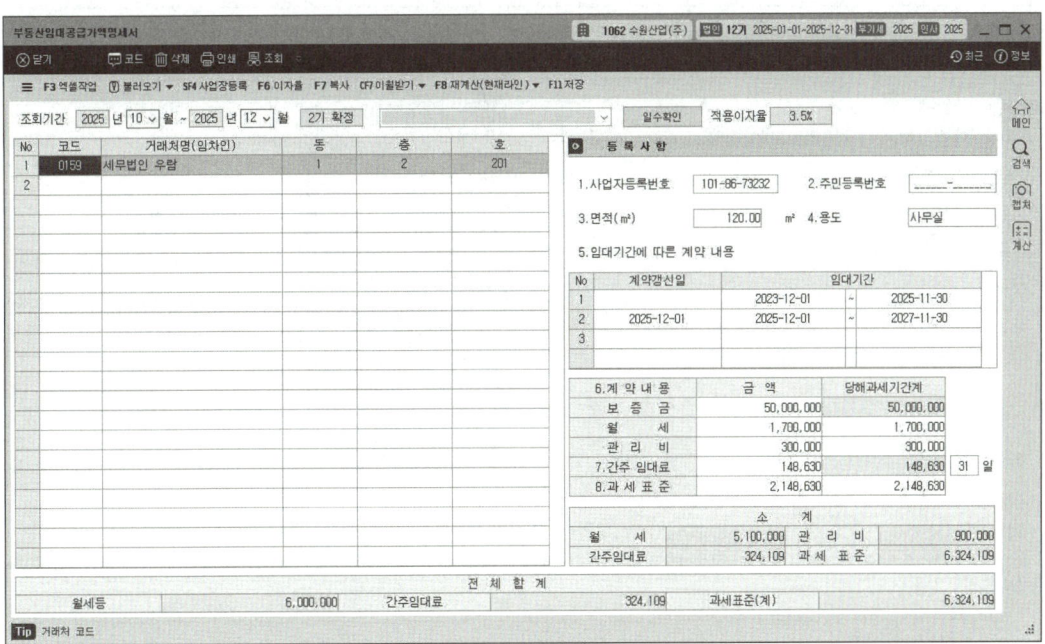

[2]
[부가가치세신고서]

일반과세	간이과세									
조회기간	2025년 10월 1일 ~ 2025년 12월 31일	신고구분	1.정기신고	신고차수	부가율	확정				

구분			정기신고금액			구분		금액	세율	세액
			금액	세율	세액	7.매출(예정신고누락분)				
과세표준및매출세액	과세	세금계산서발급분	1	250,000,000	10/100	25,000,000	예정누락분	과세	세금계산서	33	20,000,000	10/100	2,000,000
		매입자발행세금계산서	2		10/100				기타	34		10/100	
		신용카드·현금영수증발행분	3	20,000,000	10/100	2,000,000		영세	세금계산서	35		0/100	
		기타(정규영수증외매출분)	4		10/100				기타	36		0/100	
	영세	세금계산서발급분	5		0/100			합계	37	20,000,000		2,000,000
		기타	6		0/100		12.매입(예정신고누락분)				
	예정신고누락분		7	20,000,000		2,000,000		세금계산서	38			
	대손세액가감		8				예정누락분	그 밖의 공제매입세액	39			
	합계		9	290,000,000	⑦	29,000,000		합계	40			
매입세액	세금계산서수취분	일반매입	10	150,000,000		15,000,000		신용카드매출수령금액합계	일반매입	41			
		수출기업수입분납부유예	10						고정매입	42			
		고정자산매입	11	30,000,000		3,000,000		의제매입세액	43		뒤쪽	
	예정신고누락분		12					재활용폐자원등매입세액	44		뒤쪽	
	매입자발행세금계산서		13					과세사업전환매입세액	45			
	그 밖의 공제매입세액		14	25,000,000		2,500,000		재고매입세액	46			
	합계(10)-(10-1)+(11)+(12)+(13)+(14)		15	205,000,000		20,500,000		변제대손세액	47			
	공제받지못할매입세액		16	30,000,000		3,000,000		외국인관광객에대한환급	48			
	차감계 (15-16)		17	175,000,000	④	17,500,000		합계	49	25,000,000		2,500,000
납부(환급)세액(매출세액⑦-매입세액④)					ⓒ	11,500,000					
경감·공제세액	그 밖의 경감·공제세액		18			10,000	25.가산세명세				
	신용카드매출전표등 발행공제등		19					사업자미등록등	61		1/100	
	합계		20		⑧	10,000	세금계산서	지연발급 등	62		1/100	
소규모 개인사업자 부가가치세 감면세액			20		ⓓ			지연수취	63		5/1,000	
예정신고미환급세액			21		ⓔ			미발급 등	64		뒤쪽참조	
예정고지세액			22		ⓕ		전자세금발급명세	지연전송	65		3/1,000	
사업양수자의 대리납부 기납부세액			23		ⓖ			미전송	66		5/1,000	
매입자 납부특례 기납부세액			24		ⓗ		세금계산서합계표	제출불성실	67		5/1,000	
신용카드업자의 대리납부 기납부세액			25		ⓘ			지연제출	68		3/1,000	
가산세액계			26		ⓙ	90,480	신고불성실	무신고(일반)	69		뒤쪽	
차가감하여 납부할세액(환급받을세액)⑥-ⓓ-ⓔ-ⓕ-ⓖ-ⓗ-ⓘ+ⓙ			27			11,580,480		무신고(부당)	70		뒤쪽	
총괄납부사업자가 납부할 세액(환급받을 세액)								과소·초과환급(일반)	71	2,000,000	뒤쪽	50,000
								과소·초과환급(부당)	72		뒤쪽	
							납부지연	73	2,000,000	뒤쪽	40,480
							영세율과세표준신고불성실	74		5/1,000	
							현금매출명세서불성실	75		1/100	
							부동산임대공급가액명세서	76		1/100	
							매입자 거래계좌 미사용	77		뒤쪽	
							납부특례 거래계좌 지연입금	78		뒤쪽	
							신용카드매출전표등수령명세서미제출·과다기재	79		5/1,000	
							합계	80			90,480

구분		금액	세율	세액
16.공제받지못할매입세액				
공제받지못할 매입세액	50	30,000,000		3,000,000
공통매입세액면세등사업분	51			
대손처분받은세액	52			
합계	53	30,000,000		3,000,000
18.그 밖의 경감·공제세액				
전자신고세액공제	54			10,000
전자세금계산서발급세액공제	55			
택시운송사업자경감세액	56			
대리납부세액공제	57			
현금영수증사업자세액공제	58			
기타	59			
합계	60			10,000

- 신고불성실(일반과소·초과환급)가산세 : 2,000,000원×10%×(100%-75%)=50,000원
- 납부지연가산세 : 2,000,000원×2.2/10,000×92일=40,480원

※ 부가가치세법 제54조 제1항 및 제2항, 정상적으로 발행한 전자세금계산서를 국세청에 제출한 경우에는 매출·매입처별 세금계산서합계표를 제출하지 않을 수 있다.

[3]
1. [부가가치세신고서]

2. [전자신고]>[전자신고제작] 탭

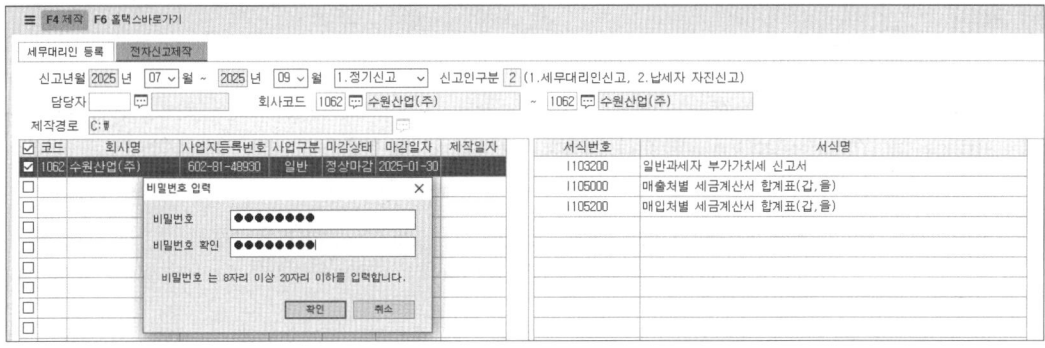

3. [국세청 홈택스 전자신고변환(교육용)]

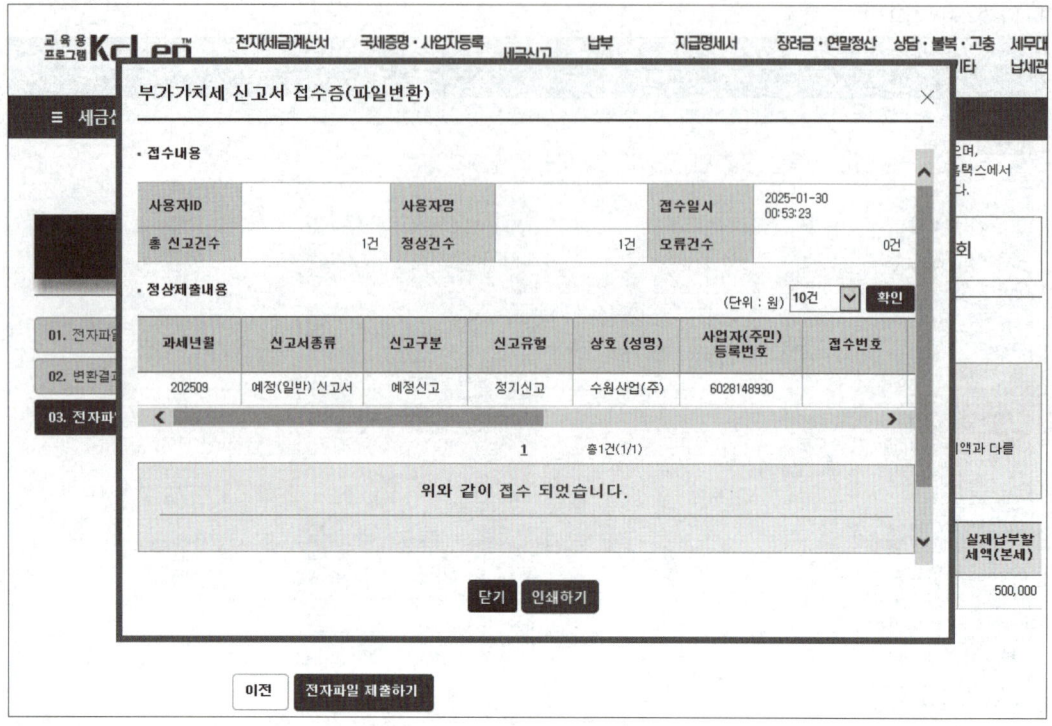

문제 4

[1] 일반전표입력
  12.31. (차) 소모품비(판)   300,000원 (대) 소모품   300,000원

[2] 일반전표입력
  12.31. (차) 외화장기차입금(하나은행) 300,000원 (대) 외화환산이익   300,000원
  · 외화환산이익 : 외화장기차입금 $10,000 × (전기말 환율 1,575원 - 당기말 환율 1,545원) = 300,000원

[3] 일반전표입력
  12.31. (차) 매도가능증권평가이익 30,000원 (대) 매도가능증권(178) 30,000원
· 2024년말 인식한 매도가능증권평가이익 130,000원이 기타포괄손익누계액 항목에 있으므로 2025년말 발생한 평가손실과 우선 상계하여 회계처리한다.
· 매도가능증권평가손익은 재무상태표상 자본 항목 중 기타포괄손익누계액 항목으로, 차기 이후 발생하는 평가손익과 상계하여 회계처리한다.

[4]
1. [결산자료입력]>F8대손상각>대손율(%) : 1.00>새로불러오기>결산반영>F3전표추가
2. 또는 [결산자료입력]>4. 판매비와 일반관리비
      >5). 대손상각>· 외상매출금 결산반영금액 3,160,000원 입력>F3전표추가
           · 받을어음 결산반영금액 1,077,600원 입력
2. 또는 일반전표입력
  12.31. (차) 대손상각비(판) 4,237,600원 (대) 대손충당금(109) 3,160,000원[주1]
                       대손충당금(111) 1,077,600원[주2]

주1) 대손충당금(외상매출금) : 516,000,000원 × 1% - 2,000,000원 = 3,160,000원
주2) 대손충당금(받을어음) : 167,760,000원 × 1% - 600,000원 = 1,077,600원

[5]
1. [결산자료입력]>9. 법인세등> · 1). 선납세금 결산반영금액 9,000,000원 입력   >F3전표추가
              · 2). 추가계상액 결산반영금액 11,000,000원 입력
2. 또는 일반전표입력
   12.31.   (차) 법인세등   20,000,000원   (대) 선납세금   9,000,000원
                                                    미지급세금   11,000,000원

문제 5

[1]
[사원등록]>[부양가족명세] 탭

연말관계	성명	내/외국인	주민(외국인,여권)번호	나이	기본공제	부녀자	한부모	경로우대	장애인	자녀	출산입양	위탁관계
0	강하나	내	1 810630-2548757	44	본인	○						
1	강인우	내	1 510420-1434568	74	60세이상			○				
1	유지인	내	1 540730-2870981	71	60세이상			○				
4	이민주	내	1 020805-4123451	23	부							
4	이자유	내	1 060505-3123451	19	20세이하					○		
6	강하늘	내	1 780112-2434522	47	장애인				3			

· 기본공제대상자인 부양가족이 있는 세대주로서 종합소득금액 3,000만원 이하인 배우자가 없는 여성인 경우 부녀자공제 대상에 해당하지만 부녀자공제와 한부모공제가 적용 요건을 동시에 충족하는 경우 한부모공제를 적용한다.
· 아버지 강인우 : 경로우대자공제 대상이다.
· 어머니 유지인 : 경로우대자공제 대상이다.
· 자녀 이민주 : 나이가 20세이하가 아니므로 기본공제대상자가 아니다
· 자녀 이자유 : 나이가 20세이하 이므로 기본공제대상자이다.
· 언니 강하늘 : 장애인은 나이에 상관없이 소득요건을 충족하면 기본공제대상자이다.

2. [수당공제등록]

수당공제등록

수당등록 | 공제등록

| No | 코드 | 과세구분 | 수당명 | 근로소득유형 | | | 월정액 | 통상임금 | 사용여부 |
				유형	코드	한도			
1	1001	과세	기본급	급여			정기	여	여
2	1002	과세	상여	상여			부정기	부	부
3	1003	과세	직책수당	급여			정기	부	부
4	1004	과세	월차수당	급여			정기	부	부
5	1005	비과세	식대	식대	P01	(월)200,000	정기	부	여
6	1006	비과세	자가운전보조금	자가운전보조금	H03	(월)200,000	부정기	부	여

3. [급여자료입력]

귀속년월 2025년 05월   지급년월일 2025년 05월 31일   급여

□	사번	사원명	감면율	급여항목	금액	공제항목	금액
■	104	강하나		기본급	2,000,000	국민연금	85,500
□				식대	100,000	건강보험	59,280
□				자가운전보조금	200,000	장기요양보험	7,270
□						고용보험	16,000
□						소득세(100%)	19,520
□						지방소득세	1,950
□						농특세	
□				과 세	2,000,000		
□				비 과 세	300,000	공 제 총 액	189,520
	총인원(퇴사자)	1(0)		지 급 총 액	2,300,000	차 인 지 급 액	2,110,480

[2]

1. [소득명세] 탭

구분		합계	주(현)	납세조합	종(전) [1/2]
소득명세	9.근무처명		수원산업(주)		주식회사 영일전자
	9-1.종교관련 종사자		부		부
	10.사업자등록번호		602-81-48930	--_--_--	603-81-01281
	11.근무기간		2025-06-10 ~ 2025-12-31	--_--_-- ~ --_--_--	2025-01-01 ~ 2025-06-01
	12.감면기간		--_--_-- ~ --_--_--	--_--_-- ~ --_--_--	--_--_-- ~ --_--_--
	13-1.급여(급여자료입력)	66,200,000	50,000,000		16,200,000
	13-2.비과세한도초과액				
	13-3.과세대상추가(인정상여추가)				
	14.상여	3,000,000			3,000,000
	15.인정상여				
	15-1.주식매수선택권행사이익				
	15-2.우리사주조합 인출금				
	15-3.임원퇴직소득금액한도초과액				
	15-4.직무발명보상금				
	16.계	69,200,000	50,000,000		19,200,000
공제보험료명세	직장	건강보험료(직장)(33)	1,860,730	1,747,500		113,230
		장기요양보험료(33)	228,250	214,360		13,890
		고용보험료(33)	433,920	408,000		25,920
		국민연금보험료(31)	2,395,800	2,250,000		145,800
	공적연금보험료	공무원 연금(32)				
		군인연금(32)				
		사립학교교직원연금(32)				
		별정우체국연금(32)				
세액	기납부세액	소득세	5,770,700	5,670,700		100,000
		지방소득세	577,070	567,070		10,000
		농어촌특별세				

2. [부양가족] 탭

(1) 인적공제

연말관계	성명	내/외국인		주민(외국인)번호	나이	소득기준초과여부	기본공제	세대주구분	부녀자	한부모	경로우대	장애인	자녀	출산입양	결혼세액
0	문지율	내	1	721010-1187511	53		본인	세대주							
3	김민성	내	1	750101-2843110	50		배우자								
4	문가영	내	1	051027-4842411	20		20세이하						○		
4	문가빈	내	1	051027-4845114	20		20세이하						○		

3. [부양가족] 탭 : 보험료

· 문지율

소득명세	부양가족	신용카드 등	의료비	기부금	연금저축 등I	연금저축 등II	월세액	연말정산입력
보장성보험-일반			1,200,000					1,200,000
보장성보험-장애인								
합 계			1,200,000					1,200,000

· 문가영

소득명세	부양가족	신용카드 등	의료비	기부금	연금저축 등I	연금저축 등II	월세액	연말정산입력
보장성보험-일반			500,000					500,000
보장성보험-장애인								
합 계			500,000					500,000

4. [의료비] 탭

소득명세	부양가족	신용카드 등	의료비	기부금	연금저축 등I	연금저축 등II	월세액	출산지원금	연말정산입력

		의료비 공제대상자				지급처		지급명세				14.산후조리원
	성명	내/외	5.주민등록번호	6.본인등해당여부	9.증빙코드	8.상호	7.사업자등록번호	10.건수	11.금액	11-1.실손보험수령액	12.미숙아선천성이상아	13.난임여부	
☐	김민성	내	750101-2843110	3	X		1		2,000,000	500,000	X	X	X
☐	문가빈	내	051027-4845114	3	X		1		500,000		X	X	X

※ 문가빈 콘택트렌즈 구입 비용 : 500,000원 또는 미입력
 · 실손의료보험금 수령액은 공제대상 의료비 지출액에서 제외한다.
 · 시력보정용 안경 또는 콘택트렌즈를 구입하기 위하여 지출한 비용은 기본공제대상자 1명당 연 50만원까지 공제대상 의료비 지출액으로 한다.

5. [부양가족] 탭 : 교육비

· 문지율

소득명세	부양가족	신용카드 등	의료비	기부금	연금저축 등I	연금저축 등II	월세액	연말정산입력
자료구분	보험료				의료비					교육비	
	건강	고용	일반보장성	장애인전용	일반	실손	선천성이상아	난임	65세,장애인	일반	장애인특수
국세청			1,200,000							10,000,000 4.본인	
기타	2,088,980	433,920									

· 문가영

소득명세	부양가족	신용카드 등	의료비	기부금	연금저축 등I	연금저축 등II	월세액	연말정산입력
자료구분	보험료				의료비					교육비	
	건강	고용	일반보장성	장애인전용	일반	실손	선천성이상아	난임	65세,장애인	일반	장애인특수
국세청			500,000							700,000 2.초중고	
기타											

· 문가빈

소득명세	부양가족	신용카드 등	의료비	기부금	연금저축 등I	연금저축 등II	월세액	연말정산입력
자료구분	보험료				의료비					교육비	
	건강	고용	일반보장성	장애인전용	일반	실손	선천성이상아	난임	65세,장애인	일반	장애인특수
국세청					500,000 2.일반					500,000 2.초중고	
기타											

· 교복구입비용은 중·고등학생 1명당 연간 50만원을 한도로 공제한다.
· 초중고 체험학습비는 1명당 연간 30만원 한도로 공제한다.
· 본인의 교육비는 한도를 적용받지 않는다.

6. [신용카드] 탭

소득명세	부양가족	신용카드 등	의료비	기부금	연금저축 등I	연금저축 등II	월세액	출산지원금	연말정산입력

	성명 생년월일	자료구분	신용카드	직불,선불	현금영수증	도서등신용	도서등직불	도서등현금	전통시장	대중교통	합계
☐	문지율	국세청	28,500,000		3,000,000	1,000,000			1,500,000	1,000,000	35,000,000
	1972-10-10	기타									
☐	김민성	국세청			1,500,000						1,500,000
	1975-01-01	기타									

· 공제대상 신용카드 등 사용액에서 의료비세액공제 적용분 지출액을 제외하지 않는다.

7. [연말정산입력] 탭

구분			지출액	공제금액	구분		지출액	
소득공제	보험료공제	공적연금보험공제	군인연금			세액공제 ⑭ 출산.입양 (명)		
			사립학교교직원				연금계좌	58.과학기술공제	
			별정우체국연금					59.근로자퇴직연금	
	특별소득공제	33.보험료		2,522,900	2,522,900			60.연금저축	
		건강보험료		2,088,980	2,088,980			60-1.ISA연금계좌전환	
		고용보험료		433,920	433,920		특별세액공제	61.보장성보험 일반	1,700,000	1,700,000
		34.주택차입금 원리금상환액	대출기관					장애인		
			거주자					62.의료비	2,500,000	2,500,000
		34.장기주택저당차입금이자상						63.교육비	11,200,000	11,200,000
		35.특별소득공제 계			2,522,900			64.기부금		
	36.차감소득금액				45,071,300	세액공제	1)정치자금기부금	10만원이하		
그밖의소득공제	37.개인연금저축							10만원초과		
	38.소기업,소상공인 공제부금		2015년이전가입					2)고향사랑기부금	10만원이하		
			2016년이후가입						10만원초과		
	39.주택마련저축 소득공제		청약저축					3)특례기부금(전액)		
			주택청약					4)우리사주조합기부금		
			근로자주택마련					5)일반기부금(종교단체외)		
	40.투자조합출자 등 소득공제							6)일반기부금(종교단체)		
	41.신용카드 등 사용액			36,500,000	5,300,000			65.특별세액공제 계		

105회 기출문제

1. 이론시험

〈1〉	〈2〉	〈3〉	〈4〉	〈5〉	〈6〉	〈7〉	〈8〉	〈9〉	〈10〉	〈11〉	〈12〉	〈13〉	〈14〉	〈15〉
②	①	④	③	①	③	②	③	①	④	②	③	②	①	④

[1] ② 목적적합성에 대한 설명이다.

[2] ① 매출총이익이 71,250원 감소한다.
· 재고자산감모손실 : 1,000개－950개＝50개×1,500원＝75,000원
· 정상감모손실 : 75,000원×95％＝71,250원
· 비정상감모손실 : 75,000원×5％＝3,750원(비정상감모손실은 영업외비용으로 처리)
· 따라서 정상감모손실 금액만 매출총이익에 영향을 끼치므로 매출총이익 71,250원 감소한다.

[3] ④ 다른 종류의 자산과의 교환시 취득한 유형자산의 취득원가는 교환을 위하여 제공한 자산의 공정가치로 측정한다.

[4] ③ 재화의 소유에 따른 유의적인 위험과 보상이 구매자에게 이전된다.

[5] ① 우발자산은 자산으로 인식하지 않고, 자원의 유입가능성이 매우 높은 경우에만 주석에 기재한다.

[6] ③ 원가의 추적가능성에 따른 분류 : 직접원가, 간접원가

[7] ② 제조원가명세서상 기말 원재료재고액은 재무상태표에 표시된다.

[8] ③ 1,400,000원＝조립부문원가 600,000원＋전력부문 배분액 200,000원＋설비부문 배분액 600,000원
· 전력부문이 조립부문에 배분한 금액 : 400,000원×500/1,000＝200,000원
· 설비부문이 조립부문에 배분한 금액 : 800,000원×600/800＝600,000원

[9] ① 150,000원 과소배부＝실제 제조간접비 발생액 800,000원－제조간접비 예정배부액 650,000원
· 제조간접비 예정배부율 : 예상 제조간접비 1,000,000원÷예상 직접노무시간 20,000시간＝@50원/시간
· 제조간접비 예정배부액 : 실제 직접노무시간 13,000시간×제조간접비 예정배부율 @50원＝650,000원

[10] ④ 8개＝공손수량 80개－정상공손수량 72개
· 당기완성품수량 : (기초재공품 200개＋당기착수 900개)－(기말재공품 120개＋공손수량 80개)＝900개
· 정상공손수량 : 900개×8％＝72개

[11] ② 간이과세자는 의제매입세액 공제를 받을 수 없다.

[12] ③ 무인판매기를 이용하여 재화를 공급하는 경우 : 무인판매기에서 현금을 인출하는 때

[13] ② 부가가치세법 제26조, 시내버스, 시외버스, 일반철도 등의 대중교통수단에 의한 여객운송용역은 기초생활필수품으로서 부가가치세를 면제하지만, 항공기 등에 의한 여객운송 용역은 부가가치세를 면제하는 여객운송 용역에서 제외한다.

[14] ①
· 한부모추가공제는 소득금액에 제한을 받지 않는다.
· 형제자매의 배우자는 부양가족의 대상에 해당하지 않는다.
· 부양기간 1년 미만 여부에 상관없이 월할계산하지 않는다.

[15] ④ 소득세법 제12조 제3호 저목 및 시행령 제17조의4, 중소기업 종업원이 대여받음으로써 얻는 이익은 비과세 근로소득에 해당한다.

2. 실무시험

문제 1

[1] 일반전표 입력

01.12.	(차)	보통예금	14,800,000원	(대)	받을어음(미래상사㈜)	15,000,000원
		매출채권처분손실	200,000원			

[2] 일반전표 입력

| 02.05. | (차) | 퇴직급여(제) | 3,000,000원 | (대) | 보통예금 | 3,000,000원 |

[3] 일반전표 입력

| 03.31. | (차) | 미지급세금 | 4,000,000원 | (대) | 보통예금 | 4,000,000원 |

[4] 일반전표 입력

| 05.05 | (차) | 기부금 | 3,000,000원 | (대) | 비품 | 3,000,000원 |

[5] 일반전표 입력

| 06.17. | (차) | 소모품비(제) | 20,000원 | (대) | 현금 | 20,000원 |
| | | 또는 출금전표 소모품비(제) | 20,000원 | | | |

문제 2

[1] 매입매출전표입력
유형:61.현과 공급가액:3,000,000원 부가세:300,000원 거래처:㈜하이마트 분개:현금 또는 혼합
01.20 (차) 부가세대급금   300,000원 (대) 현금   3,300,000원
            비품   3,000,000원

[2] 매입매출전표입력
유형:11.과세 공급가액:2,000,000원 부가세:200,000원 거래처:㈜유미산업 전자:여 분개:혼합
02.09 (차) 감가상각누계액(213) 2,255,000원 (대) 부가세예수금   200,000원
            보통예금   2,200,000원   비품   5,000,000원
            유형자산처분손실   745,000원

[3] 매입매출전표입력
유형:51.과세 공급가액:5,000,000원 부가세:500,000원 거래처:㈜원테크 전자:여 분개:혼합
07.01 (차) 부가세대급금   500,000원 (대) 현금   500,000원
            복리후생비(판)   5,000,000원   미지급금   5,000,000원

[4] 매입매출전표입력
유형:51.과세 공급가액:12,000,000원 부가세:1,200,000원 거래처:광명기계 전자:부 분개:혼합
08.27 (차) 부가세대급금   1,200,000원 (대) 당좌예금   13,200,000원
            기계장치   12,000,000원

[5] 매입매출전표입력
유형:16.수출 공급가액:34,500,000원 부가세:0원 거래처:미국 BOB사 분개:외상 또는 혼합 영세율구분:①직접수출
09.27 (차) 외상매출금   34,500,000원 (대) 제품매출   34,500,000원
· $30,000×1,150원=34,500,000원

문제 3

[1] [건물등감가상각자산취득명세서]

≡ F4 불러오기 F8 신고일 F11저장				
조회기간 2025 년 04 월 ~ 2025 년 06 월 구분 1기 확정				
취득내역				
감가상각자산종류	건수	공급가액	세 액	비 고
합 계	3	568,000,000	56,800,000	
건물 · 구축물	1	500,000,000	50,000,000	
기 계 장 치	1	60,000,000	6,000,000	
차 량 운 반 구				
기타감가상각자산	1	8,000,000	800,000	

No	월/일	상호	사업자등록번호	자산구분	공급가액	세액	건수
1	04-08	㈜용올	130-81-50950	건물,구축물	500,000,000	50,000,000	1
2	05-12	㈜광명	201-81-14367	기계장치	60,000,000	6,000,000	1
3	06-22	㈜ck전자	203-81-55457	기타	8,000,000	800,000	1

[2]

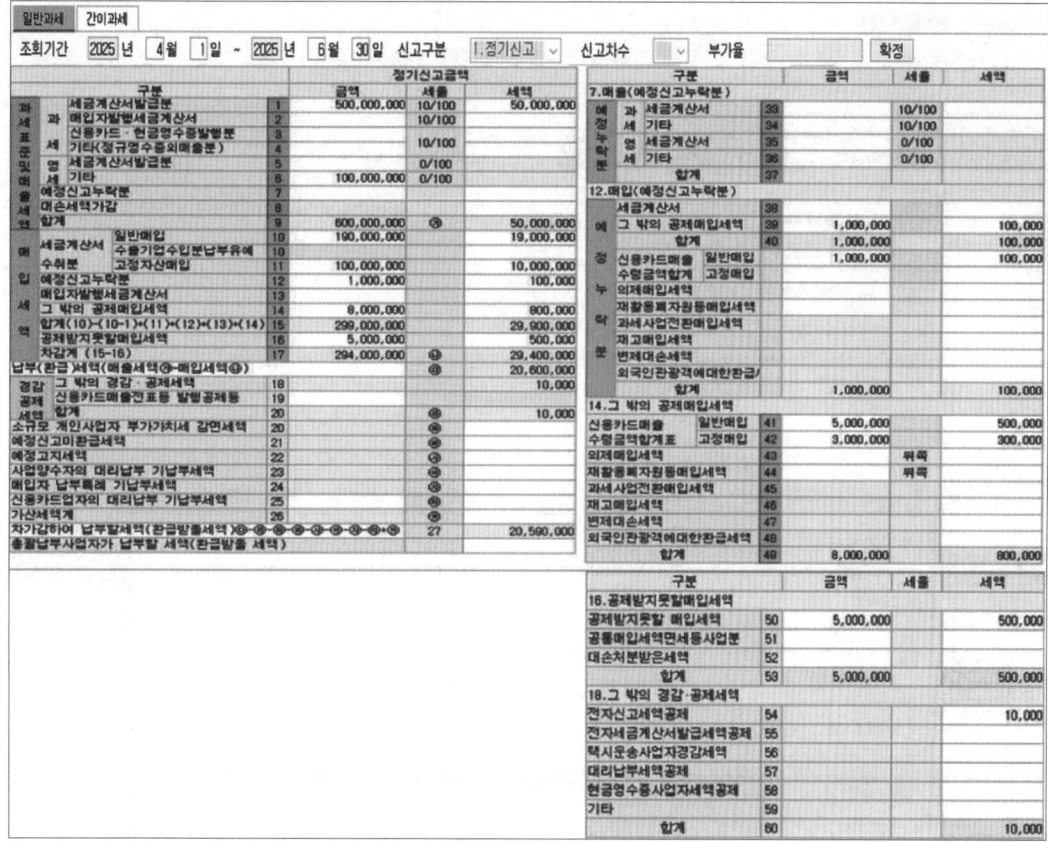

[3]

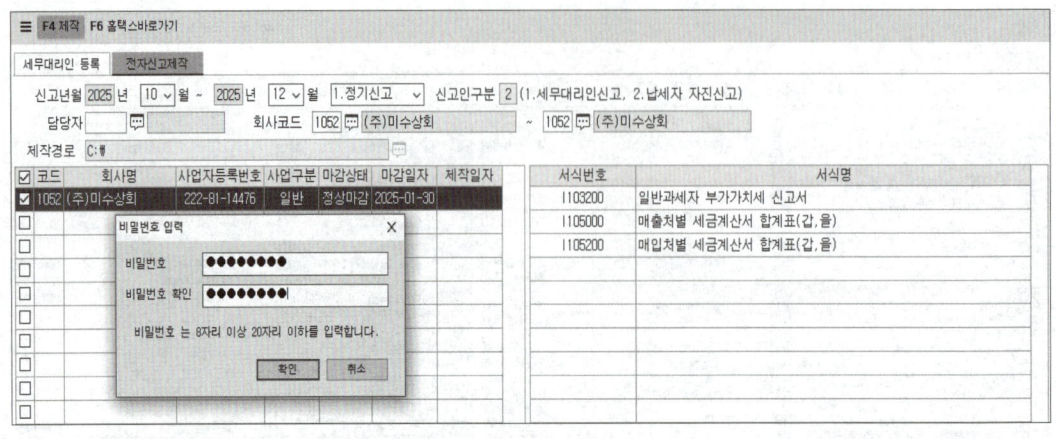

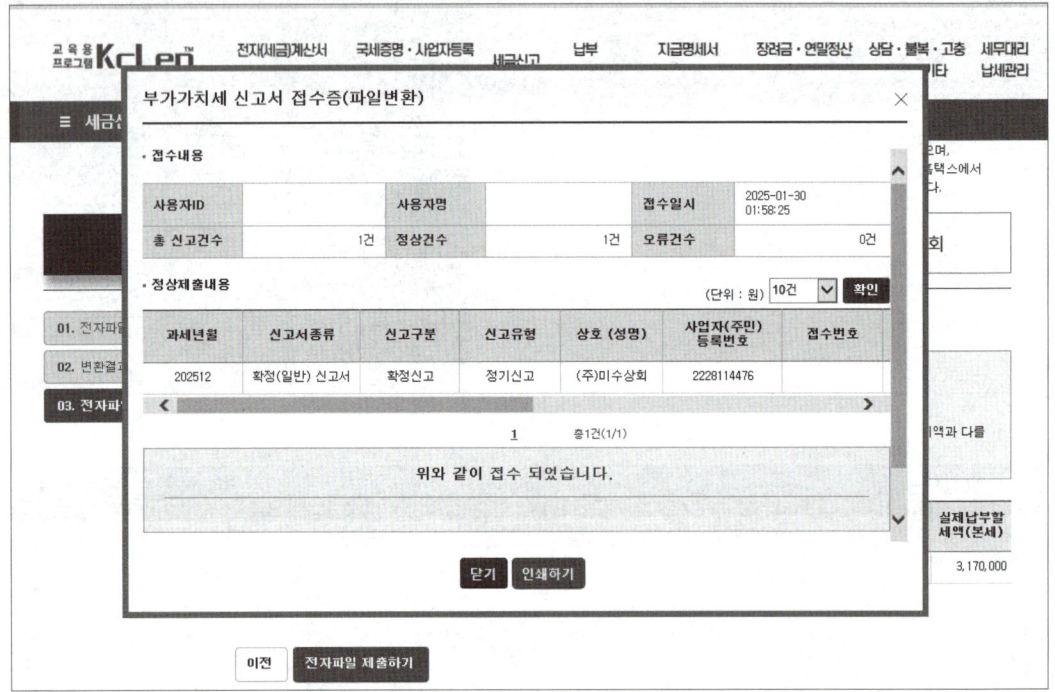

문제 4

[1] 일반전표 입력

    12.31.   (차)   이자비용   4,000,000원   (대)   미지급비용   4,000,000원

    · 300,000,000원×2%×8개월/12개월=4,000,000원

[2] 일반전표 입력

    12.31.   (차)   현금과부족   86,000원   (대)   잡이익   86,000원

[3] 일반전표 입력

    12.31.   (차)   부가세예수금   25,450,000원   (대)   부가세대급금   31,400,000원
                             세금과공과(판)   60,000원   잡이익   10,000원
                             미수금   5,900,000원

[4] 일반전표 입력
　　12.31.　　(차)　장기차입금(미래은행)　20,000,000원　(대)　유동성장기부채(미래은행)　20,000,000원

[5] 1. [결산자료입력] 〉 4. 판매비와일반관리비
　　　　　　　　　〉 6). 무형자산상각비
　　　　　　　　　〉 영업권 결산반영금액란 : 50,000,000원 입력 〉 F3 전표추가
　　2. 또는 일반전표입력
　　12.31.　　(차)　무형자산상각비　　　50,000,000원　(대)　영업권　　　　　　　　50,000,000원

문제 5

[1]
1. 수당공제등록

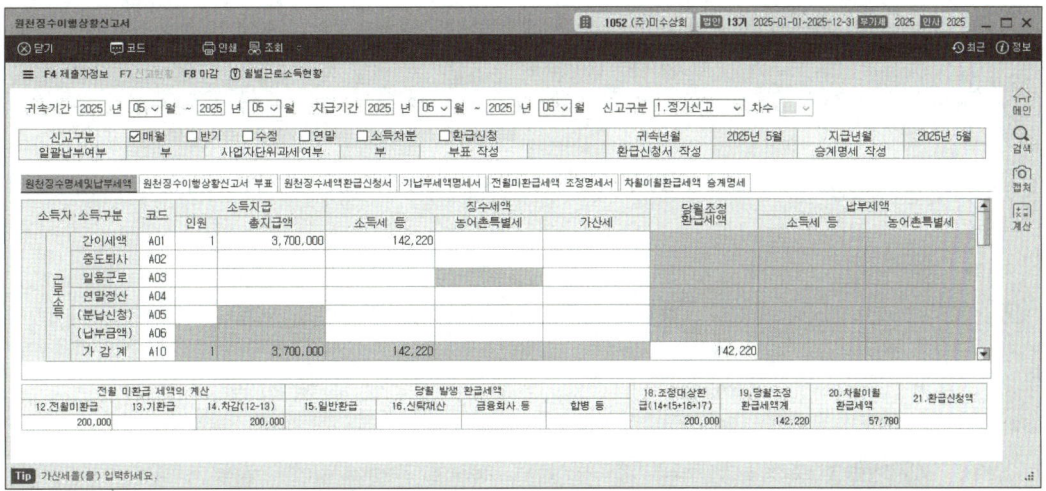

2. 급여자료입력

3. 원천징수이행상황신고서

[2]
1. 부양가족 탭
(1) 인적공제 : 소득요건 미충족 되는 김연우를 제외하고는 모두 기본공제 대상자이다. 모친은 경로우대공제 대상자이다.

| 소득명세 | 부양가족 | 신용카드 등 | 의료비 | 기부금 | 연금저축 등I | 연금저축 등II | 월세액 | 출산지원금 | 연말정산입력 |

연말관계	성명	내/외국인	주민(외국인)번호	나이	소득기준 초과여부	기본공제	세대주 구분	부녀자	한부모	경로우대	장애인	자녀	출산입양	결혼세액
0	최미남	내	1 771030-1112352	48		본인	세대주							
1	박희수	내	1 500324-2625224	75		60세이상				O				
3	김연우	내	1 800515-2122527	45		부								
4	최지우	내	1 140123-4165982	11		20세이하					O			
4	최건우	내	1 151224-3695874	10		20세이하					O			

2. [의료비] 탭

| 소득명세 | 부양가족 | 신용카드 등 | 의료비 | 기부금 | 연금저축 등I | 연금저축 등II | 월세액 | 출산지원금 | 연말정산입력 |

2025년 의료비 지급명세서

	의료비 공제대상자					지급처			지급명세				14.산후조리원
	성명	내/외	5.주민등록번호	6.본인등 해당여부	9.증빙코드	8.상호	7.사업자등록번호	10.건수	11.금액	11-1.실손보험수령액	12.미숙아선천성이상아	13.난임여부	
□	최미남	내	771030-1112352	1	0	1				1,500,000		X	X	X
□	최미남	내	771030-1112352	1	0	5	대학안경점	605-26-23526	1	500,000		X	X	X
□	박희수	내	500324-2625224	2	0	1				3,250,000	1,000,000	X	X	X

3. [연금저축 등 I] 탭

| 소득명세 | 부양가족 | 신용카드 등 | 의료비 | 기부금 | 연금저축 등I | 연금저축 등II | 월세액 | 연말정산입력 |

2 연금계좌 세액공제 - 연금저축계좌(연말정산입력 탭의 38.개인연금저축, 60.연금저축) 크게보기

연금저축구분	코드	금융회사 등	계좌번호(증권번호)	납입금액	공제대상금액	소득/세액공제액
2.연금저축	306	(주)국민은행	243-910750-72209	1,200,000	1,200,000	144,000
개인연금저축						
연금저축				1,200,000	1,200,000	144,000

4. [신용카드등] 탭

| 소득명세 | 부양가족 | 신용카드 등 | 의료비 | 기부금 | 연금저축 등I | 연금저축 등II | 월세액 | 연말정산입력 |

내/외 관계	성명 생년월일	자료구분	신용카드	직불,선불	현금영수증	도서등 신용	도서등 직불	도서등 현금	전통시장	대중교통
내 0	최미남 1977-10-30	국세청 기타	22,000,000		2,200,000					

5. [부양가족] 탭 : 보험료
· 최미남

| 소득명세 | 부양가족 | 신용카드 등 | 의료비 | 기부금 | 연금저축 등I | 연금저축 등II | 월세액 |

보험료 등 공제대상금액			X
보장성보험-일반	1,600,000		1,600,000
보장성보험-장애인			
합 계	1,600,000		1,600,000

· 최지우

| 소득명세 | 부양가족 | 신용카드 등 | 의료비 | 기부금 | 연금저축 등I | 연금저축 등II | 월세액 |

보험료 등 공제대상금액			X
보장성보험-일반	500,000		500,000
보장성보험-장애인			
합 계	500,000		500,000

· 최건우

6. [부양가족] 탭: 교육비

7. [연말정산입력] 탭

MEMO

저자

저 자 | 손현삼

약 력 | 서울시립대경영대학원경영학석사 졸업
　　　동국대학교 경상대학 회계학과 졸업
　　　숭실대학교전산원 세무회계강사
　　　대진대학교산학능력개발원 세무회계강사
　　　중앙전산직업전문학교 세무회계대표강사
　　　주경야독 경영아카데미 동영상 강의
　　　동양시멘트(주) 경리부근무
　　　고려합섬(주) 자금부근무

저 서 | CLASS 전산회계2급(나눔클래스)
　　　CLASS 전산회계1급(나눔클래스)
　　　CLASS 전산세무2급(나눔클래스)

저 자 | 임순덕

약 력 | 숭실대학교전산원 세무회계강사
　　　대진대학교산학능력개발원 세무회계강사
　　　고려정보전문학교 세무회계강사
　　　중앙전산직업전문학교 세무회계강사
　　　강서여성인력개발센터 세무회계강사
　　　주경야독 경영아카데미 동영상 강의

저 서 | CLASS 전산회계2급(나눔에이엔티)
　　　CLASS 전산회계1급(나눔에이엔티)
　　　CLASS 전산세무2급(나눔에이엔티)

CLASS 전산세무2급 (2025)　　　가격 28,000원

5 판 발 행　2025년 2월 28일
저　　　자　손현삼 · 임순덕
발 행 인　김상길
발 행 처　나눔클래스
편　　　집　㈜서울멀티넷
등　　　록　제2021-000008호

주　　　소　서울시 성북구 오패산로 38 2층(하월곡동)
홈 페 이 지　www.nanumclass.com
전　　　화　02-911-2722
팩　　　스　02-911-2723
ISBN 979-11-91475-93-7
2025@나눔클래스

파본은 구입하신 서점이나 출판사에서 교환해 드립니다.

나눔클래스는 정확한 지식과 정보를 독자분들께 제공하고자 최선의 노력을 다하고 있습니다. 본서가 모든 경우에 완벽성을 갖는 것은 아니므로 주의를 기울이시고 필요한 경우 전문가와 사전 논의를 하시기 바랍니다. 본서의 수록내용은 특정사안에 대한 구체적인 의견 제시가 될 수 없으므로 본서의 적용결과에 대해서 책임 지지 않습니다.